Franz von Baader
Ausgewählte Werke

FRANZ VON BAADER
Ausgewählte Werke

Herausgegeben von

Alberto Bonchino und Albert Franz

BAND 1

Franz von Baader

Texte zur Naturphilosophie (1792–1808)

Herausgegeben von

Alberto Bonchino

BRILL
SCHÖNINGH

Gedruckt mit freundlicher Unterstützung der Fritz Thyssen Stiftung

Bibliografische Information der Deutschen Nationalbibliothek

Die Deutsche Nationalbibliothek verzeichnet diese Publikation
in der Deutschen Nationalbibliografie;
detaillierte bibliografische Daten sind im Internet
über http://dnb.d-nb.de abrufbar.

Internet: www.schoeningh.de

Satz: Rhema – Tim Doherty, Münster
Einbandgestaltung: Anna Braungart, Tübingen
Herstellung: Brill Deutschland GmbH, Paderborn

ISBN 978-3-506-77937-3 (hardback)
ISBN 978-3-657-77937-6 (e-book)

INHALTSVERZEICHNIS

VORWORT
ZUR EDITIONSTECHNIK

Dieser Band präsentiert chronologisch angeordnet und historisch-kritisch bearbeitet die folgenden Schriften Franz von Baaders aus der Zeit 1792–1808, soweit sie sich auf vorwiegend naturphilosophische Themen beziehen: 1. *Ideen über Festigkeit und Flüssigkeit, zur Prüfung der physikalischen Grundsätze des Hrn. Lavoisier* (1792), 2. *Beyträge zur Elementar-Phisiologie* (1797), 3. *Ueber das pythagoräische Quadrat in der Natur oder die vier Weltgegenden* (1798), 4. *Ueber den Affect der Bewunderung und der Ehrfurcht* (1804), 5. *Ueber die Behauptung: »dass kein übler Gebrauch der Vernunft seyn kann«* (1807), 6. *Ueber Starres und Fliessendes* (1808). Die vorliegende kritisch-historische Ausgabe will ihren Prinzipien gemäß jeden einzelnen Text im Erstdruck (ED) erschließen, so wie er zu Lebzeiten Baaders vorlag. Da alle hier herausgebrachten Schriften zweimal bzw. ein erstes Mal in dem Band *Beiträge zur dinamischen Philosophie im Gegensaze der mechanischen* (1809: ZD) und nochmals im Band I von *Philosophische Schriften und Aufsätze* (1831: DD) von Baader selbst neu ediert worden sind, wurden auch diese zusätzlichen Auflagen kritisch berücksichtigt.

Textgestaltung

Als Textvorlage wurde jeweils der am besten erhaltene Erstdruck (ED) der jeweiligen Schrift verwandt. Kritisch kollationiert wurde dieser mit drei weiteren verfügbaren Exemplaren einer und derselben Auflage. Dieser wurde mit den von Baader selbst verantworteten Zweit- sowie Drittdrucken (ZD, DD) verglichen. Die Edition lässt den Text des Erstdrucks unverändert. Lediglich das Schriftbild wurde umgestaltet und Druckfehler sowie minimale orthographische und drucktechnische Veränderungen wurden berichtigt. Grammatikalische Abweichungen vom heutigen Sprachgebrauch, zum Beispiel in der Wahl des Genus oder in der Deklination, wurden nicht korrigiert. Orthographie und Lautstand wurden nicht verändert und die Groß- und Kleinschreibung sowie die Getrennt-

und Zusammenschreibung der Originale sind erhalten geblieben. Die Fußnoten Baaders – in der Originalausgabe seitenweise durch ein bzw. mehrere hochgestellte Sternchen ›*‹, ›**‹ gekennzeichnet – wurden seitenweise alphabetisch ›^{A}‹, ›^{B}‹, ›^{C}‹ durchsortiert.

Textkritischer Apparat

Der textkritische Apparat verzeichnet gegebenenfalls sämtliche Varianten der internen Kollationierung der Exemplare der ersten Auflage (ED) sowie der jeweils zweiten (ZD) und dritten Auflage (DD) gegenüber der ersten. Die entsprechenden satzinternen Varianten werden im textkritischen Apparat mit den Sigeln EDvar (Erstdruckvarianten), ZDvar (Zweitdruckvarianten) und DDvar (Drittdruckvarianten) versehen. Als Varianten werden nur solche Abweichungen verstanden, die über bloße Schreib- und Druckkonventionen hinausgehend mögliche Bedeutungsträger sind: sämtliche Abweichungen im Wortbestand, in der Interpunktion, der Hervorhebung sowie der Absatzgliederung etc. Im textkritischen Apparat werden ebenso sämtliche Zusätze, Änderungen und Erweiterungen jeweils aus ZD und DD in Form von Korrekturen, Einschüben und Fußnoten angegeben. Sie werden in einem Variantenverzeichnis nach dem jeweiligen Text aufgeführt. Entsprechende Verweise finden sich im textkritischen Apparat des Haupttextes unter Angabe der Seite und Zeile. Nicht verzeichnet werden eindeutig erkennbare Dittographien wie auch alle sich ergebenden Presskorruptelen oder Unregelmäßigkeiten (Beispiele: Beiträge/Beitrage, bei/beı etc.). Ebenso werden die Silbentrennungen ohne Trennstrich wie ungebräuchliche Trennungen sowie die Eingriffe in die Paginierung und in die Bogensignierung im textkritischen Apparat nicht ausgewiesen. Nicht berücksichtigt werden regelmäßige Differenzen und Abweichungen in der Schreibweise und Orthographie von DD und ZD zu ED (Beispiele: Punct/Punkt, Saz/Satz, läß/lass, deßwegen/deswegen, außer/ausser, Uebergang/Übergang, Princip/Prinzip, seyn/sein etc.), welche allerdings im jeweiligen editorischen Bericht zusammengestellt werden.

Die regelmäßigen Abweichungen werden im Text nach folgenden Regeln behandelt:

– Die Ligatur ⟨ſs⟩ wird als scharfes S ⟨ß⟩ wiedergegeben; z. B. daſselbe = daßelbe; läſst = läßt; daſs = daß; Anlaſs = Anlaß; heiſsen = heißen
– Das lange ⟨ſ⟩ wird rund ⟨s⟩ geschrieben; z. B. ſoll = soll; erſt = erst

- Außer den Überschriften oder im Text zitierten Titeln werden die folgenden Ligaturen ⟨Ae⟩, ⟨ae⟩, ⟨Oe⟩, ⟨oe⟩, ⟨Ue⟩, ⟨ue⟩ aufgelöst; z. B. Ae = Ä; ae = ä; Oe = Ö; oe = ö; Ue = Ü; ue = ü
- Superskripte über den Vokalen werden den Lauten entsprechend gesetzt: ⟨a⟩ und ⟨u⟩ mit dem hochgestellten ⟨e⟩ = ä, ü
- Die häufig anzutreffenden Abbreviaturen für ⟨et cetera⟩ wie etwa ⟨rc.⟩, ⟨&c.⟩ werden als ⟨etc.⟩ wiedergegeben
- Altgriechische Wörter und Zeichen werden mit dem entsprechenden Zeichensatz und der Vorlage wiedergegeben
- Im Text gesperrte Wörter oder Sätze werden in der Edition *kursiv* gekennzeichnet
- Fremdsprachensatz (Latein, Französisch etc.) und einige im Text hervorgehobene *Kursivdrucke* werden in der Edition in serifenloser Schrift hervorgehoben

Sonstige Abweichungen und Druckfehler werden im textkritischen Apparat verzeichnet.

Paginierung

Die Paginierung von ED wird am Rand des Textes unter Angabe der Seite vermerkt; der Seitenwechsel wird durch eine Linie (|) im Text angezeigt. Die Paginierung von ZD und DD sowie auch von SW (unter Angabe von Band und Seite) gegenüber dem Grundtext der Edition erfolgt als Seitenkonkordanz im Register.

Erklärende Anmerkungen

In den erklärenden Anmerkungen werden Anspielungen und Literaturhinweise entschlüsselt, Informationen zu erwähnten Personen zusammengetragen und knappe Verstehenshilfen zum Text gegeben sowie zeitgeschichtliche Zusammenhänge kurz und prägnant erläutert. Sie werden im Text durch einen hochgestellten kleinen Kreis ° kenntlich gemacht und am Ende des vorliegenden Bandes unter Angabe der Seite und Zeile angegeben.

Zeichen und Abkürzungen

ED	Erster Druck
ZD	Zweiter Druck
DD	Dritter Druck
EDvar	Erstdruckvarianten
ZDvar	Zweitdruckvarianten
DDvar	Drittdruckvarianten
|	neue Seite des ED
[A], [B], [C]	Verweis auf die Fußnoten Baaders im Originaltext
○	Verweis auf die erklärenden Anmerkungen des Herausgebers
[ ]	Hinzufügung des Herausgebers
[...]	Auslassung des Herausgebers
[*]	In den zitierten Text eingeschobene Fußnote

Folgende Abbreviationen verweisen auf die im vorliegenden Band enthaltenen Texte Baaders

Baader 1792	*Ideen über Festigkeit und Flüssigkeit, zur Prüfung der physikalischen Grundsätze des Hrn. Lavoisier*
Baader 1797	*Beyträge zur Elementar-Phisiologie*
Baader 1798	*Ueber das pythagoräische Quadrat in der Natur oder die vier Weltgegenden*
Baader 1804	*Ueber den Affect der Bewunderung und der Ehrfurcht*
Baader 1807	*Ueber die Behauptung: »daß kein übler Gebrauch der Vernunft seyn kann«*
Baader 1808	*Ueber Starres und Fliessendes*

IDEEN ÜBER FESTIGKEIT UND FLÜSSIGKEIT, ZUR PRÜFUNG DER PHYSIKALISCHEN GRUNDSÄTZE DES HRN. LAVOISIER (1792)

EDITORISCHER BERICHT

a. Zur Entstehungsgeschichte des Textes

Zur Entstehung des Textes *Ideen über Festigkeit und Flüssigkeit* findet sich in Baaders Briefwechsel wie auch in seinem Tagebuch kein Beleg. Er wurde von dem 27-jährigen Baader gegen Ende seines Studienaufenthaltes an der Freiberger Bergakademie verfasst. Hier verweilte Baader dank der finanziellen Unterstützung seitens der kurbayerischen Regierung von 1788 bis 1792, um seine Ausbildung im Bergbau abzuschließen.[1] Im selben Zeitraum sind noch zwei weitere technisch-physikalische Aufsätze entstanden, nämlich *Ueber Verbesserung der Kunstsätze*[2] und *Versuch einer Theorie der Sprengbarkeit*, die Baader in dem von Alexander Wilhelm Köhler herausgegebenen Freiberger *Bergmännische[n] Journal* veröffentlichte – einer damals bekannten Fachzeitschrift mit Abhandlungen zum Bergbau, zur Mineralogie, Geologie sowie Rezensionen zu den neuesten wissenschaftlichen Veröffentlichungen auf diesen Gebieten.[3] Baaders *Ideen über Festigkeit und Flüssigkeit* erschienen indes in dem 1790 von Friedrich Albrecht Carl Gren gegründeten *Journal der Phy-*

1 Unter seinen Kollegen sind u. a. Leopold von Buch, Manuel del Rio, Thomas Weaver, John Hawkins, Friedrich von Schlotheim und vor allem Alexander von Humboldt zu nennen. Hierzu vgl. Bonchino 2014, S. 127 ff.

2 »Kunstsatz« (oder auch »Hubsatz«) ist ein Pumpenwerk, welches das Wasser bei einer Wasserhaltung auf eine gewisse Höhe (Satzhöhe) hebt.

3 Vgl. F. Baader: »Ueber Verbesserung der Kunstsätze«, in: *Bergmännisches Journal*, 2 (1791), S. 46–54 und *Nachtrag* in: *Bergmännisches Journal*, 1 (1792), S. 213–215 sowie F. Baader: »Versuch einer Theorie der Sprengbarkeit«, in: *Bergmännisches Journal*, 1 (1792), S. 193–212. Die letztere Abhandlung erschien zugleich als eigenständiges Werk bei demselben Verlag der Zeitschrift, vgl. F. Baader: *Versuch einer Theorie der Sprengbarkeit*. Craz, Annaberg und Freyberg 1792 (zweite Auflage 1798); sowohl in der ersten als auch in der zweiten Auflage wurde darauf in den folgenden Rezensionsperiodika aufmerksam gemacht: *Oberdeutsche Allgemeine Literaturzeitung*, Bd. I (1793), Sp. 171–174; *Göttingische Anzeigen von gelehrten Sachen*, Bd. III (1793), Sp. 2087, *Allgemeine Literaturzeitung*, Februar 1799, S. 535; *Annalen der Berg- und Hüttenkunde*, Bd. I, 2. Lief. (1802), S. 119–123.

sik, welches zur ersten, wie auch dauerhaft durchsetzungsfähigen, physikalischen Fachzeitschrift im deutschen Sprachraum werden sollte.[4]

Sechs Jahre zuvor hatte Baader bereits seine erste naturwissenschaftliche Abhandlung *Vom Wärmestoff* veröffentlicht,[5] in welcher er – innerhalb der Konstellation des sogenannten deutschen »Enlightenment Vitalism«[6] und unter engem Anschluss an Herders *Ideen zur Philosophie der Geschichte der Menschheit* – den naturphilosophischen Versuch unternahm, die Wärme als Einheits- und Differenzierungsprinzip des gesamten Naturprozesses (»als erstes Prinzipium alles stätten Umwandelns, folglich alles Lebens«) darzustellen.[7] Hierbei hatte er die Existenz eines imponderablen, elastischen, mit Expansivkraft begabten Fluidums bzw. Wärmestoffes angenommen, der die einzelnen Aggregate wie auf einer Stufenleiter gradmäßig durchdringt und dessen Zustand insofern determiniert, als er damit der elementaren Tendenz aller übrigen irdischen Stoffe zur Gestaltung (»Konfigurationstrieb«) stets entgegenstrebt.[8] Wenn auch ohne logisch-genetische Vermittlung, und zwar von einem unproblematisierten Elementbegriff ausgehend, kann Baader,[9] mithilfe dieses herkömmlichen Erklärungsschemas die Natur sowohl im Einzelnen als auch in ihrer Totalität als dynamische Interaktion zweier entgegengesetzter Faktoren deuten: Sie kommen innerhalb einer chemischen gesättigten Bindung in eine temporäre Reaktionslosigkeit bzw. in einen momentanen Gleichgewichtszustand.[10]

4 F.A.C. Gren hat die ersten acht Bände (1790–1794) unter dem Namen *Journal der Physik* und die weiteren vier (1795–1797) unter dem geänderten Titel *Neues Journal der Physik* herausgegeben. 1798, nachdem Gren die Zeitschrift ein weiteres Mal in *Annalen der Physik* umbenannt und das erste Heft zusammengestellt hatte, starb er im Alter von 38 Jahren an Schwindsucht. Die neu gegründeten *Annalen* wurden jedoch durch Ludwig Wilhelm Gilbert (1799 ff.) fortgesetzt, der diese bis zu seinem Lebensende in etwa 76 Bänden herausgab. Hierzu vgl. Seils 1995, S. 144 ff.

5 *Vom Wärmestoff, seiner Verteilung, Bindung und Entbindung, vorzüglich beim Brennen der Körper. Eine Probeschrift*, Wien und Leipzig 1786.

6 Vgl. Reill 2005, S. 112.

7 Vgl. Reill 2005, S. 101.

8 Vgl. Bonchino 2013, S. 30 f. Dazu vgl. Liedtke 2003, S. 30: Baader setzte »dem seit Stahl dominierenden positiven Wärmemoment explizit einen negativen Antipolo, einen ›Kältestoff‹ als Phänomen einer noch unbekannten Naturkraft entgegen. Mit der Polarität von Wärme und Kälte, Feuer und Eis polarisierte sich auch das Paradigma der Chemie – als ein im Kern thermodynamisches, sodann erkenntnisphilosophisches – in zwei divergierende dynamische Flußrichtungen der Naturprozesse [...].«

9 Vgl. Gerten 2000, S. 64.

10 Dazu vgl. WhB 1994, S. 106: »*Baader* schließlich stellte die These auf, daß Wärmestoff zu Licht werde, sobald ein Körper mit diesem Fluidum gesättigt ist; der überschüssige Wärmestoff entweiche dann in Form von Licht. Baader vermutete auch, daß die

Baaders naturphilosophischer Versuch wurde in den zur damaligen Zeit wichtigen Fachzeitschriften ausführlich besprochen,[11] nicht zuletzt weil er sich beispielhaft in die Diskussion und Rezeption der neuen französischen Chemie im deutschsprachigen Raum einreihte. Im Zusammenhang mit der bekannten Debatte zwischen Phlogistikern und Antiphlogistikern,[12] die in den neunziger Jahren des achtzehnten Jahrhunderts unter den deutschen Chemikern – wenn auch »verspätet«[13] – stattgefunden hat, intensivierten sich, neben den Problemen der Verbrennung (insbesondere der Existenz des Sauerstoffs) und der Zerlegung des Wassers in seine Elemente, die Phänomene der spezifischen, freien und gebundenen Wärme und ihrer Leitung. Die Wärme und all die mit ihr verbundenen thermischen Phänomene wurden nicht nur zum Thema einer Reihe größerer sowie kleinerer Publikationen, sie lösten vielmehr auch das Interesse der europäischen Akademien aus, die dieses Forschungsgebiet mit eigens initiierten Preisausschreiben (z.B. Dijon 1785, Kopenhagen 1786, München 1793) intensiv förderten.[14] K. Hufbauer hat diese wissensgeschichtliche Konstellation in seiner Studie über die *Formation of the German Chemical Community* (*1720–1795*) bereits ausführlich beschrieben und hierbei auch auf die besondere Stellung Baaders hingewiesen.[15] Im Anschluss an Hufbauers Analyse hat P. H. Reill weiter präzisiert, dass Baaders erste Schriften den ersten und wichtigsten in Deutschland zuzuordnen seien, welche die neue französische Chemie bzw. die Theorien Lavoisiers besser bekannt gemacht haben und deren Vordringen ins Land ermöglichten. Insofern – setzt Reill darüber hinaus fort – dürfe man wohl behaupten, dass die Chemie Lavoisiers bei der Entwicklung einer antimechanistischen bzw. dynamischen Chemie innerhalb der Begründung der deutschen Naturphilosophie eine zentrale Rolle gespielt habe.[16] Diese Beobachtung ist nicht nur richtig, sondern auch insofern bedeutend, als sie den konstellationsgeschichtlichen Hintergrund von Baaders *Ideen über Festigkeit und Flüssigkeit, zur Prüfung*

Erscheinungen der Wärme, des Lichtes, der Elektrizität und des Magnetismus aus der Tätigkeit ein und desselben Fluidums resultieren«.

11 Vgl. *Supplemente zur Allgemeinen Literaturzeitung vom Jahre 1786*, Bd. V, Nr. 82 (1788), Sp. 662–664; *Allgemeine Deutsche Bibliothek*, Bd. 82, 1 (1788), S. 495–498; *Göttingische Anzeigen von gelehrten Sachen*, Bd. II, 135. Stück, (den 25. Aug. 1787), S. 1351 f.; *Magazin für das Neueste aus der Physik und Naturgeschichte*, Bd. IV, St. 4 (1787), S. 149–151.

12 Hierzu vgl. zusammenfassend Ströker 1982, S. 263 ff.

13 Vgl. den Kommentar von Jan Frercks in Lavoisier 1792 [2008], S. 318 ff.

14 Vgl. Ströker 1982, S. 268 ff.

15 Vgl. Hufbauer 1982, S. 107 und 100 f.

16 Vgl. Reill 2015, S. 102 f. und 111 f.

der Physikalischen Grundsätze des Hrn. Lavoisier weiter zu erhellen vermag.

Baaders Schrift ist Zeuge des Wandels der Wissenschaft und zugleich, da dieser noch nicht abgeschlossen ist, an den damit zusammenhängenden Diskussionen beteiligt. Dieser Wandel geht insbesondere von der chemischen Theorie Lavoisiers aus, die nach der ersten Übersetzung von dessen *Traité élémentaire de chemie* (1789) im Jahr 1792 auch in Deutschland eine offene und zuweilen heftige Debatte unter den deutschen Chemikern auslöst.[17] Genauer gesagt stellen die *Ideen über Festigkeit und Flüssigkeit* das erste eigentliche Beispiel der nachkantischen Naturphilosophie dar. Wesentlich ist hierbei, wie Baader – in der Auseinandersetzung mit der Wärmetheorie Crawfords und vor allem im Zusammenhang mit der Sauerstoff-Chemie Lavoisiers – die frühe thermodynamische Naturerklärung (1786) im Jahr 1792 explizit mit Kants dynamischem Ansatz der *Metaphysischen Anfangsgründe der Naturwissenschaft* (1786) zu verbinden versucht.[18] Baader argumentiert im Haupttext gegen Lavoisiers Theorie der Aggregatzustände und wirft damit die Frage auf, ob dessen Begriffsverwendungen von Flüssigkeit, Kohäsion und Starrheit voraussetzungslos gebraucht werden dürfen oder in der Tat noch eine Begründung verlangen. In den Anmerkungen entwickelt er indes eine dynamische Konstruktion der Materie, die von Kants Dynamik-Kapitel der *Metaphysischen Anfangsgründe* ausgehend eben darauf abzielt, die Materie in ihrem ursprünglichen Zustand als ein vollkommenes Kontinuum zu erklären – das heißt, dass der flüssige Zustand ursprünglicher als der feste ist und letzterer allein durch ein fehlendes Gleichgewicht der Grundkräfte bestimmt wird.[19] Mithin scheint Baader eine bedeutsame Herausforderung der atomistischen Theorie erfasst zu haben. Allerdings erweckt er dabei den Eindruck – wie D. Baumgardt richtig feststellt – »unter der Kantschen ›Metaphysik der Naturwissenschaft‹ stets eine Statuierung über die Wirklichkeit der Materie zu verstehen, die rein *spekulativ* über die mechanistische Theorie der Atomistik hinausgehen wollte«.[20]

In Fortführung der *Kritik der reinen Vernunft* versuchte Kant in den *Metaphysischen Anfangsgründen* – beide Schriften, die erste Auflage der

17 Hierzu wie oben S. 5, Anm. 13.

18 Baader hat Kants Werk nur in der zweiten Auflage (1787) gelesen und sich in weiteren auf sie bezogen. Vgl. Kemp 1994, S. 70.

19 Insofern wird das Phänomen der Wärme auf die Repulsivkraft bzw. ihre unmittelbare Wirkung als Ausdehnung zurückgeführt und damit wird innerhalb eines dynamischen Systems zugleich überflüssig, einen spezifischen Wärmestoff anzunehmen.

20 Vgl. Baumgardt 1927, S. 171.

Kantschen Schrift und die erste Schrift Baaders erscheinen im selben Jahr – eine Naturlehre zu begründen, die nicht mit Erfahrungsgesetzen, sondern mit reinrationalen, apriorischen Prinzipien arbeitet. Dieser Absicht folgend führt Kant den Begriff der Materie auf das polare Zusammenspiel zweier real entgegengesetzter, aber metaphysisch bestimmter Grundkräfte, die sich gegenseitig limitieren, zurück. Die Materie wird somit definiert als

> »das *Bewegliche*, so fern es einen *Raum erfüllt*. Einen Raum *erfüllen* heißt allem Beweglichen widerstehen, das durch seine Bewegung in einen gewissen Raum einzudringen bestrebt ist. Ein Raum, der nicht erfüllt ist, ist ein *leerer Raum*.«[21]

Dieser Widerstand, den die ihren Raum erfüllende Materie übt, ist von daher Bewegung gegen eine andere entgegengesetzte, die zu ihrer Ursache eine bewegende Kraft hat.[22] Auf diese Weise setzt Kants dynamische Konstruktion der Materie – wie J. Jantzen formuliert hat – »an die Stelle eines mathematisch-atomistischen Begriffs von absoluter Undurchdringlichkeit [...] den Begriff der repulsiven Kraft und zieht zugleich [...] Anziehung als Grundkraft hinzu, um die Möglichkeit des Begriffs von Materie zu erklären und damit die *Erfahrbarkeit* von Materie zu begründen (als das Reale der Gegenstände der äußeren Sinne)«.[23] Kant ist sich der Problematik, die ein derartig dynamischer Ansatz der Naturphilosophie mit sich bringt, genauer gesagt der Schwierigkeiten, eine solche dynamische Kraftlehre ausreichend physikalisch zu erklären, durchaus bewusst.[24] Dementsprechend warnt er davor, über das hinauszugehen, was den allgemeinen Begriff einer Materie überhaupt möglich macht und »die besondere oder so gar spezifische Bestimmung und Verschiedenheit derselben [d.h. einer Materie] a priori erklären zu wollen«.[25] Gleichwohl tendiert Kant in diesem Werk schließlich zu einer dynamischen Erklärung der Materie als aktive Raumerfüllung, weil sie eben »erklärt«, was die mathematisch-atomistische als selbstverständlich annimmt oder bloß faktisch hinstellt.

21 Vgl. Kant 1983, Bd. 5, S. 47 (A 31).

22 Ebd., S. 48 (A 33): Eine »Materie erfüllt einen Raum, nicht durch ihre bloße *Existenz*, sondern durch eine *besondere bewegende Kraft*«.

23 Vgl. Jantzen 2015, S. 206.

24 Hierzu vgl. Bonsiepen 1997, S. 91 ff.

25 Vgl. Kant 1983, Bd. 5, S. 84 (A 83).

Vor diesem aporetischen Hintergrund, auf welchen die zeitgenössische Naturforschung beinahe gleichgültig reagiert,[26] geht der Student der Freiberger Bergakademie auf Kants *Metaphysischen Anfangsgründe* ein. Er beabsichtigt ihren eigentlichen philosophisch-physikalischen Kern zu identifizieren und zu beleuchten, sorgt sich, indem er die rein dynamischen Aspekte dieses Werkes bevorzugt, aber nicht darum die Grenze zwischen Naturphilosophie und empirischer Forschung einzuhalten.[27] Für Baader ist es im Unterschied zu Kant entschieden, dass

> »Erscheinungen, Phänomene des Lebens, Selbstbewegens nach Willkür, Empfindens – Kraftäußerungen einer für sich bestehenden (stufig organischen und ohne Organ uns nicht affizierenden, erkennbaren) Kraft, Wesens – einer Substanz sind«.[28]

Er will eben die Äußerungen dieser für sich bestehenden Kräfte verstehen, ja »erklären« und mithin über »das blinde Angaffen der Phänomene und das Stoßen am Kleide jener Sinnlichkeit« hinausgehen, auch wenn es bedeutet, die damaligen Konventionen der Naturwissenschaft zu überschreiten.[29]

Obgleich Kant der Chemie den Status der Wissenschaftlichkeit in den *Metaphysischen Anfangsgründen* abspricht,[30] zieht Baader nun – nicht zuletzt beeinflusst von der chemischen Geologie Abraham Gottlob Wer-

[26] Kants Buch hatte in der Tat weder unter den Philosophen noch unter den Naturforschern unmittelbare Aufnahme gefunden. Öffentlich wurden die *Metaphysischen Anfangsgründe* nur zweimal besprochen, und zwar sehr kritisch. Denn nicht zuletzt waren für viele zeitgenössische Naturforscher de facto andere wissenschaftlichen Fragen, die die experimentelle Praxis der Forschung unmittelbar berührten, wichtiger als Kants transzendentale Reform der Naturphilosophie. Man darf wohl sagen, dass Baaders Aufsatz im Jahr 1792 nicht nur die erste lobende Besprechung des Textes Kants war, sondern zugleich – wenn auch »wahrscheinlich« (Tuschling 1971, S. 50) – die erste, die praktische Anregungen beinhaltet hat, durch welche Kant das Kontinuitätsproblem, bezogen auf Materie, Masse und Größenbegriff neu reflektiert und dabei – wie es aus seinem *Opus postumum* zu konstatieren ist – versucht hat, die *Metaphysischen Anfangsgründe* insgesamt auf ihren phoronomischen Teil zu reduzieren.

[27] Vgl. Engelhardt 1976, S. 14f.: »Dieses Schwanken ist ein grundsätzliches Kennzeichen der romantischen Form der metaphysischen Naturphilosophie; Trennung und Aufeinanderbezogenheit von Philosophie und Empirie gehören dagegen zum ausgesprochenen Ziel ihrer idealistischen oder spekulativen Form.«

[28] Vgl. Baader 1851–1860, Bd. 11, S. 165 (25. September 1788).

[29] Ebd. und dazu vgl. die Tagebuchnotiz Baaders vom 3. Januar 1790 unter dem Titel »Über das, was man in der Physik erklären heißt« in Baader 1851–1860, Bd. 11, S. 195 f.

[30] Denn ihre Prinzipien seien bloß empirisch und ihre Gesetze nur Erfahrungsgesetze; vgl. Kant 1983, Bd. 5, S. 12 (A V).

ners und dessen neptunistischer Erdgeschichtshypothese[31] – eben diese »systematische Kunst«[32] zur Rechtfertigung seines Unterfangens heran; denn ein

> »Chemiker wird übrigens weniger in Versuchung geraten, ein Leugner der seelischen, geistigen Substanz zu werden, als ein Schulpsychologe, oder ein sogenannter bloß mechanischer Physiker.«

Dabei beklagt Baader, er habe noch zu wenig Kenntnisse der Chemie.[33]

Es ist kein Zufall, dass Georg Christoph Lichtenberg Baaders handschriftliche Fassung der *Ideen über Festigkeit und Flüssigkeit, zur Prüfung der Physikalischen Grundsätze des Hrn. Lavoisier*[34] sowie dessen erste naturwissenschaftliche Abhandlung *Vom Wärmestoff* besaß.[35] Tatsächlich hatte Lichtenberg, der übrigens die von Baader aufgestellte Hypothese über Festigkeit und Flüssigkeit billigt,[36] nicht nur wie der junge Student aus Freiberg an Kants dynamischen Vorstellung einer von vornherein mit Kräften begabten Materie, sondern spezifischer an dem chemischen Gebiet der Naturlehre großes Interesse. Er war wie Baader davon überzeugt, dass die chemischen Kräfte, die sich in den Reaktionen und Affinitäten der Stoffe zeigten, nicht etwas Isoliertes sein können, sie mussten – wie W. von Engelhardt richtig zuspitzt – in einem Zusammenhang mit den physikalischen, insbesondere den Fluida der Wärme und Elektrizität gebracht werden.[37] Letztlich waren die beiden Philo-

31 In Übereinstimmung mit den physischen Prinzipien und denen der chemischen Kosmologie (aber im Gegensatz zu irgendeinem katastrophistischen Paradigma) lehrte A.G. Werner (1749–1817) an der Freiberger Bergakademie eine Erdgeschichte, in der die stete Aktivität einer bildenden Kraft festzustellen ist, welche die Naturwissenschaft in kontinuistischem (demzufolge monistischem) Sinn begründet. Er stimmte der Voraussetzung zu, dass die Gesteinsformationen Ablagerungen einer Urflüssigkeit oder einer mineralisch-wässrigen Mischung waren, wobei tatsächlich die chemischen Verbindungen zwischen den Elementen des Kosmos eine maßgebliche Rolle gespielt haben. Hierzu vgl. Bonchino 2014, S. 140 f. und 148 f.

32 Ebd.

33 Vgl. Baader 1851–1860, Bd. 11, S. 165 (25. September 1788).

34 Vgl. Gumbert 1982, S. 75 (Nr. 377). Dass Lichtenberg zu jener Zeit mit Baader im Briefwechsel steht, resultiert auch aus seinem Tagebuch; vgl. Lichtenberg 1968–1992, II, S. 708 (Nr. 85 vom 5. Oktober 1790), S. 712 (Nr. 110 vom 22. Dezember 1790) sowie S. 717 (Nr. 142 vom 9. März 1791). 1790 war Baader tatsächlich am 2., 3., 4. und 8. Oktober bei Lichtenberg in Göttingen; vgl. Lichtenberg 1968–1992, IV, S. 1333.

35 Vgl. ebd. S. 103 (Nr. 545) und Lichtenberg 1968–1992, IV, S. 688 (Briefe 525 vom 12. November 1786).

36 Vgl. das Heft J (1789–1793) der »Sudelbücher« in Lichtenberg 1968–1992, II, S. 331 (Nr. 1831).

37 Vgl. Engelhardt 1988, S. 154, dazu vgl. auch in Lichtenberg 1968–1992, II, S. 290 (Nr. 1575).

sophen auch hinsichtlich der Erdgeschichte einer Gesinnung und sind beide nachweislich von Werners chemisch-geologischen Ansichten und Ideen beeinflusst worden.[38]

Baaders dynamisch-chemische Auffassung von der Natur und von der zugrundeliegenden neptunistischen Theorie Werners lassen sich rezeptionsgeschichtlich, wenn auch nur indirekt, bei anderen Autoren, wie etwa Novalis und Alexander von Humboldt nachweisen.[39] Dass Letztere die *Ideen* Baaders kannten, ist wohl anzunehmen. Während aber in Bezug auf Novalis exemplarisch auf das mathematische Heft vom 23. Juni 1798 verwiesen werden kann, wo er sich deutlich auf Lavoisiers drei Zustände der Materie, wie sie in Baaders *Ideen* abgearbeitet werden, bezieht,[40] lässt sich die Rezeption der *Ideen über Festigkeit und Flüssigkeit* bei Humboldt in erster Linie anhand der Korrespondenzen nachweisen: Die beiden waren zu jener Zeit zusammen in Freiberg und an der damaligen Debatte um die antiphlogistische Chemie sehr interessiert. Humboldt berichtet etwa in einem Brief an den Bergrat Dietrich Ludwig Gustav Karsten vom 25. August 1791: »Dr. Baader, der Verf[asser] des Buches vom Wärmestoff, hat mir auch manche Idee mitgetheilt, und ich bin überzeugt, daß man mit wenigen, nicht kostspieligen Versuchen dahin kommen kann, unsere Herde, Pfannen und Schwadenfänge wegzuwerfen«[41]. Im selben Jahr schreibt er auch an Paul Usteri: »Ueberhaupt beschäftigt mich antiphlogistische Chemie ungemein, mit zween meiner hiesigen Freunde, H. Del Rio aus Spanien und D. Baader aus München. Ich bin überzeugt, daß Lavoisier Entdeckungen über den Kohlenstoff und das Kohlensäure Gas den Weg zu großen Dingen bahnen«.[42]

b. Zur Edition des Textes

Der Edition der *Ideen über Festigkeit und Flüssigkeit, zur Prüfung der Physikalischen Grundsätze des Hrn. Lavoisier* liegt der Erstdruck (ED) zugrunde, der im Jahr 1792 im Band V, Heft 2, des von Friedrich Albrecht Carl Gren herausgegebenen *Journal der Physik* (Leipzig bei Johann Ambrosius Barth) erschienen ist. Die Abhandlung ist in Antiqua gesetzt,

[38] War Baader zu jener Zeit als Student der Freiberger Bergakademie Schüler Werners, konnte Lichtenberg seine geologischen Kenntnisse im persönlichen Umgang mit Letzterem vertiefen, denn Werner besuchte ihn mehrmals in Göttingen. Ebd., S. 155 f.

[39] Hierzu ausführlich in Bonchino 2013 sowie Bonchino 2014, 127 ff.

[40] Vgl. Novalis 1960a, S. 51 und hierzu Mahoney 1980, S. 32 f.

[41] Vgl. Humboldt 1787–1799, S. 85.

[42] Ebd., S. 165.

was für naturwissenschaftliche Texte durchaus üblich war. Einfache Hervorhebungen, Fremdsprachensatz (Französisch und Latein) sowie im Text zitierte Titel oder Autoren werden durch Kursivschrift gekennzeichnet. Überschriften und Titelblätter sind in einer größeren Kursivschrift gedruckt, die Fußnoten in einer kleineren Schrifttype. Doppelte Hervorhebungen der Kursivschrift werden durch zusätzliche Sperrung ausgezeichnet. Baaders Text beginnt auf Seite 222 und endet auf Seite 247. Alexander von Humboldts *Versuche und Beobachtungen über die grüne Farbe unterirdischer Vegetabilien* (S. 195–204) und Mathias Metternichs *Versuch einer nähern Erklärung von den allgemeinen Erscheinungen der Körper, vorzüglich von der Härte, Flüssigkeit und Elastizität* (S. 204–222) gehen voraus.

Dem vorliegenden Druck liegt das Exemplar der Sächsischen Landesbibliothek – Staats- und Universitätsbibliothek Dresden mit der Signatur »H.nat.A.665« zugrunde. Ferner wurde dieses Exemplar mit dem der Universitätsbibliothek Leipzig mit der Signatur »Phys.712« und jenem der Bayerischen Staatsbibliothek München mit der Signatur »Phys.g. 149-5« kollationiert. Da es keine zweite Auflage von den *Ideen über Festigkeit und Flüssigkeit*, die zu Baaders Lebzeiten veröffentlicht wurden, gibt,[43] wird der Text in Form der *editio princeps* publiziert. Die Edition lässt den Text des Erstdrucks unverändert. Folgende Beispiele verdeutlichen die differierende Schreibweise in der vorliegenden Edition und ED: die Ligatur ⟨ſs⟩ wird als scharfes S ⟨ß⟩ wiedergegeben, z. B. daſselbe = daßelbe; läſst = läßt; daſs = daß; Anlaſs = Anlaß; heiſsen = heißen. Das lange ⟨ſ⟩ wird rund ⟨s⟩ geschrieben, z. B. ſoll = soll; erſt = erst. Sonstige Abweichungen und Druckfehler werden im textkritischen Apparat verzeichnet.

43 Erst nach dem Tod des Philosophen wurden die *Ideen* in dem von F. Hoffmann konzipierten und herausgegebenen dritten Band der *Philosophischen Schriften und Aufsätze* Baaders nochmals abgedruckt (S. 51–70). Sie ist 1847 in Würzburg bei Voigt und Mocker erschienen. Der Abdruck des Textes folgt allerdings im Allgemeinen dem von ED.

Ideen über Festigkeit und Flüssigkeit, zur Prüfung der physikalischen Grundsätze des Hrn. Lavoisier.

In: »Journal der Physik«
Herausgegeben von Friedrich Albrecht Carl Gren
Band V. Heft 2. 1792, S. 222–247.
Leipzig, bey Johann Ambrosius Barth.

1 Ideen] ED *überschreibt:* 3. 2 Lavoisier.] *In* ED *folgt: von Franz Baader, D.*

Ehe für jeden einzelnen Fall entschieden werden kann, ob eine gegebene Erklärung befriedigend ist, oder nicht, wird man erst darüber einig seyn müssen, was denn eigentlich von einer Erklärung verlangt, d.h. wie weit in der generellen Physik mit dem Er|klären gegangen werden 223 kann und soll?° – daß man nicht dabey stehen bleiben kann, wenn man eine Reihe Phänomene ihrer Ähnlichkeit wegen zusammenfaßt, und sie unter die Rubrik Eines sogenannten *Naturgesetzes* bringt, läßt sich leicht absehen – denn ein Gesetz erklärt nichts; und wenn gleich derlei Generalisirungen dem Experimentator eben so unentbehrlich sind, als z.B. dem Naturaliensammler ein künstliches System in Ermangelung eines natürlichen, so lehrt doch die Erfahrung, daß diese Zusammestellung der Phänomene nach ihren größten Ähnlichkeiten manchmal zu größen Irrthümern Anlaß giebt.° – Unter dem Worte Attraktion z.B. welche verschiedenartige Phänomene stellte man nicht zusammen – Gravitation, Cohäsion, und warum nicht auch das Zusammenhalten der Guerikischen Halbkugeln?° – aller Erinnerungen ungeachtet blieb man lange dabey stehen, Attraktion sey ein allgemeines Naturgesetz, sah sie eben darum überall als Wirkung einer und derselben Ursache an, suchte nach letzter und fand sie – in dem Zauberworte der anziehenden Kraft – die Körper ziehen sich an, sagte man, wie Herzen sich anziehen, und haften an einander, wie Herzen an einander hangen, und nun war man zufrieden.° Wenn also doch ja erklärt werden soll, so dringt sich uns wohl natürlich zuerst der Gedanke auf, ob wohl eine andere Erklärungsart, als die sogenannte *mechanische* hier, verlangt werden kann?° – denn wenn auch sie freylich nur wieder eine Generalisirung ist, so ist sie doch die höchste, zu der wir gelangen können, *indem sie alle Phänomene in einfache Gesichtsideen auflöset.*° – Wirklich gehen auch auf diesem Wege schon seit geraumer Zeit verschiedene der größten mathematischen Naturforscher unsers Zeitalters mit erwünschtem Erfolge; und besonders läßt uns Hr. *de Luc*|vermuthen, wie fruchtbar diese Erklärungsart bei der 224 Art Phänomene sey und werden könne, welche gegenwärtig so sehr alle Naturforscher beschäftigen,° bei denen wir aber keinen Schritt vorwärts zu thun im Stande sind, ohne gleichsam wider Willen den Ursachen der

13 Irrthümern] *In* EDvar *Drucktype beschädigt:* Irr hümern 29 besonders] *In* EDvar *Drucktype beschädigt:* be onders

allgemeinsten Phänomene, nämlich der Schwere, der Cohäsion, Festigkeit und Flüssigkeit der Elastizität u. d. gl. nachforschen zu müssen[A].°

Aber sollte auch dieser Weg nicht der richtige seyn, und sollten wir vergebens erwarten, daß er uns der Auflösung dieser großen Probleme unfehlbar näher bringen wird? – Ehe noch Hrn. *Kants Metaphysische Anfangsgründe der Naturwissenschaft* erschienen waren, würde der mathematische Naturforscher vielleicht diese Frage kaum einer Beantwortung werth gehalten haben, aber seit Erscheinung dieses Buches, was noch lange die Sensation nicht gemacht zu haben scheint, die es (wie alle Kantische Schriften) über kurz oder lang unfehlbar machen muß, hat die Sache freylich eine andere Gestalt gewonnen.° Dieser große Mann erklärt sich nämlich in mehrern Stellen desselben so nachdrücklich gegen die *mechanische* Naturphilosophie, der Er seine *dynamische* entgegensetzt, daß auch der hartnäckigste Atomistiker, wie ich glaube, stutzig werden muß.° So weit ich indeß Hrn. *Kant* verstehe, scheint es mir nun freilich, daß man seine Meinung sehr mißdeuten würde, wenn man
225 glaubte, Er sey darum | gegen alle mechanische Erklärung überhaupt. Man bediene sich immer dieser Erklärungsart, so weit man sich ihrer bedienen kann, man gebe sie aber auch nicht für das aus, was sie nicht ist, d. h. für eine Metaphysik der Naturwissenschaft,° und räume dem dinamischen Naturphilosoph ein, daß das letzte Ziel und die Gränze aller Erklärungen noch weiter gehe, als bis zu den *Molecules primitives* –° und daß die Annahme der letztern allerdings noch einer Rechtfertigung bedarf, folglich nicht als eine unbedingte ursprüngliche Position gelten kann, wie uns die mathematischen Naturforscher bisher glauben machten. Da auch Hr. *Lavoisier* sich der atomistischen Erklärung bedient, so wird es nöthig seyn, statt einer Einleitung einiges über diesen Gegenstand hier voranzuschicken.

Hr. *Kant* lehrt uns die Möglichkeit eines originellen flüssigen, ohne alle Viscosität, was ein vollkommnes Kontinuum ist, und keinesweges aus discreten festen Theilchen besteht.° Aber Er giebt zugleich zu, daß irgend eine palpable (sperrbare und wiegbare) Flüssigkeit, z. B. die Luft,

A Die Chemie, die uns seit ihrer Aufnahme von diesen Untersuchungen ganz abführte, führt uns jetzt wieder auf sie zurück – daß sie aber ihre Gränzen bereits überschritten hat, davon wird man sich leicht überzeugen, wenn man nur die schwankenden, weit umfassenden Definitionen dieser systematischen Kunst in den vielen Handbüchern
225 vergleicht.° |

30 Viscosität] *In* EDvar *Drucktype beschädigt:* Viscositat

allerdings aus discreten Theilchen bestehen mag, und daß folglich ihre Flüssigkeit so wenig, als ihre Elastizität originell ist.[A] – Hiermit ist nun aber der Atomi|stiker vor der Hand schon zufrieden, und da Groß und 226
Klein keinen Unterschied hier macht, so sehe ich nicht, wie man es ihm wehren könnte, auch von diesen und jenen palpablen und wägbaren, und so fort auch von unwägbaren Flüssigkeiten dasselbe zu behaupten, und ihre Flüssigkeit sowohl, als ihre Elastizität aus der Figur und Bewegung ihrer Theilchen zu erklären. Eben so verhält es sich mit der Idee, die uns Hr. *Kant* von der radicalen Auflösung giebt, welche nicht blos als Nebeneinanderseyn, sondern als wahre Durchdringung gedacht, wenn schon nicht begriffen werden soll, indem kein Grund vorhanden sey, warum z.B. ein noch so kleines Klümpchen des aufgelösten Körpers weiter unaufgelöset in seinem *Menstruum* schwimmen soll,° von dem es ja rund umflossen sich befindet – denn theils wird hier schon stillschweigend vorausgesetzt, daß dieses *Menstruum* ein originell flüssiges, d.i. ein völliges Kontinuum sey; theils giebt Hr. *Kant* selbst zu, daß es Auflösungen ohne Durchdringung allerdings giebt.° Das Phänomen der Gravitation allein macht indeß eine merkwürdige Ausnahme, denn da uns Hr. *Kant* gezeigt hat, daß es als unmittelbare Äusserung der aller Materie wesentlichen Grundkraft der Anziehung nicht anders sich zeigen kann, als es sich wirklich zeiget,° so überhebt er uns nicht allein aller weitern Hypothesen darüber, als einer wahrhaft überflüssigen Mühe, sondern er sichert auch den | Gebrauch der Wage wider alle 227
Einwürfe des Skepticismus in alle Zeiten hinaus. –[B]

A S. *Metaphysische Anfangsgründe der Naturwissenschaft.* Zweite Auflage 1787. S. 80.° Alle Materie ist nach H. *Kant* expansiv elastisch, und keinesweges, wie der mechanische Naturphilosoph will, absolut undurchdringlich, sondern compressibel. – Originelle Elastizität° wäre also solche, die als unmittelbare Äusserung der repulsiven Grundkraft sich durch ihre Unveränderlichkeit und ihre Zunahme im umgekehrten kubischen Verhältnisse der Compression erwiese. – *Originell flüssig* heist Hr. *Kant* einen flüssigen Körper, der nicht etwa nach dem Bernouillischen Begrif aus bewegten (festen) Theilchen besteht, sondern durch und durch | ein wahres Kontinuum 226
ist.° Indem Hr. *Kant* uns übrigens zeigt, daß sich ohne repulsive und anziehende Kraft zusammen, keine Erfüllung eines Raums und also keine Materie denken läßt, so vernichtet er, wie durch einen wohlthätigen Lebenshauch, alle *Matiere brute* in der Natur, und in ihr ist überall nur *Matiere vive* vorhanden. |° 227

B Welche Modification diesemnach des Hrn. *Le Sage* mechanisches System° erleiden dürfte, wird sich nach Bekanntmachung desselben zeigen. Wirklich wäre es einmahl Zeit, die willkührliche Annahme eigner impalpabler Stoffe durch kritische Gesetze im Zaum zu halten – denn wenn für jede einzelne Kraftäußerung wieder eine eigene Materie angenommen werden soll, so sehe ich das Ende dieser *chemischen Perso-*

9 Hr.] ED: Hr 15 vorausgesetzt] ED: vorsusgesetzt

Aber die vorzüglichste Schwierigkeit, die Hr. *Kant* dem Atomistiker zu lösen gab, scheint mir die zu seyn, die sich aus seiner Bemerkung ergiebt, daß Festigkeit oder Starrheit nichts weniger, als ein einfaches Phänomen sey, was sich also keinesweges an einer einartigen Materie, als solcher, vermöge ihrer eigenen Kräfte (selbst die der Cohäsion) begreifen lasse.° – Der Atomistiker setzt aber gerade das Gegentheil voraus, indem er, sowohl um das Vorhandenseyn seiner ersten Körperchen genetisch zu erklären, als ihre Bestandheit zu sichern, eine und dieselbe gleichartige Materie vermöge ihrer eigenen Kräfte den leeren Raum nicht nur auf verschiedene Art erfüllen, sondern ihn auch bleibend erfüllen, d. h. eine zahllose Menge absolut fester und vollkommen starrer Körperchen bilden läßt, welche in nichts als ihrer Figur verschieden sind und ewig durch keine andere Kraft, als die des Stoßes, auf einander zu wirken vermögen. Die Leichtigkeit, mit welcher der Atomistiker den wirklichen Übergang eines und desselben Stoffes aus dem festen in den flüssigen Zustand und wechselsweise begreiflich macht, kommt ihm folglich nur darum
228 zu statten, weil er | einen dieser Zustände (nämlich den festen) wirklich unerklärt läst. So natürlich es nun aber auch hierbey zugehen mag[A], und

nifikationen nicht ab, und wir werden noch einer materiemachenden Materie am nöthigsten haben, da wir sie ja als solche aller eigenen Kraftäußerung für unfähig er-
228 klären. |°

A Wenn man sagt, daß Flüssigkeit (mit allen ihren Unterarten) und Festigkeit nur zweierley Zustände oder Arten zu seyn sind, die ein und derselbe Stoff eingehen, und unter denen er wechselsweise erscheinen kann, so giebt man entweder gar keine Ursache an, warum er nun in dieser oder jener Form erscheint, oder man schreibt jede derselben gewissen Verbindungen zu, die er in verschiedenen Umständen mit andern Stoffen eingeht, oder sie verläst, welche letztere dann entweder selbst palpable sind, wie dies bei den gewöhnlichen Auflösungen der Fall ist, oder nicht, wie beim einfachen Schmelzen. Wobei er zugleich gewissen Einwirkungen stets auf ihn wirkender Kräfte, es mögen nun diese in oder außer ihm vorhanden seyn, wechselsweise ausgesetzt, oder ihrer verlustig gemacht wird. – Fragt man nun aber nach dem bleibenden Ding, was, indem es z. B. bald Eis, bald Kristallisationswasser, bald Wasser, bald Dampf *wird*, selbst weder das eine noch das andere *seyn* kann – und nach der Art, wie der wirkliche Übergang dieses bleibenden Dings aus einem dieser Zustände in den andern begreiflich wird, so läßt man diese Frage abermahl entweder ganz unbeantwortet, oder man nimmt stillschweigend einen dieser Zustände (und zwar den festen) selbst als bleibend bei all diesen Metamorphosen an, weil sich eine formlose Materie gar nicht denken läßt, d. h. man denkt sich den Körper schon in (feste) Atome getheilt.° Hiegegen hat nun Hr. *Kant* gezeigt, daß man wohl eher beim flüssigen Zustande die Erklärung anheben kann, aber schlechterdings nicht beim festen.° – Die Anwendung des Gesagten auf die *bases* der antiphlogistischen Theorie ergiebt sich von selbst; und man sieht schon hieraus, wie wenig Grund man haben würde, die Existenz dieser Basen *darum* in Zweifel zu ziehen, weil sie sich aus den Luftarten nicht so isolirt dar-
229 stellen lassen, als etwa – die Butter aus der Milch. |

wenn man ihm selbst das Vorhandenseyn erster Körperchen einräumt, (wie man z. B. Kristalkeime zugiebt) so wird er doch ge|stehen müssen, 229
daß sie selbst nur ein sekundaires Phänomen sind, und daß also ihr Entstehen so lange unbegreiflich, und ihr Verschwinden oder Zerfließen so lange möglich ist, bis es ihm nicht gelingt, eine dinamische Erklärung dieses Phänomens zu geben.° Ob hiezu gar keine Hofnung vorhanden sey, werden wir in der Folge noch sehen.

Ich komme nun zu dem eigentlichen Zwecke dieses Aufsatzes, nämlich zur Betrachtung der Art, wie Hr. *Lavoisier* sich den dreifachen Zustand der Körper (den festen, tropfbarflüssigen und elastischflüssigen) so wie ihren wechselsweisen Übergang erklärt.°

Hr. *Lavoisier* geht bey seiner Theorie von der Annahme aus,° daß *alle* (palpable) Stoffe wie das Wasser nicht nur allein des festen, tropfbarflüssigen und elastischflüssigen Zustandes fähig sind, sondern daß sie auch jeden derselben nur zufolge eines gewissen Wärmegrades, dem sie sich ausgesetzt befinden, annehmen und behalten, so wie dies beim Wasser der Fall ist[A]. Er sieht aber nicht nur allein alles Flüs|sigseyn für eine Folge 230
der Erwärmung an, sondern er hält auch dafür, daß es mit dieser Wirkung der Wärme auf eben dieselbe Art zugeht, wie mit einer andern, nämlich der Ausdehnung, und daß sich die eine wie die andere aus dem Abstande erklären lasse, in welchem sich die einzelnen Körpertheilchen gegen einander befinden, welcher Abstand dann, so lange der Körper noch fest ist, aus dem Verhältnisse der Cohäsionskraft zur ausdehnenden oder trennenden der Wärme[B], in jedem andern seiner|Zustände aber aus dem der 231

A Das Wasser° giebt zwar ein gutes Beispiel für die sogenannten einfachen Schmelzungen ab, wo nämlich der geschmolzene Körper beim Wiederfestwerden, unverändert seine vorige Natur annimmt, aber nicht so gut für jene Schmelzungen, wo der entgegengesetzte Fall statt findet, und entweder palpable Stoffe, (Flüsse) augenscheinlich sich mit ihm verbinden, oder seine veränderte Natur beim Wiederfestwerden eine ähnliche Einwirkung inpalpabler Stoffe vermuthen läst, (wie z. B. im condensirten Sonnenlichte). – Im letztern Falle wird aber das Flüssigseyn weder durch die Wärme allein, wie im erstern, noch auf dieselbe Art bewürkt. S. Hrn. *de Luc's* Ideen zur Meteorologie.° Eben so wenig geht es aber auch an, unbedingt von allen palpablen Stoffen zu behaupten, daß sie|aller drei oder vier Zustände oder Formen fähig sind. S. I. B. I. 230
Stück dieses Journals den ersten Aufsatz vom Hrn. Herausgeber.°

B Indem Hr. *Lavoisier* hier alle Wirkungen der Wärme durch eine zu erklären sucht und von dem *Calorique* selbst nur als einer *Force expansive* spricht, die noch überdies beinahe gränzenlos wirken soll, so giebt er allerdings zu bedenklichen Folgerungen Anlaß, die den Vorstellungen, die sich dieser Naturforscher sonst von dem *Calorique* macht, keinesweges günstig sind.° – Am besten wird sich das durch eine Bemerkung zeigen lassen, die ich hierüber von meinem verehrungswürdigen Freunde, dem jün-

13 Stoffe] *In* ED var *Drucktype beschädigt:* Stofte **31** Sonnenlichte).] ED: Sonnenlichte) letztern zu einer dritten Kraft (die nach Ihm nur der Druck einer palpablen Flüssigkeit seyn kann) bestimmt wird. Sowohl der Kürze wegen, als um mich bei einigen meiner Leser vor dem Verdacht einer Mißdeutung zu sichern, werde ich die hieher gehörige Stelle aus Hrn. *Lavoisier's Traité elementaire de Chimie* ganz hersetzen.°

Nous venons de voir (heist es S. 7. T. I) *que le même Corps devenoit solide ou liquide, ou fluide aeriforme, suivant la quantité de Calorique, dont il etoit pénétré, ou, pour parler d'une maniere plus rigoureuse, suivant que la force repulsive du Calorique étoit egale à l'attraction de ses molécules, ou qu'elle etoit plus forte, ou plus foible qu'elle. Mais s'il n'existoit que ces deux forces, les Corps ne seroient liquides qu'à un degré indivisible du thermomètre, et ils passeroient brusquement de l'etat de solide à celui de fluide elastique aeri-*
232 *forme. Ainsi l'eau, par exemple,* | *à l'instant même, ou elle cesse d'être glace, commenceroit à bouillir: elle se transformeroit en un fluide aeriforme, et ses molécules s'ecarteroient indefiniment dans l'espace: s'il n'en est pas ainsi, c'est qu'une troisieme force, la pression de l'atmosphere, met obstacle à cet ecartement, et c'est par cette raison, que l'eau demeure dans l'etat fluide depuis zero jusqu'à 80 degrés du thermometre françois: la quantité de Calorique, qu'elle reçoit dans cet intervalle, est insuffisante pour vaincre l'effort occasionné par la pression de l'atmosphère.*

gern Hrn. *v. Humboldt* erhielt – »Wozu nämlich bedarf es einer *eignen* Materie, welche die Zu- und Abnahme der Expansion aller übrigen Materie durch ihren Zu- und Abtritt bewirken soll, da wir vielmehr der Ursache nachzuforschen haben, warum die aller Materie als solcher wesentlich eigne und ihr stets inwohnende Expansionskraft sich *nicht*, oder nur bis zu einer gewissen Gränze äußert, und also mehr Recht vorhanden zu seyn scheint, eine kaltmachende Materie, die die übrige Materie zusammenhält, als eine warmmachende, die sie aus einander treibt, anzunehmen.«° – Ich glaube nicht, daß sich den Folgerungen dieses Einwurfes anders begegnen läßt, als dadurch, daß man theils zeigt, daß das Vorhandenseyn eines eigenen Wärmestoffs keinesweges aus dem Phänomen der Expansion allein geschlossen werden darf, so
231 wenig als die etwas zu metaphysische Darstellung dessel|ben als einer bloßen *Force expansive* hinreicht, alle Wirkungen des *Calorique* zu erklären – theils daß dieß Phänomen der Expansion selbst von der Art ist, daß es auf keine Weise für Äußerung der repulsiven Grundkraft der Materie genommen werden kann. – *Newton* hatte dieselbe Idee im Sinne, indem er eine wahre Auflösung aller übrigen Körperstoffe in (und zu) Wärmematerie wahrscheinlich hielt, die er sich blos zufolge einer Zertheilung oder Verfeinerung der ersten dachte. Eine Idee, die auch noch darum merkwürdig ist, weil sie in ihrer allgemeinen Anwendung dem mechanischen Naturphilosophen immer Schwierigkeiten genug macht, so lange er keine innere specifische Verschiedenheit der Materie zugiebt, indem er derlei Metamorphosen, als nach ihm bloßen Metamorphosen der Form, nichts in den Weg zu legen weis, als das Faktum der Beständigkeit
232 der Naturerscheinungen, das aber eben hierbei unbegreiflich wird.°|

On voit donc que, sans la pression de l'atmosphère, nous n'aurions pas de liquide constant; nous ne verrions les corps dans cet état qu'au moment precis ou ils se fondent: la moindre augmentation de chaleur qu'ils recevroient ensuite, en ecarteroit sur le champ les parties et les disperseroit. Il y a plus, sans la pression de l'atmosphère, nous n'aurions pas à proprement parler, des fluides aeriformes. En effet au moment ou la force de l'attraction seroit vaincue par la force repulsive du calorique, les molécules s'eloigneroient indefiniment, sans que rien limitât leur ecartement, si ce n'est leur propre pesanteur qui les rassembleroit pour former une atmosphere.

Wenn fest und flüssig sich, wie Hr. *Lavoisier* hier annimmt, blos dadurch unterschieden, daß die Kontinuität bei erstern als Folge eigentlichen *Zusammenhangs* (die Ursache desselben mag nun seyn, welche sie will,) bey letztern aber nur als ein *Zusammenhalten* vermöge eines Druckes jeder andern sie berührenden palpablen (elastischen) Flüssigkeit statt fände, so würde sich zwar bey letztern ein Widerstand gegen die Trennung ihrer Kontinuität allenfalls noch begreifen lassen; aber nur unter der Bedingung, daß dieser Widerstand mit seiner Ursache, | näm- 233
lich jenem Drucke, stets in genauem Verhältnisse stünde, und dasselbe müste von allen übrigen Äußerungen der Fluidität gelten. – Nun zeigen uns aber die bekanntesten Erfahrungen von dem allen gerade das Gegentheil – denn eine Metallplatte reißt nicht nur gleich schwer oder gleich leicht von der Oberfläche einer Flüssigkeit, es mag nun diese unter einer luftvollen oder luftleeren (d. i. mit einem ungleich dünnern, elastischen Fluido erfüllten) Glocke sich befinden[A] – sondern dieses Fluidum wird auch noch im luftleeren Raume eben so schnell zusammenfließen[B] und Tropfen bilden, als im luftvollen – welche beiden letztern Phänomene sich überdies als Folgen eines Druckes nicht einmal begreifen lassen. Schon hieraus würde also folgen, daß die Annahme, die Hr. *Lavoisier*

A Man erinnere sich nur an die *Morveau*'schen Versuche hierüber.°

B Das Zusammenfließen oder das Bestreben getrennter flüssiger Körper, sich auf eine zwar kleine aber doch noch merkliche Entfernung zu nähern und dadurch ihre vorige Kontinuität wieder herzustellen, giebt allerdings, wie Hr. *de Luc* in seinen *Ideen zur Meteorologie* bemerkt, einen merkwürdigen Character der Fluidität ab,° da den festen Körpern diese Eigenschaft ganz fehlt, welche einmahl getrennt auch bei der genauesten Berührung (und möglichsten Zerkleinung) entweder gar nicht, oder doch nur sehr schwach zusammenhangen, und ihre einmahl verlohrne Kontinuität nicht anders als durch ein neues Flüssigwerden (sey es nun Schmelzen für sich, oder Auflösung) wieder erlangen. | 234

13 will,)⌉ *So die* EDvar *aus Leipzig handschriftlich* ED: will, **18** Verhältnisse⌉ *In* EDvar *Drucktype beschädigt:* Verhaltnisse **24** Fluido⌉ *In* EDvar *Drucktype beschädigt:* Flu do

seiner Erklärung des Flüssigen zum Grunde legt, falsch ist, aber deutlicher wird dieses durch folgende Betrachtungen werden, die uns zeigen sollen, daß man nicht nur keinen Grund hat, den flüssigen Körpern allen
234 Zusammenhang abzuläugnen, sondern | überhaupt auch nur den Unterschied des Festen und Flüssigen in dem Mehr oder Minder desselben zu setzen.° – Auch sie verdanken wir Hrn. *Kant,* der uns mit ihnen, wie ich glaube, zuerst den richtigen Charakter der Fluidität gab.°

Die Stärke des Zusammenhangs (als Widerstand gegen die Trennung) wird zwar mit Recht durch die Größe der trennenden Kraft geschätzt, allein diese Schätzung kann nur unter der Bedingung der gegebenen, und wo es auf Vergleich ankommt, völlig gleichen Zerreißungsfläche gelten. Letztere kann aber bei zweyen Körpern unter diesen Umständen nur dann gleich seyn, wenn sie beyde in gleichem Grade starr oder weich sind, d.h. der Verschiebung ihrer Theile ohne Aufhebung der Kontinuität, gleich großen oder geringen Widerstand entgegensetzen. Wollte man folglich daraus, daß z.B. ein ziehbareres Metall von einem kleinern angehangenen Gewichte reißt als ein weniger ziehbares, oder daß ein Stab Wachs sich leichter von einander reißen läßt, als ein gleich starker Stab Holz, auf einen verhältnißmäßig schwächern Zusammenhang bey erstern beyden Körpern schließen, so würde dieser Schluß nothwendig falsch seyn, indem eben vermöge der größern Verschiebbarkeit der Theile sowohl des weichern Metalles als des Wachses, beyde sich erst dünner ziehen, und also in einer kleinern Fläche, als die man zum Vergleich annahm, reißen. Wenn sich nun ein Tropfen Wasser von einer größern Wassermasse, vermöge seiner eigenen Schweere losreißt, so giebt es schon der Augenschein, daß dieß derselbe Fall, wie beym Wachse, und nur dem Grade nach von ihm verschieden ist, indem vermöge der ungleich leichtern Verschiebbarkeit der Theile des Wassers die eigentli-
235 che Zer|reißungsfläche fast unmerklich wird[A] und da bey jeder wirkli-

A Bey einem Fluido ohne alle Viscosität scheint sie aber wirklich = 0 zu werden, d.i. die Zerreißung nur in einem (physisch oder mathematisch) untheilbaren Punkte geschehen zu müssen. Das Phänomen der Tropfenbildung zeigt übrigens sehr deutlich, daß fest und flüssig sich durch was anders als Kleinheit der Theile unterscheiden, denn man denke sich einen festen Körper in noch so feinen Staub zertheilt, so wird dieser Staub doch keinen Tropfen bilden. Wenn nun ein einzelner Tropfen wieder von neuem getrennt wird, so kann dies nur in kleinere Tropfen geschehen, und diese kleinern Tropfen werden bey der Trennung selbst erst *erzeugt.* – Soll aber diese Theilung *physisch* begränzt seyn, so muß angenommen werden, daß die Anziehung (als Widerstand gegen die Trennung) mit der Zerkleinerung selbst in solchem Verhältnisse zunimmt, daß sie am Ende größer wird, als jede gegebene oder vorhandene Natur-

1 Erklärung⌉ EDvar: Erkfärung 18 läßt⌉ ED: lâßt

chen Trennung flüssiger Körper was ähnliches, als bey der Tropfenbildung vorgeht, so folgt hieraus wohl unleugbar, daß sich von der Kleinheit der Kraft, die man bey einigen derselben zu ihrer Zerreißung im Vergleich mit festen Körpern braucht, keinesweges auf einen verhältnismäßig | schwächern Zusammenhang schließen läßt. Aber eben darum, 236
weil man diese Eigenschaft flüssiger Körper (nämlich die außerordentlich leichte Verschiebbarkeit ihrer Theile) theils übersah, theils sie von der wirklichen Trennung nicht so unterschied, wie man dies doch bey festen Körpern that, geschah es, daß man sich beynahe allgemein bis auf Kant berechtigt hielt, sogar den Charakter der Fluidität in einen schwächern Zusammenhang zu setzen, welcher Naturphilosoph uns dagegen zuerst zeigte, daß feste und flüssige Körper sich wohl durch den Grad der Verschiebbarkeit ihrer Theile[A], keinesweges | aber durch den Grad 237

kraft (mechanische oder chemische?) – Wollte man also in diesem Sinne behaupten, alle Materie bestünde aus ferner untheilbaren Elementen, so würde dieß nur so viel heißen, als *alle Materie ballt sich bey ihrer Trennung in* (*zuletzt*) *unauflösliche* (obschon mathematisch theilbare) *Atome,*° die dann in ihrer Größe und spezifischen Elastizität, nicht aber in ihrer Figur verschieden seyn könnten, ob sie schon (als flüssig) noch Bewegbarkeit ihrer Theile unter sich behielten, und also unzählicher Figuren fähig seyn würden. – Und wir hätten folglich hier einen ersten Versuch, eine dynamische Erklärung der *Molecules primitives* zu Stande zu bringen, und zwar sähen wir diese Atome sich im mikroskopischen Universum nach demselben Gesetze bilden, nach welchem wir die Welten als Atome des teleskopischen Universums geformt sehen.
–° | 236

A Am besten läst sich dies in jenen Fällen bemerken, wo der Übergang aus dem festen in den flüssigen Zustand nicht momentan ist, sondern erst den Mittelzustand der Weichheit durchgeht, wie z. B. bei harzichten Körpern, dem Wachse etc. bey ihrer stufenweisen Erwärmung. Denn das Phänomen des *Einsinkens* bey sehr weichem Wachse ist augenscheinlich nur dem Grade nach von dem ihm folgenden Zerfließen desselben verschieden – in beyden Fällen braucht es nämlich so wenig Kraft, die Form oder Gestalt der Masse zu ändern, als sie eben so schnell zu zerstören. – Sobald nun aber die Weichheit oder Verschiebbarkeit der Theile (bey zunehmender Wärme) jenen Grad erreicht hat, daß sie der Schwerkraft einer jeden noch so kleinen und unmerklichen Masse augenblicklich nachgiebt, so muß natürlich der Körper mit ebner Oberfläche fließen und die Form des Gefäßes annehmen, d. h. flüssig erscheinen. Ein flüssiger Körper ist also nur darum formlos (im Gegensatze der Stabilität des festen) weil die Kraft der Schwere alle Augenblicke die ihm gegebene Form wieder zu zerstören strebt, und ohne ihr würde er blos den weichsten Körper vorstellen. Über diesen ersten Grad der Fluidität, den wir so eben angaben, muß es aber allerdings mehrere geben, was auch Hrn. *Lichtenbergs* Meinung ist, die sich dem Ideale desselben wohl sehr nähern, es aber vielleicht bey keinem (palpablen) Stoffe erreichen; so wenig als einer derselben vollkom | men starr oder eigentlich spröde angetroffen wer- 237
den mag. (Vergl. Hrn. *de Luc's Ideen zur Meteorologie* I. B. S. 147.)°

23 sehen.] ED: sehen-

ihres Zusammenhanges unterscheiden, indem jener mit diesem, wie der Augenschein sowohl bey festen als flüssigen Körpern lehrt, in gar keinem (unmittelbaren) Verhältnisse steht. Und es fehlt folglich so viel daran, daß wir die Erklärung, die Hr. *Lavoisier* von fest und flüssig uns giebt, könnten gelten lassen, daß sich im Gegensatze durch Zusammenhang allein, wohl Flüssigkeit, keinesweges aber Festigkeit begreifen läst – denn an einer völlig gleichartigen Materie läst sich wohl völlige Gleichartigkeit des Zusammenhangs, und, dieser mag nun so groß oder so klein seyn, als man will, jener Grad der Verschiebbarkeit ihrer Theile unter einander denken, der hievon eine notwendige Folge ist, und den Charakter der Fluidität ausmacht – keinesweges aber der Widerstand, den feste Körper bey vielleicht geringerm Zusammenhange, dem Verschieben ihrer Theile in der Maaße entgegensetzen, daß sie nicht anders, als durch Aufhebung des Zusammenhangs aller Theile in einer gegebenen Fläche zugleich sich trennen lassen. – »Wie also starre Körper möglich seyn, sagt Hr. *Kant*, das ist immer noch ein unaufgelöstes Problem, so leicht als auch die gemeine Naturlehre damit fertig zu werden glaubt« –[A] |°

A Die Erklärung, die Hr. *Lavoisier* vom Flüssigwerden als einem bloßen mehrern Auseinandertreten der *Molécules* des festen Körpers etc. giebt,° fällt also von selbst, wenn sie auch nicht an sich, wie Hr. *de Luc* bereits in seinen Ideen zur Meteorologie sehr ausführlich gezeigt hat, unmittelbar dem Phänomen selbst widerspräche, da ja mehrere feste Körper beym Flüssigwerdern einsinken, und eine kleinere Ausdehnung
238 annehmen.° Auch scheint es, als handelte Hr. *Lavoisier* gewisser|maaßen seinen eigenen Grundsätzen zuwider, wenn er erst alle Wirkungen des *Calorique* durch seine die Körpertheilchen auseinandertreibende d. i. die Körper ausdehnende Kraft erklärt, und in der Folge von einem eigentlich gebundenen Wärmestoff, (als Bestandheit der *Solidité*) spricht.° Denn eben der Umstand, daß eine gewisse Menge Wärme einem Stoffe unter gewissen Umständen zugesetzt, diesen gar nicht ausdehnt (so wenig als erwärmt) sondern *eine ganz andere Wirkung* (das Flüssigseyn) in ihm bewirkt, eben dieser Umstand berechtigt uns allein, die Art des Zustandes, in welchem sich die Wärme (als eigner Stoff betrachtet) in beyden Fällen (als ausdehnend und als flüssigmachend) befindet, zu unterscheiden, und ich glaube darum, daß man sehr unrecht hatte, hie und da wider die Ausdrücke latentes Feuer oder Wärme Einwendungen machen zu wollen, indem sie ja das Phänomen selbst bezeichnen, was ein seynsollendes Naturgesetz der Kapazitäten nicht thut.° Die Wirkungskraft des Wärmestoffs müste aber obigen Betrachtungen zufolge hier blos als *erweichend* betrachtet werden, wie z. B. Wasser trocknen und spröden Thon erweicht, und ihn dem flüssigen Zustande wenigst näher bringt. Erweichung setzt aber Adhäsion, und diese wenigst einen Grad chemischer Einwirkung voraus – *eine wahre Auflösung irgend eines Stoffes in Wärmematerie würde die seyn, wo jener völlig so inpalpabel würde wie diese selbst* –
239 ob sie statt findet oder nicht, ist so leicht nicht auszumachen. |°

29 sondern] ED: sondern-

Ich gehe nun zur Betrachtung der Art über, wie Hr. *Lavoisier* die Erzeu- 238
gung elastischer Flüssigkeiten° erklärt, und obschon dieser Naturforscher keinen weitern Unterschied unter ihnen bemerkt, indem er sie alle unter dem Namen Gas zufammenfaßt,° ohne der Permanenz oder Nichtpermanenz zu erwähnen, so finde ich es doch für nöthig, zuerst nur von der Erzeugung nicht permanenter elastischer Flüssigkeiten, oder der Dämpfe zu reden.° Ich werde mich aber hier um so kürzer fassen können, theils weil nach Widerlegung des Lavoisier'schen Begrifs | vom festen und 239
tropfbarflüssigen alle aus ihm gezogene Folgerungen schon von selbst wegfallen, theils weil Hr. *de Luc* sowohl in seinen frühern Schriften, als neulich in seinen Briefen an Hrn. *la Metherie*, die Theorie der Dampferzeugung des Hrn. *Lavoisier*, wie ich glaube, bereits völlig widerlegt hat.°

Obschon bisher bey der Gegeneinanderstellung des festen und flüssigen hauptsächlich nur von einer Unterart des letztern, nämlich dem tropfbar flüssigen° die Rede war, so sieht man doch leicht, daß sich ohne den Hauptcharakter der Flüssigkeit, d.i. der ungemein leichten Bewegbarkeit der Theile, *zufolge ihres völlig gleichartigen Zusammenhangs*,° so wenig ein elastisch, als ein tropfbarflüssiger Körper denken läßt, wenn wir anders nicht, wie Hr. *Lavoisier* zu thun scheint, diese Elastizität als eine Kraft ansehen wollen, die bei jeder Temperatur, wobey nur noch die flüssige Form bestehen mag, für sich zwar ein gränzenloses Vermögen besitzen, und dann doch von jeder andern sehr begränzten Kraft (als dem Druck der Atmosphäre) überwogen werden soll.[A] – | Zusammen- 240

A Denn so und nicht anders kann ich die obige Stelle verstehen: *Il y a plus, sans la pression de l'atmosphère nous n'aurions à proprement parler des fluides aeriformes etc.*° Nun sehe ich aber wohl ein, daß es ohne den Druck der Atmosphäre oder überhaupt ohne Schwere keine *zusammengedrückte*, nicht aber daß es gar keine elastische Flüssigkeiten geben könnte – denn die *oberste* Schicht jeder Atmosphäre kann doch nicht wieder von einer andern *zusammengehalten* werden, und gäbe es folglich kein *Maximum* der Ausdehnung für jede elastische Flüssigkeit, so müste eine Schicht unserer Atmosphäre nach der andern, so wie sie die oberste würde, sich wirklich so, wie Hr. *Lavoisier* will, in die endlosen Räume des Weltalls zerstreuen, und folglich gar keine Atmosphäre vorhanden seyn – Expansive Elastizität einer (flüssigen) | Materie kann 240
nur als das Vermögen gedacht werden, nach jeder Zusammendrückung in ihr größeres Volum sich auszubreiten, und so lange nicht von Materie überhaupt, sondern von irgend einer besondern wirklich vorhandenen die Rede ist, so muß dies Volum bey allen möglichen Arten des Zusammenseyns dieser Materie mit andern sowohl in ihrem *Minimum* als *Maximum* begränzt gedacht werden.° Um so weniger läst sich also von Flüssigkeiten, deren Elastizität nicht ursprünglich ist, behaupten, daß ihr Ausdehnungsvermögen sich selbst überlassen, gränzenlos wirken würde. Da übrigens alle Materie als solche expansiv elastisch ist,° so würde es eben so überflüssig seyn,

21 gränzenloses] EDvar: grânzenloses 40 überlassen] ED: überlasseu

hang und Elastizität sind vielmehr jedem Flüssigen eigen, und tropfbare Flüssigkeiten unterscheiden sich von den eigentlich elastischen hauptsächlich nur in dem Grade ihrer spezifischen Elastizität;° denn offenbar ist nur das Übermaas dieser Kraft bey letztern, so wie der verhältnißmäßig nur ungemein kleine Grad derselben bey erstern daran schuld, daß wir bey den tropfbaren Flussigkeiten ihre Elastizität beynahe gar nicht, und um so deutlicher dagegen die Kräfte des Zusammenhangs und der
241 Schwere wahrnehmen, wogegen sich bey den | elastischen Flüssigkeiten, da wir sie nicht anders, als mehr oder minder *zusammengedrückt* zu beobachten im Stande sind, ihre elastische Kraft den beyden übrigen natürlich überall vordrängt. – Eine Luftmasse, die durch Verdünnung dem *Maximum* ihrer Ausdehnung (bey einer gegebenen Temperatur) so nahe gebracht seyn würde, daß ihre Elastizität (oder Ausdehnungsvermögen) der des Wassers gleich käme, müste aber, vorausgesetzt, daß sich mit ihr hierüber Versuche anstellen ließen, eben so wohl mit ebner Oberfläche aus einander fließen und Tropfen bilden, als Wasser, und in allem, ihre Dichtigkeit (und Compressibilität) ausgenommen, einem Tropfbarflüssigen ähneln. So falsch nun auch die Behauptung an sich wäre, daß jedes Elastischflüssige nur ein comprimirtes Tropfbarflüssiges sey, weil es ja durch bloße Expansion die Natur des letztern anzunehmen scheint, so würde sie doch noch mehr Schein der Wahrheit für sich haben, als die entgegengesetzte des Hrn. *Lavoisier*, daß jedes Tropfbarflüssige ein comprimirtes Elastisches sey.° Aber dieser Naturforscher glaubt, in dem Phänomen der Verdünstung tropfbarer Flüssigkeiten im luftleeren Raume einen direkten Beweis für die Erzeugung elastischer Flüssigkeiten aus ihnen durch bloße Expansion zu geben,° und es liegt uns also noch ob, diesen Beweis ganz für sich zu prüfen.

Die Worte in der oben angeführten Stelle von *s'il n'en est pas ainsi* an bis *pour vaincre l'effort occasionnée par la pression de l'atmosphère*° lassen keinen Zweifel darüber, daß Hr. *Lavoisier* jeden tropfbarflüssigen Körper als eine zusammengedrückte Stahlfeder betrachtet wissen will, deren

eine weitere Erklärung dieser Grundkraft geben zu wollen, als selbst die Annahme einer eigenen Wärmematerie sehr unnöthig seyn würde, wofern sich alle Wirkungen derselben auf die der Elastizität und zwar der *ursprünglichen* zurückführen ließen. – Wenn nun aber schon dies nicht angeht, und Ausdehnung, Erweichung und Flüssigmachung palpabler Stoffe in allen jenen Fällen, wo kein anderer ähnlicher Stoff mit im Spiele ist, nicht wohl anders, als zufolge der Einwirkung eines inpalpablen Stoffes (der Wärmematerie) erklärt werden können, so folgt daraus doch keinesweges, daß nicht mehrere inpalpable Stoffe vorhanden seyn könnten, die ganz oder zum Theil ihr Daseyn uns auf ähnliche Art zu erkennen gäben. Vergl. was Hr. *Lavoisier* über Elasti-
241 zität und ihre Ursache am Ende des ersten Kapitels sagt.° |

Expansion (als Übergang in die elastischflüssige oder Dampfform) nur unter zweyen Bedingungen möglich sey, nämlich entwe|der durch Aufhebung 242 des Drucks, oder durch Vermehrung der Elastizität dieser Stahlfeder bis zu dem Grade, daß sie jenen Druck zu heben vermag. – Ersteres geschehe nun im *Vacuum,* und zwar so lange, bis das sich in ihm erzeugte elastische Fluidum dem Expansionsvermögen des noch zurückbleibenden Tropfbaren wieder das Gleichgewicht hält.[A] – Letzteres geschehe im lufterfüllten Raume nur dann, wenn das tropfbare Fluidum bis zur Siedehitze erwärmt ist, wo die sich aus ihm erzeugenden Dämpfe selbst größere specifische Elastizität als die Luft haben, und diese also völlig austreiben. Diesem zufolge dürfte sich also kein Atom Wassers in Verbindung mit dem *Calorique* in elastischer, d.h. Gasform von seiner Oberfläche erheben, so lange diese dem Drucke der Atmosphäre und dabey jedem Wärmegrad unter der Siedhitze ausgesetzt bliebe, und die Verdünstung tropfbarer Flüssigkeiten im luftvollen Raume müste von der im eigentlich luftleeren[B] nicht|blos dem Grade nach, sondern spezifisch 243 verschieden seyn – Man braucht aber blos das Verdunsten eines tropf-

A Wasser wäre sohin eigentlich nur komprimirter Wasserdampf, und dieser kein neuerzeugtes Ding – Auch wäre es unbegreiflich, warum stets nur ein Theil des tropfbaren Fluidums sich expandirt, und warum nicht das Ganze nach Verhältnis des Raums mehr oder minder, aber doch stets *gleichförmig* sich ausdehnte. Haben uns denn nicht so viele Versuche längst gelehrt, daß zwar jedes tropfbare Fluidum kompressibel ist, aber in einem so ungemein kleinen Grade, daß von der Aufhebung eines Drucks wie der der Atmosphäre sich eine kaum noch merkbare Vergrößerung ihres Volums erwarten lassen kann? Läst sich aber ohne Hinzukunft einer neuen Kraft eine andere Wirkung von dieser Aufhebung des Drucks erwarten?°

B Ich meine hier die Torizellische Leere,° wie z.B. bei dem Versuche, den Hr. *de Luc* in seinen Briefen an Hrn. *la Metherie* anführt.° – Der neueste Vertheidiger der Theorie der Auflösung des Wassers in der Luft, Hr. *Hube,* glaubt so sehr seiner Sache|gewiß 243 zu seyn, daß er diese Verdünstung des Wassers im luftleeren Raume von der in einem Raume, der nur mit verdünnter Luft erfüllt ist, gar nicht unterscheidet.° Nun ist es schon unbegreiflich genug, wie eine Auflösung durch bloße *Abnahme* des Menstruums in demselben Raume *zunehmen* soll, wie dies beim Verdünsten im *Vacuum* der Luftpumpe geschieht, aber bei dem Versuche, wo das Wasser in der Torizellischen Leere über dem Quecksilber verdünstet, ist dieses Menstruum nicht einmal erweislich, und die Auflösung soll doch nur um so besser vor sich gehen – Die Vertheidiger dieser Theorie schaden sich selbst am meisten dadurch, daß sie zween ganz verschiedene Dinge, (wie nämlich die Auflösung fester oder tropfbarflüssiger Körper in tropfbarflüssigen, und jene Auflösungen, wo das Menstruum ein elastisch flüssiges ist, offenbar sind,) nicht gehörig unterscheiden – und in dieser Hinsicht dürfte sich noch eher die Auflösung (nämlich letztere) durch die Verdünstung, als diese durch Auflösung (d.i. die der erstern Art) erklären lassen, wie ich sogleich zeigen will.| 244

5 geschehe] ED: geschahe

baren Fluidums z. B. des Wassers im luftleeren Raume mit seinem Sieden in der Aeolipile° und dann mit seinem Verdunsten bey jeder Temperatur unter seiner Siedehitze, und bey jedem Grade der Erfüllung jenes Raumes mit Luft, zu vergleichen, um sich von dem Einerleyseyn des Phänomens in diesen dreien Fällen, und folglich der Unrichtigkeit obiger Voraussetzung zu überzeugen. Erkältung des verdünstenden oder verdampfenden Fluidums, also Wärmebindung ist in allen dreyen Fällen bemerklich, und wenn sich im ersten und zweyten Falle das Vorhandenseyn eines elastischen Fluidums (im Verhältnisse mit der Abnahme des Tropfbaren, woraus sich jenes erzeugte) sowohl durch mechanische
244 Kräfte offenbart, als durch seine | Zersetzbarkeit, durch Druck, Kälte oder Berührung hygroskopischer Substanzen° zu erkennen giebt, so treten ja alle diese Phänomene auch bey dem gewöhnlichen Verdünsten in der Luft ein. – Diese wird nämlich durch Verdünstung, wenn sie sich nicht auszubreiten vermag, elastischer, und außerdem spezifisch leichter, und es hat sich folglich ein elastisches Fluidum mit ihr verbunden, welches sie zwar nicht ganz, wie dies beim Sieden geschieht aber doch zum Theil aus ihrer Stelle treibt, um sich selbst Platz in ihr zu schaffen. Ist endlich das Gefäß, welches den Dampf oder Dunst aufnimmt, verschlossen, so ist wieder in allen dreien Fällen die Dampf- oder Dunsterzeugung *begränzt,* und zwar nicht darum, weil das bereits erzeugte und über dem tropfbaren Fluidum sich befindende elastische auf dieses vermöge seiner Elastizität drückt, sondern darum, weil, wie uns Hr. *de Luc* gezeigt hat, jeder Dampf oder jedes nicht permanente elastische Fluidum, das sich bey irgend einer Temperatur erzeugt und erhält, nur bis zu einer gewissen Gränze ohne Zersetzung zu erleiden, verdichtet werden, und *weil also jeder gegebene Raum, er sey nun mit diesem elastischen Fluidum allein, oder außerdem mit mehrern erfüllt, nur eine bestimmte Menge des erstern fassen und erhalten kann*[A].° Man denke sich den Druck des elastischen Fluidums auf die Oberfläche des verdünstenden tropfbaren völlig weg,
245 und lasse nur | den Druck des erstern in so weit wirksam, als seine Kompressibilität begränzt wird, so wird ganz dasselbe erfolgen.

Man sieht übrigens leicht, daß es bey diesem ganzen Raisonnement eigentlich nicht darauf ankommt, wie man sich die *Erhaltung* des ein-

A Es steht dahin, ob die Kapazität der Luft für den Wasserdunst, da sie mit ihrer Kompression abnimmt, nicht bei einem gewissen Grade der letztern völlig = o werden, und ob dieses o früher eintreten würde, als die Gränze der Kompressibilität der Luft selbst? – Über letztere als einen nicht blos vermeintlichen Dinge wird mein Bruder in seiner *Beschreibung des englischen Cylindergebläßes* dem deutschen Publikum bald
245 ausführlichere Nachricht geben. |°

mal erzeugten Wasserdunstes in der Luft denkt. Man mag nun diese Erhaltung, nach dem Bernoullischen Begrif des Flüssigen,° sich mit Hrn. *de Luc* als ein Gegeneinanderwerfen zweierley Sandes vorstellen, oder nach Kantischen Ideen, beyde Flüssigkeiten sich als wahre Kontinua denken,° und ihr Zusammenseyn für ein mechanisches oder chemisches (nur nicht für Durchdringung, wozu auch gar kein Grund vorhanden ist) ausgeben,° so wird die erste *Erzeugung* des Dunstes oder Dampfes doch in jedem Falle auf eine ähnliche, und in keinem Fall nach Hrn. *Lavoisier's* Art° erklärt werden können, und es ist kein Grund gegen die Wahrheit der *Saussur*'schen und *de Luc*'schen Behauptung vorhanden, daß das unmittelbare Produkt *jeder* Verdunstung nicht minder ein elastisches Fluidum (Gas) sey, als das Produkt des Siedens. –° Es scheint mir, zufolge der Kantischen Ideen vom Festen und Flüssigen,° sehr wahrscheinlich, daß *jede* Auflösung sich damit anhebt, *daß der aufzulösende Körper die Form des auflösenden annimmt*, und also aus dem festen Zustande entweder in den tropfbarflüssigen, oder aus diesem in den elastischflüssigen übergeht, und daß er in keinem Falle, wie man sich die Sache gewöhnlich dachte, mit *bleibender* Form, blos zertrennt wird[A]. – | Wenn nun aber 246 ein tropfbarflüssiger Körper in einem elastischen wirklich aufgelöst wird, so sehen wir wenigst, daß die erste Bedingung zur Auflösung, nämlich die Formumwandlung nicht unmittelbarer dem Menstruum zugeschrieben werden kann, als dies Hr. *de Luc* gethan hat. Das den ausdünstenden Körper berührende *Medium* sey nämlich im ersten Momente der Berührung wärmer oder kälter, oder gleich warm mit ihm, so wird auch in dem letztern Falle ein, *erstes* Ausströmen des Wärmestoffs in selbes, und also ein *erstes* Losreißen der Theilchen des tropfbaren Fluidums und so fort ihre Umwandlung zu einem elastischen begreiflich, wenn nur die Leitungskraft des *Mediums* größer ist,[B] und da wir die *spezifische* Elastizität des auf diese Art erzeugten elastischen Fluidums, wenn dieses mit einem andern (auch nur mechanisch) gemischt sich befindet,

A Man gab zwar bisher die Ziehkraft des Menstruums als die Ursache an, welche den aufgelöseten Stoff seiner spezifischen Schwere gemäß in jenem sich emporzuheben, oder zu sinken hinderte, aber Hr. Kant erinnert dagegen mit Recht, daß ja diese Ziehkraft als | von allen Seiten gleichstark würkend hieran nicht Schuld seyn kann.° 246

B Es ist allerdings möglich, daß zween Körper einzeln gegen einen und denselben dritten Körper zwar keine Disposition äussern, ihm Wärme zu geben oder zu nehmen, und daß doch bei ihrer Berührung unter sich das Gleichgewicht ihrer Wärme gestört wird, und eine neue Vertheilung ihres Wärmegehalts vor sich geht. Ich verweise den Leser auch hier an Hrn. *de Luc's* Schriften. |° 247

25 Wärmestoffs] EDvar: Warmestoffs

nie unmittelbar kennen zu lernen im Stande sind, so brauchen wir auch wegen Zersetzung desselben im vorhandenen Falle nicht in Verlegenheit zu seyn, wenn schon dieses andere elastische Fluidum (die Luft) als völliges Kontinuum in allen Punkten und nach allen Richtungen mit ihrer ganzen Elastizität drückte. –° Die *Assimilazion der Form des aufgelösten Stoffes*, und also der erste Anfang der Auflösung selbst wäre folglich hier eigentlich das Werk eines dritten unsichtbaren *Agens*,° und sollte dies |
247 wohl bey allen Auflösungen der Fall seyn? – Spielen nicht ähnlich wirkende Agentien (z. B. das Licht, das elektrische Fluidum) ähnliche Rollen dabey?[A] – Die weitere Ausführung dieser Idee gehört nicht hieher.

A In meiner Probeschrift über den Wärmestoff führte ich die Idee, diesen als Anneigungsmittel bei allen Auflösungen anzusehen, ziemlich weitläufig aus, und hier wäre nun ein Versuch, das *Wie* bei dieser Naturoperation begreiflich zu machen –° Dürfte ich übrigens nicht hoffen, daß das deutsche Publikum diese meine Schrift bereits vergessen und als eine meiner Jugendsünden mir vergeben haben wird, so würde ich mit Freude diese Gelegenheit ergreifen, einer Stelle wegen, die die antiphlogistische Theorie betrift, dem berühmten Stifter derselben feierliche Abbitte zu thun, und Ihm dadurch meine Achtung und meinen Dank für das große Werk der Revolution, das Er in Gang brachte, zu bezeugen.°

4 Richtungen] *In* EDvar *Drucktype beschädigt:* Richtun en 10 hieher.] *In* ED *folgt: Die Fortsetzung künftig.*

BEYTRÄGE ZUR ELEMENTAR-PHISIOLOGIE (1797)

EDITORISCHER BERICHT

a. Zur Entstehungsgeschichte des Textes

Nach einem vierjährigen Aufenthalt (1788–1792) an der Bergakademie verließ Baader Freiberg, um seine Ausbildung in englischen und schottischen Bergwerken abzuschließen. Hier verweilte er dank der finanziellen Unterstützung durch die kurbayerische Regierung von 1792 bis 1796.[1] Er besuchte Gruben und mineralische Fabriken und hielt sich längere Zeit in Edinburgh auf.[2] Die Jahre in Großbritannien brachten dem jungen Franz Baader nicht nur wertvolle berufliche Erfahrungen, sondern zugleich – wie er in seinem Tagebuch notiert – »eine große Reform« in seinem »Innern«.[3] Mit der aufblühenden englischen Bergwerkindustrie lernte er »die gründlichste Umwälzung menschlicher Existenz in der Weltgeschichte«[4] kennen, die frühkapitalistische Industrialisierung. Die Anfänge des Industriezeitalters in England, dem »Ursprungsland

[1] Zur finanziellen Unterstützung der kurbayerischen Regierung vgl. die Briefe von Baaders Bruder Joseph in Susini 1942a, S. 193–195 (§ 11 und § 12) und dazu den Kommentar in Susini 1951, S. 43–51. Man vergesse allerdings auch nicht die finanzielle Bereitschaft von Julius Wilhelm von Oppel Baader gegenüber sowohl während seines Aufenthaltes (Susini 1942a, S. 195, § 31) als auch für seine Rückreise nach Deutschland (ebd., S. 195–219), hierzu vgl. auch den Kommentar in Susini 1951. Zu Oppel vgl. unten S. 38, Anm. 29.

[2] Baader erhielt wegen seiner Kenntnisse zu jener Zeit auch das Angebot, die Direktion einer Blei- und Silbergrube in Devonshire zu übernehmen. Dies lehnte er jedoch ab und trat indes nach seiner Rückkehr als Münz- und Bergrat in den kurfürstlich-bayerischen Staatsdienst ein. Damit begann Baaders dienstliche Berufskarriere, die ihm 1808 sogar den Adelstitel eingetragen hat.

[3] Vgl. Baader 1786–1792, S. 182 (Edinburgh, den letzten Tag des Jahres 1792).

[4] Hierzu schreibt E. J. Hobsbawm: *Industrie und Empire. Britische Wirtschaftsgeschichte seit 1750*, Bd. 1, Frankfurt am Main 1974 (4. Auf.), S. 11: »Die industrielle Revolution ist die gründlichste Umwälzung menschlicher Existenz in der Weltgeschichte, die jemals in schriftlichen Dokumenten festgehalten wurde. Für kurze Zeit fiel sie mit der Geschichte eines einzigen Landes, Großbritanniens, zusammen. Großbritannien war die Basis und das Zentrum einer ganzen Weltwirtschaft; dadurch gelangte es vorübergehend zu so viel Einfluss und Macht, wie kein Staat seiner Größenordnung sie weder zuvor noch seitdem erreicht hat, noch aller Wahrscheinlichkeit nach in absehbarer Zukunft erreichen wird.«

der Industrialisierung« und der »Werkstatt der Welt«,[5] und vor allem die ökonomischen Auswirkungen der Industrialisierung, verursachten starke gesellschaftliche Veränderungen. In besonderem Maße stellte sich die soziale Frage einer Zweiklassen-Gesellschaft mit ihren belastenden Gegensätzen.

Infolgedessen wurde ein Radikalismus zur politischen Kraft, welcher sich in erster Linie gegen die Ungerechtigkeit des politischen Systems und dessen weitgehend aristokratischen Charakter wandte. Philosophen, radikal demokratische Dichter und Publizisten, kommunistische Handwerksburschen und utopische Weltverbesserer aus allen Ständen, sowie Wegbereiter der Französischen Revolution und Anhänger ihrer Ideen begannen sich mit dieser frühkapitalistischen Industrialisierung und ihren vielfältigen Folgen ernsthaft auseinanderzusetzen und Strategien zur Lösung der sozialen Frage zu entwickeln.[6]

Der achtundzwanzigjährige Baader, der sich bis dahin zumeist mit Autoren wie Herder, Lavater, Hemsterhuis, Kleuker, Saint-Martin, Claudius bzw. wissenschaftlichen Abhandlungen beschäftigt hatte, erweitert seinen literarisch-wissenschaftlichen Horizont mit der Lektüre von soeben erschienenen sozialkritischen Schriften,[7] wie der *Vindication of the Rights of Woman* (1792) von Mary Wollstonecraft[8] oder der *Enquiry concerning Political Justice and its Influence on Modern Morals and Manners* (1793) von William Godwin,[9] wie auch philosophischen Abhandlungen von Bacon, Rousseau, Hobbes, Hume, Locke, Reid, Dugald Stewart,

5 Vgl. D. S. Landes: *Der entfesselte Prometheus. Technologischer Wandel und industrielle Entwicklung in Westeuropa von 1750 bis zur Gegenwart.* Köln 1973, S. 19.

6 Vgl. K. J. Rivinius: »Die Anfänge der industriellen Revolution in England und der Beitrag des Frühsozialismus zur Lösung der sozialen Frage«, in *Jahrbuch für Christliche Sozialwissenschaft*, 17 (1976), S. 265–294, hier 277 f.

7 Vgl. Baader 1786–1792, S. 181 (Edinburgh, den 20. Dezember 1792): »Die neueren Phänomene in der politischen Welt haben nicht bloß meinen Verstand, sondern mein Herz getroffen«. Zu Baaders geistiger Entwicklung in England und Schottland vgl. Baumgardt 1927, S. 145–165.

8 Ebd., S. 181 (den 26. Dezember 1792): »Sondere dich auch in Manier und Kleidung und Sprache von dem aristokratischen Gesindel. M.' Wollstonecraft *Rights of Woman* haben mich sehr getroffen. – Noch immer fallen mir Schuppen von den Augen. Aller Missbrauch der Kraft, alle Usurpation muss schlechterdings aufhören in der bürgerlichen Gesellschaft, wenn Tugend in ihr sein und bleiben soll, das ist Wahrheit. – Sie muss zu Trümmern gehen, oder eine neue Organisation empfangen«.

9 Ebd., S. 190: »Den 10. April fing ich an Godwin zu lesen«. Der Lektüre von Godwins *Enquiry* widmet Baader ein ganzes Studienheft, vgl. Baader 1851–1860, Bd. 11, S. 216 ff. Leider wurden Baaders Notizen zu Godwins Buch von dem Herausgeber des Bandes bedauerlich unphilologisch ediert; hierzu schon Lieb 1926, S. XIX. Über Baaders Verhältnis zu Godwin vgl. Peter 1993.

Adam Smith und Erasmus Darwin, der seine *Zoonomia; or, The Laws of Organic Life* (London 1794–1796) in jenen Jahren herausgegeben hat. Spuren dieser umfassenden Lektüre finden sich nicht zuletzt in der eingehenderen Auseinandersetzung Baaders mit der Philosophie Kants, in die er nun neue Ansätze einfließen lässt: Baader geht nach der Lektüre der *Prolegomena* und der *Kritik der praktischen Vernunft* nun auf Kants Stellungnahme zur Moral ein und sucht hierbei nach einem eigenen Weg. Zu gleicher Zeit studiert er die erste *Kritik* Kants.

Die Zitate aus der *Kritik der reinen Vernunft*, die sich in dem damaligen Studienheft finden, beschäftigen sich mit dem Kernproblem dieses kritischen Unterfangens, der Einheit der Apperzeption.[10] Baader stellt fest, dass erst dank der Leistung des Verstandes als Synthesis »des in der Anschauung gegebenen Mannigfaltigen« Erfahrung möglich sei: »Helle wird dadurch seine Selbsttätigkeit und klar, dass er [der Verstand] als ein assimilierendes Lebensprinzip in jeder Organisation sich äußert«.[11] Kants Gedanken der Einheit der Apperzeption wird nun zum grundlegenden Motiv. Jegliche »Vorstellung ohne Bewusstsein« ist »kaum oder gar nicht denkbar«.[12] Mithin sind »die Gesetze, die wir im Denken befolgen, [...] alle Spontaneität, und das Bewusstsein derselben (Ich denke) begleitet sie alle«.[13] Gedanken, die auch im Hintergrund des kleinen unvollendeten Aufsatzes stehen, den er zu jener Zeit in englischer Sprache verfasste, dessen Original aber nicht mehr aufzufinden ist: *Vorläufiger Bericht über die durch Professor Kant in Deutschland eingeleitete Umgestaltung der Metaphysik*.[14] Hier bestätigt Baader seine Bewunderung gegenüber dem kritischen Ansatz: in erster Linie, weil Kant damit das »psychologische Rätsel«, »warum mathematische Wahrheiten niemals das Gebiet möglicher Erfahrung überschreiten, und doch auch niemals die Wirklichkeit vollständig decken«, gelöst habe;[15] und zum anderen, weil er zudem aufgezeigt habe, dass »all' unsere Erkenntnis mit der Erfahrung anhebt« oder, mit anderen Worten, dass »unsere eigene Verstandeskraft« erst durch »sinnliche Eindrücke wie durch einen Stachel geweckt« werden kann und allein gemeinsam mit diesen sinnlichen Eindrücken jene »organische Zusammensetzung oder Mischung« zu bilden vermag, die wir »Erfahrung oder Erfahrungs-Erkenntnis nennen«.[16]

10 Vgl. Baader 1851–1860, Bd. 11, S. 290 ff.
11 Ebd., S. 293.
12 Ebd., S. 302.
13 Ebd., S. 303.
14 Vgl. den Anhang zu Baader 1851–1860, Bd. 11, S. 401–434.
15 Ebd., S. 414.
16 Ebd., S. 406.

Zwar gelingt es Baader mit dieser kleinen Schrift, die kritische Problemstellung samt deren Terminologie sinngemäß wiederzugeben, doch bleibt die Darstellung der Kantschen Ethik eher auf der Strecke. Die praktische Vernunft wird lediglich als »Sicherheit des klaren Gedankens« aufgefasst, die »man [...] sich und Andern [...] verschaffen« könne und niemand wisse, »wie weit nicht nur der Einzelne, sondern das ganze menschliche Geschlecht auf diesem Weg voran kommen kann und wird«.[17] Wenn auch auf die Notwendigkeit des Vernünftigen als des widerspruchlosen Denkens und Handels hingewiesen[18] und »die überwältigende Majestät der Pflicht« unterstrichen wird,[19] ist in dem für das englische Publikum verfassten Aufsatz – wie zu recht festgestellt wurde – »mehr Godwins Politik als Kants Ethik« zu finden.[20] Allerdings schenkt Baader den Autoren, mit denen er sich vor seiner Zeit in England beschäftigt hat, wie zum Beispiel Louis-Claude de Saint-Martin, weiterhin Beachtung.[21]

So lässt sich anhand der letzten Tagebuchnotizen während des Aufenthaltes in England beobachten, dass soziale und politische Fragestellungen allmählich wieder in den Hintergrund treten, während sich ältere Tendenzen vor allem in Form metaphysischer und religiös gestimmter Erwägungen erneut verstärken. Dazu gehören jene Motive, mit denen Baader die Religionsphilosophie Kants anzweifelte:

> »Da aber keine intellektuelle Anschauung unserer selbst verstattet ist, so gibt uns der (überwundene oder überwindende) Grad der Neigungen [...] gleichsam einen dynamischen Ausdruck des Vermögens unserer praktischen Vernunft. Als eine Kraft, die in die Sittlichkeit [...] eingreift, äußert das Vernunftvermögen wenigstens einen bestimmten Grad, und dieser [...] Grad macht auch eigentlich allein eine numerische Verschiedenheit des Vernunftvermögens im Charakter aus, und er gibt das Maass der Schätzung der Personen. [...] Hiervon gingen nun die Mystiker bei ihren (intellektuellen) Zahlsyste-

[17] Ebd., S. 423.

[18] Ebd., S. 421.

[19] Ebd., S. 430.

[20] Vgl. Baumgardt 1927, S. 160 und Wellek 1931, S. 28–31.

[21] Siehe das von Baader in einer der letzten Anmerkungen des Aufsatzes zitierte Motto Saint-Martins: »Il faut expliquer les choses par l'homme, parce qu'on ne saurait nulle part expliquer l'homme par les choses«, unter dem die ganze »Tendenz [...] Kants Kritizismus« subsumiert wird; vgl. Baader 1851–1860, Bd. 11, S. 422 Anm. (zitiert auch auf S. 233 und 281 Anm.). Die von Baader adaptierte Fassung dieser Wendung findet sich ursprünglich in *Des erreurs et de la vérité* (Saint-Martin 1775, S. 9) und später als Motto auf dem Titelblatt von *Tableau Naturel* (vgl. Saint-Martin 1782).

men aus. So machten sie die Individualität der einzelnen Personen begreiflich (als Noumenon).«[22]

Jene Mystiker – fährt Baader fort –, welche eine »unmittelbare Exaltation oder Graderhöhung des Vernunftvermögens« für kein »passives empfangen, sondern aktives Nehmen« halten. Und eben diesen Akt des Nehmens erklären sie

> »als in dem des Gebets begriffen, was denn freilich eine thätige Willensäußerung ist, wenn das Gebet von der Art ist, wie es Kant meint, dass man nämlich soweit mit seiner moralischen (intellektuellen) Selbstthätigkeit gekommen ist, dass man zu sich selber sagen muss: Ich will, dass ein Gott sei, und dass er mir (meiner Vernunft) helfe. – Die numerische Zahl des Noumenons wird dann von den Mystikern als durch Emanation erhöht angenommen.«[23]

Baader will die von Kant gesetzten Schranken bezüglich der Erkennbarkeit äußerer Objekte durch eine innere Selbsterfahrung durchbrechen. So fragt er sich, warum Kants Unsterblichkeitslehre noch der Zeitbedingung unterlegen sei; wäre es anhand der Schriftvorstellung eines künftigen Lebens (Ap 10,6) nicht einleuchtend und angemessen – notiert er (wie wiederholt einige Jahre später in einem Brief an Jacobi[24]) – statt einer endlosen Fortsetzung der Zeit, wie sie Kant annimmt, den mystisch-metaphysischen Begriff der Ewigkeit als vollendete Zeitlichkeit zu begreifen, in der die Zeit nicht mehr sein wird?[25]

Baader bezweckt einen eigenen Weg über Kant hinaus und versucht mit einer durch Analogie erreichten Spekulation die Trennung zwischen Subjekt und Objekt aufzuheben. Unter der Prämisse, dass diese Trennung allein aus der Perspektive des subjektiven Ich besteht, versucht er das Wesen der objektiven Wirklichkeit aus dem der subjektiven herzuleiten. Indem Baader diese Strukturverwandtschaft zwischen »dem inneren Sinn« des Menschen und dem »beseelten Inneren« der Natur abzubilden versucht, deutet sich das nunmehr bevorzugte Forschungsgebiet einer dynamischen Naturphilosophie an, der Baader sich bereits während seines Aufenthaltes in Freiberg (1788 bis 1792) angeschlossen und die er intensiviert hatte.[26] Eine Vertiefung, die von Baader am Schnittpunkt zwischen experimenteller Physik und mystischer Metaphorik in

22 Ebd., S. 326.
23 Ebd., S. 328.
24 Vgl. Jacobi an Baader (Hamburg, 24. Januar 1798) in Baader 1851–1860, Bd. 15, S. 175.
25 Vgl. Baader 1851–1860, Bd. 11, S. 345 f.
26 Baader hatte nach seinem Aufenthalt in England und Schottland geplant, in Paris weiter Chemie zu studieren. Der Ausbruch der Französischen Revolution aber verhinderte sein Vorhaben; vgl. Baader 1851–1860, Bd. 15, S. 32.

der bewussten Absicht, in das Innere der Materie vorzudringen und damit die Materialität der Natur in ihrer ganzen dynamischen Macht zu erfassen bzw. die latente Möglichkeit des Menschen nach dem einen der zwei konstitutiven Pole der Materie auszuschlagen, vollzogen wird.

Diese besondere Anlage der Spekulation Baaders wurde Wilhelm von Humboldt in der persönlichen Begegnung mit Baader im September 1796 deutlich und in einer Tagebuchnotiz schreibt er, Baader habe sich bewusst von Kant ausgehend weiterentwickelt, seine Naturlehre wolle eben über Kant hinaus nicht nur die äußere Erscheinung, sondern auch das Innere der Dinge »durch das Gefühl und den inneren Sinn«, durch die »Vernunft« analogisch erklären.[27] Wie zurecht festgestellt wurde,[28] ist dies der Ausgangspunkt von Baaders Überlegungen, die in die *Beyträge* münden und zu denen er darin immer wieder zurückkehrt.

Baader äußerte sich zu diesem Vorhaben zuerst am 12. August 1793 in einem Brief aus Edinburgh an Julius Wilhelm von Oppel in Dresden.[29] Dort beschreibt er eine »Abhandlung«, die »in wenigen Wochen [...] zum Druk« gehen solle und in der er sich eine »kritische Übersicht der gegenwärtigen Phisik, Chemie und Phisiologie« vornehme.[30] Ohne Zweifel handelt es sich dabei – folgt man E. Susini – um »eine erste Skizze« der *Beyträge zur Elementar-Phisiologie*.[31] Nach drei Jahren bestätigt Baader demselben Oppel brieflich aus Hamburg: »Ich habe so eben von einer Schrift: *Beiträge zu Elementarphisiologie*, das erste Stück in die Presse hier gegeben, welches binnen 2 Wochen fertig ist, und was ich Ihnen schicke – oder bringe!«[32] Schließlich übersendet Baader ihm das versprochene erste Stück seiner physiologischen Beiträge Anfang Dezember desselben Jahres aus München.[33] Mithin sind die *Beyträge zur Elementar-Phisiologie* schon im Herbst 1796 geschrieben und im Winter, genauer Anfang November 1796 erschienen,[34] wie auch das kurze Vorwort – datiert auf »Hamburg den letzten Oktober 1796« – beweist,

27 Vgl. Humboldt 1916, S. 342 ff.

28 Vgl. Baumgardt 1927, S. 182 f.

29 Baaders Freund Julius Wilhelm von Oppel wurde 1766 als Sohn des Oberberghauptmanns Friedrich Wilhelm von Oppel in Freiberg geboren, wo er auch Bergbau an der dortigen Akademie studierte. Als Baader ihn kennenlernte, war er Assessor im Erzgebirgischen Schneeberg; von 1793 an Geheimer Finanzrat und Referent für das Salinenwesen in Dresden.

30 Vgl. Susini 1942a, S. 195 (§ 13).

31 Vgl. Susini 1951, S. 62.

32 Vgl. Susini 1942a, S. 207 (§ 23).

33 Vgl. Susini 1942a, S. 212 (§ 27) und dazu den Kommentar in Susini 1951, S. 72.

34 »Hier ein Büchlein das ich Dir eilig schicke, so wie es die Preße verlaßen hat«, Jacobi an Goethe, Wandsbek den 9. November 1796 in Max Hecker: »Goethe und Fritz Jacobi.

wobei der Hamburger Verleger Carl Ernst Bohn, offenbar aus strategischen Gründen, Baaders Werk mit dem Publikationsjahr 1797 erscheinen ließ.[35]

Als der einunddreißigjährige Baader im Mai oder Juni 1796 aus Großbritannien in die Heimat zurückkehrt, ist, wie oben gesagt, der Entwurf bzw. der Haupttext der *Beyträge* schon konzipiert.[36] Auf der Rückreise hält sich Baader beinahe ein halbes Jahr in Hamburg auf, von wo aus er unter anderem Bremen und die unweit dieser Stadt befindlichen Salzwerke besucht. Hier stellt er das Manuskript der *Beyträge* fertig und tritt gleichzeitig in persönlichen Kontakt zu führenden Martinisten wie dem Dichter und Übersetzer Saint-Martins, Matthias Claudius, seinem Systematiker und Apologeten Johann Friedrich Kleuker, dem Philosophen Friedrich Heinrich Jacobi, der den Theosophen persönlich kennenlernt, dem Staatsmann sowie popularphilosophischen Schriftsteller Johann Georg Schlosser, der gerade an den bald darauf veröffentlichten *Sendschreiben an einen jungen Mann, der kritische Philosophie studieren wollte* (Lübeck 1797) arbeitet.

In diesem Kreis steht Baader vor allem dem Philosophen Jacobi nahe, nicht zuletzt weil – wie er ihm selbst brieflich mitteilt – der »Glaube und die Priorität des Optativs« die Achsen ihrer beiderseitigen Philosophie sind, »fest wie die Pole des Weltalls«.[37] Eine Gesinnung, die, folgt man zeitgenössischen Berichten, in denen es etwa heißt: »Jacobi lässt seinem Scharfsinn Gerechtigkeit geschehen, auch sprach er sehr vortheilhaft von einem gewissen Ba[a]der aus [München], nach seinem Urtheil ein sehr geistvoller junger Mann«,[38] gewiss auch Jacobis Einschätzung entspricht und durch briefliche Mitteilungen Jacobis, wie etwa an Goethe, am 9. November 1796, bekräftigt wird: »Es herrscht zwischen Baader und mir eine solche durchgängige Ähnlichkeit und Verschiedenheit der Vorstellungsarten und Meynungen, daß ich ein ganz eignes Intereße an

Achtunddreißig Briefe Jacobis an Goethe«, in: *Goethe. Viermonatsschrift der Goethe-Gesellschaft. Neue Folge des Jahrbuchs*, 63 (1943), S. 58.

35 Carl Ernst Bohn (1749–1827) ist der siebte von insgesamt dreizehn Söhnen des Hamburger Verlegers Johann Carl Bohn (1712–1773). Nach dem Tod des Vaters führte er als Leiter den väterlichen Verlag und die Buchhandlung fort. 1805 verkaufte er sein Geschäfts- und Wohnhaus in Hamburg und zog als Buchhändler nach Weißenfels. Teile seines Verlags wurden 1816 von Hoffmann & Campe erworben. Hierzu vgl. Adalbert Brauer: »Die Hamburger Buchhändlerfamilie Bohn und ihre Verzweigungen«, in: *Archiv für Geschichte des Buchwesens*, 11 (1971), Sp. 1769–1772.

36 Hierzu ausführlich in Helberger-Frobenius 1969.

37 Baader an Jacobi (Hamburg, 19. November 1796) in Baader 1851–1860, Bd. 15, S. 168.

38 Vgl. R. Steck: »Ein Besuch bei Jacobi im Jahre 1797«, in: *Archiv für Geschichte der Philosophie*, 12. Jg., Nr. 2 (Jan. 1899), S. 493–504, hier S. 497.

ihm nehmen muß. Die Ähnlichkeit war mehr nur in der Anlage, die Verschiedenheit ist ihm eigener, und so wird mir meine Reoriginalisirung Heteroganisierung [sic] in diesem Feuer- und Kraftvollen Denker, höchst lehrreich und bedeutend, warnend und beßernd«.[39]

Der Aufenthalt in Hamburg führte Baader nicht nur zu einer endgültigen Verwurzelung in der Theosophie (die *Beyträge* sind nicht zufällig dem Fürsten Repnin, einem russischen Martinisten, gewidmet), sondern machte ihn zugleich mit der philosophischen Debatte des beginnenden Deutschen Idealismus bekannt. Denn erst jetzt, darauf weist W. von Humboldt hin, lernt der junge Ingenieur die kurz vorher erschienenen Schriften Schellings (*Vom Ich als Princip der Philosophie*, Tübingen 1795) und Fichtes (*Ueber den Begriff der Wissenschaftslehre*, Weimar 1794) kennen.[40] Mit Recht also macht F. Hoffmann in seiner Baader-Biographie darauf aufmerksam, nicht im Text der *Beyträge*, sondern nur in den Fußnoten und endlich in dem angefügten Anhang, in dem er auch »einige seiner Gedanken mit ein paar Äußerungen Schellings [...] vergleicht und den Sinn derselben im Geiste seiner eigenen Weltanschauung sich zurechtstellt«, nehme Baader einige Male auf Fichte Bezug.[41]

Obschon es Baader nun unversehens gelingt, in den philosophischen Kreisen in Deutschland Widerhall zu finden und an der Seite Jacobis, des Kantkritikers mit unverhohlener Neigung zur Mystik, der sich als sein »Freund und Verehrer« verstand,[42] wahrgenommen zu werden, erschwerte die rasche Drucklegung der *Beyträge* mit ihrer unausgeglichenen typographischen Gestaltung (weitschweifige Anmerkungen, angefügter Anhang und ergänzende Zusätzen) den inhaltlichen Zugang zu den Ideen des jungen Philosophen, deren wohlwollender Wertschätzung die Klage über Dunkelheit und Verworrenheit entgegensteht.[43]

39 Wie oben S. 38, Anm. 34.

40 Vgl. Humboldt 1916, S. 342: »[Baader] macht sich jetzt mit der Fichtischen Philosophie bekannt«.

41 Vgl. Baader 1851–1860, Bd. 15, S. 32 f.

42 Jacobi an Baader (Hamburg, 24. Januar 1798) in ebd., S. 181.

43 Darüber beschwert sich Jacobi in einem Brief an Baggesen vom 19. Mai 1797: »Die in Deinem Briefe erwähnten *Beiträge* von Franz Baader kannte ich – ich möchte sagen, ehe sie [im] Mutterleibe empfangen waren. Schade, daß sie etwas zu früh auf die Welt gekommen sind. Du sollst mehr von dem Manne hören und sehen, wenn Du zu mir kommst«; vgl. *Aus Jens Baggesen's Briefwechsel mit Karl Leonhard Reinhold und Friedrich Heinrich Jacobi*. Teil 2, Leipzig 1831, S. 181 (§ 57). Baggesen – offenbar nicht wissend, dass Baader zu jener Zeit mit Jacobi in Hamburg verkehrte – hatte ihn tatsächlich in einem Brief vom 17. Mai 1797 auf Baaders *Beyträge* aufmerksam gemacht: »Lesen Sie doch, ich bitte Sie[,] Franz Baaders *Beyträge zur Elementar Physiologie*, Hamburg 1797, bey Bohn, ein kleines rauhes, erzkrustirtes Büchelchen, worin Sie aber [...] Goldkör-

Jacobi, Claudius, von Humboldt, wie auch weitere Angehörige des Hamburger Kreises fanden Baaders Schrift, in der organische, chemische sowie spekulative Kategorien verschmelzen, besonders kompliziert. Eben deshalb ist es Baader ein Bedürfnis, in einer Reihe von Briefen an den Freund und Spiritus Rector des Hamburger Kreises, Jacobi, seine naturphilosophischen Pläne ausführlicher zu präzisieren und sich dabei dafür zu entschuldigen, dass er »(nach der Sprache der Herren Aufklärer und Sophisten [der] Zeit) völlig inkurabel« sei und zwar »an dem Mystizismus krank liege«.[44]

Freilich fühlt sich der junge Ingenieur in seiner mystischen Denkweise jedweder frommen Aufklärung und aufgeklärten Frömmigkeit überlegen. Er greift dabei kritisch auf den Martinismus zurück und entwickelt neben einer wissenschaftlich fundierten Natur- und Religionsphilosophie auch eine eigenständige Theorie des Bösen, welche die Existenz Gottes verstandesmäßig erklären und somit eine Theodizee spekulativ ermöglichen kann.[45] Von daher konnte sich Baader mit der sich am religiösen Gefühl orientierenden Philosophie Jacobis, als dessen Schüler er sich gleichwohl versteht, und dessen Resignation vor jeder Art Spekulation nicht zufriedengeben.[46] In diesem Sinn schreibt Baader, dass es »nicht Erklärungssucht des Unerklärlichen, sondern Enthüllungsstreben des Verhüllten« sei, was ihn seit einiger Zeit antreibe, »dem Keime jenes Giftes nachzuforschen, der sich wie der Keim des Guten nun einmal fortpflanzt in dieser Natur«.[47] Eine »Generirbarkeit des Bösen in uns« – fährt er fort –, die er als Faktum[48] genauer als feindliche Realpotenz oder in der Sprache der Zeitphilosophie wie »wahres Nicht-Ich« betrachtet,[49] das man aber schließlich durch die »Geheimnisse« der »ältesten

ner und Edelgestein finden werden [...] – ich habe es eben Reinhold zum Lesen gegeben«. Umgehend über den Stand der Dinge von Reinhold informiert, schreibt er Jacobi nochmals am 21. Mai: »Ich schämte mich nachher, daß ich Dir so von Baader geschrieben hatte, als ich es Reinholden erzählte, und er mir den Zusammenhang des Dinges berichtete, mir – indem ich ihm das meine hinreichte – sein freilich noch unaufgeschnittenes Exemplar zeigend.« Vgl. *Aus F. H. Jacobi's Nachlaß. Ungedruckte Briefe von und an Jacobi und Andere.* Hrsg. v. R. Zöppritz. Band 1, Leipzig 1869, S. 194 (§ 59) und S. 196 (§ 60).

44 Baader an Jacobi (Hamburg, 16. Juni 1796) in Baader 1851–1860, Bd. 15, S. 163. Zu diesem wichtigen Briefwechsel zwischen Baader und Jacobi vgl. Susini 1983, S. 22–31, ferner Susini 1942, Teil 1, S. 227 ff. und Bonchino 2014, 65 ff.

45 Baader an Jacobi (Regensburg, 3. Januar 1798) in ebd., S. 172 f.

46 Jacobi an Baader (Hamburg, 16. Dezember 1797) in ebd., S. 171.

47 Baader an Jacobi (Regensburg, 3. Januar 1798) in ebd., S. 172 f.

48 Baader an Jacobi (Hamburg, 19. November 1796) in ebd., S. 170.

49 Baader an Jacobi (Regensburg, 3. Januar 1798) in ebd., S. 173.

Naturphilosophie« bzw. »jüdischen Cabbala« überwinden könne und müsse.[50] Wie D. Baumgardt schon veranschaulicht hat, zeigen »die wertvollen Briefe, die Baader in diesen Jahren an F.H. Jacobi gerichtet hat, ganz klar: Kant, Fichte und auch Schelling oder selbst Jacobi sind ihm als markanteste Vertreter der Zeitphilosophie nur noch Ausgangs- und Anknüpfungspunkte für sein Denken; sein eigentliches Sehnen aber geht bereits längst darüber hinaus [...] auf mystisch christliche Theosophie hin«.[51]

Es war Baaders denkerischer Ansatz, eine dynamisch-chemische Auffassung der Natur mit theosophischer Mystik zu verquicken, der damals unter den jungen Romantikern Anklang fand und das Interesse an seiner Abhandlung weckte. Insofern wurden die *Beyträge zur Elementar-Phisiologie* nicht nur von den damaligen Fachzeitschriften sogleich besprochen,[52] sondern fanden auch in der damaligen literarischen Korrespondenz namentlich Erwähnung. Jens Baggesen schreibt dem Philosophen und Arzt Johann Benjamin Erhard nach einer schlaflosen Nacht, in der er offenbar die frisch erschienenen *Beyträge* Baaders »verschlungen« hat: Baader »hat eine kleine Schrift *Beyträge zur Elementar-Physiologie*, Hamburg 1797 bei Bohn, – die ich in dieser Nacht (ich kenne seit langem nur schlaflose Nächte) gelesen habe, drucken lassen. Auch er schreibt, auf eine ganz entgegengesetzte Weise, verrucht, und hat einen gottlosen Styl, – aber in seinen Gedanken ist viel Originalität (Wahrheit) und in seinen Ansichten so viel Hellblick, daß es mich sehr wundern würde, wenn du die kurze, aber etwas schwere Mühe, ihn zu lesen, nicht belohnt finden würdest. Er würdigt Kant und Fichte, wie ein Denker, der *ihnen Stand halten* kann, um seinen Ausdruck für *Verstehen* mir zu erlauben«.[53]

Unverzüglich bekommt auch Goethe von Jacobi die eben gedruckten *Beyträge* Baaders: »Hier ein Büchlein das ich Dir eilig schicke, so wie es die Preße verlaßen hat, damit Du es lesest und eine Meynung darüber faßest, ehe es nach Jena kommt. [W. v.] Humboldt hat den Verfaßer *ein-*

50 Baader an Jacobi (Hamburg, 19. November 1796) in ebd., S. 168 f. und Susini 1942a, S. 212 (§ 27).

51 Vgl. Baumgardt 1927, S. 214.

52 Vgl. *Oberdeutsche Allgemeine Litteraturzeitung*, Bd. 1, Stück LIV, Freytag, den 5ten May 1797, Sp. 849–855; *Medicinisch-chirurgische Zeitung herausgegeben von Johann Jacob Hartènkeil*, Bd. 4, Nr. 96 (den 30. November) 1797, S. 315–318; *Neue Allgemeine Deutsche Bibliothek*, Bd. 59, Stück 1, 1801, S. 106–107. Verzeichnet auch im *Allgemeinen Repertorium der Literatur*, drittes Quinquennium für die Jahre 1796 bis 1800, Bd. 1, Weimar 1807, Erste Hälfte, VI: *Philosophie*, Nr. 219a.

53 Baggesen an Erhard (Kiel, den 17. Mai 1797) in *Denkwürdigkeiten des Philosophen und Arztes Johann Benjamin Erhard*. Hrsg. v. K. A. Varnhagen von Ense. Stuttgart und Tübingen 1830, S. 434–437 (§ 203) hier S. 436.

mal bey mir gesprochen und sich nicht gut mit ihm vertragen können, darum sage auch ihm nichts davon, daß ich Dir es sandte. Du hörst gewiß davon sobald es nach Jena kommt, und da ist es mir ein Genuß zu denken, daß Du schon vorab Bescheid weißt, und nur anzusehen brauchst um zu urtheilen. – Von mehr als Einer Seite intereßiert Dich der Mann gewiß. Wie es auch damit sey, melde mirs, und auch etwas von dem Effect in Jena.«[54] Goethes Meinung erfährt Jacobi in einem Brief vom 26. Dezember 1796: »Ba[a]ders Schrift habe ich mit Vergnügen durchgelesen, ob sie und gleich aus Regionen etwas erzählt, in die ich mich niemals versteige. Könnte er jemals zu mir herunter auf den Grund und Boden kommen, auf dem ich zu Hause bin, so würde ich eher im Stande seyn, aus der Anwendung seiner Principien, die Principien selbst zu beurtheilen. Indessen habe ich den Versuch gemacht sie nach meiner Art und Weise zu brauchen und es scheint mir sehr viel schönes und passendes aus denselben entgegen«.[55] Ferner kümmert er sich persönlich darum am 4. Mai 1797 ein Exemplar von Baaders *Beyträgen* Alexander von Humboldt zukommen zu lassen, der dem Dichter, in einem am selbigen Tag gesandten Dankesbrief, so antwortet: »Für den Baader innigen Dank. Das ist ein Werk, an dem man das Jahrhundert erkennt, kritische Philosophie, mystische Phantasie und Symbolik des Mittelalters, alles ineinander gemengt, weit und leer, grundsuchend und grundlos«.[56]

Auch die Rezeption der *Beyträge zur Elementar-Phisiologie* durch Novalis und Fr. Schlegel findet ihren Widerhall in ihren Korrespondenzen.[57] Für sie wird die kleine Broschüre zur großen Entdeckung und Baader in ihrem Kreis quasi als zukünftige Leitfigur anerkannt. Novalis, der Baaders *Ideen über Festigkeit und Flüssigkeit, zur Prüfung der Physikalischen Grundsätze des Hrn. Lavoisier* (1792) bereits kannte,[58] beginnt die neu

54 Wie oben S. 38, Anm. 34.

55 Goethe 1998, S. 278 (§ 290). Einige Zeit später gegen Ende Juli 1800 wird Goethe die *Beyträge* noch einmal lesen, genauer nach der Lektüre der jüngst verlegten Schrift Baaders *Ueber das pythagoräische Quadrat in der Natur* (Tübingen 1798); vgl. Goethe 1999, S. 61 (§ 890, 30.7.1800). Tags darauf, am 1. August 1800, schreibt er dann an Schiller: »Von Baader habe ich eine Schrift gelesen über das pythagoräische Quadrat in der Natur, [...] das Werklein hat mir wohl behaget und hat mir zu einer Einleitung in seine frühere Schrift [s. *Beyträge zur Elementar-Phisiologie*] gedient, in der ich freilich, auch noch jetzt, mit meinen Organen nicht alles zu packen weiß«; vgl. Goethe 1999, S. 62 (§ 891).

56 Vgl. *Goethes Briefwechsel mit Wilhelm und Alexander von Humboldt*. Hrsg. v. Ludwig Geiger, Berlin 1909, S. 297.

57 Vgl. in Schlegel 1985 das Register, *ad vocem* »Baader«.

58 Vgl. Novalis 1960a, S. 51. Ferner vgl. Mahoney 1980, S. 32 f. und Kurzke 1983, S. 153.

verlegte Broschüre gründlich zu studieren,[59] wie einige nicht nur in den wissenschaftlichen Fragmenten, sondern auch in den literarischen Werken gebrauchte Begriffe und Wendungen, die ihr Vorbild in Baaders *Beyträgen* finden, bezeugen.[60] Im Herbst 1798 schreibt er dann an Fr. Schlegel: »*Einen* wünscht ich noch in unsre Gemeinschaft – *Einen*, den ich Dir allein vergleiche – *Baadern*. Seine Zauber binden wieder, was des Blödsinns Schwerdt getheilt. Ich habe jetzt seine ältere Abh[andlung] vom Wärmestoff gelesen – A[nn]o [17]86 welcher Geist? Ich denke an ihn zu schreiben – Könnte er nicht zum Athenaeum eingeladen werden? Vereinige Dich mit Baader, Freund – Ihr könnt ungeheure Dinge leisten«.[61] Wenngleich realiter keine Einladung erfolgte, hielt es auch Fr. Schlegel für ein »günstiges Zeichen, daß ein Physiker« – »der tiefsinnige Baader« – »aus der Mitte der Physik sich erhoben« habe, »die Poesie zu ahnden, die Elemente als organische Individuen zu verehren, und auf das Göttliche im Zentrum der Materie zu deuten«.[62] Ebenso rühmte Steffens die »ahnungsvolle Tiefe« des jungen Naturwissenschaftlers, »dessen *Beyträge zur Elementar-Phisiologie* [...] aus den dunklen Gegenden des Mystizismus hervorgetreten« waren.[63]

Schließlich zitiert Schelling in seinem Werk *Von der Weltseele* (Hamburg 1798), dessen Überschrift anscheinend unmittelbar von Baaders Lektüre angeregt wurde,[64] die »gedankenvollen« *Beyträge* Baaders dreimal wörtlich[65] und später, aber ohne Autornennung, nochmal in seinem *System des transscendentalen Idealismus*.[66] In der beginnenden naturphilosophischen Diskussion bezeugt auch Eschenmayer in seiner von Schelling hochgelobten *Dedukzion des lebenden Organism* von 1799 seine

59 Hierzu vgl. R. Samuel in Novalis 1960, S. 512 f.

60 Vgl. Novalis/Balmes 2002, S. 81, 129, 418, 434, 464, 527, 537, 543, 567 f. Ferner vgl. Henkelmann 1984; Neubauer 1971, S. 54 f.; Gaier 1970, S. 60, 85 f.; Bark 1999, S. 345 ff. und Liedtke 2003, S. 298 ff.

61 Vgl. Novalis an Friedrich Schlegel (Freiberg, 7. November 1798) in Schlegel 1985, S. 195 bzw. Novalis 1978, S. 673 (Nr. 100).

62 Vgl. Schlegel 1967, S. 266 (»Ideen« Nr. 97 in *Athenäum* Bd. 3, 1800, S. 21), ferner vgl. ebd. S. 324 f. (*Gespräche über die Poesie*): »Die Physik [...] führt zu Hypothesen über das Ganze, ruht eigentlich auf solchen, wenngleich ohne Bewußtsein dessen der sie gebraucht. – Es ist in der Tat wunderbar, wie die Physik, sobald es ihr nicht um technische Zwecke, sondern um allgemeine Resultate zu tun ist, ohne es zu wissen, in Kosmogonie gerät, in Astrologie, Theosophie oder wie Ihrs sonst nennen wollt, kurz eine mystische Wissenschaft vom Ganzen.«

63 Vgl. Steffens 1840–1844, Bd. 4, S. 78.

64 Vgl. Schelling 1798, S. 16 Anm. 54.

65 Ebd. S. 188, 196 und 235.

66 Vgl. Schelling 1800, S. 195.

Anerkennung für Baader, indem er ein schönes, bereits theistisch gefärbtes Zitat aus den *Beyträgen* stellt,[67] wie überdies zwei Jahre später (wie auch der Mediziner Philipp Hoffmann) in der von Schelling herausgegebenen *Zeitschrift für spekulative Physik*.[68]

b. Zur Edition des Textes

Der Edition des Textes, *Beyträge zur Elementar-Phisiologie*, liegt der Erstdruck (ED) zugrunde, der in Hamburg bei Carl Ernst Bohn erschienen ist. Er ist im Klein-Oktavformat gehalten und in Fraktur-Schrift gesetzt, die Fußnoten sind in einer kleineren Schrifttype gedruckt und durch ein bzw. mehrere hochgestellte Sternchen mit folgender Schlussklammer kenntlich gemacht. Hervorhebungen sind zum Teil durch Sperrung, zum Teil durch einen größeren Schriftgrad und Sperrung ausgezeichnet. Fremdsprachensatz (Französisch, Latein und Englisch) wird in Antiqua-Schrift, zum Teil durch einen größeren Schriftgrad und Sperrung ausgezeichnet.

Der Umfang der ganzen Broschüre besteht aus drei unpaginierten Blättern und 90 Seiten. Der Haupttext beginnt auf Seite 1 und endet auf der arabisch paginierten Seite 72. Auf der weiter arabisch paginierten Seite 73 beginnt ein »Anhang zu Seite 59, Zeile 13–16«, welcher auf Seite 88 endet. Diesem folgt auf den Seiten 89 und 90 ein Verzeichnis der Druckfehler und Zusätze. Auf dem ersten Blatt befindet sich unter dem Titel ein in Antiqua-Kursivschrift ausgezeichnetes französisches Motto aus Louis-Claude de Saint-Martins (1743–1803) *Tableau Naturel des Rapports qui existent entre Dieu, l'Homme & l'univers* (1782).[69] Auf dem zweiten Blatt erfolgt eine Widmung, an die sich auf dem dritten Blatt eine Erklärung des Autors anschließt.

Dem Druck vorliegender Ausgabe liegt das (unbeschnittene) Exemplar der Staatsbibliothek Berlin mit der Signatur »Nm5720a« zugrunde. Es stammt aus dem Besitz des Philosophen Friedrich Heinrich Jacobi (1743–1819) und trägt zentriert eingeklebt auf dem inneren Vorderdeckel

67 Vgl. K. A. Eschenmayer: »Dedukzion des lebenden Organism«, in: *Magazin zur Vervollkommung der theoretischen und praktischen Heilkunde*, Bd. 2, Stück 3, Frankfurt am Main 1799, S. 374 f.

68 Vgl. K. A. Eschenmayer: »Spontaneität = Weltseele oder das höchste Prinzip der Naturphilosophie«, in Schelling 1800–1801, Bd. 2, S. 248 sowie Ph. Hoffmann: »Ideen zur Konstruktion der Krankheit«, in ebd., S. 289 Anm. und S. 294 (§ 16).

69 Hierzu siehe S. 223 zu 55, 6.

(linker vorderer Vorsatz) das Exlibris: »Ex Bibliotheca Friderici Iacobi«;[70] obenauf befindet sich Baaders handschriftliche Widmung: »*H*[e]*r*[r]*n Geheimen Rath v*[on] *Jakobi vom Verfasser.*«[71] Mit diesem Exemplar wurden folgende weitere kollationiert: Universitätsbibliothek Leipzig mit der Signatur »Anat.u.Phys.2810h« und Bibliothek der Deutschen Akademie der Naturforscher Leopoldina/Halle mit der Signatur »Ea8:90«. Bei der Kollationierung der Exemplare untereinander zeigten sich keine Presskorrekturen, d.h., während des Druckes wurde nicht in den Satz eingegriffen. In dem Exemplar aus Leipzig wurden aber die ersten drei Blätter abweichend gebunden: die Erklärung des Autors (sonst Bl. III) ist im Anschluss an den Text unpaginiert als S. 91 eingebunden worden.

Die vorliegende Edition lässt den Text des Erstdrucks unverändert. Die Schreibweise der Edition folgt den festgestellten Richtlinien, die oben im Vorwort angegeben wurden. Sonstige Abweichungen und Druckfehler werden im textkritischen Apparat verzeichnet.

Eine zweite Auflage der *Beyträge zur Elementar-Phisiologie* wurde zu Lebzeiten des Autors in dem Sammelband *Beiträge zur dinamischen Philosophie im Gegensaze der mechanischen* (S. 25–79) veröffentlicht,[72] der

70 Hierzu vgl. *Die Bibliothek Friedrich Heinrich Jacobis. Ein Katalog.* Bearb. v. K. Wiedemann. Unter Mitw. v. P.-P. Schneider. 2 Bde. Stuttgart-Bad Cannstatt 1989, Bd. 1, S. XI f.

71 Vgl. ebd., Bd. 2, S. 802 (Nr. 3463).

72 Baader äußert sich über diesen Sammelband in einem Brief an F. Schlegel vom 25. Juli 1809 mit folgenden Worten: »Endlich einmal bin ich im Stande E.W. [...] mein lezthin erschienenes kleines Buch zu geneigtem Andenken zu übersenden. Einzelne kleine Druckfehler werden Sie gefällig übersehen, sowie das *profond negligée*, in dem ich in dieser Schrift auftrete, in welcher ich gewissermaßen nur Position gefaßt und eine Menge Gegenstände nur in ›*Short hand writing*‹ angedeutet. Es genügt, dem geistlosen Physiker den Geist der Materie, den *Spiritus mundi* oder *syderum* der Alten (welcher aber *immundus* und nicht wie nunmehr neuere Naturphilosophen meinen, schon der Heilige Geist selbst ist) in Erinnerung wieder zu bringen, dem Theologen den heiligen Lebensgeist, und dem Philosophen den bösen Geist, oder den Teufel – und diesen Zweck wird meine Schrift hoffentlich nicht verfehlen, und hiermit den leztern oder den bösen Geist in Etwas geniren.« (Finke 1917, S. 27 f.).

1809 in Berlin in der Realschulbuchhandlung[73] erschien.[74] Das Buch enthält insgesamt zehn (römisch nummerierte) Abhandlungen von Franz von Baader.[75] Vier von diesen sind zum ersten Mal hier veröffentlicht, nämlich *Ueber Kants Deduktion der praktischen Vernunft, und die absolute Blindheit der leztern* (Nr. I, S. 1–24), die 1796 in England angefer-

73 Der 1749 von dem Königlichen Realschuldirektor Johann Julius Hecker (1707–1768) gegründete Verlag sowie die dazugehörige Buchhandlung wurden dann 1800 von Georg Andreas Reimer in Erbpacht übernommen und seit 1817 in »Reimer'sche Buchhandlung« umbenannt. Der Realschulbuchhandlung-Verlag wurde unter der Leitung des talentierten Reimer, insbesondere dank seiner intensiv gepflegten gesellschaftlichen literarischen Verbindungen und seiner politischen bzw. liberal-patriotischen Interessen, binnen weniger Jahre zum führenden Verlag der politischen und religiösen Romantik, die ihre Wurzeln im Jahrhundert der Aufklärung hat. Nicht nur Autoren der romantischen Literatur wie Novalis, Arnim, Tieck, die Brüder Schlegel, Jean Paul, Kleist und E.T.A. Hoffmann, sondern auch Gelehrte und Philosophen wie Arndt, Fichte, Baader, Görres, Schleiermacher, W. von Humboldt, die Brüder Grimm, Niebuhr und K.F. Eichhorn publizierten Teile ihres Werkes bei dem Verleger Reimer. Hierzu vgl. D. Reimer: *Passion & Kalkül. Der Verleger Georg Andreas Reimer (1776–1842)*, Berlin/N.Y. 1999, S. 77 ff. und 255 ff.

74 Baaders Sammelband wurde in der *Allgemeinen Literaturzeitung* ausführlich besprochen, vgl. *Allgemeine Literaturzeitung*, Bd. II, Nr. 185 (1813), Sp. 643–648. Schelling, der nach seinem Umzug nach München im Jahr 1806 mit Baader nicht nur befreundet war, sondern mit ihm auch die gemeinsame Vorliebe für die theosophische Literatur verfolgte (hierzu in Schelling 1809, S. XLV ff.), erhoffte von der damals erscheinenden »Sammlung« Baaders »heilsamste Wirkungen« (Brief an G.H. Schubert vom 28. April 1809 in Schelling 1870, Bd. 2, S. 155 sowie S. 138 und 160). Innerhalb des damaligen Münchner Freundeskreises war auch Bettine von Arnim von der Veröffentlichung der gesammelten *Beiträge* Baaders so angetan, dass sie unverzüglich und voller Begeisterung ein Exemplar an Goethe zustellte (vgl. S. Schormann: *Bettine von Arnim. Die Bedeutung Schleiermachers für ihr Leben und Werk*. Tübingen 1993, S. 24 Anm. 96 und 97). Am 10. September erhielt Goethe Baaders Sammelband und am 11. September 1809 bedankte er sich mit diesen Worten bei Bettine: »Franz Baadern werden Sie schönstens für das Gesendete danken. Es war mir von den Aufsätzen schon mancher einzeln zu Gesichte gekommen. Ob ich sie verstehe weiß ich selbst kaum; allein ich konnte mir manches daraus zueignen« (vgl. H. Fröschle: *Goethes Verhältnis zur Romantik*, Würzburg 2002, S. 426).

75 I. »Ueber Kants Deduktion der praktischen Vernunft, und die absolute Blindheit der leztern«, S. 1–24; II. »Beyträge zur Elementar-Phisiologie« (1797), S. 25–79; III. »Ueber das pythagoräische Quadrat in der Natur oder die vier Weltgegenden« (1798), S. 80–105; IV. »Ueber den Affekt der Bewunderung und der Ehrfurcht« (1804), S. 106–112; V. »Ueber Sinn und Zwek der Verkörperung, Leib- oder Fleischwerdung des Lebens«, S. 113–119; VI. »Ueber die Behauptung: daß kein übler Gebrauch der Vernunft seyn kann« (1807), S. 120–124; VII. »Ueber die Analogie des Erkenntniß- und Zeugungs-Triebes« (1808), S. 125–135; VIII. »Fragmente zu einer Theorie des Erkennens«, S. 136–142; IX. »Ueber Starres und Fliessendes« (1808), S. 143–149; X. »Ueber den Begriff dinamischer Bewegung im Gegensaz mechanischer«, S. 150–158.

tigt wurde; *Ueber Sinn und Zwek der Verkörperung, Leib- oder Fleischwerdung des Lebens* (Nr. V, S. 113–119); *Fragmente zu einer Theorie des Erkennens* (Nr. VIII, S. 136–142) und *Ueber den Begriff dinamischer Bewegung im Gegensaz mechanischer* (Nr. X, S. 150–158). Auf dem Titelblatt befindet sich über dem Erscheinungsort, der in Antiqua-Kursivschrift ausgezeichnete, und von Baader leicht abgeänderte, lateinische Leitspruch aus Platons *Theaetetus* (155e): »*Profani* sunt, qui nihil aliud *esse* putant, quam quod pugno tenere possunt. Quicquid vero invisibile *istis* est, in eorum quae *sunt*, numero nequaquam habent«.[76] Der Sammelband ist in Fraktur gesetzt. Die Fußnoten sind in einer kleineren Schrifttype gedruckt und durch ein bzw. mehrere hochgestellte Sternchen mit folgender Schlussklammer kenntlich gemacht. Hervorhebungen sind zum Teil durch Sperrung, zum Teil durch einen größeren Schriftgrad und Sperrung ausgezeichnet. Die fremdsprachigen Texte (Französisch, Latein und Englisch) werden in der Regel in Antiqua wiedergegeben, zum Teil durch einen größeren Schriftgrad und Sperrung ausgezeichnet. Der Gesamtumfang des Sammelbandes beträgt VIII römisch paginierte Seiten – Titelblatt (unp.) und *Vorrede* des Verfassers, welche mit dem Datum »München den 15. März 1809« auf Seite VIII enden – und 158 arabisch paginierte Seiten. Das Buch hat kein Inhaltsverzeichnis.

Das Exemplar der *Beiträge zur dinamischen Philosophie im Gegensaze der mechanischen* (1809), welches sich im Bestand der Sächsischen Landesbibliothek – Staats- und Universitätsbibliothek Dresden mit der Signatur »Phil.B.524« befindet, wurde mit zwei weiteren Exemplaren – respektive Staatsbibliothek Berlin (Signatur »Nm5728«) und Bayerische Staatsbibliothek München (Signatur »Ph.u.24«) – verglichen. Bei dieser (internen) Kollationierung der drei Exemplare zeigten sich keine Presskorrekturen, d. h., während des Druckes wurde nicht in den Satz eingegriffen. Andere wenig relevante Textvarianten etwa in Form von differierender Schreibweise sind im textkritischen Apparat als ZDvar aufgeführt.

[76] Vgl. Platon 1781–1787, Bd. 2, S. 76 f.: »ΣΩ: [ἄ]θρει δὴ περισκοπῶν, μή τις τῶν ἀμυήτων ἐπακούῃ. εἰσὶν δὲ οὗτοι, οἱ οὐδὲν ἄλλο οἰόμενοι εἶναι ἢ οὗ ἂν δύνωνται ἀπρὶξ τοῖν χεροῖν λαβέσθαι πράξεις δὲ καὶ γενέσεις καὶ πᾶν τὸ ἀόρατον οὐκ ἀποδεχόμενοι, ὡς ἐν οὐσίας μέρει. […] *So*. Considera itaque circumspectans, ne quis profanus haec audiat. profani vero sunt, qui nihil aliud esse putant, quam quod manibus comprehendere possint. actiones vero generationesque, & quidquid invisibile est, in eorum quae sunt numero nequaquam habent.« Für die deutsche Übersetzung vgl. Platon 1911, S. 52: »Sokr. Halte also sorgfältig Umschau, daß keiner der Uneingeweihten uns behorche. Es sind dies aber diejenigen, die das Sein nur dem zugestehen, was sie fest mit den Händen fassen können, während sie Handeln und Werden und alles Unsichtbare nicht als seiend gelten lassen.«

Die externe Kollationierung von ZD gegenüber ED hat hingegen erhebliche Abweichungen ergeben. Im Sammelband *Beiträge zur dinamischen Philosophie im Gegensaze der mechanischen* (1809) existiert kein Verzeichnis der Druckfehler und Zusätze. Dagegen wurden die in der ersten Auflage (ED) der *Beyträge zur Elementar-Phisiologie* (1797) auf Seite 89 f. verzeichneten Druckfehler und Zusätze von Baader in der 1809 neu erschienenen Ausgabe (ZD) berichtigt und in Form von Fußnoten und Texteinschüben in den Text des zweiten Drucks integriert. Nicht allein diese Abweichungen, sondern auch die gelegentlich praktizierten Auslassungen oder Abänderungen, durch welche die Zweitauflage den Text des Erstdrucks variiert, werden in der vorliegenden kritischen Ausgabe (die ihren Prinzipien gemäß jeden Text im Erstdruck herausbringt) im Variantenverzeichnis aufgeführt. Entsprechende Verweise finden sich im textkritischen Apparat des Haupttextes unter Angabe der Seite und Zeile.

Der Text der *Beyträge zur Elementar-Phisiologie* (1797) wurde zu Lebzeiten des Autors ein drittes Mal in Band I von Baaders *Philosophischen Schriften und Aufsätzen* (S. 28–78) veröffentlicht,[77] der 1831 in Münster bei der Theissingschen Buchhandlung erschien.[78] Der Band enthält ins-

[77] Franz Baader: *Philosophische Schriften und Aufsätze. Vom Verfasser gesammelt und neu durchgesehen.* 2 Bde., Münster 1831–32. Der erste Band wurde ausführlich besprochen in *Der Katholik*, Jahrg. XII, Bd. 46 (1832), S. 219–240 und in *Blätter für literarische Unterhaltung*, 13 (1832), S. 49–50. Vgl. auch die Besprechungen in *Religiöse Zeitschrift für das katholische Deutschland*, II (1833), S. 47–65 und nochmals in *Blätter für literarische Unterhaltung*, 14 (1832), S. 53–55 sowie ebd., 1833, Beilage zu Bd. 2, Nr. 9, S. 1037–1039. Ferner wurde der Band in verschiedenen Sammelrezensionen erwähnt, u. a. in *Morgenblatt für gebildete Stände. Literatur-Blatt*, 89 (1831), S. 353–354; in *Allgemeine Literaturzeitung*, Bd. I, Nr. 7 (1836), Sp. 49–56 sowie ebd., Bd. II, Nr. 129 (1834), Sp. 417–424.

[78] Im Kontext der Gründung der Universität Münster im Jahr 1780 wurde der Theissing-Verlag von Friedrich Christian Theissing (1759–1845) 1786 gegründet, dem seit 1803 eine Leihbibliothek angegliedert war. Mit dieser Einrichtung wurde Theissing zu einem Drehpunkt für das kulturelle Leben der Stadt Münster. Zu seinen Stammkunden gehörten nicht nur diejenigen Intellektuellen, die innerhalb des sogenannten Münsteraner Kreises um die Fürstin Amalie Gallitzin waren (vgl. H. E. Bödeker: »Lesen als kulturelle Praxis. Lebensbedürfnisse, Lesestoffe und Leseverhalten im ›Kreis von Münster‹ um 1800«, in: *Frühe Neuzeit – Frühe Moderne? Forschungen zur Vielschichtigkeit von Übergangsprozessen.* Göttingen 1992, S. 327–365). Zugleich ermöglichte es Theissing dank seiner vielfältigen Beziehungen außerhalb von Münster (z. B. in Frankfurt und München), die kursierenden philosophischen und theologischen Debatten in Form von wissenschaftlicher Literatur (wie etwa Baader, Molitor usw.) in das kulturelle Leben der Stadt einzuführen. Hierzu vgl. H.E. Bödeker: »Der Buchhandel in Münster in der zweiten Hälfte des 18. Jahrhunderts«, in: *L'Europe et le livre: réseaux et*

gesamt zwanzig bzw. neunzehn (römisch nummerierte) Abhandlungen und einen unnummerierten Aufsatz,[79] unter denen sich zwei von Baader selbst auf Französisch verfasste (*Sur L'Eucharistie* und *Sur la notion du tems*) und zwei zum ersten Mal hier veröffentlichte Abhandlungen, nämlich *Ueber den biblischen Begriff von Geist und Wasser in Bezug auf jene des Ternars* (Nr. XVIII, S. 29[4]–310) und *Ueber den Begriff der Extasis* (*Verzückheit*) *als Metastasis* (*Versetztheit*) (Nr. XIX, S. 311–325) befinden. Auf der Rückseite des Titelblatts befindet sich als Motto ein Zitat aus Böhmes *Schutz-Rede wider Georg Richter*: »Ich habe keine neue Lehre, sondern nur die alte, welche in der Bibel und im Reich der Natur zu finden ist«.[80] Der ganze Oktavband der *Philosophischen Schriften und Aufsätze* ist, abgesehen von zwei in französischer Sprache gedruckten Schriften, die in Antiqua gesetzt sind, in Fraktur gesetzt. Die Fußnoten sind insgesamt in einer kleineren Schrifttype gedruckt und durch ein bzw. mehrere hochgestellte Sternchen mit folgender Schlussklammer kenntlich gemacht. Hervorhebungen sind zum Teil durch Sperrung, zum Teil durch einen größeren Schriftgrad und Sperrung ausgezeichnet. Die fremdsprachigen Texte (Französisch, Latein und Englisch) werden in der Regel in Antiqua wiedergegeben und sind zum Teil durch einen größeren Schrift-

pratiques du négoce de librairie XVIe–XIXe siècles. Hrsg. v. F. Barbier. Paris 1996, S. 485–526.

79 Im Einzelnen handelt sich um folgende Texte: I. »Ueber Kants Deduction der practischen Vernunft, und die absolute Blindheit der letztern« (1809), S. 5–27; II. »Beiträge zur Elementar-Physiologie« (1797), S. 25–78; III. »Ueber den Affect der Bewunderung und der Ehrfurcht« (1804), S. 79–85; IV. »Ueber Sinn und Zweck der Verkörperung, Leib- oder Fleischwerdung des Lebens« (1809), S. 86–91; V. »Ueber die Behauptung, daß kein übler Gebrauch der Vernunft seyn kann« (1807), S. 92–96; VI. »Ueber die Analogie des Erkenntniß- und Zeugungstriebes« (1808), S. 97–106; VII. »Fragmente zu einer Theorie des Erkennens« (1809), S. 107–119; VIII. »Ueber Starres und Fliessendes« (1808), S. 143–149; IX. »Ueber den Begriff dynamischer Bewegung im Gegensatz mechanischer« (1809), S. 120–127; X. »Vorrede zu Schubarts [sic!] Uebersetzung von St. Martin de L'Esprit des choses« (1812), S. 128–139; XI. »Gedanken aus dem großen Zusammenhang des Lebens« (1813), S. 140–156; XII. »Ueber die Begründung der Ethik durch die Physik« (1813), S. 157–191; XIII. »Ueber das durch die französ. Revolution herbeigeführte Bedürfniß einer neuen und innigern Verbindung der Religion mit der Politik« (1815), S. 192–206; XIV. »Sur l'Eucharistie« (1816), S. 207–220; XV. »Sur la notion du tems« (1818), S. 221–244; XVI. »Sätze aus der Bildungs- und Begründungslehre des Lebens« (1820), S. 245–279; [XVIb] »Ueber den Blitz als Vater des Lichts« (1815), S. 271–284; XVII. »Ueber die Vierzahl des Lebens« (1818), S. 285–293; XVIII. »Ueber den biblischen Begriff von Geist und Wasser in Bezug auf jene des Ternars« (1831), S. 29[4]–310; XIX. »Ueber den Begriff der Extasis (Verzücktheit) als Metastasis (Versetztheit)« (1831), S. 311–325.

80 Vgl. Böhme 1730, Band 5: *Apologia contra Gregorium Richter, oder Schutz-Rede wieder Gregorium Richter, Ober-Pfarrer zu Görlitz* (1624), S. 389 (§ 67).

grad und Sperrung ausgezeichnet. Der Gesamtumfang des Sammelbandes beträgt 325 arabisch paginierte Seiten – dabei sind Titelblatt (unp.) und *Vorrede* des Verfassers (unp.), welche mit Datum und Ortsangabe »Schwabing bei München den 15. August 1830« enden, und ein Blatt bzw. S. 325 *verso* mit Druckangabe mitzurechnen – hinzu kommt am Ende des Bandes ein unpaginiertes Blatt mit dem Inhaltsverzeichnis (*recto* und *verso*) und zwei von 1 bis 4 arabisch nummerierte Blätter mit »Zusätze[n] und Verbesserungen zum I. Band.«

Das ehemalige Exemplar der *Philosophischen Schriften und Aufsätze* (1831), das sich im Bestand des Philosophischen Seminars (Abteilung A) der Universität Münster mit der Signatur »Hd6« befand (jetzt Privatexemplar des Herausgebers, A.B.), wurde mit zwei weiteren Exemplaren – respektive Österreichische Nationalbibliothek Wien (Signatur »AltMag152.46-B.1«) und Bayerische Staatsbibliothek München (Signatur »Ph.u.24b-1«) – verglichen. Bei diesem (internen) Vergleich der drei Exemplare zeigten sich keine Presskorrekturen sowie keine relevanten Textvarianten, aus denen sich ein anderer inhaltlicher Sinn ergeben könnte. Externe Abweichungen von DD gegenüber ED und ZD so wie die gelegentlich praktizierten Auslassungen oder Abänderungen werden indes im Variantenverzeichnis aufgeführt.

Der Druck in ED folgt wie ZD und DD in Interpunktion und Orthographie dem damaligen Sprachgebrauch. Diese Veränderungen des Textes werden im textkritischen Apparat nicht ausgewiesen. Einige typische Beispiele für die uneinheitliche Rechtschreibung innerhalb von ED sowie die Anpassung des Textes in Orthographie und Zeichensetzung an die gebräuchlichen Regeln in ZD und DD führt die folgende Liste auf:

- Die Ziffer 1 wird in ED und ZD immer mit dem römischen Schriftzeichen I dargestellt; z. B. ED, ZD: I797 = DD: 1797
- ZD und DD verändern generell die Reihenfolge von Schlussklammer und Punkt die Schlusspunktsetzung; z. B. ED: 9.) = ZD, DD 9).
- Am Zitatende wird in ZD und DD die Reihenfolge von Schlussanführungszeichen und Punkt in der Regel vertauscht; z. B. ED: vermag.* = ZD, DD: vermag*., ED: lassen.* = lassen*.
- ZD und DD verändern die in ED verwendeten Abkürzungen H. zu Hr.
- In DD fehlt generell bei Zitaten der Punkt hinter den Seiten; z. B. ED, ZD = S. 42. Anm. DD = S. 42 Anm.
- DD passt generell die Schreibung von ss/ß an; z.B. umschliessend = umschließend, Verhältniss = Verhältniß, blos = bloß, äussern = äußern
- Orthographische Unterschiede im engeren Sinn von ED und ZD gegenüber DD, vornehmlich zur Vermeidung veralteter Formen und je-

weils auch in den entsprechenden Zusammensetzungen; z.B. betrift = betrifft, bewust = bewußt, fast = faßt, fieng = fing, gefast = gefaßt, giengen = gingen, hieng = hing, kömmt = kommt, läst = läßt, läugnen = leugnen, Maaß = Mass, rüken = rücken, Rükkehr = Rückkehr, Rüksicht = Rücksicht, schaft = schafft, stande = Stande, stätter = stäter, Stuffe = Stufe (dies gilt auch für Präfixbildungen). Statt ED (jeweils auch in den anderen Kasus und Genera oder Präfixbildungen): Ausdruk, Entwiklung, Gesez, Grösse, Merkmaal, Saz, Schäzung, schliest, stekt, vermist, würklich, zurük findet sich in ZD und DD: Ausdruck, Entwicklung, Gesetz, Größe, Merkmal, Satz, Schätzung, schließt, steckt, vermißt, wirklich, zurück (dies gilt auch für alle Präfixbildungen). Statt ED: erfoderlich, fodern findet sich in ZD und DD: erforderlich, fordern

- DD schreibt Adjektive und Pronomen wie in den folgenden Wendungen regelmäßig mit kleinen Anfangsbuchstaben: Chemischen Naturoperazionen = chemischen Naturoperationen, Sich selbst = sich selbst, Ein Räumlich Mechanisches Du = ein räumlich mechanisches Du, Jede Einzelne = jede einzelne, Jedes Andre = jedes andre, Jedes Vernünftige = jedes vernünftige, Maschinistisch-hydraulische Sisteme = maschinistisch-hydraulische Sisteme, Natürliche im Allgemeinsten Sinne = natürliche im allgemeinsten Sinne
- ED, ZD verwenden generell in den folgenden Wendungen i zu y; z.B. ED, ZD: Dinamik = DD: Dynamik, ED, ZD: hipostasirt = DD: hypostasirt, ED, ZD: phisikalisch = DD: physikalisch, ED, ZD: Phisiker = DD: Physiker, ED, ZD: Phisiologie = DD: Physiologie, ED und oft auch ZD: Sistem, sistematisch = DD: System, systematisch
- DD verändert die Darstellung des Lauts k innerhalb eines Wortes von k zu c vor Konsonanten; z.B. aktiv = activ, Konstrukzion = Construction, Effekt = Effect, Funktion = Function, Instinkt = Instinct, Produkt = Product, objektiv = objectiv etc.
- DD verändert die Darstellung des Lauts k am Wortanfang von k zu c; z.B. Kapazität = Capacität, Kaussalität = Causalität, Kontiguität = Contiguität, Konstrukzion = Construction, Korruption = Corruption, Kultur = Cultur, koerzible = coercible etc.
- DD verändert die Darstellung der Wortendung zion zu tion; z.B. Assimilazion = Assimilation, Definizion = Definition, Exerzion = Exertion, Revoluzion = Revolution, Sekrezion = Sekretion, Sensazion = Sensation, Solizitazion = Solicitation
- DD verändert die Darstellung der Verbalendung ziren zu ciren; z.B. deduziren = deduciren, qualifiziren = qualificiren, reduziren = reduciren etc.

- DD verändert die Darstellung des Lauts z innerhalb eines Wortes von z zu c; z.B. koerzible = coercible, Kapazität = Capacität, Perzeption = Perception
- Die Schreibweise von Konjunktionen, die aus mehreren Wörtern bestehen, werden in DD angepasst; z.B. ED, ZD: insofern = DD: in so fern. Aber ED, ZD: in wiefern = DD: in wie fern, ED, ZD: auseinanderhaltend = DD: aus einander haltend sowie ED, ZD: ausser halb = DD ausserhalb
- Der Diphtong ey in ED und ZD wird in DD zu ei, ausgenommen sind das Verb seyn und seine Konjugationsformen; z.B. ED, ZD: Beyträge = DD: Beiträge, ED, ZD: freye = DD: freie, ED, ZD: freylich = DD: freilich, ED, ZD: zweytens = DD: zweitens
- DD lässt generell den Apostroph beim Genitiv weg; z.B. ED, ZD: Instinkt's = DD: Insticts, Vernunftfaktum's = DD: Vernunftfactums
- DD und ZD passen generell Mundartliches an die hochdeutsche Schreibweise an, z.B. andre = andere, Ändrung = Änderung, besondre = besondere, Gliedrung = Gliederung, hiebei = hierbei, hiezu = hierzu, keineswegs = keinesweges, leztrer = letzterer, ohne dem andern = ohne das andere, Sondrung = Sonderung, Verändrung = Veränderung, Wittrung = Witterung, zwee, zwo = zwei
- ED, ZD und DD schreiben am Wortanfang nie Ö oder Ü, sondern stets Oe bzw. Ue
- ED und DD behalten die alten Umlautzeichen a, u und o mit dem hochgestellten ^{e} = ä, ü

Beyträge zur Elementar-Phisiologie.

En effet, si la Nature élémentaire nous est nuisible, c'est lorsque nous nous laissons asservir par elle, et non lorsque nous en pênétrons les vertus. *En un mot, ignorer la Nature, c'est ramper devant elle c'est se subordonner à elle, & rester livré à son cours ténébreux; la connoître, c'est la vaincre, & s'éléver au dessus d'elle.*°

Tableau naturel.

Hamburg
bei Carl Ernst Bohn
1797.

2–6 *En effet ... d'elle.*] *In* ZD *und* DD *nicht in kursiv gedruckt* 3 *pénétrons les* vertus] ZD: *pènètrons* les *vertus* · DD: *pénétrons* les *vertus* 4 *devant elle c'est*] DD: devant elle, c'est 4–5 *elle, & rester*] ZD DD: elle et rester 5 *à son*] ZD: â son 5 *vaincre*] ED: vainere 5 &] ZD: et 6 *au dessus*] DD: au-dessus 7 *Tableau naturel.*] *In* ZD *und* DD *gesperrt*

Dem
Durchlauchtigsten Fürsten

Nicolaus Wasilie's Repnin°

General Gouverneur von Lithauen
General en Chef Ihro Majestät der Kaiserinn
aller Reussen etc. etc. etc.
ehrfurchtsvoll gewidmet

vom Verfasser.

Da der Titel dieser kleinen Schrift ihren Zwek und Inhalt deutlich genug zu erkennen giebt, so finde ich auch nicht nöthig mehr dabei zu erinnern, als daß sie zugleich bestimmt ist, mehreren Abhandlungen über einzelne phisiologische und chemische Gegenstände, als folgende Stüken dieser Beiträge, als erstes Stük oder als Einleitung zu dienen.

Hamburg den lezten Oktober 1796.°

1–6 Da … 1796.] EDvar: *In der Kopie aus der Universitätsbibliothek Leipzig (Signatur: »Anat.u.Phys.2810h«) paginiert als S. 91. Vgl. oben S. 46.*

Ein Körper (materielle Substanz, Raum-*Individuum*, oder für sich beweg- 2 liche Raumerfüllung[A]) heist *schwer*, wenn er in Verhält|niß eines andern

A S. Kants Metaph. Anfangsgründe der Naturw. Dinamik 5 Erkl.° – Ich sage: Raumerfüllung, und nicht Punkt. Die Punkte sind als *Elemente* (*Einzelnheiten*) der Raumerfüllung nicht selbstständige *Einheiten*, und man kann ihnen also auch nie (etwa in der dinamischen Konstrukzion stättiger Raumerfülltheit) abgesonderte Beweglichkeit zuschreiben. Nur zwischen Flächen findet Zurüktreibung statt,° und nur als umschliessend einzelne Raumerfüllungen äussert sich diese Zurüktreibung als bewe- 2 gende Kraft eines für sich Beweglichen gegen ein anderes. | Auch ist fremde (äussre) Berührung von Selbstberührung (Kontiguität von Kontinuität) überall wohl zu unterscheiden,° und nicht auf eine und dieselbe Weise zu konstruiren. Ich stelle übrigens hier einen Begriff des Elements auf, der, obgleich der älteste, manchem doch neu scheinen dürfte, weil man in neuern Zeiten selten von ihm Gebrauch machte, obschon die Phisiologie° des äussern Sinnes so wenig seiner entbehren kann, als die des Innern (Psychologie).° Auf ihn weiset die Kant'sche Definizion: In Composito Substantiali quemadmodum Analysis non terminatur, nisi parte, quae non est Totum, h.e. *simplici*, ita synthesis non nisi Toto, quod non est pars, i.e. mundo (worunter hier jede kleine Welt bis zur Einen Grossen verstanden werden kann),° das Merkmaal des Elements: quod non est Totum, meint hier nichts anders, als daß es nicht *vollständig* (nicht vollendet und für sich selbstständig) ist, was auch die Platonische Definizion sagt: Totum est cui nulla pars deest.° Ein Element ist also in der Erfahrung weder isolirt 3 darstellbar noch einzeln | *verständlich*, so wie überhaupt in der Antithesis (Analysis) jedes Einzelne Glied des Sistems (als Ganzheit, Einheit) ohne dem andern weder im Gemüth verständlich noch in der äussern Anschauung beständlich ist. Die Chemiker weisen uns darum keineswegs die Elemente der Körper, indem sie von der Reihe natürlicher und künstlicher Metamorphosen derselben uns einzelne Glieder (selbst meist Körper) ausheben, obschon jedes flüssige (in einem andern Sinn), als das Element des in und aus ihm sich bildenden Körpers betrachtet werden kann, insofern nämlich die Grundkräfte (Elemente) so wie sie in ihrer Verbindungsweise als flüssiges erscheinen, gleichsam nur auf der ersten Stuffe der Verkörperung stehen (was sie denn auch besonders zur *Alimentazion* bereits gebildeter Körper befähigt).° – Hr. Kant war auch hier der erste, der auf dem neueingeschlagnen dinamischen Wege, das in jedem Körper als für sich vollendeter Raumerfüllung gegebne und geeinte Vielerlei einzelner Grundkräfte zu zerlegen (dinamisch zu scheiden) anfieng, um so 4 der Lösung des Grossen Problems: einer dinamischen Konstrukzion des | Körpergebildes, sich nähern zu können.° Er hatte nun zwar die Konstrukzion selber nicht vollendet, denn sie läst sich mit *zwei* Grundkräften nicht vollenden, und ich werde in einem folgenden Stück dieser Beyträge einen Versuch zeigen, wie sie mit einer drit-

1 Ein Körper⌉ *siehe S. 94 zu 58, 1* 4–7 Die Punkte … zuschreiben.⌉ *In* DD *fällt aus* 7 findet⌉ DD: finden 27 meist⌉ DD *lässt aus* 31 befähigt)⌉ *so* ZD *und* DD · ED: befähigt.)

(oder des zum Maasse genommenen Moments eigner Kraftanstrengung) schwerer | in Bewegung zu bringen und schwerer von einer schon an 3

ten zu Stande zu bringen ist, auf deren Vorhandenseyn schon die dreifache Dimension der vollendeten Raumerfüllung leitet, so wie auch physische Betrachtungen zu ihr führen° (wie z. B. H. Prof. Gren drei Grundkräfte aufstellt).° Von den merkwürdigen Folgen, die sich mir aus dieser Körperkonstrukzion darbieten, will ich hier vorläufig nur auf zween deuten. Erstens erscheinen diese drei Kräfte als drei jeder vollendeten Raumerfülltheit gleichsam innwohnende Natur-Seelen, deren jede bei günstigen Umständen zur herrschenden werden kann, und sich sodann in Figur und Gebärde (bildend oder bewegend) äussert. Hiebei verschwindet nun die eine oder andre Grundkraft, indem sie in der Art ihrer Äusserung oder nur im Grade, wechselt, und täuscht den Beobachter in dieser ihrer Latenz oder Heteronomie auf mancherlei Weise. –° Zweytens | geben diese Kräfte nur gezwungen und mit innerm Widerstreite 5
(»wie die Natur manch widerwärt'ge Kraft – verbindend zwingt und streitend Körper schaft«)° eine Sinthesis, die sohin den Keim der Verwesung in sich tragend, sich selber oder frei gelassen, nicht in Form und Einheit besteht, sondern in Unform (Chaos – Nicht-Einheit) zergeht.° Diese Korruptibilität alles Körperstoffs erscheint nur darum nicht deutlicher, weil ihr eine entgegengesezte positive Nuturanstalt überall Einhalt thut, um eben aus Unform wieder Form und zwar verjüngt hervorzubringen, wodurch denn der in die erste Stuffe der Verkörperung zurükgetretne Stoff (der zerflossene Körper) als Aliment oder Saamenhülle eines andern dient.° Man bedarf also hier nicht minder, als zur Erklärung der Gemüths-Einheit eines Einenden Prinzips a priori (des *Maasses*. S. Eduard Allwill's Briefsammlung, S. 310 etc.)° weil der Stoff auch hier ausserdem weder Bestandheit noch bestimmte (spezifische und individuelle) Form, darzustellen vermögend ist. Daher die Alten einen Körper bedeutend mit einem Dreiecke und in | dessen Mitte befindlichen Punkt abbildeten, welches Simbol sich aber 6
auch allgemein für Jede Einzelne in sich bestehende Natur brauchen läst, deren Konstrukzion in keinem andern als dem Progressus von Thesis Antithesis (oder Analysis) und Sinthesis fortgeht. –° Natürlich erhält die Chemie (in ihrem Ganzen Umfange als Stoffbildungslehre) hiemit teleologische Maximen und H. Kants Vorschlag (S. Kritik Urtheilskraft S. 320.) wird also schon hier zur Pflicht.° Dem bloß maschinistisch erklärenden Phisiker scheinen derlei dinamische Nachforschungen freilich entbehrliche Spekulazionen, wo nicht gar Schwärmereien. Ihn fechten sie auch nicht an, denn sie heben gerade da an, wo Er aufhört. Dafür entgeht er ihnen aber auch nur durch eine Art Taschenspielerei, indem er, um das Vielerlei der Kraftäussrung jedes Einzelnen Körper | gebildes (Ein Vielerlei das in ihm *ineinander* vorhanden ist) nicht deduziren 7
zu müssen, uns diesen Körper so sehr klein macht, daß wir ihn nicht mehr einzeln zu sehen vermögen, und also mit einbilden und glauben uns behelfen müssen. So z. B. *erklärt* das Newtonsche Emanationssistem das Licht und Sehen dadurch, daß es uns

5 führen (wie] *so* ZD *und* DD · ED: führen. (wie 5 aufstellt).] *so* ZD · ED: aufstellt.) · DD *fügt hinzu:* aufstellt), welchen Ternar übrigens am bestimmtesten bereits *Paracelsus* mit dem sal, mercurius und sulphur bezeichnet hat. **21** Saamenhülle] ED *schreibt im Text* Saame *und korrigiert in* Drukfehler und Zusätze: Saamenhülle **23** Briefsammlung, S. 310 etc.)] ZD: Briefsammlung S. 310 etc.) · DD: Briefsammlung S. 310 etc.), **24** Form,] DD: Form **28** Thesis] ZD *und* DD: Thesis, **36** *ineinander*] DD: *in einander* **38** einbilden und glauben] DD: Einbilden und Glauben **39** *erklärt*] DD: erklärt **39** daß] *so* ZD *und* DD · ED: da

4 ihm vorhandenen Bewegung ab, und zu | einer andern oder zur relativen Ruhe mit andern Körpern zu bringen ist: diese Bewegung mag |
5 nun eine sogenannte todte oder passive (eigentlich ganz *heteronome*)
6 wie in Schub, Zug, mit|getheiltem Druck etc. oder sie mag eine *freye* (aktive, *autonome*) seyn, wie in Wurf, Schwung, Fall etc.° der *leichte* Körper ist im Gegentheil eben so leicht in Bewegung, als von ihr ab zur Ruhe oder jeden andern zu bringen, und man weiß, daß diese Verschie-
7 denheit *me|chanischer Kapazität* sich weder auf Volum noch auf irgend eine andre einzelne Beschaffenheit der verschiednen Naturkörper bringen läst, sondern an jedem derselben verschieden und nur durchs jedesmalige Experiment bestimmbar ist. Der Ausdruck und Begriff spezifische
8 Kapazität° erscheint | hier um so passender, theils weil er vor der Hand nur das Faktum frei von aller Theorie sichert, theils weil die Erfahrung lehrt, daß ein und derselbe Körper (inner der Reihe seiner möglichen Veränderungen, die nur für seine Dauer als unum, totum, Individuum Phaenomenon nicht lethal sind)° so wie er z. B. nur einer bestimmten Umbildung fähig ist, er auch nur ein (Caeteris paribus) seiner spezifischen Natur (Stoff) entsprechendes endliches Quantum von Bewegung in sich hervorzubringen oder zu *gründen* vermag.[A] Denn was die mitgetheilte (passive, heteronome) Bewegung betrift, so weiß man, daß ein minimum von Kraft gar keinen mechanischen Effekt hervorbringt (ohne darum effektlos zu seyn) und daß über ein gewisses maximum hinaus der Körper gleichsam gewekt, in freie (autonome) Bewegung geräth. In dieser letztern enteilt
9 aber der leichter bewegliche Körper | (der von geringerer mechanischer Kapazität oder gleichsam grösserer Reizbarkeit)° gerade um so früher der seine eigene Kraft erregenden Ursache, je geringer sein Fassungsmoment ist, so wie das genau bei der Temperaturvertheilung statt findet;° und aller über sein Fassungsmoment gehender Kraftstimulus geht auch

solches mit verschlossnem und resignirtem Augsinn im finstern (als Anprall discreter Körperchen) d. h. mit der Hand greifen lehrt. –° Man pflegt sich überhaupt in der *Philosophie* die Erklärung bisweilen damit zu erleichtern, daß man alles Unerklärliche *vor der Hand* wegräumt oder positiv ignorirt, und dieses positive Nichtwissen könnte
8 man auch die Kunst nennen, alles Wissen zu nichte zu machen. |

A S. H. Kants Gedanken von der wahren Schäzung lebendiger Kräfte. Kleine Schriften.
9 Linz. 1795. |°

2 ist:] *siehe S. 94 zu 60, 2* 4 mitgetheiltem] *so* ZD *und* DD · ED: mitgetheilten 10 durchs] DD: durch das 16 sind)] DD: sind), 22 seyn)] DD: seyn), 25 gleichsam grösserer] ED *schreibt im Text* gleichsam *und korrigiert in* Drukfehler und Zusätze*:* gleichsam grösserer 29 verschlossnem] DD: verschloßnem 29 resignirtem] *so* DD · ED ZD: resignirten 29 finstern] DD: Finstern 34 Schäzung] DD: Schätzung 35 Linz. 1795.] DD: Linz 1795.

an ihm mechanisch verloren. Dies gilt für den *Fall* eben so wohl, als für jede andre freie Bewegung, denn auch hier findet ein maximum statt, oder eine Akme der beschleunigten innern Kraftanhäufung, ob man schon a priori und a posteriori manchmal gerade das Gegentheil erwiesen zu haben vermeinte.

Nach dieser Ansicht begreift man aber auch leicht, warum ein Körper der z. B. mit dem Erdkörper (mittelbar oder unmittelbar) in Berührung
(Kontiguität)° und *relative Ruhe*[A] gelangt | ist, der Aufhebung jener (dem 10
eigentlichen Aufheben) sowohl als leztrer (in horizontalem Verschie|
ben) und zwar mit verhältnißmäßigem Grade von Kraft sich widersezt: 11
(Eigentlich würde der | Widerstand im ersten unbemerkbaren Anfangs- 12

A Jedes Einzelne materielle (Räumliche) Sistem° äussert auf Jedes Andre mit ihm in Gemeinschaft und Wechselwürkung° gerathne, eine eigne Assimilazionskraft (Veränlichung) innrer Zeit-Einheit, welche *von* | *aussen* als relative Ruhe (Einheit der Bewe- 10
gung oder des Strebens) erscheint.° Das Mechanische Gesetz des Gleichgewichts muß also auf seinen innern dinamischen Grund, der Tendenz zur Einung innerer Energie (gleichsam zum Unisono wenn gleich noch nicht zur wahren innern Harmonie) reduzirt werden. Hiemit erhält der Begriff der Bewegung, als ein positives Ablösen von innerer Gemeinschaft der relativen Ruhe, eine fruchtbarere Bedeutung, als die ist, die man ihm als bloß mechanisch (als Ortsverändrung, oder Ändrung *äusserer* Verhältnisse etc.) giebt. Hiezu gelangt man aber noch auf einem andern Wege, nämlich durch Betrachtung der Innern *Individuellen Einheit* der Energie der Schwere, auf der als ihrem wahren *Grunde* die Weltwage ruht,° und die unaufhörlich bestrebt ist, dem Regel- und Formlosen Egoism expansiver Kräfte (Fliehkräfte)° Maaß und Ziel zu sezen, und sie (Polizey gemäß) gleichsam in *Einförmigkeit* zwingend zu *erhalten*, und
zusammen zu halten, (als Zwangs-*Gesez*) wenn sie auch nicht sich zur *Einmüthig* | *keit* 11
(dinamische Einheit) verstehen könnten oder möchten. Denn auch hier gilt das: Fata volentem ducunt, nolentem Trahunt.° Da H. Herschel übrigens die *Fixsterne* los und beweglich, und die Sonne zum Planeten gemacht,° so würde es mich nicht befremden, irgend einen astronomischen Kezer auftreten, und den Focus der Schwer-Grundkraft (der doch irgendwo hinfallen muß im Weltraum) nicht in das Leere, sondern in unsern *Erdkörper* verlegen zu sehen,° wo denn dieser in sich selber gegründet der *Atlas* (*Träger*)° dieses sichtbaren Universums würde, und folglich in seiner Art keine geringere Würde (als Körper-Individuum) oder auch keine geringere Last, als der Mensch in seiner, trüge. Der Erde dieses Vermögen darum nicht zugestehen wollen, weil sie an Kleinheit der Raumerfüllung wie ein mathematischer Punkt im Grossen Sistem verschwände – hiesse zeigen, daß man vom Grossen Gravitazionssistem (wie es sein Stifter als unmittelbaren Consensum Partium aufstellt, oder wenigst gedacht
hatte) noch den Geist nicht sich eigen gemacht hat. | 12

2 andre] DD *streicht in* Zusätze und Verbesserungen *aus* 6 Körper] DD: Körper, 12 Jedes ... Sistem] DD: Jedes einzelne materielle (räumliche) System 17 Unisono] DD: Unisono, 25 Polizey gemäß] ZD: polizeygemäß · DD: polizeigemäß 26 *halten*, (als Zwangs-*Gesez*)] DD: *halten* (als Zwangs-*Gesetz*), 28 Trahunt] ZD DD: trahunt 28–39 Da H. Herschel ... gemacht hat.] ZD *und* DD *lassen aus*

moment des Aufhebens und Verschiebens gleich groß seyn) denn *da dieser Körper als mechanische Einheit auch nur einer einzigen Strebung oder Bewegung auf einmal fähig ist*, so kann er nicht horizontal sich vor sich bewegen, ohne daß erst die Schwerstrebung in ihm (momentan) aufgehoben (gleichsam umgelenkt) würde,° die sich denn auch währender Latenz als Widerstand äussern muß, und die gewöhnliche Vorstellungsweise, als hätte die Schwere bei der horizontalen Bewegung keinen Einfluß etc. ist sohin unzulässig. Im blossen Schub kömmt nun die Schwerstrebung im nächstfolgenden Momente gleich wieder (aber nicht mit der
13 ersten vereint[A] und also schon verdoppelt wie beim | Aufheben) in einem andern Punkte zum Vorschein, und ein Zwischenzustand des Schwebens des Körpers (also nicht Drückens unter sich) ist hier nicht bemerkbar, was im Gegentheil bei freier Bewegung, wo der Körper sich eine Weile selber fortträgt, der Fall ist.° Natürlich kann nun eine Grundkraft, die sich hier als eine Bewegung veranlassende weiset, so wie jede andre auf ähnliche Weise einen mechanischen Effekt im Körper hervorbringende, nur im Verhältnisse seiner spezifischen Kapazität sich äussern, und jene
14 Berufung auf einen *Indifferentism* des (unbe | lebten) Körpers gegen Ruhe und Bewegung in alle Zeiten und Richtungen, wie ihn der bekannte Newton'sche Saz in sich schliest, hat in der Natur keinen Grund,° ob er schon nur als eine vermeinte Anwendung des Sazes des zureichenden Grundes° sich Eingang verschafte. Man begieng aber hiebei noch überdieß den Fehler, den Saz des Grundes (Inhärenz) mit dem der Ursache im engern Sinne (Dependenz) folglich auch Autonomie mit Heteronomie zu
15 verwechseln[B],° und gerieth | hier, wie überall in der Naturkunde, dabei

A Die Anhäufung der einzelnen Elemente (des Strebens) zu einer bemerklichen Einheit lebendiger (mechanisch sich äussernder) Kraft, geschieht also hier, *wie in der Sinthesis*
13 *die das Bewußtseyn zu Stande bringt* (S. Kant Kritik der R. V.)° *nur* | *durch behalten (Nichtverlieren, stätte Reprodukzion) des bereits Aufgefasten.* – Wie sich dort im Innern Sinne eine Bewustseyns-Einheit ablöset,° so löset sich hier eine Raumerfüllungs-Einheit (einzelner Körper) durch eigne Bewegung, im äussern Sinne ab, und die nicht zugleich, nicht auf einmal Befaßbarkeit zweier Raumerfüllungen (die Bewegung) wei-
14 set eben die Objektive Innre (Zeit) Zweiheit. – |

B Die Befugniß der weitern Ausdehnung dieser Begriffe, als zwei Würkungsweisen, deren jede endliche Ursache (Natur) fähig ist, wird sich in der Folge noch weisen. Autonomie und Heteronomie findet sich oft in ein und derselben Ursache (Natur als Einheit in Vielheit° bestehend) zugleich und sodann im Einverständnisse oder

1 seyn)⌉ DD: seyn): 20 Newton'sche Saz⌉ ZD: Newton'sche Satz · DD: Newton-sche Satz 22 verschafte⌉ *siehe S. 94 zu 62, 22* 23 des Grundes⌉ ZD: den Grundes 24 Dependenz)⌉ DD: Dependenz), 27 *Sinthesis*⌉ DD: *Sinthesis,* 28 *behalten*⌉ ZD DD: *Behalten* 35 fähig ist,⌉ *so* ZD *und* DD · ED: fähig ist;

auf Transfusionism und Maschinistische Erklärungen.° Hievon giebt die Kritik der Vernunft den hellsten Beweiß, indem sie eben nur durch eine sorgfältige, gleichsam Seele und Leib scheidende Sondrung jener beiden Grundsäze veranlast werden konnte;° da es sich nämlich wieß, daß man die Handlungen der Spontaneität als Eines Lebendigen par excellence, als für sich bestehende, abgesonderte Gemüths-Einheit vindizirt, nicht als Etwas dem lebenden Gemüth von aussen infundirtes, mitgetheiltes (gleich mitgetheilter passiver Bewegungen) zu betrachten habe (dem Saze gemäß: accidentia (praedicata) non migrant | e substantiis in 16
substantias)° sondern als im Gemüth selber entsprungen, und nur auf Veranlassung von Reizen sich äussernd. Ein ähnliches Verfahren findet man in den: Gedanken von der Schäzung lebendiger Kräfte, auf Bewegung angewandt.[A] |°

Widerstreit. Wie z. B. im Menschen (Ich) wenn der Wille (eigentliches Verursachen) mit dem Begehren (verursacht werden) die freie Liebe mit dem Trieb, einstimmig, oder wenn sie im Widerstreite sind. Sagt man nun daß Freiheit (oder Nichtfreiheit) des Menschen ein Geheimniß sey, so kann man | nur den innern Verkehr der Natur- 15
kräfte hiebei meinen, der uns überall Geheimniß ist und seyn muß, nicht aber das zu beobachtende und zu versuchende (experimentirbare) Verfahren, wovon der Mensch als Folge (und zwar Natürliche im Allgemeinsten Sinne des Worts) jene Freiheit oder Nichtfreiheit, in sich und andern, gedeihen oder umkommen sieht. | 16

A Zur Erläuterung seze ich hier eine merkwürdige Stelle aus einer andern ältern Kantischen Schrift her (Versuch den Begriff der negativen Grössen in die Weltweißheit einzuführen, von 1763): »Es stekt etwas Grosses und wie mich dünkt, sehr Richtiges in dem Gedanken des Hrn. von Leibniz; die Seele befasset das ganze Universum mit ihrer Vorstellungskraft, obgleich nur ein unendlich kleiner Theil dieser Vorstellungen klar ist. In der That müssen alle Arten von Begriffen nur auf der innern Thätigkeit unsers Geistes, als auf ihrem *Grunde* beruhen. Äussere Dinge können wohl die Bedingung enthalten, unter welcher sie sich auf eine oder andre Art hervorthun, aber nicht die Kraft sie würklich hervorzubringen. Die Denkkraft des Gemüths muß Realgründe zu ihnen allen enthalten, so viel ihrer natürlicherweise in ihr entspringen sollen, und die | Erscheinungen der entstehenden und vergehenden Kenntnisse (aller 17
Farbenwechsel und Umgestaltung des sich in Leide und Freud inner sich bewegenden Proteus (Gemüths, selber) sind allem Ansehn nach nur der Einstimmung oder Entgegensetzung aller dieser Thätigkeit beizumessen.«° – Was aber hier von der Denkkraft als Gemüths-Einheit Bildenden und Erneuernden Prinzip gesagt wird, gilt allgemein von allen Prinzipien der Sinthesis Eines *Mannigfaltigen*, ihre Spontaneität und Ein-

6 als für sich bestehende,⌉ *so* ZD *und* DD · ED: was für sich bestehende, 8 mitgetheilter⌉ *so* ZD ED: mit getheilter · DD: ungetheilter 10 substantias)⌉ DD: substantias), 13 angewandt.[A]⌉ ZD: angewandt[A]. 14 Widerstreit. Wie z. B.⌉ ZD DD: Widerstreit: wie z. B. 14 (Ich) wenn⌉ DD: (ich), wenn 15 verursacht werden⌉ ZD DD: Verursachtwerden 16 nun⌉ DD: nun, 25 Leibniz;⌉ ZD DD: Leibnitz, 32 der entstehenden⌉ ZD: dee entstehenden 33 Leide⌉ ZD DD: Leid 34 Gemüths, selber)⌉ *so* ZD *und* DD · ED: Gemüths) selber) 35 beizumessen.« –⌉ DD: beizumessen.« 37 Spontaneität⌉ ED *schreibt im Text* Spontarität *und korrigiert in* Drukfehler und Zusätze: Spontaneität

17 Diese Vermengung des Gesezes der Inhärenz mit dem der Dependenz und die völlige Ausserachtlassung erster, ist freylich in jenen Natur-
18 erscheinungen um so verzeihlicher, wo die Thätigkeit des | Grundes ganz Heteronomie (leiden – leidenschaftlich) ist,[A] und kein bemerk-

heit mag sich im Phänomen so beschränkt und relativ wie möglich weisen.° In der Phisiologie und Pathologie kam man in neuern Zeiten in dem Verhältnisse wieder zu dieser Beurtheilungsweise zurük (die auch schon *Stahl*° wählte) als eine mehrere Vertrautheit mit den Lebensphänomenen die Maschinistischen-hydraulischen Sisteme (die ärgsten und abgeschmaktesten aller Mechanischen Schwärmereien) verdrängte, und es ist würklich hohe Zeit, einen Versuch auch in der Elementarphisik und Chemie
18 zu wagen. |

A Hier wird Heteronomie im engern und eigentlichern Sinne genommen, nämlich als Einfluß (Beimischung) fremder, heterogener, mit der Natur des Dinges selber *unvereinbarer* Kräfte, deren Daseyn sich also in ihm durch Entstellung (denaturé) – durch Krankheit, Korruption oder Unreinheit (denn Reinheit einer Natur als Mannigfaltiges ist Einheit) weisen muß.° Hiebei kann also auch die Autonomie nicht so gedeutet werden, als ob das Einzelne Wesen (z. B. Ich) gar keiner Natur diente, d. h. kein Innres Prinzip Sein Selbst als Sein Gesez anerkennte, folglich im eigentlichsten Sinn des Worts Sich selbst Gesez wäre. – Vielmehr verhält sich das Ich zu seiner Innern Natur (natura naturans die übrigens für selbes in einem unzugangbaren Lichte wohnt, und ihm immer nur Seine (des Ich's) eigne Gestalt (Ideal des Ichs)° weiset) als Flächenkraft,° und dieses Ich (der Mensch oder Jedes Vernünftige Wesen) kann sich gegen äussre Natur nur dann und insofern als selbstständig (autonom) weisen, als es seiner Innern Natur (als dem Rechtmässigen Herrn) mit Treue dient, d. h. durch Befriedi-
19 gung jedes sich | vernemmbarmachenden Bedürfnisses dieser Natur (die wie jedes Leben auf Entwiklung und Offenbarung strebt) und durch Wegräumung und Meidung aller Hindernisse etc. ihrer mit Sorgfalt und Gewissenhaftigkeit (Religiosität im ältesten Sinne des Worts) *pflegt*, wie man des Feuers auf dem Altare oder der organischen Flamme an einem köstlichen exotischen Gewächse pflegt. –° Diese Flamme, dieser Trieb, Instinkt, Imperativ, Regulatives Prinzip, Ideal etc. etc. ist auch nicht die natura naturans selber (denn diese ist das *Ich* par excellence das nie *Du* werden kann) sondern nur ihr unmittelbarstes Produkt (Offenbarung), und als solches kann man das *Ideal* als Treiber und Leiter alles Lebendigen, das Erstgeborne vor aller Kreatur nennen. Das helle Anerkenntniß dieses Ideals (seine vernommene Gegenwart im Gemüthe) ist der Natura naturata das Pfand und Zeichen des Friedebundes mit der Natura naturans, so wie im Gegentheil etc. – so wie dem Landmann das Sonnenbild

4 (leiden – leidenschaftlich) ist,[A]⌉ ED: (leiden – leidenschaftlich ist,[A]) ZD DD: (Leiden – leidenschaftlich ist[A]), **10–11** in der Elementarphisik und Chemie wagen.⌉ ZD *und* DD *fügen hinzu:* in der Elementarphisik und Chemie wagen, und dem Transfusionism *überall* den Abschied zu geben. **14** denaturé) –⌉ DD: denaturé) **15** Mannigfaltiges⌉ *so* ZD (*allerdings in* ZDvar *Drucktype beschädigt:* Mannigfaltig) · ED: Mannigfaltigen **20** naturans⌉ ZD DD: naturans, **21** Seine (des Ich's) eigne Gestalt (Ideal des Ichs)⌉ ZD DD: (des Ich's, eigne Gestalt (Ideal des Ichs) **24** Rechtmässigen⌉ ZD: Rechtmäßigen · DD: rechtmäßigen **25** vernemmbarmachenden⌉ *In* EDvar *Drucktype beschädigt:* vernemmbarmach nden · ZD: vernembarmachenden · DD: vernehmbarmachenden **28** Altare⌉ DD: Altare, **31** par excellence⌉ DD: par excellence, **32** kann)⌉ DD: kann), licher Überschuß | (im Quantum oder Quale) freier, von aussen unbe- 19 stimmter Kaussalität sich weiset, wie dies | z. B. der Fall bei aller passiven 20 (Maschinen) Bewegung, und bei jenem passiven Denken oder passiven Wollen (dem Gedacht- und Gewolltwerden) ist. Wo aber auch nur ein minimum eigner von aussen unbestimmter Kaussalität (als Überschuß der heteronomen) zum Vorschein kömmt (z. B. in jeder bemerklichen Zwischenzeit und Zwischenhandlung zwischen Einwürkung und Effekt oder Rükwürkung, welch leztere sich sodann nicht mehr als blosse *Last* fühlbar macht)° da tritt auch ein neuer Realgrund, eine objektive innere einzelne Zeitquelle hervor, und eben nur dieses Ablösen der Erscheinung im innern Sinn macht mit der entsprechenden Ablösung im Äussern, die Befassung beider Art Anschauungen in Einen | Begriff oder Gegenstand 21 möglich. – Dieser Saz kann hier nur beiläufig erläutert werden.

Vorerst bitte ich zu erwägen, daß hier, wo von einem *Innern* die Rede ist, eben darum auch nur von Erscheinungen die Rede sey, und man sich also nicht bis zum transcendentalen Noumenon zu versteigen habe. Denn nur gegen das letztere Unternehmen kann man H. Kants Äusserung deuten (daß nämlich das Innere der Materie blosse Grille sey)° weil Er uns ja selber Grundkräfte, also nur *vernehmbare* Prinzipien als Elemente der Körper aufstellt.° Der Begriff der Kraft kömmt überall nur durch eine Sinthesis eines Mannigfaltigen des äussern und innern Sinnes (Extension und Intension) zu Stande, und weiset sich sohin als ein Janus bifrons.° Hiebei ist das Reale, der Grund und Träger oder Leiter stets nur Gefühl[A] also Et | was was auch der innre Sinn vernimmt, und der Ant- 22

am Himmel Seegen und Gedeihen seiner Arbeit zusichert.° Wäre nun der Landmann im Stande seine Atmosphäre sich selber aufzuhel | len oder zu trüben, so würde die 20 Vorschrift für ihn seyn: suche oder strebe stets das Sonnenbild über dir sichtbar zu erhalten. – Die Anwendung ist leicht, und giebt eine natürliche Erklärung: wie Wahrheit als blosses Streben nach Erkenntniß, bessert. – Erhalte deinen *Sinn* rein, reliqua Natura intus transigit. |° 21

A S. Fichte über den Begriff der Wissenschaftslehre. Vorrede S. IV. Anmerk. –° Leibniz hieß die Kraft der Körper aliquid praeter extensionem, immo ex | tensione prius.° Hrn. 22 Kants Unterscheidung der innern Anschauung von der Apperzeption des Selbstbewustseyns° wird durch das Bedürfniß des Ich's (Menschens) an die Hand gegeben, bei

3 (Maschinen)⌉ DD: (Maschinen-) 9 macht)⌉ DD: macht), 11 im Äussern,⌉ DD: im Äussern 14–20 Vorerst … aufstellt.⌉ *In* ZD *und* DD *fällt aus* 21 innern Sinnes⌉ ZD: innern Sinnes, 24 Gefühl[A]⌉ DD: Gefühl[A], 25 Seegen⌉ DD: Segen 26 im Stande⌉ DD: im Stande, 29 Erkenntniß,⌉ DD: Erkenntniß 31 Leibniz⌉ ZD DD: Leibnitz 32 prius.⌉ DD *fügt hinzu:* prius, welches prius doch nur ein Intensum ist, und doch uneigentlich ein Prius heißt, da es nicht bloß mit der Extension, sondern mit der Mitte zugleich nur ist. 33 Kants⌉ ZD: Kant 33 Anschauung⌉ ZD: Anschaung 34 Ich's (Menschens)⌉ ZD: Ich's (Menschen) · DD: Ichs (Menschen)

23 agonism des wechselnden Eintritts desselben | x im Innern und des Austritts (Verschwindens) aus dem äussern Sinn (so wie v. v.) ist bekannt. |
24 Hätte man auf die Verschiedenheit des Verfahrens bei Konstrukzionen in äusserer und innerer Anschauung überall mehr reflektirt, so würde man auch in der Erklärung mancher Naturerscheinungen weiter kommen seyn; wovon ich als Beispiel nur das Verfahren der Analysis und
25 Sinthesis des | Sonderns und Einens, in beiden Sinnarten, wähle.°

allen seinen Vernunfthandlungen seinen Standpunkt ausser dem Äussern und Innern Sinne, mit andern Worten, ausser *Leib* und *Seele* – im *Geist* zu nehmen – und giebt also diesen von den Alten gebrauchten Worten (als Elementen des Menschens) ihren bestimmten Sinn wieder. Bei der Erscheinung des Leibes im äussern, und der Seele im innern Sinne fällt einem natürlich die Struktur aller organischen Wesen bei, die von aussen Gefäß, von innen ein zirkulirend flüssiges ist, so wie der unsichtbare, allgegenwärtige, allbelebende Einfluß der Luft gleichsam auf das dritte Prinzip weiset.° – Ich bemerke hier, daß der Mensch als das Individuum (Person) auch hier das Zentrum zum Dreiecke vorstellt, und daß ich also jene drei Grundkräfte oder Elemente meiner Substanz, inner mir deutlich unterscheide, und zwar durch eine besondre *Ori-*
23 *entirung*, die Plato bereits angedeutet, und deren die Psychologie noch | durch besonders vorzunehmende Betrachtungen habhaft werden muß.° Diese Unterscheidung ist um so leichter in jenen Fällen, wo jene Grundkräfte nicht einstimmig agiren, *in welchem Falle das Ich in jener unvermeidlichen (halb willkührlichen, halb unwillkührlichen) Grundoperazion alles lebendigen, dem Odem oder Pulsschlag wechselnder Analysis (Entfaltung, Ausbreitung) und Sinthesis (Sammlung) Sein Selbst – sich gehemmt, weil inner sich uneins fühlt.*° Der Einzelne leibhaftige Mensch ist als Einheit so gut ein (dinamisch) komponirtes Wesen, als Jedes Einzelne in der Natur (z. B. Jeder Körper) Ein Mannigfaltiges ist, und die Elemente des Menschens können so wenig selber wieder Menschen seyn (anthropomorphistisch gedacht werden) als die Elemente des Körpers selber wieder als Körper hipostasirt werden können. – Hier haben wir also ein Mannigfaltiges des Gefühls oder *Stoffs* im Gemüth, was a priori genannt werden muß,
24 weil ja in und von diesem dreifachen Gefühle das Ich als In | dividuum selber lebt und webt, und Jenes Lezteres sezt, nicht von ihm (dem Ich) gesezt wird, obschon die Willkühr der Person sich in wechselseitiger Versezung und Unterordnung dieser 3 Kräfte oder Vermögen und des von ihnen dargebotnen Realen weiset. Wobei ihr eine gewisse *Form* vorgeschrieben ist, daß sie z. B. in der suzzessiven Aufnahme (durchgehen) derselben von dem Geist (der Vernunft) sich *zuerst* bestimmen lasse etc. – Da H. Kant bereits Gefühl und Empfindung als zwei besondre Arten Sensazionen unterschied,° so könnte man in der Anthropologie Jenes dreifache Grundgefühl des Gemüths damit andeuten, daß der Mensch den Geist *vernimmt*, den Leib *empfindet*, und die Seele *fühlt*. Wie schon bemerkt entsprechen ihnen in der Erscheinung, Luft, Wasser, und
25 Blut. |°

7 Sinthesis⌉ ZD DD: Sinthesis, 7 Sinnarten,⌉ DD: Sinnarten 10 des Menschens)⌉ ZD DD: des Menschen) 11 des Leibes⌉ ZD DD: des *Leibes* 13 zirkulirend flüssiges⌉ DD: circulirend Flüssiges 17 meiner Substanz,⌉ DD: meiner Substanz 21–22 *halb willkührlichen,*⌉ ZD DD: *willkührlichen* 27 gedacht werden)⌉ DD: gedacht werden), 32 3⌉ DD: drei 34 (durchgehen)⌉ ZD DD: (Durchgehen) 40 Blut.⌉ *siehe S. 95 zu 66, 40*

Was z.B. in der äussern Anschauung durch blosse Addizion und Subtrakzion (mechanisch) geschieht, das geschieht in innerer dinamisch durch Multiplikazion und Exponenziation, und Division und *Wurzelausziehen*. Folglich ist es auch kein Wunder, wenn der Maschinistisch erklärende Phisiker mit seiner todten Arithmetik, mit seinem blossen mechanischen Neben- und Zu- und Voneinander, es weder der Natur, noch dem dinamisch konstruirenden Naturforscher mit ihrer lebendigen (dinamischen) Arithmetik (ihrem In- und Auseinander), wovon Jene blos der Schatten ist – je gleich thun kann.° Eben so fast man auch nur den Schatten Jenes Grossen Grundsazes: vis *conjuncta* fortior, vis *separata* debilior,° wenn man bei Konstrukzionen der äussern Anschauung stehen bleibt, oder was noch schlimmer ist, sie auf den innern Sinn übertragend, die Natur beider unkenntlich macht. | Jene *Einung* der Kräfte, wovon dieser 26
Saz spricht, kömmt nämlich blos durch *Gliedrung, d.h. durch eine sistematische Vertheilung der einzelnen Funkzionen* (eine division of labour) zu stande;° wovon, wie ich in der Folge zeigen werde, die Einung der Elementarkräfte in Bildung eines einzelnen Körpers, bereits das erste und nächste Beispiel giebt. Da nun Gliedrung nur aus *Einem* Prinzip (sistematisch) möglich ist, da ferner das hiezu erfoderliche Durchgehen eines Vielerlei nicht im äussern Sinne (im Raum, per Juxta positionem) sondern nur im Innern (in der Zeit-Einheit per Intus susceptionem) statt finden oder geschehen kann,° so bürgt uns erstres für die *Vernünftigkeit* der Natur als Bildnerin (ihre Vernembarkeit) so wie leztres für Ein unserm Innern Sinnenstoff analoges Innre in jedem Körpergebilde.[A]° Der todte Mechanism wird übrigens | nicht wenig durch einen unbestimmten und 27

A So wie übrigens die sistematische Vertheilung (Vereinzlung) der Funkzionen (Arbeiten) zunimmt, so | wächst auch die *Einheit*. Ein Saz, der in der vergleichenden Phi- 27
siologie von grosser Anwendung ist, und z.B. das grössere Lebensmoment sogenannter vollkommnerer Thiere (und Nazionen) mit ihrer Vulnerabilitätszunahme erklärt.° Auf die *Flächenkräfte* angewandt gab mir obiger Saz, ein Gesez für selbe, und zugleich die Erklärung des bisher unerklärten;° wie nämlich die Bindung und Entbindung solches ungeheuren Quantums von Kräften (wie in der Gasbindung und Entbindung) möglich sey. Da nämlich die kompressive Gewalt des umgebenden Mediums (oder überhaupt des berührenden Äussern) im Verhältniß der (Aussen) *Fläche*, die ihr entgegenwürkende expansive aber im Verhältniß eigner Berührung (des *kubischen Gehalts*) würkt, *so muß eine relative Vergrösserung äusserer Berührung* (*die bei Zerkleinung statt findet*) *nothwendig ein Übergewicht der compressiven* (*oder überhaupt äus-*

4 wenn⌉ *so* ZD *und* DD · ED: wann 9 kann.⌉ *siehe S. 95 zu 67, 9* 15 *Funkzionen*⌉ ZD *trennt das Wortes am Zeilenende* (*Funk-zionen*) *ohne Trennungszeichnen* 23 Bildnerin⌉ DD: Bildnerinn 23 Vernembarkeit)⌉ *siehe S. 95 zu 67, 23* 27 *Einheit.*⌉ DD: *Einheit*, oder die Intensität. 30 Saz,⌉ ZD: Satz, · DD: Satz 34 (Aussen)⌉ DD: (Aussen-) 35 des⌉ DD: *des*

28 uneigentlichen Gebrauch der Worte: Objektiv und | Subjektiv, begünstigt, indem man nicht selten jede Anschauung des äussern Sinnes ausschliessend objektiv und jede des innern subjektiv nennt, und also den Charakter des Nichträumlichen (Ausserräumlichen) oder Innern wohl gar darinn sezt, daß alles, was nicht ausser mir im Raume gegenwärtig sey, nur in mir (als Individuum) vorhanden seyn könne. – Nun ist aber alle Räumliche Anschauung als solche so gut in mir (als vorstellend) als alle Innre Anschauung, in jener unterscheide ich aber so gut, meinen Körper von andern Körpern, durch den Antagonism des Subjektiven und Objektiven wechselseitiger Bestimmung, als ich in innerer Anschauung
29 das von mir selbst gesezte Reale (z.B. Kraftgefühl) von jedem mir | in demselben meinen innern Sinn entgegengesezten Realen, unterscheide. – Die äussere Anschauung ist aber (wie auch das Wort: *Äusserung* zu verstehen giebt) so wenig für sich selbstständig, daß sie vielmehr überall nur als *Gränze* zwischen zweien Innern statt findet. So z.B. erscheint mir von meinem eignen Körper die Innre Raumerfüllung nirgend als solche, so lange er völlig gesund, d.h. völlig frei leitendes (durchsichtiges) Medium oder Organ der innern Anschauung ist.° Sobald aber die Kontinuität dieser innern Anschauung irgendwo gehemmt, und unterbrochen ist, sobald also ein Stük desselben für meine innre Anschauung die Leitungsfähigkeit verliert,° sich trübt oder verfinstert,° so tritt auch mit dieser neuen Begränzung des Innern Sinns alsobald eine Räumliche Anschauung und Orientirung, und an der Gränzfläche ein äusserer Sinn
30 ein.[A]° So wie nun aber das Innre im Räum | lichen Sinne hier nur als die

sern) Gewalt, so wie ihr Gegentheil (bei der Anhäufung und Stättigkeitszunahme) der
28 *expansiven (oder | überhaupt innern) geben.* Die als Folge sich ergebende Konstrukzion der *Erstarrung* behalte ich mir zu einer andern Gelegenheit vor, und bemerke nur noch, daß sich dieser Gedanke dem tiefahndenden Baco wie in der Ferne wieß, als er
29 das Wesen des Starren in eine Juxta positio Corporis alieni sezte. |°

A Der äussre Sinn tritt nämlich da ein, wo der innre begränzt und *reflektirt* wird. Daher
30 die Sensibi | lität an beiden Flächen der Wunde, und ihre Folge die Entzündung, beiläufig wie an den beiden Flächen eines getrennten Körperindividuums beide Elektrizitäten sich weisen. –° Eben so sezen wir den sogenannten Siz der Seele° bei jeder Funkzion dahin, wo der Widerstand (Heterogeneität) sich zentrirt etc.° und es lassen

5 darinn sezt,⌉ ZD: darin sezt, DD: darin setzt, 6 Individuum⌉ ZD: Indiviuum 6 könne⌉ *so* ZD *und* DD · ED: känne 7 vorstellend)⌉ DD: vorstellend), 8 gut,⌉ DD: gut 10 in⌉ ZD: in in 12 entgegengesezten Realen,⌉ DD: entgegengesetzten Realen 16 nirgend⌉ DD: nirgends 17 leitendes⌉ DD *schreibt im Text* leidendes *und korrigiert in* Zusätze und Verbesserungen*:* leitendes 19 gehemmt,⌉ DD: gehemmt 30 *reflektirt*⌉ ED *schreibt im Text reflektir und korrigiert in* Drukfehler und Zusätze*: reflektirt* 30 wird.⌉ ZD: wird gleichsam als Brandung des leztern. · DD: wird, gleichsam als Brandung des letztern.

Sphäre (Territorium) der spürbaren virtuellen Gegenwart des wahrhaft Innern (Ausserräumlichen) von diesem letztern unterschieden, und Jenes auf dieses nur *bezogen* (gedeutet) wird, so behaupte ich, müsse man für jeden einzelnen Körper eine ähnliche Unterscheidung gelten lassen, eh man noch über die besondre Beschaffenheit dieses Allgegenwärtigen Innern oder Ausser-Räumlichen (was *uns in Jedem Punkte des Raumes als Gränze desselben, und also Endung,* | 31 *entgegen steht*[A]) besondre Vermuthungen wagt, oder über bereits gewagte (z. B. den | 32 Hylozoism)° entscheidet. – Mit andern Worten: Eine Raum-Einheit (Räumlich Individuum) qualifizirt sich als solche blos durch die ihr als einem *Vielerlei Aussereinander* entsprechende (und solches bewürkende, vindizirende) *Einheit Ineinander.*

Wir betrachteten bisher den Körper als vollendete, voll und in sich selbstständige Raumerfülltheit, oder Individuum, für sich, und wir müssen ihn nun in Relazion mit andern betrachten, um das Natur Wunder des Entstehens (Hervorge | 33 brachtwerdens) Erhaltens und Verschwindens einzelner (gewürkter) Individuen von und im Einen würkenden Individuum, hier als gleichsam an seinen Grundäusserungen zu betrach-

sich hieraus auch über die Frage: wie weit eine willkührliche Bewegung innrer Organe möglich sey? Erläuterungen folgern. | 31

A Diese Punkte mögen nun wieder unter sich sistematische (gegliederte) und selbstständige Gemeinschaft zeigen, und in Einem (gmeinschaftlichen) Punkte als Zentrum gleichsam repräsentirt seyn, wie im vollendeten *Körper*, oder dies mag der Fall nicht seyn wie im *flüssigen*. Übrigens hat die Ausserachtlassung des spezifischen Unterschieds des *Geraden* und *Nichtgeraden* den Mathematikern von je her bei ihren physischen Konstrukzionen im Wege gestanden. S. Magikon S. 348° und H. Fichte a. a. O. S. 42. Anm.° *Die gerade Richtung ist Autonomie, die nichtgerade, Heteronomie der Energie.* Aller Reiz der Materie als *Stofffülle*, erklärt sich hieraus, so wie die Euthanasie der Spontaneität, wenn sie jenem Reize unterliegt. – Eine Euthanasie, die mit dem *Zerfliessen* des Stoffes viel Ähnliches hat (*nämlich insofern auch leztres durch ein Nachlassen der Exerzion der Energie jedes* ***einzelnen*** *Kraft-Punktes zu einem gemeinschaftlichen Zentrum (als* ***Einheit****) hin, geschieht*) und *sie ist würklich im* | 32 *Menschen als ein Überhandnehmen des Stoffs (des flüssigen) über Form, entweder durch mehrere Regsamkeit jenes, oder durch Übermaaß* (die sich durch *Sekrezion* weiset) *durch Erschlaffung der Gebärde etc. auf mehr als eine Weise bemerkbar.* – Eine weitere Ausführung dieses Gedankens werde ich in einem folgenden Stücke zur Erklärung des sich *Ballens* des Flüssigen, und des *Eckichten* und *Kantichten* des Starren geben. | 33

5 eh⌉ ZD DD: ehe 6 Innern oder Ausser-Räumlichen⌉ DD: innern oder Ausserräumlichen 6 was⌉ ZD DD: *was* **11** entsprechende⌉ *siehe S. 96 zu 69, 11* **15–16** Natur Wunder⌉ ZD DD: Natur-Wunder **22** Einem (gmeinschaftlichen)⌉ ZD DD: einem (gemeinschaftlichen) **27** 42.⌉ DD: 42 **27** *nichtgerade,*⌉ DD: *nichtgerade* **28** *Stofffülle,*⌉ DD: *Stofffülle* **31** ***einzelnen*** *Kraft-Punktes*⌉ ZD: *einzelnen Kraft-Punktes* · DD: *einzelnen Kraftpunktes* **32** ***Einheit***⌉ ZD DD: *Einheit*

ten. – Ein starrer Körper bewege sich z. B. mit mässiger Geschwindigkeit inner einem flüssigen (weichen, d. i. weichendem) so wird lezter ihm nur ein minimum vom Widerstand = o entgegenzusezen vermögen.° Dringt nun aber Erster schneller vor, so *widersteht* der vorhin weichende nicht bemerkliche *Körper*, als solcher, d. h. als momentan sich bildende Einheit (Ein Räumlich Mechanisches Du, oder Individuum) und nun wird nur ein neues Übermaaß von Kraft diese neu sich äussernde aus und in dem flüssigen gleichsam hervorgetretene Relative und Örtliche Unbeweglichkeit, wider zu tilgen oder wegzuräumen vermögen.° Hier ruft also das Ich das Du gleichsam hervor,° und die Objektive Einheit (Individuum) ist nur in Bezug und für die Subjektive vorhanden. –
34 Auf ähnliche Weise kann auch eine | Einzeln inner einem stehenden flüssigen gebildete (geballte) Welle ein momentanes Entstehen ähnlicher Gebilde veranlassen, diese mögen nun so ephemerisch als möglich im Flüssigen bestehen, und dieses giebt denn zu einer dinamischen Konstrukzion eines motus intestinus° gleich einem Pulsiren durch wechselweise von einzelnen Stellen aus vorgehende Kontrakzion und Expansion° des Flüssigen Anlaß, ohne daß man zu Atomistischen Fikzionen von präexistirenden und bleibend fortdauernden *discreten* Körperchen (von bestimmter Grösse, Figur etc.) seine Zuflucht zu nehmen,° d. h. ohne daß man dem Flüssigen seine Flüssigkeit und Stättigkeit gleichsam ins Angesicht abzuläugnen brauchte. In Ermanglung solcher oder ähnlicher Prinzipien der Konstrukzion geräth auch, wie bekannt, der Mathematiker in unüberwindliche Schwürigkeiten, wenn er die überall in der Natur sich so deutlich als spezifisch eignes Phänomen auszeichnende fortschreitende Bewegung *inner* einem ruhenden Körper,
35 durch eine | Bewegung *des* oder *der* Körper, d. h. gerade durch ihr Gegentheil konstruiren will; wogegen es auf jenem Wege nicht mehr so ganz unbegreiflich bleibt, wie derlei momentan inner einem flüssigen entstandene Bildungen, anstatt wieder eben so augenbliklich zu zerfliessen, unter besondern Umständen sich inner sich selber zu gründen (dinamisch und chemisch zu zentriren[A]) und so eine erfahrbare Fortdauer

A Wie blos mechanisch würkende Ursachen, z. B. Schüttrung, Kompressionen oder Expansionen, chemische Decompositionen zur Folge haben, lehren uns eine Menge
36 Naturerscheinungen. |

2 weichendem)] DD: weichendem), 11 vorhanden.] DD *fügt in* Zusätze und Verbesserungen *hinzu:* vorhanden und für diese allerdings wahr. 17–18 Kontrakzion und Expansion des Flüssigen Anlaß,] DD: Contraction und Expansion des flüssigen Anlaß, als einer Undulation, 35 Naturerscheinungen.] *siehe S. 96 zu 70, 35*

ihres vom Mutterstoff oder Mutterkörper sich ablösenden Daseyns, zu
gewinnen vermögen. – Überall leuchtet nun hiebei der Urtheilskraft
der Saz vor, daß die äussere (räumlich berührende) Ursache blos als
Reiz, Funke oder Saame zu betrachten sey, welcher der Innern Natur-
kraft (*Ein*bildungskraft im weitesten Sinne) nur das | *Schema*[A] zu einer 36
bestimmten Sinthesis darbietet, (wie z. B. jeder Trieb als Regulatives Prin-
zip, insofern er als Prinzip vernommen wird) welches jene (das bildende,
weibliche, und hernach gebärende Vermögen) faßt, eigentlich *empfängt*,
in sich entzündet und fortbil|det.[B] So wie aber das Flüssige zuweilen als 37
ein uneindringbares Starres rükwürkt, so ver|mist man oft an lezterm 38

A Die von H. Kant eingeleiteten Untersuchungen über die Schemate, sind vielleicht das
wichtigste Geschenk, mit welchem die Kritik die Phisiologie des Innern Sinns berei-
cherte.° Mit ihnen muß aber auch die Lehre von den *Simbolen* verbunden werden,
so wie H. Kant diesem Wort wieder seinen ältesten Sinn gab. –° Wie der Verstand
schematisirt, und ohne Schema nicht zur Darstellung gelangt, so *simbolisirt* die Ver-
nunft und fehlt es an jener Eigenschaft des darstellenden Sinns (in Gedanke oder
Handlung) wodurch er der Vernunft zugleich als Simbol dient, so kann diese als Geist,
den Sinn als Leib nicht beleben, nicht sich durch und in ihm offenbaren, und alle
Kunst vermag diesen Mangel der *Begeisterung* nicht zu bergen, und zu machen, daß
man dem Werk oder der Handlung das: Nil sacri es!° nicht beim ersten Blik zuriefe! | 37

B In diesem Sinne allein kann man mit John Hunter dem männlichen Saamen die Funk-
zion eines arranging Principle zuschreiben.° – Aber alle Sinnenfunkzion geht auf ähn-
liche Weise für sich. Der Reiz ist nur der Funke (Ignis mas)° den die spezifisch und
gegliedert (sistematisch) durch alle Oberflächen (Sinne) vertheilte Einbildungskraft
empfängt, und so wie das Ei vom Eierstock sich löset, jenes im Gemüthe sich ablö-
sende, selbst bewegliche (die Vorstellung in ihrer ersten Stuffe) sich in ihr bildet. Im
Begehrungsvermögen ist die Äussrung dieses weiblichen Naturvermögens in uns so
sehr frappant, daß man in dieser psychologischen Erscheinung allein, den Keim zu
dem ältesten aller Götterdienste (dem Dämonendienst) finden kann. – Siehe: *Horen*,
erster Jahrgang: über den Geschlechtsunterschied etc. –° Die Einzelnen Hervorbrin-
gungen (Geschöpfe) verhalten sich einzeln und in ihrem ensemble (der Natura Natu-
rata) zur hervorbringenden *gebärenden* Natur allerdings wie adjectiva zu ihrem sub-
stantivum – aber dieses lezte ist nur ein substantivum passivum, eine Mutter die von
selber ihren | Stoff nicht zu beleben vermag, und also einer *Zeugenden* Natur (Sub- 38
stantivum activum) bedarf.° Darum galt den Pythagoräern die *Dyas* als der Grund und
Anfang alles *Werdens* (denn die *Monas* ist) so wie die *Tryas* für Jedes Resultat oder
Hervorgebrachtes, (*Gewordenes*). |° 39

1 Daseyns,] DD: Daseyns 5 *Ein*bildungskraft] DD: Einbildungskraft 6 darbietet,] DD: darbietet 7 wird)] DD: wird), 7 bildende] ED: blldende 11 Untersuchungen] ED: Untersuchnngen 11 Schemate,] DD: Schemate 17 Handlung)] DD: Handlung), 17 Geist,] DD: Geist 19 *Begeisterung*] ZD DD: *Begeistung* 23 mas)] DD: mas), 24 vertheilte] DD: verheilte 25 und] DD: und, 28 allein,] DD: allein 29 Dämonendienst] DD: Dämonendienste 30–37 Die Einzelnen … (*Gewordenes*).] ZD *und* DD *lassen aus*

die Äusserung seines Widerstands als Mechanischer (Räumlicher) Ein-
heit. Da nämlich zwischen der ersten Solizitazion (mechanischer Perzep-
tion) und der vollendeten Sinthesis (gleichsam dem Sich Sammeln) eine
bestimmte Zeit verläuft, indem der eine Körper dasselbe Quantum von
Kraft doch *schneller* fast als ein andrer, so ist es leicht begreiflich, wie
ein zu schnelles Eindringen den vorstehenden Körper gleichsam über-
eilt, der sodenn nicht Zeit hat, als solcher, d.h. en masse sich zu äus-
sern, und nur mit der einen oder der andern seiner Kräfte (z.B. als flüs-
sig) würksam ist. Fälle der Art treten häufiger ein, als man glaubt, sey es
39 nun im unmittelbaren Verkehr unsers Körpers | mit andern, sey es im mit-
telbar bemerkbaren Verkehr andrer Körper unter sich. Sie weisen auch
auf eine frappante Art das Relative dieser Körperwelt, als Verkehr einzel-
ner Raum-Individuen. Um nämlich ihre Gestalt (Form und Anzahl die-
ser Individuen) mit einem male umzuwandeln, bedarf es nur eines ver-
änderten Kraftmoments der Apprehension in meinem Organ, wodurch
das für mich dermalen Geeinte, theilbar, das Theilbare, geeint, das Veste
und Unbewegliche, flüssig und weichend, oder das Flüssige vest etc. etc.
erscheinen müste.

Der hier zum Grunde liegende Saz, daß *Alles* (Jedes in der Zeit ver-
knüpfte oder sich verknüpfende Gebilde oder Individuum) *seine Zeit*
40 *hat*[A]° zeigt sich übrigens in seiner viel | umfassenden Bedeutung erst
dann, wenn man ihn nicht blos auf Grad und Umfang, sondern auch
auf die Beschaffenheit (quale) des Zeitstoffs anwendet. Da nämlich alle
mechanische Akzion nur auf chemische Unauflösbarkeit (die mecha-
nische Impenetrabilität nur auf chemische) bedungen ist, und diese
lezte nur durch ein der spezifischen Kapazität der Eignen Bildungskraft
entsprechendes bestimmtes Verhältniß (Modulazion) jener Elementar-
Akzionen im Raume (Siehe erste Note) bewürkt wird – da übrigens jede
dieser Elementar-Akzionen durch die ganze Natur nur Eine und dieselbe
ist, und jede derselben einzeln und für sich das Gesez des Gleichgewichts
und der Wiedereinung (Sammlung, Sinthesis) des Zerstreuten, zu erfül-

A Seine Fortdauer ist nämlich nur die Erscheinung einer stätten, momentweise gesche-
henden Wiedererneuerung, wodurch sie auch das Wachsen und Abnehmen oder Ver-
alten erklärt, indem dort die Verjüngung (Erneuerung) das Veralten, hier das Veralten
40 die Verjüngung | übereilt – wovon die Beschleunigung des Steigens und Fallens beim
Wurf der Körper ein schönes und einfaches Beispiel giebt.°

7 sodenn⌉ DD: sodann **16–18** Geeinte … müste.⌉ *siehe S. 96 zu 72, 16–18* **26–27** ein … Verhältniß⌉ DD: ein, der specifischen Capacität der eignen Bildungskraft entsprechendes bestimmtes Verhältniß **28** (Siehe⌉ DD: (siehe **36** giebt.⌉ *siehe S. 96 zu 72, 36*

len strebt[A] – so sieht man, wie | in dieser Kombinazion von Interessen 41 leicht eine Kollision eintreten kann, in der, der doch nur erzwungne Bund der Elemente zur Bildung eines einzelnen Körpers (Individuums) auseinander tritt, und wie die Natur in dieser Rüksicht leider zu temporisiren gezwungen ist.

Hier bietet sich nun ein dreifach Verhältniß, oder eine dreifache Art des Verkehrs dar, der zwischen Körpern als Raumindividuen statt hat. Der Eine Körper würkt nämlich entweder en masse zurük, also mit gesammter Kraft, als Räumliches Du, und (weil unmittelbar durch seine Figur) als *Maschine*. Von allem Verkehr der Körper untereinander, und besonders unsers eignen, bietet sich dieser zuerst dar, und so glaubte man sich (mit Berufung auf einen hier | mißbrauchten Saz der Gemein- 42 schaft: non datur actio in distans)° berechtigt, gar keine andre als diese *handgreifliche* und maschinistische Wechselwürkung in der Körperwelt gelten lassen zu dürfen, und behalf sich sohin zur Konstrukzion jedes nicht mechanischen und doch eben so *physischen* Einflusses, mit Atomistischen Transfusionen,° auf eine bald mehr scharfsinnige und wizige, bald mehr einfache oder einfältige Weise. Oder der Körper reagirt blos mit der Einen oder Andern seiner Grundkräfte, welche einzeln in ihrer Akzion hervortritt, während und weil die übrigen in der Wechselwürkung im passiven (heteronomen) Zustand wie abtreten. Dieses giebt nun den Fall der *Leitung* (der Akzion durchs Medium)° wobei das Sonderbare des Übertragens eines Einzelnen (nicht selbstständigen) Prädikats (Eigenschaft, Funkzion etc.) eintritt, und der Eine Körper als Medium (nicht als *Organ* im engern Sinne)° einen Andern (entfernten) gleichsam *repräsentirt*. Der Repräsentirende Körper | kann nun hiebei nicht als 43 selbstständige vollendete (kollektive) Einheit, nicht als einzeln Objekt oder Individuum erscheinen, sondern gleichsam wie zerlegt als nichtin-

A Diese Rükkehr des Einzelnen in Seine Zeugende Einheit, diese *Wurzelextrakzion* macht mit der ihr | entgegengesezten *Exponenziazion* oder Zeugung das Wechselspiel 41 des Lebens der Natur als gleichsam eines Ausathmens ihrer Kraft in zahllose einzelne Individuen, und Einathmens derselben zur abermaligen Hervorbringung *Neuer* Individuen. – | 42

1 strebt[A]] DD: strebt[A], 2 in der, der] DD: in welcher der 4 auseinander] DD: aus einander 6 ein dreifach Verhältniß,] DD: ein dreifaches Verhältniß 7 hat] *siehe S. 97 zu 73, 7* 10 untereinander] DD: unter einander 11 bietet sich dieser zuerst dar,] DD: bietet sich dieser dem ersten Anscheine nach zuerst dar, 13 distans)] *siehe S. 97 zu 73, 13* 22 Medium)] DD: Medium), 28–74,1 nichtindividualisirter] DD: nicht-individualisirter 30 entgegengesezten *Exponenziazion*] DD *schreibt im Text:* entgegen gesetzten *Exponenciation und korrigiert in* Zusätze und Verbesserungen*:* entgegen gesetzten *Exponentiation* 32–33 *Neuer* Individuen. –] *siehe S. 97 zu 73, 32–33*

dividualisirter Stoff oder Gefühl; obschon hier die Zerlegung als würklich vor sich gehend, und auch nach der Einwürkung vorhanden, nicht betrachtet wird, in welch lezterm Falle die zweite Art Einwürkung des Körpers in die dritte übergeht, wo nämlich der Eine vom Andern völlig in sich aufgenommen und durchdrungen wird, und zwar so, daß entweder der Eine auch nach geschehner Aufnahme des andern seine isolirte Existenz im Raume fort erhält, oder nicht, in welchem Falle ein oder
44 mehrere Neue Individua hervortreten.[A] Man kann die erste Art | des Antagonisms der Körper den *mechanischen* (körperlichen im engsten Sinne) den zweiten den *dinamischen*, und den dritten den *chemischen* nennen.°

A Der alte Saz: Corpora non agunt (chemice) nisi soluta,° sagt nicht weniger, als daß diese Aufnahme (als assimilirende Zubildung oder totale wechselseitige Umbildung) nicht anders als durch die Mittelstuffe dinamischer Aufschliessung, geht. Die *Umschliessung*
44 ist als Neben- und Aussereinander als Anhäufung von | der wahren Intus susceptio spezifisch unterschieden, obschon sie als Theilung die man sich so weit als möglich vorstellen kann, der wahren Intus susceptio jedesmal vorhergeht, so wie der *Ausscheidung*, und darum manchmal als wahre Kontinuität erscheint, da sie doch nur (chemische) Kontiguität ist, und sich als solche auch beim Versuche beweiset.° Um dieses zu erläutern, stelle man sich die chemischen Kräfte als Flächenkräfte vor,° die sich zu einander wie die elektrischen verhalten. Zwei in Berührung gerathne Körper werden sohin so lange neue Flächen wechselweise einander darbieten, und die hiezu nöthige Konfigurazion etc. so lange fortsezen, bis bei einem bestimmten Verhältniß das Gleichgewicht zwischen eignem und wechselseitigem Berührungsquantum erreicht ist, und in dieser Stuffe wechselseitiger Zertheilung werden nun beide Materien eben so inne stehen, als etwa zween Feder-Elektrometer von entgegengesezter Elektrizität ineinander sich verwikelnd aneinander kleben. – Diese Zertheilung oder
45 Zersplittrung | kann aber durch ein Übermaaß fremder Berührung (Entblössung) die innre so sehr schwächen, daß das eigne Bildungs- (ballendes, zentrirendes) Vermögen erschöpft und überwogen wird, wobei die einzelnen Gebilde rükwärts in die ersten Stuffen der Verkörperung treten, und in ihre Grundkräfte sich lösend, als Flächen- und Punkte- (durchdringende) Kräfte sich verlierend, dem Neuen Gebilde einverleiben. In welchem Mittelaktus sie aber in keiner möglichen Äussern Anschauung als einzelne für sich bestehende Raumerfüllungen (Körper) verfolgbar, und als solche folglich weder in der Einbildung noch Sprache (als dramatis Personae)° aufzuführen sind. Dem blos mechanisch konstruirenden Phisiker entgehen übrigens sowohl die Flächenkräfte als die durchdringenden, und seine Konstrukzionen müssen darum eben so unvollständig und unbefriedigend ausfallen, als z. B. eine Geometrie müste,
46 die blos Stereometrie wäre. |

9 im engsten Sinne)⌉ DD: im engsten Sinne), 13 dinamischer Aufschliessung,⌉ DD: dynamischer Aufschliessung 14 Aussereinander⌉ DD: Aussereinander, 15 Theilung die man⌉ *so* ZD · ED: Theilung die men · DD: Theilung, die man 23 wechselseitigem⌉ *so* DD · ED ZD: wechselseitigen 25 entgegengesezter⌉ *so* ZD · ED: entgegegensezter · DD: entgegengesetzter 26 Elektrizität ineinander sich verwikelnd aneinander kleben⌉ DD: Elektricität in einander sich verwickelnd an einander kleben 38 wäre.⌉ *siehe S. 98 zu 74, 38*

Wollen wir von dem Allen | Beispiele, so brauchen wir blos auf das Eine 45
grosse des Verkehrs und der Vertheilung fester und flüssiger Körper in
der Elementar-Natur sowohl als in der Organischen, zu sehen. – | All- 46
gemein muß nämlich Jene einzelne Kraft eines Gebildes oder Sistems
(sobald es mit Mächtigeren Sistemen in Räumliche oder blos Zeitliche
Koexistenz und Gemeinschaft tritt) als Heteronomie erscheinen, und
als solche leztern dienen, welche verhältnißmässig die schwächste ist,
und dies ist beim Flüssigen gerade der Fall mit der eigenen Bildungs-
kraft, die also überall nur fremden, passiven Charakter trägt. Eben hie-
durch zeigt sich also der flüssige Körper allen Mechanischen, Dinami-
schen und Chemischen Umbildungen, und fremden Einbildungen so wil-
lig und so nachgiebig, und erscheint sowohl dem äussern als innern Sinn
nicht so fast als eigentlich Individuum oder Objekt, sondern als blosser
Stoff (nicht individualisirtes Gefühl). – Insofern nun die Funkzion des
Lebens eben in Formung besteht,° als einem Prozeß einer Verknüpfung
eines dargebotnen Mannigfaltigen zur Einheit des Gebildes etc. so kann
es nicht befremden, warum die Natur das Flüssige als den eigentlichen
Werk- | Stoff des Lebens jedem Lebendigen als das Innerste (als das Herz 47
des Herzens und Gehirn des Gehirns[A]) zutheilte, wodurch der Körper, |
der als starr sonst überall nur Gefäß und Gerüste ist, eigentlich erst zum 48
beseelten wird. Eben darum geht auch alle Umbildung und Assimmila-
zion, alle Zeugung und Zerstörung, durch die Mittelstuffe des Flüssigen. –
Lezter's ist gleichsam der zartere Schleier am Gewande der Mutter Isis,°
und selbst höhere Naturkräfte, die zur vollendeten Verkörperung nicht
gelangen, scheinen doch in bemerkbaren dinamischen und chemischen

A S. John Hunter übers Blut etc.° und H. Sömmering übers Organ der Seele.° – Übrigens muß man den flüssigen (fliessenden) Körper als belebt (animirt) nicht mit Jener belebenden (animirenden) Raumfülle vermengen, welche die Vernunft zu allen Zeiten zur Erklärung der gemeinsten Erscheinungen in der Körperwelt nicht entbehren konnte, und womit sie als einer Spontaneitätsquelle das für den Verstand greifbar Leere erfüllt, als gleichsam mit Einer Ungeheuren Sonne. H. Kant hatte in einer der Berliner Monatschrift eingerükten kleinen Abhandlung: über den Einfluß des Mondes in die Wittrung, bereits lange schon einen bestimmten Charakter dieser Raumfülle angegeben, als einer Materie, die nie als Körper, d. h. nie für sich mechanisch sich weisen kann, sondern blos dinamisch, und chemisch, in und durch andre mechanisch koerzible (faß- und greifbare) Raumerfüllungen zu würken, und in der Körperwelt sich zu äussern vermag.° Die Alten nannten sie bedeutend die *Veste.* |° 48

3 Elementar-Natur⌉ ZD: Elementar Natur 16 etc.⌉ DD: etc., 18 Werk-Stoff⌉ DD: Werkstoff 23 Lezter's⌉ ZD: Lezteres · DD: Letzteres 35 blos dinamisch,⌉ DD: bloß dynamisch 37 vermag.⌉ *siehe S. 98 zu 75, 37* 37 *Veste.*⌉ DD *fügt in* Zusätze und Verbesserungen *hinzu*: *Veste.* Himmel als Träger und Emporhalter.

Würkungen im Flüssigen als gleichsam ihrem Auge (im Innern wie im äussern Sinne) hervor.–°

Um nun aber für den bisher betrachteten Verkehr der Raum-Individuen, zu einem allgemeinen Geseze zu gelangen, würde ich rathen, das von H. Kant in der Schäzung der lebendigen Kräfte S. 318 u. s. f. aufgestellte Gesez der Dinamik vorzunehmen,° von dem es sich vielleicht zeigen liesse, daß es für Lebendigwerdung oder Machung und Tödtung
49 (für Entzündung und | Verlöschung) alles Individuenlebens gelte, und auf mechanische oder chemische, auf phisiologische oder moralische Phänomene angewandt, gleich wahr und gleich fruchtbar sich weise. Folgendes mag vor der Hand, zur Erklärung und Bekräftigung meiner Behauptung, genügen.

Die Erste Folgrung, die Hr. Kant aus jenem Geseze zieht, lautet also:

> »Wir werden die vollständige Würkung der lebendigen Kraft (folglich diese selber als Totalität und Individuum) nirgend antreffen, als wo die Hinderniß (das Du zum Ich) der ganzen Geschwindigkeit des mit lebendiger Kraft ein oder vordringenden Körpers (oder Sistems) zugleich Widerstand thut, und alle Grade derselben zusammen (en masse) erduldet.«°

Von diesem Geseze sahen wir bereits oben in der Wechselwürkung der Körper als Raumerfüllungs-Einheiten die Anwendung, und ich mache
50 also | hier nur auf die in der Phisiologie des innern Sinns aufmerksam. – Zur ersten Bedingung aller Wechselwürkung oder Gemeinschaft wird nämlich das sich einander ver*stehen* (Standhalten) erfodert. Das Bedürfniß der Einheit (Selbsterhaltung) des Bewustseyns macht es der Gemüthbildenden Kraft zum Gesez sich stets einer ähnlichen Einheit (Du) gegenüber und in Wechselwürkung zu erhalten. Stellt sich nun ein solches Du nicht von selber ein, oder verliert es sich, so ruft das Ich selbes gleichsam überall hervor, strebt mit mehr oder minder Infallibilität und Gewalt des für Tod und Leben kämpfenden Instinkt's es sich vor- und darzustellen, es zu ergreifen – und wo Mangel an eignem Vermögen, oder besondre Unaneigbarkeit des sich darfindenden Stoffs, oder dessen Übermaaß etc. diese bildende Erfassung nicht gestattet, wo also das Ich mit vollem Momente als solches nicht zu handeln, sich zu äussern ver-
51 mag, weil keine Einheit (kein Du, Individuum etc.) da ist, die | seine volle

2 hervor. –] *In* ZD *und* DD *schließt der folgende Text an den vorhergehenden an* 3–4 Raum-Individuen,] DD: Raum-Individuen 11 Hand,] DD: Hand 12 Behauptung,] DD: Behauptung 17 ein] DD: ein- 24 ver*stehen*] ZD DD: *verstehen* 26 Gesez] DD: Gesetz, 28 Du] DD: *Du* 30 Instinkt's] DD: Instincts

Kraft aufzunehmen, und ihm seiner vollen Form Selbstgefühl gleichsam zurükzudrüken vermöchte, da zerfällt auch seine (des Ich's) Kraft-Einheit, wie der Lichtstrahl am vereinzelnd widerstehenden Anprall in seine Elemente auseinander tritt, die Gestalt des Gemüths zerfliest, und wird von gestaltlosem Stoff (Gefühl) verdrängt, und eben dieses überhandnehmende Gefühl zeugt vom Verfärben und Eindämmern des Ich's. – So wie der Vogel vom Instinkt geleitet sich inner der Luft durch Rege Bewegung seiner Gliedmaaßen überall eine Resistenz (ein mechanisches Du) bildet, und sobald Kraftmangel oder Unelastizität des Mediums ihm dieses nicht gestattet, niedersinkt; eben so breitet die Denkende Natur (Verstand) als Einheit ihre Gliedmaaßen (Verstandesbegriffe) aus, um sich überall Objekte (Gegen*stände*) zu erfassen, an denen sie ihre eigne Gestalt (Konfigurazion) gleichsam zu fühlen, und sich selber an ihnen fortzusteuern oder feste zu halten vermag, *und wir verlieren uns* | *(unser* 52
Ich) denselben Moment, als wir dieses leitende und tragende Du verlieren.° Noch inniger fühlen wir endlich dieses Bedürfniß in der Fortbildung und Erhaltung unsers Bewustseyns als Personen (Vernunftwesen). – Denn hier ist das Auge unsers Gemüths° zugleich das leuchtende, was sein Licht (Helle, die es nicht von aussen empfängt) auf die dunkle Wolke der Erscheinungen hinauswirft (oder werfen soll) und was also überall nur in Farben und fremden Gestalten sich verlierend, sich selber nicht wahrnimmt, so lange als es nicht auf ein ähnliches Auge trift, was hier (wie Sokrates seinem Alcibiades zeigt)° als Spiegel würkt, *und ihm das Erkennen des Selbsterkanntseyns – das Vernehmen des Selbstvernommen-Werdens – zurükgiebt.* –[A] | 53

A Daher die Freude und der zum Verweilen und gleichsam nähere Bekanntschaft einladende Reiz (Interesse) den für das Gute (innerlich gesunde) Gemüth die | Betrachtung 53
jener Naturszenen und Gebilde hat, in denen (als Simbolen) eine ähnliche Spontaneität durchscheint (wohin die schöne Menschengestalt par excellence gehört) und unter und mit denen sichs also gleichsam leichter, freier und lebendiger lebt, (um so mehr da noch überdieß der Saz der Conjuncta vis fortior hier ganz besondere Anwendung leidet,)° – so wie die Geheime Scheu (die sich manchmal als Langeweile oder als Affektirte Nichtachtung verstekt) mit der ein innerlich krankes (nicht in einer der Moralischen Gesinnung günstigen Stimmung sich befindendes) Gemüth sie vorübereilt, indem gleichsam der Puls des Gewissens in ihrer Nähe rascher und höher schlägt – oder endlich die soverrene Dummheit, mit der ein verwildert, rohes Gemüth sie

2 zurükzudrüken] *siehe S. 98 zu 77, 2* 3–4 wie der Lichtstrahl ... auseinander tritt,] ZD *und* DD *lassen aus* 12 (Gegen*stände*)] DD: (Gegenstände) 14 feste zu halten] DD: festzuhalten 15 *verlieren*] *siehe S. 98 zu 77, 15* 20 werfen soll)] DD: werfen soll), 29 die schöne Menschengestalt] ED *schreibt im Text* die Menschengestalt *und korrigiert in* Drukfehler und Zusätze*:* die schöne Menschengestalt 30 lebt,] DD: lebt 32 leidet,)] DD: leidet), 33 verstekt)] DD: versteckt), 36 soverrene] ZD: souveräne · DD: souveraine

Eine zweite Folgerung, die H. Kant aus dem aufgestellten dinamischen Geseze zieht (eigentlich nur eine andre Ansicht der ersten) ist diese:

> »Wo die Hinderniß (das Reagirende Du) sich nur einem Grade der
> 54 lebendigen Kraft|(als Totalität) allein widersezt, folglich die gesammte Kraft nicht anders, als in zertheilten Graden, nach und nach (dieses aussereinander mag nun in Raum oder Zeit seyn) erduldet, da geht
> 55 ein grosser Theil der lebendigen Kraft von selber verloren.« |°

Dehnt man, wie es auch seyn muß, den Begriff der Einzelnheit auf das Quale der einzelnen Kräfte (Elementar-Funkzionen) aus, so haben wir hier das Grundgesez der Bestandtheit und Nichtbestandtheit jedes einzelnen Sistems in Koexistenz mit andern. Denn eben dieser *vereinzelte* Angriff ist jener bekannte Kunstgriff des Meuchelmords (vis separata debilior° – alle Krankheit ist Vereinzlung nicht zu vereinzelnder Funkzionen, so wie in der Fausse politique die Maxime: Divide & impera).° Zugleich gelangen wir hiebei auf den wahren Begriff jener Art Lebens-Reize, oder jener Art ihrer Würkung, als Leben befördernder etc. welche in *Hinderniß* besteht, und die nicht so fast als Federn, sondern als Gewichte die
56 Lebensenergie zur Reakzion bestimmen.[A] |

angaft (eine eigne Vernunft oder Herzensdummheit, die man nicht selten, nicht etwa blos mit grosser Gedächtnißgelehrsamkeit antrift, denn diese kann auch mit Ver-
54 standesblöde vor|handen seyn, sondern selbst mit grosser Sagazität und ziemlicher Schärfe des Verstandes). – Da übrigens die freie (autonome) Bewegung die von aussen unabhängige und inner sich gegründete ist,° so sieht man, daß ein Gemüth, was seinen innern Grund (das Tragende Ich) verloren, oder aus ihm gewichen ist (als seinem Gesez) nothwendig nirgend wo verweilen, und nur im Zustande des *Fallens* (von seinem Grund, zu ihm, oder um ihn herum) sich befinden kann° (Instabilis tellus, innabilis unda)° und daß das Bedürfniß eines leitenden Du (so wie die Gefahr eines weiter ab und irre führenden) in diesem Falle eintritt. Wer nicht selber für sich zu stehen und zu gehen vermag, muß sich tragen und fahren etc. lassen, wer nicht selber sich zu bewegen, nicht selber zu denken und wollen vermag, muß sich bewegen, denken
55 und wollen *lassen.* |

A Nennt man alles was einen belebten Körper affizirt, *Reiz,*° so muß man wenigst dreierlei Art dieser Affekzionen und also dreierlei Reize unterscheiden. – Die Affekzion
56 ist nämlich von der Art, daß sie das Lebens|geschäfte (die Belebung) *erleichtert,* der Überschuß von Kraft, und das grössere Moment des Lebens äussert sich hiebei weni-

2 der ersten)] ZD: der erstern) · DD: der erstern), **12** Meuchelmords] *so* DD · ED ZD: Meuchelmords. **13–14** Funkzionen,] DD: Functionen *und fügt in* Zusätze und Verbesserungen *hinzu:* somit auch Trennung nicht getrennt seyn sollender, **14** & impera).] *so* ZD *und* DD · ED: et impera.) **18** bestimmen.[A]] ZD: bestimmen[A]. **22** Verstandes).] *so* ZD *und* DD · ED: Verstandes.) **26** Grund, zu ihm,] DD: Grund zu ihm **32** alles was] DD: alles, was **34** Lebensgeschäfte] DD: Lebensgeschäft

Eine dritte Folgrung lautet so:

»Wenn der Grad Geschwindigkeit, dem die Hinderniß sich in jedem Augenblik entgegensezt, nur unendlich klein ist, so ist alsdenn gar keine Spur einer lebendigen Kraft mehr zu finden etc.« |° 57

Ich werde bei einer andern Gelegenheit von diesem Geseze zur Erklärung der Temperaturvertheilung etc. Gebrauch machen,° und ich deute hier nur den allgemeinen hieraus hervorgehenden phisiologischen Saz an, welcher dieser ist: *Berührung des Todten oder Umgang mit | Todten,* 58 *tödtet, Berührung des Lebendigen, oder Umgang mit Lebendigen, belebt.*° – Man hat in der Chirurgie mehrere interessante Beobachtungen über

ger, durch unmittelbar erhöhte Akzion (Excitement)° als vielmehr durch grössere Stärke Ruhe, Friede (Kraftgefühl etc.) – Diese Art Reize hat Brown in seinem Sistem, wie ihm John Hunter zu verstehen giebt, ganz übersehen,° und indem er Action und Power für eins und dasselbe hält, wird seine Lehre in der Theorie eben so falsch, als in der Anwendung gefährlich.° – Eine zweite Art Affekzion ist die das Lebensgeschäfte (worunter eine bestimmte Mechanische, Dinamische und Chemische Sinthesis etc. verstanden wird) *erschwerende*, und die hiebei nicht selten zum Vorschein kommende erhöhte Akzion (Excitement, Sthenic State) ist nichts anders, als Folge eines schon zum Theil gehobnen Gleichgewichts der einzelnen Kräfte, | wodurch 57 denn die eine aus ihren Schranken tretend um so stärker erscheint, je schwächer die übrigen sich weisen. – Hätte Brown den Grundbegriff des Gesunden Lebens richtig gefast, dessen Wesen in der höchsten Einheit der einzeln vertheilten Funkzionen (ihrer Einmüthigkeit oder Einstimmigkeit) besteht, so würde er und seine Nachfolger nicht auf den Groben Irrthum verfallen seyn, eine Krankheit z. B. Entzündung (Sthenic disease) eine blos im Übermaaß fehlende Lebensakzion, d. h. zu gesunde Gesundheit, zu nennen. – Die dritte Affekzion, die eigentlich nur eine Unterart der zweiten ist, findet endlich bei jenen *positiv beraubenden* (Kraft nehmenden) Einflüssen statt, welche unmittelbar, und ohne daß es wohl zur Perzeption der Hinderniß kömt, die Lebensfunkzion im Körper arretiren, oder völlig auslöschen (was in den Elektrischen Erscheinun|gen ungefähr der silent discharge ist).° Auch diese Art Affek- 58 zion des belebten Körpers hat Brown nicht anerkannt, denn er hatte überhaupt von *Negativen* Grössen oder Kräften keinen klaren Begriff.° Und so reduzirt sich denn sein hochbelobtes und allerdings in mancher Rüksicht lobverdienendes Sistem, auf eine – *Verwechselung des Rausches mit Stärke*.° – Man muß aber gestehen, daß er hierinn den Geist seines Zeitalters nicht verkannte, und daß eine ähnliche Verwechselung des Rausches mit nüchterner Stärke einer Menge Moralischer und Politischer Sisteme als die disciplina Arcani zum Grunde liegt. |° 59

1 Eine⌉ ZD *rückt nicht ein* **3** Augenblik entgegensezt⌉ DD: Augenblick entgegen setzt **3** alsdenn⌉ DD: alsdann **4** etc.«⌉ ED: etc. **9** *tödtet,*⌉ ZD DD: *tödtet;* **9** *Lebendigen,*⌉ DD: *Lebendigen* **11** (Excitement)⌉ DD: (Excitement), **11–12** grössere Stärke⌉ DD: größere Stärke, **29** kömt⌉ ZD: kömmt · DD: kommt **29** auslöschen (was⌉ *so* ZD *und* DD · ED: auslöschen. (was **30** ist).⌉ *so* ZD *und* DD · ED: ist.) **33** Sistem,⌉ DD: System **34** hierinn⌉ DD: hierin

die antiseptische Kraft der blossen Nähe des lebendigen, gesunden etc. gemacht, so wie umgekehrt von der Assimmilazionskraft des Todten (in Gangrän), und für die moralische Arzneikunde giebt uns das alltägliche Leben ähnliche Erfahrungen zu Genüge. Hierauf beruht nun auch das
59 allgemeine Gesetz | (aller Flächenkräfte) des Bedürfnisses stätter *Erneurung* des Reizes (Alimentazion und Exkrezion).° – Da nämlich die innre Bestandlosigkeit der dem Lebendigen zugetheilten Porzion Stoffs, der Annahme jeder Form ihn eben so leicht fähig, als der Behaltung unfähig macht, und da noch überdieß jene besondre *Korruptibilität* der Materie (S. erste Anm.) mit ihrer *Kultur* oder *Perfektibilität* gleichen Schritt hält – so hindert, oder erstikt jedes Verweilen des bereits durchgangenen Stoffes die Operazion des fernern Durchgehens (Assimmiliren) *und die Wegräumung einer Last oder Hinderniß zeigt sich hier als Beförderung eigner innrer Thätigkeit.*° – Auch finden wir die Naturökonomie so bestellt, daß die Natur jedem einzelnen Geschöpf gerade auf den Beitrag, den es selber (durch eigne Arbeit und Anstrengung) zur Wegräumung dieser Hindernisse einer fernern und neuern Belebung leistet, (und lezter
60 sohin gleich | sam in die Hand arbeitet) ihm den Lohn dieser seiner Arbeit (Kraft und Gesundheits Selbstgefühl) bedungen hat.

Es finden sich in der Elementarphysik zween Begriffe vor, die sie eigentlich von der Metaphysik entlehnt, und über deren Gebrauch und Befugniß schon oft der Empiriker mit dem Theoristen in Streit gerieth[A]. Diese sind, der Begriff einer *Menge der Materie* als eines zahl- und meßbaren bleibenden (substanziellen) Vielen Ausser und Nebeneinander, eigentlich einer Menge von Substanzen, und dann der *unveränderlichen Dauer dieser Menge* (des Nichtentstehens und Nichtvergehens dieser Substanz oder Substanzen bei allem möglichen oder erfahrbaren Wech-
61 sel und Veränderungen in der Körper | welt).° – Daß ich nun diese Begriffe in *dem* Sinne, in welchem sie gewöhnlich angewandt werden, zu nehmen, Bedenken trage, gab ich bereits oben durch den Gebrauch des Worts: spezifische Kapazität zur Bezeichnung spezifischer Inerzie etc. zu verstehen, und ich will hier meine Meinung so viel nöthig erläutern.°

61 A Z. B. Erst wieder vor kurzem bei den Streitigkeiten über Brenn- und Sauerstoff. |°

4 Erfahrungen⌉ ZD DD: Erfahrung **10** S.⌉ DD: s. **11** hindert, oder erstikt⌉ DD: hindert oder erstickt **12** (Assimmiliren)⌉ DD: (Assimiliren) **14** *Thätigkeit*⌉ *siehe S. 99 zu 80, 14* **17** leistet,⌉ DD: leistet **18** arbeitet)⌉ DD: arbeitet), **19** Gesundheits Selbstgefühl⌉ ZD DD: Gesundheits-Selbstgefühl **19** hat.⌉ ED *und* DD *setzen den folgenden Text durch drei Sterne ab, während* ZD *durch drei Punkte* **24** Vielen⌉ ED: Vieleu **28** Körperwelt).⌉ ED ZD DD: Körperwelt.

Was vorerst den Begriff einer Menge der Materie überhaupt (ohne Rüksicht auf spezielle Verschiedenheit derselben) betrift, so behaupte ich, daß zwischen spezifischen verschiednen Materien alle Befugniß eines Vergleichs der Dichtigkeit (in *jeder* der bisherigen Bedeutungen dieses Worts) aufhöre, und daß der Ausdruk phisikalisch unzulässig sey, dieses Stük Metall ist *mehr* Materie (oder in ihm ist *mehr einer Gewissen Allgemeinen Grundmaterie*) als dieses gleich grosse Stük Harz. – Nur daß sie beide Ausdehnung, Inerzie, Cohäsion etc. haben und mit bestimmtem Kraftmoment äussern, nur dieses giebt auch beiden als Einzeln beweglichen | Raumerfüllungen den *Gattungscharakter* des Körpers und 62
der Materie. – In dieser Rüksicht sind sie aber würklich und vor der Hand auch nicht mehr noch weniger, als *zwei* Individua, d. h. zwei für sich und abgesondert von allem übrigen, bewegliche Raumerfüllungs-Einheiten.[A]
Was aber zweitens das Nichtentstehen | und Nichtvergehen der Materi- 63
ellen Substanz betrift, so kann man den Begriff der Substanz nicht auf eine oder mehrere Grundmaterien anwenden, denn jede dieser einzelnen Materien oder Körper, ist nur ein Individuum, welches andern Individuen derselben Spezies und Gattung, d. h. Neuen individuellen Äusserungen derselben *Grundkräfte*, plaz macht, und die Materie (die einzelne, würkliche, denn eine Allgemeine giebt es nicht) entsteht und vergeht in diesem wahren Sinne, täglich, stündlich und augenbliklich. – Ob aber die Energie dieser Grundkräfte als der Zeugungskräfte und Wurzeln alles Räumlichvorhandenen, einzeln, oder im vereinten Momente stets dieselbe bleibt, – dieses ist eine Frage die weder metaphysisch durch den Tautologen Saz des Bleibens der Substanz, noch empirisch, durch die Wage, beantwortet werden kann. Nähme man aber auch die unver-

A Jene Vielheit (als Theilbarkeit) ist überall nur in Gedanken (Potentia) vorhanden, als projektirte und in ihrer möglichen Ausführbarkeit erst zu erfahrende Vereinzlung.° Sie scheint aber eben sowohl als ihr Gegentheil (die Anhäufbarkeit) für jede spezifische Materie ihre bestimmte Gränze haben zu müssen, über welche hinaus eine fernere Theilung oder Vereinzlung entweder physisch unmöglich (wie dies z. B. mit der Kompressibilität der Fall ist) oder für die Fortdauer der Materie als spezifische Kombinazion der Grundkräfte lethal, wäre. Beiläufig auf eine ähnliche Weise als die Saamkraft eines Saamens bei einer gewissen Stuffe seiner Diluirung erschöpft ist, oder ein Polipmutterstamm nur in eine bestimmte Anzahl einzelner für sich bestehender Individuen derselben Spezies trennbar ist. | 63

6 dieses Stük⌉ ZD: in diesem Stük · DD: in diesem Stück 7 *Grundmaterie*)⌉ DD: *Grundmaterie*), 7 dieses … Stük⌉ ZD: in diesem … Stük · DD: in diesem … Stück 11 Materie.⌉ *so* DD · ED ZD: Materie 13 übrigen⌉ DD: Übrigen 13 Raumerfüllungs-Einheiten.[A]⌉ *so* DD ED: Raumerfüllungs-Einheiten[A] ZD: Raumerfüllungs-Einheiten[A]. 24 Frage⌉ DD: Frage, 29 ihr⌉ ED: ibr 33 lethal,⌉ DD: lethal 36 ist.⌉ *siehe S. 99 zu 81, 36*

änderliche Ständigkeit des Totalmoments der Äusserungen der Grund-
64 kräfte an, so würden sich an jedem einzelnen Körper | diese Kräfte ein-
zeln oder vereint, doch nie anders als Gradweise (dinamisch) schäzen
65 und messen lassen.[A] So wie man auch für Jede auf ein | mal bewegliche
oder sich bewegende etc. Raumerfülltheit nur Einen Punkt (der Inerzie)
nimmt, und alle übrigen Punkte dieser Raumerfüllung auf diesen Einen,
nicht als Menge Gleichartiger Einheiten, sondern als Nichtselbststän-
dige Einzelnheiten oder Theile bezieht. Dieser Punkt unterscheidet sich
66 nämlich als ein *Synthetisch All | gemeines der Anschauung*[B] (S. Kritik der
Urtheilskraft S. 349)° als Einheit die zugleich Allheit ist, und man wird
also schon hier auf den Saz gewiesen: Tutum Parte prius esse, necesse
est.° Denn, gehe ich nach der Kategorie der Einheit, Vielheit, und Allheit,
nicht von der *Thetischen* Einheit, sondern nur vom Einzelnen (also schon
bedingten) aus, wie hier die einzelnen Punkte sind (die durch ihre Rela-
tive Unbeweglichkeit alle ihre gemeinschaftliche Beziehung mit Jenem

A Ich will hier eine Stelle aus H. Kants Metaph. Anfangsg. d. N. (S. 112. Zweite Auflage) beisezen, die gerade meiner Behauptung entgegen scheint: »daß die Quantität der Materie nur als die Menge des Beweglichen (ausser halb einander) könne gedacht werden, wie die Definizion es aussagt, ist ein merkwürdiger und Fundamentalsaz der allgemeinen Mechanik.« – Ich bemerke hier daß man nie eine *Menge* des Beweglichen inner einem bestimmten Raum, sondern nur den *Grad* der Leicht- oder Schwerbeweglichkeit (Stärke des Widerstandes) dieser nur auf einmal beweglichen Raumerfüllung als Einheit, erfährt – »denn (fährt H. Kant fort) dadurch wird angezeigt, daß Materie keine andre Grösse habe, als die, welche in der *Menge* des Mannigfaltigen *ausser halb einander* besteht, folglich auch keinen *Grad* der bewegenden Kraft mit gegebner Geschwindigkeit der von dieser Menge unabhängig wäre, und blos als intensive Grösse betrachtet werden könnte, welches allerdings statt finden würde,
65 wenn die Materie aus Monaden bestände, | deren Realität in aller Beziehung einen Grad haben muß, welcher grösser oder kleiner seyn kann, ohne von einer Menge der Theile ausserhalb einander abzuhängen.« –° Hierwider würde ich nun behaupten, daß die Materie insofern sie aus Grundkräften entsteht und in ihnen besteht, allerdings aus Monaden bestehe,° woraus denn von selber folgt, daß obiger Begriff einer Menge des Beweglichen Aussereinander nur zwischen Körpern oder Materien von derselben spezif. Beschaffenheit, und blos bei mechanischen Anhäufungen und Trennungen gilt, nicht aber zwischen spezif. verschiedenen Materien gültig ist, und also auch in jenen Fällen nicht mehr angewandt werden kann, wo ein materielles Indivi-
66 duum in seine Grundkräfte sich lösend verschwindet, und ein Neues hervortritt. |
67 B Als Repräsentant der Räumlichen Gegenwart eines Prinzips der Art. |

9 *Synthetisch Allgemeines*⌉ DD: *Synthetisch-Allgemeines* 9 S.⌉ DD: s. 11 Parte⌉ DD: parte 12 est.⌉ *siehe S. 99 zu 82, 12* 12 Denn,⌉ DD: Denn 20 hier⌉ DD: hier, 23 Einheit,⌉ DD: Einheit 27 statt⌉ ED: statt, 31 Materie insofern⌉ DD: Materie, in so fern 37 hervortritt.⌉ *siehe S. 99 zu 82, 37*

Einen Punkt weisen) so gelange ich nie zur Allheit, oder Vollendtheit der Konstrukzion, und darum kann auch keine Bildung (Eines Individuums) als Sinthesis einer Vielheit, die einer Einheit dient, suzzessiv, sondern sie muß auf einmal (gleichsam durch eine Revoluzion oder Explosion) geschehen.° – Mit andern Worten: es ist keine *mechanische* Konstrukzion des *Körpers* als Raumerfülltheit möglich, wie | bereits oben 67 erinnert wurde; und man bedarf nicht etwa blos zur Bildung *Organischer Körper*, sondern *aller Körper, überhaupt* eines *andern Prinzips*, als des eigentlich *nichtssagenden* Dings eines blossen *Naturmechanisms*, der zur Konstruktion[A] einer Luftblase (als Raumerfüllung von *spezifischer* Beschaffenheit) eines Sandkorns, oder eines Grashalms gleich unschicklich und unfähig sich weiset. Von welchem sogenannten Naturmechanism man aber doch mit Befremden häufig, sogar als einem *Erklärungsprinzip* Gebrauch machen sieht, indem man sich nicht begnügt, darunter was anders als die einfache *Naturbeschreibung* der Phänomenreihe zu verstehen, sondern ihn selbst andern und eigentlichen Erklärungsweisen aus (Vernunft) *Prinzipien* entgegensezt, und sich dabei die Miene giebt, als verstünde man würklich, was denn dieser Natur|mechanism im 68 leztern Sinne eigentlich bedeuten soll, und als wäre ein solcher blinder Naturmechanism in der Phisik, der Vernunft minder empörend, als sein Halbbruder, oder Vater, der *blinde Zufall* in der Philosophie überhaupt.°

Zum Beschlusse dieser Schrift muß ich noch an die sonderbare Würkung erinnern, welche auf den menschlichen Geist die Chemischen Naturoperazionen machten, als man sich zuerst auf eine mehr wissenschaftliche Weise und absichtlich mit ihnen abzugeben anfieng. Nichts kömmt dem Enthusiasm (der freylich meist in Schwärmenden Unsinn ausartete) und der besondern Naturandacht gleich, die in den ältesten Schriften der Art athmet; auch sind die Früchte (z.B. in Technik und Arzneikunst) bekannt, welche wir diesem Enthusiasm verdanken, und das entgegengesezte, maschinistische Sistem hat nichts dem ähnliches geleistet,° es müste denn die Gelegenheit seyn, die es einzelnen Mathematikern gab, ihren Scharfsinn daran zu üben, der aber auf andre Gegenstände besser würde angewandt | worden seyn, und welcher zufällige 69 Nuzen reichlich durch jenen Schaden überwogen wird, den das Maschinistische Sistem der Menschlichen Vernunft in ihrer Kultur dadurch zufügte, daß es diese nicht neben und über den Verstand, sondern unter

A D.h. zur Einsicht der *Vernunftmöglichkeit.* | 68

1 weisen)⌉ DD: weisen), 1 Allheit,⌉ DD: Allheit 37 D.h. zur Einsicht der *Vernunftmöglichkeit.*⌉ *siehe S. 99 zu 83, 37*

die Verstandesgeseze in wahrer Sklaverei niederhielt, und dem edelsten Vermögen des Gemüths der produktiven Einbildungskraft, wo sie wie H. Kant bemerkt, unter der Aufsicht der Vernunft nicht träumen und schwärmen, wohl aber *dichten* soll, und muß, überall bleierne Fesseln und Gewichte anhieng.° Womit denn aber auch der Experimentirkunst, und dem zu erweiternden Imperium hominis in Naturam° ein grosser Schaden und Beeinträchtigung geschah, weil man dem Menschlichen Geist hiemit Aussichten und Hoffnungen benahm, aus denen er doch allein den Muth und Kühnheit zu jenen Originellen Fragen an die Natur schöpfen kann, welche ihren Vertrauten und Günstling eben so sehr als kühne Foderungen den Glüklichen Liebhaber auszeichnen. – Daß die
70 Che|mischen Naturoperazionen zu einer andern, und höhern Ordnung als die mechanischen gehören dürften, muste jedem auffallen, der sie z.B. mit den phisiologischen des innern Sinnes zu vergleichen, und die besondre Affinität zu bemerken, Gelegenheit hatte, die sich zwischen beyden vorfindet, und auf die selbst die Natürliche Simbolik der Sprache hie und da weiset. Die kritische Philosophie öffnete auch hiezu wieder Neue Aussichten. So findet sich z.B. in der Vorrede zur Kritik der Vernunft, ein merkwürdig Beyspiel, welch fruchtbarer Anwendung ein der Chemie abgelernter Kunstgriff in der Phisiologie des innern Sinns fähig ist,° und aus der Kritik der Urtheilskraft kann sich der Phisiker und Chemiker hinwieder manche Maxime abstrahiren.° In der Ästhetik z.B. ist der Gang des Raisonnements ungefähr folgender: die Natur bringt überall in ihren freien (ungestörten) Bildungen mehr oder minder Schönheit (als gleichsam ihre Uniform) hervor.° Nun ist ein Theil Natur (als
71 Techni|zism innrer Stofumbildung) ihr in uns (unserm Gemüth und hiedurch unserm Körper) entzogen, und unsrer Willkühr übergeben. – Der Charakter dieser Willkühr (die sich hier sey es wie es will, plastisch äussert) der sich in dem Gebilde schön (anmuthig) weiset, ist aber moralische Güte; – Also muß (regulativ für unsre Urteilskraft und deren Maximen) der Charakter der ähnlich ausser uns sich weisenden Natur (als bildend Vermögen) von derselben Art, und mit unserm Würken einstimmend seyn. – Erwägt man nun, daß Denken, so wie es im Gemüth in seinen unmittelbarsten Würkungen sich äussert, ein wahrer Technizism ist, der sich durch bildende und umbildende Bearbeitung eines Vielerlei des Gemüthsstoffs (Gefühls, als des Realen) zu erkennen giebt, wobei die

2 sie] DD: sie, **4** soll,] DD: soll **6** Naturam] DD: naturam **10** sehr] DD: sehr, **12** andern,] DD: andern **28** hier] DD: hier, **30** Also] DD: also **31** Natur] ED: Ratur **31–32** (als bildend Vermögen)] DD: (als bildendes Vermögen)

Spontaneität nicht *mechanisch*, sondern *dinamisch* (per Intus susceptionem)° in dem produktiven Einbildungsvermögen verfährt; so kann man auf eine obigem Raisonnement analoge Weise sagen, daß so wie | die Ver- 72
nunft hier im Denken chemisch zu Werk geht[A], die Natur ausser uns in ihren chemischen, also Grundoperazionen aller Bildung *vernünftig* procediere, – mit andern Worten: daß der Sinn und das Gesez dieser Operazionen für uns allerdings *vernehmbar* seyn müsse, und ihm also in der *Vernunft* (nicht im Verstande im engern Sinn) nachzuspüren sey. | 73

A Ich verweise den Leser hier auf H. Kant's Gedanken im Brief an H. Sömmering a. a. O.° und bemerke hier nur daß das Chemische der Gemüthsoperazionen beim Begehrungsvermögen eben so unverkennbar ist. | 73

4 chemisch] DD *fügt in* Zusätze und Verbesserungen *hinzu:* chemisch d. i. plastisch oder bildend 5 chemischen, also Grundoperazionen] DD: chemischen, plastischen, also Grundoperationen 6 procediere, –] ED: procediere. – · ZD DD: procedire, – 10–11 nur … ist.] DD: nur, daß das Chemische oder Plastische der Gemüthsoperationen als einbildender, d. h. von innen heraus bildender, beim Begehrungsvermögen eben so unverkennbar ist.

Anhang
zu Seite 59, Zeile 13–16.

Da dieser Saz gewissermassen dem tief verborgenen Geheimnisse alles Lebens und Strebens *in der Zeit*, nahe zu treten scheint, so halte ich es der Mühe nicht unwerth, ihm folgendes zur Erläuterung beizufügen.

Der Imperativ des Menschen lautet also: »Mache die passive Kaussali-
74 tät identisch (d. i. | einstimmig, einmüthig) in dir mit der aktiven (S. *Schelling*). Mache das Würkliche möglich (vernünftig oder moralisch möglich) und das Mögliche würklich«° – das heist aber nichts anders, als: überwinde, hebe, räume den würklich vorhandenen Widerstand, der sich als Gegenwürkung Jenem Möglichen widersezt. Lezters verhält sich nämlich zum ersten wie eine *positive* Tendenz (+) zu ihrer *negativen* (–) und nur dadurch, daß ich leztre aufhebe, verwandelt sich das o der Würklichkeit in +[A]. Und so besteht denn alle in die Natur eingreifende Thätigkeit des Menschen (als exekutiver *Gewalt*) in Befördrung von Kraftäusserungen durch Wegräumung ihrer positiven Hindernisse (so wie umgekehrt) und der Mensch hat es überall unmittelbar nur mit lezterm (dem *Wider-*
75 *stand*) zu thun. – Vergleicht man nun diese Resultate der allerneue | sten eigentlich ältesten Philosophie mit jenen Bruchstüken der allerjüngsten (z. B. des frühsten Magischen Sistems) so bietet sich eine überraschende Harmonie zwischen diesen dem ersten Anscheine nach entferntesten Denkweisen, dar. Folgendes zur Probe.

Wenn z. B. H. Schelling sagt: »das endliche Ich soll streben in der (äussern, würklichen) Natur das *hervorzubringen*, was in der Unendlichen ist, und der höchste *Beruf* des Menschen sey, Einheit der Zweke in der Welt zum Mechanism, und Mechanism zur Einheit der Zweke zu machen« –° so erinnert man sich hiebei an die Sagen der alten Magier, welche den Beruf des Menschen gleichfalls darin sezen, daß er durch die ihm (als Gesez) vorgeschriebne *Verknüpfungs-Weise* des (nur durch ihn)

75 A S. Kant Vers. den Begriff der negativen Grössen u. s. f. S. 50 u. S. 56. |°

2 zu Seite 59, Zeile 13–16.] *siehe S. 100 zu 86, 2* 4 *Zeit,*] DD: *Zeit* 5 beizufügen.] ZD *und* DD *setzen den folgenden Text ohne Zeilenabstand ab* 7 S.] DD: s. 11 Lezters] DD: Letzteres 12 *negativen*] ZD DD: negativen 13 leztre] DD: letztre 16 Wegräumung] ZD: Wegräumnng 17 lezterm] *so* ZD · DD: letzterm · ED: leztern 20 Sistems)] DD: Systems), 22 Denkweisen,] DD: Denkweisen 22 Probe.] ZD *und* DD *setzen den folgenden Text ohne Zeilenabstand ab* 29 *Verknüpfungs-Weise*] DD: vorgeschriebene *Verknüpfungsweise* 30 50 u.] ZD: 50. u, · DD: 50 und

Möglichen mit dem (ohne ihn) *Würklichen* das *Nothwendige* bildend zu
Stande bringe, gleichsam sich *erbaue* zum Ewigen | Tempel der *Einheit.*° 76
–[A] Nach derselben Sage ist der *Mensch* als *Krieger Got|tes*° (der Einheit) 77
von Ihm (dem Absoluten, unbegreiflichen, weil alles selber begreifenden und durchdringenden Ich, Unum *Individuum*) *hervorgegangen*, und zwar auf Veranlassung und entgegen einem Nicht-Ich, an dem das *esoterische* Ich sich zur *Äußrung* (Produzirung eines *exoterischen* Ichs, d.i. zur Menschwerdung) bestimmte. – Ist der Mensch dies würklich, so muß in seinem Daseyn (Bewustseyn) als Anstrebendem Lebendigen schon der Terminus a quo und ad quem, analytisch, d.h. als im Keime (a priori als Grundtrieb) enthalten seyn, und die Unbegreiflichkeit des Ich von dem Er ausgieng, so wie die Unerklärbarkeit des Nicht-Ich, was ihm entgegen
kömmt, wäre zugleich mit der Nicht-Wegdenkbarkeit[B] beider | Bürge für 78

A Was ist heilig? das ists, was viele Seelen zusammen
Bindet, bänd' es auch nur leicht wie die Binse den Kranz.
Was ist das Heiligste? das was heut und ewig die Geister
Tiefer und tiefer gefühlt, immer nur einiger macht.
Göthe.°

Im Gesez der Zeit, welchem gemäß nur das Vergangne (Geschehene) nothwendig (gesezt), dies Vergangne aber selber wieder nur aus Würklichem und Möglichem (Willkühr) wie ein Knote geschlungen ist, oder wie ein Gebilde aus dem Zeitstrom sich an seine dauernden Ufer an und abgesezt hat – in diesem Gesez, sage ich, ist dem Menschen der Schlüssel zum Grossen Räthsel dargeboten. Da das Treffen des *würklichen* mit seiner *Willkühr* jedesmal einen *Punkt* giebt, so sezt er sich die Endpunkte also den Um- und Grundriß einer Figur (Organisazion) selber, die er weder ganz zu
übersehen braucht, noch dies kann, bis sein *Werk* oder seine *Zeit* vollbracht ist. | 77

B Wie etwa ein vom Bogen abgedrükter Pfeil, falls er Besinnung hätte, die zween Punkte seiner Richtung sich nicht wegdenken, oder der Lichtstrahl sich weder ohne der *Sonne*, noch ohne der *Wolke* (die er zu erleuchten bestimmt ist) denken könnte. –
Nimmt | man die sogenannte Schöpfung *aus* Nichts in dem gemeinen Sinn, so empört 78
sich die Vernunft dagegen; man wollte aber ursprünglich hiemit nichts anders als das Wesen der Spontaneität par excellcence andeuten, die als Kraftschöpfende Ursache *aus Nichts anderm als aus sich selber schöpfe* –° der Vernunft ist Präexistenz, Zukunft und (esoterische, nur *vernemmbare*) Gegenwart Eins, indem nämlich die Zeitliche Gegenwart den Karakter der Vernünftigen nicht hat, so nehmen wir sie als (dinamisch) enthalten in einer solchen, unvergänglichen etc. die wir sowohl der Vergangenheit *vor*, als der Zukunft *nach*, d.h. der dermaligen Zeitlichen Gegenwart (Praesentia phaenomenon) *unterlegen*. Der *Glaube* an diese esoterische All-Gegenwart (auf

11–12 des Ich von dem Er ausgieng,] DD: des Ich, von dem er ausging, **20** Möglichem] *so* ZD *und* DD · ED: Möglichen **21** ist,] ZD: ist. **22** Gesez,] ZD: Gesez **24** Endpunkte] DD: Endpunkte, **25** den] *In* ZD *und* DD *fällt aus* **28–29** ohne der *Sonne*, noch ohne der *Wolke*] ZD DD: ohne die *Sonne*, noch ohne die *Wolke* **33** *Nichts*] DD: *nichts* **33** Vernunft] ZD: Vernnnft **34** *vernemmbare*] ZD: *vernembare* · DD: *vernehmbare*

die Wahrheit Jener Analyse, (wie H. Fichte bei der Dedukzion des Ich und Nicht-Ich erinnert). –° Mit demselben Resultat schliest bekanntlich H.
79 Kant die Kritik der Urtheilskraft, | und giebt uns damit das Erhabne, beinahe möchte man sagen kühne Dokument der Ursprünglichen Würde der Menschen-Natur (als seines Geburts-Adels) wieder, was seit Jahrtau-
80 senden unter | Schutt begraben, und mit Aberglauben überbaut, da lag. – Dieses Dokument ist in folgender Formel der praktischen Vernunft enthalten: der Mensch sey durch That (durch Recht*schaffen*, was die Natur (das Du) ausser ihm nicht vermag) das *Komplement* zum Beweiß oder Erweiß Eines Gottes, welchen die Natur ohne ihn (den Menschen) nicht giebt und nicht geben kann. –°

Aber was *ist* denn nun dieses Räthselhafte, Vielgestaltige Ding oder Unding, dieses Nicht-Ich, das (wie H. Fichte sich so schön und wahr ausdrükt) nur da ist, in wiefern man es nicht hat (nicht thätig erfast) und entflieht, sobald man es erfassen (Standhalten machen) *will*, wodurch es sich als ein nirgend und überall vorhandner aber doch nur in und durch unsre Unwürksamkeit würksamer Widerstand, in Praxi (und was ist alle Spe-
81 kulazion anders als einge | bildete Praxis?)[A] erweiset.° *Insofern* es würklich und doch nicht möglich ist (nicht seyn soll) ist es auch nur so lange *Etwas* als der Mensch *Nichts* ist, d.h. *Nichts thut*, und es täuscht, kränkt

welche sich Zeitliche und Räumliche als ihr gemeinschaftlich Zentrum beziehen) ist ein Vernunftglaube, und beruht wie aller *Sinn-Glaube* auf eignem *Gefühl* und kann
79 nicht demonstrirt werden auf dem Wege müssiger Spe | kulazion. Schon der Versuch eines Beweises ist hier eine Absurdität, die ad absurdum führt, wie dies der Fall mit jedem Versuch einer *Konstrukzion eines Princips* (also Vernunftfaktum's) ist. –

Wodurch giebt sich der Genius kund? wodurch sich der Schöpfer
Kund giebt in der Natur, in dem unendlichen All.
Klar ist der Äther und doch von unergründlicher Tiefe,
Offen dem Aug', dem Verstand bleibt er doch ewig geheim.

G. u. S.°

Nun ist das *Verstandesvacuum* mit der *Vernunftfülle* darin übereinkommend, daß sich in beiden nichts *greifen* läst; sonst aber verhalten sie sich zu einander wie *Nichts* zu *Allem*, und wenn wir in erstem nicht *fliegen* können, so können wir noch weniger von
80 und in ihm – *leben* und *athmen.* |

A Der Unterschied besteht blos darinn, daß das Ich in der Speculazion das *Duodram* mit dem Nicht-Ich als ein Monodram mit sich selber spielt, wogegen jenes in der Praxis in natura aufgeführt wird.

6 lag.] *siehe S. 100 zu 88, 6* 11 kann.] ZD *und* DD *setzen den folgenden Text ohne Zeilenabstand ab* 12 *ist*] DD: ist 12 Räthselhafte] ZD: Räthelhafte 19 soll)] DD: soll), 21 gemeinschaftlich] DD: gemeinschaftliches 22 *Sinn-Glaube*] DD: *Sinnglaube* 22 *Gefühl*] DD: *Gefühl,* 34 *athmen.*] *siehe S. 100 zu 88, 34* 35 blos darinn] ZD DD: bloß darin

und tyrannisirt ihn nur so lange, als Er seiner Herrscherwürde uneingedenk, diesem Gespenst das Rohe Element in und ausser sich frei überläst, und es nicht vielmehr daraus durch Bildung oder Kultur *verbannt.* –[A] |

Niemand hat übrigens den Mechanism oder jene instinktartige Operazion 82 des menschlichen Geistes in seinem Kampf um Besinnung (Bewustseynserhaltung) inner dem Zeitstrom des Vergehenden, klarer und genauer bezeichnet, als H. Fichte. –° Da die Gegenwart *in* der Zeit (dem Zeitstoff) selber nie und nirgend *ist*, sondern nur *war* und *wird*, da aber doch die Spontaneität an irgend einer Gegenwart (Ein|heit des Seyns) 83 ihr eigen Seyn reagirend inne werden oder wahrnehmen soll und muß, so erfast sie als Bildungskraft (Einbildungskraft des Gemüths) die beiden Extreme (die man bei H. Fichte als die Entgegengesezten und in keinem gemeinschaftlichen Träger bereits ruhenden der Anschauung kennen lernen kann)° haftet sie auseinanderhaltend (dehnend) und so als Mittler vereinend an irgend eine – esoterische Gegenwart, oder giebt | ihnen wenigst die Richtung nach solchen Punkten hin, und verschaft 84 auf diese Weise sich selber als Ich den Besiz einer wenigst *eingebilde-*

A Ich unterscheide hier das *rohe* Element von dem *Verdorbenen* (kranken getödteten) sowohl als dem *Belebten* (gesunden etc.) was sohin eine dreifache Gestalt oder drei Unterarten des Nicht-Ichs zu geben scheint, die sich aber bei näherer Beleuchtung wieder in eine *zwiefache* löset, indem die Kultur (Organisirung) des Rohen Elements (Stoffs) die in ihm schon a | priori vorhandne Korrupzion nur zum Vorschein bringt. 82 – Hier erhalten wir zugleich einen Aufschluß darüber, warum die Alten das Problem der Erklärung der *Zeit* (nicht so fest als blossen *Wechsels* in dem alles Leben lebt und sich verjüngt, sondern als wahren oder anscheinenden Untergangs, d. i. *Todes* der *Individuellen Prinzipien* (Personen) selber) mit dem des *Bösen* in eine Reihe stellten und beiden denselben *Ungrund* (gleichsam als *Gift*) anwiesen. Soll Erklärung die Aufstellung oder Aufweisung des Vernunftursprungs als Grundes seyn, so würde eine Dedukzion des ***Todes*** (Vergehens) unmittelbar *aus* dem ***Leben*** (als Unvergänglichen) eben so widersprechend | seyn, als die der ***Lüge*** (nicht der Unwissenheit, des Gesezwidri- 83 gen, nicht Gesezlosen) aus ***Wahrheit.*** Erklären heist aber auch nachmachen, selber hervorbringen, und in diesem Sinne läst sich die Zeit wie das Böse z. B. in Jedem *Mord* etc. konstruiren. – Freylich ist die Natur auch hieniden im Ganzen *schön*, aber leider trift man auch auf sehr *häßliche* und *abscheuliche* Natur oder Unnatur – *in* und *ausser* sich, die sich nun einmal nicht wegerklären, nicht weglachen, und auch nicht wegpredigen läst, die man aber als einen unsichtbaren, tief sich verhüllenden und also um so gefährlichern Feind, in Kopf und Herz nie aus dem Auge verlieren darf. |° 84

7 *in*] DD: in 16 verschaft] DD: verschafft 19 etc.)] DD: etc.), 20 Nicht-Ichs] *so* ZD *und* DD · ED: Nich t Ichs 21 Kultur] ED: Kultnr 24 *Wechsels*] DD: *Wechsels*, 29 ***Todes***] ZD DD: *Todes* 29 ***Leben***] ZD DD: *Leben* 30 ***Lüge***] ZD DD: *Lüge* 31 ***Wahrheit***] ZD DD: *Wahrhcit* 33 hieniden] ZD DD: hienieden 37 darf.] *siehe S. 101 zu 89, 37*

ten Gegenwart. Die Idealität alles Bewustseyns in der *Spekulazion* weiset sich hier auf eine überraschende Weise, indem ja der Mensch offenbar nur unter Gespenstern vergangener (verstorbner) und zukünftiger (ungeborner) Gegenwart, und nicht mit dieser selber lebt. – Genügt es nun ihm nicht an diesem Seyn oder Bewustseyn in der Einbildung und wie im Traume, und erwacht (wie z. B. bei Gelegenheit zu Moralischem Entschlusse) das Bedürfniß eines wahren Seyns in ihm, so hat die Natur reichlich zur Befriedigung dieses edelsten Bedürfnisses gesorgt. – Da die Menschengattung als inner sich beschlossne Einheit (Totalität) nichts ausser sich innig berühren (sich aneignen) mag (denn alle Aneignung geht nur auf *Ergänzung*) so berühre sie sich um so inniger inner sich (in
85 Gliedern und Geschlechtern) selber, und *realisire* so | den *Gott* (*entzünde* ihn) der nur im Entwurfe (in potentia) unter alle Individuen als disjecti membra *Poetae* vertheilt ist. –° In dem Verhältnisse als der Mensch mit *wahrhaften* Menschen (Personen) sich *wahrhaft verbündet*[A], wird er auch in sich und andern Jenes *Wahre Seyn* gedeihen sehen, von welchem der müssige Spekulant aller Art, nur im Traume spricht. – So wird sich es ihm auch weisen, daß es nur auf den Standpunkt ankam (auf die relative Ruhe oder dinamische Gemeinschaft) den er wählte. Denn ist er mit dem Stets Beweglichen[B] in (dinamischer) Verbindung, so kann ihm auch
86 Nichts Unbeweglich, | Nichts Wahr vorkommen (instabilis tellus, innabilis unda)° – befindet er sich aber mit dem Unbeweglichen in relativer (also absoluter) Ruhe, so löset sich ihm das Räthsel; seinem Blicke wie seinem Herz scheidet sich das Chaos, und das Stehende erscheint ihm nun als Stehendes und das Fliessende als Fliessendes –

Wie durch des Nordlichts bewegliche Strahlen
Ewige Sterne schimmern.°

A Die Wahrhafte Verbindung ist die der Natur der Dinge angemessne – hier also Achtung und Gebrauch des Menschens als selbstständigen Naturzweks und Nicht-Mißbrauch als Mittels – Die Verbindung freier Wesen kann auch nur frei, d. i. *Verbündung* seyn.

B Das Alterum der Pythagoräer was (im Gegensaz des Unum was *ist* und *nie wird, nie war*)
86 *stets war* und *wird* und *nie ist.* |°

1 Gegenwart] DD *fügt in* Zusätze und Verbesserungen *hinzu*: Gegenwart d. i. Mitte.
1 Gegenwart] *siehe S. 100 zu 90, 1* 1 *Spekulazion*] ZD: *Spekulazion* in der Zeit · DD: *Speculation* in der Zeit 4 lebt. –] DD: lebt. 5 ihm] ZD *und* DD *lassen aus* 11 *Ergänzung*)] DD: *Ergänzung*), 12 *Gott*] *siehe S. 101 zu 90, 12* 13 ihn)] DD: entzünde ihn), 14 Verhältnisse] DD: Verhältnisse, 17 Art,] DD: Art 18 ihm] DD: *ihm* 19 Gemeinschaft)] DD: Gemeinschaft), 29 und] DD: nnd 30 Mittels] DD: Mittels. 32 Pythagoräer] DD: Pythagoräer,

Und so kommen wir denn wieder zu dem oben aufgestellten Gesez der Selbsterhaltung alles Lebens zurük, welches in der Erfassung, Berührung Aneignung etc. des Selber lebendigen (unmittelbar oder durchs Belebbare) und in der Wegräumung jenes *Widerstands* besteht, der sich dieser Einigung wider oder zwischen einsezt. – Das Lebendige kann also als mit diesem Widerstande im Kampfe begriffen vorgestellt werden, der ihm als Zwek seines Daseyns aufgegeben ist. – Wie aber, wenn der Mensch als das lebendige par excellence, und gegen den also jener Widerstand | am 87
mächtigsten *gravitirt*, die zu diesem Kampf erfoderliche Kraftanstrengung erst scheut und sodann hast, oder die nöthige Kultur zum Steten Widererwerb dieser Kraft vernachlässigt, und sich nicht mit selbsterrungenem, sondern blos passivem (geborgtem) Leben behelfen zu können wähnt? – Der Natürliche Erfolg hievon ist leicht abzusehen. Da der Mensch doch nicht bleiben kann, sondern mit allem fort muß, so kömmt ihm auch überall Jeder Neue Widerstand als Zukunft entgegen, so wie ihn jeder alte noch ungetilgte doch auch als Vergangenheit nicht verläst. – Leztere hat es sohin zu *tragen* und jene (die Zukunft) *wegzuräumen*, und Lezters muß ihm also um so saurer werden, je mehr er von der erstern (als *Zeitschuld*) zu tragen hat. Die Zeit (Lebenszeit) wird also für einen Menschen, welcher im *moralischen Müssiggange* sie hinbringt (er mag sonst so geschäftig als möglich seyn) wie eine Last anwachsen, welche seine eigne Kraft zwischen Vergangnem | und Zukünftigem immer 88
enger *komprimirt*, und sie in dem Verhältnisse *erschöpft*, als er sie (sein Talent) nicht braucht um den Widerstand (Widersacher) zu *erschöpfen*. Ein Mensch der das Gegentheil von diesem thut, wird auch das Gegentheil in sich erfahren; die Zukunft wird ihm immer lichter, freier, die Vergangenheit immer leichter fördernder werden, und wenn wir den leztern Menschen A, den ersten B nennen, so wird, da sie beide von o = + mit – vereint bei ihrer Geburt ausgiengen, in A des (–) immer weniger, folglich des (+) immer mehr werden, dagegen in B das (–) überhand nehmen, und das (+) (eignes, freies, autonomes Leben) immer minder werden. – A wird sich im *Steigen* nach *Oben*, B im *Fallen* (Sinken) nach *Unten* befinden, d.h. die Richtung des Lebens muß Jenem in seinem eignen moralischen Urtheile als zum *Leben*, diesem als zum *Tode* führend, erscheinen. | 89

2 Berührung⌉ ZD DD: Berührung, 5 Das Lebendige⌉ DD: Das in der Zeit Lebendige 10 hast⌉ ZD DD: haßt 13 hievon⌉ ZD: hiervon 22 Zukünftigem⌉ *so* DD · ED ZD: Zukünftigen 24 braucht⌉ DD: braucht, 25 Mensch⌉ DD: Mensch, 34 führend,⌉ DD: führend 34 erscheinen.⌉ ZD: erscheinen,

Drukfehler und Zusätze.

Seite 5. Zeile 16. statt Saame, l. Saamenhülle.
– 9. – 2. statt gleichsam, l. gleichsam grösserer.
– 17. – 13. l. Spontaneität.
– 49. – 1. von unten, l. *reflektirt.*

Zusaz zu S. 45. Anm. So wie die Elementar-Geometrie von *Punkten* (und Linien) von *Flächen* und von Geom. *Körpern* handelt, so muß die Elementarphisik von Punkten oder *strahlenden* Kräften (welche auch die durchdringenden sind) von *Flächenkräften* und von den eigentlich *mechanischen* handeln, als dreien Arten Kraftäussrungen, welche zugleich die drei Stuffen der Verkörperung und Entkörperung derselben sind, und welche man neulich aber freilich nur dunkel im Sinne hatte, als man von drei *Formen* der Materie sprach.°

Seite 53. Z. 8. vor Menschengestalt, setze: schöne.

Zusaz zu S. 78. Anm. An Realität überhaupt, (wie H. Fichte sagt) findet lediglich ein Glaube statt. –° Einer Person (oder überhaupt einer Kraft-Einheit, Prinzip etc.) *glauben*, heist und ist, ihren physischen Einfluß, ihre *Einwürkung* in unser eigen Wesen (Ich) vernehmen, sie mag nun für leztres Kraftbefördernd oder Kraftvergeudend seyn. Insofern
90 dieser Einfluß wenigst zum Theil | willkührlich ist, versteht man unter Glaube auch wohl den Subjektiven Aktus des Einflußgestattens, welcher in jener einfachen *Aufschliessung* des Willens (mit dem Herzen vernehmen) besteht, gleichsam dem Saze gemäß: Corpora non agunt chemice nisi soluta° (hier durch Liebe). – *Principien* aller Art künden sich im Gemüthe bei ihrem ersten Eintritt (gleichsam Empfängniß) durch ein *Kraftgefühl* sui generis an, was auch hernach bei ihrer fortdauernden Gegenwart als das wahre *Vernunft-Reale* (Stoff) der Vernunftform als Grund und *Quelle* dient, (so wie dem vernemmenden Subjekt als *Leiter*° bei aller Konstrukzion mit und aus jenen Prinzipien,) und ohne welchem als dem eigentlichen Geist, die Form und Regel ein *leerer* (nicht etwa *reiner*) Gedanke

1–93,8 Drukfehler und Zusätze … mussen.] ZD *und* DD *lassen aus* **5** 49.] ED *verweist auf Seite 49 statt richtig auf Seite 29.* **6** Zusaz zu S. 45. Anm.] *Gemeint ist hier oben S. 75, 1–3.* **6–13** So wie … sprach.] ZD *und* DD *fügen diesen Text mit leichten Abweichungen als Fußnote zu S. 73, 7 ein.* **15** Zusaz zu S. 78. Anm.] *Gemeint ist hier oben S. 87, 13–2* **15–24** An Realität … durch Liebe).] ZD *und* DD *fügen den Text mit leichten Abweichungen als Ergänzung der Fußnote A S. 100 zu 88, 34 ein.* **24–93,8** *Principien*] *siehe S. 101 zu 92, 24–93, 8* **25** Empfängniß] ED: Empfänguiß **26** hernach] ED: bernach ist. Wollte man also Gefühlen überhaupt als nur zweideutigen Zeugen der Wahrheit Thor und Riegel verschliessen, so hiesse das (wie H. Kant sich bei einer andern Gelegenheit ausdrükt) das Athmen aufgeben wollen, weil man ja mit unter unreiner Luft athmet:° und einer Philosophie, die sich damit vornehm dünkte, daß sie mit Verabschiedung alles Vernunftstoffs, sich mit blossen Formen behelfen könnte, würde bei solcher Armuth und Blösse an allen Lebensmitteln dieser ihr Stolz als Bettelstolz gedeutet werden müssen.

3 ausdrükt] ED: ansdrükt

Variantenverzeichnis

58, 1 Ein Körper] *In* ZD *und* DD *fallen Widmung und Vorwort aus. Der folgende Text schließt an das vorhergehende Motto an, dem die Überschrift vorangeht*: ZD: II. / Beyträge zur Elementar-Phisiologie. *Fußnote:* Diese Beyträge erschienen zuerst in Hamburg I797. · DD: II. / Beiträge zur Elementar-Physiologie. *Fußnote:* Diese Beiträge erschienen zuerst in Hamburg 1797.

60, 2 ist:] DD: ist*Fußnote*:: Hier ist, wie sich von selber versteht, nicht von der immanenten Schwere und Leichte die Rede, als Ohnmacht oder Kraft sich selber zu tragen, von welcher Schwere und Leichte man sagen muß, daß nur das sich selber Tragende anders trägt.

62, 22 verschafte] ZD: verschafte*Fußnote*.: So z. B. definirt zwar die Bewegung selbst Kant als eine *stettige Zustandsändrung*, und findet dann doch, daß ein Körper, der einmal in Ruhe ist, um in Ruhe zu bleiben eben so wenig neue (eigne) Kraft hiezu bedarf, als ein einmal in Bewegung begriffner, indem ja jene (Kraft) nur zur Ändrung des Zustands, und nicht zum Beharren in derselben Bewegung, erforderlich sey. – Das Wahre an der Sache ist indeß hier dieses: Jedes Bewegende ist insofern *inner* und *über* dem bewegten, wie die Seele (das beseelende) inner und über seinem Organ; Jenes (z. B. die Schwerkraft) trägt, dieses wird getragen – Wie aber überall, so ist auch hier Spontaneität und Rezeptivität nicht trennbar, und der Geist, das Würkende ohne seinem Leib ist auch hier so gut Gespenst, und der bloße Leib (die Materie, als reine Passivität oder Inerzie) so gut ein methaphysischer Leichnam, als dieses überall der Fall ist. In sofern übrigens Bewegen ein Würken ist, und das würkende, begeistende in dem Würken nichts anstrebt, als das worin und wodurch es würkt, sich gleich zu machen, sich in ihm zu spiegeln, mit ihm zu *signiren*, so vermag es auch nur zu ruhen in und dadurch daß es bewegt – Bewegung der Peripherie ist mit Ruhe des Zentrums, Hemmung der Bewegung in der Peripherie mit Unruhe des Zentrums Eins.
DD: verscaffte. *Fußnote:* So z. B. definirt zwar die Bewegung selbst Kant als eine *stätige Zustandsändrung*, und findet dann doch, daß ein Körper, der einmal in Ruhe ist, um in Ruhe zu bleiben, eben so wenig neue (eigne) Kraft hiezu bedarf, als ein einmal in Bewegung begriffner, indem ja jene (Kraft) nur zur Ändrung des Zustands, und nicht zum Beharren in derselben Bewegung, erforderlich sey. – Das Wahre an der Sache ist indeß hier dieses: Jedes Bewegende ist in so fern *inner* und *über* dem Bewegten, wie die Seele (das Beseelende) inner und über seinem Organ; jenes (z. B. die Schwerkraft) trägt, dieses wird getragen. – Wie aber überall, so ist auch hier Spontaneität und Receptivität nicht trennbar, und der Geist, das Würkende ohne seinen Leib ist auch hier so gut Gespenst, und der bloße Leib (die Materie, als reine Passivität oder Inertie) so gut ein methaphysischer Leichnam, als dieses überall der Fall ist. In so fern übrigens Bewegen ein Würken ist, wie

Ruhen ein Bewegt- und Gewürktwerden, und das Würkende, Begeistende in dem Würken nichts anstrebt, als das worin und wodurch es würkt, sich gleich zu machen, sich in ihm zu spiegeln, mit ihm zu *signiren*, so vermag es auch nur zu ruhen in und dadurch, daß es bewegt – Bewegung der Peripherie ist mit Ruhe des Zentrums, Hemmung der Bewegung in der Peripherie mit Unruhe des Zentrums Eins.

67, 9 kann.] DD: kann.*Fußnote:* Es ist darum eine Verkehrtheit unsrer mathematischen Lehrbücher, daß sie mit der todten begrifflosen Addition und Subtraction beginnen, anstatt mit der lebendigen Potenzirung und Wurzelextraction.

67, 23 Vernembarkeit)] DD: Vernehmbarkeit)*Fußnote,:* Nicht als ob darum diese Vernünftigkeit ihr inwohnte, oder daß sie darum *intelligent* sey, weil sie *intelligibel* ist. Gegen die Kantische Subjectivitätsphilosophie (besonders in dessen *Kritik der Urtheilskraft*) bemerke ich übrigens hier im Vorbeigehen, daß die Intelligibilität eines Nichtintelligenten (Seyenden und Geschehenden, Products und Geschehens) eben das Intelligirtseyn und Werden desselben, in seinem Urstand wie Fortbestand erweiset. So wie die Gefälligkeit (als Annehmlichkeit, Comelineß als freundliches Entgegenkommen) oder Schönheit eines gemüth- und affectlosen Gebildes die Gefälligkeit, Gunst, oder das wohlwollende Gemüth des Bildners erweiset.

66, 40 Blut.] ZD *und* DD *fügen hier mit leichten Abweichungen einen Zusatz des* ED *zu S. 78 hinzu.* ZD: *Principien* aller Art künden sich übrigens im Gemüthe bei ihrem ersten Eintritt (Empfängniß) durch ein *Kraftgefühl* sui generis an, was auch hernach bei ihrer fortdauernder Gegenwart als das wahre *Vernunft-Reale* (Stoff – Geist) der Vernunftform als Quelle dient (so wie dem Vernehmenden als *Leiter* bei aller Konstrukzion mit und aus jenen Prinzipien) und ohne welchen Geist, die Form und Regel ein *leerer* (nicht etwa *reiner*) Gedanke ist. Wollte man also (wie Kant dieses bisweilen zu verstehen giebt und würklich stillschweigend thut) Gefühlen überhaupt, als ja nur zweideutigen Zeugen der Wahrheit, Thor und Riegel verschliessen, so hiesse dieses (wie Kant bei einer andern Gelegenheit sich ausdrückt) das Athmen darum aufgeben wollen, weil man ja mitunter unreine Luft einathmen könnte; und mit Recht würde einer Philosophie, die sich damit vornehm dünkte, daß sie mit Verabschiedung alles Vernunftstoffs, sich mit blossen Formen behelfen zu können, vorgebe, bei solcher Armuth und Blösse an allen Lebensmitteln dieser ihr Stolz als wahrer Bettelstolz gedeutet werden. –

DD: Blut, in so fern nämlich der Leib dem Wasser zugehört; und dieser Ternar wiese sodann auf die Cohärenz des Leibes (festen) die Confluenz der Seele (des fliessenden) und die Conspiration des Geistes (luftigen). – *Principien* aller Art kündigen sich übrigens im Gemüthe bei ihrem erste Eintritt

7 Verkehrtheit] DD *im Text:* Verkehrheit 21–22 *Zusatz des* ED *zu S. 78*] *Gemeint ist hier oben S. 92, 24–93, 8.* 23 Eintritt] ZD *im Text:* Eintitt

(Empfängniß) durch ein *Kraftgefühl* sui generis an, was auch hernach bei ihrer fortdauernden Gegenwart als das wahre *Vernunft-Reale* (Stoff – Geist) der Vernunftform als Quelle dient (so wie dem Vernehmenden als *Leiter* bei aller Construction mit und aus jenen Principien) und ohne welchen Geist die Form und Regel ein *leerer* (nicht etwa *reiner*) Gedanke ist. Wollte man also (wie Kant dieses bisweilen zu verstehen giebt und würklich stillschweigend thut) Gefühlen überhaupt, als ja nur zweideutigen Zeugen der Wahrheit, Thor und Riegel verschliessen, so hiesse dieses (wie Kant bei einer andern Gelegenheit sich ausdrückt) das Athmen darum aufgeben wollen, weil man ja mitunter unreine Luft einathmen könnte; und mit Recht würde einer Philosophie, die sich damit vornehm dünkte, daß sie mit Verabschiedung alles Vernunftstoffs, sich mit bloßen Formen behelfen zu können vorgebe, bei solcher Armuth und Blöße an allen Lebensmitteln dieser ihr Stolz als wahrer Bettelstolz gedeutet werden. –

69,11 entsprechende … *Ineinander.*] *Stattdessen schreibt* DD*:* entsprechende Vielheit *Ineinander*; und das selblose Wesen unterscheidet sich somit vom selbstischen nicht, wie man bisher meistens meint und sagt, damit daß jenes nur ein Äusserliches ohne eine Innerlichkeit ist, sondern damit daß im selblosen die Äusserlichkeit und Innerlichkeit sich in ihm selber nicht in eine Mitte centriren, oder daß diese Mitte diesem Wesen nicht inwohnt. Wenn darum das selbstische Wesen durch den dritten Terminus sich selber als Figur schließt und beschließt, so bekommt das selblose Wesen diesen dritten Terminus nie in seine Gewalt, und wird folglich immer nur zur Figur geschlossen.

70,35 Naturerscheinungen.] ZD *fügt hinzu:* Naturerscheinungen. Die leiseste Berührung ist oft hinreichend diese Explosion zu bewürken, und wer weiß, wie viele Produkte der Chemiker erzeugt, die im Moment der Geburt wieder zergehen?
DD *fügt hinzu:* Naturerscheinungen. Die leiseste Berührung ist oft hinreichend, diese Explosion zu bewürken, und wer weiß, wie viele Producte der Chemiker erzeugt, die im Moment der Geburt wieder zergehen? Ja, sagt der Blitz was anders aus, als eine solche im Moment ihrer Erzeugung wieder vergehende Gestaltung?

72,16–18 Geeinte … müste.] ZD: Geeinte theilbar, das Theilbare geeint, das Veste und Unbewegliche flüssig und weichend, oder das Flüssige vest etc. etc. erscheinen müste.
DD: Geeinte theilbar, das Theilbare geeint, das Feste und Unbewegliche flüssig und weichend, oder das Flüssige fest etc. etc. erscheinen müßte.

72,36 giebt.] ZD *und* DD *fügen hinzu:* giebt. Anders verhält es sich nun freylich mit dem Nichtzeitlichen. Was nämlich ausser (inner) der Zeit anfängt, fängt eo ipso ewig an, und hört auch ewig auf, d.i. es hört nie auf anzufangen,

39 freylich] DD: freilich

und hört nie auf, zu enden oder aufzuhören. – Nur in dem Ewigen (über-Zeitlichen) coincidiren darum Anfang und Ende, Vater und Sohn, Alter und Jugend immer, und nur in der Trennung dieser Coincidenz, des Anfangs und Endes, in dieser Suspension ist Zeit und Zeitliches, und das zwischen Anfang und Ende hervorgehende Mittel möglich; fallen nun aber Anfang und Ende wieder zusammen, vergeht die Zeit, so bleibt nun doch dieses ausgeborne Mittel übrig, dessen Geburt eben der Sinn jener Zeit war. –

73, 7 hat⌉ ZD *und* DD *fügen hier mit leichten Abweichungen den Zusatz des* ED *zu S. 45 (vgl. oben S. 92, 6–13) als Fußnote hinzu:* hat*Fußnote.:* So wie die Elementargeometrie von strahlenden *Punkten* (Linien) von *Flächen* und von geometrischen *Körpern* handelt, so muß die Elementarphisik von Punkten oder *strahlenden* Kräften (welche auch par excellence die durchdringenden sind) von *Flächenkräften*, und von den eigentlich *mechanischen*, als dreien Arten Kraftäusserungen, dreien Arten Gemeinschaft oder Wechselwürkung handeln, welche zugleich die drei Stuffen der Verkörperung und Entkörperung (im Aufsteigen sowohl als Absteigen in eine niedrigere Region, weil der vollendete Eintritt in jede Region als Creaturisirung eine vollendete Verkörperung ist) derselben sind, und welche man freilich nur sehr dunkel im Sinn hatte, als man von *drei Formen* der Materie sprach.

73, 13 distans)⌉ DD: distans*Fußnote):* Kant hat zwar den Begriff der actio in distans für die Attraction wieder vindicirt, aber er irrte darin, daß er nicht in demselben Sinne eine repulsio in distans anerkannte, indem doch nur *die* Attraction, welche bloß in der Berührung würkt (oder in der Contiguität), jener Repulsion entspricht, welche gleichfalls nur in jener würkt.

73, 32–33 *Neuer* Individuen. –⌉ ZD *fügt hinzu: Neuer* Individuen oder Erneuerung *derselben.* – Denn es ist doch nur die grobe mechanische Auffassung dieser Idee statt ihrer dinamisch-organischen, was zu jenem krassen Pantheism (und Spinozism) Anlaß gab, nach welchem der Schöpfer als Zentrum in der Explosion seiner Creaturen (Peripherie) ganz eigentlich auf d.i. *daraufgeht*, wie beiläufig mehrere Insektenmütter, nachdem sie ihre Brut von sich gaben, als leere Bälge zurükbleiben, und wo also freylich das Eine und das Einzelne (Gott und die Creatur) sich im Nothkampfe um ihre Existenz feindlich gegenüber stehen, folglich die werkthätige Verläugnung dieser Einheit dem Einzelnen erste Selbsterhaltungspflicht (oberster Grundsaz seiner *reinen* d.h. gott-losen *Moral*) seyn müste.
DD *fügt hinzu: neuer* Individuen oder Erneuerung *derselben.* – Denn es ist doch nur die grobe mechanische Auffassung dieser Idee statt ihrer dynamisch-organischen, was zu jenem krassen Pantheism und Spinozism Anlaß gab, nach welchem der Schöpfer als Zentrum in der Explosion seiner Kreaturen (Peripherie) ganz eigentlich auf d.i. *daraufgeht*, wie beiläufig mehrere Insektenmütter, nachdem sie ihre Brut von sich gaben, als leere Bälge

1 auf,⌉ DD: auf 13 sind)⌉ DD: sind), 13 *mechanischen*,⌉ DD *fügt hinzu: mechanischen*, welche sich zu den beeden übrigen verhielten, wie das *Gewicht* zum *Maaß* und zur *Zahl*,

zurück bleiben, und wo also freilich das Eine und das Einzelne (Gott und die Kreatur) sich im Nothkampfe um ihre Existenz feindlich gegenüber stehen, folglich die werkthätige Verleugnung dieser Einheit dem Einzelnen erste Selbsterhaltungspflicht (oberster Grundsatz seiner *reinen* d.h. gottlosen *Moral* seyn müßte.

74, 38 wäre.] DD *fügt hinzu:* wäre. Noch muß ich in Bezug auf den oben angeführten Satz: Corpora non agunt (chemice) nisi soluta, folgendes bemerken. Was man Impenetrabilität der Materie nennt, ist nur das Unvermögen der Penetranz oder das Unvermögen, die Einung mit der Unterschiedenheit zugleich zu erhalten, folglich das Unvermögen dieser wahrhaften Einung selber. Weswegen St. Martin richtig sagt: la matière se combine, mais elle ne s'unit pas,° was sowohl für Immanenz als Emanenz gilt, denn was in sich nicht geeint ist, kann sich nicht mit anderm einen. Wie nun in der *materialisirten Natur* die Impenetranz die Berührung bedingt, so bedingt in ihr die Undurchsichtigkeit die Sichtbarkeit, wovon aber das Gegentheil bei der immateriellen Natur Statt findet.

75, 37 vermag.] ZD *und* DD *fügen hinzu:* vermag, d.h. mit andern Worten eine Materie, die aber im engern gemeinen Sinne dieses Worts *keine* Materie, sondern ein diese von innen heraus begeistendes, belebendes Prinzip, eine *Weltseele* oder *Weltgeist* ist.

77, 2 zurükzudrüken] ZD *und* DD: zurükzudrüken*Fußnote:* Eigentlich ist also hier von keinem gleichnamigen Du, oder Pol, von einem feindlich widerstreitenden, repellirenden Nicht-ich die Rede, sondern von einem Gegensatz der Liebe, oder der Geschlechter, und das Licht tritt nicht, wie man glaubt, an einem *solchen* Gegenstand, den es färbend beleuchtet in seine Elemente zerfallend auseinander, denn eben in der Färbung geht es auf, sondern es tritt nur den feindlichen schwarzen gegenüber, in sein stilles Geheimniß zurük. – In lezter Hinsicht sagt J. Bapt. a Vico: Metaphysici veri claritas eadem ac lucis, quam non nisi per opaca cognoscimus, nam non lucem sed lucidas (gefärbte) res videmus. Physica sunt opaca, nempe formata et finita (colorata) in quibus metaphysici veri lumen videmus.°

77, 15 *verlieren*] ZD *und* DD: *verlierenFußnote:* Dieses tragende Du ist nun aber über und inner dem Getragenen, und kann von lezterm nie sich gegenüber gestellt oder gebracht werden, so daß sie eigentlich *auf Du und Du* zusammen lebten. Der sachkundige Leser wird nun leicht die in dem Text nicht scharf genug bemerkte Unterscheidung dieses Höhern Nicht-Ichs vom eigentlich mir gegenüber stehenden Du, wie von dem noch unter mir sich befindenden Nicht-Ich ersezen. In der gemeinen Philosophie sind diese dreierlei Nicht-Ich's freylich durchaus wie Kraut und Rüben unter dem gemeinschaftlichen Wort: Objekt zusammen geworfen.

18 im engern gemeinen Sinne] DD: im engern Sinne 25 Gegenstand,] ZD: Gegenstand 26 auseinander,] DD: aus einander 29 ac] ZD: ac 36 Höhern] DD: höhern

80, 14 *Thätigkeit*] ZD *und* DD: *ThätigkeitFußnote:* Ob schon hier das Wesen der Alimentazion nur für das Zeitliche Leben konstruiert wird, so läst sich doch diese Konstruktion mutatis mutandi bis zu jener der allgemeinen Alimentazion, als dem eigentlichen Lebensverkehr zwischen dem Einen und jedem Einzelnen selbst, dem Schöpfer und seine Creaturen steigern, wovon ausführlich anders wo.

82, 12 est.] DD *fügt in* Zusätze und Verbesserungen *hinzu:* est womit man indeß nur sagen will, daß der Begriff des Ganzen jenem jedes einzelnen Theiles zum Grunde liegt.

81, 36 ist.] DD *fügt in* Zusätze und Verbesserungen *hinzu:* ist[,] bekanntlich wird aber in der Philosophie die Theilbarkeit mit der bereits geschehenen Theilung vermengt, wogegen schon Thomas Anglus mit Recht protestirte, indem das Theilbare eben das noch ungetheilte (stätige) ist.

82, 37 hervortritt.] DD *fügt in* Zusätze und Verbesserungen *hinzu:* hervortritt. Übrigens hat bereits Digby den Physikern gezeigt, daß sie keine ursache haben dem Gallilài zu glauben, wenn er sagt, daß alle Materie gleich schwer ist, oder falls äußre Einwirkungen wegfielen, gleich schnell zur Erde fiele.

83, 37 D.h. ... *Vernunftmöglichkeit.*] *Stattdessen fügen* ZD *und* DD *folgenden Text ein:* So z.B. ist selbst das der gemeinen Meinung nach einfachste Phänomen der Compression (Raummindrung) eines Elastischen durch Druk, schlechterdings nicht (mechanisch) konstruirbar, obschon man in allen Systemen und Kompendien der Phisik über diese und ähnliche Subtilitäten – hinüberstolpert – denn indem eine elastische Raumerfüllung A zu einer kleinern (oder andern) a wird, so kann man sich (wie schon Thomasius bemerkte)° die erstere A nicht inner die kleinere a hineingeschoben vorstellen, oder denken, und die Würklichkeit einer Kompression der Materie dem Phänomen hier ins Angesicht abzuläugnen (etwa durch bloßes Nähertreten der einander ewig nie berührenden Molecules) verbietet ja das Bestreben der Expansion, welches durchaus innre Stättigkeit aussagt. – Kurz: a ist kein blosses *Educt* von A, und so auch A nicht wieder von a, sondern ein wahres neues *Produkt*, und die Äusserung A ist eine ganz andre als die von a. – Würklich ist auch nicht bloß eine Verändrung des Umfangs, der Gestalt, sondern eine qualitätisch, dinamisch-chemische hier vorgegangen, und man weiß, daß Stoffumwandlungen an solche dem Anscheine nach bloß äussere mechanische Berührungen, Compressionen etc. bedungen sind. Um nur Ein Beispiel aus vielen zu nennen, so ist an eine solche momentane *Latenz* der Materie (als gleichsam ihr *Verzehrtwerden*) das *Aufflammen* des Schalls und Tons, dieses ätherischen, über und inner der Materie sich erhebenden und diese (selbst den starrsten Stoff in den *Schallfiguren*) von innen aus sich

1 Ob schon] DD: Obschon 2 Alimentazion] DD: Alimentation und Excretion 29 Expansion] DD: Expansion 31 *Produkt*] DD: *Product* 33 qualitätisch, dinamisch-chemische] DD: qualitätisch-dinamisch-chemische 34 weiß, daß] ZD: weiß das

zubildenden Wesens, gebunden. – Welche Klangfiguren unter andern recht geeignet sind, den stoktauben und stokblinden Atomistiker seine Armseeligkeit fülen zu machen.

86, 2 zu Seite 59, Zeile 13–16.⌉ ZD: zu Seite 60, Zeile 12–14. · DD: zu Seite 61, Zeile 7, 8. *Gemeint ist hier oben S. 80, 12–14: »die Wegräumung einer Last oder Hinderniß zeigt sich hier als Beförderung eigner innrer Thätigkeit.«*

88, 6 lag.⌉ ZD *und* DD: lag.*Fußnote:* Es thut nichts zur Sache, daß Kant eben nicht auf diesem Standpunkt stand, in den ich ihn hier stelle, genug, daß man von seinem Standpunkt aus zu jenem gelangen kann. Kant stand gerade auf dem Scheidepunkt, wo der schlechtgewordne Occidentalism in der deutschen Philosophie völlig unterzugehen und sohin auch der Orientalism wieder aufzugehn begann, aber er selbst hatte sein Gesicht nur gegen jenen Occidentalism gewendet, und da er, obschon inner dem Mechanischen bleibend doch überall bis zur Gränze desselben, dem dinamischen, kam, so bahnte er auch zu diesem zuerst wieder den Weg.

88, 34 *athmen.*⌉ ZD *und* DD *fügen hier mit leichten Abweichungen den Zusatz des* ED *zu S. 78 (vgl. oben S. 92, 15–24) hinzu:* An Realität überhaupt (wie *Jakobi* und nach Ihm *Fichte* sagt) findet lediglich ein Glaube statt. – Aber einer Person (oder überhaupt einer Kraftquelle, Prinzip etc.) *glauben*, heist und ist, ihren realen, *physischen* Einfluß ihre Einwürkung in unser eigen Wesen (Ich) gestatten, sie mag nun Kraftbefördernd, oder Kraftvergeudend für lezters seyn. Insofern folglich dieser Einfluß willkührlich ist, versteht man unter Glaube eigentlich den subjektiven *Aktus* des Einflußgestattens, welcher in jener einfachen *Aufschließung* des Willens oder Gemüths (im Vernehmen mit dem Herzen) besteht, gleichsam dem Saze gemäß: Corpora non agunt nisi soluta (hier durch Liebe) – da sohin an A glauben von meiner Seite die einzige Bedingniß ist, um diesem A in mir Einfluß zu gestatten, und A in mir aufgehen zu machen, so vermag ich freylich alles was A in und durch mich vermag, *nur durch den Glauben an* A, und eben nur in diesem realen, phisiologischen Sinne nahm von je die Religion und der gemeine Menschenverstand jenes Wort, wogegen nur die Superstition diesem realen Sinn des Worts Glaube, einfältig und heuchelnd den bloß historischen untergeschoben, wodurch denn das gute, wie das böse nicht mehr als lebendig, als puissance, sondern als blosse Histoire vorgestellt ward.

90, 1 Gegenwart⌉ ZD *und* DD: Gegenwart*Fußnote:* Nur ist diese Einbildung hier ja nicht im gemeinen Sinne, als Gegensaz gegen Realität zu verstehen, sondern so daß hiemit dem esoterischen Realen zu seiner Inwohnung, und

13 obschon⌉ DD: obzwar 14 bleibend⌉ DD: bleibend, 14 dinamischen⌉ DD: Dynamischen 18 *Jakobi*⌉ DD: *Jacobi* 18 statt. –⌉ ZD: statt – DD: Statt. – 20 *physischen* Einfluß⌉ DD: *physischen* (d. i. wirksamen oder wirklichen) Einfluß 33 das gute, wie das böse⌉ DD: das Gute wie das Böse 34 Histoire⌉ DD: histoire 36 Sinne,⌉ DD: Sinne 37 so daß hiemit⌉ DD: so, daß hiemit 37–101,1 Inwohnung, und Offenbarung⌉ DD: Inwohnung und Offenbarung

Offenbarung im Gemüth der Weg gebahnt wird. Nur kann aber freylich dieses Reale so lange es dem Gemüthe nicht würklich d.i. *wesentlich* innwohnt, also dinamisch noch ausser ihm ist, auch nicht wesentlich sich lezterm zu erkennen geben, und es findet insolange nur eine *figürliche* Erkenntniß, kein inniges Schauen, oder Wissen von ihm statt.

90, 12 *Gott*⌉ ZD: *GottFußnote:* D.h. als *geoffenbarten* Gott. · DD: *GottFußnote:* D.h. als *geoffenbarten* Gott. Von einer jeglichen Tugend des Gerechten wird (sagt Meister *Eckart*) Gott im Abbilde geboren (recreirt und erfreut).

89, 37 darf.⌉ ZD *und* DD *fügen hinzu:* Ich sage furchtbarern – furchtbar ist aber nur eine Macht, die meiner eignen, als Gewalt droht; dieses kann hier also nur selber Spontaneität (Geist – folglich böser Geist) seyn, und wer das Laster nicht fürchtet, kennt auch die Ehrfurcht, und das Erhabne des Guten nicht. Übrigens ist es nicht das Zeitliche oder die Zeit an sich, was uns drückt und schmerzt, sondern nur unser dermaliges Verhältniß zu ihr, nämlich unsre Befangenheit in ihr, oder wohl gar unser Gefallenseyn unter ihr – der Zeitstrom hat das mit einigen mineralischen Quellen gemein, daß er die in ihn völlig untergetauchten Wesen (Menschengemüther) *versteinert.*

92, 24–93, 8 *Principien ...* gedeutet werden müssen.⌉ ZD *und* DD *fügen den Text mit leichten Abweichungen als Ergänzung der Fußnote A S. 95 zu 66, 40 ein.*

2 Reale⌉ DD: Reale, 3 dinamisch⌉ DD: dynamisch 5 Schauen,⌉ DD: Schauen 5 statt.⌉ DD *fügt hinzu:* Statt, welche blos figürliche oder wie man auch sagt blos theoretische Erkenntniß der wesentlichen (praktischen) sowohl vorgeht, als auch nach ihr bleibt. 10 eignen,⌉ DD: eignen 12 Ehrfurcht,⌉ DD: Ehrfurcht

UEBER DAS PYTHAGORÄISCHE QUADRAT IN DER NATUR ODER DIE VIER WELTGEGENDEN (1798)

EDITORISCHER BERICHT

a. Zur Entstehungsgeschichte des Textes

Im Dezember 1796 kehrt Baader nach achtjähriger Abwesenheit nach München zurück. Alle bürokratischen Auflagen waren nun erfüllt,[1] so dass er ein Jahr darauf zum Münz- und Bergrat wird und sein Leben lang als leitender Beamter der bayerischen Bergbau- und Hüttenverwaltung wirkt.[2] Parallel dazu setzt Baader seine philosophischen Studien fort und im Jahr 1798 publiziert er, ganz im Banne Saint-Martins und Kleukers, die Broschüre *Ueber das pythagoräische Quadrat in der Natur oder die vier Weltgegenden*. Es handelt sich dabei um eine kurze Abhandlung in drei Teilen, die Baader – wie er selbst im Vorwort sagt – unmittelbar nach der Lektüre der kurz vorher erschienenen Schrift Schellings *Von der Weltseele* verfasst hat.[3] Er entwickelt darin einige der bereits während der Abfassung der *Beyträge zur Elementar-Phisiologie* konzipierte

[1] Hierzu vgl. Susini 1942a, S. 216–225 und den Kommentar in Susini 1951, S. 74–83.

[2] Im Jahr 1797 in den bayerischen Staatsdienst als Münz- und Bergrat eingetreten, wird Baader 1799 Generallandesdirektor, 1800 Administrator des ersten Bergreviers München und im April desselben Jahres Oberbergmeister. 1801 wird er Oberbergrat und zugleich korrespondierendes Mitglied des *Conseil des Mines* in Paris sowie frequentierendes (und ab 1808 residierendes) Mitglied der Bayerischen Akademie der Wissenschaften philosophischer Klasse in München. 1807 Oberstbergrat, erhält er 1808 wegen seiner außergewöhnlichen Verdienste um die Heimat die Ritterwürde bzw. den persönlichen Adelsstand und wird ab 1813 auf Lebenszeit in die Ritterklasse des Königreichs Bayern aufgenommen. Baaders Erfindung in der Glasindustrie, Pottasche statt Glaubersalz zu verwenden, kaufte ihm 1811 die österreichische Regierung für 12.000 Taler ab. 1812 kaufte Baader das Graf Waldkirchsche Landgut in Schwabing bei München, wo er bis 1832 mit seiner Familie lebte.

[3] Vgl. Schelling 1798, S. 67–271. Ob Baader das *Quadrat* vor oder nach der Lektüre von Schellings *Weltseele* geschrieben hat, ist in der Forschung umstritten. Das Problem ist im Rahmen der allgemeinen Kontroverse zu sehen, in welchem Maße Schelling denn von der Baaderschen Spekulation beeinflusst worden ist. Im besonderen Fall der Schrift des Jahres 1798 ist es für Hoffmann (Schüler und Herausgeber der *Sämtlichen Werke* Baaders), Erdmann und Baumgardt ein leichtes Spiel, die Baadersche Originalität und Bescheidenheit aufzuzeigen. Es soll hier genügen, in dieser Frage auf Baumgardt 1927, S. 31 und 213 zu verweisen.

Themen im mystisch-pythagoreischen Sinne weiter.[4] Das Stichwort des »Quadrats« im Titel gibt das Ergebnis dieser Schrift an – nämlich, dass das Ordnungsmuster der vier Elemente in der Körperwelt als Vierzahl zu der Analogie wird, welche »in jeder *kleinen Welt* sowohl als in der *grossen*« gültig ist.[5] Dafür arbeitet sich Baader an polar zugespitzten Strukturen ab, deren Ausgangspunkt eine durch entgegengesetzte Kräfte erreichte Dynamik von Aktivität und Passivität ist. Dabei ist für ihn entscheidend – wie P. Ziche hervorhebt –, »dass hierin keine bloße Serialität gedacht ist« oder – mit den Worten Herders – kein »sinnlose[s] Laufen ins Unendliche«[6], »sondern eine dynamische Über- und Unterordnung«.[7]

Baader hatte angefangen die »alte jüdische Cabbala« (»aus der Spinoza (nur nicht tief genug) schöpfte«)[8] zu studieren und die Mannigfaltigkeit der mystisch-theosophischen Traditionen entdeckt und plante, vielleicht in der Hoffnung dort Kleuker zu treffen und solche Fragen zu vertiefen, eine Reise nach Bremen. In der Kabbala sehe er wahrlich – so schreibt er Mitte November des Jahres 1796 an Jacobi – »den Torso der ältesten Naturphilosophie«: Sie sei nicht nur der »erste Typus« der freimaurerischen Symbolik, sondern auch die »reinere Quelle«, aus der Saint-Martin geschöpft habe.[9] Hier finde sich nach Baader eine Lehre, die »falls man sie gehörig durchführte«, schon an sich ausreichend wäre, den Kantschen Idealismus niederzuwerfen,[10] dessen Ergebnissen gegenüber – bekennt er in einem späteren Brief – »mir die alte Gottesfurcht (mit allem Anhängsel von Anthropomorphismus) tausendmal lieber ist«.[11]

Aus der intensivierten Beschäftigung mit Autoren wie Kleuker, Saint-Martin und Eckartshausen, der mit Letzterem in Verbindung stand, resultiert nun immer deutlicher die Absicht Baaders zu einer theosophischen Ergründung der Naturvorgänge. Es geht also nicht nur bloß um naturphilosophische Fragestellungen, sondern auch um christliche Metaphy-

4 Hierzu vgl. Bonchino 2014, S. 57 ff.

5 Hierzu ausführlich in Graßl 1949 und Mayr 2006.

6 Vgl. Herders *Metakritik* (Ed. Suphan), Bd. XXI, S. 258, zit. in Graßl 1969, S. 332.

7 So Ziche 2014, S. 312, der so fortfährt: »Baader operiert damit in einer Abfolge von Schritten, die von einer polaren Opposition zu einer Dreiheit leiten, die nochmals unter einem ›belebenden Prinzip‹ zusammengefasst werden muss, das eine Sonderstellung erhält und aus dem seriellen Fortschreiten herausgenommen wird.«

8 Brief von Baader an von Oppel vom 5. Dezember 1796 in Susini 1942a, S. 212.

9 Vgl. Baader 1851–1860, Bd. 15, S. 168.

10 Ebd., S. 169.

11 Ebd., S. 178.

sik im theistischen Sinn. Insofern zeigt das *Pythagoräische Quadrat* deutlicher als die *Beyträge zur Elementar-Phisiologie*, in denen die Sympathien für Kant und Fichte noch merklich waren, die enge Verwandtschaft zwischen Spekulation und Naturphilosophie vor dem Hintergrund der pansophischen Tradition insbesondere der Theosophie Saint-Martins[12] und somit die Überleitung von Kants kritischem in einen wesentlich mystischen Naturdynamismus. Spezifischer ist damit Baaders Versuch gemeint, die neuesten Forschungsresultate innerhalb der Physik (Elektrizitätslehre, Magnetismus, Wärme und Licht), die eine Betonung des Dynamischen im Sinn einer Radikalisierung des Element- und Kraftbegriffs in den Naturwissenschaften mit sich brachten, mit den symbolischen Begriffen der antiken pythagoreischen Physik und ihren naturphilosophischen Urunterscheidungen zu begründen. So formalisiert Baader in der zweiten Auflage (1809), die bereits in dem Motto der ersten Auflage zur Erklärung des Stichwortes ›Quadrat‹ im Titel aufscheinende mystische Elementspekulation Saint-Martins,[13] im Anschluss an andere inzwischen erschienene Tetraktys-Spekulationen seine hermetisch-theosophischen Ansprüche.[14]

Baader ist nicht nur der Ansicht, dass Kant die grundlegende Polarität der ursprünglichen Kräfte der Natur (der expansiven und der komprimierenden) recht verstanden und dargelegt habe, sondern dass seit Kurzem auch Eschenmayer sich völlig korrekt über den Bereich der Elektrizität und des Magnetismus geäußert und jene Kräfte dabei mittels des Hebelgesetzes veranschaulicht habe.[15] Nicht zuletzt habe Schelling selbst in seinem Werk *Von der Weltseele* dieses Modell gebraucht, um »den Ursprung des allgemeinen Organismus« zu konstruieren. Dennoch sei bisher – so Baader – die Notwendigkeit eines dritten ursprünglichen Prinzips noch nicht anerkannt worden: jenes »Erde-Prinzips«, welches wie der Angelpunkt des Hebels die zwei widerstrebenden Kräfte zusammenhält und ihren Wechsel erlaubt. Denn »Kant, Fichte und Schelling« – erklärt er Jacobi – haben nur den »Anfang« des Prozesses verstanden, nun müssen sie ihn auch um das dritte Moment vervollständigen, welches die ersten beiden substantiiert. Schließlich wird diesen drei ersten passiven Momenten ein vierter, aktiver hinzugefügt, welcher das Leben ausmacht.[16] Das fehlende Verständnis für dieses Modell beruht nach

12 Vgl. Lieb 1926, S. 168 f.

13 Siehe erklärende Anmerkung zu 116, 4 auf S. 278.

14 Siehe unten S. 133 zu 132, 28 und dazu Bonchino 2014, S. 19 f.

15 Vgl. Eschenmayer 1797, S. XIII f.

16 Baader an Jacobi, Regensburg den 8. Februar 1798 in Baader 1851–1860, Bd. 15, S. 182.

Baader auf der Tendenz, die zwei ersten ursprünglichen Kräfte als fähig zu betrachten, aus sich selbst heraus zu bestehen. Obgleich dank ihrer »die Natur [...] Körper schafft«,[17] sei es treffender sie nicht als autonom zu denken, sondern als uranfänglichen Moment bzw. flüssigen ursprünglichen Zustand der Materie anzusehen, welcher, nur durch die Wirkung des »Erde-Prinzips«, in ein »Phänomen einer beharrlichen (ruhenden) individuellen Raumerfüllung« gerinnt.

Um diesen entscheidenden Punkt zu erhellen, bezieht sich Baader auf Karl Heinrich Freiherr von Gleichen, dem er das *Pythagoräische Quadrat* gewidmet und den er auch in der Einleitung gerühmt hat. Von Gleichen war kein Philosoph von Berufs wegen, wohl aber Diplomat adeliger Herkunft und Freimaurer mit einer Leidenschaft für die Kabbala und die Magie, der zudem in freundschaftlichen Beziehungen mit bedeutenden Persönlichkeiten der damaligen Zeit wie Goethe, Jacobi, Lavater, Kirchberger und Saint-Martin stand. Geboren im Jahr 1733 in Nemmersdorf, hatte er sich 1779 in Regensburg niedergelassen, wo Baader Ende 1797/Anfang 1798 seine Bekanntschaft machte.[18] Damit wird klar, dass Baader mit dem *Pythagoräischen Quadrat* – dessen Hauptteil er schon während seines Aufenthaltes in Hamburg entworfen hatte[19] – beabsichtigt, das traditionelle Wissen der freimaurerischen christlichen Metaphysik (mitsamt seinen sozial-politischen Konsequenzen), und zwar in strenger Anlehnung an die damaligen dynamischen naturphilosophischen Modelle Kants und dann vor allem Schellings, wissenschaftlich aufzuwerten. Aus dieser Perspektive wird zum einen der Ausgangspunkt von Baaders Überlegungen bzw. Schellings Schrift *Von der Weltseele*, die Baader in der Einleitung als »ersten Boten eines nahenden Frühlings« feiert, begreiflich,[20] zum anderen jedoch, die von Hoffmann im fünfzehnten Band der gesammelten Schriften Baaders geführte Polemik unverständlich: Hoffmann bestreitet hier, dass das *Pythagoräische Quadrat* unter dem Einfluss von Schellings *Weltseele* entstanden sei,[21] und versucht

[17] Baader zitiert hier aus Goethes *Auf Miedings Tod*, Vers 93 f. Siehe erklärende Anmerkung zu 129, 38 auf S. 291.

[18] Vgl. die zwei an Jacobi adressierten Briefe vom 3. Januar und vom 8. Februar 1798, die Baader aus Regensburg geschickt hat, in Baader 1851–1860, Bd. 15, S. 172 ff. und 181 ff. Dazu vgl. Graßl 1968, S. 122–126.

[19] Nicht zufällig hatte Wilhelm von Humboldt, als er 1796 mit Baader in Hamburg diskutierte, keine Schwierigkeiten, seine Ideen den Spekulationen Saint-Martins oder den »Werken des Herrn von Gleichen« zuzuordnen; vgl. Humboldt 1916, S. 342 und 344 und dazu Baumgardt 1927, S. 31.

[20] Nach Zovko 1996 (S. 32 Anm.) »bildet Baaders Schrift insgesamt einen Gegenentwurf zur Schellingschen Naturphilosophie«.

[21] Vgl. Baader 1851–1860, Bd. 15, S. 33 f.

anhand der Korrespondenz mit Jacobi, in der er Baader vom Druck einer ungenannten Schrift abrät,[22] eine frühere Entstehung der Abhandlung Baaders zu beweisen. Wie E. Susini festgestellt hat, handelt es sich hierbei um die 1796 verfasste, aber erst 1809 erschienene Schrift *Ueber Kants Deduktion der praktischen Vernunft* und nicht um die 1798 in Tübingen veröffentlichte Broschüre.[23]

Das *Pythagoräische Quadrat* fügte sich in die damalige deutsche kulturelle Stimmung so problemlos ein, dass es im Kreis der frühen Romantiker zwischen Jena und Freiberg sogleich begrüßt und gefeiert wurde. Insofern fand das *Pythagoräische Quadrat* nicht nur in den literarischen Zeitschriften zeitig Widerhall,[24] sondern auch in der literarischen Korrespondenz namentlich Erwähnung. Novalis schreibt davon an Friedrich Schlegel am 20. Januar 1799 aus Freiberg: »Baader hat neuerlich ein paar Bogen herausgegeben – *über das pythagoraeische Quadrat in der Natur* nichts, wie derbe gediegene Poesie, aber freylich in grobe Bergarten eingesprengt und schwer zu säubern und auszuhauen«.[25] Novalis hat in Baader einen kenntnisreichen Alliierten gefunden, der mit seinen naturphilosophischen Abhandlungen seine Versuche auf dem »heiligen Weg zur Physik«[26] bzw. zu einer »Moralisierung der Natur«[27] bekräftigte. Fr. Schlegel, der die mystische Zielrichtung Novalis' mit Interesse verfolgte, bemerkt darüber in einem Brief an Schleiermacher im Sommer 1798 ironisch: »Hardenberg ist daran, die Religion und die Physik durcheinander zu kneten. Das wird ein interessantes Rührey werden«,[28] und bittet zugleich den Dichter Anfang März 1799 darum, seine Gedanken detail-

22 Ebd., S. 179–181.

23 Vgl. Susini 1983, S. 27 f.

24 Vgl. *Erlanger Literaturzeitung*. Hrsg. v. J. G. Meusel. Anzeigeblatt Nr. 79 vom 23. April 1799, Sp. 640; *Neue Allgemeine Deutsche Bibliothek*, Bd. 43, 1. Stück, 1799, S. 222–224. Verzeichnet u. a. in *Allgemeines Repertorium der Literatur*. Drittes Quinquennium für die Jahre 1796 bis 1800. Bd. 1, Weimar 1807, erste Hälfte, VI: Philosophie, Nr. 219b; *Allgemeines Journal der Chemie*. Hrsg. v. A. N. Scherer. Leipzig 1799, Bd. 2, Heft XI, Nr. 65, S. 558 und *Beilage zu Allgemeine Zeitung*. Anzeigeblatt Nr. 205 vom 24. Juli (München) 1799, S. 902.

25 Vgl. Schlegel 1985, S. 219 f. (Nr. 130) bzw. Novalis 1978, S. 683 (Nr. 105). Sowohl das *Pythagoräische Quadrat* als die *Beyträge* Baaders befanden sich in Novalis Bibliothek; vgl. Novalis 1975, Buchliste II, Nr. 86. Aus dem *Pythagoräischen Quadrat* exzerpiert Novalis in dem *Allgemeinen Brouillon*: »Ist wirklich, nach Baader – *Kälte* und *Schwere* verwandt?«; vgl. Novalis 1960a, S. 449 (Nr. 938) und dazu den Kommentar in ebd., S. 988 bzw. Novalis/Balmes 2002, S. 557.

26 Vgl. Novalis an Caroline Schlegel in Jena, 20. Januar 1799, in Novalis 1978, S. 686 (Nr. 106).

27 Vgl. *Das Allgemeine Brouillon* (1798/99) in Novalis 1978a, S. 479.

28 Vgl. Schlegel 1985, S. 156 (Nr. 87).

liert in einem erwünschten Beitrag für das *Athenäum* zu fixieren: »Wenn Du über Ritter, Baader, Schelling doch auch so schreiben wolltest, als wäre es an mich oder sonst an einen, der nicht sehr davon weiß, aber wohl wissen könnte«.[29] Fr. Schlegel selbst (wie auch dessen älterer Bruder[30]) gewinnt aus der Abhandlung Baaders seine eigene Konzeption des »Quadrats« und später der »vier Weltgegenden«, wie M. Elsässer schon überzeugend gezeigt hat.[31]

Am 1. August 1800 schreibt Goethe in einem Brief an Schiller: »Von Baader habe ich eine Schrift gelesen über das pythagoräische Quadrat in der Natur, oder vier Weltgegenden. Sei es nun daß ich seit einigen Jahren mit diesen Vorstellungsarten mich mehr befreundet habe, oder daß er seine Intentionen uns näher zu bringen weiß, das Werklein hat mir wohl behaget und hat mir zu einer Einleitung in seine frühere Schrift gedient, in der ich freilich, auch noch jetzt, mit meinen Organen nicht alles zu packen weiß«.[32] Am 4. August desselben Jahres vermerkt Goethe in seinem Tagebuch ein weiteres Gespräch über das *Pythagoräische Quadrat* mit Friedrich Schiller. Knapp zehn Jahren später, im September 1809, liest Goethe wiederum Baaders Schrift. Bettine von Arnim hatte ihm ein Exemplar der eben erschienenen gesammelten Aufsätze Baaders (*Beiträge zur dinamischen Philosophie im Gegensaze der mechanischen*, 1809) zugeschickt[33] und bereits am nächsten Tag antwortete er mit diesen Worten: »Franz Baadern werden Sie schönstens für das Gesendete danken. Es war mir von den Aufsätzen schon mancher einzeln zu Gesichte gekommen. Ob ich sie verstehe weiß ich selbst kaum; allein ich konnte

29 Ebd., S. 238 (Nr. 143).

30 Vgl. Karl August Varnhagen von Ense: *Denkwürdigkeiten des eigenen Lebens*. Bd. 1 (1795–1810). Hrsg. v. K. Feilchenfeld. Frankfurt am Main 1987, S. 282: »Ein Geheimnisbild [gemeint ist die Metaphorik der ›vier Weltgegenden‹] von August Wilhelm Schlegel, welches dieser aus Franz Baaders pythagoräischem Quadrat entlehnt hatte […]«. In seiner Berliner Vorlesung (1802–03) entwickelte A.W. Schlegel eine zahlensymbolische Sicht der Welt als einer in vier Geistesbereiche aufgeteilten Ganzheit, vgl. A. W. Schlegel: *Kritische Ausgabe der Vorlesungen*. Herausgegeben von E. Behler in Zusammenarbeit mit F. Jolles. Erster Band: *Vorlesungen über Ästhetik I (1798–1803)*. Mit Kommentar und Nachwort herausgegeben von E. Behler. Paderborn *et al.* 1989, S. 508 f.

31 Vgl. Elsässer 1994, S. 111 ff. und 51 f. Im wirkungsgeschichtlichen Verhältnis hält Elsässer (auch hier überzeugend) für »hochwahrscheinlich«, dass die ursprünglichste Quelle Heideggers Fassung des Gevierts auf Fr. Schlegel bzw. Baader zurückgeht; vgl. ebd., S. 134 ff.

32 Vgl. Goethe 1999, S. 62 (§ 891).

33 Vgl. S. Schormann: *Bettine von Arnim. Die Bedeutung Schleiermachers für ihr Leben und Werk*. Tübingen 1993, S. 24 Fn. 96 und 97.

mir manches daraus zueignen«.[34] Nicht zu verschweigen ist der Einfluss des *Pythagoräischen Quadrats* auf den Hegel der Jenaer Zeit, und zwar nicht nur in dem überlieferten Fragment *Vom göttlichen Dreieck*,[35] sondern auch in seiner Habilitationsschrift von 1801,[36] wie ähnlich in jenen Jahren auf die in Jena aktiven Naturphilosophen, L. Oken[37] und J. W. Ritter,[38] die einen besonders spürbaren Impuls durch die Abhandlung Baaders erhalten haben.

Besonders intensiv nimmt Schelling, der schon in seiner *Weltseele* die *Beyträge zur Elementar-Phisiologie* mehrfach positiv erwähnt hatte,[39]

34 Vgl. Goethe 1993, S. 487 (Nr. 401). Eine Vermutung darüber, was sich Goethe aus den Aufsätzen Baaders »zugeeignet« haben mochte, findet sich in Zimmermann 1964.

35 Hierzu vgl. H. Kimmerle: »Die von Rosenkranz überlieferten Texte Hegels aus der Jenaer Zeit«, in *Hegel-Studien*, 5 (1969), S. 83–94; H. Schneider: »Zur Dreiecks-Symbolik bei Hegel«, in *Hegel-Studien*, 8 (1973), S. 55–77 und Ders.: »Anfänge der Systementwicklung Hegels in Jena«, in *Hegel-Studien*, 10 (1975), S. 133–171.

36 Vgl. Hegel 1801[1986], S. 40 und 67 Anm. 107.

37 Vgl. den Brief von Oken an Keller am 2. April 1801: »Du kennst die Schrift von Franz Baader über das pythagoräische Quadrat. Du weißt den Vergleich der Naturtätigkeiten mit dem Aufgang und Niedergang der Sonne, mit dem Mittag und Mitternacht. Mir wenigstens fiel dabei der mundus microcosmicus der Parakelsianer ein! [...]«, in J. Schuster: »Die Geburt der Naturphilosophie um 1800. Eine Untersuchung nach Dokumenten«, in *Fünfzehn Jahre Königliche und Staatsbibliothek: dem scheidenden Generaldirektor Exz. Adolf von Harnack zum 31. März 1921 überreicht von den wissenschaftlichen Beamten der Preußischen Staatsbibliothek*. Berlin 1921, S. 170–175, hier 172. Hierzu vgl. W. Proß: »Lorenz Oken – Naturforschung zwischen Naturphilosophie und Naturwissenschaft«, in *Die deutsche literarische Romantik und die Wissenschaft*. Hrsg. v. N. Saul. München 1991, S. 44–71 und H. Mueller-Sievers: »Tidings of the Earth: Towards a History of Romantic Erdkunde«, in *The Science of Literatur. Essays on an Incalculable Difference*. Berlin-Boston 2015, S. 47–68. Vgl. L. Oken: *Über das Universum als Fortsetzung des Sinnensystems. Ein pythagoräisches Fragment* (Jena 1808), in *Gesammelte Werke*. Hrsg. v. T. Bach, O. Breidbach, D. von Engelhardt. Bd. 4: *Frühe Schriften zur Naturphilosophie*. Weimar 2007, S. 379 ff.

38 Hierzu vgl. K. Richter: *Das Leben des Physikers Johann Wilhelm Ritter. Ein Schicksal in der Zeit der Romantik*. Weimar 2003, S. 44, 125 f. und dazu seinen Brief an Örsted vom 4. August 1804 aus Jena in Örsted 1920, Bd. 2, S. 70 f. und *ad vocem*. Die Beziehungen von Ritter und Baader werden in ihrem Briefwechsel deutlich, vgl. Baader 1851–1860, Bd. 15, S. 187 ff.

39 »Es ist deßwegen kein Wunder daß man von den ältesten Zeiten an, da man die chemischen Kräfte der Materie zuerst kennen lernte, darin gleichsam die gegenwärtige Natur zu erkennen glaubte. ›Nichts‹, sagt eben so schön als wahr Hr. *Baader* in seinen gedankenvollen *Beyträgen zur Elementarphysiologie*, ›nichts kommt dem Enthusiasm, (der freylich meist in schwärmenden Unsinn ausartete), und der besondern *Naturandacht* gleich, die in den ältesten Betrachtungen chemischer Naturoperationen athmet; auch sind die Früchte bekannt, welche wir diesem Enthusiasm verdanken, und das entgegengesetzte maschinistische System hat nichts dem Aehnliches aufzuweisen‹«, so Schelling 1798, S. 188.

Baaders jüngstes – »für die ganze dynamische Philosophie höchst wichtige[s]« – Werk in seinen *Ersten Entwurf eines Systems der Naturphilosophie* (1799)[40] sowie in die *Einleitung zu seinem Entwurf* (1799)[41] und wiederum in die zweite Auflage der *Ideen zu einer Philosophie der Natur* (1803),[42] auf.[43] 1800 bedauert er dazu in der *Zeitschrift für spekulative Physik*, dass die »tiefsinnigen Schriften« Baaders von der Kritik vernachlässigt werden,[44] und verwendet mehrmals den Text Baaders in der darin erschienenen *Allgemeinen Deduktion des dynamischen Prozesses*, freilich aber ohne Nennung des Verfassers.[45] Desgleichen in dem *System des transscendentalen Idealismus* (1800).[46] Ganz entsprechend wenden damals auch K. A. Eschenmayer, H. Steffens und der Mediziner Ph. Hoffman, neben Schelling Autoren der *Zeitschrift für spekulative Physik*, dem *Pythagoräischen Quadrat* Baaders große Beachtung zu. Ersterer greift in seiner Abhandlung *Spontaneität = Weltseele oder das höchste Prinzip der Naturphilosophie* auf »Baaders merkwürdige Schrift: *über das pythagoräische Quadrat*« häufig zurück, um seine eigenen Gedanken zu entwickeln,[47] genauso wie Hoffmann in seinem Aufsatz über die *Konstruktion der Krankheit*, in dem sie ganz im Baaderschen Sinne als »aufgehobene Einheit« oder »Heteronomie« definiert wird.[48] Steffens weist schließlich in seiner systematischen Darstellung der »neuern naturphilosophischen Schriften des Herausgebers« wiederholt auf die Stellen hin, in denen Schellings dynamische Konstruktion der Materie an Baaders *Pythagoräisches Quadrat* anknüpft.[49]

40 Vgl. Schelling 1799, S. 248, 268 und 270.

41 Vgl. Schelling 1799–1800, S. 66.

42 Vgl. F. W. J. Schelling: *Ideen zu einer Philosophie der Natur. Als Einleitung in das Studium dieser Wissenschaft*. Erster Theil. Zweite durchaus verbesserte und mit berichtigenden Zusätzen vermehrte Auflage. Landshut 1803, S. 341.

43 Zu Baaders naturphilosophischer Rezeption bei Schelling, vgl. Ziche 2014 und Jantzen 2015.

44 Vgl. Schelling 1799–1800, S. 268 und 264.

45 Ebd., S. 330 und 334.

46 Vgl. Schelling 1800, S. 149 und die erklärende Anmerkung zu dieser Passage sowie Bonchino 2014, 17 f.

47 Vgl. K. A. Eschenmayer: *Spontaneität = Weltseele oder das höchste Prinzip der Naturphilosophie*, in Schelling 1800–1801, Bd. 2, S. 234, 247 und 267–270.

48 Vgl. Ph. Hoffmann: *Ideen zur Konstruktion der Krankheit*, in ebd., S. 273, 288 f. und 294.

49 Vgl. H. Steffens: *Rezension der neuern naturphilosophischen Schriften des Herausgebers*, in Schelling 1800–1801, Bd. 1, S. 29, 176 und 184.

b. Zur Edition des Textes

Der Edition des Textes *Ueber das pythagoräische Quadrat in der Natur oder die vier Weltgegenden* liegt der Erstdruck (ED) zugrunde, der mit einer Auflagenhöhe von 500 Exemplaren im Jahr 1798 in Tübingen bei Cotta erschienen ist.[50] Er ist im Klein-Oktavformat gehalten und in Fraktur-Schrift gesetzt, die Fußnoten sind mit der gleichen Schrifttype des Textes gedruckt und durch ein bzw. mehrere hochgestellte Sternchen mit folgender Schlussklammer kenntlich gemacht. Hervorhebungen sind durch Sperrung ausgezeichnet. Fremdsprachensatz (Französisch und Latein) wird in Antiqua-Schrift, zum Teil durch Sperrung ausgezeichnet.

Der Umfang der ganzen Broschüre besteht aus fünf unpaginierten und drei römisch paginierten Blättern (von VI bis VIII) und 44 arabisch paginierten Seiten (von 9 bis 52). Dem Titelblatt, das das Erscheinungsjahr aber keine Ortsangabe trägt, folgt *recto* ein in Antiqua-Kursivschrift ausgezeichnetes französisches Motto ohne Autorenangabe.[51] Dann findet sich auf dem nächsten unpaginierten Blatt *recto* die Widmung des Verfassers, an die sich auf dem dritten unpaginierten Blatt *recto* eine Erklärung des Autors anschließt. Diese endet auf der römisch paginierten Seite VIII. Der Haupttext beginnt auf der unpaginierten Seite 9 und endet mit der arabisch paginierten Seite 52. Dem Druck vorliegender Ausgabe liegt das Exemplar der Sächsischen Landesbibliothek – Staats- und Universitätsbibliothek Dresden mit der Signatur »4.A.4289« zugrunde. Mit diesem Exemplar wurden folgende weitere kollationiert: Staatsbibliothek Berlin mit der Signatur »Mv10178« und Bayerische Staatsbibliothek München mit der Signatur »Phys.g.16«.

Bei der Kollationierung der Exemplare zeigten sich keine Presskorrekturen d.h. während des Druckes wurde nicht in den Satz eingegriffen. Die vorliegende Edition lässt den Text des Erstdrucks unverändert. Die Schreibweise der Edition folgt den festgestellten Richtlinien, die oben im Vorwort angegeben wurden. Sonstige Abweichungen und Druckfehler werden im textkritischen Apparat verzeichnet.

Eine zweite Auflage der Abhandlung *Ueber das pythagoräische Quadrat in der Natur oder die vier Weltgegenden* wurde zu Lebzeiten des Autors in dem Sammelband *Beiträge zur dinamischen Philosophie im Gegensaze der mechanischen* (S. 80–105) veröffentlicht, der 1809 in Berlin in der Realschulbuchhandlung erschien. Über diesen Sammelband

50 Vgl. Fischer 2003, Bd. 1, S. 285 (Nr. 217).

51 Siehe oben S. 116, 1–4.

wurde bereits oben auf den Seiten 47f. ausführlich berichtet. *Ueber das pythagoräische Quadrat* ist auch in dieser zweiten Auflage wie der ganze Sammelband in Fraktur gesetzt. Die Fußnoten sind in einer kleineren Schrifttype gedruckt und durch ein bzw. mehrere hochgestellte Sternchen mit folgender Schlussklammer kenntlich gemacht. Hervorhebungen sind wie im Erstdruck durch Sperrung ausgezeichnet. Die fremdsprachigen Texte (Französisch und Latein) werden in Antiqua wiedergegeben und zum Teil durch Sperrung ausgezeichnet.

Die interne Kollationierung von ZD zeigte, wie oben bereits für den ganzen Sammelband (1809) festgestellt wurde,[52] dass während des Druckes nicht in den Satz eingegriffen wurde. Andere wenig relevante Textvarianten etwa in Form von differierender Schreibweise sind im textkritischen Apparat als ZDvar aufgeführt. Die externe Kollationierung von ZD gegenüber ED hat, abgesehen von einigen hinzugefügten Fußnoten und einem erläuternden Zusatz am Ende von ZD, wenige Abweichungen ergeben. Nicht allein diese Abweichungen, sondern auch die gelegentlich praktizierten Auslassungen oder Abänderungen, durch welche die Zweitauflage den Text des Erstdrucks variiert, werden in der vorliegenden kritischen Ausgabe (die ihren Prinzipien gemäß jeden Text im Erstdruck herausbringt) im Variantenverzeichnis aufgeführt. Entsprechende Verweise finden sich im textkritischen Apparat des Haupttextes unter Angabe der Seite und Zeile.

Der Text *Ueber das pythagoräische Quadrat* (1798) wurde zu Lebzeiten Baaders kein drittes Mal veröffentlicht. Der Druck in ED folgt wie ZD in Interpunktion und Orthographie dem damaligen Sprachgebrauch. Diese Veränderungen des Textes werden im textkritischen Apparat nicht ausgewiesen. Auf einige typische Beispiele für die nicht einheitliche Rechtschreibung innerhalb von ED sowie die Anpassung des Textes in Orthographie und Zeichensetzung an die gebräuchlichen Regeln in ZD verweist die oben aufgeführte Liste auf S. 51–53.

[52] Siehe oben S. 48.

Ueber das pythagoräische Quadrat in der Natur oder die vier Weltgegenden.

1798

Il y a deux classes; mais dans ces deux classes l'union ne peut se faire sans rupture. N'-y a-t-il pas deux forces en opposition; l'une pour arrêter l'union, l'autre pour la favoriser? N'y a-t-il pas en outre le principe qui donne et le principe qui reçoit?°

Seiner
Exzellenz
Reichsfreyherrn von Gleichen°
ehemalig dänischen Minister etc.
hochachtungsvoll gewiedmet
vom Verfasser.

Diese kleine Schrift entstand bei Durchlesung des neulich erschienenen Werkes von Hr. *Schelling* (über die Weltseele), welches ich als den ersten Boten eines nahenden Frühlings, d. h. als die erste erfreuliche Äusserung der von dem Todtenschlaf der Atomistik wieder aufwachenden Phisik, dankbar bewillkommte.° Da nun die Naturphilosophie einmal den *Dualism* der Natur (ihren innern *Zwiespalt*) richtig gefaßt hat, und also
VI bereits *zween Gegenden* | in der *Einen Grossen Welt* sowohl als in jeder *Einzelnen kleinen* (dieser ihre *Polarität*) anerkennt, (nämlich den *Mittag* und *Mitternacht*) so hat sie nur noch einen Schritt zu thun, um nach der Auffindung und Anerkennung der beeden übrigen Weltgegenden (des *Aufgangs* und *Niedergangs*) sich vollkommen *orientiren* zu können. –° Einen Versuch, wie dieser Schritt allenfalls von der dermaligen Schulphisik hinüber zu machen sey, enthält folgende kleine Schrift, freylich sehr unausgeführt, und nur im Entwurf. Hiezu müste man nämlich vor allem andern das Phänomen der Schwere von einer ganz andern Seite betrachten, als bisher (seit *Newton*) geschah,° und sodann auch die Offenba-
VII rung des Dualism in dem allumfassenden | Phänomen der Wärme und Kälte von dem Überbleibsel der atomistischen Hypothesen befreien, um ihm seine originelle Würde, als rein dinamisches Phänomen, zu sichern.° Vorzüglich aber müste man, statt wie bisher in der compreßiven Grundkraft die Quelle der Schwere zu suchen,° in ihr das *positive Prinzip der Kälte*° wieder anerkennen, welches, man weiß nicht warum, schon lange in der Phisik in Vergessenheit kam. Was nun dieses Kälteprinzip betrift, so finde ich auch von keinem einzigen unsrer neuen Schriftsteller, (die doch alle eine compreßive Grundkraft anerkennen, und das Wesen der Wärme zugleich als die ihr entgegenwürkende expansive Kraft betrachten) seiner erwähnt, ausgenommen von dem Hrn. Verfasser der *Meta-*
VIII *physischen Kezereien*, von dessen | übrigen originellen und interessanten Ideen (besonders über die von Ihm gegebene Ansicht des Zusammenhangs der Kälte mit Salz und Licht) ich bei einer nächsten Gelegenheit, und im Verfolg des hier eingeschlagenen Ideengangs Gebrauch machen
9 werde. | °

1 Diese⌉ *siehe S. 133 zu 118, 1*   7 Grossen⌉ ZD: *Großen*

Man kann dem in der Mechanik zur Bezeichnung des Moments oder der Grösse der Bewegung (der Stärke des bewegenden oder der Masse des beweglichen) üblichen Ausdruck (MC = mc) leicht eine allgemeinere Bedeutung für das Moment jeder (endlichen) Akzion überhaupt geben,° wenn man nur bedenkt, daß, insoferne jede Würkung eine Wechsel- oder Gegenwürkung ist, unter *Masse* oder M alles verstanden wird, was irgend Einem Kräftigen in seiner Kraftäusserung widersteht, und was also selber nur ein kräftiges ihm *entgegen* würkendes seyn kann, wie auch schon das Wort: *Gegen-stand* bedeutend aussagt. – Der Grad, die Stärke oder Grösse des Gegen- oder Widerstands bestimmt den Grad,|Stärke, Grösse 10 oder wenn man will *Vielheit* der Masse (der Last, oder des Gewichts etc.). Nimmt man nun, wie es bei obiger Formel würklich geschieht, alle würkenden Ursachen in ihrer Energie als gleich groß an, und sezt eine beliebig veranstaltbare Vereinzlung und Einung ihrer Akzionen voraus, so drükt MC die zweifache Art einer Vergrössrung (Verstärkung) und Schwächung des Moments überhaupt aus. Denn, wenn M = m, oder wenn der würkenden Ursachen gleich viel, oder gleich viel Theile Einer würkenden Ursache im Spiele sind, so wird nur der *Grad* ihrer Anstrengung, oder Stimmung (Temperatur) welcher wie immer veränderlich vorausgesezt wird, und der hier durch C oder die Geschwindigkeit der Akzion bezeichnet wird[A] einen Unterschied des Mo|ments geben, und ist im 11 Gegentheil dieser Grad der Stimmung oder Anstrengung gleich, so kann nur M oder das Quantum, die Grösse oder Menge der würkenden Ursachen den Ausschlag geben. Nun ist freylich (nach dem Lehrsaz der Phoronomie) »das Moment *Eines* würkenden von bestimmter und spezifisch *grösserer* Energie gleich dem Moment *mehrerer* vereint würkender von spezif. *schwächerer* Energie«,° und hieraus folgt zwar, daß der Mathema-

A Der Ausdruk $C = \frac{s}{t}$° giebt nämlich bei Kräften, welche in ihrer Akzion veränder|lich 11 sind, den Grad derselben, oder die Spannung an, in der sich das Handelnde befindet. So z. B. erfüllt ein höherer Grad der Expansiv- oder Compressiv-Kraft (ein höherer Grad Wärme oder Kälte) denselben Raum schneller oder verringert dieselbe Raumerfüllung um das Gleiche schneller, was zum Theil *Lavoisier's* Versuche hierüber beweisen.|° 12

7 und] ZD: nnd 9 aussagt.] *siehe S. 133 zu 119, 9* 27 spezif.] ZD: spezifischer 29 derselben,] ZD: derselben 30 Expansiv-] ZDvar: Expansiv

12 tiker insoferne von diesem | spezifischen Unterschiede der würkenden Ursachen abstrahieren kann, daraus folgt aber keineswegs, daß selber berechtigt ist, seine Hipothese oder Annahme (von der specif. gleichen Energie der Naturkräfte) der Naturwissenschaft als Lehrsaz aufzudringen.° – Um sich hievon hinreichend klar zu überzeugen, braucht man nur obigen phoronomischen Lehrsaz sich in einem Beispiele anschaulich zu machen.

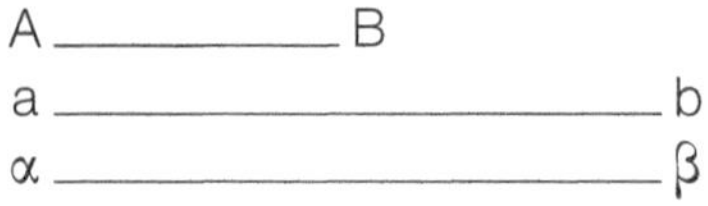

Ein bewegender Punkt A[A] dessen Akzion eine bestimmte Energie hat,
13 äussre jene mit | einer Geschwindigkeit oder dem Grade seiner Anstrengung = AB; so kann man ihn sich in seiner Substanz theilbar (in die zween Punkte a und α vorstellen, deren nun jeder einzeln nur die Hälfte jener Energie besizen, und darum eine doppelte Geschwindigkeit oder
14 Anstrengung ab = 2 AB bedürfen wird, um dassel | be Moment mit A zu Stande zu bringen. Eben so wird umgekehrt, wenn man sich eine Vereinung zweier Punkte a und α denkt, eine Verzögerung oder Abspannung ihrer Akzion (Abnahme ihrer Geschwindigkeit) eintretten müssen, wenn die nun aus ihnen neuerzeugte Einheit A dasselbe nur leisten soll, was jeder der einzelnen Punkte a und α einzeln und für sich, nur bei doppelt grösserer Anstrengung oder Exerzion seiner Kraft zu leisten vermochte. Die spezifischen Energien (Stärken) verhalten sich folglich verkehrt wie die Grade der Anstrengung (Geschwindigkeiten) bei gleichem Momente, und wenn wir die spezifischen Energien mit E, e bezeichnen, so erhalten wir statt obiger Formel, die: MEC = mec, wo nämlich M die Vielheit der würkenden Ursachen, E ihre spezifische Energie, und C den Grad ihrer Anstrengung, Spannung oder Geschwindigkeit, anzeigt. Da in Hrn. Pr.

A Statt der eigentlichen Bewegung (als successiver Ortsändrung oder wie man sie immer sonst definiren will) kann man hier auch die Ausdehnungsakzion, oder die ihr entgegengesezte der Condension zum Beispiele jeder Akzion überhaupt wählen,
13 denn | ich seze voraus, daß man den Unterscheid dieser Akzionen richtig bemerkt, und nicht mit dem Atomistiker alle Akzion in der Natur auf die der Bewegung im obigen engern Sinne, reduciren zu können wähnt. Die Scholastiker unterschieden ja schon zwischen dem motu lationis und motu alterationis.° Unser *äusserer* Sinn kann freilich durch nichts als Bewegung in obigem Sinne gerührt werden,° aber unser *innrer* Sinn (welcher der Sinn für die relative *Qualität* im engern Verstande ist) wird nicht
14 wie jener *mechanisch*, sondern blos *dinamisch* affizirt.° Hievon mehr in der Folge. |

3 specif.] ZD: specifischen 19 eintretten] ZD: eintreten 26 mec,] *so* ZD · ED: mec.
34 wähnt.] ZD: wähnt,

Kants Naturwis|senschaft in der Phoronomie (als bloßer Mathematik)° 15
von dem Begriffe einer specifischen Energie keine Erwähnung geschieht, so muste ich hier vorerst den allgemeinen Gebrauch rechtfertigen, den ich sogleich von ihm sowohl bei Betrachtung der Bewegungs- als der Ausdehnungs- und Condensions-Akzion, zu machen genöthigt bin. Übrigens gelangt man bei Betrachtung obiger Formel sogleich zur Einsicht des Bleibens oder Beharrens des Totalmoments oder des *absoluten* jeder der würkenden Naturursachen bei allen Veränderungen derselben, d.h. bei jeder Trennung (Vereinzlung) und Einung ihrer Akzion, welche den stäten Wechsel der *spezifischen* Momente zur Folge haben, und sich eben in ihm äussern[A].

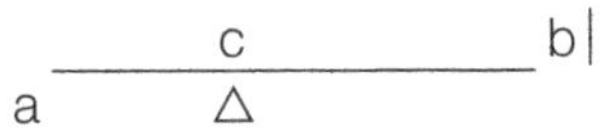

16

Wir wollen vorerst die Wechselwürkung bewegender Ursachen an dem einfachsten Fall, am Hebel, betrachten.° Da der eine Hebelarm nicht beweglich ist, ohne daß der andre in entgegengesezter Richtung zugleich bewegt werde, so würkt das bewegende in a dem bewegenden in b als Masse oder Last, und eben so das bewegende in b dem in a entgegen. Nun ist aber der Hebel nur von seinem Bewegungs- oder Tragepunkt c aus beweglich, und es kann folglich b, indem es a zu bewe|gen 17
(zu heben) hat, eben sowohl nur von c aus würken, als a indem es b zu bewegen strebt. In c würkt also sowohl b auf a als a auf b, und da das Hebelende b in gleicher Zeit einen doppelten Raum zu durchlaufen hat, als a, so muß natürlich das bewegende in a doppelt so viel leisten, als das in b[B]. – Hier scheint nun freilich ein specifischer Unter-

A Als Folge des obigen bemerke ich hier noch vorläufig, daß man durch wechselseitige|Totalauflösung geschehene Einung oder Durchdringung zweier Raumerfüllun- 16
gen, bereits zugiebt, daß sich die *Masse* (als Quantum) keineswegs durch eine Vielheit *ausser-* d.i. *nebeneinander* konstruiren läßt. Übrigens ist der Begriff einer *Auflösung* (Solutio continui) überhaupt noch unbestimmt, weil man hier nicht das Negative der wahren Verbindung als Einung (sistematischer) erkennt.|° 17

B Diese Ansicht des Hebels scheint mir die einfachste und natürlichste. Man kann ihr auch leicht die erforderliche Allgemeinheit für jedes Sistem entgegengesezt bewegender Kräfte geben, wenn man nur bedenkt, daß in einem Sistem von Kräften jede einzelne auf alle übrigen nur vom gemeinsamen Bewegungs- oder AkzionsZentrum aus würkt.| 18

5 Condensions-Akzion] ED: CondensionsAkzion · ZD: Condensions Akzion **14** Wir] *In ZD entfällt die Abbildung und wird der folgende Text an den vorhergehenden angeschlossen.* **15** Hebel,] ZD: Hebel **20** und … folglich] ZD: *und … folglich* **21** eben … als] ZD: *eben … als* **29** *ausser-* d.i.] ED: *ausser* » d.i. · ZD: *ausser* «d.i. **32** natürlichste.] *siehe S. 133 zu 121, 32* **35** AkzionsZentrum] ZD: Ak ions-Zentrum

schied der Energien der bewegenden Ursachen nicht in Betracht zu kommen, man mag nun an beeden Hebelenden sich todte Körper (Gewichte)
18 oder lebendige (belebte) als würksam vorstellen. Denn, | da die Körper keiner Veränderung der spezifischen Energie ihrer eignen Bewegungen (der Schwere) unterworfen sind, (indem eben dieses Beharren das Substanzielle derselben, als Phänomenen, macht)° so kann freilich auch jede *äussere* sich *in* ihnen als Bewegung *ertheilend*-offenbarende Ursache nicht anders diese ihre Bewegungsakzion in ihrem Momente verstärken, als dadurch, daß sie den Grad ihrer Anstrengung höher stimmt, welches innre Höherstimmen sich äusserlich durch schnelleres Bewegtseyn offenbart. Aber hieraus folgt (gemäß obigen Betrachtungen) noch nicht, daß die eigne Bewegungsakzion (wenn man will) jedes materiellen Punkts mit der jedes andern auch bei gleicher Geschwindigkeit in ihrer Energie gleich groß ist. Vielmehr leitet uns die Erfahrung der spezifischen Schweren° eben sowohl auf die Anerkennung eines ähnlichen spezifi-
19 schen Unterschieds des Substan|ziellen in den Raumerfüllungen (nämlich des bewegenden und beweglichen) als die neulich entdekten spezifischen Wärmen einen Unterschied der Energien ihrer Expansivkräfte uns bewährten.° Da nun, meines Bedünkens, nur die Verkennung des Zusammenhangs der Schwere aller Körper desselben Sistems mit dem ihrer Trägheit (als Widersezlichkeit oder Widerstand gegen jede andre als ihre eigne Bewegung) obige Wahrheit unzugangbar machte[A], so will ich durch eine richtige Anwendung des Begriffs positiver und negativer Kräfte den wahren Gesichtspunkt zu bestimmen suchen, aus welchem |
20 die eigne Bewegung jeder Materie mit ihrer relativen Unbeweglichkeit, oder dem Widerstand gegen jede fremde, betrachtet werden muß.°

Eine würkliche Bewegung (als Akzion und also das Streben mit eingeschlossen) *nach Einer Richtung ist eine Negative* (eine Verneinung, also positives widerstreben desselben bewegenden oder sich zu bewegen strebenden) *nach* jeder andern *Richtung* –° womit ich übrigens nicht so verstanden seyn will, daß man etwa den Conflikt sich auf die Weise vorstellt, wie ihn Hr. Pr. *Kant* in der Naturwissenschaft konstruirt, indem

A So findet man z. B. nicht selten die Materie als blos träge, und nicht noch als schwer betrachtet.° Man betrachtet also hier ein räumlich bewegliches und bewegendes (denn beedes ist unzertrennlich) ohne aller würklichen bestimmten Bewegung d. h.
20 ein wahres Unding. |

6 Phänomenen,⌉ ZD: Phänomenen 7–8 *in* ihnen … Ursache⌉ ZD: *in* ihnen, als Bewegung-*ertheilend*, offenbarende Ursache, 10 innre⌉ ZD: *innre* 10 äusserlich⌉ ZD: *äusserlich* 30 übrigens⌉ ZD: übrigeus 35 aller würklichen bestimmten⌉ ZD: alle würkliche bestimmte 35 Bewegung⌉ EDvar: Bewe[?]

es hier auf keine bereits vor dem Anstoß z.B. vorhandene wechselseitige Bewegung (welche blos ideal ist)° sondern nur auf die im Momente und während des Conflikts continuirlich *erzeugte* Bewegung (als Akzion, die sich blos als Streben äussert) ankömmt; es mag nun das die | Bewe- 21
gung hemmende eine Materie oder was immer sonst für eine Bewegung Ertheilendes seyn. Dieser sich im Moment der Wechselwürkung oder Gemeinschaft erzeugende Widerstand als Rükwürkung muß nun natürlich um so grösser (stärker) ausfallen, je grösser die störende Einwürkung selber ist, d.h. je schneller der Körper in jeder andern als in seiner eigenen Richtung bewegt, und je mehr er von dieser leztern weg in jede andre gesezt werden soll, d.h. je entgegengesezter sich die Richtungen sind. Mit andern Worten: *die Körper sind nur darum träg*, widerstehen nur darum als Massen jedem sie bewegenden, *weil sie schwer sind*, und es läßt sich sohin freilich das Moment ihrer spezifischen Inerzie mit dem ihrer spezifischen Schwere a priori als völlig gleich groß einsehen, weil man nämlich mit beeden Worten nur Ein und dasselbe Ding meint. – Dieses Ding, oder die Substanz | jeder Materie (als einzeln und 22
für sich beweglichen Raum erfüllenden) ist also mit dem Moment, womit sie ihre eigene ursprüngliche Bewegung (als schwer) vindizirt, Eins und dasselbe. Sie muß folglich als eine Kraftäusserung betrachtet werden, womit jede einzelne Materie die relative Ruhe (Einheit der Bewegung oder Stellung) mit dem Sistem (dessen Glied sie ist) und sohin theilweise die Selbstständigkeit des leztern selber vindizirt. –° Betrachtet man nun aber die gesamte Masse des Sistems (unsers Planeten als Individuum) als *Einheit*, deren Akzion sich jedesmal nur in so viel Theilakzionen vereinzelt oder individualisirt befindet, als viel einzeln und auf einmal bewegliche (unter sich sofern relativ unbewegliche) Raumerfüllungen sich in ihr befinden (deren Anzahl also auch jedesmal eine bestimmte und endliche seyn wird) – so braucht man weder eine würklich vollendete Theilung | oder Vereinzlung dieser Einen materiellen Substanz in unendlich 23
viele anzunehmen[A], noch | sonst und überhaupt den Begriff einer Sub- 24

A Zwar giebt Hr. P. *Kant* einen Beweiß dieser würklich vollendeten Theilung der Materie ins Unendliche (in den Anfangsgründen der Naturwiss.) aus der Stättigkeit der Expansion einer einzelnen materiellen Substanz.° – Aber die Würksamkeit der Expansivkräfte *Einer* und derselben Materie wird auch hier nicht, wie es doch eigentlich die Natur der Sache erfordert, dinamisch, sondern mechanisch konstruirt, als ein Bestreben *mehrerer* Materien sich von einander zu bewegen, welche Vorstellungsweise, (gerade wie es der Atomistiker will) alle wahre Expansions Ab- und Zunahme bei fortwährender Stättigkeit als solche läugnen und als blossen Schein hinweg erklä-

2 Momente⌉ ZD: Moment 10 weg⌉ ZD: ab 18 Raum erfüllenden⌉ ZD: Raumerfüllenden 33 Naturwiss.⌉ ZD: Naturwissenschaft

stanz als Ständigkeit (Standhalten oder Beharren) des Moments Jener Einheit, sich bei der in einzelnen Punkten ihrer virtuellen Gegenwart wahrnehmbaren Verstärkung, so wie in andern bemerklichen Abnahme ihrer Energie (d.i. das Bleiben der absoluten Schwere bei allem Wechsel der spezifischen)° – sich mechanisch oder transfusionistisch vorstellig zu machen.° Die Bedeutung des Worts Substanz als Selbstständiger, Sich Selbst tragender oder stellender *Träger* (im Gegensaz des Nichtselbst-
25 ständigen, Gesezt- Gestellt- oder Getra|gen-werdendens) bereitet uns auch schon darauf vor, daß wir die vom Zentrum (Massenpunkt) unsers Planeten aus, strahlend sich verbreitende Kraft oder unsichtbare Allgewalt, nicht etwa als Effekt einer bloßen Häufung einer zahllosen Menge *Nicht-selbständiger* einzelner Ursachen betrachten, indem ja diese Häufung eben so wenig ein ihnen allen gemeines *aktives* Zentrum zu erzeugen im Stande seyn würde; als z.B. alle einzelne zerstreut sich befindende und nun sich sammelnde Peripheriepunkte den sie alle zeugen-
26 den stellenden und tragenden Mittelpunkt[A]. Viel|mehr müssen wir die Schwere als unmittelbare Äusserung des allen einzelnen Körpern, oder für sich beweglichen, *innwohnenden*, sich in jedem derselben individualisirenden, und sie alle ununterbrochen stellenden, tragenden und sistematisch (als Prinzip a priori) ordnenden *Individuums*[B] betrachten, was

ren würde. Besser gienge es vielleicht an, eine vollendete *Theilung* der materiellen Substanz im flüssigen aufzustellen, indeß ist auch hier dieser innre Trieb zur End-
24 losen Verunei|nung nur in potentia (als solcher) vorhanden,° und es hält ihn stets eine Einende, zusammenhaltende Gewalt auf, so, daß auch hier jedesmal nur eine würkliche Materie, d.h. eine endliche Raumerfüllung sich *auf einmal* und miteinan-
25 der *bewegt*, und zu bewegen *strebt.*|

A Indem man sich der Sphäre und ihres Mittelpunkts als *Simbol's* bedient, so denkt man sich unter lezterm auch gewöhnlich nur den mathematischen Punkt, wogegen man unter dem eigentlichen Zentrum der Peripherie sich das Zeugende Innre Eine, im
26 Vergleich des äussern Erscheinen|den Vielen (Einzelnen) vorstellen sollte. Woher es denn kömmt, daß sich viele einbilden, wenigst so klein als ein mathematischer Punkt seyn zu müssen, um einfach oder nicht ausgedehnt zu seyn, wie sich der Hr. Verfasser der metaphysischen Kezereien sehr naiv ausdrükt.°

B Im Vorbeigehen bemerke ich hier, daß man auf diesem Wege allein hoffen darf, über das Daseyn und Bestand unsers Planeten, als dem Individuum par excellence in Vergleich aller von ihm hervorgebrachten Individuen, Auskunft zu erlangen,° wogegen
27 man bei den gewöhnlichen maschinistischen Vorstellungsweisen der Ent|stehung unsrer Mutter Erde aus einem allgemeinen Grundbrei,° wie H. G. R. *Jacobi* bemerkt, auf eine wahrhaft mirakulöse Weise die Form aus der eiteln Unform (Chaos) die Einheit von unten auf, aus einem unendlichen Bruch, das Leben aus dem Tode per generationem aequivocam entstehen läßt – Totum (*Unum*) parte prius etc.° – diese Herren scheinen noch nicht so weit als jene Wilden, welche doch bis auf 2 oder 3 fortzäh-

8 Getragen-werdendens] ZD: Getragen-werdenden **41** etc.] *so* ZD · ED: &c.

eben | darum nicht selber (als Materie) *erscheint*, weil es diesen allen, 27
Bestand, Gehalt, und Wahrheit giebt, in dem leztere alle *gründen*, und
was sich in jeder derselben (als so viel einzelner *Peripherien*) als *Zentrum*
weiset, welches jene mit bestimmten Momente festhält, trägt, stellt, und
sohin, so zu sagen, | substanziirt. *Der Grad* der Würklichkeit Jeder ein- 28
zelnen Materie ist der Grad ihrer Würksamkeit als sich bewegend oder
der Bewegung widerstehend im Raume, und die *absolute Unzerstörbar-
keit* der Materie geht keineswegs auf diese selber (denn jede Materie ist
ihrer Natur nach sterblich und zeitlich) sondern blos auf ihr innres Prin-
zip, dessen Unabhängigkeit von der Materie übrigens eben so fest steht,
als die Abhängigkeit der leztern von ihm. –° Man sieht nun schon leicht
aus dieser wahren Ansicht des Phänomens der Schwere, daß man ihre
Quelle, und sohin auch die Quelle der eignen Bewegung der Materie
weder in der compressiven Grundkraft derselben, noch in dieser ihrer
Vereinung mit der ihr entgegenwürkenden expansiven zu suchen hat,
insofern man nämlich dieses Vereintseyn beeder Kräfte aus ihnen selber
sich erklären würde, sondern in Einem *Dritten*, welches | eben die Ursa- 29
che, das Vereinende jener Kräfte, und der gemeinschaftliche *Grund* ihrer
bestimmten und beharrlichen Gegenwart selber ist.° – Ehe ich nun die-
sen Begriff weiter ausführe, finde ich es nöthig, von den beeden übrigen
bereits anerkannten Naturkräften noch einiges in Erinnerung zu bringen.

Man versteht unter *Temperatur* einer Materie das Moment ihrer Ex-
pansivkraft (oder das ihrer Ausdehnung, diese als Akzion betrachtet) in
Relazion mit dem einer andern Materie. Einzelne Materien tretten unter
sich in Gemeinschaft ihrer Temperaturen (*theilen* sich diese einander
mit) wenn sie in bemerkliche Gemeinschaft der Würkungssphären ihrer
Expansiv- oder Compressivkräfte gerathen, und sezen sich ins *Gleichge-
wicht* der erstern, wenn sie wechselweise unter sich die Momente ihrer
Expansivkräfte (durch Ab- und Anspannen ihrer Akzion) ausgleichen.
–° Zieht man | nun unsre neuesten phisikalischen Schriften über die- 30
sen Gegenstand zu Rathe, so findet man auch den bei der Temperatur-
vertheilung stattfindenden unvermittelten und rein dinamischen Ein-
fluß der Materien ineinander, noch allgemein verkannt. Denn die Hi-
pothese einer eignen Wärme oder warmmachenden Materie ist wei-

len konnten, denn sie haben noch nicht einmahl zu *zählen* angefangen, indem man
damit schlechterdings bei der Einheit anheben muß. |° 28

9 sondern⌉ ZD: sonders **14** Grundkraft⌉ ED: Gruudkraft **21** anerkannten⌉ ED: anerka-nuten **21** bringen.⌉ ZD *setzt den folgenden Text durch eine horizontal verlaufende Trennlinie ab.* **24** tretten⌉ ZD: treten **32** stattfindenden⌉ ZD: statt findenden **35** einmahl⌉ ZD: einmal

ter nichts als eine mechanisch-atomistische Vorstellungsweise,° welche man nur darum noch beibehält, weil man nicht bemerkt hat, daß hier eine Wechselwürkung einzelner sich bewegender, drükender etc. Materien gar nichts erklärt, und daß man eine unvermittelte Wechselwürkung von Kräften *der* Materie, welche in bestimmten Entfernungen der leztern, strahlend und durchdringend und ohne alle Vermittelung einer wechselweisen Undurchdringlichkeit eines Räumlich bewegenden als solchen, geschieht, hier schlechterdings anerkennen muß. – Da man in-
31 deß nur erst seit kurzem angefangen hat von einem *dinami|schen* Einfluß im Gegensaz des *mechanischen* zu sprechen[A],° so ist die Beibehal-

A Da dieser doppelte Einfluß von der doppelten Affizirbarkeit jedes Einzelnen (Individuums) überhaupt, nämlich der *von aussen* und der *von innen* deduzirt werden muß, so finde ich es nöthig seiner Betrachtung hier eine etwas lange Note zu widmen. Stellt euch z.B. einen Körper A vor, den ihr einsweilen mit Empfindungs- und Bewegungsvermögen begabt, und laßt nun einen andern Körper B als solchen d.h. als bewegend oder als seine Individuelle Raumerfüllende Gegenwart gegen erstern äussernd, mit ihm in Gemeinschaft tretten. So wird ersterer, da der *Ort* der Ein oder Wechselwürkung doch immer nur in der Gränze wechselseitiger Repulsion (der Bewegung) oder ihrer wechselseitigen *Undurchdringlichkeit* also *ausser beeden* sich befindet, dieses Empfinden des B auf selbes als ein Würkendes *ausser sich* beziehen. Lasset nun
32 aber | B oder was immer sonst für ein Agens nicht durch mechanische Berührung, sondern z.B. als wärmend auf oder besser *in* A würken, so wird nun A (als räumliche Gegenwart oder einzeln bewegliches) von der Akzion B *durchdrungen*, und der so *in* sich, in seiner Substanz (als Räumlich Ich) ergriffne Körper A wird, da der *Ort* der Einwürkung in sein eigen Ich fällt, die Gegenwart eines Einwürkenden (Agens) zwar wie dort anerkennen, aber er wird es nicht in demselben Sinne als *ausser sich* erkennen, als das erstemahl, *er kann es aber auch nicht als etwas in sich befindliches anerkennen, ausgenommen insofern Er sich selber wieder* in ihm begriffen *wahrnimmt*. Insofern ist auch die objektive Gegenwart (Seyn) dieses Agens für A eben so wahr als
33 unbegreiflich; denn da wir Lezterm nur ein Bewegungsvermögen | geben, und hier kein bewegliches greifliches Rükwürkendes sich darbietet, so kann das Einwürkende nicht in die Sphäre seines eigentlich Erkenn- oder Anschaubaren fallen, denn das Auge sieht nur vor sich und da hinaus, wohin Hand und Fuß würken.° – Ich breche hier diese Betrachtung ab, um einige Folgerungen aus ihr einsweilen zu anticipiren: 1) Alle *Qualität* der Materie ist mit ihrem *Innern* eins und dasselbe (wie auch H. *Schelling* schon behauptet)° und bei allen Qualitätsveränderungen sind nicht Körper oder einzelne Materien, sondern höhere Prinzipien würksam, wohin also alle dinamische Phänomene, die Chemischen, die Lebensprozesse etc. gehören. 2) Wir müssen an jedem Körperwesen (insoweit der Punkt des Treffens der Rezeptivität und Spontaneität inner ihm selber sich befindet, und nicht ausser ihn z.B. in den Massen-
34 punkt der | Erde fällt) einen doppelten *Sinn* unterscheiden: den eigentlich *äussern* oder *mechanischen*, welcher das Gefühl der wechselseitigen Undurchdringlichkeit

6 Vermittelung⌉ ZD: Vermittlung **17** tretten⌉ ZD: treten **17** Ein⌉ ZD: Ein- **19** *ausser beeden*⌉ ZD *fügt hinzu: ausser beeden* in Einem dritten **39** Treffens⌉ *so* ZD · ED: Trefens

tung obigen | Mißverständnisses in der Lehre der Wärme mir minder be- 32
fremdend, als die Verläugnung ei | nes eignen Kälteprinzips, welches man 33
doch, unter dem Worte: einer condensiven Grund | kraft, also nur unter 34
einem andern Ausdruke, einräumt. Betrachtet man nämlich (wie der | -
malen allgemein geschieht) die würkliche, im Beharrungsstande sich 35
befindende Expansion als | Effekt des Gleichgewichts beeder Grund- 36
kräfte, so verfährt man wenigst sehr unkonsequent, wenn man von der
Akzion der einen (der Wärme) | spricht, ohne der unzertrennlich mit ihr 37
verbundenen ihr entgegengesezten (der Kälte) zu erwähnen.° Ein Kör-
per kann aber einen zweiten (durch Mittheilung) nicht wärmen, ohne
eben so viel an ihm sich zu erkälten, und ihn nicht kälten, ohne eben
so viel sich an ihm zu erwärmen. Man hat sich folglich das Wechselspiel

z. B. unsers Körpers als bewegend oder beweglich gegen jeden andern bewegenden
etc. begleitet, und der nur mit einer würklichen Äusserung des eignen Bewegungsver-
mögens (mehr leidend oder mehr thätig) besteht. Dieser Sinn oder dieses Gefühl ist
der eigentliche *Körpersinn*. Dagegen aber empfinden wir alle dinamische Einflüsse
und Wechselwürkung unsrer eignen mit fremden Materien, wobei nämlich keine
Bewegung oder Streben zu selber statt findet, (im Sehen, Hören, Riechen, Schme-
cken, Fühlen der Wärme etc. obschon Bewegung sie begleitet, mittels des *dinami-
schen innern Sinns*, und wenn wir hier schon das eigentlich würkende auf ein beweg-
liches Äusseres (Körper) *be | ziehen*, so geschieht doch diese Beziehung eben so über- 35
haupt, als insbesondre der gesammte *Lebensprozeß* auf den *belebten* Körper bezogen
wird (als in ihm vorgehend) nicht aber ihm (als Ursache. Siehe *Schelling*)° zugeschrie-
ben wird. Dieser Sinn für Kräfte (wenn man will) überhaupt, im Gegensaz des Sinns
für Körper ist nun freilich bis jezt noch so gut, als ungekannt, denn man giebt sich
noch immer Mühe, ihn als blosse Modifikazion des leztern (etwa für *feinere* Mate-
rien oder Körper) hinweg zu erklären, zu welchem Zwek die bekannten *Emanazions-*
und *Vibrazions*-Hipothesen erfunden worden,° welche weder einzeln noch in ihrer
Verbindung zulässig sind, weil sie beede nur von einem *mechanischen* Prinzip ausge-
hen. – 3) Individuen derselben Classe müssen als Glieder desselben Sistems natürlich
wechselseitig, impenetra | bel, sohin sich in ihrer Wechselwürkung als *ausser einander* 36
wahrnehmen, wogegen ein Individuum einer untern Classe einem Individuum einer
höhern in obigem Sinne nicht undurchdringlich, sondern durchdringbar ist, welches
auf die bereits bemerkte Wahrnehmbarkeit eines höhern Individuum als *inner* dem
niedrigern, und wieder des niedrigern im höhern, führt. Eben so muß die Wechsel-
würkung dieser Wesen (im *Trieb* z. B.) ganz anders als obige zwischen zwei derselben
Classe ausfallen.° 4) Da die Sphäre des eigentlich Anschaubaren enger und kleiner ist,
als die Sphäre des fühlbaren, so folgt ferner hieraus die Priorität des leztern. – Endlich
giebt diese Anmerkung einen Commentar zu Jenem bekannten: Deus est Sphaera,
cujus Centrum ubique, circumferentia nusquam. |° 37

6 Glechgewichts⌉ ZD: Gleichgewichis 8 spricht,⌉ ZD: spricht. 12 erwärmen.⌉ *siehe S. 133 zu 127, 12* 13 jeden⌉ *so* ZD · ED: jede 19 etc.⌉ ZD: etc., 22 insbesondre⌉ ZD: insbesondere 23 vorgehend⌉ ZD: vorgrhend 23 Ursache. Siehe⌉ ZD: Ursache, siehe 34 Wahrnehmbarkeit⌉ ZD: Warhnehmbarkeit

der Expansiv- und Compressiv-Kräfte zweier Materien, welche sich ins Gleichgewicht ihrer Temperatur sezen, so vorzustellen, daß der höher gespannten Expansivkraft der wärmern Materie A die höher gespannte Compressivkraft der kältern B als Masse, Last oder Gewicht entgegenwürkt, oder daß die Expansiv- und Compressivkräfte beeder Materien auf diese Weise vereint gegeneinander würken.° – Für diese Wechselwürkung oder für die *Mittheilung* der Temperatur giebt nun obige Formel MEC = mec oder (da M hier nicht in Betracht kömmt) Ec = ec das Gesez
38 für | das Gleichgewicht. Man sieht hieraus, daß sich die Gradeserhöhung (C) umgekehrt verhält wie die spezifische Energie, und daß man von keiner spezifischen *Wärmekapazität*[A] sprechen sollte, ohne von der im verkehrten Verhältniß mit ihr stehenden *Kältekapazität* zu reden.° Denn das positive Element kann nur in demselben Verhältnisse spezifisch energischer (erregbarer, reizbarer) werden oder seyn, in welchem das Negative minder erregbar worden ist, und umgekehrt.° Z. B. bei der Mischung von kälterm Queksilber mit wärmern Wasser zeigt sich eben so wohl die leichtere Wärmbarkeit des erstern und die geringere Ständigkeit seines Kälteprinzips, als umgekehrt bei der Mischung von kälterm Queksilber
39 die grössere | Ständigkeit (Inerzie) des Kälteprinzips des Wassers mit der geringern Erregbarkeit seines Wärmeprinzips.° – Ich habe hier übrigens den Conflikt der beeden Reagentien der Natur blos in der *Mittheilung* der Temperatur betrachtet, und muß mir die Betrachtung des Phänomens: der Flamme oder des Verbrennens, als zu einer höheren Ordnung gehörig, auf eine andre Gelegenheit aufsparen, welche Betrachtung indeß bisher schon darum nicht befriedigende Resultate geben konnte, weil man das *Negative* zum Licht (als *positivem*) nicht anerkannte.

Diese beeden Grundkräfte, deren nie beigelegter Zwist und *Zweikampf*
40 das Leben der sichtlichen Natur selber macht[B], und zu | deren Anerkennt-

A Der Ausdruk: Kapazität, hat seinen Ursprung dem Transfusionsistem zu verdanken,
39 und kann darum nicht wohl beibehalten werden. |°
40 B Der H. Verfasser der metaphysischen Kezereien nennt sie bedeutend *Halbkräfte.* |° – Nachtragsweise zu dem von Selbem gemachten Gebrauche des Worts: *Geist*, bemerke ich hier folgendes. Der Begriff eines *Geistes* im Gegensaz des Körpers (als blos seine Negative) ist der, der ungeschiednen, ungetheilten d. i. unausgedehnten Einheit, im Gegensaz der geschiedenen, vereinzelten ausgedehnten. –° In diesem Sinne braucht *Hemsterhuis* den etwas abentheuerlich klingenden und doch wahren Ausdruk, den Körper einen *geronnenen* Geist, und das körperliche Universum einen geronnenen

8 da] ZD: insofern **29** Der Ausdruk … werden.] *siehe S. 133 zu 128, 29* **32** Selbem] ZD: selbem **36** Ausdruk] ZD: Ausdruck

niß sich nun auch unsre Naturphilosophie erhoben hat,° findet man bei ältern | Schriftstellern mit den Namen: *Feuer* und *Wasser* bezeichnet; 41 aber sie gesellen ihnen ein drittes Prinzip (die *Erde*) bei, dessen Daseyn man auch eigentlich mit dem jener beeden, schon stillschweigend einräumt.° So z. B. hat bereits sehr schön H. *Eschenmeier* jene beeden Kräfte der Natur mit denen eines Hebels verglichen, indem sie, wie die beeden sich entgegenwürkenden Kräfte des leztern, nur im Zustande ihrer Sondrung oder *Vertheilung* sich zu äussern vermögen (wie z. B. besonders ihre Erscheinung in Elektrizität und Magnetismus weiset).° Und noch deutlicher unterschei|det H. *Schelling* in seinem Meisterwerk (*über* 42 *den Ursprung des allgemeinen Organismus*) das *begreiffende, festhaltende* Prinzip von den *begriffenen* zween Elementen.° Es ist also Zeit auch dieses 3te Prinzip in der Natur anzuerkennen, als den Trage- und Haltpunkt erzeugendens am *Hebel der Natur*, und diese hiemit selber gründend oder konstituirend. –° *Dieser Trag-* oder *Haltpunkt tritt uns nämlich in jedem Punkte des mit Materie erfüllten Raums entgegen* (als Gewicht)[A] und wir fassen nun in und an ihm jene beeden Kräfte, die *Er eint* (beisammen hält) *indem er sie sondernd auseinander | hält, und sie sondert,* 43 *um sie zu einen*, und so gleichsam wider ihren Willen sie zwingt, vereint auf einen Punkt hin zu würken und die Erscheinung der Materie hervorzubringen.[B]° Die Stättigkeit und Bestand der Materie haben wir sohin nur der ununterbrochnen Energie dieses 3ten Prinzips derselben als ihr Bestand gebend, und als Träger (Sub-stans) der beeden übrigen, zu verdanken. Aber unsre Achtung gegen dieses unsichtbare *Erde-Prinzip*° (unsre gemeinsame *Mutter Rhea* oder *Vesta*)° wird beinahe

Gott zu nennen.° Da jeder Akzion eine Sinthesis der Elemente oder Kräfte unmittelbar vorgeht, so erfährt das inner sich ausgedehnte Wesen, nothwendig eine Suspension, und es hat erst den Widerstand zu überwinden, welcher sich der Totalität oder Kongruenz aller seiner einzelnen Kräfte widersezt.° Diese Solutio continui muß also mit | Schmerz begleitet seyn, und macht für uns eigentlich die Leiden der Zeit. –° Z. B. 41 der Mensch findet in sich *Gedanke* und *Wille*, und Wille und *That* veruneint, und dieses Uneins- oder Entzweitseyn in seinem Wesen macht eben seinen Unfrieden in der Welt. | 42

A Das Eine Prinzip hebt nämlich die Akzion an, ein andres beschränkt oder moderirt sie, und ein drittes realisirt oder führt sie aus – *Zahl, Maaß* und *Gewicht* der alten. |° 43

B So sagt der Dichter (welcher sich schon so oft als Propheten philosophischer Wahrheiten zeigte) »wie die Natur manch' widerwärt'ge Kraft verbindend zwingt, und streitend Körper schaft.« |° 44

7 leztern⌉ ZD: letztern **11** *begreiffende*⌉ ZD: *begreifende* **14** erzeugendens⌉ ZD: erzeugend **17** nun⌉ *so* ZD · ED: nur **18** *sondernd auseinander*⌉ ZD: *sondernd polarisirend auseinander* **21** Stättigkeit⌉ ZD: Sättigung **22** ununterbrochnen⌉ ZD: ununterbrochenen **38** schaft.«⌉ *siehe S. 133 zu 129, 38*

zur Verehrung, wenn wir in ihm die Quelle aller *Formen* und *Bildungen* entdeken. – Denn die bestimmte Form (das einzelne Körper Gebilde
44 oder Indivi|duum) kommt (wie bereits H. *Schelling* wieß) nur durch die bestimmte Weise des *Gebundenseyns* Jener beeden Elemente zu stande. –° Jenes Prinzip schaft sohin durch ein bestimmtes *Binden* der beeden sich bekämpfenden Naturelementen das Phänomen einer beharrlichen (ruhenden) individuellen Raumerfüllung, so wie die stättige und bestimmte Weise der *Entbindung* jener beeden Reagentien einen bestimmten, individuellen *Prozeß* (Leben) in und an diesem Körper unterhält, welcher gleichsam als *Grabmonument* aus jenem Leben hervortritt, und dem Strom des leztern Damm und Ufer sezt. – Da übrigens diese drei Prinzipien eben so wohl ein dreifaches *Gleichgewicht*, als eine dreifache *Störung* (Conflikt) desselben geben, so bietet sich uns der Bestand *der drei Naturreiche* als ein Commentar und Erweiß ihres Vorhandenseyns
45 dar. (So|z.B. ist im Thiere das Feuer- in der Pflanze das Wasser- und im Mineral das Erd-Prinzip das herrschende oder karakterisierende, und auf ähnliche Weise erklärt sich der dreifache chemische Charakter oder Qualität der Materie (als brennbar, salzig und erdig)). –°

Ein und dasselbe Prinzip ist also das bildende und tragende (*stellende*) – und da ich bereits oben die Schwere und Substanzialität der Körper von diesem Einen (unserm Erd-Individuum) ableitete, so brauche ich hier nur noch die Folgerung zu ziehen, welche aus dieser Ableitung sich ergiebt, und den innern bisher noch immer unerklärt gebliebenen Unterscheid des festen vom flüßigen, des gebildeten Individuums vom ungebildeten Stoff, bestimmt. Die *relative Unbeweglichkeit* der *starren* Materie ist nämlich nichts mehr und weniger, als die *Einheit* (*Zusam-*
46 *menhang*) ihrer *Schwere*, d.i. die *Einheit*|*ihrer eignen Bewegung*, oder die *Einheit ihrer Substanz* – daß diese lezte (bei der freien ursprünglichen Bildung des Körpers) durch *Gliedrung* oder *Individualisirung* des Substanziellen zu stande kam, indem hier jeder Theil aufs Ganze, und das Ganze auf jeden Theil sich würksam bezieht, lehrt der Augenschein selber, wohin denn auch die Gleichzeitigkeit der Stoff- und Formerzeugung bei jeder originellen wahren Bildung oder Erzeugung eines Körpers, die sohin unmittelbar nur aus dem flüßigen begreiflich ist, gehört[A]. –° Inso-

A Bekanntlich verdanken wir H. *Nose* die Einführung dieses Prinzips als Basis zur Kritik
47 der Geologie.° Aber sein Gebrauch geht ungleich weiter.|

2 entdeken⌉ ZD: entdecken 2 Korper Gebilde⌉ ZD: Korper-Gebilde 3 wieß⌉ ZD: wies 6 Naturelementen⌉ ZD: Naturelemente 14 Erweiß⌉ ZD: Erweis 16 karakterisierende⌉ ZD: karakterisirende 24 Unterscheid⌉ ZD: Unterschied 24 flüßigen⌉ ZD: flüssigen 34 flüßigen⌉ ZD: flüssigen

fern nun das flüßige sich zur Bildung oder Gebährung (dem Anschuß) fester Körper schiklich weiset, kann man es als den allgemeinen *Saamen* der leztern betrachten, | indem in ihm das Erd- oder Bildungs-Prinzip 47
sich noch unentwickelt oder ungeschieden als im *Keime* befindet. –° Der Zusammenhang im flüßigen selber ist aber offenbar nur der der Expansion (der Expansivkräfte) und nicht der der Substanz (des beweglichen und bewegenden) wie sich aus mehrern Beobachtungen und Versuchen weisen läßt[A] und wie die überall sich sondernd und Einzeln äussernde Schwerkraft schon beim ersten Anblik uns zeigt. Das Ideal des flüßigen aber würde (wie bereits oben bemerkt worden) als gränzenlose Vereinz|lung oder Veruneinung der Substanz überall ein o von lezter, oder 48
gar keine bemerkliche Räumliche Gegenwart derselben geben. –° Welche Ohnmacht und innre Bestandlosigkeit doch der originelle Zustand der Materie seyn mußte (indem alle Körper aus dem flüßigen, dem l'eau mere ursprünglich entstanden sind)° und also ein bedeutendes Simbol der Nicht-Einheit, oder *Confusion*[B] giebt, welche der *Gründung* dieser Welt vorgieng. –°

Nachdem wir uns nun von dem Vorhandenseyn dreier Prinzipien, *Anfänge* oder | Elemente der Materie überzeugten,° welche überall, in 49
jedem Punkte derselben sich bereits beisammen befinden, so haben wir zwar die Elemente zur Konstrukzion der Materie vollständig[C], aber

A Die Sphärenform z. B. welche das flüssige in kleinern Porzionen äussert, ist offenbar Effekt der Elastizität (welche die gröstmöglichste Selbstberührung unter der kleinsten äussern anstrebt). – Hieher gehört auch die Abnahme der Fluidität bei Zunahme der Vereinzlung etc. etc. und mehrere Phänomene der Spannung etc. beim Zerreissen des flüßigen. | 48

B Hieraus läßt sich aber der Begriff der Soluzion (Solutio Continui) deduziren,° so wie das verschiedne Verhältniß (oder Würksamkeit), in welcher das Erdeprinzip gegen beede übrigen Elemente im flüßigen zum Unterschiede des im starren oder festen, sich befindet. – |° 49

C Es findet sich in den *Ideen zur Naturphilosophie* von H. *Schelling* eine Betrachtung über das nothwendige Beisammenseyn *dreier* würkender Ursachen, um ein selbstständiges Resultat, beharrliche Wechselwürkung zu geben.° H. *Ritter* stößt in seinem *Beweiß daß ein Galvanism den Lebensprozeß begleite* auf eine und dieselbe Idee – welche in der höhern Philosophie zu Hause ist, indem es nämlich a priori erweislich ist,

1 flüßige⌉ ZD: flüssige 2 schiklich⌉ ZD: schicklich 9 Anblik⌉ ZD: Anblick 9 flüßigen⌉ ZD: flüssigen 10 aber⌉ *In* EDvar *Drucktype beschädigt:* abe 10 würde⌉ ZDvar: wurde 12 Räumliche⌉ ZDvar: Raumliche 14 flüßigen⌉ ZDvar: flüssigen 19 Materie⌉ ZD: Körper 21 Elemente⌉ *In* EDvar *Drucktype beschädigt*: nente 26 flüßigen⌉ ZD: flüssigen 28 verschiedne⌉ ZD: verschiedene 32 würkender⌉ ZD: würkenden

näher erwogen sehen wir, daß diese 3 Elemente sich selber überlassen
50 doch in | alle Ewigkeit *nichts anfangen* würden, und ihr Zusammenseyn (als träg) nur ein relatives Gleichgewicht herzustellen, und das I^0 als gleichsam die Basis und die Substanz zu allen Potenzen oder Kraftäusserungen derselben zu konstituiren vermag. Der grosse Hebel der Natur° bliebe sich selber gelassen in ewiger Ruhe d.h. im o seiner Akzion und Würklichkeit, sezte ihn nicht Ein ihm äusseres, ihn durchdringendes, von innen aus, ins Spiel, und unterhielte ihn in selbem durch wechselweise ertheiltes Übergewicht der Einen Akzion seiner Kräfte, über die
51 der andern[A]. Mit | diesem *Aushauch* von oben fährt Leben und Bewegung in die todte Bildsäule des Prometheus, und der *Puls der Natur* (das Wechselspiel ihres Dualism) *schlägt* –° Alles, was da ist und würkt, lebt also nur vom *Einhauch*, vom *Athmen* dieses all-belebenden Prinzips. – *der Luft!*°

Und so hätten wir denn das vierte Prinzip der Natur, ihre vierte oder eigentlich ihre erste Weltgegend den *Aufgang* gefunden,° oder wenigst die Möglichkeit dieser Auffindung gezeigt, und in ihr einen neuen *Gegensaz* (in jeder *kleinen Welt* sowohl als in der *grossen*), welcher keineswegs, wie unsre jüngste Philosophie wähnt, mit dem Dualism ihrer beeden Reagirenden im Kampfe sich gegeneinander überstehenden Kräfte zu vermengen ist. –° Insofern nun sich orientiren nichts anders heißt, als überall diesen Punkt des Aufgangs (absoluter Spontaneität) finden und
52 im Gesichte be | halten, so hat die Philosophie erst das Original Schema zu diesem quaternarius zu suchen,° welches bekanntlich Pythagoras seinen Schülern als den Schlüssel der Natur anprieß, und bei dem sie schwuren. –° oder: ich würde mich mit einem sehr übel berüchtigten Verfasser° (wenn ich anders mich mit dieser Philosophie abwerfen wollte) so ausdrüken: *Man suche den Bestand des Einen in Dreien, durch den Bestand des Drei im Einen zu erklären.*°

daß ein *selbständiges inner sich kreisendes* nur durch die Wechselwürkung *dreier* Con-
50 trapunkte (als so viel einzelner innerer *Glieder*) möglich ist. – | °

A Dieses Verhältniß jener 3 Prinzipien zu dem sie belebenden 4ten wird beinahe allgemein verkannt, indem man sie alle 4 als zu einer Ordnung nebeneinander stellt, und sie damit alle entstellt. In dem bekannten Simbol (△) ist dieses Verhältniß richtig
51 angedeutet. | °

4 zu] *In* EDvar *Drucktype unlesbar* 5 grosse] ZD: große 7 ihm äusseres,] ZD: inner und über ihm hausendes, 13 *Einhauch*, vom] ZD: *Einhauch*, (Einsprechen) vom 13 Prinzips.] ZD: Prinzips 25 oder] ZD: Oder 28 *erklären.*] *siehe S. 133 zu 132, 28* 32 nebeneinander] ZD: neben einander 33 (△)] ZDvar: (△)

Variantenverzeichnis

118, 1 Diese⌉ *In* ZD *fällt die Widmung aus. Der folgende Text schließt an das vorhergehende Motto an, dem die Überschrift vorangeht*: III. / Ueber das pythagoräische Quadrat in der Natur oder die vier Weltgegenden.*Fußnote*: Diese kleine Schrift erschien zuerst in Tübingen 1798.

119, 9 aussagt.⌉ ZD: aussagt.*Fußnote:* Dieses entgegenwürken mag nun freundlich, wechselseitig lebenfördernd, oder feindlich seyn, und der Konflikt also ein *Liebe*- oder ein *Mordleben* geben.

121, 32 natürlichste.⌉ ZD *fügt hinzu:* natürlichste; sie ist der erste Versuch einer rein dinamischen Konstrukzion desselben, welche bis jezt noch mangelt.

127, 12 erwärmen.⌉ ZD *fügt hinzu:* erwärmen, und nur die Wärme kann die Kälte, nur diese jene empfinden oder in sich finden. –

128, 29 Der Ausdruk ... werden.⌉ ZD: Das Wort Kapazität ist durchaus, im dinamischen, und nicht im mechanisch-transfusionistischen Sinne zu gebrauchen

129, 38 schaft.«⌉ ZD *fügt hinzu:* schaft.« Übrigens ist der allgemeine Sinn der Polarisirung der: daß in der Indifferenz in sich nur Stille wäre, daß aber eben ihre Aufhebung sie ins Leben ruft, welches in der ewigen Rükkehr in sich, diese *als Aktus*, besteht. –

132, 28 *erklären.*⌉ *In* ZD *folgt:* Wo nämlich das «In» das *Seyn unter* einem als gleichsam in der Gewalt eines andern, bedeutet, indem dort die einander widerstreitenden drei nicht der Einheit dienen, unter sie tretend und ihren Willen ihr ein- und übergebend, sondern vielmehr jede der drei sich selbst an die Stätte dieser Einheit hinauf, und diese hinunter zu bringen, strebt, wogegen hier (wo Drei in Einem bestehen) gerade das Gegentheil statt findet.

Einige Jahre, nachdem diese Schrift erschienen war, machte Hr. Professor *Birkholz* in dem 1803 erschienenen *Universalkatechismus*,° und ein Ungenannter in dem 1804 erschienenen *Versuch über die Natur der Dinge*, eine Konstrukzion des Quaternarius aus und durch den Ternarius bekannt, welche von *Rüdiger* herrührt,° und die ich dem Leser, als den hier angeregten Gegenstand um vieles weiter führend, anempfehle. Diese Konstrukzion besteht nämlich in der Hauptsache darin, daß wenn man z. B. die Compressive (Involvirende) Kraft a, die evolvirende b, und die beede Einende (das Band in *Schellings* Sprache)° c nennt, man durch Evolution dieses Ternarius einen Kreislauf erhält mit 4 Contrapunkten, indem z. B. dem Akme des

27 ZD: im dem

a und b (des Winters, Nacht, und Sommers, Mittags) zween andre Akme's von c zwischen liegen müssen, in deren einen, c das in a untergangne b aufsteigend emporführt (Frühling, Morgen), in dem andern dasselbe c das b dem a wieder zuführt (Herbst, Abend). –° Eben so wichtig, und lichtgebend ist der hiebei bemerkte Satz: daß *drei* Zahlen sich nur *fünfmal* versezen lassen, wovon auch der Verfasser des Versuchs über die Natur der Dinge bereits einige Folgerungen angezeigt hat. –° Für sachkundige Leser, deren Zahl hier ziemlich gering seyn dürfte, bemerke ich hier nur noch folgendes. 1) Jener Ternarius, welcher als gleichsam der Radius der esoterischen Einheit, hier sich im Quaternarius, als seiner Peripherie evolvirt, hat selbst schon jene Einheit, als Beweger in sich, und es past also für ihn, als noch latenten Quaternar die Bezeichnung $\triangle\!\!\cdot$. 2) In dem ausser und überzeitlichen Systeme fallen nothwendig jene beeden Tags oder Jahrzeiten, in denen das Band (der Geist) vorherrschend ist, ewig ineinander; Aufgang, Aufsteigen, und Niedergang, Absteigen, Frühling, Morgen, und Herbst, Abend, Blüthe und Frucht begegnen sich hier unaufhörlich, und weder a noch b vermögen einzeln zur Herrschaft empor zu kommen.

UEBER DEN AFFECT DER BEWUNDERUNG UND DER EHRFURCHT (1804)

EDITORISCHER BERICHT

a. Zur Entstehungsgeschichte des Textes

Zur Entstehung des kleinen Textes *Ueber den Affect der Bewunderung und der Ehrfurcht* (1804) findet sich in Baaders Briefwechsel kein Beleg. Die aus den nächsten Jahren nach der Veröffentlichung des *Pythagoräischen Quadrats* (1798) bis 1804 erhaltenen Briefe zeigen, dass Baader in jenen Jahren auf die bergmännischen Aufgaben und den beruflichen Aufstieg konzentriert ist.[1] Die wenigen Aufsätze, die er damals publiziert hat, haben mit wirtschaftlichen und bergmännischen teilweise auch gesellschaftspolitischen Fragen zu tun.[2] Aus der Biographie Hoffmanns erfährt man, dass er sich 1800 mit Franziska von Reisky verheiratet hat und ein Jahr später korrespondierendes Mitglied des *Conseil des Mines* in Paris sowie frequentierendes (und ab 1808 residierendes) Mitglied der Bayerischen Akademie der Wissenschaften philosophischer Klasse in München wird.[3]

1803 beklagt Friedrich Schlegel in seiner Zeitschrift *Europa* ausdrücklich, dass es »ein Verlust für die Philosophie« sei, »wenn solche Männer«, wie der tiefsinnige Naturphilosoph Baader, »sich von der Literatur zurückziehen«.[4] Jedoch war Baader in jenen Jahren philosophisch nicht untätig. Vereinzelte Briefe an Jacobi, Kleuker, Sailer und Stransky aus den Jahren 1799, 1804 und 1805 beweisen, dass Baader neben seiner ausgedehnten Amtsarbeit für ein intensives Studium der Theosophie und der Mystik Zeit gefunden hat.[5] Hierzu gehört auch die eingehende Lektüre der Werke von Saint-Martin und Böhme, anhand derer Ludwig Tieck bereits um 1804 den Eindruck gewann, Baader zeige eine umfassende

1 Vgl. Susini 1942a, S. 217 ff. und Susini 1951, S. 76 ff.

2 Vgl. Baader 1851–1860, Bd. 6, S. 1–10 (I), 167–212 (IX–XIII) und Susini 1951, S. 99 ff.

3 Vgl. ebd., Bd. 15, S. 35 f.

4 Vgl. Schlegel 1975, S. 8.

5 Hierzu vgl. Baumgardt 1927, S. 38 ff. und die Briefe an Jacobi vom 24. Februar 1799, an J.W. Ritter vom 14. März 1803, an Kleuker vom 6. November 1804 und an Stransky vom 5. Juni 1804 in Baader 1851–1860, Bd. 15, S. 184–191 sowie an Sailer vom 22. März 1805 in Susini 1942a, S. 241 f. (Kommentar in Susini 1951, S. 118 f.).

und einzigartige Gelehrsamkeit in Hinblick auf diese Literatur.[6] Im selben Jahr erklärt Baader selbst in einem Brief an Kleuker, den Verfasser des *Magikon,*[7] wie ihm dank seines Werkes die Philosophie von Saint-Martin fasslich wurde:[8] So habe er seine theologischen Interessen am Modell des Martinismus weiterentwickeln und insbesondere den theo-

[6] Vgl. L. Tieck: *Erinnerungen aus dem Leben des Dichters nach dessen mündlichen und schriftlichen Mittheilungen von Rudolf Köpke,* Teil 1, Leipzig 1855, S. 311 f.: »Zunächst beschloß Tieck, mit der Schwester nach München zu reisen, wo man dem ersehnten Lande des Südens soviel näher war. Hier verschlimmerte sich ihr Zustand seit dem Herbste 1804. Ihr Leben war in Gefahr, eine weitere Reise unmöglich; man mußte sich, so gut es gehen wollte, heimisch zu machen suchen. Manche Bekanntschaft ward indeß angeknüpft, mit Radlof, dem wunderlichen Sprachforscher, mit Sailer, dem frommen Bischofe, endlich mit Franz Baader, der für Tieck durch seine theosophische Weisheit der Merkwürdigste war. [...] Selten mag Jemand ein größeres Talent für die augenblickliche Rede besessen haben als Baader, und niemals trat es glänzender hervor, als wenn es Gegenstände tiefsinniger Wissenschaft, der Religion, der Philosophie betraf. Unaufhaltsam flossen dann seine Worte, jeden Einwurf brachte er zum Schweigen, die Gewalt seiner Ueberredung riß mit sich fort. Das nächste Thema, was beiden am Herzen lag, war Jakob Böhme. In einem dreistündigen Monologe ergoß sich Baader; die Unterhaltung hörte auf. Alles Verwandte aus andern Mystikern, was er sonst über sie gelesen hatte, war ihm gegenwärtig. Er zeigte eine umfassende Gelehrsamkeit in dieser Literatur, und Fülle der Gedanken, mystischen Tiefsinn. Doch war es selbst für Tieck's damalige Ansichten des Geheimnisses, der orakelmäßigen Dunkelheit zu viel. Er vermochte ihm in die verschlungenen Gänge seiner Speculation nicht zu folgen. Später zeigten sich auch Schwächen, Widersprüche und Sonderbarkeiten. Er war ein erregbarer, schwer zu fassender Charakter, der oft unerklärlichen Einflüssen unterlag. Philosophischer Tiefsinn und Aberglaube, Haß und Liebe verbanden und durchkreuzten sich.«

[7] Johann Friedrich Kleuker: *Magikon oder das geheime System einer Gesellschaft unbekannter Philosophen unter einzelne Artikel geordnet, durch Anmerkungen und Zusätze erläutert und beurtheilt, und dessen Verwandtschaft mit ältern und neuern Mysteriologien gezeigt,* 2 Teile, Frankfurt am Main-Leipzig 1784. Der Text beinhaltet im ersten Teil eine analytische Synthese zweier Schriften des französischen Theosophen Louis-Claude de Saint-Martin (zum einen *Des erreurs et de la verité*, 1775 und zum anderen *Tableau naturel des rapports entre Dieu, l'homme et l'univers*, 1782) und im zweiten Teil, die Interpretation dieser Thesen innerhalb eines umfassenderen historisch-religiösen Kontextes. Die Entstehung dieser Schrift verdankt sich der Forderung nach Klarheit, bedingt durch die Vervielfachung der Freimaurerlogen, vor welcher der Ausrichter des Freimaurerkonvents in Wilhelmsbad 1782, Herzog Ferdinand von Braunschweig-Wolfenbüttel, warnte. Um die uneinheitlichen Einstellungen der einzelnen Logen näher zu bestimmen, bat er Kleuker darum, anhand der bis dahin veröffentlichten Bücher des Theosophen aus Ambois, nämlich *Des erreurs et de la verité* und *Tableau naturel,* Rechenschaft über den Martinismus abzulegen. Das in diesem Zusammenhang entstandene Werk Kleukers wurde später dank der Bemühung des Herzogs in Druck gegeben.

[8] Vgl. Baader an Kleuker am 6. November 1804 in Baader 1851–1860, Bd. 15, S. 188 f. Zu diesem Brief ausführlich in Baumgardt 1927, S. 224 ff.

sophischen Gedanken von der Entstellung und Verderbtheit alles materiellen zeitlichen Lebens vertiefen können.[9]

Einige Monate später schreibt Baader in einem Brief an den Bischof Sailer, er habe seit einiger Zeit eine mühevolle Arbeit begonnen, mit der er eine Parallele zwischen Saint-Martin und Böhme ziehen wolle.[10]

Dennoch erschöpft diese fortwährende Beschäftigung Baaders mit der Mystik nicht sein damals weitreichenderes Interesse an der Naturphilosophie, insbesondere an deren elektrochemischen und magnetischen Experimenten, die er nun dank der empirisch gestützten (und zugleich hochspekulativen) Studien des Physikers, Johann Wilhelm Ritter, nicht nur theoretisch, sondern auch praktisch vertiefen kann.[11] In diesem Zusammenhang hatte er Ritter im März 1803 aufgefordert, ein Exemplar seiner Druckschrift nach München zu senden.[12] Ein Jahr später erhielt Ritter durch die Fürsprache Baaders den Ruf als Physiker an die Königliche Bayerische Akademie der Wissenschaften zu München, dem er tatsächlich folgte. Hier beschäftigten sich beide zunächst mit physikalischen bzw. galvano-magnetischen Experimenten, dann, zusammen mit dem von Würzburg umgesiedelten Schelling, auch mit Untersuchungen der Siderismus-Phänomene.[13]

In dieser Phase der, so nur selten anzutreffenden, Vielgeschäftigkeit von Interessen und Tätigkeiten erfolgte 1804 die Publikation von *Ueber den Affect der Bewunderung und der Ehrfurcht*. Der knapp zwei Spalten lange Aufsatz erschien in dem von Johann Christoph von Aretin (1772–1824) und Joseph Marius von Babo (1756–1882) herausgegebenen Blatt *Aurora. Zeitschrift aus dem südlichen Deutschland*: Ein dreimal wöchentlich erscheinendes und »in losen, unvollzähligen Blättern, auf der Hof- und Staatsbibliothek München« vorhandenes Journal, in dem auch Görres eine Vielzahl von für seine Entwicklung wichtigen und vom Publi-

9 Vgl. Baader an Jacobi am 24. Februar 1799 in ebd., Bd. 15, S. 185 f. und an Stransky am 5. Juni 1804, S. 190.

10 Vgl. Baader an Sailer am 22. März 1805 in Susini 1942a, S. 241 f. und den Kommentar in Susini 1951, S. 118 f.

11 Vgl. Baader an J.W. Ritter am 3. Februar 1806 in Baader 1851–1860, Bd. 15, S. 197 und 198.

12 Vgl. Baader an J.W. Ritter am 14. März 1803 in ebd., S. 187 f. Dazu vgl. auch die Briefe von Ritter an Örsted vom 18. Oktober 1802, 1. Mai sowie 4. August 1804 aus Jena in Örsted 1920, Bd. 2, S. 27 ff., 63 ff. und 69 ff.

13 Hierzu ausführlich in Richter 2003, S. 132 ff.

kum begeistert aufgenommenen Aufsätzen unter dem Titel *Korruskationen* veröffentlichte.[14]

Die Herausgabe der Zeitschrift, in welcher literarische und kulturhistorische Beiträge mit biographischen Essays, Dichtungen, Übersetzungen aus verschiedenen Sprachen, Reiseberichten sowie Aphorismen-Sammlungen alternierten, lässt sich in das geistige Klima im Bayern der Montgelas-Zeit einordnen.[15] Die akademische Landschaft Bayerns befindet sich in den ersten Jahren des 19. Jahrhunderts in einer Phase bahnbrechender Erweiterung. In der Folge der territorialen Neugliederung nach dem Frieden von Lunéville (Februar 1801) und dem Reichsdeputationshauptschluss im Herbst 1802 sowie durch die Erhebung Bayerns zum Königreich kam es zu einer neuen Konstituierung der Bayerischen Akademie der Wissenschaften und zur Gründung oder Reformierung verschiedener Universitäten wie Erlangen, Ingolstadt und Landshut. Ganz wesentlich wurde dabei der Einfluss des Staatsministers Maximilian Joseph Graf von Montgelas (1759–1838) und seiner aufgeklärten Kulturpolitik, welche neben den einheimischen Beamten und wissenschaftlichen Angestellten die zusätzliche Berufung von protestantischen Gelehrten und Akademikern aus Mittel- und Norddeutschland vorsah. Dieser Programmatik entspricht u.a. die 1804 erfolgte Berufung des Philosophen Friedrich Heinrich Jacobi zum künftigen Akademiepräsidenten und mithin die darauffolgenden Spannungen, die 1809 im sogenannten Akademiestreit zwischen Aretin und dem Präsidenten der Akademie, Jacobi, kulminierten. Als Baader seinen Beitrag 1804 publizierte, war die 1802 aus der in München gegründeten Lesegesellschaft »Musäum«[16] heraus entstandene Zeitschrift *Aurora* indes von diesen späteren Auseinandersetzungen zwischen den bayerischen und den berufenen auswärtigen Wissenschaftlern noch weit entfernt.

Der ursprüngliche Anspruch der Zeitschrift war es, ein publizistisches Begleitorgan der gesellschaftlichen Reformen Montgelas' zu sein und somit als »Ausdruck für das Herauswachsen der Romantik aus der Aufklärung, speziell in Bayern« zu fungieren.[17] Ihre konzeptuelle Heraus-

[14] Vgl. F. Schultz: »Einleitung« in *Charakteristiken und Kritiken von Joseph Görres aus den Jahren 1804 und 1805*. Herausgegeben von F. Schultz. Dritte Vereinsschrift für 1900 der Görres-Gesellschaft, Köln 1900, Teil 1, S. 1, ferner auch Walch 1930, S. 182–188 und J. Görres: *Gesammelte Schriften*, Bd. 3: *Geistesgeschichtliche und literarische Schriften 1 (1803–1808)*. Herausgegeben von G. Müller, Köln 1926, S. XIV–XVI (*Einleitung*), 73–127 (*Korruskationen*), 485–496 (Kommentar).

[15] Ebd., S. 115ff.

[16] Ebd., S. 86.

[17] Ebd., S. 118.

gabe sowie die ersten konkreten Vorarbeiten stammen – wie E. Walch gezeigt hat – von Aretin selbst, der seit 1801 leitender Vizepräsident der Bayerischen Akademie der Wissenschaften und deren Kustos war.[18] In Joseph Babo hatte er einen Mitherausgeber bzw. Redakteur gefunden, der in derartigen Arbeiten bereits Erfahrung besaß und in dem Buchhändler Joseph Scherer einen Mann »von gelehrter Bildung und auf ausgedehnten Reisen erworbener Welterkenntnis«.[19] In der in dem *Intelligenzblatt der Jenaischen Allgemeinen Literatur-Zeitung* verlegten Ankündigung steht geschrieben, Zweck der *Aurora* sei es, »den höheren Kunstsinn und Geschmack durch eine angenehme und den Erscheinungen unserer Zeit verwandte Lectüre zu verbreiten – die aber vorzüglich darauf Rücksicht nehmen wird, durch richtige und anspruchslose Darstellungen eine wahre Würdigung von dem südlichen Deutschlande vorzubereiten«.[20]

Nach dem Erscheinen des ersten Jahrganges war die Redaktion davon überzeugt, diesen Anspruch konsequent eingelöst zu haben. In dem *Epilog* zum Jahrgang 1804 wurde daher angekündigt, die Zeitschrift wolle nicht nur weiterhin »für wahre Ausbildung des Geistes und des Geschmackes« sorgen, sondern »durch den Zutritt mehrerer trefflicher Gelehrter […] auch im künftigen Jahre erscheinen, erwecken, erhellen und erwärmen«.[21] In der Tat wurde der Kreis der Mitarbeiter über München und auch Bayern hinaus erweitert. Neue bedeutende Autoren und damit auch neue Denkweisen kommen nun zu den bisherigen hinzu. Der Ideenkreis erweitert sich und somit verändert sich auch das Profil der Zeitschrift: als publizistische Weggefährtin der aufgeklärten Kulturpolitik Montgelas' konzipiert, gerät *Aurora* allmählich »in den mitreißenden Strom der Romantik«.[22] Gewinnt sie freilich über die lokale Popularität hinaus an allgemeiner literarischer Bedeutung, verliert sie zugleich bei der Mehrzahl ihrer bayerischen Leser an Interesse und mithin an Einkünften. Sicherlich ist dies eine der Hauptursachen, wie E. Walch festgestellt hat, weshalb *Aurora* schließlich mit dem zweiten Jahrgang ihr Erscheinen einstellen musste. In diesem Zusammenhang ist zum einen der Rückzug von Aretin im Lauf des Jahres 1804 von den Redaktions-

[18] Vgl. Walch 1930, S. 122.

[19] Ebd., 123 f.

[20] Vgl. *Intelligenzblatt der Jenaischen Allgemeinen Literatur-Zeitung*. Nr. 23 vom Jahr 1804, Sp. 178.

[21] Vgl. *Aurora*. 1. Jahrgang. Nr. 136, 21. Dezember 1804, S. 624.

[22] So Walch 1930, S. 134.

geschäften zu sehen, zum anderen der erfolglose Versuch des Verlegers, Joseph Scherer, die Zeitschrift an Cotta zu verkaufen.[23]

Baaders kurzer Aufsatz, *Ueber den Affect der Bewunderung und der Ehrfurcht*, enthält keinen Verweis auf Jacobi. Wegen seiner Tendenz zu einer christlich-mystischen Weltauffassung wird hier allerdings seine divergierende Bezugnahme auf ihn spürbar.[24] E. Zirngiebl hatte die intellektuelle Beziehung zwischen den Philosophen bereits 1867 dahingehend charakterisiert, Baaders Mystizismus mache dem praktischen oder subjektiven Mystizismus Jacobis gegenüber Anspruch auf objektive Erkenntnis.[25] Wenngleich Baader sich im Jahr 1798 als Schüler der Philosophie Jacobis bekennt,[26] wird es ihm nun immer deutlicher, dass Jacobis bescheidene Philosophie und ihr spekulatives Resignieren[27] weder seinem religiösen noch seinem wissenschaftlichen Anspruch genügen kann. Baader will seine mystische Philosophie spekulativ ausbauen. In seinem Aufsatz *Ueber den Affect der Bewunderung und der Ehrfurcht* stellt er die Behauptung auf, dass der Mensch einer ihn erhebenden Gegenwart, eines ›Über-ihm‹ bedürfe und dass er diesen freimachenden Einfluss von Oben nicht entbehren könne, weil er allein durch diesen zum Bewusstsein gelangen kann. Soweit stimmt Baader mit Jacobi überein.[28] Die Ansichten der beiden Philosophen gehen jedoch dann insofern gänzlich auseinander, als Baader diese Einwirkung zugleich auf das Erkennen und Wollen bezieht. Jacobi hätte einer solchen Behauptung niemals beipflichten können: denn für ihn bleibt das Glaubensgefühl die einzige Grundlage der Religion oder – wie Jacobi an Reinhold geschrieben hat – er wolle durchaus »ein Heide mit dem Verstande, mit dem ganzen Gemüthe ein Christ« bleiben.[29]

Baaders Haltung gegenüber Jacobi wird in der zweiten Auflage der Schrift (1809) anhand der mystisch-pythagoreischen Tradition konsequent offengelegt. Hier glossiert Baader seinen erst nur gestreiften Fundamentalsatz, dass der Mensch einer ihn erhebenden Gegenwart, eines

23 Vgl. Seckendorf 2014, Bd. 1, S. 87 f. und Fischer 1995, S. 204.

24 Vgl. Baumgardt 1927, S. 228.

25 Vgl. Zirngiebl 1867, S. 355.

26 Vgl. Baader an Jacobi (Regensburg, 3. Januar 1798) in Baader 1851–1860, Bd. 15, S. 172 f.

27 Jacobi hatte an Baader am 16. Dezember 1797 so geschrieben: »Ich sagte jüngst einem Freunde, der Titel meiner Philosophie wäre: *Ich bescheide mich*«; vgl. ebd., S. 171.

28 Dieser 1804 geäußerte Grundgedanke der Philosophie Baader findet sich schon *in nuce* in dem Brief an Jacobi vom 3. Januar 1798 in ebd., S. 175.

29 Vgl. Jacobi an Reinhold, in *Aus Schleiermacher's Leben. In Briefen*. Zweite Auflage, Bd. 2, Berlin 1860, S. 349 bzw. Jaeschke 1993a, S. 392 und vgl. auch seinen Brief an Hamann vom 16. Juni 1783: »Licht ist in meinem Herzen, aber so wie ich es in den Verstand bringen will, erlischt es«, zit. auch in Sauter 1928, S. 533.

›Über-ihm‹ bedürfe, mit einer langen pythagoreischen – mit Anklängen an die damit verwandte Freimaurerei – spekulativen Anmerkung, in der nicht mehr von einem ›Über-ihm‹ bzw. einer Weltgegend die Rede ist, sondern die Analogie der Ehrfurcht zugleich auf die vier Weltgegenden des 1798 publizierten *Pythagoräischen Quadrats* zurückgeführt wird. Diese zweite Auflage der Schrift *Ueber den Affect der Bewunderung und der Ehrfurcht* bildet eine interessante Ausnahme bezüglich der Rezeptionsgeschichte dieses kleinen Aufsatzes, die Baaders Werk unmittelbar betrifft. Denn die genannten mystisch-pythagoreischen Texterweiterungen erinnern sehr lebhaft, wie R. Ch. Zimmermann angemerkt hat, an die Art, wie in den *Wanderjahren* Goethes von den Ehrfurchten gesprochen wird.[30] In diesem Zusammenhang hatte E. Trunz in seinem Kommentar zu diesen Auszügen bei Goethe bereits auf pythagoreische und kabbalistische Gedanken im Werk Goethes verwiesen.

Dass Goethe diese Schrift Baaders erst im September 1809 gelesen hat, nachdem ihm Bettine von Arnim ein Exemplar der eben erschienenen gesammelten *Beiträge zur dinamischen Philosophie im Gegensaze der mechanischen*, in denen diese Schrift wiederabgedruckt wurde, zugeschickt hatte,[31] ist durchaus wahrscheinlich. Zumal er bereits am nächsten Tag Bettine antwortete: »Franz Baadern werden Sie schönstens für das Gesendete danken. Es war mir von den Aufsätzen schon mancher einzeln zu Gesichte gekommen. Ob ich sie verstehe weiß ich selbst kaum; allein ich konnte mir manches daraus zueignen«.[32]

b. Zur Edition des Textes

Der Edition des Textes *Ueber den Affect der Bewunderung und der Ehrfurcht* liegt der Erstdruck (ED) zugrunde, der in der Nummer 120 des von Johann Christoph von Aretin (1772–1824) und Joseph Marius von Babo (1756–1882) herausgegebenen Journals *Aurora, Zeitschrift aus dem südlichen Deutschland* im Jahr 1804 auf den Seiten 478–79 erschienen ist. Die Zeitschrift wurde allein für zwei Jahrgänge (1804/05) verlegt. Sie ist im Quartformat gehalten und in Fraktur-Schrift gesetzt. Die wenigen Fußnoten sind in einer kleineren Schrifttype gedruckt und durch ein bzw. mehrere hochgestellte Sternchen mit folgender Schlussklammer kennt-

[30] Vgl. Zimmermann 1964, S. 276.

[31] Vgl. S. Schormann: *Bettine von Arnim. Die Bedeutung Schleiermachers für ihr Leben und Werk*, Tübingen 1993, S. 24 Anm. 96 und Anm. 97.

[32] Vgl. Goethe 1993, S. 487 (Nr. 401).

lich gemacht. Eine größere Schrifttype findet sich auf den Titelblättern und in den Überschriften. Fremdsprachensatz (Französisch, Latein, Italienisch, Englisch) erfolgt in Antiqua-Schrift. Hervorhebungen sind, sei es in Fraktur, sei es in Antiqua zum Teil durch Sperrung, zum Teil durch einen größeren Schriftgrad und Sperrung ausgezeichnet. Diesen editorischen Richtlinien folgt auch der Erstdruck von *Ueber den Affect der Bewunderung und der Ehrfurcht*. Er ist in Antiqua gesetzt und die Hervorhebungen sind durch einfache Sperrung ausgezeichnet. Die Überschrift ist mit einer leicht größeren Schrifttype gedruckt, indes die einzige im Text vorhandene Fußnote in einer kleineren. Der auf etwa drei Spalten verteilte Text beginnt auf Seite 478 und endet auf Seite 479. Ihm geht die Fortsetzung des anonym veröffentlichten Artikels *Armuth der französischen Literatur; oder belletristische Uebersicht vom Jahre XII.* (*Beschluß*) (S. 477–78) vorher und folgt das Ende des Gedichtes *Der Herbstsonntag im Hofgarten zu München* (S. 479–80), das mit dem Monogramm »Ah-d« endet.

Dem Druck vorliegender Ausgabe liegt das Exemplar der Thüringer Universitäts- und Landesbibliothek Jena mit der Signatur »4Hist.lit.XV, 60« zugrunde. Mit diesem Exemplar wurden folgende weitere kollationiert: Niedersächsische Staats- und Universitätsbibliothek Göttingen mit der Signatur »4 SVA II, 1415/HG-FB« und Bayerische Staatsbibliothek München mit der Signatur »4 Per. 5-1804/05«. Bei der Kollationierung dieser drei Exemplare untereinander zeigten sich keine Presskorrekturen d. h. während des Druckes wurde nicht in den Satz eingegriffen. Die vorliegende Edition lässt den Text des Erstdrucks unverändert. Die Schreibweise der Edition folgt den festgestellten Richtlinien, die oben im Vorwort angegeben wurden. Sonstige Abweichungen und Druckfehler sind im textkritischen Apparat verzeichnet.

Ein zweiter Druck (ZD) von *Ueber den Affect der Bewunderung und der Ehrfurcht* wurde zu Lebzeiten des Autors als vierter Beitrag in dem Sammelband *Beiträge zur dinamischen Philosophie im Gegensaze der mechanischen* (S. 106–112) veröffentlicht, der 1809 in Berlin bei der Realschulbuchhandlung erschien.[33] Der Text von ZD ist in Fraktur gesetzt und mit der römischen Ziffer IV über der Überschrift gekennzeichnet. Die Fußnoten sind in einer kleineren Schrifttype gedruckt und durch ein bzw. mehrere hochgestellte Sternchen mit folgender Schlussklammer kenntlich gemacht. Hervorhebungen sind zum Teil durch Sperrung, zum Teil durch

[33] Darüber bereits im editorischen Bericht zu Baaders *Beyträgen zur Elementar-Phisiologie* (1797); vgl. oben S. 47 f.

einen größeren Schriftgrad und Sperrung ausgezeichnet. Die fremdsprachigen Texte (Französisch, Latein und Englisch) werden in Antiqua wiedergegeben, zum Teil durch Sperrung ausgezeichnet. Zwischen der Überschrift und dem Text wurde ein französisches Zitat aus *De l'esprit des choses* (1800) von Louis-Claude de Saint-Martin eingefügt.[34]

Dieser zweite Druck wurde intern bzw. mit zwei weiteren Exemplaren ein und derselben Auflage verglichen.[35] Bei dieser (internen) Kollationierung der drei Exemplare zeigten sich keine Presskorrekturen d. h. während des Druckes wurde nicht in den Satz eingegriffen. Andere Textvarianten, etwa in Form von differierender Schreibweise, sind im textkritischen Apparat als ZDvar aufgeführt. ZD wurde schließlich extern kollationiert. Die Abweichungen von ZD gegenüber ED in Form von hinzugefügten Fußnoten, Texteinschüben oder Zusätzen sowie auch die gelegentlich praktizierten Auslassungen oder Abänderungen, durch welche die Zweitauflage den Text des Erstdrucks variiert, werden im Variantenverzeichnis wiedergegeben. Entsprechende Verweise finden sich im textkritischen Apparat des Haupttextes unter Angabe der Seite und Zeile.

Ueber den Affect der Bewunderung und der Ehrfurcht wurde zu Baaders Lebzeiten noch ein drittes Mal in Band I seiner *Philosophischen Schriften und Aufsätze* (S. 79–85) veröffentlicht, der 1831 in Münster bei der Theissingschen Buchhandlung erschien.[36] Dieser Drittdruck (DD) folgt weitestgehend dem Druck von ZD. Er ist in Fraktur gesetzt; die Fußnoten sind in einer kleineren Schrifttype gedruckt und durch ein bzw. mehrere hochgestellte Sternchen mit folgender Schlussklammer kenntlich gemacht. Hervorhebungen sind durch Sperrung, zum Teil durch einen größeren Schriftgrad und Sperrung ausgezeichnet. Die fremdsprachigen Texte (Französisch, Latein und Englisch) werden in Antiqua wiedergegeben und zum Teil durch Sperrung ausgezeichnet. Der Text von DD wurde mit zwei weiteren Exemplaren intern verglichen. Dabei haben sich keine Presskorrekturen sowie keine relevanten Textvarianten gezeigt. Externe Abweichungen von DD gegenüber ED und ZD sowie die gelegentlich praktizierten Auslassungen oder Abänderungen werden indes im Variantenverzeichnis aufgeführt.

Der Druck in ED folgt wie ZD und DD in Interpunktion und Orthographie dem damaligen Sprachgebrauch. Diese Veränderungen des Tex-

[34] Vgl. unten erklärende Anmerkung zu 152, 8 auf S. 301.

[35] Näheres dazu oben S. 48 f.

[36] Darüber bereits im editorischen Bericht zu Baaders *Beyträgen zur Elementar-Phisiologie* (1797); vgl. oben S. 49–51.

tes werden im textkritischen Apparat nicht ausgewiesen. Einige typische Beispiele für die nicht einheitliche Rechtschreibung innerhalb von ED sowie die Anpassung des Textes in Orthographie und Zeichensetzung an die gebräuchlichen Regeln in ZD und DD sind in der oben verzeichneten Liste auf S. 51–53 aufgeführt.

Ueber den Affect der Bewunderung und der Ehrfurcht.

In: »Aurora, eine Zeitschrift aus dem südlichen Deutschland«
Herausgegeben von J. C. Freiherr von Aretin und J. M. Babo
Nr. 120. 1804, S. 478–479.
München, in der Schererschen Buchhandlung.

1 Ueber] ZD *überschreibt*: IV. · DD *überschreibt*: III. 1 Ehrfurcht] *siehe S. 152 zu 147, 1*

Dem Satze: non progredi est regredi –° nicht fortschreiten ist rückgehen – könnte man einen zweiten nicht minder wahren: non elevari est labi –° nicht erhoben werden ist sinken – zur Seite stellen; denn nichts ist gewisser, als daß der Mensch, wenn er nicht schlecht – werden oder bleiben soll, einer ihn *erhebenden* Gegenwart, eines *über ihm* bedarf.

Erhoben fühlt sich das Gemüth in dem Affecte der Bewunderung und dem ihm nahe verwandten der Ehrfurcht oder Achtung.° Des ersteren Affectes ist nähmlich der Mensch im Gebrauche seines höheren Erkenntnißvermögens, des zweiten in dem seines höheren Begehrungsvermögens fähig, das heißt, in seinem Vermögen *ein höheres* wahrzunehmen, und es zu begehren.

Je leichter und reiner diese beiden Affecte in einem menschlichen Gemüthe bei Darhaltung des wahrhaft Bewunderungs- und Achtungswerthen ansprechen, um so freier, edler, besser ist dieses Gemüth, so wie umgekehrt die Unfähigkeit desselben zur Erregung und Belebung dieses doppelten Affectes bei gleicher Nähe oder Intensität des angebrachten Reitzes sehr bestimmt den Grad seiner Gebundenheit, Stumpfheit und Niederträchtigkeit – des Trachtens nach Niedrigem – angibt. In der untersten Stufe dieser Verdorbenheit oder Rohheit tritt an die Stelle der Bewunderung nur noch das blinde Staunen, an die der Ehrfurcht bloße, gleichsam knechtische Furcht. Beide wirken niederhaltend auf das Gemüth.

In der That geht im menschlichen Gemüthe hier – nähmlich beim Darhalten oder Nähern des Bewunderungs- und Achtungswerthen – dasselbe vor, was die Physiker *die Erregung* – zum Beispiel der electrischen, magnetischen Form etc.° – *durch Vertheilung* nennen[A].° Die bei-

A Bekanntlich war es eben dieses unter tausend Gestalten wiederkehrende Phänomen,° was in Deutschland die Naturphilosophie weckte,° und hier wird nun das Resultat

1 Dem⌉ *siehe S. 152 zu 149, 1* 1 Satze⌉ ZD: Saze 1 rückgehen⌉ ZD: rükgehen 2 zweiten nicht minder wahren:⌉ ZD DD: zweiten, eigentlich dasselbe nur bestimmter ausdrüken-den: 5 *erhebenden*⌉ ZD DD: erhebenden 5 *über ihm*⌉ ZD DD: über ihn 5 bedarf⌉ *siehe S. 152 zu 149, 5* 6 Bewunderung⌉ ZD DD: Bewundrung, 10 *höheres*⌉ ZD DD: *Höheres* 13–14 Achtungswerthen⌉ ZD DD: Hochachtungswerthen 18 angibt.⌉ *siehe S. 152 zu 149, 18* 21 gleichsam⌉ ZD *und* DD *lassen aus* 21 wirken niederhaltend⌉ ZD DD: würken *niederhaltend* 22 Gemüth⌉ *siehe S. 152 zu 149, 22* 25 *die*⌉ ZD DD: die 28 weckte⌉ ZD: wieder wekte · DD: wieder weckte 28 und⌉ *In* ZD *und* DD *fällt aus* 28 nun⌉ ZD DD: aber

den Gemüthsformen – die höhere und niedrige, gute und schlechte – trennen und scheiden sich, und erst nachdem diese Duplicität im Gemüthe des Menschen hergestellt ist, und nur so lange, als sie durch jenen höheren Einfluß – eines über ihm – hergestellt bleibt, oder besteht, wird der Mensch seiner Doppelnatur, und seiner Freiheit im Erkennen und Wollen, das ist, der Befreiung seines höheren Erkenntniß- und Begehrungsvermögens von dem niedrigen, inne.°

Diese Scheidung, wechselseitige Befreiung, oder wenn man will, Polarität des Gemüthes ist nun zwar unzähliger Stufen oder Grade der Intensität fähig; aber ganz kann sie, so lange der Mensch nur als solcher sich seiner bewußt bleibt, aus dem Gemüthe nicht verschwinden. *Sie ist aber in jeder Stufe das Werk desselben höheren Einflusses Eines und desselben über ihm*, und es ist falsch, wenn man wähnt, daß der Mensch diesen zuerst freimachenden Einfluß von oben entbehren, und also auch wohl *allein* zum Bewußtseyn gelangen, und sich in ihm erhalten könnte. – Ein alter Wahn, der erst wieder durch Kant in Ansehen gekommen ist. –° Im Gegentheil, so wie das physische Leben überall erst durch den scheidenden, aufschließenden, Polarität hervorrufenden Einfluß der physischen Sonne geweckt und unterhalten wird – eine Scheidung, die sich im ersten Zwiste dieses Lebens als Wärme kund gibt –° eben so entstände und bestände der höhere Lebenszwist des psychischen Lebens im Menschen nicht, ohne der kräftigen Gegenwart, dem ausschließenden öffnenden Einflusse Einer psychischen Sonne – der gottlose Mensch sohin = der sonnenlosen Erde.°

Wenn nun schon die Anerkenntniß oder das Gewahrwerden dieses lebenweckenden Höheren meistens nur auf der ersten oder untersten Stufe – nähmlich der des dunkeln *Gefühles* – bleibt,° so ist doch der Wunsch und die Überzeugung der inneren Möglichkeit, diese Erkenntniß steigern, und das, was man nur noch – gleichsam im Finstern –

eines gelungenen Versuches angedeutet, dasselbe Phänomen auf das Bewußtseyn
199 anzuwenden. |°

1 Gemüthsformen] ZD DD: Gemüthsgestalten 1 gute] ZD DD: die gute 2 scheiden sich] ZD DD: scheiden (marquiren) sich 4 ihm] ZD DD: ihn 4 bleibt,] ZD DD: bleibt 5 und] *In* ZD *und* DD *fällt aus* 9 Gemüthes] ZD DD: Gemüths 11 bewußt] ZD: bewust 13 *ihm*] ZD DD: *ihn* 15 Bewußtseyn] ZD: Bewustseyn 16 Kant] ZD: *Kant* 18 aufschließenden] ZD DD: aufschliessenden 19 Scheidung,] ZD: Scheidung 20 Wärme] ZD DD: *Wärme* 20 gibt] ZD DD: giebt 22–23 ohne … Mensch] *siehe S. 153 zu 150, 22–23* 26 ersten oder untersten] ZD DD: untersten, ersten 27 der des] ZD: oder des 30 Versuches] ZD DD: Versuchs 30 auf das Bewußtseyn] ZD: auf eine Theorie des Bewustseyns · DD: auf eine Theorie des Bewußtseyns

fühlt, auch klar *sehen* zu können, allerdings in der besseren Natur des Menschen gegründet, | [479] was auch dagegen die schlecht verschleierte Ignoranz jener seichten Pseudo-Aufklärungs-Philosophie vorbringen mag. Im Gegentheil zeigt sich der Obscurantism dieser Aufklärerei, als der wahren Cultur des Menschen widerstrebend und ihr gefährlich. Denn wenn der Anblick oder das Sehen der Sonne selbst nur das Pfand oder Merkzeichen ihrer kräftigsten oder freiesten Gemeinschaft mit mir – als Schauendem – ist, so fällt ja auch das Bestreben, zu diesem Sehen zu gelangen, mit jenem, diese höchste Freiheit der Gemeinschaft zu erringen, sohin das Medium möglichst rein und leitend zu erhalten, in Eins zusammen. Nun ist aber letzteres gerade nur der Zweck aller – moralischen – Cultur und ächten *Aufklärung*, das heißt, Läuterung, Reinigung, Hellung des inneren Auges. –°

In obiger Hinsicht kann man nun allerdings sagen, daß der Geist des Menschen wirklich und überall nur auf Wunder ausgeht, und nicht eher ruht, bis er zum allein Bewundernswerthen durchgedrungen ist. Wie das Herz in der Ehrfurcht, so ruht sohin der Geist im Wunder,° und der bessere Theil des menschlichen Gemüthes lebt und erhält sich am Leben durch diesen doppelten Affect. Bringen darum Umgebungen und Handlungsweisen einen Menschen dahin, daß sein Kopf nichts mehr zu bewundern, sein Herz nichts mehr zu achten und zu verehren hat, so verdirbt sein psychisches Leben und erkrankt, wie jedes Leben verdirbt, dem seine eigentliche Nahrung mangelt; und diese Quelle der Verdorbenheit hat Jean Paul treffend in jener Stelle des Kampanerthales bezeichnet, wo es heißt: »Ist aber einmahl unser nothwendiger Thierdienst vorbei, der bellende innere Thierkreis abgefüttert, und das Thiergefecht ausgemacht, dann fordert der innere Mensch seinen Nectar und sein Himmelsbrot, der sich, wenn er nur mit Erde abgespeiset wird, alsdann in einen Würgengel und Höllengott verwandelt, der zum Selbstmorde treibt, oder in einen Giftmischer, der alle Freuden verdirbt.«°

1 zu können] *siehe S. 153 zu 151, 1* 3 mag] *siehe S. 153 zu 151, 3* 5 Denn] ZD: Denn, 6 der Sonne] ZD DD: in der Lichtregion 7 oder] ZD DD: und 8 ist,] *siehe S. 153 zu 151, 8* 8 Bestreben, zu diesem] ZD: Bestreben 8 Sehen] ZD: Schauen 10 Medium] ZD DD: medium 10 möglichst] DD: möchlichst 10 leitend] ZD DD: leitend (durchsichtig) 10 in Eins zusammen] ZD DD: *in Eins zusammen* 11 letzteres gerade] ZD: gerade lezteres · DD: gerade letzteres 11 moralischen] ZD DD: sogenannten moralischen 12 das heißt,] ZD: das heist, · DD: das heißt 13 inneren Auges. –] ZD DD: innern Auges. 16 ruht,] *siehe S. 153 zu 151, 16* 16 Bewundernswerthen] ZD: bewundernswerthen 16 ist.] *siehe S. 153 zu 151, 16* 17 Wie … Wunder,] *siehe S. 153 zu 151, 17* 21 zu achten und zu verehren] ZD DD: zu verehren und zu achten 22 hat] *siehe S. 154 zu 151, 22* 23 mangelt;] ZD DD: mangelt, 25 einmahl] DD: einmal 30 verdirbt.«.] *In* ED *folgt die Unterzeichnung:* F. B.

Variantenverzeichnis

147, 1 Ehrfurcht⌉ ZD *und* DD: Ehrfurcht*Fußnote.:* Dieser kleine Aufsatz erschien in der *Aurora* 1804 mit Ausnahme mehrerer Zusätze.

149, 1 Dem⌉ *In* ZD *und* DD *ohne Einzug; es geht folgendes Zitat voran:* Oui, le besoin d'admiration dans l'homme, dépose hautement et victorieusement contre l'athéisme, et ce temoin irrévocable dont les réclamations ne cessent de retentir dans les ames, est placé au nombre des enseignes êternelles du Dieu des êtres, pour frapper de terreur les yeux de l'insensé et le renverser dans la poussière.°

149, 5 bedarf⌉ ZD *und* DD: bedarf*Fußnote.:* Das *über ihn* tritt freilich *als solches* nie in die Sphäre des Gegenwärtigen im engern Sinne (des Du) herab. Aber der Mensch bedarf einer Gegenwart (eines Du) welche ihn mit jenem über ihn in Verbindung sezt, und erhält, von einem solchen *zeugend,* an selbes *erinnernd*! und eben diese auf solche Weise erhebende Gegenwart tilgt die Würksamkeit einer andern ihr entgegengesezten, welche das menschliche Gemüth von jenem über ihn *herunter* zu ziehen strebt. Der Mensch vermag also zwar weder das Gute noch das Böse, in die Sphäre (niveau) seines eigentlich Objektiven oder seiner Umgebungen, jenes herab dieses herauf zu ziehen, aber wohl vermag er durch die Wahl des ihm Gegenüberstehenden (durch das was er sich *frei erbaut*), sein Innres dem beherrschenden Einfluß des einen oder des andern anerkennend zu überlassen, und sich ins Eine oder andre *einzumaurern.* – Wem hier nicht ein Licht über den dermaligen Zustand des Menschen und seine innre Lebensgeschichte aufgeht, der wird wenigst in unsern langweiligen breuvages moralisés, in diesen moralischen Rumford'schen Armensuppen° kein Heil gegen seine Blindheit finden.

149, 18 angibt.⌉ ZD: angiebt. · DD: angiebt, wenn nicht ein noch schlimmeres, nämlich die Empörung gegen dieses Höhere – la haine deicide. –°

149, 22 Gemüth⌉ ZD *und* DD: Gemüth*Fußnote.:* Ein und dasselbe hebt nämlich das ihm gleichartige zu sich empor, und stößt das ungleichartige zurük und *unter sich,* würkt also elevierend und präzipitirend zugleich. Hier blinkt jenes Flammenschwerd des Cherubs vor dem Paradiese in unserm Gemüthe wieder,° dessen äussre Seite blizendes verzehrendes *Feuer,* dessen innre seegnendes erfreuliches *Licht* ist, und das Gemüth ahndet dunkel und nicht

1 Ehrfurcht*Fußnote.*⌉ DD: Ehrfurcht.*Fußnote* 2 Zusätze⌉ DD: Zusäze 5 l'athéisme,⌉ DD: l'athëisme, 6 retentir⌉ ZDvar: retenlir · DD: rétentir 6 ames,⌉ DD: âmes, 6 placé⌉ ZDvar: plàcé 6 êternelles⌉ DD: éternelles 9 bedarf*Fußnote.:*⌉ DD: bedarf.*Fußnote:* 11 (eines Du)⌉ DD: (eines vermittelnden Du), 13 *erinnernd*!⌉ DD: *erinnernd*; 20–21 ins Eine⌉ DD: ins eine 21 *einzumaurern*⌉ DD: *einzumauren* 28 Gemüth*Fußnote.:*⌉ DD: Gemüth.*Fußnote:* 31 Flammenschwerd⌉ DD: Flammenschwerdt 33 seegnendes⌉ DD: segnendes

ohne geheimes Entsezen die Wiedererscheinung dieses Zweischneidigen Flammenschwerdts im Weltgerichte. Hier ist es nun eine leider sehr wahre und furchtbare, obschon von *humanen* Philosophen aus Dezenz und Politesse *ignorirte* und mit Heuchelei verdekte Beobachtung, daß der Effekt jener Präcipitation in tief verdorbnen, verruchten und in das mysterium iniquitatis eingeweihten Gemüthern selbst bis zur wahren *Gottesscheue* in *jenem* Sinne geht, in welchem der von einem tollen Hund gebissene, *wasserscheu* heist. –

150, 22–23 ohne ... Mensch⌉ ZD *und* DD: ohne die kräftige Gegenwart, den ausschließenden, öffnenden Einfluße einer *psychischen Sonne*. Der gottlose Mensch.

151, 1 zu können⌉ DD *fügt in* Zusätze und Verbesserungen *hinzu:* zu können nicht als ob man etwa zu fühlen aufhörte was man zu sehen beginnt.

151, 3 mag⌉ ZD *und* DD: mag*Fußnote.:* Gott *in* und *an sich*, d.h. das Licht selbst ohne alles und *vor* allem Sichtbaren sehen wollen, hiesse freilich ein widersprechendes verlangen. Denn nur das Sichtbare läst sich in und aus dem Lichte heraus sehen, und das Sichtbare ist überall nur Bild eines Unsichtbaren in *jeder* Region. Hier ist aber auch nur vom Sehen in eine und in einer höheren Region, aus und durch eine niedrigere hindurch die Rede.

151, 8 ist,⌉ ZD *und* DD: ist*Fußnote,:* Hier wird ein neuer phisiologischer Lehrsaz nur im Vorbeigehen angedeutet, dessen Auseinandersezung ich mir auf ein andersmal vorbehalte; nämlich, *daß das Vielerlei unsrer fünf Sinne nicht nebeneinander, sondern ineinander* (gradatim) *vorhanden sey*. –°

151, 16 ruht,⌉ ZD *und* DD: ruht*Fußnote,:* Ruhe eines Lebendigen ist nicht Unthätigkeit, sondern: il n'y a de repos ou de sabbat pour un être, qu'autant qu'il ne peut librement developper toutes ses facultés. S. *Ministère de l'Homme-Esprit*. S. 137.°

151, 16 ist.⌉ ZD *und* DD: ist, und es beweiset die Schlechtigkeit und die Entgeistung eines Menschen und eines Volkes, wenn dieses Streben sich nicht im öffentlichen Leben, in Kunst- und Volkspoesie ausspricht!

151, 17 Wie ... Wunder,⌉ ZD *und* DD: *Wie das Herz in der Ehrfurcht mit Liebe umgeben, so ruht sohin der Geist im WunderFußnote:* Dieser Saz scheint völlig neu, und ist der bisherigen Meinung entgegen, nach welcher ja eben die Bewundrung aufhören soll, wenn das Erkenntniß eingetreten ist.° Aber dieser Saz sagt doch nur dasselbe, was z.B. *Kant* damit sagte, daß unsre Vernunft eigentlich überall nur auf Ideale und Vernunftprinzipien ausgeht. Er

1 Zweischneidigen⌉ DD: zweischneidigen 7 gebissene,⌉ DD: gebissene 8 heist⌉ DD: heißt 10 ausschließenden ... Einfluße⌉ DD: ausschliessenden ... Einfluß 14 mag*Fußnote.:*⌉ DD: mag.*Fußnote:* 15–16 widersprechendes⌉ DD: Widersprechendes 16 läst⌉ DD: läßt 20–21 phisiologischer Lehrsaz⌉ DD: physiologischer Lehrsatz 23 *nebeneinander, sondern ineinander*⌉ DD: *neben einander, sondern in einander* 24 ruht*Fußnote,:*⌉ DD: ruht*Fußnote:* 26 developper⌉ DD: développer 35 Kant⌉ DD: *Kant*

sagt (in der Kritik der Urtheilskraft) »daß es Vorstellungen von gewissem und gegründetem Gehalte giebt, die viel zu denken veranlassen, ohne daß doch irgend Ein bestimmter Gedanke d.i. Begriff ihnen adäquat seyn, und die folglich auch keine Sprache völlig erreichen und verständlich machen kann.« –° Das erkennende Gemüth trift also hier auf eine Wissensquelle, aus der es immer schöpfen, woran es immer neues erkennen kann, ohne doch die Quelle ausschöpfen zu können, und nachdem selbes bis zu solch einem *Prinzip* (von Incipere, *immer neu anfangen*) durchgedrungen ist, hört es zwar auf sich zu *verwundern*, aber es fängt nun erst an jener Wissensquelle Unerschöpflichkeit zu *bewundern*. Wenn es nun einen Skeptizism giebt, welcher sein eigen Erkenntnißvermögen gleichsam als ein Feuer zurükhalten zu müssen glaubt, dessen Ausbruch alles Wissbare um ihn herum niederbrennen und aufzehren würde, und der, um die Freude des Wunderns zu genießen, seine Unwissenheit pflegt, so mag man diesem Skepticism Muth einsprechen, und ihn getrost und kek von seinem Spekulationsvermögen Gebrauch machen heissen, ohne daß er befürchten dürfe, daß ihm das Göttliche, das Gold des Wissens im Feuer seiner Spekulation in Rauch aufgehen werde, wenn freilich anders sein Göze nicht etwa die Faulheit und Bequemlichkeit ist.°

151, 22 hat] ZD *und* DD *fügen hinzu*: hat, kann er das nicht achten, was er liebet, und das nicht lieben, was er achten muß*Fußnote,:* Wodurch denn eben die Liebe aufhört Liebe zu seyn, und nur Neigung (Passion) wird, so wie die Achtung aufhört Achtung zu seyn und nur (unfreie) Furcht und Scheu wird. Eine Bemerkung, die *Kant* bei seinen Untersuchungen über das Gefühl der Achtung nicht klar geworden ist.°

5 trift] DD: trifft 8 Incipere,] DD: incipere, 9 zu] ZD: zn 9 an] DD: an, 12 Wissbare] DD: Wißbare 13 niederbrennen] ZDvar: niederbrenner 14 genießen,] DD: genießen, 15 kek] DD: keck 18 Göze] DD: Götze 21 muß*Fußnote,:*] *so* DD · ZD: muß*Fußnote:* 24 Kant] DD: *Kant*

UEBER DIE BEHAUPTUNG: »DASS KEIN ÜBLER GEBRAUCH DER VERNUNFT SEYN KANN« (1807)

EDITORISCHER BERICHT

a. Zur Entstehungsgeschichte des Textes

Zur Entstehung des Textes *Ueber die Behauptung: »daß kein übler Gebrauch der Vernunft seyn kann«* (1807) findet sich in Baaders Briefwechsel kein Beleg. Die kurze Schrift ist als polemische Reaktion auf eine Behauptung Jacobis zu sehen, die jener in seiner am 27. Juli 1807 gehaltenen Rede *Ueber gelehrte Gesellschaften, ihren Geist und Zweck* aus Anlass der feierlichen Erneuerung der Königlichen Akademie der Wissenschaften zu München aufgestellt hatte. Baaders Schrift erschien am 18. August 1807 im von Johann Friedrich Cotta gegründeten *Morgenblatt für gebildete Stände.*[1] Die Zeitschrift, die in der ersten Konzeptionsphase auf eine lediglich regionale bzw. süddeutsche Verbreitung, wenn auch mit einem vielfältigen Angebot und erweiterten Adressatenkreis zielte, schließt – u.a. unter explizitem Ausschluss tagespolitischer Inhalte – programmatisch an Schillers Entwurf aus den *Horen* an.[2] Eine Anzeige in der Beilage Nummer 22 zur *Allgemeinen Zeitung* vom 24. Dezember 1806 gibt Auskunft über den Zweck des Tageblattes, das »mit Ausnahme jedes politischen Gegenstandes Alles umfassen soll, was dem gebildeten Menschen interessant sein kann«.[3]

Cotta konzipiert ein belletristisches Journal bzw. eine Kulturzeitung mit breitem Themenspektrum, welche neben literarischen Texten auch Reisebeschreibungen, kulturgeschichtliche Artikel und literaturkritische Beiträge umfasst. Wiewohl sich die Zeitschrift nicht in erster Linie an ein gelehrtes Publikum richtete, hatte sie doch der kulturellen Elite angehörende Leserschichten im Blick. Dementsprechend wurde auch ein hohes

[1] Vgl. D. Kerlen: »Cotta und das ›Morgenblatt‹ «, in: *»O Fürstin der Heimath! Glückliches Stutgard«. Politik, Kultur und Gesellschaft im deutschen Südwesten um 1800*. Herausgegeben von Ch. Jamme und O. Pöggeler. Stuttgart 1988, S. 353–381. Die Bezeichnung der Zielgruppe als »gebildete Stände« zeigt die Verankerung des Blattes in den publizistischen Konzepten des späten 18. Jahrhunderts; ab 1837 lautet der Titel dann zeitgemäßer: *Morgenblatt für gebildete Leser.*

[2] Vgl. Fischer 1995, S. 204f.

[3] In *Allgemeine Zeitung* vom 24. Dezember 1806, Beilage Nr. 22, S. 85.

Niveau der Beiträge angestrebt.[4] Im Spektrum des süddeutschen Verlagshauses steht das *Morgenblatt* neben der einflussreichen *Allgemeinen Zeitung*, der *Tageszeitung*, in welcher tagespolitische Themen besprochen werden, und der *Deutschen Vierteljahrsschrift*, in die philosophische, wissenschaftliche, auch ästhetische Beiträge mit umfassenderem Anspruch aufgenommen werden. Das Cottasche *Morgenblatt* erscheint von 1807 bis 1865 und gehört somit zu den fest etablierten deutschen literarkritischen Medien des 19. Jahrhunderts.

Jacobis Freund, Johann Heinrich Schenk, wurde Anfang 1799 als Geheimrat ins Finanzministerium nach München versetzt und hatte sich in seiner neuen angesehenen Stellung seit 1804 bemüht, dem schon zweiundsechzigjährigen Philosophen einen Ruf an die Königliche Bayerische Akademie der Wissenschaften zu verschaffen, deren Mitglieder damals besoldet wurden.[5] Ende 1804 scheint Jacobi den Ruf nach München erhalten zu haben und am 8. Mai 1805 reist er von Eutin ab, um am 11. August in München einzutreffen. Die Fürsprache des Freundes hatte gewirkt: Begrüßt als »Bundesgenosse für Licht und Aufklärung« erneuert Jacobi zunächst als Mitglied, dann als Präsident der Akademie, u.a. die alte Freundschaft mit Baader[6] und knüpft bald neue lebhafte kulturelle Verbindungen an.[7] Erst jetzt lernt er – ebenso wie Baader – Schelling persönlich kennen, der wenige Monate nach Jacobi ebenfalls als Mitglied der Akademie und später als Sekretär der 1808 gegründeten Akademie der Bildenden Künste nach München gekommen ist.

Anscheinend sind die Beziehungen zwischen Jacobi, Schelling und Baader am Anfang dieser gemeinsamen Zeit in München verhalten aber wohlwollend:[8] Während sich Schelling und Jacobi bemühen, alte Anfeindungen nicht wieder auflodern zu lassen und irgend möglichen gefährlichen Zank zu vermeiden,[9] arbeitet Baader emsig an einem gewagten,

4 Ebd.

5 Vgl. den *Editorischen Bericht* zu Jacobi 1807 in Jacobi 2011, S. 544ff.

6 Vgl. die Briefe von Jacobi an Baader vom 14. Juni 1806 und von Baader an Jacobi vom 16., 19. und 27. Juni 1806. Vgl. Baader 1851–1860, Bd. 15, S. 199–205 und dazu Susini 1983, S. 22ff.

7 Vgl. Jacobi 2011, S. 547.

8 Ebd., S. 548.

9 Gemeint ist hier das Buch von Friedrich Köppen: *Schellings Lehre oder das Ganze der Philosophie des absoluten Nichts. Nebst drei Briefen verwandten Inhalts von Friedr. Heinr. Jacobi* (Hamburg 1803), in dem Jacobi vor allem in seinem zweiten Brief Schellings Identitätssystem von 1801 kritisiert hatte; vgl. Jaeschke 1993, S. 235ff. Schelling plante schon damals eine Gegenschrift, die allerdings ausgeblieben ist. Hierzu vgl. die Briefe von Schelling an Hegel in *Briefe von und an Hegel.* Herausgegeben von J. Hoffmeister. Hamburg 1969, Bd. 1, S. 70–76. Erst 1812 mit dem sogenannten Theismusstreit

zum Scheitern verurteilten Unterfangen: Er hegt die »Hoffnung« zwischen den beiden Akademikern die »Copula« zu werden und somit eine Verquickung von Jacobis Gefühlsphilosophie mit der Naturphilosophie Schellings herstellen zu können.[10] Darüber berichtet Jacobi in einem Brief vom 26. Juni 1806 an Georg Heinrich Ludwig Nicolovius ironisch:

> »Seit 4 Wochen ist auch Franz Ba[a]der wieder hier. Er hat sich eine Transfusion vorgenommen meiner Theologie mit Schellingscher Naturphilosophie, nehmlich Schelling soll einnehmen was von wahrer Weisheit in mir ist und ich soll einnehmen was von wahrer Weisheit in Schelling ist: daraus meint er würde denn Jacob Böhm werden, und St. Martin, und er selbst. Heute Abend will er mit Ritter zu mir kommen und ich soll von ihnen beyden einen naturphilosophischen Angriff aushalten. Ich mag dies Getreibe wohl, so lang es nicht zu arg wird«.[11]

Die Stimmung ist also von Freundlichkeit und Geduld geprägt, wobei Jacobi sehr zurückhaltend bleibt: denn – wie er Köppen erklärt – »Mein Genius warnte mich auf die bestimmteste Weise, daß [...] in Schelling ausschließend die Liebe der Natur; in mir überwiegend die Liebe des Übernatürlichen« herrscht.[12] Trotzdem sind beide Philosophen im ersten Jahr in München zu einer gewogenen Zusammenarbeit gekommen. Jacobi zieht sogar Schelling bei der Überarbeitung seiner Rede zur Neueröffnung der Königlichen Akademie der Wissenschaften im Juli 1807 zurate und tatsächlich versieht Schelling seinen Text mit einer Reihe von Anmerkungen.[13] Inzwischen hat Baader Jacobi brieflich versichert, Schelling wolle sich gar nicht seinen Gott machen und die Vernunft zu Verstand bringen. Vielmehr sehe er – fährt Baader fort – »die Entäußerung und also die Blindheit des Verstandes für Sündenfolge« an und wolle darum »den Knecht und Werkmeister (den Verstand) seinem Herrn wieder unterordnen«. Nach Schelling – so Baader – widerstreite die Vernunft dem Verstand nicht: Symbol und Verstandesbegriff schlös-

findet die Spannung zwischen Jacobi und Schelling ihre definitive Entladung: Als Jacobi mit seiner 1811 erschienenen Schrift *Von den göttlichen Dingen und ihrer Offenbarung* Schelling erneut angriff, schlug er mit seinem *Denkmal der Schrift von den göttlichen Dingen etc. des Herrn Friedrich Heinrich Jacobi* heftig zurück und führte so endlich den Sturz des Akademiepräsidenten herbei. Hierzu vgl. Kantzenbach 1980, S. 114 ff.

10 Vgl. Baader 1851–1860, Bd. 15, S. 199 f. (Baader an Jacobi am 16. Juni 1806).

11 Vgl. *Aus F.H. Jacobi's Nachlaß. Ungedruckte Briefe von und an Jacobi und Andere*. Herausgegeben von R. Zoeppritz, Bd. 2, Leipzig 1869, S. 15.

12 Vgl. *Jakob Friedrich Fries. Aus seinem handschriftlichen Nachlasse*, dargestellt von E. L. T. Henke. Leipzig 1867, S. 311 Anm. Es handelt sich dabei um einen für Köppen geschriebenen Text vom 16. September 1806, den Jacobi dann seinem Brief an Fries vom 26. November 1807 beifügt.

13 Hierzu vgl. Jacobi 2011, S. 549.

sen einander nicht aus, vielmehr sei letzterer allein Träger des ersteren, ähnlich wie die organische Form Bedingung für die höhere Lebensoffenbarung sei.[14]

Hofft Baader mit seinen Briefen auf eine theoretische Annäherung zwischen den Positionen der beiden Akademiker, versucht er dabei auch Jacobis Zustimmung gegenüber einem naturphilosophischen Ansatz in der Philosophie einzuholen. Mit Schelling betrachtet er sich als einen »der ersten Auguren dieser Naturansicht« und will Jacobi zu der Einsicht bewegen, dass die Naturphilosophie »die *Natur* selbst wieder« offenbare und »wer die Natur über der Materie vergisst und läugnet, der läugnet auch um so leichter den Menschen, und in ihm Gott«.[15] Das »Übernatürliche« ist für Baader »nicht Unnatur« und »das Übersinnliche ist nicht un-, nicht nicht-sinnlich«.[16] Er bezweckt dadurch freilich nicht – wie Jacobi ihm brieflich unterstellt – »naturphilosophisch« das »Unsichtbare sichtbar zu machen«, geschweige denn das »Unkörperliche zu verkörpern«.[17] Vielmehr versucht er »das Körperauge« für den Geist »durchsichtig und leitbar« zu machen, damit sich »der höhere symbolische Sinn in der Natur um und unter uns« offenbaren kann.[18] Trotz alledem bleibt nicht nur Baaders philosophische Vermittlung zwischen Schelling und Jacobi vergeblich, sondern, da Jacobi weder einen Sinn für Baaders naturphilosophischen Ansatz hat, noch Interesse an Baaders theosophischer Vertiefung zeigt, beginnen von nun an die Differenzen zwischen ihnen immer deutlicher hervorzutreten – während das Einvernehmen mit Schelling, der sich in eine sehr verwandte Richtung entwickelt, in der Folge zunimmt.

Die zahlreichen Berufungen norddeutscher protestantischer Gelehrter und Beamter an die Münchener Akademie der Wissenschaften fanden in der Folgezeit in internen Spannungen und Anfeindungen ihren Ausdruck. Durch diese Berufungen hatte König Maximilian I. Joseph von Bayern (1756–1825) mit seinem wichtigsten Berater, Maximilian Joseph Graf von Montgelas (1759–1838), an der Seite, erstmals seit der Reformation versucht, eine engere Verbindung zwischen bayerischer und norddeutscher Kultur herzustellen. Was in diesem Zusammenhang als ›katholisch‹ oder ›protestantisch‹ bezeichnet wird, ist zum Teil gleichbedeu-

14 Vgl. Baader an Jacobi am 16. Juni 1806 in Baader 1851–1860, Bd. 15, S. 199 f. Hierzu ausführlich in Zirngiebl 1867, S. 356, Baumgardt 1927, S. 229 ff. und 256 f. sowie Zovko 1996, S. 90 f.

15 Ebd. S. 200 f.

16 Ebd., S. 204 (Baader an Jacobi am 27. Juni 1806).

17 Vgl. Jacobi an Baader am 14. Juni 1806 in Susini 1967, S. 57

18 Vgl. Baader an Jacobi am 19. Juni 1806 in Baader 1851–1860, Bd. 15, S. 202.

tend mit dem Gegensatz zwischen Idealismus bzw. Romantik zur Aufklärung.[19] Als Jacobi in seiner am 27. Juli 1807 zur Neueröffnung der Königlichen Akademie der Wissenschaften zu München gehaltenen Rede über den Geist und Zweck gelehrter Gesellschaften die aufklärerische Hoffnung geäußert hatte, alle Dinge mit Hilfe der allmächtigen Vernunft vervollkommnen und durch Vollendung der Vernunft die Missstände aus der Welt schaffen zu können,[20] da »regte sich in Baader« – so L. Noack – »der Geist des Widerspruchs« und er schrieb für das *Morgenblatt für gebildete Stände* gleich nach dem öffentlichen Erscheinen des Vortrags Jacobis die kurze polemische Replik: *Ueber die Behauptung: »daß kein übler Gebrauch der Vernunft seyn kann«*.

Schelling würdigt Baaders Verdienst, in dieser kurzen Schrift den »allein richtigen Begriff des Bösen« zur Kenntnis zu geben.[21] Im Vergleich des Vernunftwesens Mensch mit dem Tier kommt Baader zu der Bemerkung, dass der Mensch nur über oder unter dem Tier stehen könne und somit ein indifferenter Gebrauch der menschlichen Vernunft unmöglich sei. Insofern besteht nach Baader ausschließlich die Wahl, sie gut zu gebrauchen oder sie zu missbrauchen. Der unmoralische Vernunftgebrauch zeige fernerhin auf, dass die praktische Vernunft selbst korruptibel sei, und zugleich das moralisch Böse nicht in der Sinnlichkeit des Menschen zu suchen sei: Dadurch sprengten das Böse und seine Folgen den begrifflichen Rahmen eines moralphilosophischen Diskurses gänzlich.[22]

Mit der Rede *Ueber das Verhältniß der bildenden Künste zu der Natur* am 12. Oktober 1807 in einer öffentlichen Versammlung der Akademie, tritt Schelling – zu Jacobis Missfallen – Baader im selben Jahr ein weiteres Mal zur Seite. Diese erneute philosophische Entfremdung zwischen Schelling und Jacobi wurde Ende 1811 zum definitiven Bruch und trug Entscheidendes zum Sturz des Akademiepräsidenten Jacobi bei.[23]

b. Zur Edition des Textes

Der Edition des Textes *Ueber die Behauptung: »daß kein übler Gebrauch der Vernunft seyn kann«* liegt der Erstdruck (ED) zugrunde, der im Jahr 1807 in der Nummer 197 des ersten Jahrgangs auf den Seiten 786–787

[19] Vgl. Kantzenbach 1980, S. 110 ff.
[20] So in Schulte ²1991, S. 164.
[21] Vgl. Schelling 1809, S. 39.
[22] Vgl. Schulte ²1991, S. 164.
[23] Vgl. Kantzenbach 1980, S. 112–118 und Jacobi 2011, S. 549 ff.

der von Karl Christian Heinrich Grüneisen (1765–1831) herausgegebenen Zeitschrift *Morgenblatt für gebildete Stände* erschienen ist.[24] Der Satzspiegel ist in zwei Spalten geteilt. Der Text ist in Quartformat gehalten und in Fraktur-Schrift gesetzt. Die wenigen Fußnoten sind in einer kleineren Schrifttype gedruckt und durch ein bzw. mehrere hochgestellte Sternchen mit folgender Schlussklammer kenntlich gemacht. Eine größere Schrifttype findet sich bei den Titelblättern und Überschriften. Fremdsprachensatz (Französisch, Latein, Italienisch, Englisch) erfolgt in Antiqua-Schrift. Hervorhebungen sind in Fraktur und in Antiqua, zum Teil durch Sperrung, zum Teil durch einen größeren Schriftgrad und Sperrung identifiziert.

Diesen editorischen Richtlinien folgt auch der Erstdruck (ED) von *Ueber die Behauptung: »daß kein übler Gebrauch der Vernunft seyn kann«*. Er ist in Fraktur gesetzt und die Hervorhebungen sind durch einfache Sperrung ausgezeichnet. Die Überschrift ist mit einer leicht größeren Schrifttype gesetzt, die Fußnoten sind in einer kleineren gedruckt. Der Text beginnt auf Seite 786 und endet auf Seite 787. Ihm geht das Gedicht *Amor auf dem Meere* von Hans Karl Dippoldt (1783–1811) voran und es folgen sechs *Diplomatische Anekdoten*, die mit dem Namen »Fischer« signiert sind.

Dem Druck vorliegender Ausgabe liegt das Exemplar der Sächsischen Landesbibliothek – Staats- und Universitätsbibliothek Dresden mit der Signatur »Eph.lit.0264« zugrunde. Mit diesem Exemplar wurden folgende weitere kollationiert: Universitätsbibliothek der Humboldt-Universität zu Berlin mit der Signatur »135: F4/Rara« und Bayerische Staatsbibliothek München mit der Signatur »4 Per. 15-1,2«. Bei der Kollationierung dieser drei Exemplare zeigten sich keine Presskorrekturen d.h. während des Druckes wurde nicht in den Satz eingegriffen. Die vorliegende Edition lässt den Text des Erstdrucks unverändert. Die Schreibweise der Edition folgt den festgestellten Richtlinien, die oben im Vorwort angegeben wurden. Sonstige Abweichungen und Druckfehler werden im textkritischen Apparat verzeichnet.

Ein zweiter Druck (ZD) von *Ueber die Behauptung: »daß kein übler Gebrauch der Vernunft seyn kann«* wurde zu Lebzeiten des Autors als sechster Beitrag in dem Sammelband *Beiträge zur dinamischen Philosophie im Gegensaze der mechanischen* (S. 120–124) veröffentlicht, der 1809 in Ber-

24 Vgl. Fischer 2003, Bd. 1, S. 715 f. Dieser Jahrgang wurde in *Der Freimüthige* (1810), S. 881–883 besprochen.

lin bei der Realschulbuchhandlung erschien.[25] Der Text von ZD ist in Fraktur gesetzt und mit der römischen Ziffer VI über der Überschrift gekennzeichnet. Die Fußnoten sind in einer kleineren Schrifttype gedruckt und durch ein bzw. mehrere hochgestellte Sternchen mit folgender Schlussklammer kenntlich gemacht. Hervorhebungen sind zum Teil durch Sperrung, zum Teil durch einen größeren Schriftgrad und Sperrung gekennzeichnet. Die fremdsprachigen Texte (Französisch, Latein und Englisch) werden in Antiqua wiedergegeben und zum Teil durch Sperrung identifiziert. Zwischen der Überschrift und dem Text wurde ein französischer, von Baader leicht abgeänderter Leitspruch aus *Le ministère de l'homme-esprit* (1802) von Louis-Claude de Saint-Martin hinzugefügt.[26]

Der zweite Druck wurde intern bzw. mit zwei weiteren Exemplaren ein und derselben Auflage verglichen.[27] Bei dieser (internen) Kollationierung der drei Exemplare zeigten sich keine Presskorrekturen, während des Druckes wurde also nicht in den Satz eingegriffen. Andere Textvarianten, etwa in Form von differierender Schreibweise, sind im textkritischen Apparat als ZDvar aufgeführt. Dann wurde ZD auch extern kollationiert. Die Abweichungen von ZD gegenüber ED in Form von hinzugefügten Fußnoten, Texteinschüben oder Zusätzen sowie auch die gelegentlich praktizierten Auslassungen oder Abänderungen, durch welche die Zweitauflage den Text des Erstdrucks variiert, werden im Variantenverzeichnis wiedergegeben. Entsprechende Verweise finden sich im textkritischen Apparat des Haupttextes unter Angabe der Seite und Zeile.

Ueber die Behauptung: »daß kein übler Gebrauch der Vernunft seyn kann« wurde zu Baaders Lebzeiten noch ein drittes Mal in Band I seiner *Philosophischen Schriften und Aufsätze* (S. 92–96) veröffentlicht, der 1831 in Münster bei der Theissingschen Buchhandlung erschienen ist.[28] Dieser Drittdruck (DD) folgt, von wenigen Ausnahmen abgesehen, dem Druck von ZD. Er ist in Fraktur gesetzt; die Fußnoten sind in einer kleineren Schrifttype gedruckt und durch ein bzw. mehrere hochgestellte Sternchen mit folgender Schlussklammer kenntlich gemacht. Hervorhebungen sind durch Sperrung, zum Teil durch einen größeren Schriftgrad und Sperrung ausgezeichnet. Die fremdsprachigen Texte (Französisch,

25 Darüber bereits im editorischen Bericht zu Baaders *Beyträgen zur Elementar-Phisiologie* (1797); vgl. oben S. 47–49.

26 Vgl. unten erklärende Anmerkung zu 171, 4 auf S. 306.

27 Näheres dazu oben S. 48 f.

28 Darüber bereits in dem editorischen Bericht zu Baaders *Beyträgen zur Elementar-Phisiologie* (1797); vgl. oben S. 49–51.

Latein und Englisch) werden in Antiqua wiedergegeben und zum Teil durch Sperrung ausgezeichnet. Der Text von DD wurde mit zwei weiteren Exemplaren intern verglichen. Dabei haben sich keine Presskorrekturen sowie keine relevanten Textvarianten gezeigt. Externe Abweichungen von DD gegenüber ED und ZD oder eventuelle Auslassungen bzw. Abänderungen werden im Variantenverzeichnis aufgeführt.

Der Druck in ED folgt wie ZD und DD in Interpunktion und Orthographie dem damaligen Sprachgebrauch. Diese Veränderungen des Textes werden im textkritischen Apparat nicht ausgewiesen. Einige typische Beispiele für die nicht einheitliche Rechtschreibung innerhalb von ED sowie die Anpassung des Textes in Orthographie und Zeichensetzung an die gebräuchlichen Regeln in ZD und DD sind in der oben angeführten Liste auf S. 51–53. enthalten.

Ueber die Behauptung: »daß kein übler Gebrauch der Vernunft seyn kann.«°

In: »Morgenblatt für gebildete Stände«
[Herausgegeben von Karl Grüneisen]
Nr. 197. 1807, S. 786–787.
Im Verlag der J. G. Cotta'schen Buchhandlung in Tübingen.

1 Ueber] ZD *überschreibt*: VI. · DD *überschreibt*: V. 1–2 »daß … kann.«] ZD *und* DD *lassen die Anführungszeichen aus* 2 kann] *siehe S. 171 zu 165, 2*

Jeder Trieb bringt seine Weisheit, Verstand, oder, wie die Alten sagten, seinen Witz° schon mit sich, und *ist* sohin *Kunsttrieb.*° Dieses gilt also von dem Triebe des Thiers sowohl als von dem des Menschen, als eines lebendigen, was über jenem steht. Wollte man nun den Verstand des Thiers, oder das: sich verstehen desselben auf seinen Thierzweck, Verstand schlechthin, und den Verstand des Menschen, oder sein sich verstehen auf seinen höhern Zweck Vernunft nennen, so möchte dies insofern hingehen, als man nur einerseits den Sprachgebrauch nicht wider sich hätte – was aber freylich hier der Fall scheint, indem z.B. »ein vernünftiger Christus im Konflikt mit einem unvernünftigen Teufel«° Ausdrücke seyn würden, welche jener (der Sprachgebrauch) keineswegs sanktionirte – und als man anderseits sich erinnerte, daß das eigentlich und ursprünglich (autonom) Treibende und Leitende des Thiers doch nicht *in*, sondern *inner*, d.h. *über* ihm hauset, was beym Menschen der Fall nicht ist, von dem man auch eben darum – weil nämlich der Verstand ihm *innwohnt* – sagt, daß nur er, und nicht das Thier, Verstand hat. Wollte man nun ferner, und in Anwendung obiger Beschränkung des Sinns beyder Worte (Verstand und Vernunft), das Wesen oder Unwesen der Verderbtheit des Menschen, damit als in seiner Wurzel, bezeichnen, daß man sagte: »der seine Vernunft aufgebende Mensch würde zum blos verständigen Thiere, und trete mit letzterm en niveau, wogegen die Vernunft in ihm ein Inkorruptibles sey, und von der selbst kein übler Gebrauch seyn kann«[A] –° so würde man bey diesen Behauptungen nicht blos den Sprachgebrauch, sondern, wie es mir däucht, die Natur der Sache selbst

A S. über gelehrte Gesellschaften, ihren Geist und Zweck. München 1807. S. 51.

1 *Jeder Trieb*] *siehe S. 171 zu 167, 1* 1 oder,] ZD DD: oder 2 Witz] ZD: Wiz (jede Lust ihre List) · DD: Witz (jede Lust ihre List) 2 *ist*] DD: ist 3 von dem] ZD DD: vom 4–5 des Thiers, oder das: sich verstehen desselben auf seinen Thierzweck,] ZD DD: des Thiers *als das sich verstehen desselben auf seinen Thierzweck,* 6 Menschen, oder] ZD DD: Menschen oder 7 höhern Zweck] ZD DD: höheren Zweck, 14 ihm] ZD DD: *ihm* 16 *innwohnt*] *siehe S. 171 zu 167, 16* 16 Thier,] ZD DD: Thier 18 (Verstand] EDvar: Verstand 18 Vernunft),] ZD DD: Vernunft) 19 Menschen,] DD: Menschen 19 Wurzel,] ZD DD: Wurzel 20 würde] ZD DD: werde 21 letzterm] ZD: lezterm 23 kann«[A] –] *so* DD · ED: kann[A] · ZD: kann[A]« 23 blos] ZD DD: etwa bloß 24 sondern … die Natur] ZD DD: sondern die Natur 25 S. 51.] *siehe S. 171 zu 167, 25*

gegen sich haben. Zu wünschen freylich wäre es, daß die Verderbtheit im Menschen nur so weit, nämlich bis zu reiner Thierwerdung ginge, aber es ist nicht so – der Mensch kann leider! nur *über* oder *unter* dem Thiere stehen, und selbst, nachdem er unter's Thier gefallen, *strebt* er denn doch, selbes von unten herauf nach seiner Art und zu seinem Zwecke zu beherrschen wie er es eigentlich von oben herab hätte sollen, und es zu mißbrauchen[A].° Auch ist ja das Thier im oder am Menschen indifferent zum Guten und Bösen, wie es unverständig zum einen und andern ist, und es hindert wohl eben so oft die Bosheit an ihrem Ausbruche, als man sagt, daß es dem Guten hinderlich ist. Böse Menschen würden ohne Zweifel noch als böser, sie würden als Teufel sich kund geben, falls das Thierische ihnen nicht noch eine Art (heteronomer) Güte gäbe, die man freylich nicht mehr bonhommie nennen kann, die aber doch häufig im gemeinen und vornehmen Leben als solche und als »gutes Herz« gilt, und die wirklich die einzige ist, auf die man bey diesen besessenen Thie-

A Eben hierin liegt die Quelle des uralten Mißverständnisses.° Nachdem man nämlich bemerkt hatte, daß der böse gewordne Geist in demselben Verhältnisse unter das Thier zu stehen kömmt, und gegen dieses seiner Freyheit verlustig wird, so hat man sofort den Schluß gemacht: daß dieser Thierdienst selbst das Böse sey. – Nun machen aber Fesseln und Kerker den Verbrecher nicht zu solchem, und sind nur Folgen und Zeugen seines Vergehens. – All die schönen und erbaulichen Ermahnungen der meisten älteren und neuern Moralphilosophen an den Menschen, »daß er seiner Würde eingedenk doch dem Thiere nicht dienen sollte etc.« kommen mir darum oft nicht anders vor, als ob ich einen Menschen in die wohlverwahrten Gefängnisse den darin sitzenden Missethätern zurufen hörte: sie möchten ihren *Gefängnißwärtern* doch nicht so sklavisch dienen etc. – Dasselbe läßt sich von den Deklamationen über *bürgerliche Sklaverei* sagen, indem diese jene frühere innere schon voraussetzt,
787 aber auch von *Rechtswegen* letztere begleitet. |

2 so weit⌉ ZD DD: *so weit* 2 reiner Thierwerdung⌉ ZD DD: reiner – schuldenfreier – Thierwerdung 3 aber … leider!⌉ ZD: *aber es ist nicht so.* – Der Mensch kann leider! · DD: *aber es ist nicht so.* – Der Mensch kann leider 4 unter's⌉ ZD DD: *unters* 5 von unten herauf⌉ ZD DD: *von unten herauf* 6 beherrschen⌉ ZD DD: beherrschen, 6 von oben herab⌉ ZD DD: *von oben herab* 7 mißbrauchen[A].⌉ DD: mißbrauchen.[A] 12 (heteronomer)⌉ EDvar: heteronomer) 12 gäbe⌉ ZD DD: gebe 15–169,1 besessenen Thieren⌉ ZD: *besessenen Thieren* · DD: *besessenen Thieren* 16 hierin⌉ ZD: hierinn 18 kömmt⌉ DD: kommt 18 und gegen dieses seiner Freyheit⌉ ZD DD: und seiner Freiheit gegen dieses 19 Böse⌉ ZD DD: böse 21 Ermahnungen⌉ ZD DD: Ermahnungen und Predigten 22 älteren⌉ ZD DD: ältern 22 Menschen,⌉ ZD: Menschen 23 sollte etc.«⌉ ZD: sollte« etc, · DD: sollte« etc. 24–26 als ob ich … doch nicht⌉ *siehe S. 171 zu 168, 24–26* 26 sklavisch⌉ DD: sclavisch 26 Dasselbe läßt sich⌉ ZD DD: Dasselbe gilt auch 26 Deklamationen⌉ DD: Declamationen 27 *Sklaverei*⌉ DD: *Sclaverei* 27 sagen⌉ ZD *und* DD *lassen aus* 27–28 indem … begleitet.⌉ *siehe S. 171 zu 168, 27–28*

ren noch mit einiger Sicherheit rechnen kann. Es gibt sohin aller|dings 787 ein Böses – einen bösen *Geist* – im Menschen, und dessen Anerkennung ist unabhängig von allen Theorien und Geschichten: *wie* dieser böse Geist in den Menschen kam oder in ihm aufkam? und unabhängig von allen Vorschriften, wie er wieder aus ihm hinauszutreiben etc.; aber auch unabhängig von allen Theorien und Systemen jener Philosophen, welche dieses Böse nur darum läugnen, weil sie es nicht zu erklären vermögen, und was doch keineswegs weder so dumm, noch von so schlechter gemeiner Abkunft ist, als sie uns gerne glauben machen möchten, um nur die Lücke ihres Systems zu verheimlichen.° Gewiß und unläugbar ist es freylich, daß mit dem göttlichen Trieb, insofern der Mensch ihn in sich nach und nach zum Schweigen bringt, auch die göttliche Kunst (das Kunsttalent) ihm verloren geht, und daß der Mensch in demselben Verhältnisse zum Guten ungeschickt, untüchtig, auch unverständig und unvernünftig oder minder einsichtsvoll wird, als er unlustig zu ihm worden; aber einerseits bleibt ihm denn immer noch ein Grad von Einsicht dessen, was zum Guten führt, und von ihm abführt, und der Nichtgebrauch dieser Einsicht, zur Förderung des erstern, der mit dem Gebrauch desselben zur Förderung des Bösen ganz zusammenfällt, ist ja eben dieser Einsicht oder dieser Vernunft Mißbrauch – und andrerseits wird auf solche Weise die Vernunft eines solchen Menschen zwar allerdings zu einer *Unvernunft*, aber nur in jenem positiven Sinne einer Verkehrtheit und Korruption, indem man sagt, daß das Menschliche zum *Unmenschlichen*, Natur zur *Unnatur*, Form und Gestalt zur *Ungestalt* wird.° Der Mensch vermag selbst nicht dem Thiere sich hin- und preis geben, oder sich zu bestialisiren, ohne erst das wahrhaft Menschliche in sich zu verläugnen; aber dieses Verläugnen – dieses Aufhalten der Wahrheit in Ungerechtigkeit und Lüge –° ist kein blos passives Ignoriren, son-

2 im] EDvar: m 5–6 hinauszutreiben etc.; aber auch] ZD DD: herauszutreiben etc. aber auch eben so 7 Böse] ZD: böse 7 läugnen] ZD DD: läugnen möchten 8 und was … dumm,] *siehe S. 171 zu 169, 8* 9 ist] ZD *und* DD *lassen aus* 10 möchten, um nur die Lücke] ZD DD: möchten, wäre es auch nur, um die Lücke 11 unläugbar] DD: unleugbar **14–15** ungeschickt … unvernünftig] *siehe S. 171 zu 169, 14–15* **16** denn] ZD DD: dann **16–17** ein Grad von Einsicht] ZD DD: die Einsicht 17 abführt] ZD DD: ab (zum Bösen) führt 20 Einsicht] ZD: Einsicht, 20 oder] ZD DD: und 20–22 andrerseits … *Unvernunft,*] *siehe S. 171 zu 169, 20–22* 22 Sinne] ZD DD: Sinn 23 indem] ZD DD: in dem 24 *Unmenschlichen*] ZD DD: *Un*menschlichen 24 *Unnatur*] ZD DD: *Un*natur 24 *Ungestalt*] ZD DD: *Un*gestalt 25–26 Der Mensch … bestialisiren] *siehe S. 172 zu 169, 25–26* 26 ohne … Menschliche] *siehe S. 172 zu 169, 26* 27–28 Aufhalten … Lüge] ZD DD: »Aufhalten … Lüge« 28 kein blos] ZD: nicht etwa ein bloß · DD: nicht etwa ein blos

dern ein positiver, dynamischer Akt des Gemüths,° wodurch die nicht minder positive Sollicitation jenes Menschlichen zur Offenbarung sein selbst zurückgetrieben und niedergeschlagen wird, und eben in diesem besonnenen Selbstmorde des edlern Lebens und dem eigenmächtigen Erhebenwollen der schlechten Selbstheit an seine Stelle und Stätte (dem Divinisiren der letztern) besteht die Sünde,° die also keineswegs eine bloße Distraktion oder Vernunft-Abwesenheit zur Quelle hat, und keinem bloßen vernünftigen Discurse weicht.[A]

A Man erinnert sich hiebey an jenes bon-mot von *Goethe*, der, als die Frage aufgeworfen ward: wie sich denn etwa, falls Adam nicht gefallen wäre, sein Geschlecht fortgepflanzt haben würde? antwortete: dies würde dann ohne Zweifel mittelst eines vernünftigen Discurses geschehen seyn.°

1 dynamischer Akt⌉ *siehe S. 172 zu 170, 1* 4 eigenmächtigen⌉ ZD: Eigenmächtigen 6 letztern)⌉ EDvar: letztern 6 Sünde⌉ ZD DD: *Sünde* 7 Vernunft-Abwesenheit⌉ ZD DD: Vernunftabwesenheit 8 weicht.[A]⌉ *In* ED *folgt die Unterzeichnung:* F. B. · ZD: weicht[A]. 9 hiebey⌉ ZD DD: hier 9 der,⌉ ZD: der

Variantenverzeichnis

165, 2 kann⌉ ZD *und* DD: kann*Fußnote.:* Dieser Aufsaz erschien im *Morgenblatt* Nr. 197. 1804.

167, 1 *Jeder Trieb*⌉ *In* ZD *und* DD *ohne Einzug; es geht das Motto voran:* Le mal n'est pas une histoire, c'est une puissance.°

167, 16 *innwohnt*⌉ ZD *und* DD: *inwohntFußnote:* Der Gegensaz des Innwohnens und blossen Durchwohnens erklärt auch hier das Räthsel, von welchem Gegensaze in andern Stüken dieser Beiträge die Rede ist.°

167, 25 S. 51.⌉ *In* ZD *und* DD *folgt:* – Der Hr. Verfasser hat in seinen frühern Schriften über diesen Gegenstand sich anders geäussert, indem Er die Vernunft schlechterdings nicht das Licht, sondern nur das Auge zu seyn, behauptete. –° In der That könnte man auf solche Weise von der Gesundheit des Menschen sprechen, die nie krank in ihm würde, und also incorruptibel sey.

168, 24–26 als ob ich ... doch nicht⌉ ZD *und* DD: als ob ich die in wohlverwahrten Gefängnissen sizenden Missethäter einander zurufen hörte: sie möchten doch ihren *Gefängnißwärtern* nicht

168, 27–28 indem ... begleitet.⌉ ZD: weil diese äussere jene innre frühere schon voraussetzt, und *von Rechtswegen* sie begleitet, · DD: weil diese äussere jene innre frühere schon voraussetzt, und *von Rechtswegen* sie begleitet. Das Freiheitsgeschrei jeder Empörung ist auch darum nichts, als der Ruf der in einem Irrenhaus losgewordenen Narren oder der in einer Menagerie losgekommnen Thiere, daß man sie doch ja besser verwahren soll! Wie aber jene, denen die Macht der Schlüssel anvertraut ward, so sehr sich materialisiren, daß sie an ihre eigne Macht (potestas oder Autorität) nicht mehr glaubend, die bloße Gewalt (vis) für selbe nehmen, so müssen sie natürlich, als unfähig der Begeistrung und des Enthusiasm für Recht und Tugend, der Begeistrung des Verbrechens unterliegen.

169, 8 und was ... dumm,⌉ ZD: und welches böse doch keinesweges, weder so dumm ist, · DD: und welches Böse doch keinesweges weder so dumm ist,

169, 14–15 ungeschickt ... unvernünftig⌉ ZD: ungeschikter, untüchtiger, auch unverständiger oder unvernünftiger · DD: ungeschickter, untüchtiger, auch unverständiger oder unvernünftiger

169, 20–22 andrerseits ... *Unvernunft*,⌉ ZD *und* DD: andrerseits sehen wir eines solchen Menschen Vernunft allerdings zwar zu einer *Unvernunft* werden,

1 kann*Fußnote.:*⌉ DD: kann.*Fußnote:* 1 Aufsaz⌉ DD: Aufsatz 5 Innwohnens⌉ DD: Inwohnens 9 Er⌉ DD: er 10 seyn,⌉ DD: seyn 19 begleitet.⌉ DD: begleitet,

169, 25–26 Der Mensch … bestialisiren] ZD *und* DD: Ja! der Mensch vermag selbst dem Thiere sich nicht hin und preiszugeben, oder sich zu bestialisieren,

169, 26 ohne … Menschliche] ZD: ohne erst ein positives, das wahrhaft menschliche · DD: erst ein Positives, das wahrhaft Menschliche

170, 1 dynamischer Akt] ZD: dinamischer und (wie manchmal die rake of vice sehr deutlich zeigt) gewaltsamer Akt

6 dinamischer] DD: dynamischer 7 Akt] DD: Act

UEBER STARRES UND FLIESSENDES (1808)

EDITORISCHER BERICHT

a. Zur Entstehungsgeschichte des Textes

Zur Entstehung des Textes *Ueber Starres und Fliessendes* findet sich in Baaders Briefwechsel kein Beleg. Allerdings ist den aus den Jahren 1806 bis 1808 erhaltenen Korrespondenzen zu entnehmen, dass sich zwischen Baader und den jüngst berufenen Mitgliedern der Königlichen Akademie der Wissenschaften in München, Schelling und Ritter, ein reger Austausch entsponnen hatte, auf den eine Reihe kurzer, aber einflussreicher Aufsätze Baaders zurückgehen, zu denen auch der Beitrag *Ueber Starres und Fliessendes* zu rechnen ist.[1]

Baader widmet sich gemeinsam mit dem Akademiekollegen Schelling intensiv dem Studium der Schriften Böhmes und Oetingers.[2] Sie erforschen zusammen mit dem Physiker Ritter, dessen Berufung nach München im Jahr 1804 auf Baaders Einfluss zurückzuführen ist, die Phänomene des Magnetismus und des Somnambulismus.[3] Daraus entsteht eine Verbindung von Empirie und naturphilosophischer Spekulation, die zum einen in eine mystisch-symbolische Begründung der Naturwissenschaft mündet und zum anderen zunehmende Distanz zur philosophischen Betrachtungsweise Jacobis gewinnt, der 1805 als Präsident der Königlichen Akademie nach München gekommen war.[4] So bildete sich allmählich jene theosophisch imprägnierte Stimmung heraus, die später auch als »Münchener Romantik« bezeichnet wurde.[5]

[1] Die anderen zwei sind: *Ueber die Behauptung: »daß kein übler Gebrauch der Vernunft seyn kann«* (1807) und *Ueber die Analogie des Erkenntniss- und des Zeugungs-Triebes* (1808).

[2] Vgl. Baumgardt 1927, S. 230.

[3] Ritters Münchener Jahre sind vor allem bestimmt von seinen aufsehenerregenden, ins Okkulte übergehenden Experimenten mit dem Rutengänger Campetti, an denen Baader und Schelling nicht nur lebhaftes Interesse zeigten, sondern auch praktisch teilnahmen; hierzu vgl. Richter 2003, S. 138 ff.

[4] Hierzu vgl. den *Editorischen Bericht* zum vorherigen Text.

[5] Vgl. den von Sigrid von Moisy herausgegebenen Ausstellungskatalog: *Von der Aufklärung zur Romantik. Geistige Strömungen in München*, Regensburg 1984.

Zwischen 1800 und 1806 erfuhr die Medizin bei Schelling eine philosophische Aufwertung. Schelling hielt sich im Winter 1800 längere Zeit in Bamberg auf, wo er Vorträge über seine Naturphilosophie hält und bei den zwei angesehenen Medizinern Adalbert Friedrich Marcus (1753–1816) und Andreas Röschlaub (1768–1835) die Krankheitslehre Browns erlernt.[6] Zwischen den Beteiligten kam es zu einer fruchtbaren Zusammenarbeit. Die Mediziner begeisterten sich für die Naturphilosophie Schellings, während dieser sich immer mehr dem Bamberger Kreis der Mediziner näherte. Auf Betreiben beider Mediziner kam es 1802 zu Schellings Landshuter medizinischer Ehrenpromotion[7] und im Jahr darauf zu seiner Berufung zum ordentlichen Professor nach Würzburg.[8] Während die Freundschaft zu Marcus – wenn auch mit einigen Schwankungen – fortbestand, kühlte sich die Beziehung zu Röschlaub wegen aufkommender Unstimmigkeiten in Hinblick auf die naturphilosophische Ausrichtung ab.[9]

Infolge der damaligen bayerischen Reformpolitik und der damit einhergehenden beträchtlichen Erweiterung der Forschungskapazitäten an den Hochschulen formt sich nun an der Würzburger Alma Mater – wenn auch kurzfristig – ein weiterer, überregionaler Kreis von Naturphilosophen und Ärzten, der nicht wenige Konsequenzen für die zukünftigen medizinischen Debatten in Deutschland haben wird. Zu nennen sind z. B. die in Würzburg ansässigen Gelehrten Kilian, von Hoven, Dömling und Döllinger; zum damaligen Schellingschen Wirkungskreis gehörten aber auch viele junge Ärzte bzw. Studenten sowie Zuhörer wie Walther, Ringseis, Wagner, Windischmann, Wilbrand, Kieser, Schubert, Troxler und Oken.[10] In Würzburg publiziert Schelling *Philosophie und Religion* (1804) und erweitert die zweite Auflage der *Weltseele* mit der bedeutsamen Zugabe *Über das Verhältnis des Realen und Idealen in der Natur oder Entwicklung der ersten Grundsätze der Naturphilosophie an die Principien der Schwere und des Lichts* (1806), die ebenfalls als selbständige

6 Vgl. Fuhrmans 1962–1975, Bd. 1, S. 187–192.

7 Vgl. Fuhrmans 1962–1975, Bd. 1, S. 281 und Gerabek 1995, S. 57–63.

8 Vgl. ebd., S. 283 und ebd., S. 112 ff.

9 Hierzu vgl. N. Tsouyopoulos: »Der Streit zwischen Friedrich Wilhelm Schelling und Andreas Röschlaub über die Grundlagen der Medizin«, in: *Medizinhistorisches Journal. Internationale Vierteljahresschrift für Wissenschaftsgeschichte*, 13 (1978), S. 229–246.

10 Hier trägt Schelling seine Jenaer Vorlesungen über die *Philosophie der Kunst* erneut vor und hält zugleich neue Vorlesungen über die *Propädeutik der Philosophie* und über das *System der gesamten Philosophie und Naturphilosophie insbesondere*, beide erst nach seinem Tod von seinem Sohn veröffentlicht. Zur Berufung Schellings nach Würzburg und seiner dortigen akademischen Lehrtätigkeit ausführlich in Gerabek 1995, S. 232 ff.

Monographie bei Perthes in Hamburg herauskommt.[11] In diese Zeit fällt auch die Konzeption der *Jahrbücher der Medicin als Wissenschaft*, die er zusammen mit Marcus herausgibt und zu denen Schelling die *Aphorismen zur Anleitung in die Naturphilosophie* und die *Vorläufige Bezeichnung des Standpunktes der Medicin nach Grundsätzen der Naturphilosophie* beiträgt.

Der Entwurf dieser *Jahrbücher* trägt das Datum vom 6. Juli 1804 und wurde zuerst von dem Historiker H. Fuhrmans herausgebracht.[12] Die am selben Tag an Bekannte und Freunde versandte Ankündigung der Zeitschrift, mit der er diese zur Mitarbeit einlädt, legt offen, dass Schelling die *Jahrbücher* als ein Forum für die medizinische Theoriebildung betrachtete, deren Zweck es sein soll, »sämmtliche auf Medicin sich beziehende Versuche, in denen eine bestimmte wissenschaftliche Ansicht zu erkennen ist, nach ihrem besondern Werthe zu charakterisieren, vorzüglich aber, was gesondert werden muß, streng zu sondern und jedes in seine eigenthümliche Sphäre zu verweisen«. Und weiter erklärt er:

> »Die entgegengesetzten Systeme, das des Chemismus z.B., so gut wie die Erregungs-Theorie, und dieses wieder so gut, wie aus der Naturphilosophie entstandne Versuche sollen hier zugleich beurtheilt werden und Gelegenheit finden, sich selbst auszusprechen. Da die Möglichkeit einer Medicin als Wissenschaft von der höhern Möglichkeit einer allgemeinen Naturwissenschaft überhaupt abhängt; so können Verhandlungen über – gegen und für – die Naturphilosophie, von selbst schon, nicht von dem Zwecke dieser Zeitschrift ausgeschlossen werden, und das Publikum kann darauf rechnen, in derselben einen vollständigen Überblick, nicht nur aller auf die Medicin unternommener Anwendungen derselben, sondern auch aller in diesem Theile der Philosophie selbst gemachten, oder künftig zu machenden Versuche durch Männer zu erhalten, denen es ein Urtheil in der Sache zutrauen kann, und bey denen es nicht Gefahr laufen wird, unter dem Namen von Naturphilosophie Mißverständnisse, oder gar das Mißverstandne vom Mißverstandnen zu erhalten«.[13]

[11] So schreibt Schelling an Windischmann am 17. April 1806: »Ich habe zu der Weltseele, welche diese Messe nun herauskommt, eine Abhandlung geschrieben, die ich selbst für das Beste halte, was in langer Zeit aus meinem Geist in dieser Art geflossen. Wenigstens ist es einmal wieder recht aufrichtige und frische Naturphilosophie«, vgl. Fuhrmans 1962–1975, Bd. 1, S. 302 Anm. 25. Weitere kleine Schriften Schellings aus der Würzburger Zeit über naturphilosophische bzw. medizinische Themen sind z.B. die in der *Jenaischen Allgemeinen Literatur-Zeitung* erschienenen Rezensionen von Ignaz Arnolds Schriften über visionäre und mystische Erscheinungen.

[12] Vgl. Fuhrmans 1962–1975, Bd. 1, S. 312–314.

[13] Ebd., S. 315f.

Aufgrund des hohen Niveaus der wissenschaftlichen Absichten zweifelt Schelling »an dem besten Erfolg der Unternehmung nicht«. Er rechnet mit der »Vortrefflichkeit der Mitarbeiter«,[14] die er gewinnen kann. Er meint damit Döllinger, Reil, Himly, Ackermann, Troxler, Windischmann, Röschlaub, Eschenmayer, A. von Humboldt, Steffens, Schelver, Oken, Walther, Schellings Bruder Karl und auch Hegel.[15] Nicht zuletzt schien es Schelling geraten, auch Franz von Baader zur Mitarbeit einzuladen, der selbst seine Karriere als Arzt begonnen hatte und zu dem er zu dieser Zeit in persönlichen Kontakt getreten war. Baader beteiligt sich an den *Jahrbüchern* mit zwei kurzen Beiträgen (*Ueber die Analogie des Erkenntniss- und des Zeugungs-Triebes*, Bd. 3, 1808, St. 1, S. 113–124 und *Ueber Starres und Fliessendes*, Bd. 3, 1808, St. 2, S. 197–204). Auf das Erscheinen der Beiträge Baaders nehmen die Gebrüder Schlegel[16] wie auch Schelling in einigen Briefen an Cotta[17] flüchtig Bezug.

Die zuletzt bei Cotta in Tübingen – und nicht bei Goebhardt in Bamberg[18] – verlegten *Jahrbücher der Medicin als Wissenschaft* wurden in vier Zeitschriften besprochen: in der *Oberdeutschen Allgemeinen Litteraturzeitung*,[19] in den *Allgemeinen Medizinischen Annalen*,[20] in der *Me-*

14 Ebd., S. 317.

15 Vgl. Gerabek 1995, S. 296–308.

16 Vgl. Fuhrmans 1962–1975, Bd. 3, S. 526 (A.W. Schlegel an Schelling am 25. Juli 1808) und S. 527 Anm. (A.W. Schlegel an S. Boisserée am 27. Juli 1808).

17 Am 12. Februar 1808 schreibt Schelling an Cotta, dass das erste Heft des dritten Bandes der *Jahrbücher* mit Baaders Artikel *Ueber die Analogie des Erkenntniss- und des Zeugungs-Triebes* gefüllt sei und somit zum Druck gehen könne. In zwei weiteren Briefen (Schelling an Cotta am 26. Februar und Cotta an Schelling am 8. März 1808) wird kurz über Baaders Bezahlung für die Publikationskosten berichtet. Am 6. Juni 1808 versendet Schelling an Cotta Baaders Aufsatz *Ueber Starres und Fliessendes* und, da das Heft im November noch nicht erschienen ist, fragt Schelling bei Cotta nach und schreibt am 15. November 1808, dass Baader mit Ungeduld auf das gedruckte Jahrbuch mit seinem Artikel warte; vgl. Fuhrmans/Lohrer 1965, S. 24, 27–29 (*Ueber die Analogie des Erkenntniss- und des Zeugungs-Triebes*) und S. 33, 38 (*Ueber Starres und Fliessendes*).

18 Fuhrmans 1962–1975, Bd. 1, S. 314 Anm.

19 Vgl. *Oberdeutsche Allgemeine Litteraturzeitung*, Nr. 51 vom 29. April 1806, Sp. 808–814, Nr. 52 vom 1. Mai 1806, Sp. 817–823 und Nr. 53 vom 3. Mai 1806, Sp. 833–841. Hierbei wird der Versuch unternommen, Schelling persönlich zu treffen; vgl. Fuhrmans 1962–1975, Bd. 3, S. 332 Anm.

20 Vgl. *Allgemeine Medizinische Annalen*, Februar 1806, S. 97–134; März 1806, S. 306–326; Dezember 1807, S. 1057–1081; Juni 1808, S. 481–507; November 1808, S. 961–972; Mai 1809, S. 461 (Anzeige des Bandes 3, H. 1 und 2 der *Jahrbücher*). Hierbei werden einzelne Beiträge aus den *Jahrbüchern* besprochen und zum Teil Auszüge aus einigen Aufsätzen (Schelling, Oken und Steffens) publiziert.

dicinisch-chirurgischen Zeitung[21] und in den *Heidelbergischen Jahrbüchern der Literatur.*[22] Letztere stellen vornehmlich in den ersten Jahren ihres Bestehens, nicht nur für Literaten, sondern auch für romantisch geprägte Forscher aller Bereiche der Naturwissenschaft, ein weitbeachtetes Forum sowie Rezensionsorgan der Romantik dar. Hier werden beinah alle berühmten romantischen Naturphilosophen und Mediziner rezensiert. Selbst die Rezensenten stammen zu jener Zeit überwiegend aus romantischen Kreisen und begreifen oft ihre Besprechungen als eigeständige Abhandlungen, in welche die neuere Literatur einbezogen und dabei auch beurteilt wird.[23]

Während der erste Aufsatz von Baader als Einzelwerk betrachtet und mithin – wohl von Karl Gottlob Albrecht von Hardenberg[24] – ausführlich besprochen wurde,[25] wird die Rezension der Schrift *Ueber Starres und Fliessendes* in die Besprechung des gesamten dritten Bandes (Heft 2) der *Jahrbücher der Medicin als Wissenschaft* einbezogen.[26] Dennoch beleuchtet der Rezensent, Theodor Alexander von Hagen, auf weniger als zwei Seiten den naturphilosophischen Kern des Aufsatzes Baaders: Der Gegensatz zwischen Starrem und Flüssigem verschwinde in deren Vereinigung und dadurch resultiere ein Drittes, welches allem ›Bestand‹ gebe, aber nicht handgreiflich oder tastbar sei.[27] Die lebendige Realität dieses Dritten als vollkommenste Kontinuität entspreche der innigsten Verbindung der Form und des Stoffes als dem ›eigentlich Realen‹. Reine Form oder reiner Stoff seien also, insofern sie bloß solches sind, als Edukte und nicht als Produkte der lebendigen Substanz zu

21 Vgl. *Medicinisch-chirurgische Zeitung*, Bd. 2, Nr. 29 vom 10. April 1806, S. 49–63; Bd. 2, Nr. 50 vom 25. Juni 1807, S. 433–440; und Bd. 1, Nr. 17 vom 2. März 1809, S. 289–298 und Nr. 18 vom 6. März 1809, S. 305–309; Bd. 4, Nr. 90 vom 12. November 1810, S. 193–200. Hierbei werden einzelne Aufsätze aus den *Jahrbüchern* nämlich die von Schelling, Schmidt, Walther, Oken, Eschenmayer, Steffens, K.E. Schelling und Marcus besprochen, während die Beiträge von Baader, da sie – nach dem anonymen Rezensenten – in das Gebiet der Philosophie und nicht der Medizin fallen, nicht berücksichtigt werden.

22 Vgl. die Rezension der Bände 1 und 2 (jeweils Heft 1 und 2) der *Jahrbücher der Medicin als Wissenschaft* in *Heidelbergische Jahrbücher der Literatur*, Jg. 1, Abt. 3, 1808, S. 270–286 und 346–366 (Rezensent: Theodor Alexander von Hagen), schließlich die Rezension des Bandes 3 (Heft 2) in ebd., Jg. 2, Abt. 3, 1809, S. 252–265 (Rezensent: T. A. von Hagen).

23 So D. von Engelhard: »Naturphilosophie im Urteil der ›Heidelberger Jahrbücher der Literatur‹ 1808–1832«, in *Heidelberger Jahrbücher*, 19 (1975), S. 53–82, hier 59.

24 Ebd., S. 74, Nr. 33.

25 Vgl. *Heidelbergische Jahrbücher der Literatur*, Jg. 1, Abt. 3, 1808, S. 366–377.

26 Ebd., Jg. 2, Abt. 3, 1809, S. 260–261.

27 Ebd., S. 260.

begreifen: Sie seien als reine isolierte Stoffe tote Wesen und nur die Vereinigung beider sei lebendig bzw. könne Lebensprozesse erklären.[28]

Anhand der theosophisch-alchemistischen Naturphilosophie der Renaissance bringt Baader hier einige in seinen zwei ersten Abhandlungen schon niedergeschriebene Gedanken zur Entfaltung, die er nicht nur begrifflich, sondern auch terminologisch für eine Anwendung im medizinischen Bereich unter besonderer Berücksichtigung des physiologischen Krankheitsbegriffs justiert. Dabei versucht er, die prinzipiell im Entstehen und Vergehen bestehende Konstitution des Lebens mit dem Gedankengut der paracelsisch-böhmeschen Naturlehre samt den damit verbundenen physiologischen Analogien zu erklären und damit spezifischer die Frage nach der Entstehung des Bösen mit Hilfe der leiblichen Krankheitsphänomene zu erläutern.

Baaders Ansatz wird von Schelling unmittelbar rezipiert und in systematischer Form für seine Freiheitstheorie verwendet. Insofern verweist er in seiner 1809 erschienenen Abhandlung *Über das Wesen der menschlichen Freiheit* mehrmals auf Baaders Aufsatz über *Starres und Fliessendes*, dessen letzte Fußnote er in voller Länge zitiert.[29]

Eine solch ausführliche Aufmerksamkeit wie in Schellings Abhandlung ist dem Text Baaders später nicht mehr widerfahren. Erst 1980 ist der Physiker und Wissenschaftshistoriker, S. Sambursky (1900–1990), den Ergebnissen der naturphilosophischen Abhandlung Baaders zum Starren und Fließenden gefolgt. Im Rahmen einer Eranos-Tagung in Ascona im Jahr 1980 hat er in seinem Vortrag gezeigt, wie die naturphilosophischen Ideen Kants, Baaders und Schellings in den Jahren 1786 bis 1809 Vorboten einer wissenschaftlichen Entwicklung gewesen seien, die den Umsturz des Newtonschen Weltbildes herbeiführten, welches schließlich vom physikalischen Weltbild des 20. Jahrhunderts abgelöst worden sei. Insbesondere haben die Quantenmechanik und die Physik der Elementarteilchen – so Sambursky – in konzeptueller Hinsicht Baaders Thesen über den Gegensatz der starren Form und des fließenden Stoffes nicht nur Aktualität verliehen, sondern diese auch bestätigt.[30]

28 Ebd., S. 261.

29 Für diese und andere Einzelnachweise vgl. die erklärenden Anmerkungen.

30 Vgl. S. Sambursky: »Über Starres und Fliessendes«, in: *Grenzen und Begrenzung*. Herausgegeben von A. Portmann, R. Ritsema. Ascona/Frankfurt am Main 1981 (= Eranos-Jahrbuch, 49/1980), S. 1–33.

b. Zur Edition des Textes

Der Edition des Textes *Ueber Starres und Fliessendes* liegt der Erstdruck (ED) zugrunde, der im Jahr 1808 im zweiten Heft des dritten Bandes der von Adalbert Friedrich Marcus (1753–1816) und Friedrich Wilhelm Joseph Schelling (1775–1854) herausgegebenen Zeitschrift *Jahrbücher der Medicin als Wissenschaft* (S. 197–204) erschienen ist.[31] Der Text der Zeitschrift, die »gewissermaßen die Fortsetzung von Schellings *Zeitschrift für spekulative Physik* auf dem Gebiet der ›organischen Naturlehre‹ darstellt«[32], ist in Oktavformat gehalten und in Antiqua-Schrift gesetzt, wie es für naturwissenschaftliche Texte damals üblich war. Einfache Hervorhebungen, Fremdsprachensatz (Französisch und Latein) sowie im Text zitierte Titel oder Autoren werden durch Kursivschrift ausgezeichnet. Überschriften und Titelblätter sind in einer größeren Schrifttype gedruckt, die Fußnoten in einer kleineren und durch ein bzw. mehrere hochgestellte Sternchen mit folgender Schlussklammer kenntlich gemacht. Doppelte Hervorhebungen der Kursivschrift werden durch zusätzlichen Fettdruck gekennzeichnet. Baaders Text beginnt auf Seite 197 und endet auf Seite 204. Ihm geht H. Steffens' Beitrag *Ueber die Vegetation* (S. 127–197) voran und folgt J. A. Walters Schrift *Von der Heilkraft der Natur* (205–246). Der dritte Band der Zeitschrift hat kein Druckfehlerverzeichnis. Auf dem Bandtitel des zweiten Heftes findet sich das pseudohippokratische Motto »ΙΑΤΡΟΣ ΦΙΛΟΣΟΦΟΣ ΙΣΟΘΕΟΣ«.[33]

Dem Druck vorliegender Ausgabe liegt das Exemplar der Universitätsbibliothek Freiburg mit der Signatur »W 545, t-3.1808« zugrunde. Mit diesem Exemplar wurden folgende weitere kollationiert: Staatsbibliothek Berlin mit der Signatur »J 4011⟨a⟩«, Universitäts- und Landesbibliothek Halle mit der Signatur »Ua 2795, 8« und Universitätsbibliothek Leipzig mit der Signatur »Allg.med.Lit.1512-m«. Bei der Kollationierung dieser Exemplare zeigten sich keine Presskorrekturen, während des Druckes wurde somit nicht in den Satz eingegriffen. Die vorliegende Edi-

[31] Zu den *Jahrbüchern der Medicin als Wissenschaft* vgl. Fischer 2003, Bd. 1, S. 606 f. (Bd. I, Heft 1), S. 666 (Bd. I, Heft 2 und Bd. II, Heft 1), S. 713 (Bd. II, Heft 2) und S. 768 f. (Bd. III, Heft 1 und 2) jeweils mit Inhaltsbeschreibung.

[32] Vgl. Gerabek 1995, S. 299.

[33] Es handelt sich um ein Zitat aus Kap. 5 der pseudo-hippokratischen Schrift »περὶ εὐσχημοσύνη« (*Über den [ärztlichen] Anstand*), vgl. *Magni Hippocratis Opera Omnia.* Hrsg. von K. G. Kühn, Bd. XXI, Tomus I, Leipzig 1825, S. 70: »ἰητρὸς γὰρ φιλόσοφος ἰσὸθεος. [Medicus enim philosophus deo aequalis habetur]«. Hierzu vgl. U. Fleischer, *Untersuchungen zu den pseudohippokratischen Schriften Παραγγελίαι, Περὶ ἰητροῦ und Περὶ εὐσχημοσύνης*, Berlin 1939.

tion lässt den Text des Erstdrucks unverändert. Die Schreibweise der Edition folgt den festgestellten Richtlinien, die oben im Vorwort angegeben wurden. Sonstige Abweichungen und Druckfehler werden im textkritischen Apparat verzeichnet.

Ein zweiter Druck (ZD) von *Ueber Starres und Fliessendes* wurde zu Lebzeiten des Autors als neunter Beitrag in dem Sammelband *Beiträge zur dinamischen Philosophie im Gegensaze der mechanischen* (S. 143–149) veröffentlicht, der 1809 in Berlin bei der Realschulbuchhandlung erschien.[34] Der Text von ZD ist in Fraktur gesetzt und mit der römischen Ziffer IX über der Überschrift nummeriert. Die Fußnoten sind in einer kleineren Schrifttype gedruckt und durch ein bzw. mehrere hochgestellte Sternchen mit folgender Schlussklammer kenntlich gemacht. Hervorhebungen sind zum Teil durch Sperrung, zum Teil durch einen größeren Schriftgrad und Sperrung ausgezeichnet. Die fremdsprachigen Texte (Französisch und Latein) werden in Antiqua wiedergegeben, zum Teil durch Sperrung ausgezeichnet. Zwischen der Überschrift und dem Text wurde ein französischer Leitspruch aus *L'homme de désir* (1790) von Louis-Claude de Saint-Martin hinzugefügt.[35]

Dieser zweite Druck wurde intern bzw. mit zwei weiteren Exemplaren derselben Auflage verglichen.[36] Bei dieser (internen) Kollationierung der drei Exemplare zeigten sich keine Presskorrekturen d. h. während des Druckes wurde nicht in den Satz eingegriffen. Andere Textvarianten etwa in Form von differierender Schreibweise sind im textkritischen Apparat als ZDvar aufgeführt.

Dann wurde ZD auch extern kollationiert. Die Abweichungen von ZD gegenüber ED in Form von hinzugefügten Fußnoten, Texteinschüben oder Zusätzen sowie auch die gelegentlich praktizierten Auslassungen oder Abänderungen, durch welche die Zweitauflage den Text des Erstdrucks variiert, werden im Variantenverzeichnis wiedergegeben. Entsprechende Verweise finden sich im textkritischen Apparat des Haupttextes unter Angabe der Seite und Zeile.

Ueber Starres und Fliessendes wurde zu Baaders Lebzeiten noch ein drittes Mal in Band I seiner *Philosophischen Schriften und Aufsätze* (S. 113–119) veröffentlicht, der 1831 in Münster bei der Theissingschen Buchhandlung

[34] Darüber bereits im editorischen Bericht zu Baaders *Beyträgen zur Elementar-Phisiologie* (1797); vgl. oben S. 47–49.

[35] Vgl. unten erklärende Anmerkung zu 192, 3 auf S. 325.

[36] Näheres dazu oben S. 48 f.

erschien.[37] Dieser Drittdruck (DD) folgt in der Regel dem Druck von ZD. Er ist in Fraktur gesetzt; die Fußnoten sind in einer kleineren Schrifttype gedruckt und durch ein bzw. mehrere hochgestellte Sternchen mit folgender Schlussklammer kenntlich gemacht. Hervorhebungen sind durch Sperrung, zum Teil durch einen größeren Schriftgrad und Sperrung ausgezeichnet. Die fremdsprachigen Texte (Französisch und Latein) werden in Antiqua wiedergegeben und zum Teil durch Sperrung ausgezeichnet. Der Text von DD wurde mit zwei weiteren Exemplaren intern verglichen. Dabei haben sich keine Presskorrekturen sowie keine relevanten Textvarianten gezeigt. Externe Abweichungen von DD gegenüber ED und ZD in Form von Fußnoten und Texteinschüben oder eventuelle Auslassungen bzw. Abänderungen werden im Variantenverzeichnis aufgeführt.

Der Druck in ED folgt wie ZD und DD in Interpunktion und Orthographie dem damaligen Sprachgebrauch. Diese Veränderungen des Textes werden im textkritischen Apparat nicht ausgewiesen. Einige typische Beispiele für die nicht einheitliche Rechtschreibung innerhalb von ED sowie die Anpassung des Textes in Orthographie und Zeichensetzung an die gebräuchlichen Regeln in ZD und DD sind in der oben angegebenen Liste auf S. 51–53. enthalten.

37 Darüber bereits im editorischen Bericht zu Baaders *Beyträgen zur Elementar-Phisiologie* (1797); vgl. oben S. 49–51.

Ueber Starres und Fliessendes.

In: »Jahrbücher der Medicin als Wissenschaft«
Verfasst von einer Gesellschaft von Gelehrten und herausgegeben durch
A.F. Marcus und F.W.J. Schelling
Dritter Band. Zweytes Heft. 1808, S. 197–204.
Tübingen in der J. G. Cotta'schen Buchhandlung.

1 Ueber] ED *überschreibt*: 2. · ZD *überschreibt*: IX. · DD *überschreibt*: VIII.

Wie überhaupt und in jeder Stufe des Lebens die Lebendigkeit auf Einheit des Stoffs und der Form beruht, so dessen Zerstörbarkeit, Sterblichkeit oder Unsterblichkeit (Individualität von Indivisibilität) auf jener ihrer Trennbarkeit oder Untrennbarkeit. Das Moment des Lebens ist überall ganz eins mit dem Moment der Innigkeit dieser Vermählung, und es gilt hier *par excellence* jener Satz: *vis conjuncta fortior etc.*° indem ja eben nur in und durch die Conjunction die *vis* erst wird oder aufgeht. Endlich giebt | eben dieses Moment, insofern es sich trennender Gewalt 198
oder Kraft entgegensetzt, das Maaß der Ständigkeit (Substantialität) des Lebens (einen Zoometer) ab. Im Starren wie im Flüssigen oder Fliessenden, insofern sie beede blos nur solche sind; ist aber die Trennung des Stoffs und der Form gegeben, indem jenes die Form ohne den Stoff, dieses den Stoff ohne die Form darstellt. Nämlich das Starre zeigt und äussert zwar Kontinuität, aber keine Penetranz, Qualität, eindringende, andres auflösende oder in sich aufnehmende Subtilheit oder Zartheit; wogegen das Fliessende zwar mehr oder minder diese Penetrationskraft, aber keine Kontinuität äussert. Indem und so lange Ersteres seine Form (Kontinuität) erhält, vermag es nicht einzudringen (corpora non agunt chemice nisi soluta)[A]° und indem das Flüssige eindringt (als Qualität oder Stoff würkt) vermag es keine Form zu vindiziren. Daher die chemische (dynamische) Impotenz (Verschlossenheit, Latenz) des Starren zugleich mit seiner mechanischen Potenz, so wie die mechanische Impotenz des Fliessenden zugleich mit seiner chemischen Potenz oder Offenheit.°

Wo also immer Starres oder Flüssiges blos als solches erscheint und hervortritt, da ist das Leben untergegangen, oder, was hier dasselbe ist, noch nicht aufgegangen; Starrheit und Flüssigkeit als solche | schliessen 199
das Leben aus; und umgekehrt, wo das Leben aufgieng, da mußten Starr-

A Bekanntlich hat man bisher, sehr unrecht, diese Stumpfheit oder Impotenz des Eindringens, als positive Kraftäusserung vorgestellt, da sie solches doch nur indirekt ist. |° 199

1 Wie] *siehe S. 192 zu 187, 1* 3 Indivisibilität)] *so* ZD *und* DD · ED: Indivisibilät) 6 *par excellence*] ZD DD: par excellence 6 Satz: *vis … etc.*] ZD: Saz, vis … etc. · DD: Satz: vis … etc., 7 *vis*] ZD DD: vis 10 Zoometer] *so* ZD *und* DD · ED: Zoomêter 11 sind;] ZD DD: sind, 14 Qualität,] DD *lässt aus* 14 andres] DD: Andres 18–19 (corpora … soluta)[A]] ZD: (corpora … soluta[A]) · DD: (corpora … soluta[A]), 20 würkt)] DD: würkt), 26 solche] ZD: solche, 27 aufgieng] DD: aufging 27 mußten] ZD: musten 28 bisher,] DD: bisher: 29 Kraftäusserung] *so* ZD *und* DD · ED: Kraftäuserung 29 ist.] *siehe S. 192 zu 187, 29*

heit und Flüssigkeit als solche beede untergegangen,° eigentlich erhoben worden seyn in einem dritten, welches dritte weder die eine noch die andre jener zween Gestalten zur einander ausschliessenden Würklichkeit empor kommen läßt, indem selbes ihren stäten Ansatz hiezu stets niederhaltend tilgt, oder latent erhält.° Könnte man ein absolut starres oder ein absolut flüssiges nachweisen, so hätte man an beeden den absoluten Tod nachgewiesen; aber dieses ist ohnmöglich, indem weder das eine noch das andre zu bestehen vermöchte, und auch in dem höchst starren was noch besteht, noch immer Flüssigkeit oder vielmehr Latenz der Starrheit durch letzte, und in dem höchst Flüssigen, was besteht noch einige Starrheit oder Latenz der Flüssigkeit vorhanden ist.° Umgekehrt würde aber die innigste Verbindung der grösten und vollkommensten Kontinuität mit der kräftigsten Zartheit (Penetranz), d.i. die innigste Vermählung der Form und des Stoffs, gerade die lebendigste Substanz konstituiren, welche also von der grösten Grobheit und Stumpfheit unsers Starren, und der grösten Discontinuität unsers flüssigen – als weder tastbar, noch sperrbar, oder als wahrhaft geistiger Leib –° gleichweit abstünde. Was nun an, nicht in dieser Substanz wieder greif- oder tastbar und sperrbar, was (auch im kleinsten Grade) an ihr starr oder flüssig noch wäre, das wäre sie selbst gerade nicht, und so begreift
200 man denn, daß keine der sogenannten drei Formen des Tastbaren | (Festes oder Starres, fliessendes und Gas) die innwohnende Gegenwart jener Substanz ausschliessend verdrängt und begünstigt, und daß die Physik besser dabei fahren würde, statt jener unfruchtbaren *Reihung* der 3 Formen (welche keineswegs *drei* sind) hintereinander,° lieber das Starre und Fliessende, als die zween Arten des Tastbaren in ihrem *Gegensatze* aufzustellen, und zu zeigen daß dieser Gegensatz nur in ihrer Vereinung untergeht, durch welche ein drittes hervortritt,° das weder starr noch flüssig, also auch nicht im gemeinen Sinne tastbar oder handgreiflich, und doch das eigentlich Reale ist, welches dem handgreiflich starren und
201 flüssigen allein Bestand giebt.[A]° | Aber eine zweite nicht minder wich-

A Starres und Flüssiges haben, jedes dieselben zween Factoren der lebendigen Substanz in sich, und es befindet sich in jedem der eine Faktor nur überwiegend und den andern niederhaltend, so daß jener auswärts, dieser einwärts gekehrt ist, also beede

9 starren] DD: starren, 10–11 Flüssigen, was besteht] ZD: Flüssigen was besteht, · DD: Flüssigen, was besteht, 14 der Form] ZD: derForm 18 gleichweit] DD: gleich weit 22 innwohnende] DD: inwohnende 25 keineswegs] DD: keinesweges 25 hintereinander] DD: hinter einander 27 zeigen] DD: zeigen, 27 Vereinung] *so* ZD *und* DD · ED: Meinung 30–31 starren und flüssigen] DD: Starren und Flüssigen 31 giebt.[A]] ZD: giebt[A].

tige Folgerung aus obigem wäre die, daß, wenn Starrheit und Flüssigkeit nur in ihrer Verbindung das Leben geben, der wahrhaften Verbindung oder der autonomen, ein autonomes Leben, so wie der blos heteronomen (gleichsam einem blossen Beisammenseyn oder Zusammengehaltenwerden des Stoffs und der Form) nur ein heteronomes Leben entsprechen kann.

Starres und Flüssiges (also alles Handgreifliche) sind also insofern sie rein und blos solches sind, überall nicht *Edukte*, der lebendigen Substanz, sondern nur *Produkte* ihres erloschenen Lebens,° Leichname (gleichsam Aeroliten) in welche jene im Tode zerfällt.° Insofern nun das Leben ewig, oder aus keinem andern (dem Tode) erklärbar ist, bezeuget das gesonderte Hervortreten des Starren und Flüssigen (die Schöpfung der Erde und des Wassers) sicher keine erste oder originelle Lebensgeburt. –°

Den Gegensatz des Starren und Flüssigen haben nun die Alten im Feuer und Wasser[A] nachgewiesen, indem sie jenem die Funktion des Trocknens, sohin der Hülle oder Form, diesem die der sich mittheilenden Fülle gaben.° Da wir nun die (spezifische) Wesenheit aller Körper überall verschwinden (ver|zehrt werden) sehen, wo Feuer (Elektrizität) *und* 202
Wasser hervortreten[B] so muß eben ihr Latent- und also Geeintgewesen-

voneinander gekehrt (rücklings) stehen, da sie doch nur zueinander gekehrt oder in Eintracht die lebendige Substanz konstituiren.° Hierauf beruht nun die Erweckbarkeit des Lebens im Starren und Flüssigen, wobei sie jedoch der wechselseitigen Assistenz bedürfen, so daß das fliessende nur am starren, dieses nur am fliessenden sich ins Leben zu wecken und in ihm zu erhalten vermag. Wer sieht hier nicht das allgemeine Gesetz für alle *Halbkräfte* der Natur,° deren isolirtes Hervortretten (wie bei Elektrizität, und Geschlechtskraft) gleichfalls nur jener Bedingung gehorcht, und wo der eigentliche Träger des einen oder andern Geschlechts doch nur die verschlossene
Androgyne ist? |° 201

A Man erinnere sich hier an die im ewigen Lichte schaffende Doppelkraft der Perser im Zend-avesta so wie an die Feuer- und Wasserwelt, oder Mußpell und Niffelheim der
alten Deutschen in der Edda. S. das Licht vom Orient 1808. |° 202

B Weswegen denn, wie *Ritter* sich irgendwo sehr treffend ausdruckt, den neuern Vertheidigern des Oxygens ihre Freude und System durch die elektrischen neuen Erfahrungen ganz eigentlich zu Wasser geworden ist.° Und da das Wasser nach einem kurzen Exil wieder in seinen Besitzstand getretten,° so dürfte mit nächstem auch die *Luft*

1 obigem⌉ DD: Obigem 7 (also⌉ ZD DD: (sohin 13 Lebensgeburt. –⌉ *siehe S. 192 zu 189, 13* 16 Trocknens⌉ ZD: Troknens 17 gaben.⌉ *siehe S. 192 zu 189, 17* 19 hervortreten[B]⌉ DD: hervortreten[B], 20 voneinander⌉ DD: von einander 20 zueinander⌉ DD: zu einander 23 fliessende⌉ DD: Fliessende 23 starren⌉ DD: Starren 23 fliessenden⌉ DD: Fliessenden 24 zu⌉ ED: zn 24 und⌉ ZD: u d 25 Hervortretten⌉ ED: Hervortretteu · DD: Hervortreten 26 Elektrizität,⌉ DD: Electricität 30 Zend-avesta⌉ ZD DD: Zend-avesta 32 ausdruckt⌉ ZD: ausdrukt · DD: ausdrückt 35 Besitzstand getretten⌉ ZD: Besizstand getreten · DD: Besitzstand getreten

seyn als Basis dem Bestand jener Wesenheit gedient haben. Wo nämlich Feuer und Wasser, als solche, und in Zweiheit erscheinen, da zeigen sie sich sofort einander Feind (das Feuer gleichsam wasserscheu etc.) aber so, wie dieses ihr gesondertes Werden nur über und aus dem Untergange alles spezifischen, individuellen Wesens hervorgeht, so fällt umgekehrt ihr Verschwinden (gleichsam als Vereinung der gespaltenen Geschlechts-° oder Halbkräfte)° mit dem Aufgang oder Wachsthum des lebendigen Wesens zusammen. Feuer und Wasser sind folglich wieder nicht Edukte, sondern Produkte, und sie konnten nur in ihrer Latenz der lebendigen Substanz innwohnen, wobei denn doch ja nicht zu übersehen ist, daß eben der stäts und ewig wiederkehrende Ansatz (des Feuers als volatil° und centrifugal aus seiner Latenz sich zu erheben, des Wassers aus seiner Erhebung oder Evolution in seine Latenz zurückzufallen) der Stimulus und das Objekt ist, an dem das Leben selbst sich
203 erhebt spannt, oder | anschwellend sich offenbart.[A]° Wie möchte sich auch die Einheit als solche, d.h. als *Einend* äussern und kund geben (Demonstriren) wo nichts (kein widerstreitendes Viele) zu einen wäre; wie könnte das Licht als solches, d.h. als leuchtend und hellend sich offenbaren, wo nichts, kein finsteres als Lichtträger ihm dienend entgegen oder unterträtte,° wie könnte Freude des *Gefundenen* Lebens irgendwo aufgehen, wo nicht ein peinliches und ängstliches zu erlösen wäre von seiner Pein und Angst? – wie könnte *Gott* ohne *Noth* offenbar werden? –° Kurz, wie gäbe es, oder äusserte sich überhaupt *Organism*, der nicht aus,

wieder ihre alten Ansprüche geltend machen, nachdem sie von den *Gasen* vertrieben
203 worden ist. |°

A Vivre, sagte Rousseau, tiefsinniger, als er wuste, c'est s'empêcher de mourir –° d.h. man nehme dem Leben seinen Gegensatz, so sinkt es gleichsam in Langeweile in sich, in die Stille seines Verborgenen Un- und Abgrundes zurück, und verschwindet als Leben d.i. als Äusserung und Offenbarung dieses Abgrundes – verstummend!

3 einander Feind (das Feuer⌉ ZD: einanderFeind (dasFeuer 6 als Vereinung⌉ *so* ZD *und* DD · ED: als Versuchung 10 innwohnen⌉ DD: inwohnen 14 das Leben⌉ *so* ZD *und* DD · ED: Leben 15 erhebt⌉ ZD DD: erhebt, 15 offenbart.[A]⌉ ZD: offenbart[A]. 16 *Einend*⌉ DD: *einend* 17 (Demonstriren)⌉ DD: (demonstriren), 18 und hellend⌉ ZD DD: oder hellend und *färbend* 19 entgegen⌉ *In* ZDvar *Drucktype beschädigt*: entg gen 20 unterträtte⌉ ZD DD: unterträte 20 *Gefundenen*⌉ DD: *gefundenen* 23–191,1 aus, an entgegen⌉ ZD: aus, an, entgegen, · DD: aus, an, entgegen 26 Vivre⌉ ZD DD: Vivre 26 wuste⌉ DD: wußte 26 c'est … mourir⌉ ZD DD: c'est … mourir 27 Leben⌉ DD: Zeitleben 28 Verborgenen⌉ DD: verborgenen 29 verstummend!⌉ *siehe S. 192 zu 190, 29*

an entgegen und über der verborgenen Wurzel eines *Anorgism's*[A] hervorsproste,° dessen allge|meiner Anerkennung nur noch, bei dem derma- 204
ligen Fortschreiten unsrer Philosophie, die leicht vermeidbare Vermengung des Edukts mit dem Produkt entgegensteht?

A Einen lehrreichen Aufschluß giebt hier das gemeine Feuer (als wilde verzehrende peinliche Glut) im Gegensatz der sogenannten organischen wohlthuenden Lebensglut, indem *hier* Feuer und Wasser in Einem (wachsenden) Grunde zusammen, oder in Conjunction eingehen, während sie *dort* in Zwietracht auseinander tretten.° Nun war aber weder Feuer noch Wasser, als solche, d. h. als geschiedne Sphären im organischen Prozesse, sondern jenes war als Centrum, (mysterium); dieses als offen, oder Peripherie in ihm, und eben die Aufschlies|sung Erhebung, Entzündung des erstern 204
zusammen mit der Verschliessung des zweiten, gab Krankheit und Tod.° So ist nun allgemein die Ichheit, Individualität freylich die Basis,° das Fundament oder natürliches Zentrum jedes Creaturlebens; so wie selbes aber aufhört, dienendes Zentrum zu seyn, und herrschend in Peripherie tritt, brennt es als tantalischer Grimm der Selbstsucht und des Egoism (der entzündeten Ichheit) in ihr.° Aus ⊙ wird nun ● –° das heist: An einer einzigen Stelle des Planetensystems ist jenes finstere Naturzentrum verschlossen, latent, und dient eben darum als Lichtträger dem Eintritt des höhern Systems (Lichteinstrahl- oder Offenbarung des Ideellen). Eben darum ist also diese Stelle der *offne Punkt* (Sonne – Herz – Auge) im Systeme – und erhübe oder öffnete sich auch dort das finstre Naturzentrum, so verschlösse sich eo ipso der Lichtpunkt, das Licht würde zur Finsterniß im Systeme, oder die Sonne erlösche! –°

1 *Anorgism's*] DD: *Anorgism* 2 allgemeiner] *so* DD · ED *und* ZD: allgemeine 4 entgegensteht?] *In* ED *folgt die Unterzeichnung: Franz Baader.* 5 Einen] *siehe S. 192 zu 191, 5* 6–7 wohlthuenden Lebensglut] ZD DD: wohlthuenden nährenden Lebensglut 8 auseinander tretten] ZD: auseinander treten · DD: aus einander treten 10 Centrum,] DD: Zentrum 10 (mysterium)] ZD DD: (mysterium) 11 Aufschliessung] DD: Aufschliessung, 14–15 dienendes … herrschend] ZD DD: der Einheit dienendes Zentrum zu seyn, und selbst herrschend 16 ●] *so* DD · ZD: ◍ · ED: ○ 19 des Ideellen).] ZD DD: des sogenannten Ideellen). 21 eo ipso] ZD DD: eo ipso 22 das Licht … im Systeme,] ZD: anstatt des Lichts trätte Finsterniß ins System, · DD: anstatt des Lichts träte Finsterniß ins System, 22 erlösche! –] *In* DDvar *Drucktype beschädigt:* erlösche ' –

Variantenverzeichnis

187, 1 Wie] *In* ZD *und* DD *geht folgendes Motto voran*: Pourquoi le feu produit il la dissolution? c'est que par la *gêne* de ce même feu, s'est opérée la construction. *L'Homme de desir.*°

187, 29 ist.] DD *fügt hinzu:* ist; und es ist schon in einem vorhergehenden Aufsatze bemerkt worden, daß diese Impotenz des Eindringens ohne Aufgabe seiner Unterschiedenheit eben nur die materialisirte Natur charakterisirt.

189, 13 Lebensgeburt. –] DD *fügt hinzu:* Lebensgeburt. – Der Begriff der wahrhaften Substanz wäre folglich jener, in welcher die Cohärenz (des Starren oder Festen), die Confluenz (des Flüssigen) und die Penetranz (des Pneumatischen) in einander fielen, d. i. Leib, Seele und Geist. – °

189, 17 gaben.] DD *fügt in* Zusätze und Verbesserungen *hinzu:* gaben nämlich so, daß das Wasser das Formabile, das Feuer die Form giebt, jenes den Saft, dieses die Kraft.

190, 29 verstummend!] ZD *und* DD *fügen hinzu*: verstummend! – Auch hier unterscheidet sich übrigens das autonome (selbstständige, ewige) Leben von dem heteronomen dadurch, daß jener Gegensaz dort der lebendigen Substanz innerlich ist und ihr innwohnt, hier aber, wo die zween Lebensfaktoren getrennt sind, dieser Gegensaz nur von aussen, insoferne zufällig besteht, und das Leben sohin *hier* gleichsam ein erzwungner, prekairer Zustand ist. Die Trennung der Geschlechter ist also überall Charakter des bloß heteronomen Lebens. –°

191, 5 Einen] *In* ZD *und* DD *geht voran*: Wobei ich diesem Worte freilich eine tiefre Bedeutung, als die gewöhnliche gebe.

1 produit il] DD: produit-il 2 opérée] DD: operée 16 Gegensaz] DD: Gegensatz 17 inwohnt] DD: inwohnt 17–18 Lebensfaktoren] DD: Lebensfactoren 18 Gegensaz] DD: Gegensatz 18 insoferne] DD: in so fern 23 tiefre] DD: tiefere 23 gewöhnliche] DD: gewöhnliche,

ERKLÄRENDE ANMERKUNGEN

Ideen über Festigkeit und Flüssigkeit

15, 5 *Baader nimmt sich der Frage an, ob alle theoretischen Lehrgebäude der Physik und Chemie gut begründet seien und beantwortet sie negativ. Auf diese Weise befasst er sich nicht nur mit dem philosophisch-physikalischen Kern der Kantschen Wissenschaft der Natur, sondern auch mit den grundlegenden Problemen der folgenden bzw. nachkantischen Naturphilosophie (vgl.* Moiso 1997, S. 204ff.). *Bereits in dieser ersten Auseinandersetzung mit der kritischen Naturphilosophie zeigt sich eine leichte, aber andauernde Verschiebung der naturwissenschaftlichen Auffassungen ins Metaphysische. Um eine mögliche Überwindung dieser beiden Sphären (im Sinn einer ›Wissenschaft des Ganzen‹) aufzuzeigen, kommt Baader aber nicht auf eine Sittenmetaphysik, sondern auf eine ›Geistermetaphysik‹ zu sprechen. Hierzu vgl. Tagebuchnotiz Baaders vom 3. Januar 1790 unter dem Titel »Über das, was man in der Physik erklären heißt« in* Baader 1851–1860, Bd. 11, S. 195f.

15, 13 *Hierzu vgl.* Gehler 1787–1796, Artikel: *Physik*. Teil 3, 1790, S. 495f.: »Erklärung der Phänomene wird doch von allen als der Hauptzweck der eigentlichen Physik angegeben. Man mag wohl darunter Erklärung *aus den Ursachen* verstehen. Aber wie viel giebt es denn Phänomene, die wir aus ihren wahren Ursachen richtig, vollständig und ohne Einmischung von Hypothesen zu erklären wissen? Soll also die Physik nicht blos Hypothesen, sondern Wahrheiten lehren, so muß man in den meisten Fällen mit Erklärungen aus den allgemeinen Erfahrungen oder Naturgesetzen zufrieden seyn, die uns oft hinlänglich belehren, *was* geschehe und geschehen müsse, ohne uns zu sagen, *warum* und *wodurch* es geschehe, *s. Phänomene*. Da nun die Naturgesetze nur durch Induction aus Erfahrungen bewiesen werden können, so müssen wir in die Gründe unserer Erklärungen einen großen Theil des Schatzes von Beobachtungen und Versuchen hineinziehen, der noch bis jetzt die einzige wahre Grundlage aller Physik ausmacht [...].« *Vgl. auch* Gehler 1787–1796, Artikel: *Naturgesetze*. Teil 3, 1790, S. 322–326: »[Die Naturgesetze] sind [...] eigentlich Sammlungen von Erfahrungen, die man blos der Erleichterung und guten Methode wegen in allgemeine Sätze zusammenfaßt – wirklich sind in der Natur nur die einzelnen Wirkungen vorhanden, die Gesetze existiren blos in den Ideen der Naturforscher, oder in dem System der Naturlehre. Daher ist auch die Kenntniß der Naturgesetze noch nicht Kenntniß der wirkenden Ursachen und des Mechanismus, durch den die Phänomene in der That hervorgebracht werden. Die Gesetze lehren nur, *was* geschehe, nicht *wodurch* und *wie* es geschehe. So ist Ursache und Mechanismus der Gravitation, der Mittheilung der Bewegung u.s.w. gänzlich unbekannt, ob wir gleich die Gesetze dieser Phänomene sehr wohl kennen. [...] [E]s geht aber insgemein bey so weit getriebnen Abstractionen und Aufsuchung entfernter Ähnlichkeiten zu viel von der Deutlichkeit und Bestimmtheit der Begriffe verlohren. [...]«

Ähnlich auch in Kästner 1776, S. 561: »Aber von einer Kraft oder Materie reden, die sich durch nichts unsern Sinnen entdeckt, diese nach Gesetzen wirken lassen, von denen man auch keine Erfahrung hat, sondern die man nur so annimmt, wie man sie nöthig hat, das heist nicht erklären, sondern erdichten.« *Und* ebd., S. 558–559: »[...] Die wahre Welt ist ganz was anders, als was die scheinbare uns darstellt, das würde ich für gewiß halten [...]. Wenn jemand [...] uns aus dem Reiche der Erscheinungen, das wir bewohnen, Blicke in das Reich der Wahrheit thun lehrte, so wäre er etwas mehr als Newton und Leibniz zusammen. Nur müssen diese Blicke sicher und deutlich seyn; und bisher haben wir noch keinen Grund zu hoffen, daß für dergleichen die Augen sterblicher Erdbewohner gemacht sind.«

15, 16 *Otto von Guericke (1602–1686) hat im 17. Jahrhundert u. a. den experimentellen Nachweis des Vakuums geliefert. Von der Auffassung ausgehend, dass Flüssigkeiten oder Gase vom Druck beeinflusst werden, der um sie herum besteht, entwickelte er – in Anlehnung an die ältere Tradition und ohne Kenntnis der Versuche Torricellis und Pascals 1653/54 – eine Luftpumpe, mit der er ein Vakuum erzeugen und die sogenannte Theorie des horror vacui widerlegen konnte. So setzte er zwei große Halbkugeln zu einer Kugel zusammen und saugte die Luft mithilfe seiner Pumpe daraus ab. Die Halbkugeln konnten auch unter kräftiger Spannung nicht getrennt werden, da ein Unterdruck entstanden war und der Luftdruck von außen die beiden Hälften fest zusammenpresste. Hierzu vgl.* WhB 1994, S. 222 f.

15, 22 *›Anziehung‹ oder ›Anziehungskraft‹ bezeichnet im 18. Jahrhundert die Eigenschaft von Körpern, Körper aus demselben oder aus einem anderen Stoff zu attrahieren. Sowohl die Ursache der Anziehung (oder Attraktion) als auch ihre Wirkungsweise (besonders die Abhängigkeit ihrer Stärke von der Entfernung) war unklar. Von daher wird in der damaligen Naturforschung eingehend der mögliche Zusammenhang von Gravitation (allgemeiner Anziehung) und Adhäsion, Kohäsion sowie chemischer Attraktion (partiellen Anziehungen) diskutiert. Dabei versuchte man in Bezug auf diese letzteren Phänomene ebenfalls eine allgemeingültige Gesetzmäßigkeit festzustellen, wie es Newton für die Gravitation gelungen war.*

Ein Prinzip der Anziehung in der Natur hatte Baader schon in seiner Dissertation »Vom Wärmestoff« (1786) als ungeklärtes und umfassendes Auflösungsprinzip der Attraktionskraft, welches dem Kristallisationsprinzip oder Konfigurationstrieb entgegenstrebt, angenommen und mit der ›Liebe‹ gleichgesetzt. Vgl. Baader 1786, S. 39: »Liebe ist das allgemeine Band, das alle Wesen im Universum an- und ineinander bindet und verwebt. Man nenne es nun allgemeine Schwere, Attraktion, Cohäsion, Affinität, Ätzbarkeit etc., lauter Wörter, wenn man will, die freilich nichts erklären; aber wie könnten sie je auch das«? *Dass die Teile der Materie gegeneinanderstreben, ist eine Tatsache, die allerdings* »keine weitere Erklärung verträgt, [und] als solche auch keiner bedarf«. *Aber*: »Ohne Affinität kein Ganzes, keine Welt, nicht einmal gedenkbar; unser Erdball ein wüstes, ewig todtes Chaos, ein Brei ohne Gestaltung und Form«. *Von dieser Metaphorik her entwickeln sich Motive und Implikationen, welche die zentralen Auffassungen der frühromantischen Selbstbewußtseinsphilosophie zu einer konkreten Anschauung verdichten. Vorgänge und Funktionen, die zum Beispiel Baader im Bereich der materiellen Natur (Kristallisation, chemische Affinität, Gravitation usw.) als anschauliche Schemata aufgefasst hatte, werden von der jungen Generation der Frühromantiker als spekulative Hypothesen gelesen, in Hinblick auf welche sich die Identität des Geistigen und des Materiellen zu bestätigen scheinen. Vgl. auch*

Novalis 1978, S. 486: »Theorie der Liebe ist die *höchste* W[issenschaft] – die Natur-Wissenschaft – oder WissenschaftNatur«.

Zur damaligen wissenschaftlichen Debatte vgl. Erxleben (Lichtenberg) [4]1787, § 113b *Anmerkung* [Lichtenberg], S. 80 f. *Und auch* Gehler 1787–1796, Artikel: *Attraktion, Anziehung.* Teil 1, 1787, S. 165–174. *Ferner vgl.* WhB 1994, S. 22 ff.

15, 24 *Zur ›mechanischen Erklärungsart‹ in der Naturphilosophie vgl.* Kant [2]1787, S. 100–101: »Die Erklärungsart der specifischen Verschiedenheit der Materien durch die Beschaffenheit und Zusammensetzung ihrer kleinsten Theile, als Maschinen, ist die *mechanische Naturphilosophie*: [...] Die mechanische Erklärungsart, da sie der Mathematik am fugsamsten ist, hat unter dem Namen der *At[o]mistik* oder *Corpuscularphilosophie* mit weniger Abänderung vom alten *Demokrit* an bis auf *Cartesen* und selbst bis zu unseren Zeiten immer ihr Ansehen und Einfluß auf die Principien der Naturwissenschaft erhalten. Das Wesentliche derselben besteht in der Voraussetzung der *absoluten Undurchdringlichkeit* der primitiven Materie, in der *absoluten Gleichartigkeit* dieses Stoffs und dem allein übrig gelassenen Unterschiede in der Gestalt, und in der *absoluten Unüberwindlichkeit* des Zusammenhanges der Materie in diesen Grundkörperchen selbst.«

15, 27 *Hierzu vgl.* Kant [2]1787, S. 84: »Und hierin hat die mathematisch-mechanische Erklärungsart [...] einen Vortheil, der ihr nicht abgewonnen werden kann, nämlich aus einem durchgehends gleichartigen Stoffe, durch die mannigfaltige Gestalt der Theile, vermittelst eingestreuter leerer Zwischenräume, eine große specifische Mannigfaltigkeit der Materien, so wohl ihrer Dichtigkeit, als Wirkungsart nach, (wenn fremde Kräfte hinzukommen) zu Stande zu bringen. Denn die Möglichkeit der Gestalten sowohl als der leeren Zwischenräume läßt sich mit mathematischer Evidenz darthun [...].«

15, 32 *In der zweiten Hälfte des 18. Jahrhunderts hatte das mechanisch-atomistische Erklärungsmodell, wie es u. a. von Jean André de Luc (1727–1817) entwickelt wurde, seine Hochzeit. De Luc begann seine Studien mit Experimentaluntersuchungen zu Gasen, mit meteorologischen Beobachtungen und mit der Konstruktion und Eichung von Messinstrumenten. Als enger Freund Lichtenbergs wurde er in Deutschland viel beachtet, besonders seine Theorie der expansiblen Flüssigkeiten auf der Grundlage des atomistischen Systems von Le Sage. Vgl.* de Luc 1787–1788, 1 Teil, 1787, S. 6: »Seit meinen ersten Schritten, die ich in der Laufbahn der Physik gemacht habe, fast seit 40 Jahren, waren, der vorzüglichste Gegenstand meiner Aufmerksamkeit, die sogenannten *elastischen Flüssigkeiten.* Meine ersten Versuche betrafen das *Feuer*, die *elektrische Materie*, die *Luft* und die *Wasserdämpfe.* Mein fortgesetzter Eifer in Untersuchung dieser *Flüssigkeiten* wurde besonders durch ein System meines vorzüglichen Freundes, Hr. *Le Sage*, über die vornehmsten mechanischen wirkenden Kräfte der physischen Phänomene, angereizt.« *Zu de Luc vgl. in den* Sammlungen zur Physik 1778, S. 5–6: »[Herr *de Luc*] ist einer unserer größten und scharfsinnigsten Naturforscher, der mit einer tiefen Einsicht in die Theorie eine lange Erfahrung und Übung im Beobachten, eine große mechanische Geschicklichkeit, und einen bis zur Bewunderung unermüdeten Fleiß verbindet. [...] Er hat sich durch seine vortreflichen Untersuchungen [...] um die Naturlehre ein unsterbliches Verdienst erworben.« *Sowie in* Gren 1796, Teil 1, S. VIII: »Nach dem atomistischen Systeme, das insbesondere in neuern Zeiten durch *Le Sage* und *de Luc* bis zum Spitzfindigen ausgedehnt worden ist, nimmt man an: 1) daß die Materie bloß durch ihre *Existenz* ihren Raum erfüllt; 2) daß sie *absolut undurchdringlich* ist; 3) daß sie *nicht ins Unendliche theilbar* ist; sondern daß sie aus Theilchen angehäuft besteht, die an sich nicht weiter theilbar, aber doch ausgedehnt sind, und die man *Atome* nennt; 4) daß es *leere Zwischenräume* zwischen den Atomen giebt; 5) daß die Theilchen elastischer Flüssigkeiten (wie Luft, Dämpfe, Wärmestoff, Licht) sich nicht berühren, und daß sie also *discrete* Flüssigkeiten bilden; 6) daß die *Lockerheit* und *Dichtigkeit* der Körper von der Menge der leeren Zwischenräume abhängt.« *Ferner zu diesem Thema vgl.* WhB 1994, S. 38 ff.; Speziali 1997, S. 45–50 *und unten S. 202, erklärende Anmerkung zu 17, 36.*

16, 2 *Vgl.* Gehler 1787–1796, Artikel: *Naturgesetze*. Teil 3, 1790, S. 322 ff.: »[B]ey unzählbaren Phänomenen ist schon der erste Schritt, oder die Angabe der nächsten Ursache, nicht anders, als durch Hypothesen, möglich. Dies ist gemeiniglich der Fall bey sehr allgemeinen Phänomenen, die schon eine Menge einzelner individueller Erscheinungen in sich begreifen, z. B. bey der Bewegung, Gravitation, Elektricität, Magnetismus; [...].« *Und* ebd., Artikel: *Cohäsion, Zusammenhang*. Teil 1, 1787, S. 514–521. Hier S. 515: »Da der Zusammenhang der Körper, wovon ihre Härte und Festigkeit abhängt, ein so wichtiges Phänomen ist, ohne welches die ganze Körperwelt ein unförmliches Chaos bleiben würde, so hat es freylich an Hypothesen über die Ursache desselben nicht gefehlet. [...] Mich däucht, es ist weit besser, gerade heraus zu sagen, daß wir von der Ursache des Zusammenhangs, so wie von der Ursache der Affinität, Adhäsion, Schwere etc. gar nichts wissen.«

16, 11 *Mit den »Metaphysischen Anfangsgründen der Naturwissenschaft« (Riga 1786) entwirft Kant eine ›rationale Naturlehre‹, die nicht mit Erfahrungsgesetzen, sondern mit apriorischen Prinzipien arbeitet und zugleich die Notwendigkeit begründet, diese anhand von sachlichen und methodischen Argumenten darzustellen. Das Werk ist im Kontext Kants größeren Vorhabens einer allgemeinen Metaphysik zu verorten, der die »Kritik der reinen Vernunft« (Riga 1781, ²1787) als Propädeutik voranstehen sollte. Er konzipierte diese Schrift genau hundert Jahre nach dem Erscheinen der »Philosophiae Naturalis Principia Mathematica« Newtons. Insofern steht ›Anfangsgründe‹ als Terminus technicus für ›Principia‹ (vgl.* Heidegger 1962, S. 59 f.). *Die in diesem Werk entworfene Metaphysik der Natur blieb aber wohl ein Desiderat, wie das sogenannte »Opus postumum« Kants zeigt, in dem er teilweise Themen der »Metaphysischen Anfangsgründe« wieder aufgreift. Baader hat sich mit diesem Werk Kants auch nach der Veröffentlichung dieser Schrift weiter auseinandergesetzt. Die ausführlichen Tagebucheintragungen aus den Jahren 1793/95 bzw. während der in England und Schottland (1792–1796) verbrachten Jahre, um den dortigen Bergbau kennenzulernen, können dafür als Beleg gelten. Vgl.* Baader 1851–1860, Bd. 11, S. 204–434, besonders S. 392 f.

16, 15 *Hierzu vgl.* Kant ²1787, S. 81–83: »Das allgemeine Princip der Dynamik der materiellen Natur ist: daß alles Reale der Gegenstände äusserer Sinne, die das, was nicht blos Bestimmung des Raums (Ort, Ausdehnung und Figur) ist, als bewegende Kraft angesehen werden müsse; wodurch also das so genannte Solide oder die absolute Undurchdringlichkeit, als ein leerer Begriff, aus der Naturwissenschaft verwiesen und an ihrer Statt zurücktreibende Kraft gesetzt, dagegen aber die wahre und unmittelbare Anziehung gegen alle Vernünfteleyen einer sich selbst mißverstehenden Metaphysik vertheidigt, und, als Grundkraft, selbst zur Möglichkeit des Begriffs von Materie für nothwendig erklärt wird. Hieraus entspringt nun die Folge: daß der Raum, wenn man es nöthig finden sollte, auch *ohne leere Zwischenräume* innerhalb der Materie auszustreuen, allenfalls durchgängig und gleichwol in verschiedenem Grade *erfüllt* angenommen werden könne. [...] Hieraus allein entspringt nun schon ein großer Vortheil für die Naturwissenschaft, weil ihr dadurch die Last abgenommen wird, aus dem Vollen und Leeren eine Welt blos nach der Phantasie zu zimmern, vielmehr alle Räume voll und doch in verschiednem Maaße erfüllt gedacht werden können, wodurch der leere Raum wenigstens seine *Nothwendigkeit* verliert und auf den Werth einer Hypothese zurückgesetzt wird, da er sonst, unter dem Vorwande einer zu Erklärung der verschiedentlichen Grade der Erfüllung des Raums nothwendigen Bedingung, sich des Titels eines Grundsatzes anmaaßen konnte.« *Und* ebd., S. 100 *und* 102: »Was nun aber das Verfahren in der Naturwissenschaft in Ansehung der vornehmsten aller ihrer Aufgaben, nämlich der Erklärung einer ins Unendliche *möglichen specifischen Verschiedenheit der Materien* betrifft, so kann man dabey nur zwey Wege einschlagen: den *mechanischen*, durch die Verbindung des Absolutvollen mit dem Absolutleeren, oder einen ihm entgegengesetzten *dynamischen* Weg, durch die bloße Verschiedenheit in der Verbindung der ursprünglichen Kräfte der Zurückstoßung und Anziehung alle Verschiedenheiten der Materien zu erklären. Der erste hat zu Materialien seiner Ableitung die *Atomen* und das *Leere*. […] Um nun eine dynamische Erklärungsart einzuführen, (die der Experimentalphilosophie weit angemessener und beförderlicher ist, indem sie geradezu darauf leitet, die den Materien eigene bewegende Kräfte und deren Gesetze auszufinden, die Freyheit dagegen einschränkt, leere Zwischenräume und Grundkörperchen von bestimmten Gestalten anzunehmen, die sich beyde durch kein Experiment bestimmen und ausfindig machen lassen,) ist es gar nicht nöthig neue Hypothesen zu schmieden, sondern allein das Postulat der blos mechanischen Erklärungsart: *daß es unmöglich sey, sich einen specifischen Unterschied der Dichtigkeit der Materien ohne Beymischung leerer Räume zu denken*, durch die bloße Anführung einer Art, wie er sich ohne Widerspruch denken lasse, zu widerlegen. Denn wenn das gedachte Postulat, worauf die blos mechanische Erklärungsart fußet, nur erst als Grundsatz für ungültig erkläret worden, so versteht es sich von selbst, daß man es als Hypothese in der Naturwissenschaft nicht aufnehmen müsse, so lange noch eine Möglichkeit übrig bleibt, den specifischen Unterschied der Dichtigkeiten sich auch ohne alle leere Zwischenräume zu denken.«

Zur ›dynamischen Erklärungsart‹ in der Naturphilosophie vgl. auch Gren 1796, Teil 1, S. IX f.: »Das dynamische System […] behauptet: 1) daß das Wesen der Materie in *abstoßender* und *anziehender Kraft* bestehe, und daß sie vermöge dieser *Grundkräfte* ihren Raum erfüllt; 2) daß die *Undurchdringlichkeit* nur *relativ*, nicht *absolut*, und daß sie Folge der abstoßenden Kraft der Materie ist; daß sogar Materien sich ganz und eigentlich *durchdringen* können, wie bey wahren Auflösungen […] 3) daß die Materie *ins Unendliche theilbar* ist; 4) daß sie ihren Raum *mit Stetigkeit*, als Continuum, erfüllt; und daß der objective leere Raum ein Hirngespinst ist; 5) daß es also keine discrete Flüssigkeit giebt, und daß also auch die Theilchen des Wärmestoffs und Lichts ein Continuum bilden. 6) Größere oder geringere Dichtigkeit der Materie ist nur ein Ausdruck für größere oder geringere Intensität der Grundkräfte, welche das Wesen der Materie ausmachen, und die mit der Extension nach gewissen Gesetzen abnehmen muß; die Materie erfüllt aber auch bey der größesten Dünne ihren Raum mit Continuität.« *Ferner vgl. auch* WhB 1994, S. 41 ff. und Pollok 2001, S. 341 ff.

16, 20 *Vgl.* Kant ²1787, S. 104 f.: »[…] es ist überhaupt über den Gesichtskreis unserer Vernunft gelegen, ursprüngliche Kräfte a priori ihrer Möglichkeit nach einzusehen, vielmehr besteht alle Naturphilosophie in der Zurückführung gegebener, dem Anscheine nach verschiedener, Kräfte auf eine geringere Zahl Kräfte und Vermögen, die zu Erklärung der Wirkungen der ersten zulangen, welche Reduction aber nur bis zu Grundkräften fortgeht, über die unsere Vernunft nicht hinaus kann. Und so ist Nachforschung der Metaphysik, hinter dem, was dem empirischen Begriffe der Materie zum Grunde liegt, nur zu der Absicht nützlich, die Naturphilosophie, so weit als es immer möglich ist, auf die Erforschung der dynamischen Erklärungsgründe zu leiten, weil diese allein bestimmte Gesetze, folglich wahren Vernunftzusammenhang der Erklärungen, hoffen lassen.

Dies ist nun alles, was Metaphysik zur Construction des Begrifs der Materie, mithin zum Behuf der Anwendung der Mathematik auf Naturwissenschaft, in Ansehung der Eigenschaften, wodurch Materie einen Raum in bestimmtem Maaße erfüllet, nur immer leisten kann, nämlich diese Eigenschaften als dynamisch anzusehen und nicht als unbedingte ursprüngliche Positionen, wie sie etwan eine blos mathematische Behandlung postuliren würde.«

16, 22 *Hierzu vgl.* Daumas 1955, S. 168: »Les molécules primitives des corps sont indivisibles, ce sont des atomes de figures et de grosseurs déterminées qu'il n'est plus possible de diviser.« *Ferner vgl.* Kubbinga 2001–2002, Teil 1, S. 368 f.: »D'une manière générale les phénomènes chimiques et physiques sont interprétés [*sc. in Lavoisiers »Traité élémentaire de chimie«*, Paris 1789] en termes de petits particules, le plus souvent appelées ›molécules‹. Outre cette notion vague Lavoisier connaît également un concept assez défini de »molécule primitive«, marquant comme auparavant chez Macquer et Baumé, la barrière entre les moyens mécaniques et les moyens chimiques [...]. Il paraît être question d'un véritable concept d'*individu substantiel* [...].«

Hierzu vgl. bei Kant [2]1787, S. 100: »Ein Atom' ist ein kleiner Theil der Materie, der physisch untheilbar ist. Physisch *untheilbar* ist eine Materie, deren Theile mit einer Kraft zusammenhängen, die durch keine in der Natur befindliche bewegende Kraft überwältigt werden kann. Ein Atom', so fern er sich durch seine Figur von andern specifisch unterscheidet, heißt ein *erstes Körperchen.*«

16, 31 *Vgl.* Kant [2]1787, S. 88: »Eine Materie, deren Theile, unerachtet ihres noch so starken Zusammenhanges unter einander, dennoch von jeder noch so kleinen bewegenden Kraft an einander können verschoben werden, ist *flüssig.* Theile einer Materie werden aber an einander *verschoben,* wenn sie ohne Quantum der Berührung zu vermindern, nur genöthigt werden, diese unter einander zu verwechseln.« *Wird die Materie hier als vollkommenes Kontinuum gedacht, so können keine leeren Zwischenräume in den Körpern postuliert und auch keine Grenzen für die Teilbarkeit der Materie angegeben werden. Eine solche Theorie der Materie muss deshalb von einer Teilbarkeit der Materie ins Unendliche ausgehen und die atomistische Hypothese des leeren Raumes und letzterer Unteilbarkeit der Materie verwerfen.*

Auch Schelling verweist auf Kant als den Ersten, »der die gewöhnlichen Begriffe von Flüssigkeit aus dem Weg geschaft hat«, *vgl.* Schelling 1797, S. 232.

16, 37 *Vgl.* Kant [2]1787, S. V: »*Eigentliche* Wissenschaft kann nur diejenige genannt werden, deren Gewißheit apodictisch ist; Erkenntniß, die blos empirische Gewißheit enthalten kann, ist ein nur uneigentlich so genanntes *Wissen.* Dasjenige Ganze der Erkenntniß, was systematisch ist, kann schon darum *Wissenschaft* heißen, und, wenn die Verknüpfung der Erkenntniß in diesem System ein Zusammenhang von Gründen und Folgen ist, so gar *rationale* Wissenschaft. Wenn aber diese Gründe oder Principien in ihr, wie z. B. in der Chemie, doch zuletzt blos empirisch sind, und die Gesetze, aus denen die gegebenen Facta durch die Vernunft erklärt werden, blos Erfahrungsgesetze sind, so führen sie kein Bewustseyn ihrer Nothwendigkeit bey sich (sind nicht apodictische gewiß) und alsdenn verdient das Ganze in strengem Sinne nicht den Namen einer Wissenschaft, und Chymie sollte daher eher systematische Kunst, als Wissenschaft heißen.« *Und* ebd., S. X: »So lange also noch für die chymischen Wirkungen der Materien auf einander kein Begriff ausgefunden wird, der sich construiren läßt, d. i. kein Gesetz der Annäherung oder Entfernung der Theile angeben läßt, [...] so kann Chymie nichts mehr als systematische Kunst, oder Experimentallehre, niemals aber eigentliche Wissenschaft werden, weil die Principien derselben blos empirisch sind und keine Darstellung a priori in der Anschauung erlauben [...]«. *Hierzu vgl.* Kapitza 1968, S. 12 ff., Carrier 1990, Vasconi 1994, S. 15–35 *und* Pollok 2001, S. 64 f.

17, 13 *›Menstruum‹ gilt hier als Synonym für ›Auflösungsmittel‹. Hierzu vgl.* Gehler 1787–1796, Artikel: *Auflösung.* Teil 1, 1787, S. 179: »Man nennt insgemein den flüßigen Körper das *Auflösungsmittel* (*menstruum*). Dies kann zugelassen werden; nur muß man nicht den falschen Begrif damit verbinden, als ob das Auflösungsmittel allein sich thätig, und der feste Körper nur leidend verhielte.« *Und* ebd., Artikel: *Auflösungsmittel.* S. 181: »Der Name Menstruum kömmt von dem Wahn der Alchymisten her, daß eine vollkommne Auflösung einen *philosophischen Monat*, oder vierzig Tage Zeit erfordere.« *Der Begriff ›Menstruum‹ wurde bis ins ausgehende 19. Jahrhundert als Oberbegriff aller Lösungsmittel verstanden. Obwohl es verschiedene ›Menstrua‹ gab, nach denen gesucht wurde, waren die Alchimisten besonders an dem ›Menstruum universale‹ interessiert: dem universellen Lösungsmittel, mit dem alle Körper – seien sie tierisch, pflanzlich oder mineralisch – in ihre Grundbestandteile (oder ›Prinzipien‹) zerlegt werden könnten. Der Ausdruck ›Menstruum‹ (lat. ›monatlich‹) hängt möglicherweise mit der Tatsache zusammen, dass die Auflösung der Körper einen Monat dauere (entweder einen Mondmonat von 28 oder einen sogenannten philosophischen Monat von 40 Tagen). Vgl. auch* Schelling 1798, S. 175 *und im Allgemeinen* Kapitza 1968, S. 128 ff.

17, 17 *Vgl.* Kant [2]1787, S. 97–98: »Die Unbegreiflichkeit einer solchen chemischen Durchdringung zweyer Materien ist auf Rechnung der Unbegreiflichkeit der Theilbarkeit eines jeden Continuum überhaupt ins Unendliche zu schreiben. Geht man von dieser vollständigen Auflösung ab, so muß man annehmen, sie ginge nur bis zu gewissen kleinen Klumpen der aufzulösenden Materie, die in dem Auflösungsmittel in gesetzten Weiten von einander schwimmen, ohne daß man den mindesten Grund angeben kann, warum diese Klümpchen, da sie doch immer theilbare Materien sind, nicht gleichfalls aufgelöset werden. Denn, daß das Auflösungsmittel nicht weiter wirke, mag immer in der Natur, so weit Erfahrung reicht, seine gute Richtigkeit haben; es ist hier aber nur die Rede von der Möglichkeit einer auflösenden Kraft, die auch dieses Klümpchen und so ferner jedes andere, was noch übrig bleibt, auflöse, bis die Solution vollendet ist.« *Ein Problem der dynamischen Theorie besteht darin, wie man sich den Zusammentritt mehrerer Stoffe zur Verbindung – zur ›Auflösung‹ in der Begrifflichkeit der Zeit – zu denken hat. Atomistisch wird dieser Vorgang als Anlagerung mehrerer Korpuskeln interpretiert, kontinuitätstheoretisch dagegen muss er als vollständige Durchdringung beider Stoffe gesehen werden, bis kein Teil mehr da ist, der nicht aus dem Auflösungsmittel und der aufzulösenden Materie in gleicher Proportion zusammengesetzt wäre. Solcherart verstanden, bedeutet nun diese absolute Auflösung eine vollendete Teilung ins Unendliche. Dazu vgl.* Carrier 1984, S. 348: »Baader sieht in Kants Zugeständnis, daß es sich bei den tatsächlichen Verbindungen in der Natur nicht um absolute Auflösungen handeln dürfte, einen Ansatzpunkt zur Beibehaltung korpuskularer Ideen. Wenn denn Klümpchen zurückbleiben, so kann man diese auch in den Begriffen von Gestalt und Bewegung fassen, sind diese Konzepte also auch vom Boden der Kantschen Theorie aus gesehen keineswegs gänzlich ausrangiert.«

17, 21 *Vgl.* Kant ^{2}1787, S. 71 f.: »Die Wirkung von der allgemeinen Anziehung, die alle Materie auf alle und in allen Entfernungen unmittelbar ausübt, heißt die *Gravitation*; die Bestrebung in der Richtung der größeren Gravitation sich zu bewegen ist die *Schwere*. Die Wirkung von der durchgängigen repulsiven Kraft der Theile jeder gegebenen Materie heißt dieser ihre *ursprüngliche Elasticität*. Diese also und die Schwere machen die einzigen a priori einzusehenden allgemeinen Charactere der Materie, jene innerlich, diese im äußeren Verhältnisse aus; denn auf den Gründen beider beruht die Möglichkeit der Materie selbst: *Zusammenhang*, wenn er als die wechselseitige Anziehung der Materie, die lediglich auf die Bedingung der Berührung eingeschränkt ist, erklärt wird, gehört nicht zur Möglichkeit der Materie überhaupt, und kann daher a priori als damit verbunden nicht erkannt werden. Diese Eigenschaft würde also nicht metaphysisch, sondern physisch seyn [...].« *Hierzu schreibt* Carrier 1990, S. 186 f. *und* S. 200 f.: »An dieser Stelle sieht denn [...] Baader eines der wesentlichen Verdienste von Kants Konzeption. [...] Baader erkenn[t] also die Konsequenzen der Kantschen Theorie klarer als Kant dies (in den damals zugänglichen Druckschriften) gelungen war. Dies soll natürlich nicht bedeuten, daß es für eine Betonung des Gewichts gleichsam der Kantschen Theorie bedurft hätte, daß dieser Aspekt erst von Kant in die chemische Forschung eingeführt worden wäre. [...] Trotzdem lieferte Kants Konzeption eine weitere theoretische Stütze für die herausgehobene Rolle des Gewichts.«

17, 25 *Vgl.* Kant ^{2}1787, S. 79–80: »Aus dem Gesetze der ursprünglich einander zurückstoßenden Theile der Materie in umgekehrtem cubischen Verhältnisse ihrer unendlich kleinen Entfernungen müßte also nothwendig ein ganz anderes Gesetz der Ausdehnung und Zusammendrückung derselben, als das *mariottische* der Luft, folgen; denn dieses beweiset fliehende Kräfte ihrer nächsten Theile, die in umgekehrtem Verhältnisse ihrer Entfernungen stehen, wie Newton darthut (Princ. Ph. N. Lib. II. Propos. 23. Schol.) Allein man kann die Ausspannungskraft der letzteren auch nicht als die Wirkung *ursprünglich* zurückstoßender Kräfte ansehen, sondern sie beruht auf der *Wärme*, die nicht blos als eine in sie eingedrungene Materie, sondern allem Ansehen nach durch ihre Erschütterungen die eigentlichen Lufttheile (denen man überdem wirkliche Entfernungen von einander zugestehen kann) nöthigt, einander zu fliehen. Daß aber diese Bebungen der einander nächsten Theile eine Fliehkraft, die in umgekehrtem Verhältnisse ihrer Entfernungen steht, ertheilen müsse, läßt sich [...] wol begreiflich machen.« *Es handelt sich hierbei um Kants Versuch der Vermittlung zwischen kubisch abfallender Repulsion und Newtons Ableitung des Gesetzes von Boyle-Mariotte mittels des Boerhaavschen Theorems eines Wärmestoffs, dessen Schwingungen die Bewegungen von Luftteilchen bewirken. Baader sah in Kants Zugeständnis in der Annahme von Luftteilchen die antikorpuskulare Spitze des Dynamismus schon gebrochen. Hierzu vgl.* Carrier 1990, S. 186: Eine »Schwierigkeit des Kantschen Repulsionsgesetzes gründet in Newtons korpuskularer Abteilung des Gesetzes von Boyle-Mariotte. Newton hatte gezeigt, daß sich dieses Gesetz aus der Annahme einer umgekehrt proportional mit dem Abstand zwischen Luftteilchen abfallenden repulsiven Kraft herleiten ließ. Allerdings mußte Newton zu diesem Zweck die Wirksamkeit der Kraft auf nächste Nachbarn eingrenzen, also ebenfalls eine separate Geltungsbeschränkung seines langreichweitigen Kraftansatzes einführen. Die Grundannahme dieser im 18. Jahrhundert überaus einflußreichen Demonstration wies aber eine offenbare Diskrepanz zu Kants kubisch abfallender und darüber hinaus nur bei Kontakt wirksamen Repulsion auf. Kant ist sich dieses Problems durchaus bewußt und unterscheidet zu dessen Lösung zwischen der *ursprünglichen* Repulsion und einer *abgeleiteten*, durch den Wärmestoff vermittelten Abstoßung. […] Kants Notoperation greift demnach auf Boerhaaves Theorie des inwendig bebenden Wärmestoffs zurück […], dessen interne Schwingungen sich auf die Luftteilchen übertragen.« *Aus nämlichen Gründen lehnte auch Ludwig Achim von Arnim 1799 Kants Annahmen von Wärmestoffschwingungen und seine Einführung von Teilchen ab. Vgl.* Arnim 1799, S. 241: »Man hat gegen diesen [sc. Kantschen] Beweis [sc. zur Übernahme des Newtonschen Arguments] mit Recht erinnern können, dass er nicht nur auf ganz unerwiesenen Gründen, auf einer eignen Wärmematerie, ihren Schwingungen, und auf Theilchen, wo alles noch ungetheilt sich darstellt, beruhe, sondern dass er überdies nach diesen Annahmen nichts beweise, weil jene Wärmematerie andern Gesetzen als jede andere Materie folgen müsse.«

17, 28 *Vgl.* Kant ²1787, S. 37: »Die expansive Kraft einer Materie nennt man auch *Elasticität.* Da nun jene der Grund ist, worauf die Erfüllung des Raumes, als eine wesentliche Eigenschaft aller Materie, beruht, so muß diese Elasticität *ursprünglich* heißen; weil sie von keiner anderen Eigenschaft der Materie abgeleitet werden kann. Alle Materie ist demnach ursprünglich elastisch.« *Und* S. 36: »Also erfüllt die Materie ihren Raum nur durch zurückstoßende Kräfte und zwar aller ihrer Theile, weil sonst ein Theil ihres Raums […] nicht erfüllet […] seyn würde. *Die Kraft aber eines Ausgedehnten vermöge der Zurückstoßung aller seiner Theile ist eine Ausdehnungskraft* (expansive). Also erfüllet die Materie ihren Raum nur durch eine ihr eigene Ausdehnungskraft […].«

17, 33 *Hierzu vgl.* Moiso 1997, S. 209: »[Baader äußert sich] gegen die von Daniel Bernoulli im 10. Abschnitt seiner ›Hydrodynamica‹ (1738) und in den ›Nouveaux principes sur la nature et les propriétés de l'aimant‹ (1746) vertretenen Thesen über die Natur der elastischen Flüssigkeiten. Im letztgenannten Text beschreibt Bernoulli eine solche Flüssigkeit als ein *diskontinuierliches Gemisch* von zwei aus soliden Teilchen bestehenden Flüssigkeiten, von denen die eine aus weitaus subtileren Teilchen besteht und mit ihrer Bewegung die Elastizität der anderen, gröberen, verursacht […].« *Gemeint ist hier* Bernoulli 1738, S. 200–219 *und* Bernoulli/Bernoulli 1746 [1748], S. 121–122: »Je crois donc comme démontré, que l'air est un amas de petits corps agités en tout sens; non contigus, mais laissant de grands intervalles entre eux. Ces petits corpuscules s'entrechoquant continuellement, changent les uns la direction des autres; & cette agitation confuse doit sans doute être entretenue par un fluide beaucoup plus subtile, qui traverse l'aire. […] C'est ce mouvement intestin qui est cause que les parties ne sont pas aussi serrées qu'elles pourroient l'être, & que le fluide occupe toujours d'autant plus de volume, que les parties sont agitées par une plus grande chaleur.« *Für die deutsche Übersetzung vgl.* Prevost 1794, S. 31–32: »Ich sehe es also für bewiesen an, daß die Luft eine Zusammenhäufung kleiner Körperchen ist, welche sich in alle Richtungen bewegen; sie berühren sich nicht, sondern lassen große Räume zwischen sich. Diese Theilchen stoßen sich beständig untereinander, und ändern eines des andern Richtung; diese unregelmäßige Bewegung muß ohne Zweifel durch eine viel subtilere Flüssigkeit unterhalten werden, welche die Luft durchdringt. […] Diese innere Bewegung ist schuld, daß die Theilchen nicht so gedrängt sind, als sie es sonst seyn würden, und daß das Fluidum immer um so mehr Raum einnimmt, eine je größere Hitze die Theilchen in Bewegung setzt.« *Hierzu vgl. auch* Schelling 1797, S. 233 *und* 235.

17, 36 *Vgl.* Kant ²1787, S. 57 f.: »Durch bloße Anziehungskraft, ohne Zurückstoßung, ist keine Materie möglich. [...] Also gehört die Zurückstoßungskraft zum Wesen der Materie eben so wohl, wie die Anziehungskraft, und keine kann von der anderen im Begriff der Materie getrennt werden.« *Auf diesen Gedanken Kants greift auch Goethe zurück, vgl.* Goethe 1792, S. 520: »Ich hatte mir aus Kant's Naturwissenschaft nicht entgehen lassen daß Anziehungs- und Zurückstoßungskraft zum Wesen der Materie gehören und keine von der andern im Begriff der Materie getrennt werden könne; daraus ging mir die Urpolarität aller Wesen hervor, welche die unendliche Mannigfalt der Erscheinungen durchdringt und belebt.« *Ferner vgl. auch den späteren Brief an Johann Salomo Christoph Schweigger (24.4.1814) in* Goethe 1994, S. 335: »Seit unser vortrefflicher Kant mit dürren Worten sagt: es lasse sich keine Materie ohne Anziehen und Abstoßen denken, (das heißt doch wohl, nicht ohne Polarität,) bin ich beruhigt, unter dieser Autorität meine Weltanschauung fortsetzen zu können, nach meinen frühesten Überzeugungen, an denen ich niemals irre geworden bin.«

Zu einer Polarität in der Natur hatte Baader allerdings bereits in seinem Erstlingswerk kurz notiert: »*Agens* und *Patiens* der Alten: beiläufig dasselbe, was Buffon *force expansive & force attractive, matiere vive et matiere brute* nennt. [...]«, *vgl.* Baader 1786, S. 53 Anm. *Baader bezieht sich hier auf* Buffon 1774, S. 4–5: »J'entends par matière vive, non-seulement tous les êtres qui vivent ou végètent, mais encore toutes les molécules organiques vivantes, dispersées & répandues dans les détrimens ou résidus des corps organisés; je comprends encore dans la matière vive, celle de la lumière, du feu, de la chaleur, en un mot toute matière qui nous paroît être active par elle-même. Or cette matière vive tend toujours du centre à la circonférence, au lieu que la matière brute tend au contraire de la circonférence au centre; c'est une force expansive qui anime la matière vive, & c'est une force attractive à laquelle obéit la matière brute: quoique les directions de ces deux forces soient diamétralement opposées, l'action de chacune ne s'en exerce pas moins; elles se balancent sans jamais se détruire, & de la combinaison de ces deux forces également actives résultent tous les phénomènes de l'Univers.

Mais, dira-t-on, vous réduisez toutes les puissances de la Nature à deux forces, l'une attractive & l'autre expansive, sans donner la cause ni de l'une ni de l'autre, et vous surbordonnez à toutes deux l'impulsion qui est la seule force dont la cause nous soit connue et démontrée par le rapport de nos sens; n'est-ce pas abandonner une idée claire, et y substituer deux hypothèses obscures?

A cela je réponds, que ne connoissant rien que par comparaison, nous n'aurons jamais d'idée de ce qui produit un effet général, parce que cet effet appartenant à tout, on ne peut dès-lors le comparer à rien. Demander quelle est la cause de la force attractive, c'est exiger qu'on nous dise la raison pourquoi toute la matière s'attire. Or ne nous suffit-il pas de savoir que réellement toute la matière s'attire, & n'est-il pas aisé de concevoir que cet effet étant général, nous n'avons nul moyen de le comparer, & par conséquent nulle espérance d'en connoître jamais la cause ou la raison.« *Eben auf Buffon hatte Herder selbst aufmerksam gemacht; vgl.* Herder 1778, S. 4: »Jener griechische Weise, der das System Newtons im Traum ahndete, sprach von *Liebe* und *Haß* der Körper: der große Magnetismus in der Natur, der anziehet und fortstößt, ist lange als *Seele der Welt* betrachtet worden. [...] So ward *Newton* in seinem Weltgebäude wider Willen ein Dichter, wie *Buffon* in seiner Kosmogonie, und *Leibniz* in seiner prästabilirten Harmonie und Monadenlehre.«

17, 37 *Georges Louis Le Sage (1724–1803) wurde vor allem durch seinen Versuch einer mechanisch-atomistischen Erklärung aller Naturerscheinungen bekannt. Im Rahmen einer Hydrodynamik des Äthers versuchte er die gesamte Physik neu zu formulieren, das heißt alle Naturphänomene allein aus Gestalt und Größe der Atome sowie der mechanischen Wirkung eines postulierten ätherischen Fluidums zu erklären. Diese Theorie wurde von ihm selbst nur in wenigen, schon damals schwer zugänglichen Arbeiten veröffentlicht und vor allem durch seine Schüler Jean André de Luc und Pierre Prevost verbreitet. Seine wissenschaftliche Brillanz übte aber nicht nur auf die damaligen Naturwissenschaftler eine große Anziehungskraft aus. So wurde zum Beispiel auch Friedrich Heinrich Jacobi von ihm zeitweise privat unterrichtet. Vgl.* de Luc 1787–1788, Teil 1, 1787, S. 106–108: »Hr. *le Sage* erklärt [...] durch eine mechanische Ursache, die Bewegung der Theilchen der *ausdehnbaren Flüssigkeiten*, und wie sie verschiedene Arten von Bewegung haben können. Diese Ursache ist selbst ein besondres *Fluidum*, das außerordentlich zart, dünn und schnell ist, welches sich in dem Raume in grader Linie bewegt, und das von allen Seiten zu allen merklichen Punkten des Universums gelangt. Dies Fluidum bringt unmittelbar das Phänomen der *allgemeinen Schwere* hervor, und ich will nur dieses zu seinem Vortheil sagen; daß der Beweis des Hr. *le Sage*, wie dies Fluidum, um so viele astronomische Phänomene, als den Fall der Körper und seine Gesetze zu beweisen, hinreiche, den Beyfall mehrerer großer Mathematiker gefunden habe. [...] Nachdem Hr. *le Sage* durch die Kraft dieses zarten Fluidums, alle Phänomene der allgemeinen *Schwere*, und folglich auch die des *Schwerseyns* auf unserm Erdballe erklärt hat; so zeigt er, wie dieses unsern Beobachtungen so sehr entlegene *Fluidum*, die Theilchen der *ausdehnbaren Flüssigkeiten* in Bewegung sezt. [...] Hr. *le Sage* kam auch bey den Untersuchungen, [...] natürlich darauf, sich vorzustellen, daß die Kraft, welche diese *Flüssigkeiten* gegen die Körper ausüben, von *Stößen* herrühre, und ihr *ausdehnendes Vermögen* folglich von der *Bewegung* ihrer Theilchen entspringe. Indem er sich nun aber Rechenschaft geben mußte, was diese *Bewegung*, welche mehr oder weniger durch die *Stöße* zerstört würde, erneuere; so suchte er sie lange auf dem Wege, wo er sie hernach fand, d. h. in der bloßen Form der Theilchen der *ausdehnbaren Flüssigkeiten*, vergebens. Diese Wirkung ist den *Gesetzen* der Mechanik, unterworfen.« *Hierzu vgl.* Speziali 1997, S. 41–44.

18, 6 *Unter den Kantschen Auffassungen hebt Baader insbesondere die Fluiditätstheorie der Materie hervor. Der flüssige Zustand resultiert nach Kant ursprünglicher als der feste. Während die Atomisten voraussetzten, dass Festigkeit und Starrheit einfache Phänomene seien, die als Grundlage der Erklärung auch der übrigen Aggregatzustände dienen könnten, sei es bei Kant gerade umgekehrt, so Baader, der flüssige Zustand sei der grundlegende, aus ihm werde Festigkeit erklärt. Insofern sieht Baader in Kants Einschätzung des festen Zustands als eines sekundären, abgeleiteten Phänomens eine wahrhafte Herausforderung der atomistischen Theorie. Ferner vgl.* Kant 1790, S. 247 f.: »Das flüßige ist, allem Ansehen nach, überhaupt älter als das feste [...].« *Sowie vgl.* Schelling 1797, S. 231–235.

18, 21 *Baader thematisiert hier die eigentümliche Entwicklungslinie einer Vermischung von Dynamismus und Atomismus, welche manche Anhänger Kants verfolgten, indem sie versuchten, jede Kraft, Wärme, Elektrizität, jeden Magnetismus als Wirkung eines jeweils eigenen Stoffes zu begreifen. Der dynamistisch gesinnte Baader hingegen plädiert dafür, alle Stoffe aus dem Verhältnis der beiden grundlegenden Kräfte (Attraktion und Repulsion) zu erklären. Insofern ist alle Verschiedenheit der Materie nur in dem proportional unterschiedlichen Verhältnis von Anziehung und Abstoßung begründet. Hierzu* Moiso 1997, S. 215.

18, 38 *Auch Schelling betont dieses Problem der Materie in der Naturphilosophie, vgl.* Schelling 1799, S. 92: »Da nun in der Natur alles – oder vielmehr, da eben jenes absolute Product – continuirlich *im Werden* begriffen ist, so wird es in demselben weder zur absoluten Flüssigkeit noch zur absoluten Nichtflüssigkeit (Starrheit) kommen können. [...] Jenes immer werdende Product wird continuirlich auf dem Sprung vom Flüssigen in's Feste, und umgekehrt auf dem Rückgang vom Festen in's Flüssige begriffen seyn.«

18, 40 *Hierzu vgl.* Kant ^{2}1787, S. 85–93 *und besonders* S. 91–93: »Was aber in Ansehung unsers Begriffs der Flüssigkeit ganz entscheidend ist; ist dieses: daß *flüssige* Materien auch als solche erklärt werden können, deren *jeder Punct nach allen Directionen mit eben derselben Kraft sich zu bewegen trachtet, mit welcher er nach irgend einer gedrückt wird*; eine Eigenschaft, auf der das erste Gesetz der Hydrodynamik beruht, die aber einer Anhäufung von glatten und dabey festen Körperchen, wie eine ganz leichte Auflösung ihres Drucks nach Gesetzen der zusammengesetzten Bewegung zeigen kann, niemals beigelegt werden kann, und dadurch die Originalität der Eigenschaft der Flüssigkeit beweiset. [...]

Die angeführte zweyte Definition der Flüssigkeit, worauf das Grundgesetz der Hydrostatik beruht, nämlich daß sie die Eigenschaft einer Materie sey, da ein jeder Theil derselben sich nach allen Seiten mit eben derselben Kraft zu bewegen bestrebt ist, womit er in einer gegebenen Direction gedrückt wird, folgt aus der ersten Definition, wenn man damit den Grundsatz der allgemeinen Dynamik verbindet, daß alle Materie ursprünglich elastisch sey, da denn diese nach jeder Seite des Raums, darin sie zusammengedrückt ist, mit derselben Kraft sich zu erweitern, d.i. (wenn die Theile einer Materie sich an einander durch jede Kraft ohne Hindernis verschieben lassen, wie es bey der flüssigen so wirklich ist,) sich zu bewegen bestrebt seyn muß, womit der Druck in einer jeden Richtung, welche es auch sey, geschiehet. Also sind es eigentlich nur die starren Materien, [...] denen man Reibung beylegen darf, und die Reibung setzt schon die Eigenschaft der Rigidität voraus.«

19, 6 *Nach Baader lasse sich also nur erfolgreich gegen den Atomismus argumentieren, wenn man eine Erklärung der festen Körper in dem von Kant vorgegebenen Rahmen zu geben verstehe. Hierzu vgl.* WhB 1994, S. 38–41.

19, 11 *Im Unterschied zur heute gebräuchlichen Begriffsbestimmung bezog der Begriff ›Flüssigkeit‹ oder ›Fluidum‹ im 18. Jahrhundert Flüssigkeiten und Gase ein, welche als tropfbare Flüssigkeiten bzw. elastische Flüssigkeiten oder auch luftförmige Flüssigkeiten bezeichnet wurden. Hierzu vgl.* Gren 1793, S. 246 (§ 334): »Flüßige Körper, welche dies Phänomen [der Elastizität] äußern, werden *expansible*, oder *elastische Flüssigkeiten* genannt. Außer der atmosphärischen Luft gehören dazu: *alle Luftarten, die Dünste, der Wärmestoff, die Lichtmaterie, das electrische Fluidum*, und ohne Zweifel auch die *magnetische Flüssigkeit.*« *Die Luftarten verhalten sich mechanisch wie die Luft, allerdings besitzen sie unterschiedliche chemische Eigenschaften, die von vielen Chemikern als Folge einer verschiedenen Bindung des Wärmestoffes interpretiert wurden. In diesem Sinn ist die Aufnahme von Wärmestoff innerhalb eines Zustandes als eine Erwärmung bzw. eine Erhöhung der Temperatur und zugleich an den Temperaturgrenzen zwischen den Zuständen als Zustandsänderung ohne Temperaturerhöhung gedeutet worden. Dazu vgl.* WhB 1994, S. 93 ff. *Und rezeptionsgeschichtlich vgl.* Novalis 1798–1799a, S. 51. (*und hierzu s.* Mahoney 1980, S. 32) *sowie* Schelling 1798, S. 110.

19, 12 *Vgl.* Lavoisier 1789, tome 1, S. 3 f.: »Ainsi les molécules des corps peuvent être considérées comme obéissant à deux forces, l'une répulsive, l'autre attractive, entre lesquelles elles sont en équilibre. Tant que la dernière de ces forces, l'attraction, est victorieuse, le corps demeure dans l'état solide; si au contraire l'attraction est la plus foible, si la chaleur a tellement écarté les unes des autres les molécules du corps, qu'elles soient hors de la sphère d'activité de leur attraction, elles perdent l'adhérence qu'elles avaient entre elles & le corps cesse d'être un solide.

L'eau nous présente continuellement un exemple de ces phénomènes: au-dessous de zéro du thermomètre françois, elle est dans l'état solide, & elle porte le nom de glace; au-dessus de ce même terme, ses molécules cessent d'être retenues par leur attraction réciproque, & elle devient ce qu'on appelle un liquide: enfin, au-dessus de 80 degrés, ses molécules obéissent à la répulsion occasionnée par la chaleur; l'eau prend l'état de vapeur ou de gaz, & elle se transforme en un fluide aériforme.

On en peut dire autant de tous les corps de la Nature; ils sont ou solides, ou liquides, ou dans l'état élastique & aériforme, suivant le rapport qui existe entre la force attractive de leurs molécules & la force répulsive de la chaleur, ou, ce qui revient au même, suivant le degré de chaleur auquel ils sont exposés.

Il est difficile de concevoir ces phénomènes sans admettre qu'ils sont l'effet d'une substance réelle & matérielle, d'un fluide très-subtil qui s'insinue à travers les molécules de tous les corps & qui les écarte: & en supposant même que l'existence de ce fluide fût une hypothèse, on verra dans la suite qu'elle explique d'une manière très-heureuse les phénomènes de la Nature.« *Für die deutsche Übersetzung vgl.* Lavoisier 1792 [2008], S. 29 f.: »[...] Man muß folglich die Theilchen der Körper, als solche betrachten, welche zweien Kräften, der zurückstoßenden, und der anziehenden Kraft, zwischen welchen sie im Gleichgewicht stehen, gehorsam sind. So lange die letztere dieser beiden Kräfte die Oberhand hat, so lange bleibt der Körper in einem festen Zustande; ist im Gegentheil die attrahirende Kraft die schwächste, hat der Wärmestoff die Theilchen der Körper so sehr auseinander getrieben, daß sie außer dem Wirkungskreise ihrer Attraktion sind, so verlieren sie ihre Adhäsion, und der Körper hört auf ein fester Körper zu seyn.

Das Wasser giebt uns beständig ein Beispiel, von diesen Erscheinungen: unter Null des Reaumürschen Thermometers, ist es im festen Zustande, und heißt Eis. Ueber diesem Punkte, werden seine Theilchen nicht mehr durch wechselseitige Attraktion zusammengehalten, und es wird flüßig: aber endlich dem 80sten Grade, geben seine Theilche der durch die Wärme veranlassten Zurückstossung nach; das Wasser geht in einen Zustand von Dunst oder Gas über, und wird nun in eine luftförmige Flüßigkeit verwandelt.

Ein gleiches kann man von allen Körpern der Natur sagen; sie sind entweder fest oder flüssig, oder luftförmig, und zwar dem Verhältniß zufolge, welches zwischen der zurückstossenden Kraft der Wärme statt findet; oder welches gleichviel sagen will, dem Grade der Wärme zufolge, dem man sie aussetzte.

Diese Erscheinungen sind schwer zu begreifen, wenn man nicht annimmt, daß sie die Wirkungen einer wirklichen materiellen Substanz sind, einer sehr feinen Flüßigkeit, welche in die Theilchen aller Körper eindringt, und sie voneinander treibt. Gesetzt aber auch, die Existenz dieser Flüßigkeit, wäre eine Hypothese so wird man in der Folge einsehen, daß sie auf eine glückliche Art jene Naturerscheinungen erklärt.«

19, 25 *Bis gegen Ende des 18. Jahrhunderts galt das Wasser allgemein noch als chemisches Element und nicht als Verbindung von Sauerstoff und Wasserstoff ($H2O$). Hierzu vgl.* Gehler 1787–1796, Artikel: *Wasser.* Teil 4, 1791, S. 625 ff. *und* Macquer 1788–1791, Artikel: *Wasser.* Teil 7, 1791, S. 17 ff. *Es sei hier daran erinnert, dass die Elemente nach der aristotelischen Auffassung vier und zwar Feuer, Wasser, Erde, Luft sind. Sie gelten als die ursprünglichsten bzw. einfachsten Bestandteile der Materie. Im Lauf der Zeit ist aber diese Vorstellung von verschiedenen Autoren um weitere Elemente erweitert worden, so dass vielfältige Varianten der aristotelischen Lehre entstanden. Es wurden z. B. Schwefel und Quecksilber als Vermittlungsglieder unter den vier Elementen oder als spezifische ›Erden‹ eingeführt. Die Elemente wurden auch als Prinzipien begriffen, die den Stoffen, deren Bestandteile sie waren, bestimmte qualitative Eigenschaften verliehen. Die aristotelische Theorie, für die charakteristisch war, dass im Prinzip alle Elemente ineinander umwandelbar waren, wich allmählich einer Lehre, die sich der Frage zuwandte, wie sich die verschiedenen Stoffe bzw. Substanzen trennen und verbinden. Der Elementbegriff präzisierte sich immer mehr und damit ging auch der Versuch einher, diesen Begriff auch für einfache bzw. nicht zusammengesetzte Grundstoffe zu verwenden. Dabei blieb allerdings ein problematischer Vorbehalt bestehen und zwar die Unsicherheit, ob ein Stoff nicht doch aus anderen Stoffen zusammengesetzt sei. Erst Lavoisier ist es gelungen, dieses Problem zu umgehen, indem er alle Stoffe für ›Elemente‹ gehalten hat, die mit den verfügbaren Techniken noch nicht zerlegt worden waren. Vgl.* Lavoisier 1792 [2008], S. 19*:* »Ich werde mich also damit begnügen, zu sagen, daß wenn wir mit dem Namen Elemente, die einfachen untheilbaren Theilchen belegen, aus welchen die Körper zusammengesetzt sind; so ist es wahrscheinlich, daß wir sie nicht kennen. Verbinden wir im Gegentheil mit dem Ausdruck Element oder Grundstoff der Körper den Begriff des höchsten Ziels, das die Analyse erreicht, so sind alle Substanzen, die wir noch durch keinen Weg haben zerlegen können, für uns Elemente; nicht als könnten wir versichern, daß diese Körper, die wir für einfach halten, nicht aus zwei, oder sogar aus einer größern Anzahl von Stoffen zusammengesetzt wären; sondern weil diese Grundstoffe sich nie trennen, oder vielmehr weil wir kein Mittel haben sie zu trennen; sie wirken vor unsern Augen als einfache Körper, und wir dürfen sie nicht eher für zusammengesetzt halten, als in dem Augenblick, wo Erfahrungen und Beobachtungen, uns davon Beweise gegeben haben.«

19, 33 *Vgl.* de Luc 1786–1787, Teil 1, S. 113 f.: »Dans une *Fusion* simple, la Substance fondue doit, en perdant son excès de *Chaleur*, reprendre la forme qu'elle avoit auparavant. Lors donc qu'elle paroît alors sous une nouvelle Forme; c'est une preuve que la liquéfaction na pas été aidée par des *Affinités.* Tel est par exemple l'effet des Substances nommées les *Fondans* ou *Flux*; au moins dès qu'elles ont produit des *Fusion* qui n'auroient pas lieu sans elles, & qu'il en résulte de nouvelles Substances après le refroidissement. [...] [L]e changement d'état des Substances qui entrent en *Fusion* à leur Foyer [...] est une preuve que la *Fusion* n'y est pas simple.« *Und für die deutsche Übersetzung vgl.* de Luc 1787–1788, Teil 1, S. 91 f.: »In dem einfachen *Schmelzen,* muß die geschmolzene Substanz, in dem sie ihren Ueberschuß an *Wärme* verliert, ihre vorige Gestalt wieder annehmen. Sobald die also alsdann in einer neuen Gestalt erscheint; so ist dies ein Beweis, daß das Flüßigwerden, keine einfache Wirkung des *Feuers,* sondern durch *Verwandschaften* unterstüzt war. Dies ist z. B. die Wirkung der sogenannten *Flüsse*; wenigstens sobald sie ein *Schmelzen* verursachen, das ohne sie nicht würde erfolgt seyn, und wenn nach dem Kaltwerden neue Substanzen entstehen. [...] Die Verändrung des Zustandes der Substanzen, welche in ihrem *Brennpunkte* im Fluß kommen, [...] ist ein Beweis, daß *Schmelzen* nicht einfach war.«

19, 35 *Vgl.* Gren 1790, *besonders* S. 8, 11 f. *und* 27 ff. *Dazu vgl. auch* WhB 1994, S. 96 f. *und* 146 ff.

19, 40 *Hierzu vgl.* Lavoisier 1789, tome 1, S. 4–6: »Cette substance, quelle qu'elle soit, étant la cause de la chaleur; ou en d'autres termes la sensation que nous appelons chaleur, étant l'effet de l'accumulation de cette substance, on ne peut pas, dans un langage rigoureux, la désigner par le nom de chaleur; parce que la même dénomination ne peut pas exprimer la cause & l'effet. [...] Nous avons en conséquence désigné la cause de la chaleur, le fluide éminemment élastique qui la produit, par le nom de *calorique*. Indépendamment de ce que cette expression remplit notre objet dans le systême que nous avons adopté, elle a encore un autre avantage, c'est de pouvoir s'adapter à toutes sortes d'opinions; puisque rigoureusement parlant, nous ne sommes pas même obligés de supposer que le calorique soit une matière réelle; il suffit [...] que ce soit une cause répulsive quelconque qui écarte les molécules de la matière, & on peut ainsi en envisager les effets d'une manière abstraite et mathématique.« *Für die deutsche Übersetzung vgl.* Lavoisier 1792 [2008], S. 30 f.: »Wenn diese Substanz, was sie auch immer seyn mag, die Ursache der Wärme ist, oder mit andern Worten, wenn die Empfindung, welche wir Wärme nennen, eine Wirkung der Anhäufung dieser Substanz ist, so kann man sie, streng genommen, nicht mit dem Namen der Wärme bezeichnen; da eine und eben dieselbe Benennung, nicht Ursache und Wirkung zugleich, andeuten kann. [...] Dem zufolge, haben wir die Ursache der Wärme, diese in einem so hohen Grade elastische Flüßigkeit, mit dem Namen Wärmestoff (*calorique*) bezeichnet. Außerdem, daß diese Benennung unserm Gegenstande in dem System entspricht, das wir angenommen haben, hat sie noch einen andern Vortheil, nämlich den, daß sie sich aller Arten von Meinungen anpassen läßt. Denn streng genommen, brauchen wir nicht einmal anzunehmen, daß der Wärmestoff eine wirkliche Materie ist, es ist hinlänglich, [...] daß es irgend eine zurückstoßende Ursache ist, welche die Theilchen der Materie voneinander treibt; und so kann man ihre Wirkungen auf eine abstrakte und mathematische Art beleuchten.«

Ferner vgl. auch Gehler 1787–1796, Artikel: *Antiphlogistisches System*. Teil 5, 1795, S. 32: »Das ganze System geht von den Wirkungen des *Wärmestoffs* (Calorique) aus, der durch seine Elasticität die kleinsten *Theile* (molécules) der Körper trennt, und sie in den Zustand der tropfbaren, oder wenn die Elasticität den Druck der Atmosphäre überwindet, in den Zustand der elastischen Flüßigkeit versetzt, in welchem letztern man sie *Gas* (Gaz) nennt.« *Zum Begriff ›Gas‹ bei Lavoisier vgl.* Lavoisier 1774, tome 1, S. 4 f. *und für die deutsche Übersetzung vgl.* Lavoisier 1783, S. 6.

20, 5 *In dem folgenden Zitat geht es hauptsächlich um den physikalischen Einfluß von Wärme und Druck auf materielle Körper. Die Wärme wird von Lavoisier wie ein ›Agens‹ dargestellt, welches die Teilchen eines Körpers auseinandertreibt, während die Anziehung der Teilchen untereinander dem entgegenwirkt. Wenn es von der Menge der zugeführten Wärme abhängt, die in beiden Kräften überwiegt, gibt es aber für Lavoisier auch folgendes Problem zu lösen: Warum wird in dem Moment, in dem die Repulsion durch die Wärme die interne Anziehung überwiegt, ein fester Stoff nicht sofort gasförmig? Lavoisier zieht zur Erklärung des Phänomens den Luftdruck heran, der eine ungehin-*

derte Ausdehnung hemmt. Die Schwere der Atmosphäre lastet auf jedem Stoff und stellt sich als eine dritte Kraft dar. Mithin ist der Zustand eines Körpers auf der Erdoberfläche nicht nur von seinem Gehalt an Wärme, sondern auch vom äußeren Druck abhängig. Daraus resultiert, dass die Flüssigkeit ein Zwischenzustand ist, in dem chemische und mechanische Kräfte wirken. Für den von Baader zitierten Text vgl. Lavoisier 1789, tome 1, S. 7–8: »Nous venons de voir que le même corps devenoit solide ou liquide, ou fluide aériforme, suivant la quantité de calorique dont il étoit pénétré, ou, pour parler d'une manière plus rigoureuse, suivant que la force répulsive du calorique étoit égale à l'attraction de ses molécules, ou qu'elle étoit plus forte, ou plus foible qu'elle.

Mais s'il n'existoit que ces deux forces, les corps ne seroient liquides qu'à un degré indivisible du thermomètre, & ils passeroient brusquement de l'état de solide à celui de fluide élastique aériforme. Ainsi l'eau, par exemple, à l'instant même où elle cesse d'être glace, commenceroit à bouillir; elle se transformeroit en un fluide aériforme, & ses molécules s'écarteroient indéfiniment dans l'espace: s'il n'en est pas ainsi, c'est qu'une troisième force, la pression de l'atmosphère, met obstacle à cet écartement, & c'est par cette raison que l'eau demeure dans l'état fluide depuis zéro jusqu'à 80 degrés du thermomètre françois; la quantité de calorique qu'elle reçoit dans cet intervalle est insuffisante pour vaincre l'effort occasionné par la pression de l'atmosphère.

On voit donc que, sans la pression de l'atmosphère, nous n'aurions pas de liquide constant; nous ne verrions les corps dans cet état qu'au moment précis où ils se fondent: la moindre augmentation de chaleur qu'ils recevraient ensuite, en écarteroit sur le champ les parties & les disperseroit. Il y a plus, sans la pression de l'atmosphère, nous n'aurions pas à proprement parler, de fluides aériformes. En effet, au moment où la force de l'attraction seroit vaincue par la force répulsive du calorique, les molécules s'éloigneroient indéfiniment, sans que rien limitât leur écartement, si ce n'est leur propre pesanteur qui les rassembleroit pour former une atmosphère.« *Für die deutsche Übersetzung vgl.* Lavoisier 1792 [2008], S. 32 f.: »Wir haben oben gesehen, daß derselbe Körper fest oder tropfbar, oder zur luftförmigen Flüßigkeit wurde, nach der Menge des Wärmestoffs, die ihn durchdrang; oder, um genauer zu reden, nachdem entweder die Repulsionskraft des Wärmestoffes, der Attraktion der körperlichen Atomen gleich, oder nachdem sie stärker oder schwächer war, als letztere. Wären indessen diese beiden Kräfte allein vorhanden, so würden die Körper nur bis zu einem untheilbaren Grade des Thermometers flüßig bleiben, und schnell aus dem festen Zustande, in den elastischen luftförmigen übergehen. So würde z. B. das Wasser, in eben dem Augenblick, wo es aufhört Eis zu seyn, zu kochen anfangen; es würde sich zu einer luftförmigen Flüßigkeit umbilden, und seine Atome würden sich unbestimmbar in ihrem Raum, ausdehnen. Geschieht dieses nicht, so ist eine dritte Kraft vorhanden, nämlich der Druck des Dunstkreises, der diese Ausdehnung hindert; und aus diesem Grunde bleibt das Wasser in einem flüßigen Zustande, von 0 bis 80 Grad des Reaum[ürschen] Thermometers; die Menge des Wärmestoffes, den es in diesem Zwischenraume aufnimmt, reicht nicht zu, den Druck des Dunstkreises zu überwinden.

Man sieht also ein, daß wir ohne den Druck des Dunstkreises keinen bleibend tropfbaren Körper haben würden; wir würden die Körper nur im Augenblick ihres Schmelzens, in diesem Zustande sehen; die geringste Vermehrung der Wärme, würde durch ihren Zutritt augenblicklich die Theile trennen, und sie zerstreuen. Ja noch mehr, ohne den Druck der Atmosphäre, würden wir im eigentlichen Sinne, gar keine luftförmige Flüßigkeiten haben. In der That würden sich die Theilchen in eben dem Augenblick, da ihre Anziehungskraft von der Repulsionskraft des Wärmestoffes übertroffen würde, auf eine unbestimmbare Art ausdehnen, ohne daß dieser Ausdehnung in irgend etwas Grenzen gesetzt würden; wenn nicht ihre eigne Schwere sie wieder zusammen brächte, um die Atmosphäre zu bilden.«

20, 27 *Die hier zitierte Bemerkung Humboldts lässt sich auf eine private Mitteilung an Baader zurückführen. Die beiden waren gleichzeitig Studenten an der Bergakademie Freiberg, wo Abraham Gottlob Werner wirkte. Alexander von Humboldt, der bereits 1791 das »Traité« von Lavoisier gelesen hatte, war an der damaligen Debatte um die antiphlogistische Chemie sehr interessiert und tauschte sich darüber u. a. mit Baader aus. Er selbst berichtet in einem Brief an den Bergrat Dietrich Ludwig Gustav Karsten im Jahr 1791, vgl.* Humboldt 1787–1799, S. 85: »Dr. Baader, der Verf[asser] des Buches vom Wärmestoff, hat mir auch manche Idee mitgetheilt [...].« *Und im selbem Jahr schreibt er auch an Paul Usteri, vgl.* Humboldt 1787–1799, S. 165: »Überhaupt beschäftigt mich antiphlogistische Chemie ungemein, mit zween meiner hiesigen Freunde, H. Del Rio aus Spanien und D. Baader aus München. Ich bin überzeugt, daß Lavoisier Entdekkungen über den Kohlenstoff und das Kohlensaure Gas den Weg zu großen Dingen bahnen.« *Ferner vgl. auch* Humboldt 1792, S. 98.

20, 42 *Hierzu bereits in* Baader 1786, S. 13: »*Newton*[*] glaubt, alle Körpertheilchen würden bei einem gewissen Grade der *Verfeinerung* etc. selbst zu Feuer und Lichtmaterie, ein glühendes Stük Eisen ist bei ihm selbst *ganz Feuer* etc. [...] [*S. Fragen am Ende seiner *Optik*].« *Ferner vgl. oben S. 200, erklärende Anmerkung zu 17, 25 und* Humboldt 1850, Bd. 3, S. 34 Anm.: »Nach *Kant* [...] kann die Existenz der Materie nicht gedacht werden ohne diese Kräfte der Anziehung und Abstoßung. Alle physischen Erscheinungen sind deshalb nach ihm [...] auf den Conflict der zwei Grundkräfte zurückzuführen. In den atomistischen Systemen, die Kant's dynamischen Ansichten diametral entgegengesetzt sind, wurde nach einer Annahme, welche besonders durch Lavoisier sich weit verbreitete, die Anziehungskraft den discreten starren Grundkörperchen (molécules), aus denen alle Körper bestehen sollen; die Abstoßungskraft aber den *Wärmestoff-Atmosphären*, welche die Grundkörperchen umgeben, zugeschrieben. In dieser Hypothese, welche den sogenannten *Wärmestoff* als eine stetig ausgedehnte Materie betrachtet, werden demnach zweierlei Materien, d. i. zweierlei Elementarstoffe, wie in der Mythe von zwei Aether-Arten (*Newton, Opt.* Query 28 [...]), angenommen. Man fragt dann, was wiederum jene Wärme-Materie ausdehnt? Betrachtungen über die Dichtigkeit der molécules in Vergleich mit der Dichtigkeit ihrer Aggregate (der ganzen Körper) leiten nach atomistischen Hypothesen zu dem Resultate: daß der Abstand der Grundkörperchen von einander weit größer als ihr Durchmesser ist.« *Indem Lavoisier die Anwendbarkeit von Kräften in der Theorie der Materie nicht ausschließt, steht er der Lehre Newtons näher, als dem mechanistischen Atomismus der Schule von Le Sage, der die Materie allein durch einen hypothetisch angenommenen Stoß- und Druckmechanismus zu erklären versucht. Auf diese Art kann er den Übergang von einem festen zu einem gasartigen Körper als Folge einer zunehmenden Repulsivkraft verstehen, die mit der zunehmenden Menge von Wärmestoff in der Materie verbunden ist. Der Wärmestoff drängt sich in die Zwischenräume zwischen den Teilchen (oder den kleinsten Teilen bzw. Atomen) der Materie und drückt diese dabei auseinander.*

21, 29 *Morveaus Versuche werden auch von Kant in der »Allgemeinen Anmerkung zur Dynamik« erwähnt in* Kant ²1787, S. 91. *Vgl.* Morveau 1777, S. 54–64. *Für die deutsche Übersetzung vgl.* Morveau 1779, S. 43–49. *Hierzu ausführlich* Moiso 1997, S. 219 f.

21, 33 *Vgl.* de Luc 1786–1787, Teil 1, S. 16 ff.: »La Cause de cette décomposition particulière des *Vapeurs aqueuses*, est la tendance des Particules d'*Eau* à s'unir entr'elles, lorsqu'elles sont arrivées à une certaine distance. Cette tendance mutuelle des Particules appartient à tous les Liquides. C'est elle qui, jointe au peu d'adhérence des Particules au Contact, constitue la *Liquidité*. [...] On voit dans celle du Thermomètre fait d'*Eau*, que le *Feu* a d'abord beaucoup de peine à écarter ses Particules quand elle est près de se geler, c'est-à-dire quand ses Particules son très-rapprochées; mais qu'à mesure qu'il les a déjà écartées d'une plus grande quantité, il éprouve moins de résistance à les écarter davantage: ce qui est le caractère distinctif des *tendances à distance*. [...] Enfin, un exemple sensible de la réunion des Particules d'*Eau* entr'elles [...] lorsque leur rapprochement est suffisant, est la *Congélation* de l'*Eau* qui a dissout quelque *Sel*. Sa *Congélation* est retardée, à cause du plus grand éloignement absolu de ses Particules; mais elle a lieu enfin, lorsque, par le refroidissement, elles sont arrivées à une proximité suffisante, pour que leur tendance mutuelle surmonte leur affinité avec le *Sel*.« *Und* ebd., S. 173 f.: »J'ai déjà dit ci-devant en quoi la *Liquidité* me paroît consister: c'est dans le peu d'adhérence des Particules d'une Substance à leur contact, quoiqu'elles aient entr'elles une tendance à quelque distance. De la première de ces Propriétés, résulte leur Faculté de se mettre toujours de Niveau au lieu le plus bas qu'elles peuvent atteindre; obéissant ainsi sans résistance aux Loix de la Pesanteur: & de la dernière, la tendance à s'arranger sphériquement quand elles sont libres. [...] Je ne connois aucune Substance simple, qui soit *liquide* par elle-même; il me paroît, veux-je dire, que les Particules de toute Substance *liquide*, doivent cette Propriété distinctive à leur composition. Pour qu'un *Solide* devienne *Liquide*, il faut que ses particules cessent d'être fortement unies au contact comme elles l'étoient auparavant; & qu'au lieu de l'*indifférence* qu'elles montroient néanmoins entr'elles dès qu'elles étoient à la plus petite distance sensible, elles acquièrent une tendance à quelque distance; & ce changement s'opère toujours, par quelque nouvelle combinaison chymique de ces Particules avec quelque autre Substance.« *Für die deutsche Übersetzung vgl.* de Luc 1787–1788, Teil 1, S. 12 f.: »Die Ursache dieser besondern Zersetzung der *Wasserdünste* liegt in der Neigung der *Wassertheilchen*, sich mit einander zu verbinden, wenn sie sich auf eine gewisse Entfernung genähert haben. Diese wechselseitige Neigung der Theilchen, ist allen Flüssigkeiten eigen; und sie macht nebst einigem Zusammenhang der Theilchen in der Berührung das *Flussigseyn* (Liquidité) aus. [...] Man sieht bey dem Wasserthermometer, daß das *Feuer* große Mühe habe, seine Theilchen von einander zu entfernen, wenn es im Begriff ist, zu gefrieren, d. h. wenn die Theilchen einander sehr nahe sind; wenn es sie aber schon von einer größern Menge getrennt hat, es weit weniger Widerstand finde, sie noch mehr zu zerstreuen: dieses ist ein distinctives Merkmal des *Bestrebens* nach *Entfernung*. [...] Ein deutliches Beyspiel der Wiedervereinigung der Wassertheilchen, [...] wenn sie einander hinreichend nahe sind, ist das *Gefrieren* des *Wassers*, welches etwas *Salz* aufgelöset hat. Sein *Gefrieren* wird durch die größre absolute Entfernung seiner Theilchen verzögert; es findet aber endlich Statt, wenn sie durch die Erkaltung einander so nahe gekommen sind, daß ihr wechselseitiger Hang ihre Verwandschaft mit dem Salze übertrifft.« *Und* ebd., S. 139 f.: »Ich habe schon gesagt, worinn das *Flüssigseyn* nach meiner Meynung zu bestehen scheint: nämlich in dem geringen Zusammenhange der Theilchen einer Substanz, bey ihrer Berührung, ob sie gleich unter sich ein Bestreben auf einige Entfernung haben. Aus der ersten Eigenschaft entspringt ihr Vermögen, sich immer an dem niedrigsten Orte, den sie erreichen können, gleich hoch zu stellen; indem sie auf diese Weise ohne Widerstand den Gesetzen der Schwere gehorchen, und aus der leztern, das Bestreben sich sphärisch zu stellen, wenn sie frey sind. [...] Ich kenne keine einfache Substanz, die an sich selbst *flüssig* sey; es scheint mir, glaube ich, daß die Theilchen jeder *flüssigen* Substanz diese distinctive Eigenschaft ihrer Zusammensetzung verdanken. Damit ein *fester* Körper *flüssig* werde, müssen seine Theilchen aufhören, im Berühren, wie sie es vorher waren, stark verbunden zu seyn, und statt der *Gleichgültigkeit*, die sie dennoch unter sich zeigten, wenn sie auf die kleinste merkliche Distanz gekommen waren, ein Bestreben auf eine gewisse Entfernung annehmen; und diese Veränderung äußert sich immer, durch jede neue chemische Verbindung dieser Theilchen mit irgend einer andern Substanz.«

22, 6 *War das Lavoisiersche Modell einer ›feinen Flüssigkeit‹, welche die Teilchen der Materie auseinandertreibt, zwar undogmatischer als andere mechanisch-atomistische Erklärungen der Zeit, war es freilich für Baader nicht überzeugend, weil Lavoisier voraussetzt, dass die drei Zustände der Materie nach der Menge des anwesenden Wärmestoffs unterschieden, aber zugleich als diskontinuierlich angenommen werden. Das Feste wird demnach als ein für sich selbst Bestehendes erklärt, wogegen das Tropfbarflüssige nur dank des atmosphärischen Drucks in seinem Zustand bleiben kann und ohne diesen einfach in eine gasförmige Flüssigkeit übergehen würde. Von daher weist Baader darauf hin, dass die Lehre Lavoisiers einen Unterschied zwischen der echten Kohäsion der festen Körper und dem bloßen Zusammengehaltenwerden der flüssigen unterstellt, welcher lediglich die Folge seiner mechanisch-atomistischen Betrachtungsweise der Materie als Zusammensetzung fester Teilchen ist. Dabei wird nach Baader einerseits übersehen, dass die flüssigen Körper einen eigenen Zusammenhang besitzen, andererseits dass die Repulsivkraft des Wärmestoffs als ein Absolutes nie von einer endlichen Kraft wie dem atmosphärischen Druck überwunden werden kann. Hierzu vgl.* Tuschling 1971, S. 49 ff.

22, 7 *Im folgenden Abschnitt knüpft Baader an die Differenzierung zwischen Zusammenhangsgrad, Festigkeit und Flüssigkeit an, die Kant in der »Allgemeinen Anmerkung zur Dynamik« expliziert hat. Nach Kant sind die Eigenschaften der Flüssigkeit bzw. der Festigkeit unabhängig von der Eigenschaft der Kohäsion zu definieren. Insofern ist eine Materie flüssig, wenn Teile von ihr mit minimaler Kraft verschoben werden können, ohne den Materiekomplex als solchen zu zerstören (vgl. oben S. 198, erklärende Anmerkung zu 16, 31). Wenn das nicht möglich ist, dann ist von einem starren Körper die Rede. Der Zusammenhang ist also keine durchdringende bzw. kollektiv wirkende Kraft, sondern nur eine disjunktiv wirkende Flächenkraft, welche in den Urbestimmungen jeder Materie und somit im Bereich der Naturmetaphysik keine Rolle spielt. Mit dieser Definition kann Kant das Flüssige dynamisch erklären, weil er die Flüssigkeit nicht als Mangel an Zusammenhang (bzw. unabhängig von der Aufhebung der Kohäsion), sondern durch die Eigenschaft der Teilverschiebung definiert. Baader versucht hier dieses Modell von Kant gegen Lavoisiers Wärmestofflehre, die hingegen die Identität beider (und zwar der Flüssigkeit und Festigkeit) behauptet, zu verwenden. Vgl.* Kant [2]1787, S. 88–91.

23, 17 *Baader bezieht sich hier auf einen Aufsatz von Lichtenberg, in dem er die von Kant in »Über die Vulcane im Monde« (1785) entwickelte kosmogonische Theorie positiv rezipiert. Vgl.* Lichtenberg 1787, S. 83–87: »Alle Materie zieht sich und alles ballt sich in der Welt. Der Staub, den ich von einem Thurm herabschüttele, schließt sich an die Erde an, von der er genommen wurde. Würde er in dem unermeßlichen Raum, fern von allen Sonnen und Planeten ausgeschüttelt, so würde er seine eigene Kugel bilden. So ist es mit dem Thautropfen auf einem Kohlblatt, so ist es mit unserer Erde und so ist es mit der Sonne. Die Ursache dieser Sehnsucht und des Zusammenhangs, der die Folge davon ist, kennen wir nicht. Wir haben Sinn für das Licht, dessen Feinheit noch niemand berechnet hat [...]. Die Sinne des Menschen sind todt für diese Kräfte, sie wirken neben ihnen vorbey. [...] Alles ballt sich in der Welt. Denke ich mir nun alle Materie, durch den unermeßlichen Raum einen Augenblick hindurch gleichförmig zerstreut, mit allen den Kräften begabt, die wir beobachten, aber nicht erklären können; was wird geschehen? die benachbarten werden gegen einander getrieben werden. Nicht ganz auf einerley Weise; denn alsdann würde entweder ein Gleichgewicht erfolgen, oder ein demselben nahekommendes langsames Zusammenfallen in einen Klumpen. Wir wissen, die Körper ziehen sich ungleich stark einer den andern; es gründet sich hierauf das wichtigste der ganzen Chemie; man hat es da sogar, als wenn eine Unterscheidung in den Körpern statt fände, Wahlanziehung (attractio electiua) gennant. Was hier in der Nähe statt findet, gilt wohl gewiß auch in der Ferne; nur, daß wir Menschen, aus angestammter Kurzsichtigkeit, oft Null nennen, was bloß sehr klein ist.«

23, 24 *Damit versucht Baader sozusagen den Dynamismus mit dem Atomismus zusammenzudenken. Hierzu vgl.* Stein 2004, S. 21: »[...] Baader versucht, die von Kant in seinem Dynamik-Kapitel der ›Metaphysischen Anfangsgründe‹ gegebene dynamische Naturphilosophie für die Erklärung der Voraussetzungen der Mechanik fruchtbar zu machen. Geht es im Haupttext wesentlich um die kritische Auseinandersetzung mit Lavoisiers Theorie der Aggregatzustände als Folge des Zusammenspiels der Stoffe mit einem eigenen Wärmestoff (Calorique), wobei sich das Verhältnis des zu Erklärenden in die Richtung des mechanisch vorausgesetzten Festen umkehrt, so handelt der in die Anmerkungen verlegte Subtext von eben dem Versuch einer dynamischen Konstruktion der ›Molecules primitives‹ [...], eine Art dynamischer Atomismus, der mit einer Metamorphosevorstellung, der ›Formumwandlung‹, verbunden ist.« *Kurze Zeit später wird Schelling in der Tat den Versuch unternehmen, den Atomismus von Le Sage und de Luc mit der dynamischen Materietheorie Kants zu vereinbaren und damit die dynamische Atomistik als Mittelweg zwischen dem Atomismus und Dynamismus zu positionieren. Hierzu vgl.* Schelling 1799, S. 140 *und die entsprechenden Verweise in den erklärenden Anmerkungen auf* Schelling 1797, S. 404 f. *Ferner vgl.* Bonsiepen 1997, S. 278 f.

23, 43 *Lichtenberg hat seine Überlegungen de Luc brieflich mitgeteilt. Der Letztere hat sie ins Französische übertragen und dann in seinen »Idées sur la Météorologie« veröffentlicht. Hierzu vgl.* Lichtenberg 1990, S. 71 f. (Brief 1367). *Baader bezieht sich hier auf die deutsche Übersetzung von* de Luc 1787–1788, Teil 1, S. 147 f.: »In dieser leztern Rücksicht, will ich hier eine Stelle, eines Briefes von H. Prof. *Lichtenberg*, aus Göttingen den 21. März 1785 mittheilen, die meinen Lesern gewiß angenehm seyn wird: ›Sie haben so viele Versuche über die comparativen Ausdehnungen flüssiger Körper durch die Wärme angestellt; aber haben sie wohl schon auf eine Methode gedacht, das *Flüssigseyn* zu messen? Es fiel mir nämlich eine Idee ein, die in geschicktern Händen, auf etwas merkwürdiges führen könnte. Ich fand, daß dieselbe Menge *heißes* Wasser, weit mehr *Tropfen* gab, als wenn sie *kalt* ist; welches ohne Zweifel von einem größern *Flüssigseyn* herrührt. Dies bemerkt man noch mehr am Oele. Wenn man aber die *Wärme*, wo nicht als die einzige, doch als die vorzüglichste Ursache des *Flüssigseyns* betrachtet, so fragt es sich, ob diese Wärme, welche gebraucht wird, um die Flüssigkeit noch flüssiger zu machen, nicht *verborgene* wird, oder für das Thermometer verloren geht. Ich glaube, daß man daran fast nicht zweifeln kann. Denn eine Menge Wärme, die zu einer gewissen Wirkung angewandt wird, kann nicht kräftig, sich zu einer andern Wirkung verwenden. Ich verstehe hierunter, daß die, um *Flüssigseyn* hervorzubringen gebrauchte Wärme, für das Thermometer verloren ist. So daß ich mir leicht einen flüssigen Körper denken könnte, auf welchen die Wärme keine andre Wirkung hätte, als ihn nur *flüssig* zu machen, ohne daß er eine Vermehrung der Wärme zeigte. Sie haben selbst den merkwürdigen Unterschied, zwischen den Ausdehnungen des Quecksilbers und Wassers gezeigt; und wenn jemals eine Betrachtung aus den Endursachen gezogen, meine Bewundrung erregt hat: so war es die ihrige, indem sie zeigten (*Gesch. der Erde* etc.) welche Verwüstung in der organischen Natur entstehen würde, wenn das Wasser, sich wie das Quecksilber, in Verhältniß mit der Wärme, ausdehnte.‹« *Für den französischen Text vgl.* de Luc 1786–1787, Teil 1, S. 183 f.: »A ce dernier égard, je rapporterai ici un Article d'une lettre de M. le Prof. *Lichtenberg*, datée de Gottingue le 21 Mars 1785, qui intéressera surement mes Lecteurs: voici cet article. ›Comme vous avez tant fait d'Expériences sur les Expansions comparatives des Liquides par la Chaleur, avez-vous jamais pensé à une méthode de mesurer aussi la *fluidité?* L'autre jour il me passa une idée par la tête, qui dans des mains plus habiles que les miennes pourroit conduire à quelque chose de curieux. Je trouvai, que la même quantité d'Eau *chaude* donnoit un beaucoup plus grand nombre de *gouttes* que lorsqu'elle est *froide*; ce qui est indubitablement dû à une plus grande *fluidité*. Cela s'apperçoit plus encore dans l'Huile. Mais regardant la Chaleur, si-non comme la seule, du moins comme la principale Cause de la *fluidité*, la Question est de favoir, si cette Chaleur, qui s'emploie à rendre le Liquide plus fluide, ne devient pas *latente*, ou perdue pour le Thermomètre. Il me semble qu'on ne peut presque en douter. Car une quantité de Chaleur qui est employée à un certain Effet, ne peut s'employer efficacement à un autre Effet. Par où j'entends, que la Chaleur employée à produire la *fluidité*, est perdue pour le Thermomètre. De sorte que je puis aisément imaginer un Liquide, sur lequel la Chaleur ne produiroit d'autre effet, que celui de le rendre plus *fluide*, sans qu'il montrât aucune augmentation de Chaleur. Vous avez montré vous-même la différence remarquable entre les Expansions comparatives du Mercure & de l'Eau; & si jamais un raisonnement d'après les Causes finales m'a frappé d'admiration, c'est le vôtre, en montrant (*Histoire de la Terre*, &c.) quel bouleversement arriveroit dans la Nature organique, si l'*Eau* venoit à se dilater, comme le Mercure, proportionnellement à la Chaleur.‹«

24, 17 *Vgl.* Kant ²1787, S. 93 f.: »Warum aber gewisse Materien, ob sie gleich vielleicht nicht grössere, vielleicht wol gar kleinere Kraft des Zusammenhanges haben, als andere flüssige, dennoch dem Verschieben der Theile so mächtig widerstehen, und daher nicht anders, als durch Aufhebung des Zusammenhanges aller Theile in einer gegebenen Fläche zugleich, sich trennen lassen, welches denn den Schein eines vorzüglichen Zusammenhanges giebt, wie also starre Körper möglich seyn, das ist immer noch ein unaufgelösetes Problem, so leicht als auch die gemeine Naturlehre damit fertig zu werden glaubt.« *Zu dieser Textstelle Baaders kommentiert* Moiso 1997, S. 222: »Durch den Zusammenhangsgrad, sagt [Baader], ließe sich zwar eine homogene, flüssige Materie, nie aber etwas Festes, d. h. der *Widerstand* gegen die Verschiebung der Teile in einer Fläche, in welchem Zusammenhang auch immer, begreifen. Die Lage auf begrifflicher Ebene zeigte sich somit äußerst verwickelt. Kant bestritt, einen philosophischen Begriff des Zusammenhangs und noch mehr der Festigkeit erreichen zu können, und mußte *wegen seines Dynamismus* bei dem Flüssigen und dem Kontinuum stehenbleiben. Die neuen Chemiker setzten ihrerseits das Feste als Urzustand der Materie voraus, sie versuchten konsequent durch die Kohärenz der Teilchen einer diskreten Materie die Zustände der Festigkeit und Flüssigkeit zu erklären, und blieben dennoch in einem Widerspruch verwickelt: wenn die Materie aus Atomen besteht, so kann nur ihr Zusammenhang das Feste und das Flüssige ausmachen; aber auf Grund des Zusammenhangs kann höchstens ein ursprüngliches Kontinuum, d.h. eine Flüssigkeit verstanden werden, wodurch jedes Mittel wegfällt, das Entstehen des Festen, Diskontinuierlichen und seines Zusammenhanges zu begreifen. Daher kam es nach Baader, daß man den flüssigen Zustand als ein bloßes Zusammengehaltenwerden begriff.«

24, 19 *Vgl. oben S. 205, erklärende Anmerkung zu 19, 12.*

24, 23 *Vgl.* de Luc 1786–1787, Teil 1, S. 27 ff., 130 ff., 188 ff., 195 ff., 213 ff. *Und für die deutsche Übersetzung vgl.* de Luc 1787–1788, Teil 1, S. 20 f., 104 ff., 151 ff., 157 ff., 171 ff. *Hierzu auch* Gren 1790a, S. 298–301.

24, 27 *Vgl.* Lavoisier 1789, tome 1, S. 16 ff.: »Tous ces faits particuliers, dont il me seroit facile de multiplier les exemples, m'autorisent à faire un principe général de ce que j'ai déjà annoncé plus haut, que presque tous les corps de la Nature sont susceptibles d'exister dans trois états différens; dans l'état de solidité, dans l'état de liquidité, & dans l'état aériforme, & que ces trois états d'un même corps dépendent de la quantité de calorique qui lui est combinée.« *Sowie* ebd., S. 21: »*Le calorique combiné* est celui qui est enchaîné dans les corps par la force d'affinité ou d'attraction, & qui constitue une partie de leur substance, même de leur solidité.« *Für die deutsche Übersetzung* Lavoisier 1792 [2008], S. 39: »Alle diese einzelnen Thatsachen, deren Beispiele ich leicht vermehren könnte, berechtigen mich, das was ich weiter oben erwähnte, zum allgemeinen Grundsatz zu nehmen: daß nämlich fast alle Naturkörper in drei verschiedenen Zuständen existieren können: Im Zustande der Festigkeit, im tropfbaren und im luftförmigen Zustande; und daß diese drei Zustände eines und eben desselben Körpers, von der Menge des Wärmestoffs, der mit ihnen verbunden ist, abhängen.« *Sowie* ebd., S. 42: »Gebundener Wärmestoff [...] ist derjenige, welcher in den Körpern durch die Kraft der Attraktion, festgehalten wird, und welcher einen Theil ihrer Substanz, ja selbst ihrer Festigkeit ausmacht.« *Ferner vgl. auch oben S. 205, erklärende Anmerkung zu 19, 12.*

24, 35 *Hierzu bereits in* Baader 1786, S. 45 *und* 81. *Zum Begriff der ›latenten Wärme‹ vgl.* Gren 1790, S. 11 f.: »Wenn feste Körper durch die Wärme *flüssig* oder geschmolzen werden (also die Form ihrer Aggregation ändern), so verschlucken sie eine Portion Wärme, welche zu ihrer Flüssigkeit nothwendig ist, aber ihrer Temperatur nicht erhöhet; (oder ihre Kapazität wird größer); wenn hingegen *flüssige* oder geschmolzene Körper fest werden, so setzten sie die Wärme wieder ab, die sie vorher während des Schmelzens eingeschluckt hatten, (oder ihre Kapazität wird wieder geringer). [...] Dieses Gesetz, welches *de Luc* und *Black* fast gleicher Zeit entdeckten, setzte nachher besonders Herr *Wilke* in ein helles Licht, und es erklärt sehr schön, warum die Temperatur des schmelzenden Schnees und Eises dieselbige bleibt, warum Wasser in den Augenblick des plötzlichen Gefrierens absetzt, warum gestehendes Fett, Harz, u.d.gl. so langsam erkälten u.s.w.« *Ferner vgl.* Scopoli-Volta 1784, S. 7 f.: »Aus einer allgemein bekannten Wirkung, daß die Wärme beständig ein Bestreben äußert, sich auszudehnen, daß sie sich von den wärmern Körpern zu den minder warmen verbreitet und so lange übergeht, bis sie endlich ins Gleichgewicht gekommen ist, oder bis die Körper einerley Temperatur erlangt haben; muß der Philosoph zu bestimmen suchen, in wie viel Zeit und in welchem Verhältnisse sich diese Wärme in verschiedenen Substanzen verbreitet, um zu diesem Gleichgewicht zu gelangen. Von der kürzern oder längern Zeit, die sie darauf verwendet, wird er auf die größere oder geringere Leitungskraft (*conducibilità*) der eigenen Wärme verschiedener Körper schließen, und von der Quantität der Wärme, die ein Körper von einem anderen annimmt, um sich in eine gleiche Temperatur zu setzen, zur Kenntnis der relativen Fassungskraft, oder Fähigkeit (*capacità*) kommen.« *Dazu vgl.* WhB 1994, S. 104 f., 96 f. *und* 100 *und* Moiso 1997, S. 225 ff. *und* 232 f.

24, 41 *Vgl.* Baader 1786, S. 60: »Wo also immer ein Körper in der erforderlichen Menge des Wärmefluidums getaucht, und mit ihm getränkt ist, wird er seine fressende auflösende Kraft erfahren. Es nimmt ihn in sich auf, macht ihn mit sich gleichwichtig, wie das jedes andre Menstruum thut, und der mit und in ihr flüssig gewordene oder zergangene Körper ist ja wahrhaft in ihr *aufgelöset** [* *Flüssigmachung* und *Auflösung* sind ja wirklich nur Synonyme].« *Sowie* ebd., S. 91–93. *Ferner vgl.* Kant [2]1787, S. 95 ff. *und dazu auch* Kapitza 1968, S. 103 f. *Hierzu aber auch in* Schelling 1997, S. 110 ff. *und* WhB 1994, S. 25 f.

25, 2 *Zum Terminus ›elastische Flüssigkeit‹ vgl. oben S. 204, erklärende Anmerkung zu 19, 11 und auch* Klügel 1792, S. 25 f.: »Von einigen flüssigen Materien sind die Theilchen in einem Bestreben, sich von einander zu entfernen. Diese lassen sich zusammendrücken und dehnen sich wieder aus, wenn der Druck nachläßt. Man nennt sie *elastische Flüssigkeiten.* Dergleichen ist die uns umgebende Luft.« *Sowie vgl.* Schrader [Gilbert] [2]1804, S. 180: »Unter *Gas* oder *Luft* im weitesten Sinne versteht man jede elastische Flüssigkeit, […] die sich in Gefäßen auffangen und verschließen läßt, [und die in so fern *bleibend* elastisch ist, als sie weder durch irgend einen Druck, noch durch die größte Kälte, die wir hervor zu bringen vermögen, in den Zustand tropfbarer Flüssigkeit zu versetzen ist […] G.] Unsre Erde ist allenthalben mit einer elastischen Flüssigkeit dieser Art umgeben, welche wir die *atmosphärische Luft*, oder auch wohl *Luft* schlechthin nennen […].«

25, 4 *Vgl.* Lavoisier 1789, tome 1, S. 17: »Je désignerai dorénavant ces fluides aériformes sous le nom générique de *gaz*; & je dirai en conséquence que, dans toute espèce de gaz, on doit distinguer le calorique, qui fait en quelque façon l'office de dissolvant, & la substance qui est combinée avec lui & qui forme sa base.« *Ferner* ebd., S. 54: »Le mot *gaz* est donc pour nous un nom générique, qui désigne le dernier degré de saturation d'une substance quelconque par le calorique; c'est l'expression d'une manière d'être des corps.« *Für die deutsche Übersetzung vgl.* Lavoisier 1792 [2008], S. 39: »Ich werde von nun an diese luftförmigen Flüßigkeiten, unter dem Gattungsnamen Gas, anführen; und dem zufolge werde ich sagen: daß man bei jeder Art Gas den Wärmestoff, der in gewissem Betracht als Auflösungsmittel dient, und die mit demselben vereinigte Substanz, welche seinen Bindungsstoff ausmacht, unterscheiden muß.« *Ferner* ebd., S. 63: »Das Wort Gas ist also für uns der Gattungsname, welcher die höchste Stuffe der Sättigung, irgend einer Substanz, durch den Wärmestoff anzeigt; ein Name, der eine gewisse Art von Existenz der Körper, ausdrückt.« *Im Allgemeinen vgl.* Gehler 1787–1796, Artikel: *Gas.* Teil 2, 1789, S. 346 *bis* 352.

25, 7 *Man unterscheidet in der Chemie des 18. Jahrhunderts in der Lehre von den ›elastischen Flüssigkeiten‹ allgemein zwischen den Dämpfen, die durch Einwirkung der Kälte oder mechanischen Druck ihre Elastizität verlieren, und den eigentlichen Gasen, die nur *durch chemische Operationen zersetzt werden können. Bei den Gasen wird noch zwischen bleibenden elastischen und dunstförmigen Gasen unterschieden. Unter den ersten werden die Gase verstanden, welche bei normalen Druckverhältnissen in der Atmosphäre gasförmig sind, während die dunstförmigen Gase diejenigen gasförmigen Stoffe sind, welche (wie z. B. der Wasserdampf) zugleich in flüssiger und fester Form vorhanden sind. Hierzu bereits in* Baader 1786, S. 191–228. *Allgemein dazu vgl.* Gehler 1787–1796, Artikel: *Expansible Flüßigkeiten, ausdehnbare, discrete, elastische Fluida.* Teil 5 [Supplementa], 1795, S. 377–385 *und* Fischer 1798–1827, Artikel: *Expansible Flüssigkeiten.* Teil 2, 1799, S. 294–302.

25, 12 *Vgl.* de Luc 1790a, S. 277 ff. *und für die deutsche Übersetzung in* de Luc 1791, S. 134 ff. *Hierzu vgl.* Hübner 2010, S. 136: »Mit Lavoisier teilte Deluc die Grundüberzeugung, dass das Wasser, wie andere Flüssigkeit auch, in der Atmosphäre in verschiedenen Zuständen als Flüssigkeit, Dunst und in Form von reiner Luft vorkam. Er glaubte aber, dass Lavoisier Gase, ›vapeurs‹ mit ›fluides aériformes‹, aus denen die Luft bestand, verwechselte. Deluc, der wusste, dass Wasserdampf leichter als Luft war, und ihn daher von der Luft unterschied, entdeckte hier den entscheidenden Schwachpunkt Lavoisiers: ›Dans l'hypothèse de la dissolution de l'eau par l'air, le produit de l'evaporation à la temperature de l'athmosphère ne se présente point sous l'idée d'un fluide expansible indépendant de l'air‹. Deluc glaubte, dass in der atmosphärischen Luft das Wasser bereits enthalten sei. Durch Feuer würde Wasser nur in Dampf verwandelt, der zwar wie die Luft ein expansibles Fluidum ist, aber nicht selbst Luft.«

25, 15 *Zum Terminus ›tropfbare Flüssigkeit‹ vgl.* Klügel 1792, S. 25 f.: »Von manchen Flüssigkeiten äußern die Theilchen ein Bestreben zusammenzufließen, daher die Tropfen entstehen, zu welchen sich kleine abgesonderte Massen derselben vereinigen. Diese heißen *tropfbare Flüssigkeiten* [...].« *Sowie* Gren 1793, S. 90 f.

25, 17 *Vgl.* Klügel 1792, S. 25: »Flüssige Körper sind solche, deren Theilchen nicht allein einen so geringen Zusammenhang haben, daß sie sich sehr leicht trennen lassen, sondern auch unter und über einander, innerhalb der ganzen, nicht von der Stelle bewegten Masse des flüssigen Körpers, nach jeder Richtung leicht beweglich sind, daher jeder Druck auf einen Theil sich nach allen übrigen in gleicher Stärke fortpflanzt.«

25, 25 *Vgl. oben S. 207, erklärende Anmerkung zu 20, 5.*

25, 38 *Vgl. oben S. 211, erklärende Anmerkung zu 22, 6.*

25, 41 *Vgl.* Kant [2]1787, S. 37: »Die expansive Kraft einer Materie nennt man auch *Elasticität.* Da nun jene der Grund ist, worauf die Erfüllung des Raumes, als eine wesentliche Eigenschaft aller Materie, beruht, so muß diese Elasticität *ursprünglich* heißen; weil sie von keiner anderen Eigenschaft der Materie abgeleitet werden kann. Alle Materie ist demnach ursprünglich elastisch.« *Sowie*, ebd., S. 94 f.: »Aber die expansive Elasticität kann eine ursprüngliche, sie kann aber auch eine abgeleitete seyn. So hat die Luft eine abgeleitete Elasticität, vermittelst der Materie der Wärme, welche mit ihr innigst vereinigt ist, und deren Elasticität vielleicht ursprünglich ist. Dagegen muß der Grundstoff des Flüssigen, welches wir Luft nennen, dennoch als Materie überhaupt schon an sich Elasticität haben, welche ursprünglich heißt. Von welcher Art eine wahrgenommene Elasticität sey, ist in vorkommenden Fällen nicht möglich mit Gewißheit zu entscheiden.«

26, 3 *Hierzu vgl.* Physikalisch-Chemisches Handwörterbuch 1799–1800, Artikel: *Elastizität, Springkraft, Federkraft*, Bd. 1, 1799, S. 545 f.: »Bei den flüssigen Materien unterscheidet man die *absolute* Elastizität von der *spezifischen*. Unter der *absoluten* versteht man die Stärke des Drucks, womit eine elastische flüssige Materie der Kraft, von welcher sie zusammengedrückt wird, widersteht. Sie ist, wenn alles in Ruhe ist, der zusammendrückenden Kraft gleich.

Man glaubt fast allgemein, daß die mehr oder geringere Elastizität der Luft und des daraus entspringenden mehrern oder geringern Drucks der Luft die Ursache des Steigens und Fallens des Quecksilbers im Barometer sey, in wie fern dies richtig, sehe man nach, *Barometer*, und unter *Luft, Druck der Luft*.

Spezifische Elastizität nennt man den Druck einer elastisch-flüssigen Materie in Hinsicht auf ihre absolute Elastizität und Dichtigkeit, so daß man einer Materie eine *größere* spezifische Elastizität zuschreibt, wenn sie bei eben der Dichtigkeit stärker, eine *geringere*, wenn sie bei eben der Dichtigkeit *weniger* drückt. Man sagt, die Materie habe zweimal, dreimal u. s. w. mehr spezifische Elastizität, wenn sie bei derselben Dichtigkeit zweimal, dreimal u. s. w. stärker drückt.«

26, 23 *Vgl.* Lavoisier 1789, tome 1, S. 8: »On voit donc que, sans la pression de l'atmosphère, nous n'aurions pas de liquide constant; nous ne verrions les corps dans cet état qu'au moment précis où ils se fondent: la moindre augmentation de chaleur qu'ils recevroient ensuite, en écarteroit sur le champ les parties & le disperseroit. Il y a plus, sans la pression de l'atmosphère, nous n'aurions pas à proprement parler, de fluides aériformes.« *Für die deutsche Übersetzung vgl.* Lavoisier 1792 [2008], S. 32: »Man sieht also ein, daß wir ohne den Druck des Dunstkreises keinen bleibend tropfbaren Körper haben würden; wir würden die Körper nur im Augenblick ihres Schmelzens, in diesem Zustande sehen; die geringste Vermehrung der Wärme, würde durch ihren Zutritt augenblicklich die Theile trennen, und sie zerstreuen. Ja noch mehr, ohne den Druck der Atmosphäre, würden wir im eigentlichen Sinne, gar keine luftförmige Flüßigkeiten haben.«

26, 26 *Vgl.* Lavoisier 1789, tome 1, S. 8–12: »Des simples réflexions sur les expériences les plus connues, suffisent pour faire appercevoir la vérité de ce que je viens d'énoncer. Elle se trouve d'ailleurs confirmée d'une manière évidente par l'expérience qui fuit [...]. L'ébullition n'étant autre chose que la vaporisation d'un fluide, ou le moment de son passage de l'état liquide à celui d'un fluide élastique aériforme [...].« *Für die deutsche Übersetzung vgl.* Lavoisier 1792 [2008], S. 33–36: »Dergleichen simple Reflektionen, über die bekanntesten Ereignisse, reichen zu, die Wahrheit des Vorstehenden, einzusehen. Sie wird aber noch überdies auf eine sehr evidende Art durch folgenden Versuch bestätigt; [...]. Da das Kochen nichts anders ist, als das Verdunsten einer tropfbaren Flüßigkeit, oder der Augenblick ihres Übergangs, aus dem tropfbaren Zustande, in den elastischen Luftförmigen [...].« *Dagegen* de Luc 1790a, S. 282 f. *Für die deutsche Übersetzung vgl.* de Luc 1791, S. 144 f. *Hierzu auch* Hübner 2010, S. 136–143.

26, 29 *Vgl. oben S. 207, erklärende Anmerkung zu 20, 5.*

26, 41 *Vgl.* Lavoisier 1789, tome 1, S. 24 f.: »Il me reste, en finissant cet article, à dire un mot sur la cause de l'élasticité des gaz & des fluides en vapeurs. Il n'est pas difficile d'apercevoir que cette élasticité tient à celle du calorique, qui paroît être le corps éminemment élastique de la nature. Rien de plus simple que de concevoir qu'un corps devient élastique en se combinant avec un autre qui est lui-même doué de cette propriété. Mais il faut convenir que c'est expliquer l'élasticité par l'élasticité; qu'on ne fait par-là que reculer la difficulté, & qu'il reste toujours à expliquer ce que c'est que l'élasticité, & pourquoi le calorique est élastique. En considérant l'élasticité dans un sens abstrait, elle n'est autre chose que la propriété qu'ont les molécules d'un corps de s'éloigner les unes des autres, lorsqu'on les a forcées de s'approcher. Cette tendance qu'ont les molécules du calorique à s'écarter, a lieu même à de fort grandes distances.« *Für die deutsche Übersetzung vgl.* Lavoisier 1792 [2008], S. 44: »Beim Schlusse dieses Artikels, habe ich noch ein Wort über die Ursache der Elasticität der Gasarten und dunstförmigen Flüßigkeiten zu sagen. Es ist nicht schwer einzusehen, daß diese Elasticitäten, von der Elasticität des Wärmestoffes herrühren; welcher der am meisten elastische Körper in der Natur ist. Nichts ist leichter zu begreifen, als daß ein Körper elastisch wird, wenn er sich mit einem andern verbindet, der selbst diese Eigenschaft hat: Allein man muß gestehen, daß dieses Elasticität, durch Elasticität erklären heißt, daß man dadurch nur Schwierigkeiten entfernt, und uns noch immer die Ursache der Elasticität, und warum der Wärmestoff elastisch ist, zu erklären übrig bleibt. Wenn man Elasticität im abstrakten Sinn nimmt; so ist sie nichts anders als die Eigenschaft, welche die kleinsten Theilchen eines Körpers besitzen, sich voneinander zu entfernen, wenn man sie näher zu bringen sucht; und dieses Bestreben hat selbst, in sehr großen Entfernungen statt.«

27, 26 *Hierzu vgl.* WhB 1994, S. 266–270 *und* 144–149, *insbesondere* S. 146 f.: »Alternativ zur Konzeption von Le Roy und Saussure entwickelte Deluc eine Theorie der Verdunstung und des Regens, die auf dem Grundsatz beruhte, daß das verdunstete Wasser nicht chemisch aufgelöst wird, sondern in der Atmosphäre lediglich eine mechanische Mischung von Wasserdünsten und Luft stattfinde. [...] Gegen die Auflösungstheorie spricht nach Deluc, daß die Verdunstung im Vakuum stärker ist als in der freien Luft. Wasserdünste betrachtete Deluc als Zusammensetzung aus sog. ›Feuer‹ (Wärmestoff) – als ihrer ›fortleitenden Flüssigkeit‹ [...] – und Wasser als ihrer ›bloß schweren Substanz‹ [...]. Die Ausdünstung wird vorgestellt als eine Wirkung dieser Verbindung von Wasser und Feuer. Beim Aufsteigen in die Atmosphäre verwandeln sich jene Wasserdünste in Luft. Die atmosphärische Luft ist nach Deluc ein homogenes Fluidum; jedes Teilchen derselben enthält in sich selbst die Bestandteile des Wassers, verbunden durch den Grundstoff der Salpetersäure. [Scheidewasser, acidum nitricum] Wird der atmosphärischen Luft diese Salpetersäure-Basis entzogen, so zersetze diese sich in Wasserdünste. Atmosphärische Luft und Wasserdünste werden in dieser Konzeption letztlich als Modifikationen derselben Grundbestandteile gedacht [...].«

27, 27 *Evangelista Torricelli (1608–1647) konnte erstmals den Luftdruck mit einer Quecksilberröhre bzw. der Torricellischen Röhre messen und nachweisen, dass dessen Gewicht gleich dem der Quecksilbersäule war. Hierzu vgl.* Gehler 1787–1796, Artikel: *Barometer* [...], *tubus Torricellianus.* Teil 1, 1787, S. 237–275, hier S. 237–239: »Das Werkzeug zu Abmessung des Drucks der Luft und seiner Veränderungen. Man bedient sich dazu gemeiniglich einer mit Quecksilber gefüllten, oben luftleeren und verschlossenen Glasröhre, in welcher das Quecksilber, bey stärkerm Drucke der Luft im Luftkreise, höher steigt, bey vermindertem Drucke herabsinkt. [...] *Galilei* entdeckte zwar, daß das Wasser in den Saugpumpen nie höher als 32 Schuh gehoben werde; allein diese Entdeckung führte ihn nur so weit, daß er dem eingebildeten Abscheu für der Leere gewisse Grenzen setzte. [...]

Evangelista Torricelli, des Galilei Schüler und Nachfolger im Lehramte zu Florenz [...] kam auf den glücklichen Gedanken, daß eben die Ursache, welche das Wasser nur 32 Schuh hoch treibe und halte, das 14mal schwerere Quecksilber nur 32/14 Schuh, d.i. 27 1/2 Zoll hoch treiben und halten werde. Diese geringere Höhe verschafte den Versuchen mehr Bequemlichkeit. Torricelli schmolz nun eine Glasröhre von einigen Schuhen Länge an einem Ende zu, füllte sie durch das andere mit Quecksilber, verschloß die Oefnung mit dem Finger, und brachte sie in umgekehrter Stellung mit der zugehaltenen Oefnung in ein mit Quecksilber angefülltes Gefäß. Wenn er dann den Finger wegnahm, und das Quecksilber auslaufen ließ, so fand er seine Erwartung bestätigt. Nur der obere Theil der Röhre ward leer, und es blieb eine 27 1/2 Zoll hohe Quecksilbersäule in der Röhre stehen. [...]

Torricelli meldete den Erfolg dieses Versuchs im Jahre 1644 an den *P. Mersenne* in Nevers, durch dessen ausgebreiteten Briefwechsel damals fast alle Naturforscher und Mathematiker der europäischen Länder in Verbindung standen. Durch diesen erfuhr ihn der berühmte *Pascal*, und schrieb darüber im 23sten Jahre seines Alters eine Abhandlung [...], durch die er zuerst von dieser Seite berühmt ward. Doch nimmt auch er hier noch den Abscheu für der Leere an.

Torricelli hingegen kam nach einigem Nachdenken auf die Vermuthung, daß die Erhaltung der Quecksilbersäule [...] wohl von dem Drucke der auf der Fläche [...] ruhenden und bis an die Grenzen des Luftkreises sich erstreckenden Luftsäule herrühren möge. Dieser Gedanke ist den bekannten hydrostatischen Gesetzen so gemäß, daß man ihn nur hören darf, um darinn sogleich die wahre Erklärung des Phänomens zu erkennen. Der Urheber desselben war im Begrif, ihn weiter zu verfolgen, als ihn schon 1647 ein frühzeitiger Tod dahinriß. Von ihm heist noch die eben beschriebene Vorrichtung, die nichts anders als das Barometer selbst ist, die *torricellische Röhre*, und der leere Raum [...], die *torricellische Leere*. [...]« *Ferner vgl.* Gehler 1787–1796, Artikel: *Leere*. Teil 2, 1789, S. 871: »Der im Barometer über dem Quecksilber entstandne Raum, die *torricellische Leere* (Vacuum Torricellianum [...]) soll, wenn das Barometer gut ist, vollkommen luftleer seyn.«

27, 28 *Vgl.* de Luc 1790, S. 14f. *und* 204ff. *Für die deutsche Übersetzung vgl.* de Luc 1790b, S. 418 *und* 424ff. *Ferner* de Luc 1790a, S. 280f. *Für die deutsche Übersetzung vgl.* de Luc 1791, S. 140–142. *Dazu auch* Gren 1790, S. 12ff.

27, 31 *Vgl.* Hube 1790. *Ferner vgl. auch* Gehler 1787–1796, Artikel: *Ausdünstung. Zusatz zu diesem Art. Th. I. S. 204–215*, Teil 5 [Supplementa], 1795, S. 84–112 (insbesondere: *Theorie der Ausdünstung nach Hube*, S. 98–112) *sowie* ebd., Artikel: *Expansible Flüßigkeiten, ausdehnbare, discrete, elastische Fluida*, S. 377–385.

28, 2 *Mit ›Aeolipile‹ meint Baader eine Dampfmaschine oder Dampfkugel, die mittels Dampf und Rückstoß funktioniert und deren Erfinder, der Mathematiker und Mechaniker des griechischen Altertums, Heron von Alexandrien, sie in seiner Schrift über Pneumatik und Hydraulik (»Pneumatika«) abbildete und beschrieb. Sie besteht aus einer zum Teil mit Wasser gefüllten und dann auf das Feuer gesetzten metallenen Hohlkugel mit zwei Drehachsen, die aus Röhren bestehen und durch welche Wasserdampf in die Kugel geleitet wird. Senkrecht dazu gibt es zwei Düsen, durch welche der Dampf entweichen kann, wobei dessen Rückstoß den Antrieb bildet.*

28, 12 *Zu den ›hygroskopischen Substanzen‹ vgl.* Lichtenberg 1800, S. 10: »Was wir im gemeinen Leben feuchte Luft nennen, ist bloß die Wirkung dieses mit der Luft mechanisch gemischten, *freyen* Dampfes, so wie was wir warme Luft nennen, eigentlich die Wirkung des in ihr befindlichen freyen Feuers ist. Daß wir also eine Luft feucht finden, daß wir gewisse Veränderungen an unserm Papiere, Kleidern u. s. w. bemerken, rührt daher, daß unsere Organe und jene Körper hygroskopische Substanzen sind [...].« *Vgl. auch* de Luc 1786–1787, Teil 1, S. 30–34. *Für die deutsche Übersetzung vgl.* de Luc 1787–1788, Teil 1, S. 23–26.

28, 29 *Vgl.* de Luc 1790, S. 201–207. *Für die deutsche Übersetzung vgl.* de Luc 1790b, S. 419–429. *Ferner vgl.* de Luc 1790a, S. 278 ff. *Für die deutsche Übersetzung vgl.* de Luc 1791, S. 135 ff. *Sowie* de Luc 1786–1787, Teil 1, S. 98–102. *Für die deutsche Übersetzung vgl.* de Luc 1787–1788, Teil 1, S. 79–82. *Im Allgemeinen vgl.* Gehler 1787–1796, Artikel: *Ausdünstung. Zusatz zu diesem Art. Th. I. S. 204–215*, Teil 5 [Supplementa], 1795, S. 92 ff. *Die expansiblen Flüssigkeiten bestehen nach de Luc aus einem ›fortleitenden‹ Fluidum und einem schweren (bzw. ponderablen) Anteil. Je nach der mehr oder weniger starken Bindung der ersteren an die ponderable Base hat man luftförmige oder dampfförmige Flüssigkeiten. Letztere und zwar die Dünste können durch bloße Druckerhöhung zur Trennung von ihrer Base gebracht werden. Dagegen können die luftförmigen Substanzen nicht durch Druck zersetzt, sondern nur chemisch getrennt werden. Die Wärme selbst gehört nach de Lucscher Ansicht zu den Dünsten und beim Verbrennen von Körpern zersetzt sie sich in Feuermaterie, die sich mit dem brennenden Körper verbindet, und Licht, welches die einzige nicht zusammengesetzte Flüssigkeit ist. Anstöße zu einer solchen Theorie der Fluida erhielt de Luc aus der für die Meteorologie damals wichtigen Debatte über die Verdunstung des Wassers. Nach demselben Schema der Zersetzung und Verbindung von Flüssigkeiten erklärte de Luc die meisten Erscheinungen der Natur. In diesem Sinn besteht auch die Elektrizität bzw. die elektrische Materie, ähnlich wie andere Dünste, aus einer ponderablen Base und einer locker gebundenen fortleitenden Flüssigkeit, dem Licht (hierzu vgl.* WhB 1994, S. 266 f.). *Solche Modifikationen der Fluida machen – so de Luc – »das ganze Werk der Elementarphysik« aus, das »unsre Atmosphäre, das heißt die größte Werkstätte der Natur auf unsrer Erdkugel« hervorbringt* (de Luc 1791, S. 134 f.). *In solch umfassendem Sinn wurde de Lucs Lehre prinzipiell in Deutschland rezipiert. Hierzu vgl. z. B.* Erxleben (Lichtenberg) [5]1791, S. 435. *Ferner auch* Hübner 2010, S. 142.

28, 40 *Joseph von Baader (1763 München – 1835 München), Ingenieur. Er studierte in Ingolstadt erst Medizin, dann Mathematik und Physik, hielt sich in Göttingen auf, wo er (wie später auch Franz Baader) Kontakt zu Lichtenberg hatte. Er bereist 1787–1795 England und wird 1798 Direktor des Maschinenwesens und des Bergbaus in Bayern, dann Oberbergrat und später Professor an der Universität München. Baader meint hier wohl die »Beschreibung eines neu erfundenen Gebläses« von 1788, erschienen in Göttingen 1794 bei Dieterich durch Vermittlung Lichtenbergs.*

29, 2 *Vgl. oben S. 201, erklärende Anmerkung zu 17, 33.*

29, 5 *Vgl. oben S. 198, erklärende Anmerkung zu 16, 31.*

29, 7 *Vgl.* Kant [2]1787, S. 95–98. *Baader scheint hier de Lucs dualistisches System der deferierenden und ponderablen Fluida (vgl. oben erklärende Anmerkung zu 28, 29) für gleichrangig mit dem Kantschen zu halten und dafür geeignet, die Einheit der Natur darzustellen. Er war zu dieser Zeit nicht der Einzige, der eine solche Ansicht vertrat. Denn obwohl die Spannung zwischen einer mechanischen Physik und einer dynamischen Konstruktion der Materie à la Kant als Modelle einer ›physischen‹ Dynamik bei Lichtenberg unaufgelöst bleibt* (Engelhardt 1988, S. 154 f.), *hatte seine Auffassung von Begriffen wie z. B. ›Kraft‹ und ›Bewegung‹ erstaunliche Ähnlichkeit mit der hier vertretenen dyna-*

mischen Orientierung Baaders. Hierzu z. B. vgl. Lichtenberg 1968–1992, Bd. 2, S. 246 f. *sowie* S. 525.

29, 9 *Vgl. oben S. 211, erklärende Anmerkung zu 22, 6.*

29, 12 *An Saussures »Essais sur l'Hygrométrie« (1783) und de Lucs »Idées sur la Météorologie« (1786–1787) entzündete sich eine große Debatte. Dabei wurde u. a. infrage gestellt, ob das Wasser in der Luft gebunden oder aufgelöst wird, ob darin reine Luft entsteht und ob die Dämpfe in der Luft oder zu Luft aufgelöst werden. De Luc und Saussure meinten, dass das Wasser infolge eines chemischen Prozesses ausgeschieden werde bzw. aus Sauerstoff und Wasserstoff zusammengesetzt sei. Lavoisier hingegen war der Ansicht, dass es eine chemische Verbindung von Oxygen und Hydrogen sei. Obschon de Luc Saussures Methode später ablehnte, benutzte er in den frühen Arbeiten seine hygrometrische Theorie weitgehend für verschiedene Messungen und Erfahrungen. Demnach konnte er die These vertreten, dass die wässrigen Ausdünstungen der Erde in den oberen atmosphärischen Regionen durch Aneignungsmittel in ein permanentes elastisches Fluidum umgewandelt wurden, welches sich nicht in die Luft auflöste, sondern wirkliche Luft sei und deswegen nicht mit dem Hygrometer gemessen werden könne. Entsprechend dieser Auffassung vertritt de Luc somit die Hypothese, dass der Regen eine Zersetzung der Luft selbst sei und Dampf also entstehe, wenn das vaporisierende Wasser sich durch Druck oder Kälte zersetze. Wenn aber aus Dampf Luft bzw. ein elastisches Fluidum entsteht, welches sich weder durch Druck noch durch Kälte ganz oder zum Teil zersetzt, dann kommt ein Drittes dazu, und zwar ein vaporisierendes Feuer oder ein aerisierender Stoff. Wenn das vaporisierende Feuer entzogen wird, dann entsteht wieder Wasser, wenn hingegen der aerisierende Stoff fortgenommen wird, Dampf. Daraus resultiert, dass der Wasserdampf nicht die Auflösung des Wassers in der Luft ist, sondern in einer Verbindung des Wassers mit dem Feuer besteht. Luft bildet die messbare Basis des de Lucschen Systems und das Feuer dagegen die unponderable. Hierzu vgl.* WhB 1994, S. 265–273 *sowie auch* Hübner 2010, S. 132 ff. *Im Allgemeinen vgl.* Gehler 1787–1796, Artikel: *Ausdünstung. Zusatz zu diesem Art. Th. I. S. 204–215*, Teil 5 [Supplementa], 1795, S. 92–96.

29, 13 *Zu Kants Konzeption der festen und flüssigen Materie vgl. oben S. 203, erklärende Anmerkungen zu 18, 6 und S. 211, zu 22, 7.*

29, 34 *Vgl.* Kant [2]1787, S. 98 f.

29, 39 *Vgl.* de Luc 1772, Teil 2, S. 351: »Cette Théorie du *refroidissement* des corps en général dans un *air* plus ou moins dense, est encore je l'avouë sujette à des difficultés, par la grande varieté des effets du *feu* sur les corps d'espèces diverses. Je ne sais pas par exemple si nous nous faisons une juste idée de ce que c'est que *l'égalité* ou la *différence* de *chaleur* dans des corps de différente nature, dès que nous voulons pénétrer au delà des apparences, ou des indications du Thermomètre. Il est très peu probable que des corps différens, que nous disons *également chauds*, parce qu'ils tiennent le Thermomètre au même *degré*, contiennent la même quantité de *feu*, sous le même volume, ou même dans des masses égales. Nous ignorons s'il n'y a pas des corps qui sont *indifférens* au feu; c'est-à-dire, dans les pores desquels le *feu* ne se loge, que comme il s'étend dans tous espace libre; tandis qu'une seconde espèce le *repousse*, & une troisième *l'attire*. En général, je croirois que *l'égalité de la chaleur* dans des corps de différente nature, n'est autre chose, qu'une égale résistance à se dépouiller du *feu* qu'ils contiennent, & à en recevoir de nouveau.« *Für die deutsche Übersetzung vgl.* de Luc 1776–1778, Bd. 2, S. 527 f.: »Ich gestehe es, diese Theorie der

Erkaltung der Körper in dichterer oder dünnerer Luft, hat noch ihre Schwierigkeiten wegen der großen Verschiedenheit der Wirkungen des Feuers auf Körper von verschiedener Art. So weiß ich z.B. nicht, ob wir uns von dem, was wir *Gleichheit* oder *Unterschied* der *Wärme* bey Körpern von verschiedner Beschaffenheit nennen, die rechten Begriffe machen, sobald wir über den Schein, oder die Anzeigen des Thermometers hinausgehen. Es ist wohl nicht wahrscheinlich, daß verschiedene Körper, die wir *gleich warm* nennen, weil sie das Thermometer auf einerley Grad halten, deswegen auch einerley Menge *Feuer* bey gleichem Volumen, oder gar bey gleichen Massen in sich haben. Wir wissen nicht, ob es nicht Körper giebt, die gegen das Feuer *indifferent* sind, d.h. in deren Zwischenräumen sich das Feuer nur in dem Maaße aufhält, in welchem es sich in jedem freyen Raume ausbreitet; da hingegen eine andere Art Körper das Feuer *zurückstößt*, und eine dritte es *anzieht*. Ueberhaupt halte ich die *Gleichheit der Wärme* in Körpern von verschiedner Natur für nichts anders, als für eine gleiche Abneigung, ihr *Feuer* aus sich zu lassen, und neues dafür anzunehmen.« *Sowie vgl.* de Luc 1786–1787, Teil 1, S. 140 f.: »C'est donc par sa nature même de *Fluide expansible*, que le *Feu* produit moins de *Chaleur*, quoiqu'en même quantité proportionnelle, dans certaines Substances, que dans d'autres. Sa *Force expansive*, qui détermine le degré de la *Chaleur*, dépend de deux circonstances distinctes; savoir, sa *quantité*, & la *Vîtesse* de son Mouvement. A même *quantité*, si ses Particules ont moins de *Vîtesse*, il a moins de *Force expansive*. Or cette *Vîtesse* est déterminée, par la longueur des excursions de ses Particules. Par conséquent, les Substances dans lesquelles les Particules du *Feu* seront le plus souvent arrêtées dans leur course, par la petitesse ou la forme de leurs Pores, auront le plus de *Capacité* pour le *Feu*; c'est-à-dire, que chaque Particule y ayant moins d'Action, il en faudra une plus grande quantité pour qu'elles y exercent la même *Force expansive* totale, soit pour y produire le même degré de *Chaleur*.« *Für die deutsche Übersetzung vgl.* de Luc 1787–1788, Teil 1, S. 113: »Wegen der Natur eines *ausdehnbaren Fluidums* selbst, bringt das *Feuer*, obgleich in derselben verhältnißmäßigen Menge, in gewissen Substanzen weniger *Wärme* hervor als in andern. Seine *ausdehnende Kraft*, welche den Grad der *Wärme* bestimmt, hängt von zween verschiedenen Umständen, seiner *Menge* und der *Geschwindigkeit* seiner Bewegung ab. Bey derselben *Menge* hat es, wenn seine Theilchen weniger *Geschwindigkeit* haben, weniger *ausdehnende Kraft*. Diese *Geschwindigkeit* aber, ist durch die Länge des Fortlaufens seiner Theilchen bestimmt. Diejenigen Substanzen also, in denen die *Feuertheilchen* am öftersten in ihrem Laufe, durch Kleinheit oder Form ihrer Poren, aufgehalten werden, werden die meiste *Kapacität* für das Feuer haben; das heißt, da jedes Theilchen hier weniger Kraft hat: so ist eine größre Menge nöthig, damit sie hier dieselbe totale *ausdehnende Kraft* äußern, oder denselben Grad der Wärme hervorbringen.«

30, 5 *Baader meint hier de Lucs Theorie des Feuers im Sinn eines ›fortleitenden Fluidums‹, welches sich als ausdehnbarer und treibender Faktor aller atmosphärischen Flüssigkeiten wie Wasserdampf und Gase darstellt (hierzu oben S. 220, erklärende Anmerkungen zu 28, 29 und S. 221, zu 29, 12). Dass das Feuer, nach de Luc, eine tiefe Verbindung mit der elektrischen Flüssigkeit zeigt, erklärt er dadurch, dass Licht, Feuer und Elektrizität nur verschiedene Zusammensetzungsstufen von ausdehnbaren bzw. elastischen Flüssigkeiten seien, welche in einer immer komplexeren Weise Verbindungen mit einer schweren bzw. ponderablen Materie eingingen. Vgl. z.B.* de Luc 1786–1787, Teil 1, S. 213 ff. *und* 527 ff. *Für die deutsche Übersetzung vgl.* de Luc 1787–1788, Teil 1, S. 171 ff. *und* 421 ff.

30, 7 *De Lucs Theorien über Feuer und Elektrizität werden in Anlehnung an die Lehre der latenten Wärme von Joseph Black und James Watt entwickelt (vgl. oben S. 214, erklärende Anmerkung zu 24, 35). Hierzu vgl. z. B.* de Luc 1786–1787, Teil 1, S. 177 ff. *und* 188 ff. *Für die deutsche Übersetzung vgl.* de Luc 1787–1788, Teil 1, S. 143 ff. *und* 151 ff. *Ferner vgl. die Verweise in den erklärenden Anmerkungen auf* Schelling 1799, S. 94 *und* 1797, S. 121.

30, 13 *Vgl.* Baader 1786, *insbesondere* S. 52–65 *und* 166–172. *Zu diesem Werk Baaders vgl.* Reill 2005, S. 102 f.

30, 19 *Das offensichtlich zeitbedingte Pathos, das Baader hier zum Ausdruck bringt, ist insofern gerechtfertigt, als sowohl Lavoisier selbst als auch seine Zeitgenossen von einer ›Revolution‹ sprachen. Hierzu vgl.* Guerlac 1976. *In diesem Sinn ist eine von Lavoisier in seinem Labortagebuch geschriebene Notiz zu verstehen, die Marcellin Berthelot (1827–1907) am Ende des 19. Jahrhunderts zitierte. Der Ausdruck ›Chemische Revolution‹ ist bis heute mit den tiefgründigen Veränderungen Lavoisiers in der Chemie verbunden. Vgl.* Berthelot 1889, S. XXXI: »L'importance de l'objet m'a engagé à reprendre tout ce travail, qui m'a paru fait pour occasionner une révolution en physique et en chimie.« *Zit. auch in* Berthelot 1890, S. 48.

Beyträge zur Elementar-Phisiologie

55, 6 *Vgl.* Saint-Martin 1782, Teil 2, S. 108 f: »En effet, si la Nature élémentaire nous est nuisible, c'est lorsque nous nous laissons asservir par elle, & non lorsque nous en pénétrons les *vertus*. En un mot, ignorer la Nature, c'est ramper devant elle, c'est se subordonner à elle, & rester livré à son cours ténébreux; la connoître, c'est la vaincre, & s'élever au dessus d'elle; & ceux qui s'occupent des *objets vrais*, reconnoissent si bien son utilité, que quand ils sont fatigués par une trop grande abondance *des fruits de leurs études*, il leur suffit quelquefois de fixer un objet physique pour se soulager.« *Für die deutsche Übersetzung vgl.* Saint-Martin 1783–1785, Bd. 2 [1785], S. 125 f.: »Die elementarische Natur ist uns auch würklich nur alsdenn schädlich wenn wir uns von ihr beherrschen lassen, und nicht wenn wir deren Kräfte erforschen mit einem Wort, die Natur nicht verstehen heißt vor ihr kriechen, sich ihr unterwerfen, und sich ihrem finstern Lauf überlassen; sie kennen, heißt sie besiegen und sich über sie erheben; und diejenigen so sich mit wahren Gegenständen beschäftigen, erkennen so sehr ihren Nuzen, daß wenn sie durch einen zu grossen Überflus der Früchte ihres Lernens ermüdet sind, es ihnen öfters hinreichend ist einen physischen Gegenstand zu betrachten um sich wieder zu erholen.«

56, 3 *Nikolai Wassiljewitsch Repnin (1734–1801), russischer Fürst, Generalfeldmarschall der kaiserlichen Armee, Diplomat und Generalgouverneur von Estland. Zu Repnin vgl.* Graßl 1962, S. 335 f.: »Repnin spielte in der rosenkreuzerischen Freimaurerei Rußlands eine beachtliche Rolle. Er ist Exponent jener Entwicklung, die sich in Frankreich um den Theosophen Saint-Martin und den jungen de Maistre, in München zumal um Eckartshausen und Baader, um den Rosenkreuzer Konrad Schmid und den frühen Sailer, ferner um Gotthilf Heinrich Schubert, in Rußland vornehmlich um den Zaren Alexander I. und seinen Kirchenminister Golicyn, um Nowikow und Kotschelew gebildet hatte. [...] Von älteren rosenkreuzerischen, auch alchemistischen Wurzeln her, in betontem Gegensatz zur Aufklärung, welche man in ihrer radikalsten Form, im Illuminatenorden zu bekämpfen hoffte, wurde nun die Lilienzeit Jakob Böhmes und der altdeutschen Mystik mit großem, schier religiösem Enthusiasmus verkündet. Man glaubte, daß die Zeit zu einer neuen Staatsschöpfung, zu einer neuen Natur- und Religionslehre reif geworden sei, und es fanden sich Pietisten, welche in Alexander I. den Heils- und Friedensbringer feierten.« *Ferner vgl. auch* Graßl 1958, S. 111 f.: »[...] [D]er einflußreiche französische Theosoph Saint-Martin, welcher in Frankreich [...] und Rußland zu beachtlichem Einfluß gelangte [...][,] hatte in ganz Deutschland namhafte Anhänger und Übersetzer [...]. Was sich aber in der Zerstreuung ereignete, hat in München zu einer zusammenhängenden Entwicklung geführet, so daß man fast von einem Schulzusammenhang sprechen könnte. Eckartshausen, Baader, der junge Sailer, der junge Schubert wirkten zeitweilig als ›Martinisten‹, am längsten und nachhaltigsten jedoch Baader und Eckartshausen. Die Münchner Martinisten haben dabei bewußt den Zusammenhang mit den deutschen Martinisten gepflegt: Lavater, Jung-Stilling, Kanne, der nun nach München gerufene Jacobi haben der Münchner Schule lange nahe gestanden und sind von den Münchner Martinisten gefeiert worden als Sterne erster Größe und Macht. Sailer empfand Eckartshausen als Freund und Bruder. Baader wandelte sich vom Schüler Eckartshausens zum Schüler Sailers, bezog aber freilich bald auch gegenüber Jacobi eine selbständige martinistische Position. Als die ersten Arbeiten Wackenroders, Tiecks, Novalis' seit Mitte und Ende der neunziger Jahre erschienen, war diese Konstellation bereits vollzogen, ja in den Beziehungen Eckartshausens und Baaders nach Frankreich und Rußland bereits literarisch wirksam geworden.« *Dazu vgl. auch* Lieb 1926, S. 172 ff.; Frick 1973, S. 603 ff.; Faivre 1969, S. 225 f., 621 ff. *und* Donnert 2003, S. 29 f., 66 ff.

57, 6 *Franz Baader lebte von 1792 bis 1796 in England und Schottland, wo er teilweise mit seinem Bruder Joseph Baader (vgl. oben S. 220, erklärende Anmerkung zu 28, 40) englische und schottische Bergwerke besuchte. Im Juni 1796 wieder in Deutschland kommt er unmittelbar mit dem Hamburger Kreis von F. Jacobi, M. Claudius, J.G. Schlosser und W. von Humboldt in Kontakt, mit denen er bis zu seiner Rückreise nach München verkehrte. Hierzu vgl. auch die Briefe an Jacobi ab Juni 1796 in* Baader 1851–1860, Bd. 15, S. 165 ff. *Ferner vgl. auch die Tagebuchnotiz von Wilhelm von Humboldt in* Humboldt 1916, S. 342–344.

58, 3 *Vgl.* Kant ²1787, S. 31 (Kant 1983, Bd. 5, S. 47): »Erklärung I. *Materie ist das Bewegliche,* so fern es einen *Raum erfüllt.* Einen Raum *erfüllen,* heißt allem beweglichen widerstehen, das durch seine Bewegung in einen gewissen Raum einzudringen bestrebt ist. *Ein Raum,* der *nicht erfüllt ist,* ist ein *leerer Raum.*« *Sowie* ebd., S. 42 f. (ebd., S. 55): »Erklärung 5. *Materielle Substanz* ist dasjenige im Raume, was für sich, d. i. abgesondert von allem anderen, was außer ihm im Raume existirt, beweglich ist. [...]

Anmerkung: Der Begriff einer Substanz bedeutet das letzte Subject der Existenz, d. i. dasjenige, was selbst nicht wiederum blos als Prädicat zur Existenz eines anderen gehört. Nun ist Materie das Subject alles dessen, was im Raume zur Existenz der Dinge gezählt werden mag; denn außer ihr würde sonst kein Subject gedacht werden können, als der Raum selbst; welcher aber ein Begriff ist, der noch gar nichts Existirendes, sondern blos die nothwendigen Bedingungen der äußeren Relation möglicher Gegenstände äußerer Sinne enthält. Also ist Materie, als das Bewegliche im Raume, die Substanz in demselben. Aber eben so werden auch alle Theile derselben, so fern man von ihnen nur sagen kann, daß sie selbst Subjecte und nicht blos Prädicate von anderen Materien seyn, Substanzen, mithin selbst wiederum Materie heißen müssen. Sie sind aber selbst Subjecte, wenn sie für sich beweglich und also auch außer der Verbindung mit anderen Nebentheilen etwas im Raume existirendes sind. Also ist die eigene Beweglichkeit der Materie, oder irgend eines Theils derselben, zugleich ein Beweis dafür, daß dieses Bewegliche, und ein jeder beweglicher Theil desselben, Substanz sey.« *Ferner vgl. auch* Novalis 1960a [1798–1799], S. 455 (§ 990): »Ein Raumerfüllungsindivid[uum] ist ein Körper« *und* S. 271 (§ 173).

58, 7 *Die Flächenkraft steht bei Kant im Gegensatz zur durchdringenden Kraft. Vgl.* Kant [2]1787, S. 67 f. (Kant 1983, Bd. 5, S. 73): »Eine bewegende Kraft, dadurch Materien nur in der gemeinschaftlichen Fläche der Berührung unmittelbar auf einander wirken können, nenne ich eine *Flächenkraft* [...]. Die Zurückstoßungskraft, vermittelst deren die Materie einen Raum erfüllt, ist eine bloße Flächenkraft. Denn die einander berührende Theile begrenzen einer den Wirkungsraum der anderen, und die repulsive Kraft kann keinen entferntern Theil bewegen, ohne vermittelst der dazwischen liegenden, und eine quer durch diese gehende unmittelbare Wirkung einer Materie auf eine andere durch Ausdehnungskräfte ist unmöglich. Dagegen einer Anziehungskraft, vermittelst deren eine Materie einen Raum einnimmt, ohne ihn zu erfüllen, dadurch sie also auf andere entfernte wirkt durch den leeren Raum, deren Wirkung setzt keine Materie, die dazwischen liegt, Grenzen. [...].« *Baader versteht scheinbar hier unter Flächenkräften nichtmechanische Kräfte. Insofern vgl. auch* Baader 1851–1860, Bd. 11, S. 387 f.: »Die Geschwindigkeit [...] ist nur eine Flächenkraft oder die Bewegung eines unendlich kleinen Quantums von Materie [...]. Wollte man eine Anziehung mit endlicher Geschwindigkeit denken, so würde sie überall die ihr entgegenwirkende Flächenkraft der Zurückstossung (als unendlich kleiner Masse mit endlicher Geschwindigkeit) überwiegen, die Materie sich also vermöge erster selbst durchdringen, d. h. aufheben. Dies folgte freilich nicht, wenn die Anziehung selbst nur eine Flächenkraft wäre (wie man sich den Zusammenhang denkt), allein es ist unmöglich, ihn so zu denken, wenn er wahre Anziehung (und nicht blos äussere Zusammendrückung) sein soll.« *Ferner vgl. auch* Baader 1851–1860, Bd. 10, S. 320 f.

58, 11 *Die Begriffe ›Berührung‹ und ›Selbstberührung‹ wie auch ›Kontinuität‹ und ›Kontiguität‹ sind analogische Ableitungen (ähnlich auch in* Gleichen 1791, S. 125–133) *aus dem Vokabular der damaligen chemischen sowie tierischen Elektrizitätslehre (vgl.* WhB 1994, S. 273 ff. *und* 320 ff.). *Sie werden hier in Bezug auf Naturphänomene wie Wärme, chemische Affinitäten oder Anziehungskraft gebraucht, um den auf jedem Niveau der Natur permanent stattfindenden Lebensprozess zu exemplifizieren und dabei ihre physiologischen aber eher psychologischen Züge zu betonen. Damit versucht Baader auf allen Ebenen der Natur auf eine analogische Innen-Außen-Differenzierung hinzuweisen, die zugleich der Analogie von Mikro- und Makrokosmos entspricht. Baaders Sprachgebrauch wurde u. a. von Novalis rezipiert und bis zu einer sogenannten ›Philosophie der Berührung‹* (Röttgers 1988, S. 109 f.) *angereichert. Vgl.* Novalis 1960, S. 453: »In jeder Berührung entsteht eine Substanz, deren Wirkung so lange, als die Berührung dauert. Dies ist der Grund aller synthetischen Modifikazionen des Individuums. Es gibt aber einseitige und wechselseitige Berührungen. Jene begründen diese.« *Sowie vgl.* Novalis 1960a, S. 341: »*Physiol*[*ogie*]. [...] Alle Berührung ist ein Anlaß zur Erregung der Einenden, systematisierenden Kr[aft] – i. e. der Weltseele – oder der Seele überhaupt. Je *animirter* der Stoff ist, [...] desto mehr wird die Berührung wircksam seyn. [...]« *Ferner vgl. auch den Brief von Friedrich Schlegel an Schleiermacher (Juli 1798) in* Novalis 1975, S. 619 f.: »Wie nun seine [Novalis] Theorie der Zauberey, jener Galvanismus des Geistes und das Geheimniß der Berührung sich in seinem Geiste berühren galvanisieren und bezaubern, das ist mir selbst noch ziemlich geheim.«

58,14 *Vgl.* Zedler 1732–1754, Artikel: *Physiologie.* Bd. 27. [1741], Sp. 2241–2244, hier 2241: »Dieses Wort stammet aus dem Griechischen und ist zusammen gesetzet von *fúsis*, Natura, die Natur, und *lego*, dico, narro, sagen, erzählen; also daß es eigentlich *Narratio Naturae*, eine *Naturerzählung*, eine *Naturlehre*, oder eine *Naturwissenschaft* genennet werden mag. Man pfleget es aber in zweyerley Verstande zu gebrauchen, als in weitläufftigerm und genauerm. In jenem oder dem philosophischen nehmen es [die] [...], welche dadurch die allgemeine Naturlehre, so sonsten und eigentlich die Physic heisset, wollen verstanden wissen. Im genauern oder medicinischen Verstande aber wird durch dieses Wort nur allein die Wissenschafft von der Natur und Gesundheit des Menschen verstanden. [...]«

58,15 *Baader übernimmt die Lehre der zwei Kräfte der »Metaphysischen Anfangsgründe der Naturwissenschaft«, verlässt aber zugleich innerhalb seines naturphilosophischen Ansatzes die Kantsche kritische Beschränkung des Naturbegriffes auf ›das Ganze aller Erscheinungen‹ bzw. auf die ›Sinnenwelt‹. Insofern stützt er sich ohnehin auf das Dynamik-Kapitel der »Metaphysischen Anfangsgründe der Naturwissenschaft«, aber setzt zugleich das Kapitel zur Phänomenologie und den dahinterstehenden transzendentalen Ansatz in Klammern. Zu Kants kritischer Beschränkung vgl.* Kant 1781, S. 381 f. (Kant 1983, Bd. 2, S. 383 f.): »Wenn wir die *Seelenlehre*, als die Physiologie [des] inneren Sinnes, mit der *Cörperlehre*, als einer Physiologie der Gegenstände äusserer Sinne vergleichen: so finden wir, außer dem, daß in beiden vieles empirisch erkant werden kan, doch diesen merkwürdigen Unterschied, daß in der letzteren Wissenschaft doch vieles a priori, aus dem blossen Begriffe eines ausgedehnten undurchdringlichen Wesens, in der ersteren aber, aus dem Begriffe eines denkenden Wesens, gar nichts a priori synthetisch erkant werden kan. Die Ursache ist diese. Obgleich beides Erscheinungen sind, so hat doch die Erscheinung vor dem äusseren Sinne etwas Stehendes, oder Bleibendes, welches ein, den wandelbaren Bestimmungen zum Grunde liegendes Substratum und mithin einen synthetischen Begriff, nemlich den vom Raume und einer Erscheinung in demselben, an die Hand giebt, anstatt daß die Zeit, welche die einzige Form unserer inneren Anschauung ist, nichts Bleibendes hat, mithin nur den Wechsel der Bestimmungen, nicht aber den bestimbaren Gegenstand zu erkennen giebt. Denn, in dem was wir Seele nennen, ist alles im continuirlichen Flusse und nichts Bleibendes, ausser etwa (wenn man es durchaus will) das darum so einfache Ich, weil diese Vorstellung keinen Inhalt, mithin kein Mannigfaltiges hat, weswegen sie auch scheint ein einfaches Obiect vorzustellen, oder besser gesagt, zu bezeichnen.« *Sowie vgl.* Kant 1781, S. 347 (Kant 1983, Bd. 2, S. 345): »Läge unserer reinen Vernunftserkenntniß von denkenden Wesen überhaupt mehr, als das cogito zum Grunde, würden wir die Beobachtungen, über das Spiel unserer Gedanken und die daraus zu schöpfenden Naturgesetze des denkenden Selbst, auch zu Hülfe nehmen: so würde eine empirische Psychologie entspringen, welche eine Art der *Physiologie* des inneren Sinnes seyn würde und vielleicht die Erscheinungen desselben zu erklären, niemals aber dazu dienen könnte, solche Eigenschaften, die gar nicht zur möglichen Erfahrung gehören (als die des Einfachen) zu eröffnen, noch von denkenden Wesen überhaupt etwas, das ihre Natur betrifft, apodictisch zu lehren; sie wäre also keine rationale Psychologie.«

58,18 *Vgl.* Kant 1770, S. I: »In composito substantiali, quemadmodum Analysis non terminatur, nisi parte quae non est totum, h.e. *Simplici*: ita Synthesis non nisi toto quod est pars, i. e. *Mundo.*« *Für die deutsche Übersetzung vgl.* Kant 1983, Bd. 3, S. 13: »Wie die Zergliederung beim substantiellen Zusammengesetzten nur in dem Teil ihre Grenze findet, der kein Ganzes ist, d. i. dem *Einfachen*: so die Verbindung nur in dem Ganzen, das kein Teil ist, d. i. der *Welt.*« *Zu dieser Definition als ›Kreuz‹ Kants vgl.* Heidegger 1929 [1976], S. 147. *Baader deutet insgesamt ein monadologisches Konzept an, nach dem sich die konstitutive Struktur des Ganzen auch in jedem seiner Teile widerspiegelte.*

58,21 *Vgl. Platon: »Parmenides« 137c*: »τί δὲ τὸ ὅλον; οὐχὶ οὗ ἂν μέρος μηδὲν ἀπῇ ὅλον ἂν εἴη«. *Für die lateinische Übersetzung vgl.* Platon 1781–1787, Bd. 10, S. 94: »nonne totum est, cui nulla pars deest?« *und* Tiedemann 1786, S. 350: »quod totum est, cui nulla pars deest«. *Für die deutsche Übersetzung vgl.* Platon 2007, S. 41: »Der Teil ist doch Teil eines Ganzen.«

58,31 *Hierzu vgl. Baaders frühere, im Anschluss an Kant aufgestellte Fluidum-Theorie, nach der alle festen Körper wie Gerinnungen oder Erstarrungen eines ihnen ursprünglichen Flüssigen seien. Zu Kants Theorie der Flüssigkeit vgl. oben S. 198, erklärende Anmerkungen zu 16, 31 und S. 204, zu 18, 40.*

58,36 *Hierzu vgl. oben S. 196, erklärende Anmerkung zu 16, 15.*

59,5[1] *Gemeint ist hier oben in* Baader 1798, S. 125, 11–19: »Man sieht nun schon leicht aus dieser wahren Ansicht des Phänomens der Schwere, daß man ihre Quelle, und sohin auch die Quelle der eignen Bewegung der Materie weder in der compressiven Grundkraft derselben, noch in dieser ihrer Vereinung mit der ihr entgegenwürkenden expansiven zu suchen hat, insofern man nämlich dieses Vereintseyn beeder Kräfte aus ihnen selber sich erklären würde, sondern in Einem *Dritten*, welches eben die Ursache, das Vereinende jener Kräfte, und der gemeinschaftliche *Grund* ihrer bestimmten und beharrlichen Gegenwart selber ist.« *Dazu vgl. auch* Schelling 1799, S. 268 *und* 270.

59,5[2] *Baader bezieht sich auf* Gren 1793, S. 81: »§. 113. Bey der nähern Betrachtung der Materien unserer Sinnenwelt, bey der sorgfältigen Zergliederung ihrer Wirkungen, und der weitern Verfolgung der Erscheinungen bis zu den ersten Ursachen, treffen wir *drey* wesentlich verschiedene *Grundkräfte* an, die den respectiven Materien unserer Sinnenwelt inhäriren, und der erste innere Grund aller der mannigfaltigen Erscheinungen der Körperwelt sind. Eben deswegen nenne ich sie Grundkräfte; ich gestehe aber gern, daß wir von diesen Kräften an sich selbst nichts wissen, sondern nur ihre Wirkungen kennen; und daß es auch wol vergeblich seyn möchte, darüber Untersuchungen anzustellen, weil sie selbst an sich kein Gegenstand unserer Erfahrung mehr seyn können. Desto nöthiger ist es, den Gesetzen ihrer Wirkung nachzuspüren. §. 114. Diese drey Grundkräfte […] sind *Cohärenz*, *Schwere* und *Expansivkraft*. Sie sind identisch von einander verschieden, wie ihre nähere Betrachtung lehren wird; sie afficiren aber nicht alle zusammen jede individuelle Materie.«

59,13 *Man denke hier an den Begriff der ›latenten Wärme‹ bzw. die Lehre einer spezifischen Wärmekapazität der Körper. Hierzu vgl. oben S. 214, erklärende Anmerkung zu 24, 35.*

Zur Lehre von der latenten Wärme vgl. auch Eschenmayer 1797, S. 20: »Latentseyn ist die Aufhebung der freien und eigenthümlichen Wirksamkeit einer Materie auf unsere Empfindung, und diß ist nichts anders als der Neutralitätszustand.« *Sowie vgl.* Schelling 1798, S. 106: »Der Begriff der Wärmecapacität ist eine Klippe woran die atomistische Physik scheitern muß […]. Man sieht, daß die Körper von geringerer Capacität treiben, und daß so endlich ein Gleichgewicht entstehen muß, weil die specifische Wärme in einem System von Körpern sich im umgekehrten Verhältniß ihrer Zurückstoßungskraft an sie äußerten, sondern, weil die Körper von großer Capacität *keine* Zurückstoßungskraft der Körper von geringerer Capacität *überwältigt* wird. Es erhellt hieraus, daß jeder Körper in Bezug auf seine specifische Wärme in einem *gezwungnen* Zustand ist, worin ihn die Körper, mit denen er in Zusammenhang steht erhalten, daher er diesen Zustand sobald verläßt, als sich seyn Verhältniß zu den andern Körpern ändert.«

Zur Rezeption dieser Passage in der physiologisch-wissenschaftlichen Literatur vgl. Ph. Hoffmann: »Ideen zur Konstruktion der Krankheit«, in Schelling 1800–1801, Bd. 2, S. 273–295, hier S. 289 Anm.

59, 15 *Vgl. in* Goethe 1987, S. 365: »Wie die Natur manch widerwärt'ge Kraft / Verbindend zwingt, und streitend Körper schafft: / So zwang er jedes Handwerk, jeden Fleiß; / Des Dichters Welt entstand auf sein Geheiß. / Und, so verdient, gewährt die Muse nur / Den Namen ihm – *Direktor der Natur.* / [...].« *Es handelt sich um die Verse 85–86 aus dem Gedicht Goethes »Auf Miedings Tod«, zuerst im »Tiefurter Journal« Nr. 23 im März 1782 veröffentlicht. Johann Martin Mieding (1725–1782) war Hoftischler und für das Bühnenbild und die Maschinerie des Liebhabertheaters in Weimar zuständig. Am 27. Januar 1782, drei Tage vor der Geburtstagsfeier der Herzogin, starb er. Die Vorbereitungen dieses Festes und das Begräbnis Miedings geben dem Gedicht die Szenerie ab. Hierzu vgl. auch den Brief Goethes an Herder den 22. Februar 1788 aus Rom in* Goethe 1987, S. 1063: »Die Gedichte auf Hans Sachs und auf Miedings Tod schließen den achten Band, und so meine Schriften für diesmal. Wenn sie mich indessen bei der Pyramide [*gemeint ist hier die Cestius-Pyramide neben dem akatholischen Friedhof in Rom*] zur Ruhe bringen, so können diese beiden Gedichte statt Personalien und Parentation gelten.«

59, 17 *Hier lässt sich der Einfluss Herders auf Baader deutlich erkennen, wie auch in* Baader 1786–1792, S. 71 [5. November 1786] *oder in* Baader 1786, S. 52 f. *Hierzu vgl.* Herder 1787, S. 198: »Alles was erscheint, muß auch verschwinden; jedes Gewächs der Zeit trägt auch zugleich den Keim der Verwesung in sich, der da macht, daß es in seiner Erscheinung nicht ewig daure. Was zusammengesetzt ist, wird aufgelöst: denn eben diese Zusammensetzung und Auflösung heißt Weltordnung und ist das immer wirkende Leben des Weltgeistes.« *Sowie* ebd., S. 238: »Alles was erscheint, muß verschwinden; es verschwindet sobald es kann, es bleibt aber auch so lange es kann; hier wie allenthalben fallen die beiden Extreme zusammen und sind eigentlich Eins und dasselbe. Jedes beschränkte Wesen bringt als Erscheinung den Keim der Zerstörung schon mit sich: mit unaufhaltbarem Schritt eilt es zur größten Höhe hinauf, damit es hinunter eile und unsern Sinnen das Kleinste werde.«

59, 21 *Zu dieser Stelle vgl.* Lieb 1926, S. 208 f.: »Geschickt verbindet hier Baader zum Teil auf *Herder* zurückgehende Gedanken mit der kosmischen Erlösungslehre St. Martins, nach der das zeitliche Dasein – nach dem Abfall der Schöpfung von ihrem Ursprung – in einem ununterbrochenen Kampfe zwischen den beiden Urprinzipien, dem Gutem und dem Bösen, besteht, der mit dem schließlichen Siege des Guten und der Wiederherstellung der ursprünglichen Schöpfung endet. [...] In ihren großen Zügen hat schon der junge Baader in seinen ersten Tagebuchblättern die Grundideen seiner späteren Theosophie im Keime entwickelt.«

59, 23 *Baader bezieht sich hier auf* Jacobi [4]1792, S. 237–239: »Ein finsteres Geheimniß liegt eben schwer auf uns allen: das Geheimniß des Nichtseyns, des Daseyns durch Vergänglichkeit, des Vermögens mit und durch lauter Unvermögen – *das Geheimniß des Endlichen.* Unendliches scheint der *Stoff*; Endlichkeit die *Form* der Dinge zu seyn. Also wäre *Nichtseyn* – wenn die Begriffe von Endlichkeit und Nichtseyn in einander fließen – die *Möglichkeit*; Nichtseyn wäre die nächste Ursache der Natur und ihres Inhalts!

Plato äussert sich auf eine merkwürdige Weise über diesen Gegenstand. Kühn weist er, in der Reihe der Dinge, dem Unendlichen die Unterste; dem MAASS, welches das Endliche mit dem Unendlichen vereinigt, und *wirkliche* Dinge zuerst ans Licht bringt, die Oberste Stelle an. Er setzt einen *Gott* voraus, der ein *Geist*, ein *besonnenes* persönliches Wesen ist, als den Urheber aller Dinge, *durch die Vollkommenheit seines Willens*[*].

Aber wie hat das *Zeitliche* von dem *Ewigen* erzeugt werden können; welch ein mögliches Verhältniß beyder zu einander läßt sich, menschlicher Weise, denken? Diese Kluft füllt keine Philosophie, und es bedarf, um hinüber zu kommen, einer Brücke – oder *Flügel.*

[* Im **Philebus.** *Plato* versteht unter dem Unendlichen das Unbestimmte, welches unter dem Bilde von *Mehr* oder *Weniger* allein gedacht, aber, als an sich wirklich, nie vorgestellt werden kann.

Dem Unendlichen setzt er entgegen – nicht das Endliche, sondern – das *Ewige, Allein Wahre* und *Wirkliche,* durch welches alle Dinge sind und erkannt werden, in so fern sie erkannt werden können und ein wirkliches Daseyn besitzen.

Das Endliche steht zwischen dem Unendlichen und dem Ewigen, dem Wahren und Unwahren, dem Seyn und Nichtseyn in der Mitte.

Darum muß in der Reihe der Wesen als das Oberste und Erste gesetzt werden: *Maaß*; ein in und durch sich selbst bestimmtes, *unerzeugtes* BESTIMMENDES.

Als das zweyte: EBENMAASS, welches das erzeugte Endliche im Daseyn erhält; DIE GEMESSENE MISCHUNG: SCHÖNHEIT, VOLLKOMMENHEIT.

Als das dritte: ERKENNTNIß. Sie steht in der Ordnung billig *nach ihrem* Gegenstande, und *nach* ihrer Absicht; denn eine Erkenntniß **von** Nichts und **zu** Nichts, wäre keine Erkenntniß. Ueberall ist ihr Werth der Werth ihres *Inhalts*; ihr Grad, der Grad des **Wahren,** *dessen Vorstellung sie ist.*

Als das vierte: THEORIE UND KUNST.

Als das fünfte und letzte: DIE ANGENEHME EMPFINDUNG. Sie erhält die unterste Stelle, weil sie für sich weder Anfang, noch Mittel, noch Ende hat, sondern dies alles von dem Zwecke nimmt, dessen *Erzeugung* sie begleitet, und gleichsam nur das Signal seiner Erfüllung ist. Die *nicht vorübergehende,* nicht *passive,* folglich unter dieser Gattung nicht begriffene *Freude,* wird von dem Verstande selbst, der von der Art der *Ersten Ursache* ist, als eine der Erkenntniß und Tugend zu ihrer *Genugsamkeit* unentbehrliche Beymischung, hervorgebracht, und gehört demnach zu der Natur des Ewigen.

Diese Erörterungen läßt Plato den Sokrates mit folgenden Worten beschließen: ›Allein werden nun nicht zuerst alle Ochsen und Pferde und das sämtliche übrige Vieh widersprechen, weil sie blos der *Lust* nachjagen? Eben ihnen glauben so viele, wie Wahrsager den Vögeln, und urtheilen daher, daß die Wollüste die köstlichsten Güter zum Leben wären. Ja sie glauben, daß die Lusttriebe der Thiere viel ansehnlichere Zeugen für die Wahrheit wären, als alle eingegebene Reden einer philosophischen Muse.‹]« *Ferner vgl. den Brief an Jacobi vom 3. Januar 1798 in* Baader 1851–1860,

Bd. 15, S. 176: »Ich habe oft über jene merkwürdige Stelle in *Eduard Allwill* (S. 309) nachgedacht, und ich liefere hier meinen Commentar darüber. Jedem wirklichen d. h. bestimmten Raum oder Zeit liegt ein zweifaches a priori, das Eine (und hernach Einende) als formend, und das Unendliche, Nicht-Eins, Nicht-Reale als Stoff, vor. Der unbestimmte Raum und die unbestimmte Zeit ist in letzter Hinsicht nicht ein a priori der Form, sondern *reine Unform*, ein unendliches Nichteins- und Nicht-Realsein, eben jenes Alterum oder Non-ens des Parmenides (s. Plato de uno etc.).«

59, 29 *Zu diesem Symbol vgl. den Brief an Jacobi vom 8. Februar 1798 in* Baader 1851–1860, Bd. 15, S. 181: »*Kant*, *Fichte* und *Schelling* etc. sind also nur noch beim Anfang ∧, sie müssen erst zu △ und sodann erst zu ◬ oder zum Verhältniss des *activen* Elements zu den drei *passiven* gelangen, ehe auch nur der Anfang zu einer Körperlehre gemacht ist. Ich arbeite schon seit einiger Zeit an einer Darstellung des Eins und Alles, Anfangs und Endes alles Körperlichen – der Flamme oder dem Feuer, weil diese Erscheinung den Menschen über den Ursprung und das Ende alles Zeitlichen allein und völlig belehren kann […].« *Sowie vgl. auch den Brief vom 3. Januar 1798 in* ebd., S. 178 f.: »Wenn Herr *Fichte* nur Eins zählt, da zähle ich bereits vier, nemlich: wie meinem Ich ein Du *gegenüber*, so finde ich noch ein *über* mir, und ein *unter* mir, ohne dass ich weder das eine noch das andere mir gegenüber stellen, oder es als aus meinem Ich selber hervorgehend, wegerklären kann. – Ich schwöre nemlich als ein Pythagoräer bei jenem heiligen Quarternarius, und hoffe in ihn (als meine Heimath) wieder einzutreten […].« *Dieses Symbol begegnet in den damaligen mystisch-pythagoreischen Spekulationen oft* (*u. a. auch bei* Böhme 1730, Band 6: *De electione gratiae* (*1623*), S. 8 (Kap. 1, § 16). *Hierzu vgl.* Kleuker 1784, Teil 1, S. 182 f. *und* Teil 2, S. 284 Anm. *sowie* Eckartshausen 1788–1792, Teil 4 (1792), S. 255, 293 *oder* Eckartshausen 1794, S. 172 f. *und dazu vgl.* Faivre 1969, S. 457 ff.

59, 31 *Baader bezieht sich hier auf* Kant ²1793, S. 319–321 (§ 72) (Kant 1983, Bd. 5, S. 503 ff.): »Die Richtigkeit des Grundsatzes: daß über gewisse Dinge der Natur (organisierte Wesen) und ihre Möglichkeit nach dem Begriffe von Endursachen geurtheilt werden müsse, selbst auch nur, wenn man, um ihre Beschaffenheit durch Beobachtung kennen zu lernen, einen *Leitfaden* verlangt, ohne sich bis zur Untersuchung über ihren ersten Ursprung zu versteigen, hat noch niemand bezweifelt. Die Frage kann also nur seyn: ob dieser Grundsatz bloß subjectiv gültig, d. i. bloß Maxime unserer Urtheilskraft oder ein objectives Princip der Natur sey, nach welchem ihr, ausser ihrem Mechanism (nach bloßen Bewegungsgesetzen), noch eine andere Art von Caussalität zukomme, nämlich die der Endursachen, unter denen jene (der bewegenden Kräfte) nur als Mittelursachen ständen.

Nun könnte man diese Frage, oder Aufgabe für die Speculation, gänzlich unausgemacht und unaufgelöset lassen; weil, wenn wir uns mit der letzteren innerhalb der Gränzen der bloßen Naturerkenntniß begnügen, wir an jenen Maximen genug haben, um die Natur, so weit als menschliche Kräfte reichen, zu studiren und ihren verborgensten Geheimnissen nachzuspüren. Es ist also wohl eine gewisse Ahnung unserer Vernunft, oder ein von der Natur uns gleichsam gegebener Wink, daß wir vermittelst jenes Begrifs von Endursachen wohl gar über die Natur hinauslangen und sie selbst an den höchsten Punct in der Reihe der Ursachen knüpfen könnten, wenn wir die Nachforschung der Natur (ob wir gleich darin noch nicht weit gekommen sind) verließen, oder wenigstens einige Zeit aussetzten, und vorher, worauf jener Fremdling in der Naturwissenschaft, nämlich der Begrif der Naturzwecke, führe, zu erkunden versuchten.

Hier müßte nun freylich jene unbestrittene Maxime in die ein weites Feld zu Streitigkeiten eröfnende Aufgabe übergehen: Ob die Zweckverknüpfung in der Natur eine besondere Art der Caussalität für dieselbe *beweise*; oder ob sie, an sich und nach objectiven Principien betrachtet, nicht vielmehr mit dem Mechanism der Natur einerley sey, oder auf einem und demselben Grunde beruhe: nur daß wir, da dieser für unsere Nachforschung in manchen Naturproducten oft zu tief versteckt ist, es mit einem subjectiven Princip, nämlich dem der Kunst, d.i. der Caussalität nach Ideen versuchen, um sie der Natur der Analogie nach unterzulegen; welche Nothhülfe uns auch in vielen Fällen gelingt, in einigen zwar zu mißlingen scheint, auf alle Fälle aber nicht berechtigt, eine besondere, von der Caussalität nach bloß mechanischen Gesetzen der Natur selbst unterschiedene, Wirkungsart in die Naturwissenschaft einzuführen. Wir wollen, indem wir das Verfahren (die Caussalität) der Natur, wegen des Zweckähnlichen, welches wir in ihren Producten finden, Technik nennen, diese in die *absichtliche* (technica intentionalis), und in die *unabsichtliche* (technica naturalis), eintheilen. Die erste soll bedeuten: daß das productive Vermögen der Natur nach Endursachen für eine besondere Art von Caussalität gehalten werden müsse; die zweyte: daß sie mit dem Mechanism der Natur im Grunde ganz einerley sey, und das zufällige Zusammentreffen mit unseren Kunstbegriffen und ihren Regeln, als bloß subjective Bedingung sie zu beurtheilen, fälschlich für eine besondere Art der Naturerzeugung ausgedeutet werde.«

60, 5 *Vgl.* Kant [1746, S. 181f.] 1795, S. 295f. (Kant 1983, Bd. 1, S. 170): »§. 115. *Unterschied zwischen dem mathematischen und natürlichen Körper, und derer beyderseits betreffenden Gesetze.* Wir wollen jetzt sehen, was denn dieses für eine Eigenschaft sey, die in dem Körper der Natur anzutreffen ist, und die die Mathematik an dem ihrigen nicht erlaubet, und welches hernach verursachet, daß jener ein Ding von ganz anderem Geschlechte ist, als dieser. Die Mathematik erlaubet nicht, daß ihr Körper eine Kraft habe, die nicht von demjenigen, der die äusserliche Ursache seiner Bewegung ist, gänzlich hervorgebracht worden. Also läßt sie keine andere Kraft in dem Körper zu, als in so weit sie von draussen in ihm verursacht worden, und man wird sie daher in den Ursachen seiner Bewegung allemal genau, und in eben demselben Maaße, wieder antreffen. Dieses ist ein Grundgesetze der Mechanik, dessen Voraussetzung aber auch keine andere Schätzung, als die Cartesianische statt finden lässet. Mit dem Körper der Natur aber hat es, wie wir es bald erweisen werden, eine ganz andere Beschaffenheit. Derselbe hat ein Vermögen in sich, die Kraft, welche von draussen durch die Ursache seiner Bewegung in ihm erweckt worden, von selber in sich zu vergrößern, so, daß in ihr Grade Kraft seyn können, die von der äusserlichen Ursache der Bewegung nicht entsprungen seyn, und auch größer seyn wie dieselbe, die folglich mit demselben Maaße nicht können gemessen werden, womit die Cartesianische Kraft gemessen wird, und auch eine andere Schätzung haben. Wir wollen diese Eigenschaft des natürlichen Körpers mit aller Genauheit und Gründlichkeit, die eine so wichtige Sache erfordert, abhandeln.«

60, 12 *Die hier im Hintergrund stehende Lehre von einer spezifischen Wärmekapazität der Körper (vgl. S. 227, erklärende Anmerkung zu 59, 13) bildet die Folie, vor der Baader versucht, die dynamischen Kräfte von Kants Naturmetaphysik umzuinterpretieren (vgl. S. 226, erklärende Anmerkung zu 58, 15). Indem er den Begriff einer ›spezifischen Kapazität‹ der Körper in die rein-phoronomische Auffassung der Materie einführt, versucht er zugleich sie nicht mehr als sich summierende negative und positive Größen, sondern als materielle und gegeneinander wirkende Individuen zu verstehen, deren Form sich allein durch eine ständige Störung oder tätige Trägheit unterhält. Sowohl die attraktive als auch die repulsive Kraft erscheinen so nach Baader als Tätigkeiten, die sich nur auf Grund eines ›spezifischen‹, in jedem materiellen Fall unterschiedlichen Verhältnisses aufeinander beziehen können.*

60,16 *Hierzu vgl. auch* Jacobi [4]1792, S. 84: »Wo aber *Einheit*, reale Individualität aufhört, da hört alles Daseyn auf«.

60,25 *Zum Verhältnis von ›Kapazität‹ und ›Reizbarkeit‹ bzw. ›Irritabilität‹ vgl.* Schelling 1798, S. 105, 111 *sowie* 236 *und die Verweise in den erklärenden Anmerkungen* S. 416 f. *Dazu vgl. auch* WhB 1994, S. 499 f. *und* 551. *Zum Begriff von ›mechanischer Kapazität‹ vgl. den Verweis auf de Luc und Le Sage in* Schelling 1798, S. 327. *Für die Rezeption dieser Textpassage bei Novalis vgl. unten S. 251, erklärende Anmerkung zu 67, 24.*

60,27 *Zum physikalischen Begriff der ›Verteilung‹ in der damaligen Wissenschaft vgl.* Gehler 1787–1791, Artikel: *Vertheilung.* Teil 4, 1791, S. 472: »Wenn unter den in einem Körper vorhandenen Materien oder Kräften das natürliche Gleichgewicht so gestört wird, daß sie sich auf einer Seite mehr, oder anders, als auf der andern, zeigen, ohne daß doch dabey ihre Summe geändert wird, so heißt ein solches Phänomen *eine Vertheilung.* Es wird der Mittheilung entgegengesetzt, bey welcher wirklich etwas aus einem Körper heraus und in den andern überzugehen, also die Summe der Materien oder Kräfte in jedem nicht mehr die vorige zu bleiben scheint [...].« *Zur physiologischen Konzeption der ›Temperaturvertheilung‹ vgl.* Schelling 1798, S. 168 *und* 200.

60,30 *Gemeint ist hier wohl* Newton [4]1730, S. 345: »*Quest.* 12. Do not the Rays of Light in falling upon the bottom of the Eye excite Vibrations in the *Tunica Retina*? Which Vibrations, being propagated along the solid Fibres of the optic Nerves into the Brain, cause the Sense of seeing. For because dense Bodies conserve their Heat a long time, and the densest Bodies conserve their Heat the longest, the Vibrations of their parts are of a lasting nature, and therefore may be propagated along solid Fibres of uniform dense Matter to a great distance, for conveying into the Brain the impressions made upon all the Organs of Sense. For that Motion which can continue long in one and the same part of a Body, can be propagated a long way from one part to another, supposing the Body homogeneal, so that the Motion may not be reflected, refracted, interrupted or disorder'd by any unevenness of the Body.« *Für die deutsche Übersetzung vgl.* Newton 1898, S. 124 f.: »*Frage 12.* Erregen nicht die Lichtstrahlen, wenn sie auf den Hintergrund des Auges fallen, Schwingungen auf der Netzhaut, die sich entlang der festen Fasern der Sehnerven bis zum Gehirn verbreiten und dort den Eindruck des Sehens hervorrufen? Denn da dichte Körper ihre Wärme längere Zeit bewahren und die dichtesten am längsten, so sind die Schwingungen ihrer Theilchen von ausdauernder Natur und verbreiten sich entlang der festen Fasern von gleichmässig dichter Masse bis auf grosse Entfernungen hin, um die auf alle Sinnesorgane ausgeübten Eindrücke dem Gehirne zu übermitteln. Eine in einem Körpertheilchen lange ausdauernde Bewegung kann weithin von einem Theilchen zum anderen sich ausbreiten, wenn nur der Körper homogen ist, so dass die Bewegung nicht durch Zurückwerfungen und Brechungen oder durch Unebenheiten des Körpers unterbrochen oder gestört wird.«

60,35 *Hierzu vgl. die folgenden Stellen in* Kant [1746, S. 186 f.] 1795, S. 300 [§. 120] (Kant 1983, Bd. 1, S. 174): »Es hat demnach derjenige Körper, der seine Bewegung in sich selber hinlänglich gründet, so, daß aus seiner inneren Bestrebung hinlänglich verstanden werden kann, daß er die Bewegung, die er hat, frey, immerwährend und unvermindert ins unendliche selber in sich erhalten werde, eine Kraft, die das Quadrat seiner Geschwindigkeit zum Maaße hat, oder, wie wir sie hinführo nennen wollen, eine lebendige Kraft. Im Gegenteil, wenn seine Kraft den Grund nicht in sich hat, sich selber zu erhalten, sondern nur auf der Gegenwart der äusserlichen Ursache beruhet, so ist sie, wie die bloße Geschwindigkeit, d.i. es ist eine todte Kraft.« *Sowie* Kant [1746, S. 190 f.] 1795, S. 303 f. (Bd. 1, S. 177): »[...] Die Naturkraft des Körpers setzet nemlich den von draussen empfangenen Eindruck in sich selber fort, und indem sie, durch eine fortgesetzte Bestrebung, die Intension, die vorher wie ein Punkt war, in sich häufet, bis sie wie eine Linie wird, die der von draussen in sie erregten Kraft, die sich wie die Geschwindigkeit verhielte, proportional ist, so häufet sie hiedurch die von draussen erlangte Kraft selber, welche vorher auch nur wie eine Linie war, daß sie itzo wie eine Fläche ist, in der die eine Seite die äusserlich ertheilte Geschwindigkeit und Kraft vorstellet, die andere aber, die aus dem inneren des Körpers von selber erwachsene Intension vorbildet, die jener proportional ist. [...]

Denjenigen Zustand, da die Kraft des Körpers zwar noch nicht lebendig ist, aber doch dazu fortschreitet, nenne ich die *Lebendigwerdung* oder Vivifikation derselben. [...]

In der Zwischenzeit also, darin die Kraft sich zur lebendigen erhebet, welche zwischen den beyden Punkten, dem Anfangspunkte, und demjenigen, da die Kraft schon völlig lebendig ist, begriffen wird, hat der Körper noch nicht seine Kraft und Geschwindigkeit in sich selber hinlänglich gegründet.« *Und* Kant [1746, S. 196] 1795, S. 309 [§. 128] (Kant 1983, Bd. 1, S. 128): »*Herr Bernoulli hat schon diese Begriffe gehabt.* Ich habe gesagt, daß die freye, und aus dem innern des Körpers fortgesetzte, Dauer der Kraft, das wahrhafte Merkmal sey, woraus man einzig und allein abnehmen könne, daß dieselbe lebendig sey, und das Quadrat zum Maaße habe. Ich bin ungemein erfreut, diesen Gedanken auf das genaueste in derjenigen Abhandlung des Herrn Johann Bernoulli anzutreffen, welche wir oben angeführet haben. Er hat seine Meynung als ein bloßer [Geometer], zwar nicht in der rechten Sprache der Metaphysik, aber dennoch vollkommen deutlich ausgedrücket: Vis viva, spricht er, est aliquid reale et substantiale, quod per se subsistit, et quantum in se est, non dependet ab alio; – – – Vis mortua non est aliquid absolutum, et per se durans etc. etc.« *Kant bezieht sich hier auf* Bernoulli 1735, S. 211: »§. III. Hinc patet, *vim vivam* (quae aptius vocaretur *facultas agendi*, Gallice *le pouvoir*) esse aliquid *reale & substantiale*, quod per se subsistit, &, quantum in se est, non dependet ab alio. Unde concludimus, quamlibet vim vivam habere suam determinatam quantitatem, de qua nihil perire potest, quod non in effectu edito reperiatur. [...] §. IV. Vis *mortua* nihil aliud est, quam solicitatio, qua corpus ad motus accelerationem vel retardationem urgetur, sicuti gravitas, quae incitat corpora ad descensum, & descendentia accelerat, adscendentibus vero resistit, eorumque motum retardat. In genere vis mortua vocari potest *pressio*. [...]«

61, 8 *Vgl. oben S. 225, erklärende Anmerkung zu 58, 11.*

61, 12 *Im Sinne von* Kant ²1787, S. 15 (Kant 1983, Bd. 5, S. 35): »Von der Bewegung eines Körpers eine Erfahrung zu machen, dazu wird erfordert: daß nicht allein der Körper, sondern auch der Raum, darin er sich bewegt, Gegenstände der äussern Erfahrung, mithin materiell seyn.«

61, 13 *Vgl.* Kant 1781, S. 211 und S. 215 (Kant 1983, Bd. 2, S. 242 ff.): »Alle Substanzen, sofern sie zugleich *seyn*, stehen in durchgängiger Gemeinschaft (d. i. Wechselwirkung unter einander). [...]

Das Wort Gemeinschaft ist in unserer Sprache zweideutig, und kan so viel, als communio, aber auch als commercium bedeuten. Wir bedienen uns hier desselben im leztern Sinn, als einer dynamischen Gemeinschaft, ohne welche selbst die locale (communio spatii) niemals empirisch erkant werden könte.«

Ferner vgl. auch Fichte 1794a, S. 290: »Durch die Bestimmung der Realität oder Negation des Ich wird zugleich die Negation oder Realität des Nicht-Ich bestimmt; und umgekehrt. [...] Diese bestimmtere Bestimmung könnte man füglich *Wechselbestimmung* (nach der Analogie von Wechselwirkung,) nennen. Es ist das gleiche was bei Kant *Relation* heißt.«

61, 15 *Zum Begriff der ›relativen Ruhe‹ vgl.* Kant [2]1787, S. 121–123 (Kant 1983, Bd. 5, S. 110 f.) »*Drittes mechanisches Gesetz.* In aller Mittheilung der Bewegung sind Wirkung und Gegenwirkung einander jederzeit gleich.

Beweis. (Aus der allgemeinen Metaphysik muß der Satz entlehnt werden, daß alle äußere Wirkung in der Welt *Wechselwirkung* sey. Hier soll, um in den Schranken der Mechanik zu bleiben, nur gezeigt werden, daß diese Wechselwirkung (actio mutua) zugleich *Gegenwirkung* (reactio) sey; allein ich kann, ohne der Vollständigkeit der Einsicht Abbruch zu thun, jenes metaphysische Gesetz der Gemeinschaft hier doch nicht ganz weglassen.) Alle *thätige* Verhältnisse der Materien im *Raume* und alle Veränderungen dieser Verhältnisse, so fern sie *Ursachen* von gewissen Wirkungen seyn können, müssen jederzeit als wechselseitig vorgestellt werden, d.i. weil alle Veränderung derselben Bewegung ist, so kann keine Bewegung eines Körpers in Beziehung auf einen *absolut-ruhigen*, der dadurch auch in Bewegung gesetzt werden soll, gedacht werden, vielmehr muß dieser nur als *relativ-ruhig* in Ansehung des Raums, auf den man ihn bezieht, zusamt diesem Raume aber in entgegengesetzter Richtung als mit eben derselben Quantität der Bewegung im absoluten Raume bewegt vorgestellt werden, als der Bewegte in eben demselben gegen ihn hat.« *Sowie vgl. auch* Kant [1746, S. 31] 1795, S. 167 (Kant 1983, Bd. 1, S. 48 f.): »[...] denn die Ruhe ist von einer sehr kleinen Bewegung nicht unterschieden.«

61, 23 *Zum Bild der Weltwaage vgl. auch* Kant 1763, S. 60–64 (Kant 1983, Bd. 1, S. 813 f.): »Hier ist Ruhe, nicht weil Bewegkräfte fehlen, sondern weil sie einander entgegen würken. Eben so ruhen die Gewichte an beyden Wagearmen, wenn sie nach den Gesetzen des Gleichgewichts am Hebel angebracht sind. Man kann diesen Begrif weit über die Grenzen der materialen Welt ausdehnen. [...]

In moralischen Dingen ist das Zero gleichfalls nicht immer als eine Verneinung des Mangels zu betrachten, und eine positive Folge von mehr Größe nicht jederzeit ein Beweiß von einer größeren Thätigkeit, die in der Richtung auf diese Folge angewandt worden.«

61, 24 *Außerhalb der Wissenschaft begegnet der Terminus ›Fliehkraft‹ auch in den damaligen mystischen Spekulationen. Vgl.* Gleichen 1791, S. 210: »*Von der Fliehkraft.* Es giebt aber noch ein zweites Gesäz, das die zertheilten Kräfte befolgen, welches dem ersten Gesäz der Vereinigung widerspricht, und dieses ist der Trieb, einer entgegengesezten Widrigkeit zu entgehen, wenn sie die stärkste ist. Ich nenne ihn Fliehkraft. [...] Sie bestimmt die Wirkungen der negativen Electricität und des zweiten Pols im Magneten; sie Wirkt die Gährung in den Salzen, und bey heterogenen Mischungen ist sie Zurückstoßung der leichtesten Theil; In den organisirten Körpern dient sie dem Instinct, alles schädliche abzusondern, und im moralischen heißt sie Antipathie, Haß, Furcht, Eckel und Abscheu.« *Hierzu vgl. auch* Böhme 1730, Band 7: *Mysterium magnum (1623)*, S. 14 f. [Kap. 3]: »15. [...] Die Härte ist haltend, und das Ziehen ist fliehend; Eins will in sich, und das Ander will aus sich: So es aber nicht voneinander weichen oder sich trennen kann, so wirds ineinander gleich einem drehenden Rade; Eins will über sich, das ander unter sich. 16. Denn die Härte gibt Wesen und Gewichte, und der Stachel gibt Geist und das fliegende Leben: Dis dreht sich miteinander in sich und aus sich, und kann doch nirgends hin. Was die Begierde, als der Magnet, hart macht, das zerbricht das Ziehen wieder, und ist die gröste Unruhe in sich selber [...].«

61, 28 *Dieses Motto, das auch bei Kant* (Kant 1795b, S. 59 *bzw.* Kant 1983, Bd. 6, S. 223) *begegnet, heißt »den Willigen führt das Schicksal, den Widerstrebenden schleppt es mit« und ist ein Zitat aus Seneca »Epistulae morales ad Lucilium«, ep. 107, 10–11:* »[...] et sic adloquamur Iovem, cuius gubernaculo moles ista derigitur, quemadmodum Cleanthes noster versibus disertissimis adloquitur, quos mihi in nostrum sermonem mutare permittitur Ciceronis, disertissimi viri, exemplo. Si placuerint, boni consules, si displicuerint, scies me in hoc secutum Ciceronis exemplum.

Duc, o parens celsique dominator poli, / quocumque placuit: nulla parendi mora est; / adsum inpiger. Fac nolle; comitabor gemens / malusque patiar facere, quod licuit bono. / Ducunt volentem fata, nolentem trahunt«. *Allerdings wird es Kleanthes von Assos, dem Nachfolger des Begründers der Stoa Zenon aus Kition im Amt des Schulleiters in Athen, zugeschrieben. Zur Geschichte des Satzes vgl. M. Marcovich: »On the Origin of Seneca's ›ducunt volentem fata, nolentem trahunt‹ «, in: Classical Philology, 54 (1959), S. 119–121 und H. Dahlmann: »Nochmals ›ducunt volentem fata, nolentem Trahunt‹ «, in: Hermes, 3 (1977), S. 342–351.*

61, 29 *Friedrich Wilhelm (William) Herschel (1738–1822) in Hannover geboren, aber seit 1757 in England, war einer der berühmtesten Astronomen seiner Zeit, Mitglied der Royal Society in London und der Sozietät der Wissenschaften in Göttingen. 1781 entdeckte er u. a. den Planenten Uranus. Baader bezieht sich hier wohl auf* Herschel 1795, S. 58f. *und* 63. *Hierzu vgl. die kommentierte Übersetzung von* Lichtenberg 1797, S. 101: »Das Resultat, worauf Herrn Herschel nun alle diese in seiner Schrift dargelegten vielen und sorgfältigen Beobachtungen geführt haben, ist kurz dieses: die Sonne ist mit einer großen Atmosphäre umgeben, wie alle die Planeten, die wir etwas näher kennen. Diese Atmosphäre besteht aus elastischen Flüssigkeiten. In ihr entstehen, so wie in unsrer Atmosphäre durch Decompositionen Wolken, nur mit dem Unterschiede, daß in der Sonnen-Atmosphäre jener wolkenartige Niederschlag mit Phosphorescenz verbunden, und eigentlich das ist, was uns in der Sonne leuchtet.« *Sowie* ebd., S. 106f.: »Die Sonne ist ihrer Beschaffenheit nach bey weitem nicht so sehr von den übrigen Planeten unterschieden, als man bisher geglaubt hat. Die Sonne, aus diesem Gesichtspunct betrachtet, wäre also nichts weiter, als ein durch Größe und Glanz sich vorzüglich auszeichnender Planet, im eigentlichen Verstand also der einzige Hauptplanet (primarius), dessen Nebenplaneten (secundarii) wir andern mit unsern Trabanten ausmachen (so wie wir eine Art von Neben-Sonnen (soles secundarii) für unsere Trabanten.)

Bey der Gelegenheit, daß Hr. H.[erschel] lehrt, die Sonne könne also eben so gut bewohnt seyn, wie unsere Erde und die übrigen Planeten, [...].« *In den späteren Ausgaben hat Baader diesen Fußnotenabschnitt ausgelassen. Hierzu vgl.* Helberger-Frobenius 1969, S. 205: »Diese Weglassung ist damit zu erklären, daß Baader 1809 dem den ›Beiträgen‹ sichtlich nahestehenden geozentrischen Weltbild des frühen St. Martin abschwören will, welches er in seinen Randbemerkungen zu St. [Martin] [...] beschreibt [*vgl.* Baader 1851–1860, Bd. 12, S. 394]. [...] St. Martins Geozentrismus war jedoch das ganze Leben über Baaders Gedankenmodell. [...] Im Jahre 1809 ist Baader noch der naturwissenschaftlichen Wahrheit verpflichtet und läßt deshalb den Fußnotenabschnitt über Herschel und den Geozentrismus weg.« *Zum Geozentrismus Saint-Martins auch in* Kleuker 1784, Teil 1, S. 39: »[...] Der Verf. [*Saint-Martin*] glaubt nicht, daß die Erde umlaufe. Er hält sie zwar nicht für das mathematische Centrum der sichtbaren Welt, aber doch für den Recipienten aller Theile derselben, und glaubt gegen das copernicanische System aus den gemeinsten Erfahrungen des Kegels etc. unwiderlegliche Einwürfe machen zu können [...].«

61, 32 *Hierzu vgl.* Böhme 1730, Band 9: *Tabulae principiorum (1624)*, S. 70: »61. Diese [*die Materie der Erde*] ist durch Göttliche Bewegniß in eine Massam gezogen worden, und stehet dasselbe Ziehen oder Bewegniß noch also; Darum fallen alle Materien in der Tieffe gegen die Erden und ist dieses die Ursache, daß die Kraft der Bewegniß noch heute und bis zu Ende dieser Zeit also stehet.« *Sowie* ebd., Band 7: *Mysterium Magnum, oder Erklärung über Das Erste Buch Mosis (1623)*, S. 66 [§ 60]. *Ein Quell- oder Inspirationsbezug zu dieser Textstelle Baaders könnte in dem schwäbischen Theosophen und Prälaten von Murrhardt F.C. Oetinger gefunden werden, der als erster in Deutschland die Werke Böhmes mit denjenigen von Newton in einen direkten Zusammenhang brachte. Dafür spricht auch, dass Baader die Erstausgaben verschiedener Werke Oetingers in seiner Bibliothek hatte, sie mit vielfachen Eintragungen versehen und aus ihnen aller Wahrscheinlichkeit nach einen bedeutenden Anstoß empfangen hatte, um seine Bestimmung der Schwerkraft genauer zu formulieren. Vgl.* Kemp 1994, S. 71. *Ferner vgl.* Oetinger 1773, Teil 2, S. 80–82, 97–99, 101–105. *Dazu auch* Poppe 1935, S. 42 f. *und* 71 ff. *sowie* Zimmermann 1974, S. 309 ff. *und* 328 ff.

61, 33 *Atlas ist der Sohn des Titanen Iapetos und der Okeaniden Klymene, der in der griechischen Mythologie den Himmel auf seinen Schultern trägt. Nach* Lämmli 1962, Teil 2, S. 87 f. Anm. 328 *sind zwei Funktionen dieser Atlasgestalt in den überlieferten mythologischen Traditionen beschrieben:* »Bald ist er der Riese, der den gesamten Kosmos, Himmel und Erde zu tragen hat – auf daß sie nicht fallen [...]; bald ist er der Riese, der das Himmelsgewölbe zu stützen hat, damit es nicht wieder auf die Erde niederbreche und so den Rückfall in den ungeteilten Chaoszustand heraufführe.« *Diese Figur begegnet auch bei Novalis. Vgl.* Novalis 1960b, S. 141 [*Hymnen an die Nacht* (Athenäumsdruck)]: »5. [...] – Unendlich war die Erde – der Götter Aufenthalt, und ihre Heimat. Seit Ewigkeiten stand ihr geheimnisvoller Bau. Über des Morgens roten Bergen, in des Meeres heiligem Schoß wohnte die Sonne, das allzündende, lebendige Licht.

Ein alter Riese trug die selige Welt. Fest unter Bergen lagen die Ursöhne der Mutter Erde. Ohnmächtig in ihrer zerstörenden Wut gegen das neue herrliche Göttergeschlecht und dessen Verwandten, die fröhlichen Menschen. Des Meers dunkle, grüne Tiefe war einer Göttin Schoß. In den kristallenen Grotten schwelgte ein üppiges Volk. [...]« *Und* ebd., S. 310 [*Heinrich von Ofterdingen – Klingsohr Märchen*]: »[...] Die Asche meiner Pflegemutter muß ich sammeln, und der alte Träger muß wieder aufstehen, daß die Erde wieder schwebe und nicht auf dem Chaos liege.«

62, 5 *Vgl.* Kant ^{2}1787, S. 119 f. (Kant 1983, Bd. 5, S. 109): »*Zweytes Gesetz der Mechanik.* Alle Veränderung der Materie hat eine äussere Ursache. (Ein jeder Körper beharrt in seinem Zustande der Ruhe oder Bewegung, in derselben Richtung und mit derselben Geschwindigkeit, wenn er nicht durch eine äußere Ursache genöthigt wird, diesen Zustand zu verlassen).

Beweis. (Aus der allgemeinen Metaphysik wird der Satz zum Grunde gelegt, daß alle Veränderung eine Ursache habe; hier soll von der Materie nur bewiesen werden, daß ihre Veränderung jederzeit eine äußere Ursache haben müsse.) Die Materie, als bloßer Gegenstand äußerer Sinne, hat keine andere Bestimmungen, als die der äußeren Verhältnisse im Raume, und erleidet also auch keine Veränderungen, als durch Bewegung. In Ansehung dieser, als Wechsels einer Bewegung mit einer andern, oder derselben mit der Ruhe, und umgekehrt, muß eine Ursache derselben angetroffen werden (nach Princ. der Metaph.) Diese Ursache aber kann nicht innerlich seyn, denn die Materie hat keine schlechthin innere Bestimmungen und Bestimmungsgründe. Also ist alle Veränderung einer Materie auf äußere Ursache gegründet (d. i. ein Körper beharret, u. s. w.).«

62,14 *Hierzu vgl.* Kant [1746, S. 18] 1795, S. 156 (Kant 1983, Bd. 1, S. 39): »[…] Daher teile ich alle Bewegungen in zwey Haupt-Arten ein. Die eine hat die Eigenschaft, daß sie sich in dem Körper, dem sie mitgetheilt [worden], selber erhält, und ins unendliche fortdauert, wenn keine Hinderniß sich entgegen setzt. Die andere ist eine immerwährende Würkung einer stets antreibenden Kraft, bey der nicht einmal ein Widerstand nöthig ist, sie zu vernichten, sondern die nur auf die äusserliche Kraft beruhet, und eben so bald verschwindet, als diese aufhöret sie zu erhalten.« *Sowie* ebd., [S. 20], S. 157: »[…] Wenn ein Körper, in freyer Bewegung, in einem unendlich subtilen Raume läuft, so kann seine Kraft nach der Summe aller der Würkungen, die er in Ewigkeit thut, abgemessen werden. […]« *Und* [S. 202 f.] S. 314 f.: »Weil ferner die völlige Lebendigwerdung der Kraft die Ursache der freyen und immerwährenden Erhaltung der Bewegung ist […].«

62,20 *Baader bezieht sich hier auf* Kant [1746, S. 203] 1795, S. 315 (Kant 1983, Bd. 1, S. 188): »§. 132 […] Daher gilt Newtons Regel in seiner unbestimmten Bedeutung nicht von den Körpern der Natur: Corpus quodvis pergit in statu suo, vel quiescendi, vel movendi, uniformiter, in directum, nisi a causa externa statum mutare cogatur.« *Für die deutsche Übersetzung vgl.* Kant 1983, Bd. 1, S. 188 Anm.: »Jeder Körper setzt seinen Zustand der Ruhe oder der gleichförmigen geradlinigen Bewegung fort, wenn er nicht von einer äußeren Ursache gezwungen wird, den Zustand zu ändern.« *Kants zitierte Textstelle befindet sich aber so, wie sie angegeben wird, nicht in Newtons »Principia«. Aller Wahrscheinlichkeit nach hat Kant Newtons Zitat aus einer deutschen Abhandlung exzerpiert; vermutlich aus Wolffs »Cosmologia generalis, methodo scientifica pertractata […]« (Frankfurt und Leipzig 1735), wo man liest:* S. 232 (§ 309): »Corpus unumquodque perseverat in statu suo quiescendi vel movendi uniformiter in directum, hoc est, eadem celeritate & secundum eandem directionem, nisi a causa esterna statum suum mutare cogatur.« *Vgl. auch* Newton 1687, S. 12: »Lex. I. Corpus omne perseverare in statu suo quiescendi vel movendi uniformiter in directum, nisi quatenus a viribus impressis cogitur statum illum mutare.« *Für die deutsche Übersetzung vgl.* Newton 1999, S. 33: »Jeder Körper verharrt in seinem Zustand des Ruhens oder des Sich-geradlinig-gleichförmig-Bewegens, außer insoweit wie jener von eingeprägten Kräften gezwungen wird, seinen Zustand zu verändern.«

62,22 *Hierzu vgl.* Gehler 1787–1791, Artikel: *Trägheit.* Teil 4, 1791, S. 389–395, hier S. 390: »So ist die Vorstellung von *Trägheit* nichts anders, als der Satz des zureichenden Grundes auf die Veränderung des Zustands der Körper angewandt.«

62,25 *Hierzu schreibt* Helberger-Frobenius 1969, S. 156: »Solche Grundsätze gibt es allerdings wie in den ›Beiträgen‹ als ›Grundsatz der Inhärenz‹ und ›Grundsatz der

Dependenz‹ bei Kant nicht. An der Stelle jedoch, wo Kant im Grundsatzkapitel der r.V. die Sätze ›in mundo non datur hiatus, non datur saltus, non datur casus‹ bespricht, wird ein ›Grundsatz der Kausalität‹ erwähnt, welchen Baader durch einen Vergleich mit der Kategorientafel leicht in ›Grundsatz der Dependenz‹ umtaufen und diesem dann ebenfalls nach der Kategorientafel einen ›Grundsatz der Inhärenz‹ beigesellen konnte.« *Hierzu vgl.* Kant 1781, S. 80 (Kant 1983, Bd. 2, S. 118) *und* S. 226–230 (ebd., S. 257 ff.).

62, 28 *Gemeint ist hier* Kant 1781, S. 101 f. (Kant 1983, Bd. 2, S. 164 f.): »*Von der Synthesis der Reproduktion in der Einbildung.* [...] Es muß also etwas seyn, was selbst diese Reproduction der Erscheinungen möglich macht, dadurch, daß es der Grund a priori einer nothwendigen synthetischen Einheit derselben ist. Hierauf aber komt man bald, wenn man sich besinnt, das[s] Erscheinungen nicht Dinge an sich selbst, sondern das blosse Spiel unserer Vorstellungen sind, die am Ende auf Bestimmungen des inneren Sinnes auslaufen. Wenn wir nun darthun können, daß selbst unsere reinesten Anschauungen a priori keine Erkentniß verschaffen, ausser, so fern sie eine solche Verbindung des Mannigfaltigen enthalten, die eine durchgängige Synthesis der Reproduction möglich macht, so ist diese Synthesis der Einbildungskraft auch vor aller Erfahrung auf Principien a priori gegründet, und man muß eine reine transscendentale Synthesis derselben annehmen, die selbst der Möglichkeit aller Erfahrung, (als welche die Reproducibilität der Erscheinungen nothwendig voraussezt) zum Grunde liegt. Nun ist offenbar, daß, wenn ich eine Linie in Gedanken ziehe, oder die Zeit von einem Mittag zum andern denken, oder auch nur eine gewisse Zahl mir vorstellen will, ich erstlich nothwendig eine dieser mannigfaltigen Vorstellungen nach der andern in Gedanken fassen müsse. Würde ich aber die vorhergehende (die erste Theile der Linie, die vorhergehende Theile der Zeit, oder die nach einander vorgestellte Einheiten) immer aus den Gedanken verlieren, und sie nicht reproduciren, indem ich zu den folgenden fortgehe, so würde niemals eine ganze Vorstellung, und keiner aller vorgenanten Gedanken, ia gar nicht einmal die reineste und erste Grundvorstellungen von Raum und Zeit entspringen können.

Die Synthesis der Apprehension ist also mit der Synthesis der Reproduction unzertrenlich verbunden. Und da iene den transscendentalen Grund der Möglichkeit aller Erkentnisse überhaupt (nicht blos der empirischen, sondern auch der reinen a priori) ausmacht, so gehört die reproductive Synthesis der Einbildungskraft zu den transscendentalen Handlungen des Gemüths und in Rücksicht auf dieselbe, wollen wir dieses Vermögen auch das transscendentale Vermögen der Einbildungskraft nennen.«

62, 30 *Baader bezieht sich hier auf* Kant 1781, S. 98 f. (Kant 1983, Bd. 2, S. 162): »Unsere Vorstellungen mögen entspringen, woher sie wollen, ob sie durch den Einfluß äusserer Dinge, oder durch innere Ursachen gewirkt seyn, sie mögen a priori, oder empirisch als Erscheinungen entstanden seyn; so gehören sie doch als Modificationen des Gemüths zum innern Sinn, und als solche sind alle unsere Erkentnisse zulezt doch der formalen Bedingung des innern Sinnes, nemlich der Zeit unterworfen, als in welcher sie insgesamt geordnet, verknüpft und in Verhältnisse gebracht werden müssen. Dieses ist eine allgemeine Anmerkung, die man bey dem folgenden durchaus zum Grunde legen muß.«

62, 37 *Zum Begriff von ›Einheit in Vielheit‹ bzw. ›Unitas essendi als eine innere kontrahierte Vielheit‹ vgl.* Schmidt-Biggemann 2012–2013, Bd. 2, S. 200 ff.

63, 1 *Zum Begriff des ›Transfusionismus‹ vgl.* Kant [2]1787, S. 130 f. Anm. (Kant 1983, Bd. 5, S. 116 Anm.): »Die Gleichheit der Wirkung mit der in diesem Falle fälschlich sogenannten Gegenwirkung kommt eben so wohl heraus, wenn man, bey der Hypothese der *Transfusion* der Bewegungen aus einem Körper in den anderen, den bewegten Körper A dem ruhigen in einem Augenblicke seine ganze Bewegung überliefern läßt, so, daß er nach dem Stoße selber ruhe, welcher Fall unausbleiblich war, so bald man beide Körper als *absolut-hart* (welche Eigenschaft von der Elasticität unterschieden werden muß) dachte.« *Vgl. auch* Leibniz 1982, S. 53 *und* 55. *Zur Hypothese der Mitteilung der Bewegung im Stoß* (*Transfusion*) *vgl. auch oben in* Baader 1798, S. 124, 6.

63, 4 *Baader meint hier wohl* Kant 1781, S. 532 f. (Kant 1983, Bd. 2, S. 488 ff.): »*Auflösung der cosmologischen Ideen, von der Totalität der Ableitung der Weltbegebenheiten aus ihren Ursachen.* Man kan sich nur zweierley Caussalität in Ansehung dessen, was geschieht, denken, entweder nach der *Natur*, oder aus *Freiheit.* Die erste ist die Verknüpfung eines Zustandes mit einem vorigen in der Sinnenwelt, worauf iener nach einer Regel folgt. Da nun die *Caussalität* der Erscheinungen auf Zeitbedingungen beruht, und der vorige Zustand, wenn er iederzeit gewesen wäre, auch keine Wirkung, die allererst in der Zeit entspringt, hervorgebracht hätte: so ist die Caussalität der Ursache dessen, was geschieht, oder entsteht, auch entstanden und bedarf nach dem Verstandesgrundsatze selbst wiederum eine Ursache.

Dagegen verstehe ich unter Freiheit, im cosmologischen Verstande, das Vermögen, einen Zustand von selbst anzufangen, deren Caussalität also nicht nach dem Naturgesetze wiederum unter einer anderen Ursache steht, welche sie der Zeit nach bestimte. Die Freiheit ist in dieser Bedeutung eine reine transscendentale Idee, die erstlich nichts von der Erfahrung entlehntes enthält, zweitens deren Gegenstand auch in keiner Erfahrung bestimt gegeben werden kan, weil es ein allgemeines Gesetz, selbst der Möglichkeit aller Erfahrung ist: daß alles, was geschieht, eine Ursache, mithin auch die Caussalität der Ursache, die *selbst geschehen*, oder entstanden, wiederum eine Ursache haben müsse; wodurch denn das ganze Feld der Erfahrung, so weit es sich erstrecken mag, in einen Inbegriff blosser Natur verwandelt wird. Da aber auf solche Weise keine absolute Totalität der Bedingungen im Caussalverhältnisse heraus zu bekommen ist, so schaft sich die Vernunft die Idee von einer Spontaneität, die von selbst anheben könne zu handeln, ohne daß eine andere Ursache vorangeschickt werden dürfe, sie wiederum nach dem Gesetze der Caussalverknüpfung zur Handlung zu bestimmen.«

63, 10 *Hierzu vgl. Thomas von Aquin: »Contra Gentiles«. Lib. 3. Cap. 69. N. 11:* »[...] accidens non transit a subiecto in subiectum.« *Und N. 28:* »[...] accidens non transit de subiecto in subiectum.« *Oder »Summa theologiae«, III Quaestio 77. Articulus 1:* »[...]accidentia non transeunt de subiecto in subiectum[...].« *Ferner vgl.* Leibniz 1765, Liv. II, Chap. 23, § 28, S. 183 *bzw. die deutsche Übersetzung in* Leibniz 1996, Bd. 3, S. 212 f.: »*Philal.* Eine andere Vorstellung, die wir vom Körper haben, ist das *Vermögen, die Bewegung durch Anstoß mitzuteilen*, und eine andere, welche wir von der Seele haben, ist das *Vermögen, durch das Denken Bewegung hervorzubringen.* Die Erfahrung liefert uns täglich diese beiden Vorstellungen auf eine überzeugende Art; wenn wir aber tiefer nachforschen wollen, wie dies geschieht, so finden wir uns gleichfalls im Dunkel. Denn in Hinsicht der Mitteilung der Bewegung, wodurch ein Körper so viel Bewegung verliert, als ein anderer empfängt welches der gewöhnlichsten Fall ist, verstehen wir darunter weiter nichts, als eine aus einem Körper in den anderen übergehende Bewegung; was ich für ebenso dunkel und unbegreiflich halte, als die

Art, wie unser Geist durch das Denken unseren Körper bewegt oder anhält. Noch schwieriger ist es, die Zunahme der Bewegung mittels des Anstoßes zu erklären, wie man sie beobachtet oder in gewissen Fällen geschehen zu sehen glaubt.

Theoph. Ich wundere mich nicht, wenn man da unübersteigliche Hindernisse findet, wo man etwas so Unbegreifliches vorauszusetzen scheint, wie den Übergang eines Akzidenz von einem Subjekt ins andere; ich sehe aber keinen Grund, welcher uns zu einer Voraussetzung nötigt, die nicht weniger befremdend ist, als die der Scholastiker von Akzidenzien ohne Subjekt, welche die gleichwohl sich hüten, nur der wunderbaren Tätigkeit der göttlichen Allmacht zuzuschreiben, während jener Übergang hier nur ein gewöhnlicher sein würde. Ich habe darüber oben schon etwas gesagt (Kap. 21, § 4), wo ich auch bemerkt habe, daß der Körper keineswegs soviel Bewegung verliert, wie er einem anderen gibt, was man anzunehmen scheint, als ob die Bewegung etwas Substantielles wäre und im Wasser aufgelöstem Salze gliche, was, wenn ich nicht irre, die Vergleichung ist, deren Rohault sich bedient hat.« *Sowie vgl.* Kant [2]1787, S. 131 (Kant 1983, Bd. 5, S. 117): »Denn der Name vom *Übergang* der Bewegung von einem Körper auf den andern erklärt nichts, und, wenn man ihn nicht etwa (dem Grundsatze accidentia non migrant e substantiis in substantias zuwider) buchstäblich nehmen will, als wenn Bewegung von einem Körper in einen anderen, wie Wasser aus einem Glase in das andere, gegossen würde, so ist es hier eben die Aufgabe, wie diese Möglichkeit begreiflich zu machen sey, deren Erklärung nun gerade auf demselben Grunde beruht, woraus das Gesetz der Gleichheit der Wirkung und Gegenwirkung abgeleitet wird.«

63, 13 *Vgl. oben S. 232, erklärende Anmerkung zu 60, 35.*

63, 35 *Vgl.* Kant 1763, S. 62 (Kant 1983, Bd. 1, S. 814): »Es steckt etwas großes, und, wie mich dünkt, sehr richtiges in dem Gedanken des Herrn von Leibnitz: Die Seele befasset das ganze Universum mit ihrer Vorstellungskraft, obgleich nur ein unendlich kleiner Theil dieser Vorstellungen klar ist. In der That müssen alle Arten von Begriffen nur auf der innern Thätigkeit unsers Geistes, als auf ihrem Grunde, beruhen. Äußere Dinge können wohl die Bedingung enthalten, unter welcher sie sich auf eine oder andere Art hervorthun, aber nicht die Kraft sie würklich hervorzubringen. Die Denkungskraft der Seele muß Realgründe zu ihnen allen enthalten, so viel ihrer natürlicher Weise in ihr entspringen sollen und die Erscheinungen der entstehenden und vergehenden Kenntniße sind allem Ansehen nach nur der Einstimmung oder Entgegensetzung aller dieser Thätigkeit beyzumessen.« *Kant bezieht sich hier auf* Leibniz 2002, S. 115 [§ 11]: »Aus dem Gesagten folgt, daß die natürlichen Veränderungen der Monaden aus einem *inneren Prinzip* herrühren, weil auf ihr Inneres keine äußere Ursache Einfluß nehmen kann.« *Sowie* ebd., S. 137 [§ 62]: »So stellt zwar jede geschaffene Monade das ganze Universum vor, deutlicher aber stellt sie den Körper vor, der ihr auf besondere Weise bestimmt ist und dessen Entelechie sie ausmacht. Wie dieser Körper das ganze Universum durch die Verknüpfung der gesamten Materie in der Fülle ausdrückt, so stellt die Seele auch das ganze Universum vor, indem sie diesen Körper vorstellt, der ihr auf eine besondere Weise zugehörig ist.«

64, 5 *Hierzu vgl.* Kant 1781, S. 77 f. (Kant 1983, Bd. 2, S. 116 f.): »Allein die Spontaneität unseres Denkens erfordert es, daß dieses Mannigfaltige zuerst auf gewisse Weise durchgegangen, aufgenommen, und verbunden werde, um daraus eine Erkentniß zu machen. Diese Handlung nenne ich Synthesis.

Ich verstehe aber unter *Synthesis* in der allgemeinsten Bedeutung die Handlung, verschiedene Vorstellungen zu einander hinzuzuthun, und ihre Mannigfaltigkeit in einer Erkentniß zu begreifen. Eine solche Synthesis ist rein, wenn das Mannigfaltige nicht empirisch, sondern a priori gegeben ist (wie das im Raum und der [Zeit]). Vor aller Analysis unserer Vorstellungen müssen diese zuvor gegeben seyn, und es können keine Begriffe *dem Inhalte nach* analytisch entspringen. Die Synthesis eines Mannigfaltigen aber (es sey empirisch oder a priori gegeben) bringt zuerst eine Erkentniß hervor, die zwar anfänglich noch roh und verworren seyn kan, und also der Analysis bedarf; allein die Synthesis ist doch dasienige, was eigentlich die Elemente zu Erkentnissen sammlet, und zu einem gewissen Inhalte vereinigt; sie ist also das erste, worauf wir acht zu geben haben, wenn wir über den ersten Ursprung unserer Erkentniß urtheilen wollen.«

64, 7 *Georg Ernst Stahl (Ansbach 1659 – Berlin 1734) studierte in Jena. 1687 Hofarzt des Herzogs von Weimar. 1694 Medizinprofessor an der Universität Halle. 1717 Leibarzt des Königs von Preußen. Stahl ist bekannt für seine ›Phlogistontheorie‹, die bis zu Lavoisier allgemeine Geltung hatte. Das von ihm aufgestellte medizinische System, nach dem die Einheit des Organismus allein durch die Tätigkeit der Seele gewährleistet ist, verfolgte er bis in die letzten Konsequenzen an vielen Vorgängen in seinem Hauptwerk »Theoria medica vera« (1707). Baader meint hier wohl* Stahl 1714, S. 27–28 (§ XXI *und* § XXII) *bzw. vgl. die deutsche Übersetzung in* Stahl 1961, S. 49–51: »Man muß dem Wesen nach und auf vernünftiger Grundlage die Art, Beschaffenheit und den Unterschied kennen zwischen Organismus und Mechanismus. Wir müssen auf der Grundlage antiker Überlieferung die organischen Akte betrachten, und wir werden finden, daß sie die modernen mechanischen Spekulationen weit übertrifft. Zudem gibt ja die gesunde Vernunft uns die notwendige Erkenntnis dieses Unterschieds an die Hand. Betrachten wir den Organismus in der Medizin, so erkennen wir unschwer die Leitkraft im lebenden Körper als die wesentliche Ursache, als die wirkende Kraft und das Vermögen, das etwas tut oder unterläßt. Sie hängt nicht absolut von der stofflichen Konstitution der Teile ab.

Keine Maschine – und sei sie noch kunstvoll verfertigt – kann aus sich selbst heraus einen derart bewunderungswürdigen Effekt hervorbringen, zurichten und dirigieren, es sei denn, der Künstler richte deren Materie so zu, füge sie so zusammen und ordne sie derart, daß nur dieser und kein anderer *Motus*, nur ein ganz bestimmter Endzweck daraus folge. Diese Wirkkraft also benützt die mechanische Konstitution des Körpers und seiner Teile, sie erregt sie und instruiert sie, um durch gerichtete Bewegungen den richtigen Endzweck und Effekt zu bewirken. Diese *Motus* erfolgen nämlich nicht von ungefähr, sie sind nicht ein Ergebnis des Zufalls, sie sind auch nicht unbeständig und ausschweifend, sondern sie zielen auf einen bestimmten Endzweck ab, nämlich auf die Erhaltung des Leibes.

Schon die alten Philosophen haben gewußt, daß in der vernunftgemäßen Betrachtung eines Endzwecks zugleich eine gewisse *moralische* Absicht und Ursache enthalten sind. Daher können nun einmal die vitalen Zielsetzungen, die durch die Lebensbewegungen bewirkt werden, nicht so obenhin den mechanischen Zurüstungen der Teile zugeschrieben werden. Ebensowenig kann man das Direktorium dieser Bewegungen verwegen und unbelehrbar einer simplen Konnexion der Materie zumessen. Vielmehr muß man die Natur und Beschaffenheit des Organs nach philosophischen Grundsätzen als ein Instrument betrachten, das gewissermaßen ein Subjekt ist, von einem höheren Prinzip zu einem bestimmten Endzweck bewegt und angetrieben. Ein solches Instrument schließt ein *Principium moraliter activum* (ein verständiges Wesen) in sich ein, das die einzelnen Teile, die mit mechanischer

Einrichtung und Beweglichkeit begabt sind, zu entsprechenden Bewegungen, die auf einen gewissen Endzweck abzielen, erregt und antreibt. [...] Betrachtet man diese Zusammenhänge, dann findet man, wie unnütz alle Schlusse sind, die man aus mechanischen, statischen, optischen, hydrostatischen, mathematischen Spekulationen zieht, wenn man folgert, weil alle Teile ihre mechanische Disposition hätten, so müsse ergo auch alles, was im menschlichen Leib geschähe, auf mechanische Weise erklärt werden, müsse ergo der Körper sich von selbst bewegen, würde der Endzweck erreicht und ein derartiger Effekt erzielt eben nur, weil die Teile in so kunstvoller Ordnung zusammengefügt seien.

Wie verkehrt wäre es, wollte man die richtige Disposition der Körperteile, so der einzelnen Erhebungen, der Fasern, der Bänder, der kleinen Gelenke, der Balken, der Hebel, der Rädchen, der Zisternen, der Pumpen, der Kanäle, der Katarakte, der Klappen, der Siebe und wer weiß noch was, ein *Principium vitale* nennen.

Ebensowenig kann man die Gesetze von Maschinen pneumatischer, hydraulischer, chemischer, mechanischer oder optischer Wirkweise haargenau auf den lebenden Körper anwenden. Würde man das tun, so bliebe die Konfusion der Begriffe Organismus und Mechanismus in Ewigkeit. [...] Eine Maschine mag ihren Mechanismus haben, ihre unverkennbare mechanische Disposition. Wird sie jedoch nicht auf den nützlichen Endzweck hin dirigiert (und zwar von einem intelligenten Prinzip, das sich sowohl auf den Endzweck als auch auf die Technik der Maschine versteht), werden nicht die entsprechenden *Motus* in ihr angeregt, generaliter der *Motus* in die Maschinen gebracht, dirigiert und gesteuert, damit der Effekt entsteht, der zu dem vorgesetzten Ziel oder Endzweck nötig ist, so ist die Maschine nutzlos. Bewegt sich eine Taschenuhr nur nach ihrem Mechanismus, so wären es leere, unnütze Bewegungen, und das ganze Maschinchen wäre nichts wert. Nur dann aber, wenn diese Bewegungen so eingerichtet werden, daß sie gewisse Stunden zeigen, ist die Uhr nicht mehr nur Maschine, sondern sie wird zum Organon, dessen sich der Mensch zur Erforschung der Zeit- und Stundenrechnung bedient.« *Ferner vgl. auch* Stahl 1708, S. 1–52 *und* 256–268 *bzw. die gestraffte deutsche Übersetzung in* Stahl 1831–1832, Teil 1: *Physiologie*, S. 10–29 *und* 88–95. *Baader kannte allerdings auch die »metaphysische Darstellung des Stahlischen System« in* Platner 1790 (§ 292–308), S. 109–114 *und* 79 ff.

64, 16 *Baader formuliert hier zum ersten Mal seine Theorie der Krankheit, die rezeptionsgeschichtlich eine beachtenswerte Rolle spielt. Hierzu bereits in* Ringseis 1812, S. 17 (§ 13): »*Philosophus teutonicus* [...], quatenus morbum pro vitae propriae corruptione, vi entis alieni progenita, habuisse videtur; et *Cl. Fr. Baaderus*, quatenus esse morbum contaminationem, deformationem esse censuit verum morbi genium omnino denotaverunt.« *Deutsche Übersetzung:* »Es sei der Philosophus teutonicus [Böhme] [...], insofern er die Krankheit für eine Verseuchung des eigentlichen Lebens wegen eines fremden Wesens hielt, es sei der sehr verehrte Fr. Baader, der meinte, dass die Krankheit Verderbtheit und Entstellung sei, bezeichneten den wirklichen Auslöser der Krankheit vollständig.« *Zum Begriff ›vita propria‹ im physiologischen bzw. pathologischen Bereich vgl.* WhB 1994, S. 550 f. *Zu Böhmes Begriff der Krankheit vgl.* Böhme 1730, Band 6: *De signatura rerum* (1622), S. 8 f. [Kap. 2, § 1 f.] *und* S. 53 [Kap. 6, § 23] *und hierzu vgl.* Grunsky 1956, S. 268 f.

64, 21 *Zum Begriff ›Ideal des Ich‹ bei Kant vgl.* Kant 1781, S. 580 (Kant 1983, Bd. 2, S. 521): »Der Begriff eines solchen Wesens ist der von *Gott* in transscendentalem Verstande gedacht, und so ist das Ideal der reinen Vernunft der Gegenstand einer transscendentalen *Theologie*, so wie ich es auch oben angeführt habe.« *Man denke hier auch an* Schelling 1795, S. 163 f. *und* S. 166–168.

64, 22 *Zum Begriff der ›Flächenkraft‹ vgl. oben S. 225, erklärende Anmerkung zu 58, 7.*

64, 29 *Ähnlich auch in* Schelling 1809, S. 64: »Wir verstehen Religiosität in der ursprünglichen, praktischen Bedeutung des Worts. Sie ist Gewissenhaftigkeit, oder daß man handle, wie man weiß, und nicht dem Licht der Erkenntnis in seinem Tun widerspreche.« *Zum Begriff ›Wegräumung aller Hindernisse‹ vgl. unten S. 268, erklärende Anmerkung zu 80, 14.*

65, 9 *Hierzu vgl.* Kant [1746, S. 190–192] 1795, S. 304 f. (Kant 1983, Bd. 1, S. 177 f.): »In der Zwischenzeit also, darin die Kraft sich zur lebendigen erhebt, welche zwischen den beiden Punkten, dem Anfangspunkte, und demjenigen, da die Kraft schon völlig lebendig ist, begriffen wird, hat der Körper noch nicht seine Kraft und Geschwindigkeit in sich selber hinlänglich gegründet. Hie wird es vielleicht meinem Leser einfallen zu fragen, wie denn der Körper in dieser Zwischenzeit im Stande sey, seine ihm ertheilte Geschwindigkeit frey und einförmig zu erhalten und fortzusetzen, da er doch alsdann seine Kraft und Bewegung in sich selber noch nicht hinlänglich gegründet hat und folglich sie auch nicht selber erhalten kann. Hierauf antworte ich: die Kraft ist in dieser Zwischenzeit zwar freylich nicht so beschaffen, daß sich aus ihr eine immerwährend freye und unverminderte Bewegung verstehen ließe, wenn sie nicht durch die innere Bestrebung noch weiter erhoben würde. Allein ob die Bestrebung der Kraft sich zu erhalten in dieser Art unvollständig ist, davon ist hie nicht die Rede. Es fragt sich nur: ob die Intension der Kraft, die noch nicht so weit erwachsen ist, daß sie die Bewegung unvermindert und unaufhörlich erhalten könne, doch wenigstens sie diejenige Zeit hindurch erhalten könne, die bis zur vollendeten Vivifikation nöthig ist. Daß dieses aber nicht allein möglich sey, sondern sich auch in der That so verhalte, erhellet hieraus, weil in dieser ganzen Zwischenzeit, jeden Augenblick ein neues Element der Intension in dem Körper entspringet, welches die gegebene Geschwindigkeit ein unendlich kleines Zeittheilchen erhält, folglich alle die Elemente dieser Intension, die die ganze Zwischenzeit hindurch in dem Körper entspringen, in allen Augenblicken derselben, das ist in der ganzen Zeit, dieselbe Geschwindigkeit erhalten, wie dieses aus der Zusammenhaltung mit dem 18ten §. klar einleuchtet.« *Zum Begriff ›Realgrund‹ vgl.* Kant 1763, S. 3 f. *und* 70 (Kant 1983, Bd. 1, S. 783 *und* 818).

65, 18 *Baader bezieht sich hier auf* Kant 1781, S. 277 (Kant 1983, Bd. 2, S. 297): »Die Materie ist substantia phaenomenon. Was ihr innerlich zukomme, suche ich in allen Theilen des Raumes, den sie einnimt, und in allen Wirkungen, die sie ausübt, und die freilich nur immer Erscheinungen äusserer Sinne seyn können. Ich habe also zwar nichts Schlechthin – sondern lauter Comparativinnerliches, das selber wiederum aus äusseren Verhältnissen besteht. Allein, das schlechthin, dem reinen Verstande nach, Innerliche der Materie ist auch eine blosse Grille; denn diese ist überall kein Gegenstand vor den reinen Verstand [...].« *Zum Begriff der ›Erscheinung‹ vgl.* Kant 1781, S. 101 (Kant 1983, Bd. 2, S. 164): »[...]Erscheinungen [sind] nicht Dinge an sich selbst, sondern das blosse Spiel unserer Vorstellungen, die am Ende auf Bestimmungen des inneren Sinnes auslaufen.« *Und* Kant 1787B, S. 68 (Kant 1983, Bd. 2, S. 93): »Alles, was durch einen Sinn vorgestellt wird, ist so fern jederzeit Erscheinung [...].«

65, 20 *Zu den Grundkräften als ›Vernehmbaren‹ vgl.* Kant ^{2}1787, S. 42 f. (Kant 1983, Bd. 5, S. 55): »Erklärung 5. [...] Anmerkung: Der Begriff einer Substanz bedeutet das letzte

Subject der Existenz, d.i. dasjenige, was selbst nicht wiederum blos als Prädicat zur Existenz eines anderen gehört. Nun ist Materie das Subject alles dessen, was im Raume zur Existenz der Dinge gezählt werden mag; denn außer ihr würde sonst kein Subject gedacht werden können, als der Raum selbst; welcher aber ein Begriff ist, der noch gar nichts Existirendes, sondern blos die nothwendigen Bedingungen der äußeren Relation möglicher Gegenstände äußerer Sinne enthält. Also ist Materie, als das Bewegliche im Raume, die Substanz in demselben. Aber eben so werden auch alle Theile derselben, so fern man von ihnen nur sagen kann, daß sie selbst Subjecte und nicht blos Prädicate von anderen Materien seyn, Substanzen, mithin selbst wiederum Materie heißen müssen. Sie sind aber selbst Subjecte, wenn sie für sich beweglich und also auch außer der Verbindung mit anderen Nebentheilen etwas im Raume existirendes sind. Also ist die eigene Beweglichkeit der Materie, oder irgend eines Theils derselben, zugleich ein Beweis dafür, daß dieses Bewegliche, und ein jeder beweglicher Theil desselben, Substanz sey.«

65, 23 *Über die Kraft als Synthesis des äußeren und inneren Sinnes – hier als ein Janus bifrons (ein doppelstirniger Janus) dargestellt – hatte Baader bereits in einem Brief an Jacobi vom 16. Juni 1796 geschrieben; vgl. in* Baader 1851–1860, Bd. 15, S. 167: »Der innere Sinn [...] wird das Ende des äusseren sein!« *Janus, der auch dem Monat Januar den Namen gegeben hat, ist einer der ältesten römischen Götter, der mit zwei Gesichtern dargestellt wird: Eines davon ist jung und blickt in die Zukunft, das andere ist alt und blickt in die Vergangenheit. Im Allgemeinen symbolisiert Janus mit den zwei Gesichtern den Übergang: Eingang-Ausgang, Anfang-Ende, Neues-Altes, mit denen man jeden Tag und jedes Jahr immer wieder konfrontiert wird. Mit einem Gesicht schaut der alte Janus auf die Vergangenheit zurück, und mit dem anderen, jugendlichen, blickt er in die Zukunft.*

65, 25 *Anspielung auf Matthias Claudius' Gedicht »Morgenlied eines Bauersmanns«, damals von Baader »noch eifrig«* (Baumgardt 1927, S. 216) *gelesen. Claudius' Gedicht ist erst im »Musen-Almanach: Poetische Blumenlese für das Jahr 1777« (hrsg. von J. H. Voß, S. 135–137) erschienen. Vgl.* Claudius 1784, Teil 3, S. 4: »Von ihr [der Sonne] kommt Segen und Gedeyen, / Sie macht die Saat so grün, / Sie macht das weite Feld sich neuen, / Und meine Bäume blühn.«

65, 30 *Zitat aus* Bacon 1620, Liber I. [Aphorismus] IV, S. 48: »Ad opera nil aliud potest Homo, quam ut corpora naturalia admoveat, & amoveat; reliqua, Natura intus transigit.« *Für die deutsche Übersetzung vgl.* Bacon 1990 [1620], S. 83: »Hinsichtlich seiner Werke vermag der Mensch nichts anderes, als daß er die von der Natur gegebenen Körper einander näherbringt oder sie voneinander entfernt; das übrige vollendet die Natur von innen her.«

65, 31 *Vgl.* Fichte 1794, S. 109: »Der eigentliche Streit, der zwischen beiden obwaltet, und in welchem die Skeptiker sich mit Recht auf die Seite der Dogmatiker, und mit ihnen des gesunden Menschenverstandes, der zwar nicht als Richter, aber als ein nach Artikeln zu vernehmender Zeuge gar sehr in Betrachtung kömmt, geschlagen haben, dürfte wohl der über *den Zusammenhang unsrer Erkenntniß mit einem Dinge an sich* seyn; und der Streit dürfte durch eine künftige Wissenschaftslehre wohl dahin entschieden werden, daß unsre Erkenntniß zwar nicht unmittelbar durch die Vorstellung, aber wohl mittelbar durch das *Gefühl* mit dem Dinge an sich zusammenhänge; daß die Dinge allerdings bloß als *Erscheinungen vorgestellt*, daß sie aber *als Dinge an sich gefühlt* werden; daß ohne Gefühl gar keine Vorstellung möglich seyn würde; daß aber die Dinge an sich nur *subjectiv*, d.i. nur inwiefern sie auf unser Gefühl wirken, erkannt werden.« *Ferner vgl. auch* Fichte 1794a, S. 447: »Das Ich fühlt, oder richtiger, *empfindet etwas*, den Stoff. – Eine Reflexion, [...] durch welche X. erst Objekt wird. Durch die Reflexion über das *Gefühl* wird dasselbe *Empfindung*.«

65, 32 *Vgl.* Leibniz 1695, S. 145: »In rebus corporeis esse aliquid praeter extensionem, imo extensione prius, alibi admonuimus, nempe ipsam vim naturae ubique ab Autore inditam, quae non in simplici facultate consistit, qua scholae contentae fuisse videntur, sed praeterea conatu sive nisu instruitur, effectum plenum habituro, nisi contrario conatu impediatur. Hic nisus passim sensibus occurrit, & meo judicio ubique in materia ratione intelligitur, etiam ubi sensui non patet. Quodsi jam Deo per miraculum transcribi non debet, certe oportet, ut vis illa in ipsis corporibus ab ipso producatur, imo ut intimam corporum naturam constituat, quando agere est character substantiarum, extensioque nil aliud, quam jam praesuppositae nitentis renitentisque id est resistentis substantiae continuationem sive diffusionem, dicit; tantum abest, ut ipsammet substantiam facere possit.« *Für die deutsche Übersetzung vgl.* Leibniz 1982, S. 3 f.: »Darauf, daß es in körperlichen Dingen etwas außer der Ausdehnung, ja sogar vor der Ausdehnung, gibt, haben wir an anderem Ort aufmerksam gemacht, und zwar jene überall vom Schöpfer eingegebene Kraft der Natur, die nicht in einfacher Fähigkeit besteht, womit sich die Schulphilosophie zufrieden gegeben zu haben scheint, sondern darüber hinaus mit einem Streben oder Drang ausgestattet ist, der seine volle Wirkung haben würde, wenn er nicht von einem entgegengesetzten Streben gehindert würde. Dieser Drang begegnet den Sinnen allenthalben und wird nach meinem Urteil überall in der Materie durch den Verstand erkannt, auch wenn er der Wahrnehmung nicht offensteht. Wenn dieses nicht schon auf Gott durch ein Wunder zurückgeführt werden darf, so ist es sicherlich nötig, daß jene Kraft in den Körpern selbst von ihm hervorgebracht wird, ja sogar, daß sie die innerste Natur der Körper konstituiert, da Agieren der Charakter der Substanzen ist, und da die Ausdehnung nichts anderes bedeutet, als die Fortsetzung oder Ausbreitung einer schon vorausgesetzten drängenden und zurückdrängenden, das heißt widerstehenden Substanz, also fern davon ist, die Substanz selbst ausmachen zu können.«

65, 34 *Baader bezieht sich wohl auf* Kant 1781, S. 106–108 (Kant 1983, Bd. 2, S. 167–168): »Also muß ein transscendentaler Grund der Einheit des Bewustseyns, in der Synthesis des Mannigfaltigen aller unserer Anschauungen, mithin auch, der Begriffe der Obiecte überhaupt, folglich auch aller Gegenstände der Erfahrung, angetroffen werden, ohne welchen es unmöglich wäre, zu unsern Anschauungen irgend einen Gegenstand zu denken: denn dieser ist nichts mehr, als das Etwas, davon der Begriff eine solche Nothwendig der Synthesis ausdrukt.

Diese ursprüngliche und transscendentale Bedingung ist nun keine andere, als die *transscendentale Apperception*. Das Bewustseyn seiner selbst, nach den Bestimmungen unseres Zustandes, bey der innern Wahrnehmung ist blos empirisch, iederzeit wandelbar, es kan kein stehendes oder bleibendes Selbst in diesem Flusse innrer Erscheinungen geben, und wird gewöhnlich der *innre Sinn* genant, oder die *empirische Apperception*. Das was *nothwendig* als numerisch identisch vorgestellt werden soll, kan nicht als ein solches durch empirische Data gedacht werden. Es muß eine Bedingung seyn, die vor aller Erfahrung vorhergeht, und diese selbst möglich macht, welche eine solche transscendentale Voraussetzung geltend machen soll.

Nun können keine Erkentnisse in uns statt finden, keine Verknüpfung und Einheit derselben unter einander, ohne dieienige Einheit des Bewustseyns, welche vor allen Datis der Anschauungen vorhergeht, und, worauf in Beziehung, alle Vorstellung von Gegenständen allein möglich ist. Dieses reine ursprüngliche, unwandelbare Bewustseyn will ich nun die *transscendentale Apperception* nennen. Daß sie diesen Namen verdiene, erhellet schon daraus: daß selbst die reineste obiective Einheit, nemlich die der Begriffe a priori (Raum und Zeit) nur durch Beziehung der Anschauungen auf sie möglich seyn. Die numerische Einheit dieser Apperception liegt also a priori allen Begriffen eben so wol zum Grunde, als die Mannigfaltigkeit des Raumes und der Zeit den Anschauungen der Sinnlichkeit.

Eben diese transscendentale Einheit der Apperception macht aber aus allen möglichen Erscheinungen, die immer in einer Erfahrung beysammen seyn können, einen Zusammenhang aller dieser Vorstellungen nach Gesetzen.«

66, 7 *Die hier, wie im folgenden Absatz, angedeuteten Gedanken Baaders finden sich skizzenhaft bereits in einem Brief an Jacobi (16. Juni 1796). Vgl.* Baader 1851–1860, Bd. 15, S. 164 ff.: »*Forçe vivante des Elements* will sagen, dass wir schon in der Betrachtung der Elementarnatur und bei den in letztere (ihren Spielraum) gleichsam hereinquillenden Kraftäusserungen, Phänomenen etc. (sie seien nun positives + oder positives –) als einer entfaltenden Analysis (besser Exponentiation), und so auch zu den aus ihm (dem Spielraum) hinaus abtretenden, verschwindenden – als der sammelnden Synthesis (besser Wurzelextraction) nicht mit einem blossen (arithmetischen) Zählen und Subtrahiren des Aggregats neben und nach einander, auskommen, sondern objectiv ein Ineinander, einen unserm innern Privatsinn (eigener kraftschöpfender Quelle) entsprechenden inneren Natur- oder Weltsinn nicht nur ahnen, zugeben, glauben – mögen, sondern anerkennen, eingestehen *müssen* [...]. – Herr *Kant* glaubt zwar, hierbei müsse man mit dem Naturgesetz der Ursachen alle gesunde Naturphilosophie aufgeben, oder [...], dass nichts ohne äussere Ursache geschieht (d. h. ohne causa occasionalis – Reiz) [...]. [...] [Aber] ohne innere Gründe geschieht (sich äussert), überall nichts. – [...] [D]iese Gründe werden nur vernommen, nicht wie ihre Äusserung verstanden!

Das Übersehen der doppelten Deutung des Äussern und Innern für äusseren und inneren Sinn hat die Kantische Philosophie sehr verwirrt. [...]

Das erste geht aber dem letzten nothwendig vor, wie Sinn, Stoff der Form, Bewegung. – Hier also (in der vernommenen Naturgemeinschaft) steht uns, unseren Spontaneitäts- Untiefen, eine analoge Untiefe der Natur überall schon entgegen, und die sogenannte äussere Phänomenenwelt ist nur der offene Markt (Passage) des einzelnen oder gesammten Verkehrs dieser Untiefen. [...]

Herr *Kant* würde diese meine, wie er sie nennt, hylozoistische Naturansicht – den Tod aller wahren gesunden Naturphilosophie nennen –! Sie ist auch der Tod – aller todten Naturphilosophie [...] – Eine sogenannte Naturphilosophie, die also gerade mit dem allerletzten Naturphänomen anfängt!«

66, 14 *Auf das Element der Luft als drittes bzw. mystisch belebendes Prinzip der Natur hatte der Arzt, Philosoph und Alchemist Heinrich Cornelius Agrippa von Nettesheim (1486–1535) in seinem Hauptwerk »De occulta philosophia« (Köln 1510 und umgearbeitet 1533), in dem er eine auf platonisch-christlichen Grundlagen aufgebaute Theosophie vertrat, bereits hingewiesen. Vgl.* Agrippa (1533) 1992, S. 96: »Superest de aëre dicere. Hic spiritus est vitalis, cuncta permeans entia, omnibus vitam et consistentiam praebens, ligans, movens et implens omnia. Hinc Hebraeorum doctores illum non inter elementa numerant, sed velut medium et glutinum diversa insimul coniunges et tanquam spiritum mundani instrumenti roboantem habent«. *Für die deutsche Über-*

setzung vgl. Lieb 1926, S. 169 Anm.: »Die Luft ist der Lebensgeist, der alle Wesen durchströmt, allen Leben und Bestand verleiht, der alles bindet, bewegt und erfüllt. Deshalb zählen die Hebräischen Lehrer die Luft nicht zu den Elementen, sondern betrachten sie als ein Medium und Bindemittel, welches Verschiedenes miteinander verbindet, und als einen Geist, der der Weltmaschine Stärke verleiht.« *Dieser theosophischen Tradition folgend vgl. auch die Verweise auf Saint-Martin in* Kleuker 1784, Teil 1, S. 28 f. *und* Gleichen 1791, S. 156–163. *Die hier angedeuteten Gedanken Baaders wurden bereits in einem Brief an Jacobi vom 16. Juni 1796 vorweggenommen. Vgl. in* Baader 1851–1860, Bd. 15, S. 166 ff.: »[...] [D]ieses ist (mir wenigstens) die wahre Ansicht des bloss äusseren mechanischen (äussern – fremden) und inneren dynamischen (chemischen – Stoffbildung) Naturprocesses im Ganzen und Einzelnen – des Gefässes zum Enthaltenen (Circulirenden), Flüssigen – nur dass im einzelnen Systeme das Flüssige im Festen, im Grossen das Feste im Flüssigen circulirt – also hier der äussere Sinn nur Einbildung eines grossen inneren Sinnes – von dem der Weltraum das Symbol. Überall aber ist das Flüssige beides, älter und jünger – als das Solide, ist seine Mutter, seine Säugamme – seine Atmosphäre – sein (Wasser-)Grab oder sein *Himmel*, das *Gefühl* ist älter, als die vereinzelt bestandene äussere (Bewegungs-)Gebärde, ist Mutter, ist Anfang und Ende desselben – denn die Gebärde schmilzt wieder in Gefühl – in Samen künftiger Gebärden. – Der innere Sinn ist älter, ist Quelle, und wird das Ende des äusseren sein! Dieser selber ist nur (wie alle Organisation – wie alles Gefäss und Bauwerk) die Werkstätte, die bewegliche Hütte, um inner ihr den unvergänglichen Tempel zu bereiten, aus dem getödteten Fluido (inneren Sinn) durch eine innigst dynamische chemische Scheidung ein lebendiges Wasser wieder herzustellen (unter dem Einflusse des Himmels (Geistes) und dem scheidenden Liebeblick der Sonne. Geist vom Vater und Blut von Christus). Denn im (innern) dynamisch-chemischen Sinne ist *Reinheit Einheit* – (Ganzheit) – also Bluts- oder Wasservereinigung! [...] Wie Materie zum Körper, d. h. wie Flüssiges, Unendliches (mechanisch, räumlich Ungebildetes, Unbestimmtes etc.) zum Endlichen (Concreten), zum Rigiden (sei es nun bloss momentan (Welle) oder stehend beharrlich wie alles Rigidum), – so verhält sich der innere Sinn zum äusseren! – Nun ist aber der eigentliche Weltraum – ein Flüssiges – Himmel! und indem ich mir [...] einen Raum (also bestimmtes – Flüssiges – Endliches – Körperfigur etc.) imaginire, so ist das bloss Einbildung eines Körpers (Sphäre) im *Flüssigen* – Einbildung des äusseren Sinnes vom und im grossen inneren. Nur wenn ich [...] in dieser Einbildung (freien Selbstbildung, Selbstraumerfüllung) *arretirt* werde, sei es nun mit Hand oder Auge, nur also das Aufhören (die Gränze der Einbildung – die nicht in meinem bestimmten endlichen Einbildungsmoment, sondern ausser mir mir aufgedrungen ist –), also das Aufhören des Flüssigen (Innern) ist ein zweites Äusseres, *Du*, als Einzelnes, Geschöpf (Körper [...]. – Nun ist aber keine solche Gränze des Himmelsfluidum, sondern alle Gränze ist einzeln inner sich beschlossen – vom Himmel – also ist uns der unendliche innere Sinn (Sensorium) als Stoff und Behälter des äusseren ipso intuitu, freilich nur im Symbol gegeben. – Der sehr verständige, aber sehr wenig vernünftige *Spinoza* blieb am Verstandessinn dieses Symbols haften – da doch der ewige *Vernunftsinn* sich dem nach dem Ewigen (in dunkler Sternennacht) leise aufthuenden Herzen von selber darbietet. – Ich meine hiemit, dass der Original-Verstand in der Original-Vernunft enthalten sei.«

66, 19 *Zum Symbol eines Dreieckes mit einem Punkt in der Mitte vgl. oben S. 230, erklärende Anmerkung zu 59, 29. Mit der hier angedeuteten Orientierung Platons bezieht sich*

Baader auf »Timaios« 31b–32a: »δύο δὲ μόνω καλῶς συνίστασθαι τρίτου χωρὶς οὐ δυνατόν: [c] δεσμὸν γὰρ ἐν μέσῳ δεῖ τινα ἀμφοῖν συναγωγὸν γίγνεσθαι. δεσμῶν δὲ κάλλιστος ὃς ἂν αὑτὸν καὶ τὰ συνδούμενα ὅτι μάλιστα ἓν ποιῇ, τοῦτο δὲ πέφυκεν ἀναλογία κάλλιστα ἀποτελεῖν. ὁπόταν γὰρ ἀριθμῶν τριῶν εἴτε ὄγκων εἴτε δυνάμεων ὡντινωνοῦν ᾖ τὸ μέσον, [32a] ὅτιπερ τὸ πρῶτον πρὸς αὐτό, τοῦτο αὐτὸ πρὸς τὸ ἔσχατον, καὶ πάλιν αὖθις, ὅτι τὸ ἔσχατον πρὸς τὸ μέσον, τὸ μέσον πρὸς τὸ πρῶτον, τότε τὸ μέσον μὲν πρῶτον καὶ ἔσχατον γιγνόμενον, τὸ δ' ἔσχατον καὶ τὸ πρῶτον αὖ μέσα ἀμφότερα, πάνθ' οὕτως ἐξ ἀνάγκης τὰ αὐτὰ εἶναι συμβήσεται, τὰ αὐτὰ δὲ γενόμενα ἀλλήλοις ἓν πάντα ἔσται.« *Für die deutsche Übersetzung vgl.* Platon 2003, S. 43: »Ohne ein drittes Element aber ist es nicht möglich, nur zwei passend zusammenzufügen. [c] Es muss nämlich in der Mitte irgendein Band bestehen, das die beiden zusammenführt. Das schönste Band aber ist das, welches sich selbst und das Verbundene so weit wie möglich zu einem Einzigen macht; dies aber leistet natürlicherweise am besten eine Proportion. Denn wenn von drei Zahlen, seien es Raum- oder Flächenzahlen, sich die mittlere zur letzten so verhält [32a] wie die erste zur mittleren und umgekehrt die mittlere zur ersten so wie die letzte zur mittleren, dann folgt daraus notwendig, indem die mittlere zur ersten und letzten wird, die letzte und erste hingegen beide zur mittleren, dass alles dasselbe ist. Wenn aber alles dasselbe geworden ist, dann ist alles miteinander ein Einziges.« *Vgl. auch oben S. 227, erklärende Anmerkungen zu 59, 5^1 und 59, 5^2.*

66, 24 *Zum Pulsschlag der Natur oder Wechselspiel der Kräfte vgl. unten S. 255, erklärende Anmerkung zu 70, 18.*

66, 36 *Baader bezieht sich hier auf* Kant 1790, S. 8 f. (Kant 1983, Bd. 5, S. 282 f.): »Wenn eine Bestimmung des Gefühls der Lust oder Unlust Empfindung genannt wird, so bedeutet dieser Ausdruck etwas ganz anderes, als wenn ich die Vorstellung einer Sache (durch Sinne als zum Erkenntnis gehörige Receptivität) Empfindung nenne. Denn im letztern Falle wird die Vorstellung aufs Object, im erstern aber lediglich aufs Subject bezogen, und dient zu gar keinem Erkenntnisse, auch nicht zu demjenigen, dadurch sich das Subject selbst erkennt.

Wir verstehen aber in der obigen Erklärung unter dem Worte Empfindung eine objektive Vorstellung der Sinne, und, um nicht immer Gefahr zu laufen, misgedeutet zu werden, wollen wir das, was jederzeit blos subjectiv bleiben muß und schlechterdings keine Vorstellung eines Gegenstandes ausmachen kann, mit dem sonst üblichen Namen des Gefühls benennen. Die grüne Farbe der Wiesen gehört zur *objectiven* Empfindung, als Wahrnehmung eines Gegenstandes des Sinnes; die Annehmlichkeit derselben aber zur *subjectiven* Empfindung, wodurch kein Gegenstand vorgestellt wird; d. i. zum Gefühl, dadurch der Gegenstand als Object des Wohlgefallens (welches kein Erkenntnis desselben ist) betrachtet wird.«

66, 40 *Wie oben S. 247, erklärende Anmerkung zu 66, 19 aber dazu vgl. Platon »Timaios« 32b–33a. Für die deutsche Übersetzung vgl.* Platon 2003, S. 45: »So setzte der Gott Wasser und Luft in die Mitte zwischen Feuer und Erde und, indem er sie so weit wie möglich in Beziehung zueinander in demselben Verhältnis gestaltete, nämlich wie Feuer zu Luft, so Luft zu Wasser und wie Luft zu Wasser, so Wasser zu Erde, band er sie zusammen und schuf sie so einen sichtbaren und greifbaren Himmel. Und deshalb wurde aus diesen so beschaffenen Elementen, [c] vier an der Zahl, der Körper des Kosmos durch eine Portion in Einklang gebracht, erschaffen und gewann hieraus freundschaftlichen Zusammenhang, so dass er, mit sich selbst eins geworden, durch keinen anderen als den, der ihn zusammenfügte, aufgelöst werden kann.

Von den vier Elementen hat nun das Gefüge des Kosmos ein jedes vollständig in sich aufgenommen. Aus dem ganzen Feuer und Wasser, aus der ganzen Luft und Erde setzte der Schöpfer ihn zusammen, ohne auch nur einen Teil oder eine Wirkweise von einem der Elemente unberücksichtigt zu lassen; [d] denn er verfolgte damit zunächst die Absicht, dass der Kosmos in seiner Ganzheit ein möglichst vollkommenes Wesen aus vollkommenen Teilen sei [33a] und darüber hinaus ein einziges, weshalb nichts übrig gelassen wurde, woraus ein anderes Wesen dieser Art entstehen könnte; und schließlich, dass er nicht altern und nicht erkranken sollte, weil der Schöpfer einsah, dass Warmes und Kaltes und alles andere, was starke Kräfte entfaltet, wenn es einen zusammengesetzten Körper von außen bedroht und zur Unzeit angreift, ihn auflöst und durch Herbeiführen von Krankheiten und Alter ihn allmählich dahinschwinden lässt. Aus diesem Grund und aus dieser Überlegung heraus schuf er den Kosmos als ein einziges Ganzes aus allen Ganzen, vollendet, ohne Alter und Krankheit.« *Ferner vgl. auch* Hildegard von Bingen 1981, S. 69: »Alle Weltelemente befinden sich im Menschen, und mit ihnen wirket der Mensch. Sie heißen aber: Feuer, Luft, Wasser, Erde. Diese vier Grundstoffe sind in sich selber dermaßen durchflochten und verbunden, daß keines vom anderen geschieden werden kann; und die halten sich so im Gesamtverband zusammen, daß man sie das Firmament – das feste Gefüge des Weltalls – nennt. [...] Die Elemente trinken alles, was zur Natur des Menschen gehört, wie ja auch der Mensch die Elemente in sich hineinnimmt; denn der Mensch lebt mit ihnen und sie mit dem Menschen, und dementsprechend strömt auch das Blut des Menschen.«

67, 9 *Zur umgehenden Rezeption dieser Stelle Baaders innerhalb der romantischen Naturphilosophie, vgl. K. A. Eschenmayer: »Spontaneität = Weltseele oder das höchste Prinzip der Naturphilosophie«, in* Schelling 1800–1801, Bd. 2, S. 233–272, hier S. 248 *sowie den Kommentar von Wolfgang Neuser in* Hegel 1801 [1986], S. 161 *und* 67 f.

67, 10 *Dieser Grundsatz begegnet schon in der Naturphilosophie der Spätscholastik. Hierzu vgl.* Maier 1966, S. 68 f.: »Ausser diesen beiden ›natürlichen Tendenzen‹, der gravitas (bezw. levitas) und der Trägheit, spielt noch eine dritte, etwas anders geartete eine Rolle: jede materielle Substanz strebt nach ›Kontinuität‹[*], d. h. sie setzt jedem Versuch, ihre Teile auseinanderzureissen, einen Widerstand entgegen. [*Uniquidque corpus naturale appetit suam continuitatem, quia vis unita est fortior seipsa dispersa (Buridan, Phys. IV qu. 9). Es scheint, dass Roger Bacon als erster diesen Begriff eingeführt hat.]« *Ferner vgl.* Buridanus 1964, Quarti phisicorum. Questio nona, folio LXXIVv *und* Buridanus 1942, Liber III, Quaestio 1, S. 239: »et virtus unita est fortior seipsa dispersa [...].« *Sowie vgl.* Baconus 1935, S. 87: »virtus unita sit magis infinita quam multiplicata.« *Ein ähnliches Prinzip kann auch im literarischen Kontext belegt werden, wie z. B. in Petrarcas »De secretum conflictu curarum mearum« (Codex Laurentianus XXVI sin. 9). Vgl.* Petrarca 2004, S. 291 f.: »Ein zerstreuter, in viele Richtungen abgelenkter Geist wendet sich dem einzelnen weniger energisch zu. So hat angeblich der Perserkönig den Ganges in unzählige Flußbetten auseinandergeleitet und ihn damit aus einem einzigen furchterregenden Fluß, zu vielen harmlosen Bächlein zerkleinert; so wird eine auseinandergezogene Frontlinie für den Feind durchdringlich; so wird ein Brand durch Ausbreitung schwächer; und so nimmt schließlich jede Kraft durch Zerstreuung ebenso ab, wie sie durch Sammlung zunimmt [*denique omnis vis, ut unita crescit, sic dispersa minuitur*].« *Freilich liegt im renaissancezeitlichen Kontext eine vielschichtige Verwendung dieses Prinzips und seiner Varianten vor. Wie z. B. im Rahmen der neuplatonischen Einheitsmetaphysik* (*Vgl.* Cusanus 2000,

S. 99 *und hierzu* Velthoven 1977, S. 112 ff.). *Eine nicht wörtliche, aber dem Inhalt nach ähnliche Version begegnet oft auch bei J. Böhme. Vgl. z. B.* Böhme 1730, Band 7: *Mysterium Magnum (1623)*, S. 351 f. [Kap. 36, § 57]: »Alles muß wieder in das Eine, als in das Ganze, gehen, in der Vielheit ist nur Streit und Unruhe, aber in dem Einen ist eine ewige Ruhe, und kein Wiederwille.« *Meistens aber ist dieser Grundsatz in naturphilosophischen Kontexten anzutreffen, wie z. B. bei Giulio Cesare Scaligero (vgl. »Problemata gelliana«, Amsterdam 1635, S. 46: »omnis virtus unita est fortior seipsa dispersa«), Daniel Sennert (vgl. »Epitome naturalis scientiae«, Wittenberg 1633, S. 92: »unde virtus unita fortior esse dicitur«; S. 196: »ita virtus conjuncta fortior effitur, quam dispersa; S. 256: »virtus enim, unita fortior est dispersa«); Robert Burton (vgl. »Anatomy of Melancholy«, Oxford 1621, S. 783); Johannes Sperling (vgl. »Istitutiones Physicae«, Wittenberg 1639, S. 580 oder »Meditationes in Julii Caesaris Scaligeri Exotericas Exercitationes, De Subtilitate«, Wittenberg 1656, S. 254 und 581); Marin Mersenne (vgl. »Quaestiones celeberrimae in Genesim«, Paris 1623, Sp. 797) und Leibniz (»Conjectura cur Anaxagora [...]« in Akademie-Ausgabe, Reihe II, Bd. 2, S. 7, § 8, vgl. auch* Leibniz 1996, Bd. 1, S. 210). *Man denke allerdings daran, dass Baader ab 1781 für zwei Jahre in Ingolstadt Arzneiwissenschaft studierte. Von daher ist es nicht unwahrscheinlich, dass er als Student das damals bekannte Lehrbuch »Philosophia rationalis et experimentalis« (3 Bde., Ingolstadt und München 1755–56) des dortigen Professors, des Jesuiten Joseph Mangold, sehr gut kannte. Hierbei findet man wörtlich die Formel »vis conjuncta fortior« (Bd. 2, S. 104). Genauso wie in den Lehrbüchern von dessen Bruder Maximus Mangold, »Philosophia recentior praelectionibus publicis accomodate a patre Maximo Mangold« (Bd. 1, Ingolstadt und München 1765, S. 441) und Blasius Henner, »Conatus physico-experimentales de corpum affectionibus tum generalibus tum specialibus, ad usum philosophiae candidatorum suscepti« (Bd. 1, Würzburg 1756, S. 371).*

67, 16 *Mit dem Begriff ›division of labour‹ spielt Baader auf Adam Smith an. Vgl.* Smith 1776, Bd. 1, S. 5: »*Of the Division of Labour.* The greatest improvements in the productive powers of Labour, and the greater part of the skill, dexterity, and judgment with which it is any where directed, or applied, seem to have been the effects of the division of labour.« *Und* ebd., S. 500: »All for ourselves, and nothing for other people, seems, in every age of the world, to have been the vile maxim of the master of mankind.« *Für die deutsche Übersetzung vgl.* Smith 1776–1792, Bd. 1 [1776], S. 6: »*Von der Vertheilung der Arbeit.* Die größte[n] Verbesserungen an den hervorbringenden Kräften der Arbeit, und der größte Theil der Geschicklichkeit, Kunst, und Beurtheilungskraft, womit sie irgendwo gelenkt oder angewendet wird, scheinen aus der Vertheilung der Arbeit entstanden zu seyn.« *Und* ebd., S. 619: » ›*Alles für uns selber, und nichts für andere,*‹ scheinet in jedem Weltalter die niederträchtige Maxime der Beherrscher der Menschen gewesen zu seyn.«

67, 22 *Der lateinische Ausdruck ›Intussuszeption‹ (›intus‹ hinein und ›suscipere‹ aufnehmen) wurde damals häufig im Zusammenhang mit organischen Prozessen der Nahrungsaufnahme und des Wachstums verwendet. Hierzu vgl.* Kant 1781, S. 833 (Kant 1983, Bd. 2, S. 696): »Das Ganze ist also gegliedert (articulatio) und nicht gehäuft (coacervatio); es kan zwar innerlich (per intus susceptionem), aber nicht äusserlich (per appositionem) wachsen, wie ein tierischer Cörper, dessen Wachstum kein Glied hinzusetzt, sondern, ohne Veränderung der Proportion, ein jedes zu seinen Zwecken stärker und tüchtiger macht.« *Sowie vgl.* Kant ²1787, S. 96 f. (Kant 1983, Bd. 5, S. 93): »Also würde eine vollkommene chemische Auflösung eine Durchdringung der Materien seyn, welche dennoch von der mechanischen gänzlich unterschieden wäre […]; da hingegen hier die Ausdehnung bleibt, nur daß die Materien nicht außer einander, sondern in einander d.i. durch *Intussusception* (wie man es zu nennen pflegt,) zusammen einen der Summe ihrer Dichtigkeit gemäßen Raum einnehmen.« *Ferner vgl.* Gehler 1787–1791, Artikel: *Organisirte, organische Körper*. Teil 3, 1790, S. 388 f.: »So heissen diejenigen natürlichen Körper, in denen sich flüßige Theile in festen Gefäßen bewegen, verändern und durch *Assimilation* in die Substanz des Körpers selbst übergehen können – Körper, die einen organischen Bau haben, s. *Organisation*. Durch diesen organischen Bau unterscheiden sich die Körper des Thier- und Pflanzenreichs von den Mineralien, welche letztern nur aus Zusammenhäufung gleichartiger Theile von aussen her (per iuxta-positionem) entstehen, s. *Mineralien*, da hingegen die Thiere und Pflanzen eine ungleichartige Nahrung in sich nehmen, die erst durch den organischen Bau ihrer Körper verändert, ihnen assimilirt, und von innen (per intus-susceptionem) zur Erhaltung und zum Wachsthum ihres Körpers verwendet werden muß.«

67, 24 *Zur Rezeption dieser Stelle Baaders bei Novalis, vgl.* Novalis 1960, S. 644, 530, 540 *und* 334. *Dazu vgl. den Kommentar des Herausgebers in* ebd., S. 512 f.: »Baaders Einfluß machte sich früher geltend, als bisher angenommen wurde. […] Baaders *Theorie der Gliederung* […] beweist, daß Novalis damals die ›Beiträge zur Elementar-Phisiologie‹ von 1797 studierte, in denen nicht nur diese Theorie im Zusammenhang mit Baaders Organismuslehre entwickelt, sondern auch der Begriff der Weltseele zu neuer Geltung gebracht wird.« *Ferner vgl.* Henkelmann 1984.

67, 29 *Baader spielt hier wie oben S. 250, erklärende Anmerkung zu 67, 16 auf Adam Smith an. Vgl.* Smith 1776, Bd. 2, S. 209: »The industry of Great Britain, instead of being accommodated to a great number of small markets, has been principally suited to one great market. Her commerce, instead of running in a great number of small channels, has been taught to run principally in one great channel. But the whole system of her industry and commerce has thereby been rendered less secure; the whole state of her body politick less healthful than it otherwise would have been. In her present condition, Great Britain resembles one of those unwholesome bodies in which some of the vital parts are overgrown, and which, upon that account, are liable to many dangerous disorders scarce incident to those in which all the parts are more properly proportioned. A small stop in that great blood vessel, which has been artificially swelled beyond its natural dimensions, and through which an unnatural proportion of the industry and commerce of the country has been forced to circulate, is very likely to bring on the most dangerous disorders upon the whole body politick.« *Für die deutsche Übersetzung vgl.* Smith 1776–1792, Bd. 2 [1778], S. 264 f.: »Anstatt sich nach einer großen Menge kleiner Märkte zu richten, hat sich die grosbritannische Industrie vornehmlich nach Einem großen Markte gerichtet. Anstatt in eine große Menge kleiner Kanäle zu fließen, ist die brittische Handlung vornehmlich in Einen großen Kanal geleitet worden. Dadurch aber ist das ganze System der Industrie und Handlung Grosbritanniens weniger sicher gemacht, der ganze Zustand seines Staatskörper weniger gesund worden, als er sonst gewesen seyn würde. In seinem jetzigen Zustande gleicht Grosbritannien einem von jenen ungesunden Körpern, an welchen einige von den Lebenstheilen bis zu einer übermäßigen Größe angewachsen, und daher vielen gefährlichen Zerrüttungen unterworfen sind, welche andere Körper, deren sämmtliche Theile einander besser proportionirt sind, schwerlich zu besorgen haben. Eine kleine Verstopfung in jenem großen Blutgefäße, das mit Fleiß über seine natürliche Größe aufgeschwellt worden ist, und durch welches man eine unnatürliche Proportion der Industrie und Handlung des Landes zu laufen gezwungen hat, muß höchstwahrscheinlicher Weise dem ganzen Staatskörper die gefährlichste Krankheiten zuziehen.«

67, 31 *Zum Begriff der ›Flächenkraft‹ vgl. oben S. 225, erklärende Anmerkung zu 58, 7.*

68, 18 *Man denke hier an den Begriff des Organs in der Philosophie Frans Hemsterhuis'* (*vgl.* Hammacher 1971, S. 69 ff.) *und an deren deutsche Rezeption* (Heinz 1994, S. 109 ff. *und* Bonchino 2014, S. 34 ff.). *Nach Hemsterhuis ist das Organ wie eine Art ›Kanal‹, welches Bewusstsein und Außenwelt in Beziehung bringt und damit auch die Erkennbarkeit der Dinge bestimmt. Das Organ gilt als Vermittler der Begegnung zwischen Seele und Welt und insofern auch als Grundlage aller möglichen Erfahrung, es sei im Sinn der von außen kommenden Wahrnehmungen, es sei der inneren Empfindungen. Hierzu vgl.* Hemsterhuis 1782, S. 155 f. [*Über den Menschen und die Beziehungen desselben*]: »Ein Wesen, das die Fähigkeit zu empfinden hat, kann von keiner andern Substanz eine Sensation, als vermittelst der Ideen, oder der Bilder haben, welche aus den Beziehungen entstehen, die sich zwischen dieser Substanz und diesem Wesen, oder dem befinden, wodurch sie von diesem Wesen geschieden wird, und welches ich Organ nenne; das heißt, ich nenne nicht allein das Auge, welches sieht, sondern auch das, von dem Gegenstand zurück geworfne Licht, nicht allein das Ohr welches hört, sondern auch die, durch die Bewegung des Gegenstandes in Schwingung gesetzte Luft, Organ.« *Vgl. auch* ebd. S. 218–225.

68, 21[1] *Zum Begriff ›Leitungsfähigkeit‹ als Synonym des Begriffes ›Kapazität‹ bzw. ›Wärmekapazität‹ vgl.* Schelling 1798, S. 116.

68, 21[2] *Hierzu vgl.* Hamberger 1839, 31 f.: »Die Gesundheit und Brauchbarkeit jedes Sinnorganes beruht darauf, daß es zwar nicht absolut passiv sich verhalte, indem ihm vielmehr [...] eine selbst producirende Thätigkeit zukommen muß, wohl aber, daß diese Thätigkeit keine selbstische, sondern dem Gegenstande, der zum Bewußtseyn kommen soll, völlig entsprechende sey. In diesem Sinne sagt *Franz Baader:* ›Die Klarheit des Auges als Spiegels ist seine Unsichtigkeit oder Durchsichtigkeit. Mit dem trüben oder selbstisch Farben und Flammen hervorbringenden Auge sieht man nicht, mit dem klingenden Ohre hört man nicht. [...]‹ [*vgl.* Baader 1851–1860, Bd. 13, S. 134] [...] Das Organ unserer Gotteserkenntniß ist durch die Sünde zerrüttet, in welchem Sinne auch der Apostel Paulus *Eph 4,18.* von den Unwiedergebornen sagt, daß ›ihr Verstand verfinstert und sie entfremdet seyen von dem Leben, das aus Gott ist, durch die Unwissenheit, so in ihnen ist, durch die Blindheit ihres Herzens.‹ «

68, 24 *Zur umgehenden Rezeption dieser Textpassage innerhalb der romantischen Naturphilosophie vgl.* Schelling 1800, S. 195 *und Ph. Hoffmann: »Ideen zur Konstruktion der Krankheit«,* in Schelling 1800–1801, Bd. 2, S. 273–295, hier S. 294 (§ 16). *Zum Konzept der organischen Kontinuität vgl. die Verweise in den erklärenden Anmerkungen in* Schelling 1797, S. 231 ff. *und* Schelling 1798, S. 234–257.

68, 29 *Vgl.* Bacon 1653, (*Cogitatione de natura rerum, um 1604*) S. 415 (Bacon 1857–1874, Bd. 3, S. 27): »Itaque appositionem corporis alieni esse consistentiae causam.« *Für die englische Fassung* Bacon 1857–1874, Bd. 5, S. 432: »And hence the apposition of an alien body is the cause of consistency.« *Auf diesem Prinzip fußt Baaders Theorie der Krankheit. Vgl. oben S. 242, erklärende Anmerkung zu 64, 16. Mit ›Baco‹ meint Baader den englischen Staatsmann, Naturwissenschaftler und Philosophen Sir Francis Bacon von Verulam (1561–1626), der in seinem, allerdings nicht abgeschlossenem Projekt einer großen Erneuerung der Wissenschaften (Instauratio magna) – vor allem im Gegensatz zu Aristoteles und der scholastischen Methodologie – das ganze Gebiet des menschlichen Wissens nach allen Seiten hin empirisch zu behandeln versuchte.*

68, 33[1] *Vgl.* WhB 1994, S. 526 f.

68, 33[2] *Zum Konzept des Sitzes der Seele vgl.* WhB 1994, S. 484 ff. *sowie vgl.* Sömmerring 1796, S. 81–86 (»Kant an Sömmerring«), hier S. 81 *und* 86 (*auch in* Kant 1983, Bd. 6, S. 255 ff.): »Sie legen mir, […] Ihr vollendetes Werk über ein gewisses Princip der Lebenskraft in thierischen Körpern, welches, von Seiten des bloßen Wa[h]rnehmungsvermögens, das *unmittelbare* Sinnenwerkzeug […], von Seiten der Vereinigung aller Wa[h]rnehmungen aber in einem gewissen Theile des Gehirns, der *gemeinsame* Empfindungsplatz (sensorium commune) genannt wird, zur Beurtheilung vor […]. – Es ist aber damit noch eine Anfrage an die *Metaphysik* verbunden […]: denn es ist darin auch die Frage vom *Sitz der Seele* (sedes animae) enthalten, so wohl in Ansehung ihrer *Sinnenempfänglichkeit* (facultas sensitive percipiendi), als auch ihres Bewegungsvermögens (facultas locomotiva). […] [D]ie eigentliche Aufgabe […] ist nicht bloß physiologisch, sondern sie soll auch zum Mittel dienen, die Einheit des Bewußtseyns seiner selbst (welche dem Verstande angehört) im Raumesverhältnisse der *Seele* zu den Organen des Gehirns (welches zum äußeren Sinne gehört), mithin den *Sitz der Seele*, als ihre *locale* Gegenwart, vorstellig zu machen, welches eine Aufgabe für die Metaphysik, für diese aber nicht allein unauflöslich, sondern auch an sich widersprechend ist. – Denn wenn ich den Ort meiner Seele, d. i. meines absoluten Selbst's, irgendwo im Raume anschaulich machen soll, so muß ich mich selbst durch eben denselben Sinn wahrnehmen, wodurch ich auch die mich zunächst umgebende Materie wahrnehme; so wie dieses geschieht, wenn ich meinen Ort in der Welt *als Mensch* bestimmen will, nämlich daß ich meinen Körper in Verhältniß auf andere Körper außer mir betrachten muß.«

68, 34 *Vgl.* Sömmerring 1796, S. 31 f.: »Nehmen wir als ausgemacht an, daß es eine Gemeinschaftliche Empfindungsstelle (Sensorium commune) giebt; und daß solche sich im Hirne findet.« *Hierzu vgl.* Liedtke 2003, S. 114–123.

69, 8 *Der Hylozoismus (griech. ›hyle‹ Stoff und ›zoe‹ Leben) ist eine Weltanschauung, die den Stoff an sich als belebt ansieht. Erneuert wird der Hylozoismus in der Philosophie der Renaissance bei Paracelsus, Cardanus, van Helmont und später auch bei Bruno und Cudworth. Dagegen vgl. die Aussagen Kants, dass alle Veränderung der Materie eine äußere Ursache habe. Vgl.* Kant ²1787, S. 119 *und* 121. *Damit wollte Kant die Differenz zwischen der leblosen Materie (der Mechanik) und dem Leben (der Biologie) markieren.*

69, 26 *Vgl.* Kleuker 1784, Teil 2, S. 348 f.: »[…] Durch ein Mnemonicon von obiger Art würde die Anwendung der Grundzahlen auf das dreifache System der Wesen einleuchtender, und die Würde der philosophischen Mathematik anerkannt werden.

Über diese finden sich in Des Erreurs etc. einige gar nicht gemeine Grundregeln. Was von den Verhältnissen des Quaternars und Novenars, der geraden und krummen Linie gesagt ist, scheint mir so tief in der Natur des Geistigen und Körperlichen gegründet, daß sich vielleicht von eben diesen Grundregeln die fruchtbarste Anwendung auf die reellesten Wissenschaften, besonders auf die Charakteristik der menschlichen Seelen, auf Styl und Sprache, machen läßt.

Um nur einige Beispiele zu geben, so mögte die vom Verf. festgesetzte Bedeutung der geraden und krummen Linie, bei näherer Untersuchung, vielleicht ein Schlüssel zu manchen Geheimnissen der Physiologie und Physiognomik seyn. Denn auch hier offenbart die gerade Linie Stärke, Central-Energie, Intellectualität; dahingegen je mehr Zirkelform, desto weniger Penetranz und Festigkeit, desto mehr sinnlicher Kreislauf, Bilderhaftes, Schwäche, Bestandlosigkeit.

Ja die ganze Action der menschlichen Seele, in so fern sie auf die Sinne wirkt, gleicht bei einigen mehr Zahl 4 und –, bei andern mehr der 9 und ∼. Menschen der ersten Art zeigen sich in Gedanken wie feurige Radien, so wie ihr Styl grade und pfeilartig ist; die letztern hingegen peripheriren in allen ihren Bewegungen, reden und schreiben periodisch und gefallen daher dem sinnlichen Ohre so wohl. Und überhaupt erstreckt sich die Bedenkung von 4 und 9, von – und ∼ nicht bloß auf die Form und Action der menschlichen Seele, sondern auch auf die ganze Sinnlichkeit und Energie ihrer Principien.« *Vgl. auch* Saint-Martin 1775, S. 368 ff. *und für die deutsche Übersetzung* Saint-Martin 1782a, S. 416 ff.

69, 27 *Vgl.* Fichte 1794, S. 135: »Die Wissenschaftslehre giebt als nothwendig den Raum und den Punkt als absolute Grenzen; aber sie läßt der Einbildungskraft die völlige Freiheit den Punkt zu setzen, wohin es ihr beliebt. Sobald diese Freiheit bestimmt wird, z. B. ihn gegen die Begrenzung des unbegrenzten Raumes fortzubewegen, und dadurch eine Linie* zu ziehen, sind wir nicht mehr im Gebiete der Wissenschaftslehre, sondern auf dem Boden einer besondern Wissenschaft, welche Geometrie heißt. [* Eine Frage an die Mathematiker! – Liegt nicht der Begriff des Geraden schon im Begriffe der Linie? Giebt es andre Linien als gerade? und ist die sogenannte krumme Linie etwas andres, als eine Zusammenreihung unendlich vieler, unendlich naher Punkte? Der Ursprung derselbe, als Grenzlinie des Unendlichen Raums (vom dem Ich, als Mittelpunkte werden unendlich viele unendliche Radien gezogen, denen aber unsre eingeschränkte Einbildungskraft doch einen Endpunkt setzen muß; diese Endpunkte als Eins gedacht, sind die ursprüngliche Kreislinie,) scheint mir dafür zu bürgen; und es wird daraus klar, *daß*, und *warum* die Aufgabe, sie durch eine gerade Linie zu messen, unendlich ist, und nur in einer vollendeten Annährung zum Unendlichen erfüllt werden könnte. – Gleichfalls wird daraus klar, warum die gerade Linie sich nicht definiren läßt.]«

70, 4 *Zum physikalischen Hintergrund dieser Textpassage Baaders vgl.* Gehler 1787–1796, Artikel: *Flüßig*. Teil 2, 1789, S. 321 f. *und* Artikel: *Widerstand der Mittel*. Teil 4, 1791, S. 747–756. *Ferner vgl. W. J. G. Karsten: »Lehrbegrif der gesamten Mathematik«. Der vierte Theil: »Die Mechanik der festen Körper«, Greifswald 1769, S. 315–344* (*Abschnitt XIX: Vom Widerstande, den feste Körper leiden, die sich im flüßigen bewegen*) *und J. Adami: »Specimen Hydrodynamicum de resistentia corporum in fluidis motorum«, Berlin 1752. Zur Rezeption dieser Textstelle vgl. vor allem K. W. G. Kastner: »Grundriss der Experimentalphysik«. Bd. 1. Zweite vermehrte und verbesserte Auflage, Heidelberg 1820, S. 118f.*

70, 9 *Baaders Idee einer sich momentan bildenden Ich-Einheit infolge des Widerstehens eines flüssigen Kontinuums lässt sich mit Jacobis Bild des Wirbels in einem Strom in Einklang bringen* (*vgl.* Jacobi 1787, S. 82 f.). *Aller Wahrscheinlichkeit nach dient den beiden Autoren eine Schrift über den Magneten von Johann und Daniel Bernoulli als Quelle, in der erklärt wird, wie ein ›magnetischer Wirbel‹ in einer flüssigen magnetischen Strömung entsteht. Vgl.* Bernoulli/Bernoulli 1746 [1748]: S. 131 f. (§ 18): »C'est une chose constante, que par-tout où il y a du mouvement, la Nature tend à continuer & à conserver ce mouvement: or la seule maniere de le conserver, est ici ce tourbillon & cette circulation. C'est ainsi qu'un vent qui rencontre quelque obstacle, ne change pas simplement de direction, mais qu'il se change en tourbillon, de même que les eaux d'une riviere. Un vent coulis qui entre par une porte entr'ouverte, produira un semblable tourbillon au coin d'une cheminée où il y a du feu; & les cendres rendent ce tourbillon fort visible. Comme il y a de tous côtés une grande affluence de fluide Magnétique pour entrer par *A*, le torrent qui sort par *B*, est d'abord un peu attiré vers *A*, & le tourbillon se forme ainsi peu à peu, jusq'à ce qu'il soit parvenu à cet état de permanence, que la Nature recherche constamment & avec grand soin, comme l'auront remarqué tous ceux qui l'ont un peu étudiée: or cet état de permanence ne s'y trouveroit pas, s'il falloit toujours une nouvelle matiere qui entrât par *A*.« *Eine ähnliche Metapher begegnet auch bei Oetinger. Vgl.* Oetinger 1773, Teil 1, S. 7: »Alle Bewegung unter den Elementar-Theilen, die magnetisch genennt werden, laufft durch eine Schraubenförmige Figur aus, um ein gewisses Centrum, und kommt zur Ruhe durch einen Situm rectilineum, und gehet wieder von eben demselben aus mit der Lage der ruhenden Theile; Es können auch so viel aggregationes spirales oder Vortices seyn, so viel centra motus es gibt, und die Vortices können auch ihren Centris zusammen lauffen oder zusammen gebunden werden.« *Sowie vgl.* ebd., Teil 2, S. 13–17 *und* 22 ff.

70, 10 *Zur Relation ›Ich‹ und ›Du‹ vgl. auch* Jacobi 1785, S. 116: »[...] denn ohne **Du**, ist das **Ich** unmöglich.« *Und* Jacobi 1787, S. 38 *und* S. 95 Anm. *sowie auch* Fichte 1794a, S. 337: »Kein Du, kein Ich; kein Ich, kein Du«.

70, 16 *Der Terminus ›Motus intestinum‹ bezeichnet ursprünglich einen Gärungsprozess in einer Flüssigkeit. Wie Thomas Willis (1621–1675) im dritten Kapitel von »De fermentatione sive de motu corporum naturalium inorganico« schreibt:* »Fermentatio est motus intestinus particularum, seu principiorum cujus vis corporis, cum tendentia ad perfectionem ejusdem corporis, vel propter mutationem in aliud« (*vgl. »Opera omnia«, tomus primus, Geneve 1695, S. 12*). *In ähnlicher Weise stellt auch Hermann Boerhaave (1668–1738) in seiner gestrafften »Fermentationis historia« fest:* »Fermentationis nomine intelligam Motum Intestinum« (*vgl. »Elementa chemiae«, Paris 1733, S. 104 sowie »Elementa chemiae«, Pariser Ausgabe 1733, S. 300*). *Mit ähnlicher Bedeutung begegnet dieser Begriff bereits in* Baader 1786, S. 31 *und* S. 27.

70, 18 *Zum Wechselspiel einer ›Kontraktion und Expansion‹, vgl.* Jacobi 1785, S. 23: »*Leßing.* Erinnern Sie sich einer Stelle des Leibnitz, wo von Gott gesagt ist: derselbe befände sich in einer immerwährenden Expansion und Kontraktion: dieses wäre die Schöpfung und das Bestehen der Welt?« *Innerhalb einer dynamischen Konstruktion der Materie erklärt* Schelling 1799, S. 247: »Vielmehr da die Undurchdringlichkeit der Materie nur als Stillstand der Expansion und Contraction gedacht werden kann, so kann keine Durchdringlichkeit als nur durch Wiederherstellung jenes Wechsels (d. h. durch gestörtes Gleichgewicht der expansiven und compressiven Kräfte der Materie) gedacht werden.« *Ferner vgl.* ebd., S. 187. *Zum Bild einer polaren Tätigkeit der Materie finden sich wichtige Belege auch bei* Goethe 1989, S. 32 f. (§ 73) *und* S. 125 (§ 50) *sowie in* Goethe 1987a, S. 292 *und bei* Herder (*Liebe und Selbstheit, 1781*) in Hemsterhuis 1782, S. 141 *sowie* Herder 1784–1791. Teil 1, 1784, S. 275.

70, 20 *Hierzu bereits in* Baader 1792, S. 17, 37–18, 21 (Anm. B).

71, 13 *Vgl.* Kant 1781, S. 137–147 (Kant 1983, Bd. 2, S. 187–194): »*Von dem Schematismus der reinen Verstandesbegriffe*«.

71, 14 *Baader bezieht sich hier auf* Kant 1790, S. 251–257 (Kant 1983, Bd. 5, S. 458 ff.): »§ 59. *Von der Schönheit als Symbol der Sittlichkeit*«. *Dazu vgl.* Helberger-Frobenius 1969, S. 194–200.

71, 20 *Dt. »Es ist nichts Heiliges dabei!«. Hierzu vgl.* Claudius 1784, Teil 2, S. 168: »Nil sacri es, sagte Herkules unwillig, als er irgendwo in einem Tempel eine Statue des Adonis antraf.« *Es handelt sich um einen Ausspruch, den bereits Erasmus Desiderius in seine »Adagia« (1536) aufgenommen hatte. Vgl. »Desiderii Erasmi Roterodami Opera Omnia«. Tomus secundus, »Complectens Adagia«, Lugduni Batavorum [Leiden] 1703, Sp. 311f. (XXXVII) [737. I, VIII, 37]*: »Ο᾿δυὲν ἱερὸν υπάρχεις, i. e. *Nihil es sacri.* Sermo contemnentis proverbialiter. Siquidem Graeci quicquid praeclarum ac vehementer conducibile videri vellent, id *sacrum* appellabant […]. Verba sunt contemnentis pignus. Qui proverbii tradunt originem, aiunt Herculem conspecta Adonidis imagine contempsisse his verbis: Οὐδέν ἱερὸν εἶ, i. e. *Nil es sacri.* Seu quod existimaret iis duntaxat habendum esse divinitatis honorem, qui de genere mortalium essent benemeriti, sive quod fures, qui in ejus templum aufugissent, non essent in tuto propter loci religionem, quemadmodum in aliorum deorum sacellis. Nunc accommodatur ad quamvis rem despicatui habitam. Ab hac interpretatione non discrepant, quae refert Theocriti scholiastes [*Scholion zu Theokrit 5,21–22 a b*] hujus commenti auctorem citans Cleandrum.«

71, 22 *John Hunter (1728–1793) britischer Anatom und Pathologe, Mitglied der Royal Society, gilt als Begründer der experimentellen Anatomie sowie der klinischen Chirurgie. Baader bezieht sich auf* Hunter 1786, S. 45–55, hier 45: »Generation, when produced from a seed, has two causes which concur towards its perfection; the one which forms the seed, the other which gives it the principle of action[*].

The cause which forms the seed is called the female, the other cause is called the male; but those two causes in general make only a part of a whole animal, or are rather parts superadded to an animal […]. [*It may be necessary for some of my readers to have explained to them what I mean by a seed. I do suppose that the word seed was first applied to grain, or that which is always called seed in the vegetable; which seed is the part of that class of vegetables in which the matter of the young vegetable exists, or is formed. The principle of arrangement in the farina, or male part, fitting the seed for action, being at first not known, a false, analogy between the vegetable and animal was established, and the matter secreted by the testes was called the seed: but from the knowledge of the distinct sexes in the vegetable, it is well known that the seed is the female production in them, and that the principle of arrangement for action is from the male. The same operation and principles takes place in many orders of animals, viz. the female produces a seed in which is the matter fitted for the first arrangement of the organs of the animal, and which receives the principle of arrangement fitting them for action from the male.]«

71, 23 *›Ignis mas‹ heißt ›männliches Feuer‹. Der Begriff begegnet in der damaligen Naturphilosophie (hierzu vgl.* Gehler 1787–1796, Artikel: *Ausdünstung.* Teil 1, 1789, S. 209 *und* WhB 1994, S. 232), *gehört aber traditionell zum religionsgeschichtlichen Bereich. Vgl.* J. F. Kleuker: *Anhang zum Zend-Avesta*, Bd. 2, Teil 3 [*Persika*], Leipzig und Riga 1783, S. 62 (Anmerkung 5 zu S. 52, VII. Strabo, im Jahrhundert Christi. I. Allgemeine Nachricht von der Religion der Perser, meist nach Herodot.): »Dieser [der Gott der Perser] bewirkt durchs Feuer, als seine Kraft, alle Belebung und Fruchtbarkeit: diesem Feuer geben die Perser zwei Geschlechter,[*] und haben für beide besondere Sinnbilder […]. Das Feuer ist das allwirkende Organ der Gottheit; das männliche, ignis masculus […]; das weibliche, ignis foemina […]. [*Die alten Egyptier gaben jedem Element zwey Geschlechter. […] Dieses Doppelgeschlecht war den alten Naturlehrern ein allgemeiner Begriff, und ist noch jetzt ein geheiligter Grundsatz der Hermetiker.]«

71, 30 *Baader bezieht sich hier auf »Über den Geschlechtsunterschied und dessen Einfluss auf die organische Natur«, veröffentlicht in der von Friedrich Schiller herausgegebenen Zeitschrift »Die Horen«. Wohl meint Baader hier die folgenden Stellen, vgl.* Humboldt 1795, S. 100 f.: »Denn auf der Wechselwirkung allein beruht das Geheimniß der Natur. Ungleichartiger Stoff verknüpft sich, das Verknüpfte wird wiederum Theil eines grösseren Ganzen, und bis ins Unendliche hin umfaßt immer jede neue Einheit eine reichere Fülle, dient jede neue Mannigfaltigkeit einer schöneren Einheit. Stoff und Form, so vielfach in einander verschränkt, vertauschen ihr Wesen, und nirgends ist etwas bloß bildend oder gebildet. So erhält die Natur zugleich Einheit und Fülle, zwey scheinbar entgegengesetzte, aber nah verwandte Eigenschaften, deren eine dem Geist wohlthätige Ruhe gewährt, wenn ihn die andre zu thätigem Nachdenken angespannt hat.« *Sowie vgl.* ebd., S. 131 f. »Daseyn, von Energie beseelt, ist *Leben*, und das höchste Leben das letzte Ziel, in dem sich das Streben aller verschiedenen Kräfte der Natur vereint. Die Verschiedenheit beider Geschlechter befördert die Erreichung dieses Ziels, oder vielmehr ihre eigenthümliche Beschaffenheit führt sie zu demselben hin, ohne daß sie selbst sich dessen bewußt sind. D[e]nn keine Kraft der Natur dient als Mittel einem Zweck, oder strebt einer fremden Absicht entgegen. Indem alle harmonisch wirksam sind, folgt jede nur ihrem eignen Triebe, und das letzte Resultat der Thätigkeit aller geht mit einer Nothwendigkeit hervor, die, da sie alle Absicht ausschließt, auf den ersten Anblick zufällig scheinen kann. In gleicher Freiheit wirken nun auch die Kräfte beider Geschlechter, und so kann man dieselben als zwei wohlthätige Gestalten ansehen, aus deren Händen die Natur ihre letzte Vollendung empfängt. Dieser erhabenen Bestimmung genügen sie aber nur dann, wenn sich ihre Wirksamkeit gegenseitig umschlingt, und die Neigung, welche das eine dem andren sehnsuchtsvoll nähert, ist die *Liebe*. So gehorcht daher die Natur derselben Gottheit, deren Sorgfalt schon der ahnende Weisheitssinn der Griechen die Anordnung des Chaos übertrug.«

71, 35 *Diese Ausdrücke finden sich bereits in der scholastischen Tradition, die Baader gut kennt und erneut mit mystisch geprägtem Ansatz auslegt. Vgl. u. a. Thomas von Aquin: »Summa Theologiae«. Pars I. Quaestio 44. Articulus 2, und* Baader 1851–1860, Bd. 14, S. 253. *Ferner vgl. Thomas von Aquin: »Super Evangelium S. Ioannis lectura«. Caput 1. Lectio 1: »De differentia verbi divini et humani« und* Baader 1851–1860, Bd. 14, S. 238 ff. *In ähnlicher Weise begegnet man diesen auch in* Oetinger 1773, Teil 2, S. 201 f.: »[Gott] [reflectirt sich] hierinn zugleich in der himmlischen Weisheit, als einem passivo, welches aber in GOtt nichts endliches, nichts unvollkommenes bedeutet, in sich selbst. […] [E]r [formirt] in dieser Weisheit das geistliche Chaos, worinnen alles Feuer, Licht, und was nur immer Stoff zu den künfftigen Geschöpffen heissen kann […].«

71, 37 *Baader bezieht sich hier auf* Kleuker 1784, Teil 2, S. 343 ff.: »Nach den Pythagoräern sind alle intellectuelle Zahlen Emanationen der Einheit, so wie das Eine oder Eins der Anfang alles Zählbaren ist. Diese ist daher der Name und Charakter des Allerhöchsten, Urersten, Ewigen und Unendliche. Die Dyas (Binarius) ist der Grund und Anfang alles Werdens; und weil sie nach rationem principii hat, so ist sie noch keine Zahl oder Resultat, sondern der Ternarius oder die Trias ist die erste Zahl, oder das erste Resultat, weil darin Anfang, Mittel und Ende ist.« *Und* ebd., Teil 1, S. 166 f.: »Zwei, bedeutet 1) als unmittelbare Eradiation der absoluten Einheit, oder als Abglanz des Urersten, das Zweite im geheiligten Ternar, auch die geheiligte Dyas, welche den ersten Grund der Möglichkeit in sich enthält, daß ausser dem Urgrunde etwas Geschiedenes Fortgehendes und sich Darstellendes ist und seyn kann. Die absolute Einheit schaut und genießt sich in der Dyas. 2) Bei den Theosophen bedeutet die Dyade Licht und Feuer d. i. Liebe und Zorn; daher sie Beziehung auf die Cause occasionelle de l'Univers hat. 3) Das zweite Principium aller Dinge, den Grundanfang aller Progression aus dem Göttlichen ins Intellectuelle u. s. w. 4) Das Doppelgesetz und die Doppelaction im Geistigen und Sinnlichen d. i. Energie und Reaction. Drei bedeutet alle Resultate: denn ohne drei giebt es kein Resultat, weder im Intellectuellen noch Physischen. Aus der Eins, als der reellen Möglichkeit des Werdens, und der Zwei, als Energie und Reaction, erfolgt 3, als das Formelle oder Resultat[*]. [*Darauf geht auch das Sprichwort omne trinum perfectum, nicht auf die Vollkommenheit, welche vielmehr in der 4 liegt.]«

72, 21 *Anspielung auf Pred 3,1–8.*

72, 36 *Baader verquickt hier Begriffe wie ›Wiedergeburt‹ und ›Vervollkommnung‹ mit physikalischen Anschauungen. Insofern wird die Natur selbst zum sinnlichen Schauplatz einer mystischen Heilsordnung. Anregungen in diesem Sinn hatte Baader durch die Lektüre von Herder, Lavater und Saint-Martin bekommen. Hierzu vgl.* Lieb 1926, S. 209–225.

73, 13 *Der Begriff ›actio in distans‹ (›Wirkung in die Ferne‹) kommt bereits im 17. und 18. Jahrhundert in den physikalischen Debatten um die Gravitation oder die elektrischen Phänomene vor, wobei er eine immerfort erhöhte Bedeutung in der naturphilosophischen Debatte um den animalischen Magnetismus erhält (vgl.* Kapitza 1968, S. 102 f.). *Hierzu schreibt* Kant ²1787, S. 59 (Kant 1983, Bd. 5, S. 67): »Berührung im physischen Verstande ist die unmittelbare Wirkung und Gegenwirkung der Undurchdringlichkeit. Die Wirkung einer Materie auf die andere außer der Berührung ist die *Wirkung in die Ferne* (actio in distans). Diese Wirkung in die Ferne, die auch ohne Vermittelung zwischen inne liegender Materie möglich ist, heißt die unmittelbare Wirkung in die Ferne, oder auch die Wirkung der Materie auf einander *durch den leeren Raum.*« *Vgl. auch* Schelling 1798, S. 71: »Der Begriff einer *Wirkung in die Ferne* z. B., an welcher noch viele sich stoßen, beruht ganz auf der idealistischen Vorstellung des Raums: denn nach dieser können zween Körper in der größten Entfernung von einander als sich berührend, und umgekehrt, Körper die sich (nach der gemeinen Vorstellung) wirklich berühren, als aus der Entfernung auf einander wirkend vorgestellt werden. – Es ist sehr wahr, daß ein Körper nur da *wirkt* wo er ist, aber es ist eben so wahr, daß er nur da *ist*, wo er wirkt, und mit diesem Einen Satz ist die letzte Brustwehr der atomistischen Philosophie überstiegen.« *Für einen theosophischen Ansatz zu diesem Begriff vgl.* Gleichen 1791, S. 213 f.

73, 17 *Vgl. oben S. 239, erklärende Anmerkung zu 63, 1.*

73, 22 *Zum Begriff ›Leitung‹ als Medium vgl.* Gehler 1787–1796, Artikel: *Leiter der Elektricität, Leiter, leitende Körper* […]. Teil 2, 1789, S. 874 ff.: »Diejenigen Körper, welche die Elektricität ohne merklichen Widerstand durch ihre eigne Substanz verbreiten oder fortführen. […] Ein vollkommner Leiter würde derjenige seyn, der der Elektricität beym Durchgange durch seine Substanz gar keinen Widerstand entgegensetzte. Dergleichen giebt es nun wohl schwerlich; auch die besten Leiter haben etwas von der Natur der Nichtleiter, so wie die besten elektrischen Körper in einigem Grade leitend sind. […].« *Ferner vgl. auch* Schelling 1798, S. 131 *und* 139 *sowie vgl.* WhB 1994, S. 360–365 *und* Stein 2004, S. 75–92, *bes.* S. 89.

73, 25 *Mit ›Organ im engeren Sinn‹ ist hier gemeint wie oben S. 252, erklärende Anmerkung zu 68, 18.*

74, 10 *Hierzu schreibt* Stein 2004, S. 24: »Baader unterscheidet nun einen dreifachen Verkehr zwischen den Raumindividuen: den mechanischen, handgreiflichen, in dem der eine Körper ›en masse‹ zurückwirkt; den dynamischen, bei dem nur eine der Grundkräfte an einem Körper hervortritt (erregt wird), der seinerseits nun reagierend dieses (nicht selbständige) Prädikat gleichsam repräsentiert und überträgt (Leitung); schließlich den chemischen, bei dem eine wirkliche Durchdringung zweier Raumerfüllungen stattfindet und neue Individuen hervorgehen. Damit ist die Grundidee des ›dynamischen Prozesses‹ vorgebildet, die zunächst Ritter für die Erklärung der galvanischen Erscheinungen, sodann auch Arnim für die elektrischen Erscheinungen fruchtbar machen wird.«

74, 11 *Das sowohl in der alchemistischen Tradition als auch in der chemischen Experimentierkunst verbreitete Grundprinzip, nach dem »die Körper nicht in Reaktion treten, wenn sie nicht im flüssigen Zustand sind«, geht nach* Lippmann 1919, S. 36 Anm. 8 *auf Aristoteles zurück. Der schwedische Chemiker Arvid Hedvall (vgl. »Solid State Chemistry. Whence, Where and Whither«, Amsterdam 1966, S. 1f.) verweist in diesem Zusammenhang auf Aristoteles Schrift »De generatione et corruptione« (I, 328b3) und zwar in* Aristoteles 2011, S. 88: »οἷον τὰ ὑγρὰ μικτὰ μάλιστα τῶν σωμάτων« (*»wie z. B. die nassen unter den Körpern besonders mischungsfreudig sind«). Latinisiert heißt es nach »Aristoteles Latinus. IX, 1: De generatione et corruptione«, ed. by J. Judycka, Leiden 1986, I, 10, S. 50:* »verbi gratia humida miscibilia maxime corporum«.

Ferner vgl. hierzu Gehler 1787–1796, Artikel: *Auflösung.* Teil 1, 1787, S. 178f. *sowie* Macquer 1788–1791, Artikel: *Auflösung.* Teil 1, 1788, S. 411–419, hier 412. *Dieser Grundsatz begegnet oft in den naturphilosophischen Schriften wie u. a. in* Schelling 1797, S. 289: »Jede chemische Bewegung ist ein *Bestreben nach Gleichgewicht:* um also eine solche Bewegung zu veranlassen, muß das *Gleichgewicht* der Kräfte in beyden Körpern gestört werden. Daher das alte Princip der Chemie: Chemica non agunt nisi soluta – d. h. zwischen zween *festen* Körpern ist keine chemische Verbindung möglich. Selbst wo *chemische* Verbindung im engern Sinne des Worts vorgehen soll, müssen auch gleichartige Körper in Fluß versetzt werden, ehe sie sich mit einander verbinden. Wo aber zwischen ungleichartigen Körpern Verbindung bewirkt werden soll, muß entweder einer derselben ursprünglich flüssig seyn, oder einer, wo nicht beyde, müssen durch Feuer in flüssigen Zustand versetzt werden. Man könnte den Satz auch so ausdrücken: Nur zwischen Extremen ist ein chemischer Prozeß möglich. Wenigstens hat die Natur, zum Behuf der meisten chemischen Prozesse, Extreme, flüssige und feste Körper, aufgestellt.« *Sowie in* Novalis 1960a [1798–1799], S. 472 (§ 1121): »Je *isolirter* – desto *wircksamer.* Sollte dies der geheime Sinn des chemischen Grunds[atzes] seyn? – Corpora non agunt, nisi soluta. Alle Solution ist mehr eine complette *Trennung* – als eine Vereinigung. Hier giebts dann die wahre Actio in distans. Verschiedene *Kräfte* können ungestört in Einem Puncte wircken.« *Dazu vgl. auch* Kapitza 1968, S. 94ff. *und* WhB 1994, S. 18 *und* 25f.

74, 18 *Baaders Gedanken gehen hier von den chemischen Grundoperationen der Niederschlagung (praecipitatio) und der Kristallisation (crystallisatio) aus. Hierzu vgl.* WhB 1994, S. 27. *Zum lateinischen Begriff ›Intussuszeption‹ vgl. oben S. 250, erklärende Anmerkung zu 67, 22. Ferner vgl. auch* Novalis 1960, S. 461: »Es entsteht Kontiguität, durch Erstarrung Krystallisazion.«

74, 19 *Zum Begriff der ›Flächenkraft‹ vgl. oben S. 225, erklärende Anmerkung zu 58, 7 und ferner auch S. 225, erklärende Anmerkung zu 58, 11.*

74, 34 *Der lateinische Ausdruck ›dramatis personae‹ bezeichnet die handelnden Figuren, die in einem Drama auftreten.*

75, 15 *Zum Terminus ›Formung‹ vgl.* Berger 1935, S. 107 f.: »Der Ausdruck formen [...] weist zurück in die Ausdruckswelt der mittelalterlichen Philosophie, das heißt aber in ihre antiken, heidnischen Quellgebiete. Der Ausgangspunkt für den Begriff form und formen ist die Philosophie des Aristoteles, die mit form bekanntlich diejenige Macht bezeichnete durch welche irgendein Stoff erst zu Gestalt und Dasein gelangt. Dahin zurück weist das [mittelhochdeutsche] Lehnwort, durch die Bereiche der scholastischen und vorscholastischen, der Augustinischen und neuplatonischen Gedankengänge hindurch, mit seiner Bedeutung: Gestalt dem Dasein geben. [...] Mannigfache Verstärkung und Betonung gewinnt dies Verbum durch Zusammensetzungen: überformen [...] informen, entformen, durchformen, – sämtlich neue Bildungen aus dem Geist der Mystik, feinere Mittel für den feineren Ausdruckswillen.«

75, 23 *Zum Schleier der Mutter Isis vgl.* Hadot 2004, S. 241–248 *und* 271–278 *sowie* Assmann [6]2007, S. 186–210 *und* Assmann 2010, *ad vocem.*

75, 26[1] *Baader bezieht sich auf die Schrift »A Treatise on the Blood, Inflammation, and Gun-Shot Wounds« (London 1794) des britischen Anatomen John Hunter (1728–1793), der als Begründer der wissenschaftlichen Chirurgie gilt. Genauer meint Baader hier wohl die folgenden Stellen in* Hunter 1794, S. 12: »The whole material world has been very properly divided into solids and fluids; these being the only essentially different states of matter we are able to observe. From one of these states, to the other, matter appears to be continually passing, but with these restrictions, that no species of matter can assume a solid form, without having first been in a fluid state; nor can any change take place in a solid till it be first formed into, or suspended in a fluid. The living animal body is obedient to these general laws, for all solid and animal matter has first been fluid, and having passed into this solid form, becomes a recipient for other fluids, out of which the solids may themselves be renovated and increased.« *Und* ebd., S. 77: »That the blood has life, is an opinion I have started for above thirty years, and have taught it, for near twenty of that time, in my lectures [...]. To conceive that blood is edowed with life, while circulating, is perhaps carrying the imagination as far as it well can go; but the difficulty arises merely from its being fluid, the mind not being accustomed to the idea of a living fluid.« *Für die deutsche Übersetzung vgl.* Hunter 1797–1800, Bd. 1, S. 70: »Man hat alle Körper in feste und flüßige eingetheilt; denn Festigkeit und Flüßigkeit sind die Formen unter welchen wir die Materie überhaupt finden. Die Materie scheint immerfort von einer dieser Formen zur andern überzugehen; doch mit der Einschränkung, daß keine Art von Materien eine feste Gestalt annehmen kann, ohne zuvor flüßig gewesen zu seyn, und daß keine Veränderung in festen Materien statt finden kann, wofern sie nicht zur Flüßigkeit umgestaltet oder in Flüßigkeit zertheilt wird. Der lebendige thierische Körper ist eben diesen allgemeinen Gesetzen unterworfen, denn alle feste thierische Materien, die ursprünglich flüßig gewesen, und dann zur festen Form übergegangen sind, werden fähig, andre Flüßigkeiten aufzunehmen, aus welchen sich die festen Körper ergänzen, erneuern, und den Stoff ihres Wachstums erhalten.« *Und* S. 170: »Vor länger als dreyßig Jahren habe ich schon zu glauben angefangen, daß in dem Blute, so lange als es in den Gefäßen umgetrieben wird, Leben seyn müsse, und beynahe zwanzig Jahre lang habe ich diese Lehre in meinen Vorlesungen vorgetragen. [...] Wenn man sich ihr widersezt hat, so ist der wichtigste Grund davon dieser gewesen, daß das Blut flüßig ist, weil man nämlich nicht gewohnt ist, sich eine Flüßigkeit als lebendig zu gedenken.« *Zu Hunter vgl.* WhB 1994, S. 484 *und* 548–550.

75, 26² *Wie oben S. 253, erklärende Anmerkungen zu 68, 33² und 68, 34 bezieht sich Baader hier auf den deutschen Anatomen und Anthropologen, Samuel Thomas Sömmerring (1755–1830) bzw. dessen Werk »Über das Organ der Seele« (Königsberg 1796). Hierzu vgl. die folgenden Stellen in* Sömmerring 1796, S. 42: »[...] so *scheint* nach diesen Vordersätzen das *Gemeinschaftliche Sensorium schlechterdings eine Flüssigkeit – selbst um zu existiren – nothwendig zu haben.* [...] Und: So wäre es selbst a priori dargethan, daß das Sensorium Commune in einer Flüssigkeit enthalten seyn müßte; in so ferne es nämlich fähig ist, Wirkungen aufzunehmen, und Wirkungen zu erzeugen. Nehme ich dazu, daß unser Geist – oder die ganze Kraft unsers schon wirklich gewordenen Individuums – unsers Ichs – in den ersten Stunden, ja vielleicht in den ersten Tagen nach der Empfängniß, in einem Tröpfchen zarter Flüssigkeit wirklich und wahrhaftig enthalten ist: so wird mir dieses noch gewisser. Bei dem allem hält es noch immer schwer, die geheimsten Pfade in dieser Flüssigkeit zum innersten Sitze der Seele zu finden.« *Ähnliche Gedanken finden sich, aber vor Sömmerring, auch in* Gleichen 1791, S. 301 ff.: »Ein flüchtiger Geist ist das feinste, so wir in der Materie kennen; aber alle flüchtige Geister müßen in einer feuchten Gestalt erscheinen, wenn ihre zerstreuten Theile sich vereinigen, um sichtbar zu werden. Daher halte ich die Meinung, welche die Nervenkraft als eine geistartige Flüßigkeit ansieht, für die wahrscheinlichste; zumalen, wenn ich bedenke, daß ein scharfes Binden das Gefühl unterbricht; und wenn ich bemerke, wie langsam, unreizbar und schläfrig phlegmatische Körper sind, so bin ich geneigt, zu glauben, daß auch sogar eine grobe Feuchtigkeit sich dem Nervengeiste zumischen könne.[*] Aus der natürlichen Unbeweglichkeit und scheinbaren Fühllosigkeit eines Nervs, kann man schließen, daß nicht er selbst, sondern etwas Kräftiges in ihm wirke – daß er für sich eine todte Hülle, ein bloßer Kanal sey, in welchem ein unsehbares Wesen circulire. Was für einem Stofe könnte man aber eher Fühlung, Bewegung, Analogie, mit Geist und Materie, äußerste Feinheit und Geschwindigkeit zuschreiben, als der elastischen Substanz? Ich glaube daher, daß die Kraft der Nerven in einer elastischen Feuchtigkeit bestehe, die das Mittel ist, welches durch Gefühl und Bewegung Seele und Körper verbindet. [* [...] Auch diese besonderen Erscheinungen sind Beweise, daß die Nervenkraft in einer geistigen elastischen Substanz bestehe, und können nicht beßer erklärt werden, als wann wir sagen, daß die nerv[ö]se Flüßigkeit aus ihren Hülsen durch eine verlängerte Ausdehnung ihrer selbst, oder dunstartig austritt und sich der auflösenden Feuchtigkeit des sich zerstörenden Organs beymischt.]«

75, 37¹ *Baader meint hier die Vorstellung von einer subtilen imponderablen und belebenden Materie gleichbedeutend mit einer ›Weltseele‹ oder einem ›Weltgeist‹ und bezieht sich dabei auf* Kant 1794, S. 403–406: »Wenn man aber eine weit über die Höhe der wägbaren Luft sich erstreckende (eben dadurch auch der Veränderung durch stärkere Mondesanziehung besser ausgesetzte), die Atmosphäre bedeckende, imponderable Materie (oder Materien) annimmt: die, durch des Mondes Anziehung bewegt und dadurch mit der untern Luft zu verschiednen Zeiten vermischt, oder von ihr getrennt, durch Affinität mit der letztern (also nicht durch ihr Gewicht) die Elastizität derselben theils zu verstärken, theils zu schwächen, und so mittelbar (nehmlich im ersteren Fall durch den bewirkten Abfluß der gehobenen Luftsäulen, im zweiten durch den Zufluß der Luft zu den erniedrigten) ihr Gewicht zu verändern vermag; so wird man es möglich finden, daß der Mond *indirekt* auf Veränderung der Witterung [...], aber eigentlich nach chemischen Gesetzen, Einfluß haben könne. [...] Diese imponderable Materie wird vielleicht auch als inkoerzibel (unsperrbar) angenommen werden müssen: das ist als eine solche, die von andern Materien nicht anders als dadurch, daß sie mit ihnen in chemischer Verwandtschaft steht (dergleichen zwischen der magnetischen und dem alleinigen Eisen Statt findet), gesperrt werden kann, durch alle übrigen aber frei hindurch wirkt; wenn man die Gemeinschaft der Luft der höheren (jovialischen), über die Region der Blitze hinaus liegenden, Regionen mit der Unterirdischen (vulkanischen) tief unter den Gebirgen befindlichen, die sich in manchen Meteoren nicht undeutlich offenbart, in Erwägung zieht.« *Zur Vorstellung von einer Sonnen- und Lichtatmosphäre vgl. auch* Schelling 1797, S. 254f.

75, 37[2] *Zum Bild der ›Veste‹ vgl.* DWB 1854–1961, Lemma: *Feste.* Bd. 3, Sp. 1563: »Feste, f. firmamentum [...] mhd. veste [...] und Gott sprach, es werde eine Feste zwischen den Wassern. 1 Mos 1,6.« *Die Schreibung mit ›F‹ nach der allgemeinen Regel hat sich erst spät durchgesetzt. Allerdings wird das Wort ›Veste‹ allmählich ein Wort der gehobenen Sprache. Besonders in der aus der Bibel stammenden Verbindung ›Veste des Himmels‹, ›firmamentum‹ hält sich die Schreibung mit ›V‹ sehr lange neben der früh auftretenden mit ›F‹.*

Der Begriff ›Veste des Himmels‹ als Abscheidung zwischen Zeit und Ewigkeit oder als ›spiritus mundi‹ begegnet auch bei Paracelsus und J. Böhme. Vgl. Hamberger 1844, S. 79–93. *Ferner vgl.* Eriugena 1681, III, 26, S. 134 *bzw. die deutsche Übersetzung in* Eriugena 1983, S. 352: »In Betreff der Veste sind Alle einig, dass damit der sichtbare Himmel bezeichnet werde. Doch wollen Einige nur die äusserste bewegliche Sphäre, welche diese Welt allenthalben umgiebt und blos mit dem Reigen der Gestirne geschmückt ist, Andere den ganzen Raum unterm Monde, wo der Lauf der Planetenkörper stattfinden soll, mit dem äussersten Umfange der Gestirne selbst, noch Andere die ganze um die Erde befindliche Leere, d.h. Luft und Aether und die erhabenste Sphäre selber unter dem Worte *Veste* verstanden wissen. Denn so und nicht anders, sagen sie, ist von der Schöpfung der Luft und des Aethers geschrieben. Warum dieselbe jedoch mit diesem Namen genannt werde, dies hat Jeder in seiner Weise dargelegt. Einige denken an die Zurückhaltung der obern Wasser, als ob sich über der Veste wirkliche Gewässer befänden; Andere suchen den Grund darin, dass sie den Reigen der Gestirne tragen solle, als wären dieselben schwere Körper; noch andere darin, dass die Veste die ganze sichtbare Welt in sich befasse und festhalte. Auch giebt es Solche, welche den Raum dieser körperlichen Luft mit dem Namen *Veste* benannt wissen wollen, weil dieselbe Wolken und Regen, Schnee und Hagel, und was sonst von irdischen Dünsten in ihr entsteht, durch die feste Körperlichkeit ihrer Natur so viel als möglich gewissermassen trägt; und wie das Ganze vom Theile, so seien von der Veste auch die übrigen Räume der leichtern und höhern sichtbaren Natur benannt worden. Wer nun von diesen Allen den richtigen Sinn treffe, überlasse ich den Lesern zu beurtheilen. Mir scheint nach der Wortbedeutung mit *Veste* dasjenige richtig bezeichnet zu werden, dass in ihr die ganze körperliche Creatur ihre fest begrenzte Lage hat. Bedeutet doch das griechische Wort *stereoma* (Veste) gewissermassen *sterea hama*, d.h. fest zugleich, sintemal in ihr alles Körperliche zugleich und begrenzt und stehend ist. Über die Wasser aber, in deren Mitte Gott wollte, dass die Veste werden solle, finde ich Nichts zu sagen, was genügend wäre, obwohl ich recht gut weiss, was viele heilige Väter darüber dachten.«

76, 2 *Diese Gedanken Baaders werden in der frühromantischen Konstellation umgehend rezipiert. Hierzu vgl.* Novalis 1960b, S. 83, 94, 104 f., 110 f., 219. *Ferner* Novalis 1960, S. 618 *und* Novalis 1960a, S. 83, 100, 423 *und* 590. *Dazu vgl.* Gaier 1970, S. 85 f. *und* Bark 1999, S. 345–348. *Sowie* Schelling 1798, S. 207, 234 f. *und* Schelling 1799, S. 91. *Dazu vgl.* Jantzen 2015.

76, 6 *Baader bezieht sich hier auf* Kant [1746, S. 207–210] 1795, S. 318–320 (Kant 1983, Bd. 1, S. 191 f.): »§. 136. *Die lebendige Kraft kann zum Theil ohne Wirkung verschwinden.* Wir haben §. 121. gelernet: daß die Kraft eines Körpers, wenn sie lebendig geworden ist, viel größer sey, als diejenige mechanische Ursache war, die ihm die ganze Bewegung gegeben hatte; und daß daher ein Körper mit 2 Graden Geschwindigkeit 4 Grade Kraft habe, obgleich die äusserlichen Ursachen seiner Bewegung, nach Anweisung der Jurinischen Methode, §. 110. in ihn nur mit 2 Graden Kraft gewirket hat. Jetzt wollen wir erklären: wie eine Hinderniß, deren Gewalt viel kleiner ist, als die Kraft, die der Körper hat, ihm dennoch seine ganze Bewegung nehmen könne, und daß folglich, *so wie die lebendige Kraft im ersteren Falle zum Theil von selber entsteht, also auch im zweyten sich von selber in der Überwältigung einer Hinderniß, die viel geringer ist, als sie, verzehren könne.* […] §. 137. Die Umstände, unter welchen ein Körper einen Theil seiner lebendigen Kraft ohne Wirkung verschwendet, sind also diese: daß zwey oder mehr Hindernisse ihm nach einander auf solche Weise Widerstand thun, daß jedwede nicht der ganzen Geschwindigkeit des bewegenden Körpers, sondern nur einem Theile derselben sich entgegensetzet, wie die Auflösung des vorigen §. es zu erkennen giebt.«

76, 19 *Vgl.* Kant [1746, S. 210] 1795, S. 321 (Kant 1983, Bd. 1, S. 193): »§. 138. Diese Anmerkung belohnet unsre Mühe mit wichtigen Folgerungen. *Folgerungen.* 1. Wir werden die vollständige Wirkung der lebendigen Kraft nirgends antreffen, als wo die Hinderniß der ganzen Geschwindigkeit, des, mit lebendiger Kraft eindringenden Körpers zugleich Widerstand thut, und alle Grade derselben zusammen erduldet.«

77, 15 *Vgl. oben S. 255, erklärende Anmerkung zu 70, 10.*

77, 18 *Diese Wendung ist wörtlich wie auch in der Form ›Auge der Seele‹ oder ›Auge des Geistes‹ ein Topos der Mystik* (Lüers 1926, S. 102 f.). *Beispielgebend vgl.* Eckhart 2008, Bd. 1, Predigt 9, S. 108–112; Predigt 10, S. 122; Predigt 12, S. 148. Bd. 2, Predigt 69, S. 46; Predigt 70, S. 58; Predigt 81, S. 166; Traktat 1, S. 260 f. *Sowie in der Mystik J. Böhmes, vgl. z. B.* Böhme 1730, Band 2: *De tribus principiis, oder Beschreibung der Drey Principien Göttliches Wesens (1619)*, S. 37 (Kap. 4, § 36) *und hierzu* Grunsky 1956, S. 324 f. (Art. 17) *und* Solms-Rödelheim 1960, S. 7 f. (*und* Anm. 14, S. 166 f.) *sowie* Schleusener-Eicholz 1972. *Ferner vgl. auch den Kommentar in* Jacobi 1787, S. 88: »Meine Vernunft ist ein Auge […]« *und* S. 95: »Das Auge der menschlichen Seele, oder die menschliche Vernunft […].«

77, 23 *Baader bezieht sich auf Platon: »Alkibiades I« 132b–133b und für die deutsche Übersetzung vgl.* Platon 1780, S. 245–249: »[132b] […] *Alkib.* Vortreflich, Sokrates. Aber sei nun gut, und zeige mir die Art und Weise, wie wir für uns selbst zu sorgen haben. *Sokr.* Ich dächte, das wäre nun schon hinlänglich mit unsrer vorigen Untersuchung ausgemacht. Was der Mensch sei – das haben wir zur Gnüge erklärt. Dis war darum so nöthig, weil uns bange war, wir mögten, wenn wir darüber nicht recht gewis wären, nicht für uns sondern für irgend etwas anders sorgen, und uns doch fälschlich einbilden, wir sorgten für uns selbst. *Alkib.* Sehr richtig. [132c] *Sokr.* Darauf haben wir gezeigt, daß man für die Seele sorgen und auf sie immer seine ganze Aufmerksamkeit richten müße. *Alkib.* Das ist wahr. *Sokr.* Hingegen die Sorge für den Leib und für den Reichthum andern überlaßen müße. *Alkib.* Freilich. *Sokr.* Wie wär's möglich, daß wir das schon mit hinlänglicher Gewisheit und Deutlichkeit einsähen? Denn wäre das, so müßten wir uns ja schon selbst kennen. Bei den Göttern, sollten wir etwa jene vortrefliche Regel am Delphischen Tempel, deren wir kurz vorher erwähnten, noch nicht ganz verstehen? *Alkib.* Was soll sie denn eigentlich? Und wozu sagst du dis alles? [132d] *Sokr.* ich will dir sagen, was eigentlich meiner Vermuthung nach diese Inschrift von uns verlangt und uns zu thun räth. Ich glaube, daß ich dir's nicht leicht deutlicher machen kann, als durch eine Vergleichung mit dem Gesichtssinn. *Alkib.* Wie so? *Sokr.* Überlege mit. Wenn jene Inschrift unserm Auge grade wie einem Menschen den Rath gäbe: *Siehe dich selbst* – wie würden wir diesen Rath verstehn? Nicht wahr? daß das Auge dahinein sehen sollte, wo es sich selbst erblikken kann. *Alkib.* Offenbar. *Sokr.* Laß uns also die Sache suchen, in die wir [132e] hineinblikken müßen, um das Aug und uns selbst zu sehn. *Alkib.* Da müßen wir offenbar in einen Spiegel oder in etwas dem ähnliches hineinsehn. *Sokr.* Recht. Ist nicht in dem Auge selbst, womit wir sehen, so etwas Spiegelähnliches. *Alkib.* Ja wol. *Sokr.* Du hast also bemerkt, daß, wenn man in ein [133a] Auge hineinsieht, sich unsre Gestalt in dem gegenüberstehenden Auge wie in einem Spiegel abzeichnet. Der Augapfel ist daher gleichsam ein Schattenbild des Hineinsehenden. *Alkib.* Recht, recht! *Sokr.* Das Auge also sieht sich alsdann selbst, wenn es in ein ander Auge und vornehmlich in den vorzüglichsten Theil deßelben, durch den eigentlich das Sehen geschieht, hineinblikt. *Alkib.* Ganz gewis. *Sokr.* Blikt es in einen andern Theil des Menschen, oder in sonst ein Ding, mit dem es nicht selbst gleichartig ist, so bekömmt es sich selbst nicht zu sehen. [133b] *Alkib.* Richtig. *Sokr.* Wenn also das Auge sich selbst sehn will, so muß es in ein ander Auge und zwar in den Theil deßelben hineinsehen, in welchem die eigentliche Kraft des Auges, der Gesichtssinn, liegt. *Alkib.* Recht. *Sokr.* Also, mein lieber Alkibiades will die Seele sich selbst kennen, so muß sie hineinblikken in eine andre Seele und vorzüglich in den Theil derselben, in welchem ihre Hauptkraft, die Weisheit, ihren Sitz hat. Wenigstens muß sie immer in etwas ihr gleichartiges hineinsehn. *Alkib.* Das denk' ich auch[, o Sokrates.]« *Über die Theorie des Sehens hat sich Platon auch in der »Politeia« 6, 507cff. und im »Timaios« 45bff. geäußert. An die »Politeia« bzw. an das berühmte Sonnengleichnis (vgl. 6, 508a und 7,532c) knüpft Plotin (Enn. 1, 6, 9) an, worauf sich Goethe (Zahme Xenien III) beruft. Hierzu vgl. auch* Schleusener-Eichholz 1972, S. 473.

77,32 *Vgl. oben S. 249, erklärende Anmerkung zu 67, 10.*

78,7 *Vgl.* Kant [1746, S. 210] 1795, S. 321 f. (Kant 1983, Bd. 1, S. 194): »§. 138. [...] 2. Wo im Gegentheil die Hinderniß sich nur einem Grade derselben allein widersetzt, folglich die ganze Geschwindigkeit nicht anders, als in zertheilten Graden, nach und nach erduldet, da gehet ein großer Theil der lebendigen Kraft von selber verlustig, ohne daß er durch die Hinderniß vernichtiget worden, und man würde sich betrügen, wenn man glaubete, die Hinderniß, die auf diese Weise die ganze Bewegung verzehret, habe auch die ganze Kraft selber gebrochen. Dieser Verlust ist jederzeit um desto beträchtlicher, je kleiner der Grad Geschwindigkeit, den die Hinderniß erdultet, gegen die ganze Geschwindigkeit des bewegenden Körpers ist.«

78,13 *Vgl. oben S. 249, erklärende Anmerkung zu 67, 10.*

78, 14 *Wörtlich heißt es »teile und herrsche«. Diese bekannte Wendung findet sich auch in* Kant 1795b, S. 78 (Kant 1983, Bd. 6, S. 236): »Divide et impera. Das ist: sind gewisse privilegirte Häupter in deinem Volk, welche dich blos zu ihrem Oberhaupt (primus inter pares) gewählt haben, so veruneinige jene unter einander, und entzweye sie mit dem Volk: stehe nun dem letztern, unter Vorspiegelung größerer Freyheit, bey, so wird alles von deinem unbedingten Willen abhängen. Oder sind es äußere Staaten, so ist Erregung der Mishelligkeit unter ihnen ein ziemlich sicheres Mittel, unter dem Schein des Beystandes des Schwächeren, einen nach dem andern dir zu unterwerfen.« *Hierzu vgl. J. Vogt: »Divide et impera – die angebliche Maxime des römischen Imperialismus«, in Orbis. Ausgewählte Schriften zur Geschichte des Altertums. Herausgegeben von F. Taeger und K. Christ. Freiburg im Breisgau 1960, S. 199–218.*

78, 23 *Vgl. oben S. 232, erklärende Anmerkung zu 60, 35.*

78, 26 *Vgl.* Baumgarten 1740, S. 236 f. (§. 427): »*Status* hominis moralis, in quo statibus melioribus succedunt deteriores, est status deteriorationis, *lapsus*, *descensus*, destitutionis; in quo deterioribus succedunt meliores est meliorationis, *resipiscentiae*, *adscensus*, correctionis, restitutionis. Status descensus statui resipiscentiae succedens est *relapsus*. Peccator non descendat amplius, resipiscat, nec relabatur.«

78, 27 *Wörtlich heißt es »unbetretbar die Erde, unschwimmbar die Woge«. Es handelt sich um einen Vers Ovids, vgl. »Metamorphosen« I, 15–20:* »utque erat et tellus illic et pontus et aer, / sic erat instabilis tellus, innabilis unda, / licus egens aer, nulli sua forma manebat, / obstabatque aliis aliud, quia corpore in uno / frigida pugnabant calidis umentia siccis, / mollia cum duris, sine pondere habentia pondus.« *Für die deutsche Übersetzung vgl. J. H. Voss: »Verwandlungen nach Publius Ovidius Naso«. Berlin 1798, Teil 1, S. 2*: »Wo die Erde nun war, dort war auch Luft und Gewässer. / Nicht zum Stehn war jezo das Land, noch die Woge zum Schwimmen, / Noch voll Lichtes die Luft: kein Ding hatt' eigne Gestalt noch. / Anderes war dem anderen feind: in dem selbigen Körper / Übete Kaltes den Kampf mit Hizigem, Feuchtes mit Trocknem, / Weicheres rang mit Hartem, und Lastendes gegen das Leichte.«

78, 32 *Zum Terminus ›Reiz‹ vgl. J. D. Brandis: »Versuch über die Lebenskraft«, Hannover 1795, S. 32:* »Die Ursache, welche die Lebenskraft veranlaßt, in die organische Materie zu würken und in ihr eine Zusammenziehung hervorzubringen, nennen wir *Reitz* (Irritamentum s. stimulum). Derselbe kann entweder körperlich seyn, äußerlich an die organische Materie angebracht, oder das uns unbekannte, so viel wir davon wissen, unkörperliche Wesen, die Seele, kann die Lebenskraft in gewissen dazu bestimmten Organen erwecken und so als Reitz angesehen werden.« *Sowie vgl.* Brown 1796, S. 3 f.: »10. In allen Zuständen des Lebens unterscheiden sich der Mensch und andere Thiere von sich selbst in ihrem todten Zustande, oder von irgend einer andern leblosen Materie nur durch diese Eigenschaft allein: daß sie durch äussere Dinge sowohl, als durch gewisse ihnen selbst eigenthümliche Verrichtungen auf eine solche Art affizirt werden können, daß die ihren lebendigen Zustand karakterisirenden Erscheinungen, d.h. ihre eigene Verrichtungen eine Folge davon sind. [...] 13. Mit dem Aufhören entweder der Eigenschaft, welche die lebendige von der todten Materie unterscheidet, oder der Wirkung einer von beiden Klassen von Potenzen (powers) hört auch das Leben auf. Ausser diesen ist sonst nichts zum Leben nöthig.«

79, 4 *Vgl.* Kant [1746, S. 211 f.] 1795, S. 322 f. (Kant 1983, Bd. 1, S. 194 f.): »§. 138. [...] 3. Wenn der Grad der Geschwindigkeit, dem die Hinderniß sich in jedem Augenblick entgegensetzt, nur unendlich klein ist: so ist alsdenn gar keine Spur einer lebendigen

Kraft mehr in den überwältigten Hindernissen zu finden, sondern, weil alsdenn jeder einzelne Grad nur in Proportion seiner schlechthin genommenen Geschwindigkeit wirket, und die Summe aller Grade der ganzen Geschwindigkeit gleich ist, so ist die ganze Wirkung der Kraft des Körpers, ob sie gleich lebendig ist, doch nur der schlechten Geschwindigkeit proportionirt, und die ganze Größe der lebendigen Kraft verschwindet von selber völlig, ohne eine ihr gemäße Wirkung auszuüben; nemlich, da sie eigentlich wie eine Fläche ist, die aus dem Flusse derjenigen Linie, die die Geschwindigkeit vorstellet, erzeuget worden, so verschwinden alle Elemente dieser zweyten Abmessung nach und nach von selber, und es thut sich in der Wirkung keine andere Spur einer Kraft hervor, als die nur der erzeugenden Linie, d.i. der Geschwindigkeit schlechthin proportionirt ist.«

79, 6 *Zum Begriff ›Temperaturverteilung‹ vgl. oben S. 232, erklärende Anmerkung zu 60, 27. Baader wird diese Gedanken in* Baader 1798, S. 125, 22–128, 26 *weiterentwickeln.*

79, 9 *Der Ausdruck Baaders unterliegt dem auf dem Sympathieglauben (bzw. ›Dinge, die gleich oder einander ähnlich sind, wirken aufeinander‹) basierenden medizinischen Ähnlichkeitsprinzip ›similia similibus‹ genauer ›Gleiches bringt Gleiches hervor‹ oder ›Eine Wirkung gleicht ihrer Ursache‹. Ein solches physiologisches Prinzip war auch in der vorsokratischen Zeit verbreitet und spielte schon damals nicht nur auf dem Gebiet der Medizin oder Humoralphysiologie, sondern auch in der Erkenntnislehre und der Philosophie überhaupt eine wichtige Rolle. Allem Anschein nach war es bereits ein Bestandteil der pythagoreischen Lehre, welcher dann über das griechische Altertum, die Patristik bis zur scholastischen Philosophie und Mystik tradiert wurde. Hierzu vgl. A. Schneider: »Der Gedanke der Erkenntnis des Gleichen durch Gleiches in antiker und patristischer Zeit«, in: Abhandlungen zur Geschichte der Philosophie des Mittelalters. Festgabe Clemens Baeumker zum 70. Geburtstag. Münster i.W. 1923, S. 65–76. Ferner vgl. auch J. G. Frazer: »The Golden Bough. A Study in Magic and Religion«, London u. a. 1922, S. 11ff. (Hamburg 1989, S. 15ff.)*

79, 11 *Zum Terminus ›excitement‹ vgl.* Brown 1796, S. 10: »23. Erregung (excitement), die Wirkung der erregenden Potenzen, die wahre Ursache des Lebens, steht, innerhalb gewisser Gränzen, ihrer Größe nach im Verhältniß mit dem Grade des Reizes. Ein mäßiger Grad von Reiz erzeugt Gesundheit; in einem höhern Grade veranlaßt er die Krankheiten von übermäßiger Reizung, in einem niedrigern und dem niedrigsten Grade führt er die Krankheiten herbey, welche auf einem Mangel an Reiz oder auf Schwäche beruhen. Und so wie das eben angeführte die Ursache sowohl von Krankheiten, als von der Gesundheit ist; so besteht das, was den kränklichen Zustand in einen gesunden verwandelt, in Verminderung der Erregung in den Krankheiten von übermäßigem Reize, und in Vermehrung der Erregung in den Krankheiten von Schwäche. 24. Zwischen der Erregbarkeit und Erregung findet ein solches wechselsweises Verhältniß statt, daß, je schwächer die Potenzen gewirkt haben, oder je geringer der Reiz gewesen ist, desto mehr sich die Erregbarkeit anhäuft, und umgekehrt dieselbe um so mehr erschöpft wird, je mächtiger der Reiz der Potenzen gewesen ist.«

79, 13 *Hier folgt Baader in Anlehnung an Hunter den kritischen Ausführungen von Erasmus Darwin in der »Zoonomia; or, The Laws of Organic Life« (London 1794–1796). Vgl.* Darwin 1794, Bd. 1, Section XII: *Of Stimulus, sensorial Exertion, and Fibrous Contraction*, S. 62–100. *Für die deutsche Übersetzung, vgl.* Darwin 1795–1799, Teil 1, erste Abteilung: *Vom Reitz, sensorieller Äusserung und fibröser Zusammenziehung*, S. 99–179. *Fer-*

ner vgl. die kritische Anmerkung in »The English Review«, Bd. 24, London 1795, S. 282: »The doctrine of Dr. Darwin has so far a striking correspondence with that of the late Dr. John Brown. – The two kinds of debility mentioned by Dr. Darwin were first pointed out to the world by Dr. Brown under the terms *indirect* and *direct debility*; and of the *spirit of animation* or *sensorial power* of Dr. Darwin, the *excitability* of Dr. Brown seems to be a perfect synonym. But here the coincidence in a great measure fails. [...] In the first promulgation of his doctrines, Dr. Brown did not sufficiently distinguish between the *actions* of the living body and its *powers*, or, to use his own phraseology, between *excitement* and *exciteability*. *Excitement* and *strength* were at first considered by him as nearly synonymous terms; and on the state of excitement his division of diseases was entirely founded. [...] After many discussions of his doctrines, in which the distinction between the *powers* and *actions* of the living body (a distinction first, we believe, laid down in simple form by the late John Hunter in his doctrine of ulcers), was pressed upon him, the term *exciteability* was adopted by him to express the disposition to action, and to replace the terms irritability, sensibility, and inability, which he had discarded from his system, and in which Dr. Darwin agrees with him.«

79, 15 *Der englische Mediziner John Brown (1735–1788) hat die viel beachtete These entwickelt, dass die menschliche Gesundheit und das Leben von der Reizbarkeit des Menschen durch Luft, Schlaf usw. abhängig seien. Insofern versuchte er dabei alle Krankheiten durch Stimulationen zu bekämpfen, durch die diese Reizbarkeit wiedererweckt oder wieder gedämpft wurde. Zu Browns System vgl. die gestraffte Zusammenfassung in* Eschenmayer 1797, S. 71, *und dazu auch in* WhB 1994, S. 466–470. *Baader bezieht sich hier wohl auf* Brown 1796, S. 4f.: »14. Die Eigenschaft, vermittelst welcher beide Arten von Potenzen wirken, soll *Erregbarkeit* (excitability), und die Potenzen selbst, *erregende* (exciting) Potenzen genannt werden. Unter dem Wort Körper verstehen wir sowohl den eigentlichen Körper, als auch einen mit einem geistigen, der Leidenschaften fähigen Wesen, kurz mit einer Seele begabten Körper, was man in medizinischen Schriften gewöhnlich System nennt. 15. Die allgemeine Wirkung der erregenden Potenzen ist Empfindung, Bewegung, Thätigkeit des Verstandes und Gemüthes. Da diese Wirkung eine und dieselbe ist, so muß man auch zugeben, daß die Wirkungsart aller Potenzen eine und dieselbe ist. 16. Die Wirkung der erregenden und die Erregbarkeit affizirenden Potenzen soll Erregung (excitement) genannt werden. 17. Da einige von diesen erregenden Potenzen durch offenbare Antriebe (impulses) wirken, und die Einerleyheit der Wirkung der übrigen auf die nehmliche Wirkungsart deutet, da sie ferner alle eine gewisse Wirkungskraft besitzen, so verdienen sie den Namen von reizenden (stimulant) Potenzen, oder von Reizen (stimuli). α) Reize sind entweder allgemein oder örtlich. β) Allgemeine Reize sind erregende Potenzen, welche solchergestalt auf die Erregbarkeit wirken, daß die Erregung sich über das ganze System verbreitet. Sie werden allgemeine Reize zum Unterschiede von den örtlichen genannt. γ) Die örtlichen Reize wirken blos auf den Theil, an welchen sie unmittelbar angebracht werden, und affiziren das übrige System nicht eher, als bis sie eine örtliche Veränderung hervorgebracht haben.«

79, 30 *Zum Terminus ›silent discharge‹ (stille Entladung) vgl.* Gehler 1787–1796, Artikel: *Flasche, geladne, Kleistische Flasche, Leidner Flasche* [...]. Teil 2, 1789, S. 287–313, hier 295 f.: »Es kan aber auch die Entladung einer Flasche *stillschweigend*, d. i. ohne Schlag bewirkt werden, wenn man beyde Seiten derselben allmählig von ihren Elektricitäten befreyen kan, (eine allein zu befreyen, ist wegen des Wirkungskreises der andern unmöglich). Dies geschieht z. B. wenn man beyde Seiten wechselsweise berührt oder mit der Erde verbindet, oder wenn man die äussere Seite allein in diese Verbindung setzt, und an den messingnen Drath eine Spitze bringt, oder im Fall er spitzig geendet ist, die Kugel davon abschraubt, wobey die Elektricität der innern Seite sich still durch die Spitze zerstreut [...]; auch wenn man die eine Belegung mit der Erde verbindet, und die andere eine Zeitlang der Luft aussetzt, wodurch sie ihre Elektricität ebenfalls nach und nach verliert, weil in der Luft viel leitende Theile schweben. Eben daher verlieren die gewöhnlichen Flaschen ihre Ladung in kurzer Zeit von selbst. So erfolgt auch eine stille Entladung, wenn man um die äussere Belegung einen messingnen Ring legt, aus dem ein krummgebogner Drath mit einem Knopfe bis E [...] heraufgeht, so daß die Knöpfe A und E sich gegenüber stehen. [...]«

79, 32 *Anspielung auf Immanuel Kants »Versuch den Begriff der negativen Größen in die Weltweisheit einzuführen« (Königsberg 1763). Hierzu vgl. auch unten S. 273, erklärende Anmerkung zu 86, 30.*

79, 34 *Zur Rezeption dieser Textpassage in Schellings »Weltseele« vgl.* Schelling 1798, S. 195 f. Anm.

79, 37 *›Disciplina Arcani‹ steht hier für ›Geheimlehre‹. Hierzu ausführlich in* Theologische Realenzyklopädie, Bd. 4 (1979), S. 1–8.

80, 6 *Zu ähnlichen und ausführlichen Überlegungen gegenüber Browns physiologischem System vgl. Pfaffs Abhandlung in* Brown 1796, S. XXIX f.

80, 14 *Baader bezieht sich hier auf* Kant 1788, S. 133 (Kant 1983, Bd. 4, S. 195): »[...] indem es den Widerstand aus dem Wege schafft, die Wegräumung eines Hindernisses einer positiven Beförderung der Causalität gleichgeschätzt wird.« *Sowie* ebd., S. 140 (ebd., S. 200): »Denn eine jede Verminderung der Hindernisse einer Thätigkeit ist Beförderung dieser Thätigkeit selbst.« *Und* ebd., S. 279 (ebd., S. 293): »Dasjenige aber, dessen Wegräumung die Wirkung einer bewegenden Kraft verstärkt, muß ein Hinderniß gewesen seyn.«

80, 28 *Baader meint hier die Definitionen ›einer Menge der Materie‹ bzw. ›der Substanzen‹ in* Kant ²1787, S. 107 f. (Kant 1983, Bd. 5, S. 101): »Die *Quantität der Materie* ist die Menge des Beweglichen in einem bestimmten Raum. Dieselbe, so fern alle ihre Theile in ihrer Bewegung als zugleich wirkend (bewegend) betrachtet werden, heißt die *Masse*, und man sagt, eine Materie wirke in Masse, wenn alle ihre Theile in einerley Richtung bewegt ausser sich zugleich ihre bewegende Kraft ausüben. Eine Masse von bestimmter Gestalt, heißt ein Körper (in mechanischer Bedeutung). Die *Grösse der Bewegung* (mechanisch geschätzt) ist diejenige, die durch die Quantität der bewegten Materie und ihre Geschwindigkeit zugleich geschätzt wird; Phoronomisch besteht sie blos in dem Grade der Geschwindigkeit.« *Und* ebd., S. 42 f. (ebd., S. 55): »*Erklärung 5. Materielle Substanz* ist dasjenige im Raume, was für sich, d. i. abgesondert von allem anderen, was außer ihm im Raume existirt, beweglich ist. Die Bewegung eines Theils der Materie, dadurch sie aufhört ein Theil zu seyn, ist die Trennung. Die Trennung der Theile einer Materie ist die *physische Theilung*.« *Sowie auch in* ebd., S. 116 (ebd., S. 106): »*Erstes Gesetz der Mechanik.* Bey allen Veränderungen der körperlichen Natur bleibt die Quantität der Materie im Ganzen dieselbe, unvermehrt und unvermindert.«

80, 32 *Zum Begriff einer ›spezifischen Kapazität‹ vgl. oben S. 227, erklärende Anmerkung zu 59, 13; S. 231, zu 60, 12; S. 252, zu 68, 21'. Zum Begriff einer ›spezifischen Trägheit‹*

(*inertia specifica*) *vgl. Kants »Monadologia physica« (1756) Satz XI in* Kant 1983, Bd. 1, S. 553 ff.: »*Lehrsatz.* Die *Trägheitskraft* ist in einem jeden Element von bestimmter Größe, diese wird in den verschiedenen ganz verschieden sein können. [...] Es ist [...] die Trägheitskraft eines Körpers die Summe der Trägheitskräfte aller Elemente, aus denen er zusammengefügt ist (und diese nennt man die Masse) [...]. Also wird es, in Elementen verschiedener Art, über die Trägheitskraft eines jeden Elements eine andere größere oder kleinere geben können.«

80, 33 *Es geht hier um die Debatte von phlogistischen und antiphlogistischen Verbrennungstheorien. Hierzu vgl.* WhB 1994, S. 56–90 *und* Baader 1792.

81, 28 *Baader bezieht sich hier auf* Kant ^{2}1787, S. 43 (Kant 1983, Bd. 5, S. 56): »*Lehrsatz* 4. Die Materie ist ins *Unendliche theilbar*, und zwar in Theile, deren jeder wiederum Materie ist.« *Und vgl. auch Kants »Monadologia physica« (1756) Satz IV in* Kant 1983, Bd. 1, S. 529 f.: »*Lehrsatz.* Ein Zusammengesetztes, das ins unendliche teilbar ist, besteht nicht aus ursprünglichen oder einfachen Teilen. [...] [D]aher ist es klar, daß ein Zusammengesetztes, das unendlich oft teilbar ist, nicht aus solchen besteht. [...] *Folgerung.* Mithin besteht ein jeder Körper aus einer bestimmten Anzahl einfacher Elemente.«

82, 10 *Baader bezieht sich hier auf* Kant ^{2}1793, S. 348 ff. (§ 77) (Kant 1983, Bd. 5, S. 525): »[...] Unser Verstand nämlich hat die Eigenschaft, daß er in seinem Erkenntnisse, z. B. der Ursache eines Products, vom *Analytisch-Allgemeinen* (von Begriffen) zum Besondern (der gegebenen empirischen Anschauung) gehen muß; wobey er also in Ansehung der Mannigfaltigkeit des letztern nichts bestimmt, sondern diese Bestimmung für die Urtheilskraft von der Subsumtion der empirischen Anschauung (wenn der Gegenstand ein Naturproduct ist) unter dem Begrif erwarten muß. Nun können wir uns aber auch einen Verstand denken, der, weil er nicht wie der unsrige discursiv, sondern intuitiv ist, vom *Synthetisch-Allgemeinen* (der Anschauung eines Ganzen, als eines solchen) zum Besondern geht, d. i. vom Ganzen zu den Theilen; der also und dessen Vorstellung des Ganzen die *Zufälligkeit* der Verbindung der Theile nicht in sich enthält, um eine bestimmte Form des Ganzen möglich zu machen, die unser Verstand bedarf, welcher von den Theilen, als allgemein-gedachten Gründen, zu verschiedenen darunter zu subsumierenden möglichen Formen, als Folgen, fortgehen muß. Nach der Beschaffenheit unseres Verstandes ist hingegen ein reales Ganze der Natur nur als Wirkung der concurrirenden bewegenden Kräfte der Theile anzusehen. Wollen wir uns also nicht die Möglichkeit des Ganzen als von den Theilen, wie es unserm discursiven Verstande gemäß ist, sondern, nach Maaßgabe des intuitiven (urbildlichen), die Möglichkeit der Theile (ihrer Beschaffenheit und Verbindung nach) als vom Ganzen abhängend vorstellen; so kann dieses, nach eben derselben Eigenthümlichkeit unseres Verstandes, nicht so geschehen, daß das Ganze den Grund der Möglichkeit der Verknüpfung der Theile (welches in der discursiven Erkenntnißart Widerspruch seyn würde), sondern nur, daß die *Vorstellung* eines Ganzen den Grund der Möglichkeit der Form desselben und der dazu gehörigen Verknüpfung der Theile enthalte. [...]«

82, 12 *Bei Aristoteles begegnet dieser, später zur lateinischen Schulregel gewordene Gedanke dreimal wörtlich. Vgl. Aristoteles: »Politik« I, 2 (1253a 20):* »τὸ γὰρ ὅλον πρότερον ἀναγκαῖον εἶναι τοῦ μέρους« (*sowie auch in der »Metaphysik« V, 1019a 10 und VII, 1034b–1035a*). *Für die deutsche Übersetzung vgl. Aristoteles: »Politik«. Übersetzt und mit einer*

Einleitung sowie Anmerkungen herausgegeben von Eckart Schütrumpf, Hamburg 2012, *S. 6:* »denn das Ganze geht notwendigerweise dem Teil voraus.«

Oft auch bei Friedrich Jacobi, vgl. Jacobi 1787, S. 50 *und den betreffenden Textkommentar in* ebd., S. 538 *sowie* Jacobi [4]1792, S. 231.

82, 30 *Vgl.* Kant [2]1787, S. 112 (Kant 1983, Bd. 5, S. 104): »*Anmerkung.* [...] Daß die Quantität der Materie nur als die Menge des Beweglichen (ausserhalb einander) könne gedacht werden, wie die Definition es aussagt, ist ein merkwürdiger und Fundamentalsatz der allgemeinen Mechanik. Denn dadurch wird angezeigt: daß Materie keine andere Grösse habe, als die, welche in der Menge des Mannigfaltigen *ausserhalb einander* besteht, folglich auch keinen *Grad* der bewegenden Kraft mit gegebener Geschwindigkeit, der von dieser Menge unabhängig wäre und blos als intensive Grösse betrachtet werden könnte, welches allerdings statt finden würde, wenn die Materie aus Monaden bestände, deren Realität in aller Beziehung einen Grad haben muß, welcher größer oder kleiner seyn kann, ohne von einer Menge der Theile ausser einander abzuhängen. [...]«

82, 32 *Hierzu vgl. auch Kants »Monadologia physica« (1756) Satz VI Anm. in* Kant 1983, Bd. 1, S. 535: »Die Monade bestimmt den kleinen Raum ihrer Gegenwart nicht durch eine Mehrzahl ihrer substantiellen Teile, sondern durch eine Sphäre der Wirksamkeit, durch die sie die äußeren, die ihr auf zwei Seiten gegenwärtig sind, von einer weiteren Annäherung aneinander abhält.«

83, 5 *Hierzu vgl.* Jacobi 1787, S. 85: »Alle wahrhaft würkliche Dinge sind Individua oder einzelne Dinge [...], wie ein Individuum, gesetzt wird, so müssen nothwendig zugleich in ihm die Begriffe von Einheit und Vielheit, von Thun und Leiden, von Ausdehnung und Succeßion gesetzt werden; das heißt, es sind die Begriffe jedem Individuo angebohrne oder anerschaffene Begriffe.« *Sowie vgl. auch* Fichte 1794a, S. 427: »(Hier geht die Grenze zwischen bloßem Leben, und zwischen Intelligenz, wie oben zwischen Tod, und Leben. Lediglich aus dieser absoluten Spontaneität erfolgt das Bewußtseyn des Ich. – Durch kein Naturgesez, und durch keine Folge aus dem Naturgesetze, sondern durch absolute Freiheit erheben wir uns zur Vernunft, nicht durch *Uebergang*, sondern durch einen *Sprung*. – Darum muß man in der Philosophie nothwendig vom Ich ausgehen, weil dasselbe nicht zu deduciren ist; und darum bleibt das Unternehmen des Materialisten, die Aeusserungen der Vernunft aus Naturgesetzen, zu erklären, ewig unausführbar.)« *Zu Schellings Rezeption dieser Textpassage vgl.* Schelling 1799, S. 154 *bzw. den betreffenden Kommentar* S. 413.

83, 21 *Baader bezieht sich hier auf* Kant [2]1793, S. 337 f. (§ 75) (Kant 1983, Bd. 5, S. 516): »Es ist nämlich ganz gewiß, daß wir die organisierten Wesen und deren innere Möglichkeit nach bloß mechanischen Principien der Natur nicht einmal zureichend kennen lernen, viel weniger uns erklären können; und zwar so gewiß, daß man dreist sagen kann, es ist für Menschen ungereimt, auch nur einen solchen Anschlag zu fassen, oder zu hoffen, daß noch etwa dereinst ein Newton aufstehen könne, der auch nur die Erzeugung eines Grashalms nach Naturgesetzen, die keine Absicht geordnet hat, begreiflich machen werde: sondern man muß diese Einsicht den Menschen schlechterdings absprechen. Daß dann aber auch in der Natur, wenn wir bis zum Princip derselben in der Specification ihrer allgemeinen uns bekannten Gesetze durchdringen könnten, ein hinreichender Grund der Möglichkeit organisierter Wesen, ohne ihrer Erzeugung eine Absicht unterzulegen, (also im bloßen Mechanism derselben) gar nicht verborgen liegen *könne*, das wäre wiederum von uns zu vermessen geurtheilt; denn woher wollen wir das wissen? Wahrscheinlichkeiten fallen hier gar weg, wo es auf Urtheile der reinen Vernunft ankommt.«

83, 31 *Zur Rezeption dieser Textstelle in Schellings »Weltseele« vgl.* Schelling 1798, S. 188 f.

84, 5 *Baader bezieht sich hier auf* Kant 1781, S. 770 (Kant 1983, Bd. 2, S. 652): »Wo nicht etwa Einbildungskraft schwärmen, sondern, unter der strengen Aufsicht der Vernunft, dichten soll, so muß immer vorher etwas völlig gewiß und nicht erdichtet, oder blosse Meinung seyn, und das ist die Möglichkeit des Gegenstandes selbst. Alsdenn ist es wol erlaubt, wegen der Wirklichkeit desselben, zur Meinung seine Zuflucht zu nehmen, die aber, um nicht grundlos zu seyn, mit dem, was wirklich gegeben und folglich gewiß ist, als Erklärungsgrund in Verknüpfung gebracht werden muß und alsdenn Hypothese heißt.«

84, 6 *Der Ausdruck ist von Baader selbst im formalen Anschluss an Bacon geprägt worden. Hierfür bezog sich Baader auf die folgenden Auszüge aus* Bacon 1609, (*Sphinx, sive Scientia*) S. 110–116, hier S. 114 f.: »Ænigmatum autem Sphingis duo in universum sunt genera: Ænigmata de Naturâ rerum, atque Ænigmata de Natura hominis, atque similitèr in præmium solutionis sequuntur duo Imperia; Imperium in Naturam, & imperium in Homines: veræ enim Philosophiæ Naturalis finis proprius & ultimus est, Imperium in Res naturales, Corpora, Medicinas, Mechanica, alia infinita; licet Schola, oblatis contenta & sermonibus tumefacta, Res et Opera negligat, & fere projiciat. Verùm Ænigma illud *Oedipodi* propositum, ex quo ille Imperium *Thebanum* adeptus est, pertinebat ad Natura Hominis; Quisquis enim naturam hominis prorsùs introspexit, ille faber ferè fortunæ suæ esse potest, & imperandum natus est.« (Bacon 1857–1882, Bd. 6, S. 679 *und für die englische Fassung* ebd., S. 757). *Für die deutsche Übersetzung vgl.* Bacon 1990a [1609], S. 72–75, hier S. 74: »Die Rätsel der Sphinx sind nur von zweifacher Art: Rätsel über das Wesen der Dinge oder Rätsel über das Wesen des Menschen, und dementsprechend gibt es zwei Arten der Herrschaft, die als Belohnung für ihre Lösung winken: die Herrschaft über die Natur und die Herrschaft über den Menschen.

Denn die Herrschaft über die Dinge der Natur – über Körper, Heilmittel, mechanische Kräfte und zahllose andere Dinge – ist das wahre und höchste Ziel der Naturphilosophie, auch wenn die Schulphilosophie mit dem zufrieden ist, was sich ihr darbietet und aufgebläht von ihrem eigenen Geschwätz die Dinge und die Werke ablehnt oder verachtet.

Das Rätsel, durch dessen Lösung Ödipus zum König von Theben wurde, bezog sich jedoch auf das Wesen des Menschen, denn wer einen tiefen Einblick in das menschliche Wesen getan hat, vermag sein Glück, fast wie es ihm beliebt, zu schmieden und ist zur Herrschaft geboren [...].« *Sowie vgl. auch in* Bacon 1620, Liber I. [Aphorismus] CCXXI, S. 138 *und für die deutsche Übersetzung in* Bacon 1990 [1620], S. 253 *sowie vgl.* Bacon 1620, Liber II. [Aphorismus] IX, S. 164 *und für die deutsche Übersetzung in* Bacon 1990 [1620], S. 299.

84, 21 *Gemeint ist hier* Kant 1787B, S. XIX–XXI (Kant 1983, Bd. 2, S. 27 f.): »Aber hierin liegt eben das Experiment einer Gegenprobe der Wahrheit des Resultats jener ersten Würdigung unserer Vernunfterkenntniß a priori, daß sie nemlich nur auf Erscheinungen gehe, die Sache an sich selbst dagegen zwar als für sich wirklich, aber von uns unerkannt, liegen lasse. Denn das, was uns nothwendig über die Grenze der Erfahrung und aller Erscheinungen hinaus zu gehen treibt, ist das *Unbedingte*, welches die Vernunft in den Dingen an sich selbst nothwendig und mit allem Recht zu allem Bedingten, und dadurch die Reihe der Bedingungen als vollendet verlangt. Findet sich nun, wenn man annimmt, unsere Erfahrungserkenntniß richte sich nach den Gegenständen als Dingen an sich selbst, daß das Unbedingte *ohne Widerspruch gar nicht gedacht* werden könne; dagegen, wenn man annimmt, unsere Vorstellung der Dinge, wie sie uns gegeben werden, richte sich nicht nach diesen, als Dingen an sich selbst, sondern diese Gegenstände vielmehr, als Erscheinungen, richten sich nach unserer Vorstellungsart, *der Widerspruch wegfalle*; und daß folglich das Unbedingte nicht an Dingen, so fern wir sie kennen, (sie uns gegeben werden,) wol aber an ihnen, so fern wir sie nicht kennen, als Sachen an sich selbst, angetroffen werden müsse: so zeiget sich, daß, was wir Anfangs nur zum Versuche annahmen, gegründet sey.* [* Dieses Experiment der reinen Vernunft hat mit dem der *Chymiker*, welches sie mannigmal den Versuch der *Reduction*, im Allgemeinen aber das *synthetische* Verfahren nennen, viel Ähnliches. Die Analysis des *Metaphysikers* schied die reine Erkenntniß a priori in zwey sehr ungleichartige Elemente, nemlich die der Dinge als Erscheinungen, und dann der Dinge an sich selbst. Die *Dialectik* verbindet beide wiederum zur *Einhelligkeit* mit der nothwendigen Vernunftidee des *Unbedingten*, und findet, daß diese Einhelligkeit niemals anders, als durch jene Unterscheidung herauskomme, welche also die wahre ist.]«

84, 22 *Baader meint hier wohl die Kapitel § 58: »Vom Idealismus der Zweckmässigkeit der Natur sowohl als Kunst, als dem alleinigen Princip der ästhetischen Urtheilskraft« und § 59: »Von der Schönheit als Symbol der Sittlichkeit« der »Critik der Urtheilskraft« in* Kant 1790, S. 242–257.

84, 25 *Baader bezieht sich hier auf* Kant 1790, S. 245 (Kant 1983, Bd. 5, S. 454 f.): »[…] die Natur zeigt in ihren freyen Bildungen überall so viel mechanischen Hang zu Erzeugung von Formen, die für den ästhetischen Gebrauch unserer Urtheilskraft gleichsam gemacht zu seyn scheinen, ohne den geringsten Grund zur Vermuthung an die Hand zu geben, daß es dazu noch etwas mehr, als ihres Mechanisms, blos als Natur, bedürfe, wornach sie, auch ohne alle ihr zum Grunde liegende Idee, für unsere Beurtheilung zweckmäßig seyn können. Ich verstehe aber unter einer *freyen Bildung* der Natur *diejenige*, wodurch aus einem *Flüßigen in Ruhe*, durch Verflüchtigung oder Absonderung eines Theils desselben (bisweilen blos der Wärmmaterie) das Übrige im festwerden eine bestimmte Gestalt, oder Gewebe, (Figur oder Textur) annimmt, die, nach der specifischen Verschiedenheit der Materien, verschieden, in eben derselben aber genau dieselbe ist. Hiezu aber wird, was man unter einer wahren Flüßigkeit jederzeit versteht, nämlich daß die Materie in ihr völlig aufgelöset, d. i. nicht als ein bloßes Gemenge fester und darin bloß schwebender Teile anzusehen sey, vorausgesetzt.«

85, 2 *Zum lateinischen Begriff ›Intussuszeption‹ vgl. oben S. 250, erklärende Anmerkung zu 67, 22.*

85, 9 *Baader bezieht sich hier auf* Sömmerring 1796, S. 81–86, hier 84 (*auch in* Kant 1983, Bd. 6, S. 257 f.): »Wie wäre es, wenn ich statt der *mechanischen*, auf Nebeneinanderstellung der Theile zu Bildung einer gewissen Gestalt beruhenden, eine *dynamische* Organisation vorschlüge, welche auf chemische (so wie jene auf mathematischen) Principien beruhet, und so mit der Flüssigkeit jenes Stoffs zusammen bestehen kann? – So wie die *mathematische* Theilung eines Raumes und der ihn einnehmenden Materie (z. B. der Gehirnhöhle und des sie erfüllenden Wassers) ins Unendliche geht, so mag es auch mit der *chemischen* als dynamischen Theilung (Scheidung verschiedener in einer Materie wechselseitig von einander aufgelöseter Arten) beschaffen seyn, daß sie, so viel wir wissen, gleichfalls ins unendliche (in indefinitum) geht.«

86, 9 *Baader bezieht sich hier auf* Schelling 1795, S. 126–128: »[...] Dem moralischen Urgesez des endlichen Ichs: *Seye identisch*, widerstrebt nemlich das *Naturgesez* desselben Ichs, kraft dessen es nicht-identisch, d.h. Vielheit – *nicht* seyn *soll*, sondern – *ist*. Dieser Widerstreit zwischen dem *Moral-* und zwischen dem *Natur*gesetz der Endlichkeit kann nur durch ein neues Schema, nemlich das des *Hervorbringens in der Zeit* vermittelt werden, so daß nun jenes Gesez, das auf eine Forderung des *Seyns* geht, zu einer Forderung des *Werdens* wird. Das moralische Urgesez, in seiner ganzen Versinnlichung ausgedrückt, lautet daher so: *werde* identisch, *erhebe* (in der Zeit) die *subjectiven* Formen deines Wesens zu der Form des Absoluten. (Das reine moralische Urgesez *schließt* schon alle subjectiven Formen (alle Formen, die nur dem durch Objecte bedingten Ich angehören), aus, und fordert geradezu: *sey* identisch! Diesem Gesez aber widerstreben eben jene Formen schlechthin, mithin ist eine *Synthesis* notwendig, in die *sie selbst*, aber nimmer als Formen des *Subjects*, (des Endlichen), sondern als Formen des Absoluten aufgenommen werden.*) [*Verfolgen wir dieses schematisirte Gesez wiederum durch die untergeordneten Formen, so erhält man folgende Geseze: der *Quantität* nach: *werde* schlechthin Eines. (Was erst Einheit *wird*, sezt Vielheit in sich voraus, und wird es nur durch *Erhebung* derselben zur Einheit: also ist jener Ausdruk identisch mit diesem: Erhebe die Vielheit in dir zur Einheit, d.h. werde eine in dir selbst beschlossene *Totalität*.) Der *Qualität* nach: *werde* Realität schlechthin! (was Realität wird, wird es im Streit gegen Negation, also kann es auch so ausgedrückt werden: Erhebe die Negation in dir zur Realität, d.h. gieb dir eine Realität, die *ins Unendliche fort* (in der Zeit) nie aufgehoben werden kann.) – Der *Relation* nach: *werde* absolut unbedingt, *strebe* nach absoluter Kaussalität – abermals Ausdruk eines ursprünglichen Widerstreits, also ebensoviel, als: mache die passive Kaussalität in dir identisch mit der activen, (bringe Wechselwirkung hervor, mache, daß, was passive Kaussalität in dir ist, zugleich active, und was active ist, passive werde). Der *Modalität* nach: strebe, dich in die Sphäre des absoluten *Seyns*, unabhängig vom Zeitwechsel, zu sezen. *Streben* ist nur in der Zeit möglich, mithin ist ein *Streben*, sich *ausser* alles Zeitwechsels zu sezen, ein Streben *in aller Zeit*. Also kann jenes Gesez auch so ausgedrükt werden: Werde ein *nothwendiges* Wesen, ein Wesen, das *in aller Zeit* beharrt.]«

86, 27 *Vgl.* Schelling 1795, S. 175: »Also *soll* auch das endliche Ich *streben*, in der Welt *das hervorzubringen*, was im Unendlichen Wirklich *ist*, und der höchste Beruf des Menschen ist – Einheit der Zweke in der Welt zum Mechanism, Mechanism aber zur Einheit der Zweke zu machen.«

86, 30 Kant 1763, S. 50 f. (Kant 1983, Bd. 1, S. 808): »*Der erste Satz* ist dieser. *In allen natürlichen Veränderungen der Welt wird die Summe des Positiven, in so ferne sie dadurch geschätzt wird, daß einstimmige (nicht entgegengesetzte) Positionen addirt und real entgegengesetzte von einander abgezogen werden, weder vermehrt noch vermindert.*

Alle Veränderung besteht darin: daß entweder etwas Positives was nicht war, gesetzt, oder dasjenige was da war aufgehoben wird. Natürlich aber ist die Veränderung in so ferne der Grund derselben eben so wohl wie die Folge zur Welt gehört. In dem ersten Falle demnach, da eine Position die nicht war gesetzt wird, ist die Veränderung ein *Entstehen*. Der Zustand der Welt vor dieser Veränderung ist in Ansehung dieser Position dem Zero = 0 gleich und durch dies Entstehen ist die reale

Folge – A. Ich sage aber: daß, wenn A entspringt, in einer natürlichen Weltveränderung auch –A entspringen müsse, d.i. daß kein natürlicher Grund einer realen Folge seyn könne, ohne zugleich ein Grund einer andern Folge zu seyn die die Negative von ihr ist.* [*So wie z.E. Im Stoße eines Körpers auf einen andern die Hervorbringung einer neuen Bewegung mit der Aufhebung einer gleichen die vorher war zugleich geschieht, und wie niemand aus einem Kahne einen andern schwimmenden Körper nach einer Gegend stoßen kan, ohne selbst nach der entgegengesetzten Richtung getrieben zu werden.]« *Und* ebd., S. 56 (Bd. 1, S. 811): »*Der zweyte Satz* ist folgender: *Alle Realgründe des Universum, wenn man diejenige summirt welche einstimmig seyn und die von einander abzieht die einander entgegengesetzt seyn, geben ein Facit das dem Zero gleich ist. Das Ganze der Welt ist an sich selbst Nichts, außer in so ferne es durch den Willen eines andern Etwas ist.* Es ist demnach die Summe aller existirenden Realität, in so ferne sie in der Welt gegründet ist, vor sich selbst betrachtet dem Zero = 0 gleich. Ob nun gleich alle mögliche Realität in Verhältniß auf den göttlichen Willen ein Facit giebt, das positiv ist, so wird gleichwohl dadurch das Wesen einer Welt nicht aufgehoben. Aus diesem Wesen aber fließt nothwendiger Weise, daß die Existenz desjenigen was in ihr gegründet ist an und vor sich allein dem Zero gleich sey. Also ist die Summe des existirenden in der Welt in Verhältniß auf denjenigen Grund der außer ihr ist positiv, aber in Verhältnis der inneren Realgründe gegen einander dem Zero gleich. Da nun in dem ersten Verhältniße niemals eine Entgegensetzung der Realgründe der Welt gegen den göttlichen Willen statt finden kan, so ist in dieser Absicht keine Aufhebung und die Summe ist positiv. Weil aber in dem zweiten Verhältniße das Facit Zero ist, so folgt, daß die positiven Gründe in einer Entgegensetzung stehen müssen in welcher sie betrachtet und summirt Zero geben.«

87, 2 *Baader knüpft hier an jene ›Sagen der alten Magier‹ bzw. theosophischen Überlieferungen an, auf die Kleuker in seinem »Magikon« hingewiesen hatte, um das Wesentliche der Lehre Saint-Martins in ihren philosophie- und theologiegeschichtlichen Kontext einzuordnen. Vgl.* Kleuker 1784, Teil 2, S. 304–319, besonders S. 315–317. *Dabei bezieht sich Baader mit dem ›Ewigen Tempel der Einheit‹ explizit auf die mystische ›Symbolik der Freimaurerei‹, wie bereits auch in dem Brief an Jacobi vom 19. November 1796. Vgl.* Baader 1851–1860, Bd. 15, S. 168 ff. *Der ›Tempel‹ wird mit der Nummer 4* (»das ewige □«) *symbolisiert, denn der Quaternar ist die Zahl der Vollkommenheit und entspricht allem, »was auf Geistigkeit, Bestandheit, grade Energie, göttliche Eradiation u. s. f. Beziehung hat«; so in* Kleuker 1784, Teil 1, S. 168, *dann vgl. auch* ebd., Teil 1, S. 10 f. Anm. 20, S. 75 Anm. 63 *und* S. 230 ff.

87, 3 *Die Vorstellung vom Menschen als ›Krieger Gottes‹ begegnet schon bei Böhme und später auch bei Saint-Martin. Zu Böhme vgl.* Hamberger 1844, S. 292: »§ 345. Der Krieg als Nothwehr ist wohl erlaubt, doch soll der Krieger nicht in Eigensucht kämpfen, sondern nur als ein Werkzeug Gottes.« *Zu Saint-Martin vgl.* Kleuker 1784, Teil 1, S. 115 f.: »*Weil indessen der Mensch zu dem grossen Werke der Regeneration ganz eigentlich mitwirken muß, so war, von Seiten des Höchsten, eine Mittheilung aller Gedanken nöthig, wodurch derselbe auf das Verhältniß seines jetzigen Zustandes zu seinem ehemaligen und künftigen geführt werden konnte.* Hiezu gebrauchte Gott jene erwählten Agenten, die den Menschen ein Tableau universel ihrer Geschichte überlieferten und ihnen dadurch zeigte, was der Mensch verlohren, was er zu leiden, wie er zu kämpfen und was er zu hoffen hätte; die ihnen die Nothwendigkeit dieses Kampfes, der sich seit der Zerstöhrung ihres Tempels vervielfältigt hatte, […] nahe legten […].« *Ferner vgl.* Schmidt-Biggemann 2004, S. 71 ff. *und* 132 ff.

87,18 *Vgl. »Musen-Almanach für das Jahr 1797« (S. 41) oder vgl.* Goethe 1987, S. 572 (§ 630 *und* § 631).

87,33 *Die Lehre von der ›Schöpfung aus dem Nichts‹ (lat. ›creatio ex nihilo‹), die seit den Kirchenvätern der aristotelischen Vorstellung von der Entstehung der Welt aus einem vorgängigen existierenden Etwas entgegengesetzt wird, bezeichnet den Anbruch des Universums voraussetzungslos aus dem Nichts. Zu dieser Textpassage bei Baader schreibt W. A. Schulze in »Schelling und die Kabbala« (vgl.* Judaica, 13/2, 1957, S. 65–99, hier 72): »Ganze kabbalistische Schulen leugneten [...], aber die Mystiker in allen Religionen nippten immer gern an der Ketzerei – die creatio ex nihilo. Das tun auch Böhme, Oetinger und Schelling. [...] Auch Fr.v. Baader steht in dieser Traditionskette, wenn er den Sinn des ex nihilo umdeuten will, indem er erklärt, es solle nur das Wesen der Spontaneität par excellence andeuten [...].«

88,2 *Baader bezieht sich hier auf* Fichte 1794a, S. 406–410 *und besonders auf* S. 412f.: »So wie wir sagen ›erklären‹ sind wir schon auf dem Felde der Endlichkeit; denn alles *Erklären,* d.i. kein Umfassen auf einmal, sondern ein Fortsteigen von einem zum andern, ist etwas endliches, und das Begrenzen, oder Bestimmen ist eben die Brücke, auf welcher übergegangen wird, und die das Ich in sich selbst hat. – Die entgegengesezte Kraft ist unabhängig vom Ich ihrem Seyn, und ihrer Bestimmung nach, welche doch das praktische Vermögen des Ich, oder sein Trieb nach Realität zu modificiren strebt; aber sie ist abhängig von seiner idealen Thätigkeit, von dem theoretischen Vermögen desselben; sie ist *für das Ich* nur, inwiefern sie *durch dasselbe* gesezt wird, und ausserdem ist sie nicht für das Ich.« *Und auf* ebd., S. 418: »Das Streben des Ich kann nicht gesezt werden, ohne daß ein Gegenstreben des Nicht-Ich gesezt werde; denn das Streben des erstern geht aus auf Kausalität, hat aber keine; und daß es keine hat, davon liegt der Grund nicht in ihm selbst, denn sonst wäre das Streben desselben kein Streben, sondern Nichts. [...] Das Gleichgewicht zwischen beiden muß gesezt werden.«

88,11 *Hier meint Baader Kants »Allgemeine Anmerkung zur Teleologie« in* Kant 1790, S. 462–476 (Kant 1983, Bd. 5, S. 608ff.).

88,18 *Baader bezieht sich auf* Fichte 1794a, S. 414: »Wo liegt nun das unabhängige Nicht-ich unsers Gegners, oder sein Ding an sich, das durch jene Argumentation erwiesen werden sollte? Offenbar nirgends, und allenthalben zugleich. Es ist nur da, inwiefern man es nicht hat, und es entflieht, sobald man es auffassen will. Das Ding an sich ist etwas für das Ich, und folglich *im* Ich, das doch *nicht im Ich* seyn soll: also etwas widersprechendes, das aber dennoch als Gegenstand einer nothwendigen Idee allem unsern Philosophiren zum Grunde gelegt werden muß, und von jeher, nur ohne daß man sich desselben und des in ihm liegenden Widerspruchs deutlich bewußt war, allem Philosophiren, und allen Handlungen des endlichen Geistes zu Grunde gelegen hat. Auf dieses Verhältniß des Dinges an sich zum Ich gründet sich der ganze Mechanismus des menschlichen, und aller endlichen Geister. Dieses verändern wollen, heißt alles Bewußtseyn, und mit ihm alles Daseyn aufheben.« *Ferner vgl.* ebd., S. 294 *und auch* Schelling 1795, S. 111–116.

88,30 *Es handelt sich um das Distichon »Genialität« von Friedrich Schiller aus dem »Musen-Almanach für das Jahr 1797« (S. 173). Baader schreibt »G. u. S.« (Goethe und Schiller), wie im Verzeichnis angegeben, wobei dessen Autor Schiller selbst ist. Zu Schillers Begriff von ›Genius‹ und ›Genialität‹ als Personifikation der Zeugungskraft vgl. den Kommentar in* Schiller 1992, S. 973–975.

89, 7 *Baader meint hier die folgenden Stellen in* Fichte 1794a, S. 329 f.: »Die charakteristische Form des Wechsels in der Wirksamkeit ist ein *Entstehen durch ein Vergehen* (ein Werden durch ein Verschwinden.) – (Es ist hier, welches wohl zu merken, gänzlich zu abstrahiren, von der Substanz, auf welche gewirkt wird, vom Substrate des Vergehens, und demnach von aller *Zeitbedingung*. Wird dieses gesezt, so wird *in Beziehung auf dasselbe* das entstehende freylich in die Zeit gesezt. Aber davon, so hart dies der Einbildungskraft auch ankommen möge, muß abstrahirt werden, denn die Substanz kommt nicht in den Wechsel: bloß das in sie *eintretende*, und das durch das eintretende *verdrängte* und *aufgehobne* kommen in den Wechsel; und es ist bloß die Rede von dem was in den Wechsel kommt, insofern es darein kommt. Z. B. X vernichtet –X: –X. war freylich *vorher* da, *ehe* es vernichtet wurde, soll es als existirend betrachtet werden, so muß es allerdings in die vorhergehende Zeit, und X. im Gegensatze in die folgende Zeit gesezt werden. Aber es soll ja eben nicht als existirend, sondern als *nicht existirend* gedacht werden. Aber die Existenz von X. und die Nicht-Existenz von –X sind schlechterdings nicht zu verschiednen Zeiten, sondern sie sind in *demselben Momente*. Sie sind demnach, wenn sonst nichts da ist, das uns nöthigt den Moment in eine Reihe von Momenten zu setzen, gar nicht in der Zeit.) Die Materie des zu untersuchenden Wechsels ist *wesentliches Entgegenseyn* (Incompatibilität der Qualität nach.)

Die Form dieses Wechsels soll seine Materie bestimmen, heißt: weil und insofern die Glieder des Wechsels sich gegenseitig aufheben, sind sie wesentlich entgegengesezt. Das (wirkliche) gegenseitige Aufheben bestimmt den Umkreis des wesentlichen Entgegenseyns. Heben sie sich nicht auf, so sind sie sich nicht wesentlich entgegen (essentialiter opposita). – Dies ist ein Paradoxon, gegen welches sich abermals der so eben angezeigte Mißverstand erhebt.« *Sowie* ebd., S. 352 f. *und* 360 f.

89, 14 *Gemeint ist hier* Fichte 1794a, S. 350: »An ein daurendes Substrat, an einen etwanigen Träger der Accidenzen, ist nicht zu denken; das eine Accidenz ist jedesmal sein eigner und des entgegengesezten Accidenz Träger, ohne daß es dazu noch eines besondern Trägers bedürfte. – Das setzende Ich, durch das wunderbarste seiner Vermögen, das wir zu seiner Zeit näher bestimmen werden, hält das schwindende Accidenz so lange fest, bis es dasjenige, wodurch dasselbe verdrängt wird, damit verglichen hat – Dieses fast immer verkannte Vermögen ist es, was aus steten Gegensätzen eine Einheit zusammenknüpft, – was zwischen Momente, die sich gegenseitig aufheben müsten, eintritt und dadurch beide erhält – es ist dasjenige, was allein Leben und Bewustseyn, und insbesondre Bewustseyn als eine fortlaufende Zeitreihe möglich macht; und das alles thut es lediglich dadurch, daß es an sich, und in sich Accidenzen fortleitet, die keinen *gemeinschaftlichen* Träger haben, noch haben *könnten*, weil sie sich gegenseitig vernichten würden.«

89, 37 *Mit diesen mystisch-naturphilosophischen Spekulationen schließt sich Baader der martinistischen freimaurerischen Tradition an. Hierzu vgl.* Kleuker 1784, Teil 1, S. 10–19 *und dazu die Erklärung der Zeit in* Gleichen 1791, S. 20–24. *Ferner vgl.* Schmidt-Biggemann 2004, S. 87–91.

90, 14 *Wörtlich heißt es »des zerstückten Dichters Glieder« und ist eine überkommene Form eines Verses des Horaz in den »Satiren«, vgl. I. 4, 62: »Invenias etiam disiecti membra poetae« (»auch zerstückelt würdest du die Glieder des Dichters wiederfinden«). Ähnlich auch bei* Herder 1784–1791, Teil 1, 1784, S. 90: »[...] alle Wesen der organischen Schöpfung erscheinen also als disjecti membra poëtae.«

90, 22 *Vgl. oben S. 265, erklärende Anmerkung zu 78, 27.*

90, 27 *Es handelt sich hier um die letzten zwei Verse des im Jahr 1798 veröffentlichten, aber bereits 1781 verfassten und an Charlotte von Stein gerichteten Gedichtes Goethes »An Lida«. Vgl.* Goethe 1987, S. 311: »*An Lida.* Den Einzigen, Lida, welchen du lieben kannst, / Forderst du ganz für dich, und mit Recht. / Auch ist er einzig dein. / Denn, seit ich von dir bin, / Scheint mir des schnellstens Lebens / Lärmende Bewegung / Nur ein leichter Flor, durch den ich deine Gestalt / Immerfort wie in Wolken erblicke: / Sie leuchtet mir freundlich und treu, / Wie durch des Nordlichts bewegliche Strahlen / Ewige Sterne schimmern.«

90, 33 *Zum lateinischen Begriff ›Alterum‹ vgl. J. Brucker: »Historia Critica Philosophiae«, 2. Aufl. Bd. 1, Leipzig 1767, S. 151f.:* »Dyas, sive numerus binarius, indefinita & indeterminata [...] principium alterum est [...].« *Baader bezieht sich hier auf* Kleuker 1784, Teil 2, S. 343 f.: »Nach den Pythagoräern sind alle intellectuelle Zahlen Emanationen der Einheit, so wie das Eine oder Eins der Anfang alles Zählbaren ist. Diese ist daher der Name und Charakter der Allerhöchsten, Urersten, Ewigen und Unendlichen. Die Dyas (Binarius) ist der Grund und Anfang alles Werdens; und weil sie nach rationem principii hat, so ist sie noch keine Zahl oder Resultat, sondern der Ternarius oder die Trias ist die erste Zahl oder das erste Resultat, weil darin Anfang, Mittel und Ende ist. Daher schloß man die Bündnisse durch diese Zahl, wie bei den Hebräern durch den Septenarius.« *Sowie in* ebd., Teil 1, S. 166: »Zwei, bedeutet 1) als unmittelbare Eradiation der absoluten Einheit, oder als Abglanz des Urersten, das Zweite im geheiligten Ternar, auch die geheiligte Dyas, welche den ersten Grund der Möglichkeit in sich enthält, daß ausser dem Urgrunde etwas Geschiedenes, Fortgehendes und sich Darstellendes ist und seyn kann. Die absolute Einheit schaut und genießt sich in der Dyas. 2) Bei den Theosophen bedeutet die Dyade Licht und Feuer d. i. Liebe und Zorn; daher sie Beziehung auf die Cause occasionelle de l'Univers hat. 3) Das zweite Principium aller Dinge, den Grundanfang aller Progression aus dem Göttlichen ins Intellektuelle u. s. w. 4) Das Doppelgesetz und die Doppelaction im Geistigen und Sinnlichen d. i. Energie und Reaction.«

92, 13 *Baader bezieht sich hier auf* Kleuker 1784, Teil 1, S. 28–34 *und* 160–163. *Ferner vgl. Baaders Anmerkungen bzw. Erläuterungen zu Saint-Martins Buch »Des Erreurs et de la Vérité« in* Baader 1851–1860, Bd. 12, S. 106–118.

92, 16 *Baader bezieht sich hier auf* Fichte 1794a, S. 429: »(Hier liegt der Grund aller Realität. Lediglich durch die Beziehung des Gefühls auf das Ich, die wir jetzt nachgewiesen haben, wird Realität für das Ich möglich, sowohl die des Ich, als die des Nicht-Ich. – Etwas, das lediglich durch *die Beziehung eines Gefühls* möglich wird, ohne daß das Ich *seiner Anschauung desselben* sich bewußt wird, noch bewußt werden kann, und das *daher gefühlt zu seyn scheint*, wird *geglaubt*.

An Realität überhaupt, sowohl die des Ich, als des Nicht-Ich, findet lediglich *ein Glaube* statt.)«

92, 24 *Wie oben S. 259, erklärende Anmerkung zu 74, 11.*

92, 28 *Zum Begriff ›Leiter‹ vgl. oben S. 258, erklärende Anmerkung zu 73, 22.*

93, 4 *Baader bezieht sich hier auf* Kant 1783, S. 192 (Kant 1983, Bd. 2, S. 245): »Daß der Geist des Menschen metaphysische Untersuchungen einmal gänzlich aufgeben werde, ist eben so wenig zu erwarten, als daß wir, um nicht immer unreine Luft zu schöpfen, das Athemholen einmal lieber ganz und gar einstellen würden.«

98, 12 *Baader bezieht sich hier auf* Saint-Martin 1790, S. 301 (§ 211).

98, 31 *Vgl. G. Vico: »De antiquissima Italorum sapientia ex linguae originibus eruenda libri tres. Liber primus, sive metaphysicus«, Napoli 1710, S. 52:* »Metaphysici enim veri claritas eadem est numero ac illa lucis, quam non nisi per opaca cognoscimus. Si enim in clatratam fenestram, quae lucem in aedes admittit, intente ac diu intuearis; deinde in corpus omnino opacum aciem oculorum convertas; non lucem, sed lucida clatra tibi videre videaris. Ad hoc instar metaphysicum verum illustre est, nullo fine concluditur, nulla forma discernitur; quia est infinitum omnium formarum principium; physica sunt opaca, nempe formata, & finita, in quibus Metaphysici veri lumen videmus.« *Für die deutsche Übersetzung vgl. G. Vico: »Liber metaphysicus (De antiquissima Italorum sapientia liber primus) 1710«. Aus dem Lateinischen und Italienischen ins Deutsche übertragen von S. Otto und H. Viechtbauer, München 1979, S. 69:* »Die Klarheit nämlich des metaphysisch Wahren ist ihrem Charakter nach zu vergleichen mit der des Lichtes, das wir ja auch nur im Medium des Schattenhaften erkennen. Wenn man nämlich intensiv und lange auf ein vergittertes Fenster schaut, durch welches Licht in ein Gebäude einfällt, und wenn man dann die Augen auf einen völlig dunklen Gegenstand richtet, so scheint man nicht Licht zu sehen, sondern die Erscheinung eines leuchtenden Gitters zu haben. Analog dazu ist das metaphysisch Wahre eine Lichtquelle, die von keiner Grenze eingeschlossen und von keiner Form begrenzt wird, weil es das unendliche Prinzip aller begrenzten Formen ist. Die Naturdinge sind dunkel, nämlich geformt und somit begrenzt, und in dieser ihrer Geformtheit und Begrenztheit werden wir des Lichtes des metaphysischen Wahren ansichtig.«

99, 25 *Christian Thomasius (Leipzig 1655 – Halle an der Saale 1728) war Jurist und Philosoph. Er gilt als Wegbereiter der Frühaufklärung in Deutschland. Hierzu vgl. Ch. Thomasius: »Versuch vom Wesen des Geistes [...]«, Halle 1699, S. 54f. (Th. 11).*

Ueber das pythagoräische Quadrat in der Natur

116, 4 *Vgl.* Saint-Martin 1790, S. 184f. (§ 117): »Il y a deux classes; mais dans ces deux classes l'union ne peut se faire sans rupture. N'y a-t-il pas deux forces en opposition? l'une pour arrêter l'union; l'autre pour la favoriser? N'y a-t-il pas en outre le principe qui donne, & le principe qui reçoit?

Ces quatre nombres peignent au naturel la loi de toutes les opérations divines & physiques.

Dans ces opérations, tous les corps sont les réceptacles. Mais les corps, & tous les êtres matériels, ne sont que des réceptacles sensitifs. L'homme est à la fois, & un réceptacle sensitif, & un réceptacle *moral* & contemplatif.« *Für die deutsche Übersetzung vgl.* Saint-Martin 1813, Bd. 1, S. 229f.: »Es giebt zwei Klassen, aber in diesen kann die Einung nicht ohne Bruch bewirkt werden. Sind nicht zwei Kräfte im Widerstreit? eine die Einung zu hemmen, die andere, sie zu fördern? Ist nicht noch au[ß]erdem das gebende und das empfangende Princip?

Diese vier Zahlen stellen das Gesetz aller göttlichen und physischen Wirkungen nach dem Leben dar.

In diesen Wirkungen sind alle Körper die Behälter. Aber die Körper und alle leibliche Wesen sind nur empfindliche Behälter. Der Mensch allein ist empfindlicher, *sittlicher*, und anschauender zugleich.«

Dasselbe Zitat Saint-Martins findet sich auch in Baaders Brief an Jacobi vom 3. Januar 1798 in Baader 1851–1860, Bd. 15, S. 178 f.: »[...] Ich schwöre nemlich als ein Pythagoräer bei jenem heiligen Quarternarius, und hoffe in ihn (als meine Heimath) wieder einzutreten, sobald die böse Reaction (das trennende Du) der guten (der einenden) völlig wird gewichen sein, und ende mein langes und vielleicht selber chaotisches Geschreibsel über das Chaos mit jener Stelle: ›Il y a deux classes: mais dans ces deux classes l'union ne peut se faire sans rupture. N'y-a-t-il pas deux forces en opposition: l'une pour arrêter l'union; l'autre pour la favoriser? N'y-a-t-il pas en outre le principe qui donne, et le principe qui recoit?‹. – Erschrecken E.W. nicht über meinen Mysticismus, den Übergang zu diesem heiligen Vier haben E.W. selber in *Ed. Allwill* S. 289 (dritte Zeile von unten) gegeben.« *Baader bezieht sich auf* Jacobi [4]1792, S. 224 f.: »Man hat *Milton* getadelt, daß er von einer sichtbaren Finsterniß sprach, weil sich eine sichtbare Finsterniß nicht denken lasse. Es gieng diesem wie allen Sehern: ihre Auslegung und Rechtfertigung ist der Fülle der Zeiten aufbehalten. Milton prophezeyte von der Weisheit unserer Tage, welche durch Mondscheine und Dämmerungen des Irrens und Wähnens bis zu der materiellen Nacht und sichtbaren Finsterniß einer *positiven Unwissenheit* kühn hindurch gedrungen ist.« *Zu diesem Motto vgl. auch* Ziche 2014, S. 312 ff.

117, 3 *Karl (oder Carl) Heinrich Freiherr von Gleichen wurde 1733 in Nemmersdorf geboren und ist am 5. April 1807 in Regensburg gestorben, wo er sich 1779 niedergelassen hatte und Baader vermutlich Ende 1797 – Anfang 1798 seine Bekanntschaft machte. Karl von Gleichen war lange Jahre als Diplomat in dänischen Diensten in Italien und Frankreich und wohl einer der frühen Vermittler der Lehre Saint-Martins in Deutschland. Hierzu vgl.* Baumgardt 1927, S. 209 f. *und* Bonchino 2014, S. 68–72.

118, 5 *Hierzu vgl. die Briefe von Jacobi an Baader vom 24. Januar 1798 und die Antwort vom 8. Februar 1798 in* Baader 1851–1860, Bd. 15, S. 179–184. *Ferner vgl. den editorischen Bericht in* Schelling 1798, S. 7 *und* 36 f.

118, 11 *Die Symbolik der ›vier Weltgegenden‹ findet sich bereits in* Böhme 1730, Band 2: *De tribus principiis, oder Beschreibung der Drey Principien Göttliches Wesens (1619)*, S. 13 (Kap. I, § 14) *und* 19 (Kap. II, § 13): »Diese 4 Gestalten sind im Urkund der Natur, davon die Beweglichkeit entstehet, und auch das Leben im Samen in allen Creaturen sich urkundet: und ist keine Begreiflichkeit im Urkund, sondern solche Kraft und Geist [...] und iede Gestalt oder Geburt nimt seine eigene Gestalt, Kraft, Wirckung, Aufsteigen von allen Gestalten: und behält die gantze Geburt alles zusammen nun fürnehmlich viererley Gestalt in seiner Geburt, als das Aufsteigen, Absteigen und dann durch das drehende Rad in der herben Essentia, die querricht ausgehen zu beyden Seiten, gleich einem +, oder wie ich möchte sagen, es ginge aus dem Punct aus gegen Aufgang, Abend, Mitternacht und Mittag.« *Zur umgehenden Rezeption dieser Stelle Baaders innerhalb der romantischen Naturphilosophie vgl. K. A. Eschenmayer: »Spontaneität = Weltseele oder das höchste Prinzip der Naturphilosophie«, in* Schelling 1800–1801, Bd. 2, S. 268 *sowie H. Steffens »Beschluß der Rezension der neuesten naturphilosophischen Schriften [Schellings]«, in* Schelling 1800–1801, Bd. 1, S. 184. *Ferner zu Friedrich Schlegels Rezeption vgl.* Elsässer 1994, S. 111 ff. *und* 157 f.

118, 16 *Hierzu vgl.* oben *S. 200, erklärende Anmerkung zu 17, 21 und* Schelling 1797, S. 191 f. *Man denke allerdings auch an Gleichens Betrachtung der Schwere in* Gleichen 1791, S. 197–204 (*Von der Schwerkraft*): »Die von Newton so glücklich berechnete und erfinderisch angewendete Attraction ist wohl nichts anders als Schwerkraft; denn die Ursache der Gravitation scheint mir eher in dem angezogenen, als in dem anziehenden Körper zu liegen. [...] Diese Tendenz gründet sich [...] auf die ursprüngliche Einheit der elastischen Kraft, welche durch die Gewalt der Kreise und Formen von einander getrennt ist, und den Trieb behalten hat, die Einheit ihrer ersten Natur wieder herzustellen. Vereinigungstrieb ist das Gefühl aller partiellen Kräfte. In der Materie heißt er Schwerkraft. [...] Ich würde also die Schwerkraft definiren, daß sie sey: Das Bestreben einer ursprünglich einfachen, aber mit Gewalt zertheilten, und in einer Form eingeschloßenen Kraft, sich durch den kürzesten Weg mit der grösten Quantität ihres Wesens zu vereinigen. [...]« *Zum ›Phänomen der Schwere‹ bis Newton vgl.* Gehler 1787–1796, Artikel: *Gravitation, Schwerkraft, Allgemeine Schwere.* Teil 2, 1789, S. 517–537.

118, 19 *Hierzu vgl.* Schelling 1797, S. 275 Anm. (F).

118, 21 *Zur Identifikation der ›compressiven Grundkraft‹ (Attraktivkraft) mit der Schwerkraft vgl. z. B.* Martin 1778, Teil 1, S. 16: »Die *anziehende Kraft* ist eine Eigenschaft, welche wir bei der Materie überhaupt entweder in einem größern, oder geringern Grade bemerken. Vermöge dieser Eigenschaft ziehen die Theile der Materie, vermittelst einer gewissen Kraft, einander an, welche die Ursache ist, daß sie sich einander nähern. Diese Bewegung eines Körpers gegen den andern nennet man überhaupt die *Schwere* oder *das Gewicht* der Körper.« *Sowie* Link 1797, S. 22 f.: »*Schwere.* Sie gehört zu der Betrachtung über das Verhalten aller Theile zu einander, als Theile eines Ganzen. Seit dem großen Newton haben die meisten Physiker die allgemeine anziehende Kraft als die Ursache der Schwere auf der Erde, und der Bewegungen der Himmelskörper betrachtet. Kant hat gezeigt, daß man eine solche Kraft nothwendig annehmen müsse, und daß von ihr das Gesetz gelte, welches Newton für die Abnahme ihrer Wirkungen in der Ferne annahm. Rechnungen auf diese Voraussetzungen gegründet, zum Theil von einem Mathematiker angestellt, der an jene Kraft nicht glaubte, stimmen so genau, als man erwarten kann, mit den wirklichen Erscheinungen überein. Mehr dürfen wir von keiner Erklärung der Naturerscheinungen verlangen, und die Lehre von der Schwere bleibt immer ein Muster aller Naturforschung.« *Hierzu vgl. auch* Schelling 1797, S. 82 *und* Schelling 1799, S. 268 Anm. (J).

118, 22 *Zum Begriff eines ›positiven Prinzips der Kälte‹ in der Naturwissenschaft, vgl.* Gehler 1787–1796, Artikel: *Kälte.* Teil 2, 1789, S. 702: »Da wir die Ursache der Wärme in einer eignen Materie suchen, *S. Feuer*, so ist es sehr natürlich, die Kälte für eine Wirkung des Mangels und Entziehung dieser Materie oder der vorher wirksamen fühlbaren Wärme zu erklären. Hieraus lassen sich auch alle Erscheinungen begreiflich machen, ohne daß man nöthig hat, mit der *Schule der Gassendi* die Kälte für etwas positives anzunehmen, und von einer eignen *kaltmachende Materie* herzuleiten, von deren Daseyn wir keine Erfahrungen haben und die man, wenn sie zu Erklärung des Gefrierens unentbehrlich wäre, eben sowohl auch zu Erklärung des Erhärtens geschmolzner Metalle nöthig haben müste.« *Hierzu vgl. auch* Baader 1786, S. 37. *Zur Rezeption dieser Stelle Baaders vgl. K. A. Eschenmayer: »Spontaneität = Weltseele oder das höchste Prinzip der Naturphilosophie«, in* Schelling 1800–1801, Bd. 2, S. 269 (Schelling 1801, S. 371) *sowie auch die Anmerkung Schellings zu H. Steffens: »Beschluß der Rezension der neuesten naturphilosophischen Schriften* [*Schellings*]*«, in* Schelling 1800–1801, Bd. 1, S. 176 (Schelling 1799–1800, S. 207 f.). *Ferner auch* Novalis 1960a, S. 449 (*Das Allgemeine Brouillon,* § 938) *und Novalis' Brief vom 20. Januar 1799 an Fr. Schlegel in* Novalis 1975, S. 273.

118, 32 *Zu Gleichen vgl. S. 279, erklärende Anmerkung zu 117, 3. Baader bezieht sich hier auf die folgende Stelle in* Gleichen 1791, S. 164–169, *hier* S. 167: »Die compreßive Kraft und besonders diejenige, so man Kälte nennt, unterbricht die Gährung und Fäulniß. Würden die Feuertheile nicht an der Zerstörung fortarbeiten, wenn nicht eine ihnen überlegene Gewalt sie daran hinderte? Man darf nicht glauben, daß sie aus Liebe zum Gleichgewicht aus dem Körper in eine feuerleere Atmosphäre übergegangen sind – sie haben sich nur versteckt; denn nach der Kälte fangen sie gleich wieder an, zu wirken.« *Und* S. 186: »Man hat viele Mühe, sich von der vorgefaßten und eingewurzelten Meinung loszureissen, daß das Licht eine Eigenschaft des Feuers und besonders des Sonnenfeuers sey. Seit weniger Zeit fängt man an, die Hize der Sonnenstra[h]len zu bezweifeln; allein schon die Araber, welche die Wissenschaft nach Europa wieder gebracht haben, hatten die Meinung, daß Licht vom Feuer verschieden sey: so wie die Hize die empfindbarste Eigenschaft des Feuers ist, so glaubten sie, die Kälte müßte auch ihr Wesen haben: Sie eignete es dem Lichte zu, und sie haben als eine bekannte Wahrheit ihrer damaligen Physik angenommen, daß die Sonnenstrahlen kalt sind.« *Hierzu vgl. auch die Bemerkungen in* Rüdiger 1756, S. 120–125 *und* Anonymus 1804, S. 128 f. Anm.

119, 4 *Zum Begriff ›Moment‹ in der damaligen Physik vgl.* Gehler 1787–1796, Artikel: *Moment.* Teil 3, 1790, S. 263–268. *Hierzu* Ziche 1996, S. 245 ff. *und* 309 ff. *Zur physikalischen Formel ›MC = mc‹ vgl.* Gehler 1787–1796, Artikel: *Bewegung.* Teil 1, 1787, S. 328: »Die *Größe der Bewegung* (quantitas motus, *quantité du mouvement*) hängt offenbar von der Menge der bewegten Masse und der Geschwindigkeit der Bewegung ab. [...] Dies heißt allgemein ausgedrückt: *Größen der Bewegungen verhalten sich, wie die Producte der bewegten Massen in die Geschwindigkeiten,* oder: Wenn zweener bewegten Körper Massen M, m, ihre Geschwindigkeiten C, c heißen, so verhalten sich die Größen ihrer Bewegungen, wie MC : mc. Setzt man die Größe derjenigen Bewegung MC, = 1, bey welcher die Masse M = 1 (ein Pfund z. B., wenn die Massen in Pfunden ausgedrückt werden) mit der Geschwindigkeit C = 1 fortgeführt wird, so wird diese Verhältniß 1 : mc, und es läst sich sagen, daß die Größe der andern Bewegung mc mal größer, als 1, d. i. der Zahl mc gleich sey. Unter dieser Voraussetzung läßt sich die Größe jeder Bewegung durch das Product der Masse in die Geschwindigkeit, d. i. durch mc selbst ausdrücken. Sechs Pfund in einer Secunde durch einen rheinl. Fuß geführt, geben so eine Bewegung, deren Größe = 6000 ist.« *Ähnlich auch in* Kästner 1766, S. 292 f. (§§ 101–104) *sowie* Gren 1793, S. 54 (§ 83) *und* 79 ff. (§§ 111–112).

119, 27 *Baader bezieht sich hier auf* Kant ^{2}1787, S. 109 f. (Kant 1983, Bd. 5, S. 102): »Die Quantität der Bewegung der Körper ist in zusammengesetztem Verhältniß aus dem der Quantität ihrer Materie und ihrer Geschwindigkeit, d. i. es ist einerley, ob ich die Quantität der Materie eines Körpers doppelt so groß mache, und die Geschwindigkeit behalte, oder ob ich die Geschwindigkeit verdoppele und eben diese Masse behalte. Denn der bestimmte Begriff von einer Größe ist nur durch die Construction des Quantum möglich. Diese ist aber in Ansehung des Begriffs der Quantität nichts als die Zusammensetzung des Gleichgeltenden; folglich ist die Construction der Quantität einer Bewegung die Zusammensetzung vieler einander gleichgeltender Bewegungen. Nun ist es nach den phoronomischen Lehrsätzen einerley, ob ich einem Beweglichen einen gewissen Grad Geschwindigkeit oder vielen gleich beweglichen alle kleinere Grade der Geschwindigkeit ertheile, die aus der durch die Menge des Beweglichen dividirten gegebenen Geschwindigkeit herauskommen. Hieraus entspringt zuerst ein, dem Anscheine nach, phoronomischer Begriff von der

Quantität einer Bewegung, als zusammengesetzt aus viel Bewegungen ausser einander, aber doch in einem Ganzen vereinigter, beweglicher Puncte. Werden nun diese Puncte als etwas gedacht, was durch seine Bewegung bewegende Kraft hat, so entspringt daraus der mechanische Begriff von der Quantität der Bewegung.«

119, 28 *Zu dieser Formel vgl.* Gehler 1787–1796, Artikel: *Geschwindigkeit*. Teil 2, 1789, S. 461–469, hier 461–463 *sowie* Gehler 1787–1796, Artikel: *Bewegung*. Teil 1, 1787, S. 327. *Ähnlich auch in* Gren 1793, S. 45–48 (§§ 70–74). *Ferner vgl. auch* Kant [2]1787, S. 7–10 (Kant 1983, Bd. 5, S. 30 f.).

119, 33 *Baader meint hier die chemische Herausforderung der Bindung eines Gases bei der Kalzination, in deren Rahmen Lavoisier eine erste konsequente Wärmestofftheorie formulierte. Dabei wurde die Wärme, statt wie früher als innere Bewegung des betreffenden Stoffes, als stoffliche Substanz betrachtet. Vgl.* Lavoisier 1789, tome 1, S. 17–31.

120, 5 *Anhand des bereits in den »Beyträgen zur Elementar-Phisiologie« eingesetzten Prinzips einer ›spezifischen Kapazität‹ bzw. ›Energie‹ der Körper (vgl. oben S. 231, erklärende Anmerkung zu 60, 12) versucht Baader den Lehrsatz, dass das Gleichgewicht von materiellen Körpersystemen nur aufgrund der beiden Größen Masse und Geschwindigkeit zu bestimmen ist, neu zu begründen. Daher ergänzt er die phoronomische Auffassung der Geschwindigkeit mit dem Begriff ›Anstrengung‹ oder ›Spannung‹ welche ein Körper aufbringen muss, um sich in eine bestimmte Richtung zu bewegen. Zu diesem Versuch Baaders schreibt H. Steffens in der »Rezension der neuern naturphilosophischen Schriften des Herausgebers [Schellings]«, in* Schelling 1800–1801, Bd. 1, S. 28: »Der Ausdruck der beharrenden Indifferenz (des Fixiertseins des Produkts im Raume) ist die *Schwere*. Durch diese *ist* die Masse, und die bestimmte Masse ist nichts anders als die bestimmte Schwere selbst (kein Wundern, daß dem Mechaniker die Schwere als der Masse proportional erscheint). Die Masse als [...] Raumerfüllung ist (dynamisch) nur ein kontinuierliches *Raumerfüllen* und zwar ein Raumerfüllen mit bestimmter Energie. Die Energie läßt sich nur aus dem gegenseitigen Verhältnisse der Zeit des Raumerfüllens zum erfüllten Raume, d. h. aus der Geschwindigkeit bestimmen. Aber die Geschwindigkeit selbst muß im umgekehrten Verhältnis mit der Energie stehen. [...] Also ist die Schwere (oder die Masse, welches dasselbe ist) = der Energie in der Geschwindigkeit. (Die Formel MC-mc. löst sich dynamisch in der Formel EC = ec. auf. [...]« *Hierzu vgl. auch* Moiso 1996, S. 160 f.

120, 35 *Zum Begriff ›motus alterationis sive secundum qualitatem‹ und ›motus secundum locum sive lationis‹ vgl.* Schütz 1895, Artikel: *Motus*, S. 494–500, hier S. 495 f. (*1. motus alterationis*). *Ferner vgl. auch* Bacon 1990 [1620], Teil 1, S. 139 (§ 66).

120, 36 *Man denke hierzu an* Kant [2]1787, S. 4 (Kant 1983, Bd. 5, S. 27): »Schließlich merke ich noch an: daß, da die *Beweglichkeit* eines Gegenstandes im Raum a priori und ohne Belehrung durch Erfahrung nicht erkannt werden kann, sie von mir eben darum in der Critik der r.V. auch nicht unter die reine Verstandesbegriffe gezählt werden konnte, und daß dieser Begriff, als empirisch, nur in einer Naturwissenschaft, als angewandter Metaphysik, welche sich mit einem durch Erfahrung gegebenen Begriffe, obwohl nach Principien a priori, beschäftigt, Platz finden könne.«

120, 38 *Hierzu bereits in* Baader 1797, S. 65, 23–66, 7

121, 1 *Hierzu vgl.* Kant [2]1787, S. 14 (Kant 1983, Bd. 5, S. 34): »Hier ist nun vorzüglich zu bemerken: daß Phoronomie durchaus zuerst Construction der Bewegungen überhaupt als *Grössen*, und, da sie die Materie blos als *Etwas Bewegliches*, mithin an welchem gar auf keine Grösse derselben Rücksicht genommen wird, zum Gegenstande hat, diese Bewegungen allein als Grössen, sowol ihrer Geschwindigkeit als Richtung nach, und zwar ihrer Zusammensetzung nach a priori zu bestimmen habe. Denn so viel muß gänzlich a priori und zwar anschauend zum Behuf der angewandten Mathematik ausgemacht werden. Denn die Regeln der Verknüpfung der Bewegungen durch physische Ursachen, d.i. Kräfte, lassen sich, ehe die Grundsätze ihrer Zusammensetzung überhaupt vorher rein mathematisch zum Grunde gelegt worden, niemals gründlich vortragen.«

121, 15 *Zum Hebelmodell bereits in* Baader 1797, S. 61, 12–39 (Anm. A). *Zum naturwissenschaftlichen Hintergrund des Hebelmodells vgl.* Ziche 1996.

121, 31 *Zum Begriff der ›Auflösung‹ als ›solutio continui‹ vgl.* Zedler 1732–1754, Artikel: *Solutio continui.* Bd. 38, 1743, Sp. 653: »*solutio continui* ist, was den Zusammenhang und die Einigkeit der Theile trennet […].« *Ferner vgl. auch* Macquer 1788–1791, Artikel: *Auflösung.* Teil 1, 1788, S. 411–419, hier 412 (Anm. Pörner): »Man muß die chemische Auflösung nicht mit der mechanischen Auflösung oder Trennung verwechseln. Es ist wohl wahr, daß bey der Auflösung allemal eine Trennung zugleich vorgeht; allein die Körper vereinigen sich auch, oder müssen sich allemal bey der Auflösung zum Theil oder ganz mit einander vereinigen. […] Das Instrument vereiniget sich in der Auflösung mit dem Aufzulösenden Körper, bey der mechanischen Trennung bleibt nach der Operation des Instruments nicht mit dem Körper verbunden.« *Ähnlich auch in* Erxleben (Lichtenberg) [4]1787, S. 142–145. *Dazu vgl. unten S. 290, erklärende Anmerkung zu 129, 30.*

122, 6 *Man denke hierzu an die folgenden Definitionen in* Kant [2]1787, S. 42 (Kant 1983, Bd. 5, S. 55): »[Die] Materie, als das Bewegliche im Raume, [ist] die Substanz in demselben.« *und* ebd., S. 10 (ebd., S. 31): »*Ruhe* ist die beharrliche Gegenwart (praesentia perdurabilis) an demselben Orte; *beharrlich* aber ist das, was eine Zeit hindurch existiert, d.i. dauert.«

122, 15 *Zum Begriff der ›spezifischen Schwere‹ vgl.* Gehler 1787–1796, Artikel: *Schwere.* Teil 3, 1790, S. 886: »*Specifisch schwerer* oder *schwerartiger* (specifice gravius) als ein anderer, heißt ein Körper, wenn er an ebendemselben Orte bey gleichem Volumen dennoch mehr, als jener andere wiegt. Man schließt daraus, daß er in gleichem Raume mehr Masse, als der andere, enthalte, d.i. daß er *dichter* (densius) sey, s. Dichte, Schwere, specifische.« *Und* ebd., Artikel: *Schwere, specifische.* Teil 3, 1790, S. 902: »Mit diesen Namen bezeichnet man das Verhältniß des Gewichts der Körper gegen den Raum, den sie einnehmen. Man nennt einen Körper *specifisch schwerer, schwerartiger*, als einen andern, wenn er unter eben demselben Raume mehr wiegt, *specifisch leichter, leichtartiger*, wenn er *weniger* wiegt, als dieser andere, der mit ihm gleichen Raum einnimmt.«

122, 19 *Zum Begriff der ›spezifischen Wärme‹ vgl. oben S. 227, erklärende Anmerkung zu 59, 13.*

122, 26 *Hintergrund ist der Streit um ›tote‹ und ›lebendige‹ Kräfte, an der der junge Kant sich mit seinen »Gedanken von der wahren Schätzung der lebendigen Kräfte« (1746) selbst beteiligt hatte und worauf sich Baader bereits in den »Beiträgen zur Elementar-Phisiologie« mehrmals bezogen hat. Vgl. oben in* Baader 1797, S. 76, 3–79, 9.

122, 30 *Man denke hierzu auch an Kants Begriff der ›Realrepugnanz‹ in* Kant 1763, S. 13 ff. *und* 19 ff. (Kant 1983, Bd. 1, 788 f. *und* 791 f.).

122, 34 *Hierzu vgl.* Erxleben (Lichtenberg) ^{5}1791, S. 59 (Anm. *Lichtenberg*): »Eigentlich wissen wir blos, daß alle Materie träg ist, oder Materie ohne *Trägheit* ist uns nicht denkbar. Hingegen läßt sich Materie ohne *Schwere* gedenken, und ob nun gar diejenige, die wir kennen, durchaus *gleich schwer* sey, wie der Verfasser zwar nicht sagt, aber offenbar annimmt, ist weder streng erweislich noch selbst wahrscheinlich.« *Ferner vgl. auch die Diskussion zwischen Gehler und Gren über die Trägheit als ›Gleichgültigkeit‹ in* Gehler 1795, Artikel: *Masse* (Zusatz). Teil 5, S. 626–628 *und* Gren 1797, S. 38 f. Anm. *Eine Zusammenfassung davon findet sich in* Fischer 1798–1827, Artikel: *Trägheit.* Teil 5, 1804, S. 142–153, hier 147 ff.

123, 2 *Baader bezieht sich hier auf Kants dynamische Konstruktion der Materie in den »Metaphysischen Anfangsgründen der Naturwissenschaften« (1786). Vgl.* Kant ^{2}1787, S. 31 ff. (Kant 1983, Bd. 5, S. 47 ff.) *sowie die ›Schwierigkeiten dieser Erklärungsart‹ in* ebd., S. 77 ff. (ebd., S. 79 ff.).

123, 23 *Damit hat Baader den Begriff einer selbständigen, spezifischen Schwerkraft eingeführt, deren Wirkung darin besteht, die dynamische Kraftauseinandersetzung der Materie beständig zu machen. Gleich wie der Stützpunkt des Hebels absolviert die Schwere die Funktion des Substantiierens in jedem von der Materie erfüllten Raumpunkt: Sie hält den Dynamismus der Kräfte zusammen. So kann Baader behaupten, dass nicht nur das Gewicht der Körper in der Wirklichkeit als selbständig erscheint, sondern auch dass die Trägheit eine Folge der spezifischen Schwere ist, weil sie aus der Wechselwirkung wie in einem ›System‹ mit ihr verbundener Körper resultiert. Mithin fällt zum einen der Unterschied zwischen Schwere und Trägheit weg, zum anderen wird die Letztere als Gleichgewicht bzw. als relative Ruhe innerhalb eines Systems störender Einwirkungen uminterpretiert. Zur Rezeption dieser Textpassagen bei Schelling, vgl.* Schelling 1799, S. 270.

123, 34 *Kants Vorstellung von der Teilbarkeit der Materie in den »Metaphysischen Anfangsgründen der Naturwissenschaft« (1786) steht den entsprechenden vorkritischen Versuchen in der »Monadologia physica« (1756) und der »Untersuchung über die Deutlichkeit der Grundsätze der natürlichen Theologie und der Moral« (1764) entgegen. Hierzu vgl.* Pollok 2001, S. 251 ff. *Baader bezieht sich hier auf* Kant ^{2}1787, S. 43 f. (Kant 1983, Bd. 5, S. 56): »*Lehrsatz 4.* Die Materie ist *ins Unendliche theilbar*, und zwar in Theile, deren jeder wiederum Materie ist. *Beweis.* Die Materie ist undurchdringlich, und zwar durch ihre ursprüngliche Ausdehnungskraft (Lehrs. 3), diese aber ist nur die Folge der repulsiven Kräfte eines jeden Puncts in einem von Materie erfüllten Raum. Nun ist der Raum, den die Materie erfüllet, ins Unendliche mathematisch theilbar, d. i. seine Theile können ins Unendliche unterschieden, obgleich nicht bewegt, folglich auch nicht getrennt werden, (nach Beweisen der Geometrie). In einem mit Materie erfülleten Raume aber enthält jeder Theil desselben repulsive Kraft, allen übrigen nach allen Seiten entgegen zu wirken, mithin sie zurück zu treiben und von ihnen eben so wohl zurückgetrieben, d. i. zur Entfernung von denselben bewegt zu werden. Mithin ist ein jeder Theil eines durch Materie erfüllten Raums für sich selbst beweglich, folglich trennbar von den übrigen als materielle Substanz durch physische Theilung. So weit sich also die mathematische Theilbarkeit des Raumes, den eine Materie erfüllt, erstreckt, so weit erstreckt sich auch die mögliche physische Theilung der Substanz, die ihn erfüllt. Die mathematische Theilbarkeit aber geht ins Unendliche, folglich auch die physische, d. i. alle Materie ist ins Unendliche theilbar, und zwar in Theile, deren jeder selbst wiederum materielle Substanz ist.« *Ferner vgl.* ebd., S. 89: »Denn, um eine Materie flüssig zu nennen, kommt es nicht auf den Grad des Widerstandes an, den sie dem Zerreißen, sondern nur dem Verschieben ihrer Theile an einander entgegensetzt. Jener kann so groß seyn, als man will, so ist dieser doch jederzeit in einer flüssigen Materie = o.«

124, 5 *Zum Begriff der ›absoluten Schwere‹ vgl.* Gehler 1787–1796, Artikel: *Gewicht.* Teil 2, 1789, S. 491: »Die Größe des Drucks, den ein Körper durch seine Schwere äussert; die Größe seines Bestrebens zu fallen. Das Gewicht eines Körpers besteht aus der Summe der Bestrebungen, womit alle seine Theile zum Fall getrieben werden. Da nun alle Theile des Körpers Materie sind, und alle bekannte Materie schwer ist, so sind wir berechtiget, anzunehmen, daß das Gewicht eines Körpers desto größer sey, je mehr er Theile hat, oder daß es sich wie die Menge der ihm zugehörigen Materie, wie seine *Masse*, verhalte.« *Zur ›spezifischen Schwere‹ vgl. oben S. 283, erklärende Anmerkung zu 122, 15.*

124, 6 *Baader bezieht sich hier auf die Hypothese der Mitteilung der Bewegung im Stoß (Transfusion), die z. B. in* Descartes [1664] 1992, S. 52 f. *vertreten wird. Hierzu oben S. 239, erklärende Anmerkungen zu 63, 1 und 63, 10.*

124, 23 *Hierzu vgl. Kants Konzept von einer ›absoluten Auflösung‹ oder ›chemischen Durchdringung‹ in* Kant ^{2}1787, S. 95 f. (Kant 1983, Bd. 5, S. 92 f.): »Die Auflösung specifisch verschiedener Materien durch einander, darinn kein Theil der einen angetroffen wird, der nicht mit einem Theil der andern von ihr specifisch unterschiedenen in derselben Proportion, wie die Ganzen, vereinigt wäre, ist die *absolute Auflösung*, und kann auch die *chemische Durchdringung* genannt werden. Ob die auflösenden Kräfte, die in der Natur wirklich anzutreffen sind, eine vollständige Auflösung zu bewirken vermögen, mag unausgemacht bleiben.« *Hierzu vgl.* Adickes 1924–1925, Bd. 1, 1924, S. 229. *Vgl. auch oben S. 283, erklärende Anmerkung zu 121, 31 und dazu vgl.* Erxleben (Lichtenberg) ^{4}1787, S. 142–145.

124, 33 *Baader bezieht sich auf* Gleichen 1791, S. 97: »Wenden wir aber das unendliche Vermögen der Vergrößerung oder der Verkleinerung auf eine geistige Kraft an, so können wir uns z. B. eine aus Luft oder Feuer bestehende elastische Kugel vorstellen, die wir von allen Seiten ins Unendliche ausdehnen, oder in einen Punct zusammenziehen, welcher sich als der sogenannte mathematische Punct denken läßt.

Hier finden wir keine Form, deren Bestimmung dem Begrif der gänzlichen Unbestimmbarkeit widerspricht: Hier ist Möglichkeit zu allen Formen und Ausdehnung über die Gränzen des Inbegrifs aller Formen hinaus: Hier ist Möglichkeit zur unendlichen Zusammensetzung, weil keine Ursache da ist, die Gränzen sezen könnte; denn nur allein Form kann Ursache einer Gränze seyn.«

124, 36 *Hier knüpft Baader an das astronomische System Saint-Martins an. Hierzu bereits in* Baader 1797, S. 61, 12–39 (Anm. A) *und* ebd. *vgl. in dem Kommentar S. 235, erklärende Anmerkung zu 61, 29.*

124, 38 *Baader spielt hier auf die geologische Hypothese an, nach der die Erde ursprünglich von einer mechanisch niedersinkenden Urflüssigkeit überschwemmt war. Eine zusammenfassende Darstellung der verschiedenen Hypothesen über die Bildung der Erde findet sich z. B. in* Erxleben 1791, S. 733–753. *Ferner vgl. auch* Schelling 1797, S. 132 ff. *und* Schlegel 1971, S. 15.

124, 41 *Baader bezieht sich hier auf* Jacobi [4]1792, S. 237 ff. *und* S. 231, *wo Jacobi selbst das aristotelische Motto zitiert. Hierzu vgl. oben S. 269, erklärende Anmerkung zu 82, 12. Man denke allerdings an den Begriff eines ›compositum substantiale‹ oder ›unum per se‹ nach* Jacobi 1787, S. 82: »[...] Ich bin weder aus der Peripherie in das Centrum, noch aus dem Centro in die Peripherie gekommen, sondern mein ganzer Zirkel war mit einem Male da.«

Zu einer organischen Erklärung der natürlichen Phänomene bzw. gegen das Prinzip der ›generatio aequivoca‹ vgl. auch Kant 1790, S. 362 ff. (Kant 1983, Bd. 5, S. 537): §§ 80–83.

125, 11 *Zum Prinzip einer ›absoluten Unzerstörbarkeit der Materie‹ vgl.* Schelling 1798, S. 205–206. *Zur Vergänglichkeit der Materie als Phänomen der Sinnlichkeit vgl.* Kleuker 1784, Teil 1, S. 25 ff.

125, 19 *Hierzu vgl. den Verweis auf Platons »Timaios« (31b–32a) oben S. 247, erklärende Anmerkung zu 66, 19 sowie auf* Gren 1793 *oben S. 227, erklärende Anmerkung zu 59, 5².* *Ferner vgl. die zusammenfassende Kommentierung in* Moiso 1986, 58 f.: »Die nach diesem Individualisierungsprinzip gedachte Schwerkraft ist nach Baader als eine bleibende, bei allem Wechsel ihrer Akzidentien sich selbst gleiche Substanz, selbständige Trägerin von durch sie zur Selbständigkeit gebildeten Individuen zu denken; als eine im Zentrum des Planeten *inne*wohnende, die vielen Peripherien zu Zentren gestaltende Kraft, unterscheidet sie sich somit von der Anziehungskraft, wie sie Kants Mechanik darstellt: eine Kraft, die aus einer zahllosen Menge von unselbständigen, als bloßer Haufen gedachten Massenteilen besteht. Als Einheit der im Wechsel begriffenen materiellen Individuen ist die allgemeine Schwerkraft Grund der *spezifischen Schwere* der Einzelkörper, welche ihrerseits ein Ausdruck der größeren oder kleineren *Energie* der in den einzelnen materiellen Punkten *gegenwärtigen* substantiellen Kraft der Planetenindividuums ist. [...] Mit dieser Auffassung der Schwerkraft hatte Baader einen wichtigen Schritt über Kants dynamisch-mechanische Einsicht hinaus getan: die Schwerkraft wird nämlich von ihm nicht mehr als die eine beider Grundkräfte, die zentripetale betrachtet, aus deren unendlich vielen möglichen Gleichgewichtspunkten mit der zentrifugalen Kraft die Raumerfüllung entsteht, sondern als eine *dritte* Ursache, die der Grund der bestimmten, beharrlichen Verhältnisse der beiden ersten ist. Dieses dritte Prinzip vermittelt die gegenseitige Einwirkung der Expansiv- und Kontraktivkraft, indem es, wie der Tragepunkt eines Hebels beide entgegengesetzten, auf die Arme angewandten Kräfte, zusammen sondert und eint, so daß es sie zwingt, auf *einen Punkt* – d. h. die erscheinende Materie – zu wirken.«

Zur Rezeption dieser Textpassage Baaders bei Schelling, vgl. Schelling 1799, S. 268 Anm. (J) *und* Schelling 1799–1800, S. 330 (*bzw.* Schelling 1800–1801, Bd. 1, S. 126).

125, 30 *Hierzu vgl. den Begriff der ›Temperaturverteilung‹ wie bereits in* Baader 1797, S. 79, 5–9 *angedeutet und vgl. oben S. 266, erklärende Anmerkung zu 79, 6 sowie oben S. 214, erklärende Anmerkung zu 24, 35 bzw. das Zitat aus Scopoli und Volta. Es sei übrigens hier darauf hingewiesen, dass J. Böhme – der alchemistischen Tradition folgend – auf einen ähnlichen Begriff zurückgreift, um den Zustand, in dem alle Eigenschaften »in gleichem Gewicht« bzw. im rechten Verhältnis zueinander sind, zu beschreiben. Vgl. u. a.* Böhme 1730, Band 6: *De electione gratiae (1623)*, S. 17 f. [Kap. 2]: »20. [...] Es liegen alle Kräften und Eigenschaften in dem unanfänglichen GOtt [...] in der Temperatur.« *Hierzu auch in* Baader 1851–1860, Bd. 13 [*Vorlesungen über die Lehre Jacob Böhmes*], S. 203–205 *und* Bd. 3 [*Vorlesungen über Jacob Böhmes Theologumena und Philosopheme*] S. 425.

125, 36 *Anspielung auf die pythagoreische bzw. martinistische Zahlenlehre etwa bei* Kleuker 1784, Teil 1, S. 3 f.: »Einheit [...] *L'Unité* du Principe suprême, – la Source de tous les Nombres« *sowie* ebd., S. 157–172. *Zur dahinterstehenden pythagoreischen und platonischen Tradition vgl. Philolaos Fr. 8 [B. 150] (»Die Fragmente der Vorsokratiker«. Griechisch und Deutsch von H. Diels. Herausgegeben von W. Kranz. Bd. 1, Hildesheim 1992, S. 410) und deren Kritik in Aristoteles: »Metaphysik«, XIII, 8, 1084a–b3.*

126, 1 *Hierzu vgl.* WhB 1994, S. 106 f.

126, 10 *Hierzu vgl.* Baader 1792, S. 16 f., hier S. 17, 33–36 (Anm. A): »Indem Hr. *Kant* uns übrigens zeigt, daß sich ohne repulsive und anziehende Kraft zusammen, keine Erfüllung eines Raums und also keine Materie denken läßt, so vernichtet er, wie durch einen wohlthätigen Lebenshauch, alle *Matiere brute* in der Natur, und in ihr ist überall nur *Matiere vive* vorhanden.«

126, 33 *Hierzu vgl. auch* Baader 1797, S. 65, 14–69, 12 *und* 72, 19–76, 2.

126, 36 *Baader bezieht sich hier auf* Schelling 1798, S. 206 f.

127, 9 *Vgl. oben S. 281, erklärende Anmerkung zu 118, 32.*

127, 23 *Baader bezieht sich hier auf* Schelling 1798, S. 186–193.

127, 28 *Baader spielt hier auf die von I. Newton vertretene Emanationstheorie an, nach der das Licht, das von den leuchtenden Körpern ausstrahlt, eine stoffliche Materie sei, sowie auf die von Ch. Huygens und L. Euler vertretene Vibrationstheorie oder Ätherhypothese, die hingegen die Leere des Weltraums postulierte. Hierzu vgl. auch* Schelling 1797, S. 128 f. *und* Schelling 1798, S. 82 f.

127, 37 *Zur Rezeption dieser Textpassage bei Schelling vgl.* Schelling 1799, S. 248.

127, 40 *Es handelt sich um die zweite der vierundzwanzig Gottesdefinitionen aus der lateinischen Fassung des »Liber viginti quattuor philosophorum« (XII. Jh.). Vgl.* Hudry 1997, S. 37: »II. DEUS EST SPHAERA INFINITA CVIVS CENTRVM EST VBIQVE, CIRCVNFERENTIA NVSQVAM. Haec definitio data est per modum imaginandi ut continuum ipsam primam causam in vita sua. Terminus quidem suae extensionis est supra, ubi et extra terminans. Propter hoc ubique est centrum eius, nullam habens in anima dimensionem. Cum quaerit circunferentiam suae sphaericitatis, elevatam in infinitum dicet, quia quicquid est sine dimensione sicut creationis fuit initium est.« *Für die deutsche Übersetzung vgl.* Flasch 2011, S. 29 (*Flaschs Übersetzung folgt nicht wörtlich dem Text von Hudry, hierzu vgl.* ebd., S. 122 Anm. 18): »II. *Gott ist die unendliche Kugel, deren Mittelpunkt überall und deren Umfang nirgends ist.* Diese Definition stellt den ersten Grund als Mittelpunkt vor. Der Kreis seines Erscheinens liegt oberhalb jedes Wo, außen. Deshalb ist sein Mittelpunkt überall, denn er hat keine gewöhnliche Ausdehnung. Wird er gefragt nach dem Umfang dieser Kugel, antwortet er, er liege hoch im Unendlichen, denn alles, was sie ist, ist so ausdehnungslos wie der Schöpfer von Anfang an.« *Vgl. auch in* Jacobi 1785 [1789], S. 201.

Zur Herkunft dieses Satzes ausführlich in Hudry 1997 *sowie* Flasch 2011. *Zur Überlieferung und Rezeption des »Liber viginti quattuor philosophorum« innerhalb der hermetischen Tradition mit besonderem Bezug auf die »Tabula smaragdina« vgl.* Mandosio 2003 *und* Caiazzo 2003.

128, 6 *Vgl.* Gehler 1787–1796, Artikel: *Wärme.* Teil 4, 1791, S. 551: »Daher kan[n] man dieses Gesetz der Mittheilung so ausdrücken: *Alle Körper eines Systems gelangen über lang oder kurz zu gleicher Temperatur*, bey der sie alle das Thermometer auf einerley Grad bringen, oder jeder Körper nimmt endlich die Temperatur seines Mediums an, z. B. der Luft, in der er liegt.« *Ferner vgl.* Schelling 1798, S. 100–107.

128, 12 *Hierzu vgl. auch die dahinterstehenden Überlegungen in* Baader 1797, S. 60, 11–61, 6.

128, 15 *Hierzu vgl. oben S. 232, erklärende Anmerkung zu 60, 25.*

128, 20 *Es handelt sich hier um eine von Baader vorgenommene Umformulierung von bekannten Experimenten über die absolute und spezifische Wärme. Hierzu vgl.* Karsten 1783, S. 601 ff. (§ 464 ff.). *Ferner vgl.* Schelling 1798, S. 100 ff.

128, 30 *Vgl. oben S. 285, erklärende Anmerkung zu 124, 6 und zum physikalischen Begriff einer ›mechanischen Kapazität‹ der Körper vgl. den Verweis auf de Luc und Le Sage in* Schelling 1798, S. 327.

128, 31 *Baader bezieht sich auf* Gleichen 1791, S. 338 f.: »Von der Schwerkraft bis zur Liebe ist Alles – Vereinigungstrieb.

Schwerkraft ist der unterste Grad auf der Stufenleiter dieses allgemeinen Bedürfnißes der getheilten Einheit. Schwerkraft ist ein Gesäz zur Vereinigung für die grobe Materie, und findet statt zwischen Halbkräften von der nämlichen Art, welche einander, aber nicht sich selbst, fühlen können.

Anziehungskraft oder Sympathie ist der zweite Grad obiger Stufenleiter. Sie entsteht zwischen organisirten Wesen, die kein Bewußtseyn haben, und Halbkräften, so ihnen nüzlich sind. Erhaltung oder Fortpflanzung ist ihr Zweck und Instinct das Gefühl, so ihre Richtungen anordnet. Diese Anziehungskraft ist nicht die chemische Affinität, die man auch so zu nennen pflegt, sondern entweder eine aspirirende Vereinigung der Pflanzen und Muskeln mit Kräften, welche sie heilen oder nähren können; oder sie ist eine Herstellung einer einfachen Substanz durch vereinigte Halbkräfte zweier organisirter Körper, und dieses ist die Besaamung. [...]« *Ferner vgl. auch* Gleichen 1796, S. 136: »Wir haben schon gesagt, daß die ungetheilte elastische Substanz, als Kraft der Bewegung betrachtet, zwey wesentliche Hauptwendungen in sich hat: die eine geht vom Mittelpunkt gegen den Umkreis – sie ist sich erweiternd und auftreibend – die andere ist verengernd, sich zurückziehend, und wirkt gegen das Centrum.

Erstere allein kann durch ihre Expansion den ersten Widerstand erregt haben, und leztere muß besonders angewendet worden seyn, ihn aufzuhalten und zu beschränken. Auf diese Weise sind aus diesen beiden Bewegungsgründen die zwey Halbkräfte entstanden, die man repulsive und compressive nennt. Beide sind im Streit zusammengesezt, und beide haben dreierley Gegenstände ihrer Wirkungen; diese sind: ihre eigene Substanz, die Bestandtheile des Körpers, welchen sie anfüllen, und ihnen entgegengesezte Kraft.«

128, 35 *Hierzu vgl.* Gleichen 1791, S. 100 ff.: »Was hat man aber für eine Ursache gehabt, eine mögliche Ausdehnung in dem Wesen Gottes und der Geister so sehr zu verabscheuen? keine andere, als die Furcht, daß man aus der vermuthlichen Theilbarkeit ihrer Substanz eine mögliche Vernichtung derselben folgern könnte. [...]

Gott mag Theile haben oder nicht, so ist Niemand da, der ihn theilen könnte. Die Geister mögen aus Theilen bestehen oder nicht, so kann sie derjenige, der sie gemacht hat, eben so leicht auf einmal, als nach und nach vernichten. Ich kann nicht einsehen, warum sie nicht auf die nämliche Art aufhören könnten, wie sie entstanden sind. Hingegen, wenn ich bey dem bleibe, was ich schon kenne, und mir verständlich ist, so finde ich, daß eine einfache Substanz, die, weil sie ausgedehnt ist, einen Raum einnimmt, gerade ihrer Theilbarkeit halber unzerstörbar ist; denn ihre

Theilbarkeit ist darum unendlich und ewig, weil diese Substanz nicht zusammengesezt ist. Der unendlichste Theil eines Geistes ist und bleibt immer Geist – keine Theilung kann seinem Wesen etwas anhaben. – Er könnte bloß durch Vernichtung aufhören und gegen diese Möglichkeit in der Allmacht kann die Vernunft keinen Beweis führen.

Im Gegentheil kann nur eine zusammengesezte Sache durch die Theilung nicht nur zerstört, sondern sogar vernichtet werden, weil ihr Wesen Zusammensezung ist. – Sobald diese aufhört, so ist auch ihr Wesen verschwunden. [...]

Ich glaube der Knoten unserer Verwirrung, über die Theilbarkeit eines einfachen Wesens, liegt in dem unrichtigen Begrif, den wir uns von der Theilung machen.

Man verwechselt das Theilbare mit dem Getheilten, und das Theilen mit dem Zerlegen. Eine zusammengesezte Sache ist schon getheilt, sie hat ihre bestimmte Anzahl von Theilen, die der Theilende nicht ändern kann, ohne eine Einheit zu zerstücken.«

129, 1 *Anspielung auf die naturphilosophische Debatte um die dynamische Materiekonzeption Kants (wie bereits oben S.* 118, 14–19 *und* 126, 8–10).

129, 5 *Zum Prinzip der Erde vgl. unten erklärende Anmerkung zu 129, 25*[1].

129, 9 *Baader bezieht sich hier auf* Eschenmayer 1797, S. XIII ff. *und* 22 ff. *Dazu vgl.* Ziche 1996, S. 212 ff.; Ziche 2014, S. 313 f. *und* Jantzen 1994, S. 75 f.

129, 12 *Baader bezieht sich auf den zweiten Teil der »Weltseele« (»Über den Ursprung des allgemeinen Organismus« in* Schelling 1798, S. 181–271, *besonders auf die* S. 205 *und* S. 218).

129, 15 *Hierzu wie oben S.* 125, 11–19 *und S. 286, erklärende Anmerkung zu 125, 19.*

129, 21 *Zur Rezeption dieser Stelle bei Schelling vgl.* Schelling 1799, S. 270.

129, 25[1] *Zu Baaders ›Erde-Prinzip‹ vgl.* Kleuker 1784, Teil 1, S. 36 f.: »Durch nichts unterscheidet sich der Verf. [*s.* Saint-Martin] mehr von den gemeinen kosmologischen Systemen, als durch das was er von dem Adel und hohen Rang der *Erde* sagt. Seine Beschreibung von ihrer Bestimmung, die übrigens mit den Behauptungen älterer Theosophen übereinstimmt, und die Titel, die er ihr gibt, gehen darauf hinaus, daß man wohl jene grosse Königin *Reha, Vesta* oder *Sapandomad* der Magier [*s.* Schutzgeist, Genius der Erde] [...] darin erkennt. Ohngeachtet die Erde keine Jungfer mehr ist [...], so ist sie doch nicht nur das eigentliche Menstruum aller Körper, sondern auch die wahre und einzige Königin des sichtbaren Universi, der alle andere Glanzkörper Tribut zollen müssen; die Basis aller körperlichen Schöpfung, und der Cause active et intelligente das mächtigste Wesen der Sichtbarkeit [...].« *Zu Baaders theosophischer Interpretation des Erdprinzips als kosmischem Prinzip der Verleiblichung vgl.* Schumacher 1983, S. 112 ff. *Man bedenke, dass der Begriff ›Erdprinzip‹ als Parallele zum ›Weltgeist‹ bzw. ›spiritus mundi‹ oder ›Sterngeist‹ aus der Lehre J. Böhmes abgeleitet werden könnte, der letztere wohl von Paracelsus übernommen hat (vgl.* Pagel [2]1982, S. 297 f.). *In dem pansophischen Schrifttum sowie im Allgemeinen in der neuplatonischen Metaphysik und Naturlehre der Renaissance liegen also die Quellen für die Entwicklung dieses Begriffes zu Baaders Zeit. Dabei sei aber auch auf die damalige Konstellation hingewiesen, in die sich Baader mit diesem ›Erdprinzip‹ einfügte, man denke z. B. an die kosmogonischen Vorstellungen der bekannten Erdgeistszene in Goethes Urfaust oder an den Entwurf Herders zum zweiten Teil seiner »Ideen zur Philosophie der Geschichte der Menschheit« (1785) (»Werke«, Suphan. Bd. 13, S. 254 f. Anm. 3).*

Hierzu vgl. K. Burdach: »Das religiöse Problem in Goethes Faust«, in: Euphorion, 33 (1932), S. 78ff. und E. Gurmach: »Prolog und Epilog im Faustplan von 1797«, in: Goethe Jahrbuch (NF), 14–15 (1952–1953), S. 92ff. sowie auch Zimmermann 1964. *Zur Rezeption dieser Passage in der damaligen naturphilosophischen Debatte vgl.* Schelling 1799–1800, S. 207f.

129, 25² *Zur mythologischen Figur der ›Rhea‹ vgl.* Hederich 1770, Stichwort: *Rhea*, Sp. 2139f.: »RHEA, […] 1 §. *Namen.* Diesen soll sie von ῥέω, *ich fließe*, haben, weil sie eine Ursache *des Flusses des Regens* […] oder *des Flusses* und der Bewegung aller Dinge […] oder auch des Flusses der besamenden Natur seyn soll. […] Andere leiten ihn lieber durch Versetzung von ἔρα, *Erde*, her, dergleichen Rhea bedeuten soll. […] Dieses soll denn wiederum von dem Ebräischen arez, *die Erde*, herkommen, also daß solches Rhea eigentlich ein ebräisches Wort dem Ursprunge nach sey. […] Sonst wurde sie auch Ops, Cybele, Magna Mater Deum, u.s.f. genannt, welche Namen an ihren Orten nachzusehen sind. […]«

Zur mythologischen Figur der ›Vesta‹ vgl. ebd., Stichwort: *Vesta*, Sp. 2451: »1 §. *Namen.* Einige leiten den lateinischen Namen von vis, *Gewalt*, und stare, *stehen*, her, weil selbige, so fern sie die Erde bedeutet, mit Gewalt, oder fest steht. […] Andere wollen ihr hingegen solchen von vestio gegeben wissen, weil sie, als die Erde, mit allerhand Dingen bekleidet sey. […] Die dritten führen ihn von dem griechischen Namen her. […] Man streitet aber ebenfalls darüber, wovon dieser herkomme. Einige sagen von ἑστάναι, *setzen*, […] andere von ἕυω, ich *brenne*, da sie so viel ist, als ἑυστία. […] Man meynet also, er könne am besten von dem ebräischen esch, *Feuer*, und Ja, *Herr*, hergeführet werden, daß sie also ein dem Herrn heiliges Feuer heiße. […]«

129, 26 *Bei Hemsterhuis findet sich dieser Ausdruck wörtlich nicht. Aller Wahrscheinlichkeit nach handelt es sich hierbei um eine Umformulierung Baaders aus* Gleichen 1791, S. 95: »Materie ist für mich nichts anders, als ein zusammengesezter Geist, und Geist, das Allwesen der Materie. Beide haben einerlei Substanz: Getheilt, umschlossen und geformt heißt sie Materie; einfach, frei und theilbar ist sie Geist.« *Hierzu vgl.* Bonchino 2014.

129, 29 *Die gegenseitige Einwirkung der Expansiv- und Kontraktivkraft wird von dem Prinzip der Schwere vermittelt, das sich wie der Tragepunkt eines Hebels verhält: Es zwingt also die gegenseitige Aktion der Expansiv- und Kontraktivkraft, sich unmittelbar auf einen Punkt zu entladen oder genauer sich gegenseitig in einer Synthese aufzuheben, die für Baader als Genese der zeitlich erscheinenden Materie gilt. Dadurch wird die sonst unauflösliche Aktion und Reaktion der Elementarkräfte unterbrochen: eine Gerinnung, die als Zerreißung eines dynamischen Kontinuums (›solutio continui‹) bzw. vorläufig unüberwindbare Grenze oder ›Augenblick‹ verstanden werden muss.*

129, 30 *Der Terminus ›solutio continui‹ hat mit einem Trennungszustand zu tun, vgl. oben S. 283, erklärende Anmerkung zu 121, 31. Der antike Arzt Galen, der im 2. Jahrhundert nach Christus lebte, hat als Erster den ›Schmerz‹ als eine Empfindung, welche in einer ›Trennung des Zusammenhangs‹ oder in einer ›Zerreißung des Stetigen‹ wurzelt, und zwar als ›solutio‹ oder ›dissolutio continuitatis‹ definiert (vgl. z.B.* Galenus 1821–1833, Bd. 1, S. 238f., 357; Bd. 7, S. 37f.; Bd. 10, S. 160, 852; Bd. 12, S. 544f.). *Das Besondere dieser Definition ist, dass sie Psychisches und Physisches als ebenbürtig verhandelt, denn die ›Wunde‹ als Zerreißung erscheint dort gleichsam wie eine Verkörperung des ›Schmerzes‹, und der ›psychische‹ Schmerz als eine immaterielle Wunde. Diese Formulierung hat sich bis in die Neuzeit hinein tradiert und begegnet u. a. bei A. Paré (in »Œuvres complètes«. Hrsg. v. J. F. Malgaigne. 3 Bde. Paris 1840–1841, Bd. 3, S. 547f.), H. Boerhaave (»Aphorismi de cognoscendis et curandis morbis«, Lugdunum Batavorum 1709, S. 53ff.), Ch. Wolff (»Psychologia empirica methodo scientifica pertractata [...]«, Frankfurt und Leipzig 1732, §. 539, S. 418) und J. Hunter (»A Treatise on the Blood [...]«, London 1794, S. 202) bis zu Nachschlagewerken wie z. B. in C. Adelungs »Grammatisch-kritisches Wörterbuch der hochdeutschen Mundart« (Vierter Theil, Leipzig 1780, Stichwort: »Schmerz«, Sp. 182), wo man liest: »Schmerz,* [...] eigentlich diejenige unangenehme Empfindung, die aus der Trennung des Stetigen in unserm Körper entsteht, welche Trennung des Stetigen bey genauer Untersuchung die Ursache eines jeden Schmerzens ist.« *Ferner ist die hier angedeutete Verkoppelung des Zeitbegriffs mit dem der ›solutio continui‹ die erste Formulierung eines Themas, das nicht nur auf Baaders moralische Theorie der Krankheit wie in* Baader 1797, S. 64, 12–65, 30 (Anm. A) *zurückzuführen ist, sondern auch einen stetig zentraleren Platz bei seiner späteren mystischen Deutung der Existenz einnehmen wird (vgl. z. B.* Baader 1957, S. 150, § 6).

129, 35 *Vgl. Pred 11, 20. Allerdings bezieht sich Baader hier wohl auf* Kleuker 1784, Teil 1, S. 23: »Alles in der Natur hat seine *Zahl*, sein *Maaß* und sein *Gewicht*. Die Zahl hebt die Action an; das Maaß bestimmt und moderirt sie, und das Gewicht treibt oder bringt sie zur Wirklichkeit und terminirt.« *Ferner vgl.* ebd., S. 163 f. *sowie* Gleichen 1791, S. 93.

129, 38 *Gemeint ist Johann Wolfgang von Goethe. Zu diesen Versen vgl. oben S. 228, erklärende Anmerkung zu 59, 15.*

130, 5 *Baader bezieht sich auf* Schelling 1798, S. 204 *und* 206–209.

130, 18 *Hier knüpft Baader an die Naturlehre Saint-Martins an, wie in* Kleuker 1784, Teil 1, S. 26 ff.: »Das Phänomen der *Sinnlichkeit* beruhet nicht auf einer so genannten *Grundmaterie* (prima materia); sondern auf gewissen *Urelemente*, die unmittelbar an die höhern Vermögen der Schöpfung grenzen; oder auf einem *unsichtbaren Urfeuer*, aus dem sich die drei *sichtbaren* Elemente der *Feuers*, *Wassers* und der *Erde* entwickeln, die, aber, weil sie an sich wesentlich verschiedene Eigenschaften haben, aus einer und derselben materiellen Essenz weder kommen noch darauf zurückgeführt werden können. [...] Den Gesetzen dieser drei verschiedenen Elemente, wovon das Feuer dem *Animalischen*, das Wasser dem *Vegetabilischen* und die Erde dem *Mineralischen* vorzüglich eigen ist. [...] Durch Vereinigung und Zusammensetzung dieser drei Elemente entstehen *Körper* – Die wirkliche *Korporisation* aber fodert gewisse *Mittel* zur Versinnlichung, welche das Band zwischen den Principien und ihrer Action ausmachen, und diese sind *Merkur*, *Schwefel* und *Salz*, welche im genauesten Verhältniß mit den drei Elementen stehen und die Vehikel ihrer Principien sind. [...]« *Kleuker bezieht sich hier auf* Saint-Martin 1782, S. 143–160 *und* 1782a, S. 139 ff.

130, 34 *Nach Baader erscheint die materielle Wirklichkeit (noch vor der eigentlichen Organisation des Lebendigen) durch das individualisierende Bildungsprinzip (bzw. das Phänomen der Schwere) gegliedert und gestaltet. Die Form der Materie kommt als dynamisches Gleichgewicht innerhalb eines Ganzen zum Vorschein, das sich als ständige Störung tätiger Halbkräfte in der Einheit der Schwere ergibt.*

130, 36 *Karl Wilhelm Nose (1753–1835), Mineraloge, Arzt und Bergrat, vertrat die neptunistische Lehre, bemerkte allerdings an den Basalten am Rhein offenbare Feuereinwirkungen. Er ist eine der Hauptfiguren innerhalb der damaligen geologischen Querele zwi-*

schen Neptunisten, die dem Wasser als geologischem Agens größte Bedeutung beimaßen, und Vulkanisten, die stattdessen dem Element Feuer den Vorzug gaben. Hierzu vgl. Goethe 1989, S. 572–580.

131, 4 *Mit dem Begriff ›Anschuß‹ bzw. ›anschießen‹ bezieht sich Baader auf den chemischen Vorgang der Kristallisation oder Gerinnung. In einer weiteren Bedeutung gilt er als Synonym für einen Verdichtungs- oder Verfestigungsprozess überhaupt. In der alchemistischen Tradition wurde durch diesen Vorgang das natürliche Werden – »die Geburt aller Dinge« – aus einem uranfänglichen Wasser bezeichnet. Das Wasser fungiert hier als weibliches Element, das den Samen empfängt. Es spielt als »matrix« bereits bei Paracelsus eine bedeutende Rolle. Vgl. u. a. in* Paracelsus 2010, Bd. 5: *Liber Azoth*, S. 369 f. *sowie in* ebd.: *De pestilitate*, S. 182 (*Kabbala*), S. 186 (*Von dem Maien der großen Welt*) *und Opus Paramirum, Lib. IV: De Matrice. Ebenso wichtig ist das Element des Wassers auch bei J. Böhme, wo es ein Grundbegriff seiner Qualitätenlehre ist. Dabei hat das Wasser eine weibliche Wesensqualität und tritt als dynamisches Gegensatzpaar in unterschiedlichsten Zusammenhängen mit dem (männlichen) Element des Feuers auf. Es hat Leibcharakter im Unterschied zur Geistqualität des Feuers. Vgl. u. a.* Böhme 1730, Band 1: *Aurora, oder Morgenröthe im Aufgang*, S. 26 [Kap. 15] *und im Allgemeinen vgl.* Solms-Rödelheim 1960, S. 151 f. *Ferner vgl.* Kunckel 1716, S. 36.

Ein ähnliches Motiv findet sich auch in Saint-Martin 1782, Teil 2, S. 8: »[...] dans l'ordre de l'Univers corporisé, l'eau est le germe primitif des formes matérielles.« *Und* Saint-Martin 1796, S. 172: »[...] et cette propriété de l'eau *principe* est indiquée physiquement par l'eau élémentaire que tout le monde sait être le principe de toute corporisation matérielle.« (*Hierzu vgl. auch* Kleuker 1784, Teil 1, S. 130). *Sowie in* Gleichen 1792, S. 8: »Hier öfnet sich ein weites und reiches Feld von sinnreichen Vermuthungen und dichterischen Verhältnissen: So wie das Wasser [...] ursprüngliche Keime von Pflanzen und Gewürmen zu enthalten scheint, so konnte dieses göttliche Wasser den Saamen aller Dinge in sich gehabt haben; – Wie aus dem Hauch durch 22 Buchstaben alle Wörter und Sprachen gebildet werden, so konnten alle Formen und Welten aus diesem Urstoffe durch 22, den Buchstaben ähnliche, Mittel gemacht worden seyn [...]. [*Anm:* Wenn man einmal Wasser hat, so läßt sich hernach alles aus demselben entwickeln. Thales war schon der Meinung, daß alles aus dem Wasser entstanden sey, und unsre neuern microscopischen Erfahrungen über Infusionsthiere, und Pflanzen könnten diesem [...] Systeme eine grosse Wahrscheinlichkeit zusetzen.]«

131, 12 *Baader bezieht sich hier auf* S. 123, 32–124, 26 (Anm. A). *Zum Ideal des Flüssigen bei Kant vgl.* Kant 1787^2, S. 89: »Denn, um eine Materie flüssig zu nennen, kommt es nicht auf den Grad des Widerstandes an, den sie dem Zerreißen, sondern nur dem Verschieben ihrer Theile an einander entgegensetzt. Jener kann so groß seyn, als man will, so ist dieser doch jederzeit in einer flüssigen Materie = 0.« *Zur Rezeption dieser Textpassage bei Schelling vgl.* Schelling 1799, S. 268.

131, 15 *Unter dem Begriff ›eau mère‹ (auch ›Mutterlauge‹ oder ›Hecklauge‹) versteht man in der damaligen Chemie eine Flüssigkeit, die mit einem oder mehreren Salzen angereichert ist und aus der man alles, was sich von diesen Salzen durch Abrauchen und Erkälten kristallisieren kann, geschieden hat. Hierzu z. B. in* DWB 1854–1961, Bd. 12, Lemma: *Mutterlauge*. Sp. 2820: »[...] in Siedereien, die zuletzt, nachdem die Lauge etlichemal eingesotten und krystallisiert worden, übrig bleibende dicke, fette Flüssigkeit, welche weiter keine Krystalle gibt.« *Der Ausdruck ›Bestandlosigkeit‹ gilt hier als Synonym für den formlos-flüssigen Urzustand der Materie, der in der alchemisti-*

schen Tradition auch als ›materia prima‹ bezeichnet und häufig mit dem Element des Wassers gleichgesetzt wird. Der Gegenbegriff ist ›Bestehen‹, worunter man die feste Konsistenz der Substanz, als Resultat einer Koagulation (eines Gerinnungsprozesses) versteht. Mit dem Ausdruck ›Bestand‹ oder ›Bestehen‹ will man in der alchemistischen sowie später auch chemischen Tradition darauf verweisen, dass diese verdichtete bzw. geronnene Substanz aufgrund ihrer Zusammensetzung und Behandlung nun auch die Prüfung des Feuers besteht, d. h. im Feuer die feste Konsistenz behält und nicht oxidiert. Denn nach den Alchimisten ist die ›Feuerbeständigkeit‹ ein Merkmal des ›lapis philosophorum‹ (›Stein der Weisen‹) bzw. gilt als letzte Stufe von dessen Herstellung.

131, 17 *Aller Wahrscheinlichkeit nach bezieht sich Baader hier auf die alchemistische und theosophische Grundauffassung der Materie, wie sie nach den »sechs symbolischen Tagen der Schöpfung« in dem »Magikon« Kleukers ausgelegt wird. Vgl.* Kleuker 1784, Teil 1, S. 126 Anm. 56 *und* 131 ff. *Der Terminus ›Confusion‹ steht hier als Synonym für ›Chaos‹. Das ›Chaos‹ ist eine Grundvorstellung der Alchemie. Darunter wird ein grober und gemischter Urzustand (auch als ›materia prima‹ bezeichnet) verstanden, aus dem die Schöpfung ihren Anfang nahm (vgl.* Ruland 1612, S. 143 *und* S. 326). *Dieser Gedanke macht die hermeneutische Basis aus, um den Schöpfungsbericht der Bibel (Gen 1,2) zu interpretieren. R. Lullus (1232–1315/6) begreift es in seinem »Liber de chaos« (um 1288) als »possibilitas« bzw. eine von Gott geschaffene Urmaterie, in der sich die Entstehungsprinzipien, die »semina causalia« aller einzelnen Dinge und Lebewesen, befanden und befinden (in »Opera«, Bd. 3, Mainz 1722, 2 B, 4 B, 2 A). Ähnliche Gedanken finden sich später bei Nikolaus von Kues (1401–1464) (vgl. E. Colomer: »Nikolaus von Kues und Raimund Lull«, Berlin 1961, S. 178) und Paracelsus (1493–1541), die das Chaos als Urstoff der Schöpfung begreifen. Vgl.* Paracelsus 2010, Bd. 5, S. 91: *»In der Schöpfung der Welt hat die erste Separation mit den vier Elementen angefangen, da die prima materia ein einziges Chaos war. Aus demselbigen Chaos hat Gott maiorem mundum, in vier unterschiedliche Elemente, nämlich in Feuer, Luft, Wasser und Erde, geschieden und von einander gesondert.« H. Khunrath (1560–1605), der 1597 ein Buch dem »hyliastischen Chaos« widmet, hält diesen Urzustand für ein Wasser, in dem die Materie aufgelöst werden muss. Für J. Böhme, der in seinen mystischen Gedanken über Gott sich kabbalistischen Vorstellungen nähert, ist »das ewige Chaos« das Auge des Ungrundes, wo »alles innen lieget was Ewigkeit und Zeit ist«* (Böhme 1730, Band 7: *Mysterium magnum (1623)*, S. 6, § 8) *und woraus »Böses und Gutes urständet, als Licht und Finsterniß* […]*, da man von der geistlichen Welt doch nicht sagen kann, daß sie habe Anfang genommen, sondern ist von Ewigkeit aus dem Chaos offenbar worden.«* (Böhme 1730, Band 9: *Clavis, oder Schlüssel, das ist Eine Erklärung der vornehmsten Puncte und Wörter (1624)*, S. 84, *Vom Mysterio Magno*).

131, 19 *Entsprechend der alchemistischen Elementarlehre versteht Baader unter den drei Prinzipien bzw. Elementen der Materie (wie unten S. 294, erklärende Anmerkung zu 131, 30) die drei Naturkräfte Merkur, Schwefel und Salz, die alle dynamischen Lebensprozesse ausmachen und in denen die Potentialität des Wesenswerdens der Welt enthalten ist. Vgl.* Ruland 1612, S. 383: »Principia chymica, der Alchymisten anfängliche Ding sind drey. 1. Saltz. 2. Schwefel. 3. Mercurius: Das ist / Leib / Seel / unnd Geist / darauß werden alle Ding / die sind und kan man zeigen in allen Dingen / unnd in diese werden auch alle Ding resolviret.« *Bei Paracelsus sind diese drei Prinzipien geistige Kräfte: Das Salz repräsentiert dabei die unbrennbare, nichtflüchtige Erde, Schwefel das Brennbare und Merkur das Flüchtige und Metallische. Hierzu vgl.* Paracelsus: *De Mineralibus* (Sudhoff, Bd. 3, S. 47): »[D]ie drei tuns alles. dan do muß am ersten ein leib sein, in dem man werke, das ist der sulphur; do muß sein die eigenschaft, das ist die kraft, das ist der mercurius; do muß sein die compaction, congelation das ist sal. iezt ist es das, das es werden sol.« *Sowie vgl.* Paracelsus 2010, Bd. 1: *Von den ersten drei Principiis oder Essentiis*, S. 322–332. *Ferner vgl.* Pagel [2]1982, S. 82 ff. *Böhmes mystische Naturtheologie übernimmt diese Elementarlehre in der paracelsischen Fassung (Tria prima) und bezieht sie auf das innertrinitarische Leben Gottes. Vgl. u. a.* Böhme 1730, Band 2: *De tribus principiis, oder Beschreibung der Drey Principien Göttliches Wesens (1619)*, S. 11 [Kap. 7]: »Nun hat Sulphur, Mercurius und Sal solchen Verstand, creatürlich zu reden. Sul ist die Seele oder der aufgegangene Geist, oder in Gleichniß GOtt: Phur ist Prima materia, daraus der Geist sich erboren, sonderlich die Herbigkeit. Mercurius hat in sich viererley Gestälte, als Herbe, Bitter, Feur, Wasser: Sal ist das Kind, das diese vier gebären, und ist herbe, strenge, und ist Ursache der Begreiflichkeit.« *Hierzu vgl.* Schmidt-Biggemann 2012–2013, Bd. 2, S. 206–221.

131, 27 *Hierzu vgl. oben S. 283, erklärende Anmerkungen zu 121, 31 und S. 290, zu 129, 30.*

131, 30 *Baader bezieht sich hier auf* Kleuker 1784, Teil 1, S. 29–35: »Durch Vereinigung und Zusammensetzung dieser drei Elemente [*s.* Feuer, Wasser, Erde] entstehen die Körper – Die wirkliche Korporisation aber fodert gewisse Mittel zur Versinnlichung, welche das Band zwischen den Principien und ihrer Action ausmachen, und diese sind *Merkur, Schwefel* und *Salz*, welche im genauesten Verhältniß mit den drei Elementen stehen und die Vehikel ihrer Principien sind. Der Merkur, der das Mittel zwischen Feuers und Wassers hält oder den Übergang vom Feuer und Wasser macht und daher an der Natur beider Theil nimmt, ist der Grund aller versinnlichten Form, regiert alle Actionen des Feuer und Wasser und macht durch Vereinigung dieser beiden entgegengesetzten Elemente die Verkörperung möglich [...]. Je nachdem nun das eine oder das andere der drei Elemente bei einer Verkörperung das Übergewicht hat, gehört der entstandene Körper zu einem oder andern der drei Naturreiche [...]. Wenn das innere Principium zu wirken aufhört und zu seinem Ursprung zurückkehrt, so erfolgt *Auflösung* [...]. Durch diese Reaction des *Feuers* auf der einen und des *Wassers* auf der andern Seite erfolgen alle Erschütterungen [...], die indessen doch nicht den blossen Elementen zuzuschreiben, sondern die das Resultat der entgegengesetzten Action der beiden Principien sind, deren Gegenkampf dauern wird bis zur allgemeinen Auflösung. Der Streit der beiden Elemente selbst stehet unter der Regierung der Cause active et intelligente, die das Centrum und Band derselben macht.« *Zum ›Prinzip der Erde‹ vgl. oben S. 289, erklärende Anmerkung zu 129, 25'.*

131, 33 *Baader bezieht sich auf* Schelling 1797, S. 184 f.

132, 5 *Vgl. oben S. 283, erklärende Anmerkungen zu 121, 15, S. 284, zu 123, 23 und S. 289, zu 129, 9.*

132, 12 *Baader spielt hier auf die Schrift von Georg Forster »Cook, der Entdecker« (entstanden 1787, Erstdruck in »Kleine Schriften«, 1. Teil, Berlin 1789) an. Vgl.* Forster 1985, S. 194: »Sollte sich also nicht vermuthen lassen, daß auch die äußersten Punkte, zwischen welchen jede partielle Kraft schwanken und ihren Nachbarinnen Abbruch thun oder sie verschlingen darf, ihre unabänderlichen Gränzen haben? Man nenne dieses Schwanken zwischen Extremen, wenn man will, einen Puls der Natur, der bald schneller, bald langsamer schlägt, und schlagen wird, bis etwa *Büffons* Epoche der Erstarrung eintritt, oder das Machtwort einer Gottheit drein redet; – so lange das jezige Schema der Erscheinungen besteht, müssen auch diese Oscillationen fortdauern. Das Mittel zwischen den Extremen, welches manche Philosophen so eifrig suchten, und oft zu finden wähnten, das vollkommene Gleichgewicht der Kräfte, ist Ruhe, aber Ruhe des Todes.«

132, 13 *Zum ›allbelebenden Einfluss der Luft‹ bereits in* Baader 1797, S. 66, 11–40 Anm. (*und im Kommentar vgl. S. 246, erklärende Anmerkung zu 66, 14*). *Allerdings hatte Baader schon in seinem Erstling darauf hingewiesen. Vgl.* Baader 1786, S. 285 f.: »Schön ergibt sich schon aus dem bisherigen, wie die *Luft*, dieses *aus Licht und Feuchte gesponnene Glanzmeer* (wie der Verf. der ältesten Urkunde sich lange schon so wahr und schön ausdrückte) – gleichsam ein *Wagen des Lebens – belebende Wärmematerie, als Seelenspeise jedem organischen lebendigen Gebilde in einer sanften Ebbe und Fluth darreicht, und mit diesem zarten regsamen Fluidum – wie den innern Zwist aller Stoffe in der Natur – so auch das harmonische Spiel der innern organischen Kräfte immerdar anfacht, und unterhält* – so wie dagegen das *Wasser*, eine milde gleichsam ölichte Mischung der zwei wirksamsten Stoffe, die *Körper* nährt (wie wir z. B. an den Pflanzen sehen) und ein *allverbreiteter erfrischender Nahrungsstrom ist durch alle Adern der Schöpfung.« Zu Herders Zitat vgl. J. G. Herder, »Aelteste Urkunde des Menschengeschlechts«, Bd. 1, Riga 1774, S. 38.*

Zur Rezeption dieser Passage bei Schelling, vgl. Schelling 1801, S. 105 *bzw.* Schelling 1800–1801, Bd. 2, S. 234.

132, 15 *Wie oben S. 279, erklärende Anmerkung zu 118, 11.*

132, 20 *Wie oben S. 289, erklärende Anmerkung zu 129, 1.*

132, 23 *Für das Schema des ›Quaternarius‹ bezieht sich Baader wohl auf* Kleuker 1784, Teil 1, S. 168: »Viere, oder der Quaternar, ist die Zahl der Vollkommenheit [...], alles Bestandhabenden, Intellectuellen und der graden Linie. Also das Zeichen 1) des göttlichen und intellectuellen Quadrats, des denkenden Alls, wozu die ganze Fülle der göttlichen Kräfte, die unmittelbaren Eradiationen der Gottheit, alle Geisterklassen, alles Ewige und Unwandelbare, das Universalmobile aller Dinge gehören. 2) Das Quadrat der Zeit und des Zeitlichen [...], so fern die Ewigkeit in der Zeit ist, obgleich die Zeit sie nicht beschränkt, und weil alles Bestandhabende in der Zeit von dem Einflusse des Intellectuellen auf das Zeitliche abhängt. 3) Das intellectuelle Wesen des Menschen, sein ursprünglicher Zustand und Aufenthalt. 4) Die vier Kardinalpunkte der Schöpfung; der intellectuelle Tempel in und ausser der Zeit; der wahre unveränderliche Osten, als Regent des temporellen □. Kurz alles, was auf Geistigkeit, Bestandheit, grade Energie, göttliche Eradiation u. s. w. Beziehung hat.« *Und* ebd., S. 182–184: »Da dieses sich nun vermittelst der drei unmateriellen Principien der Körper als Ternar offenbart, so macht dieser Ternar mit der Einheit des Urprincipii einen unmateriellen Quaternar für die Sinnlichkeit, als Basis aller möglichen Erzeugung im Sinnlichen. [...] Folglich ist der Quaternar das Principium und unveränderliche Maaß, das Erzeugende und Regierende aller Wesen. In der Natur selbst aber zeigt sich dieses Quadrat 1) in den vier Kardinalpunkten der Schöpfung, welche es umfaßt, so daß wer diese kennt, den Grund des ganzen Systems der sichtbaren Welt begreift. 2) In dem Quadratmaaß des Laufs der Sterne. 3) In den vier Jahrszeiten und deren Bestimmung zur *Adoption, Conception, Wachstum* und *Reife* [...]. Dieses intellectuelle Quadrat ist daher die Quelle aller Wissenschaft und Erkenntniß [...].« *Sowie* ebd., S. 230 f.: »Das intellektuelle Quadrat ist eigentlich der Inbegriff oder die Fülle alles Geistigen (d. i. aller denkenden Wesen und ihrer Kräfte) in seinem vollkommnen Zusammenhange. Als Vorbild des temporellen Quadrats [...] existirt es nicht in Figur, sondern in Zahl und Kraft, obgleich Ezechiels vier חיים oder Ζωα ein

Schema davon sind[*]. Es ist der Thron dessen, der sich das A und Ω, den Ersten und letzten nennt. Alles darin ist Leben und Geist. Aus seinen vier Cardinalpunkten verbreitet sich Leben und Kraft über die ganze Schöpfung. Es ist das Höchste, wozu ein denkendes Wesen gelangen kann, der unüberwindliche Tempel aller Thätigteit und Ruhe, des reinsten Lichts und höchsten Genusses. Wenn es das wahre Paradies genannt wird, dessen vier Ströhme aus demselben Mittelpunkt flossen, so muß man die wahre Bedeutung des geheimnißvollen Kreuzes damit vergleichen, welche auf einen + Ausfluß des Lichts aus einem Principio führt. [*Die wahre Bedeutung dieses Quadrats erklärt zugleich die änigmatische Beschreibung des Ezechielischen, dessen vier Räder sich in jedem Moment nach allen Seiten hin in grader Linie bewegten, ohne daß eins dem andern zu folgen brauchte.]« *Ähnlich auch in* Eckartshausen 1794, *z. B.* S. 313 ff., 317 *oder* 315. *Im historischen Kontext gibt es Bezüge zu* Reuchlin (1517) 2010, S. 279 ff. *und* Agrippa (1553) 1992, S. 263 ff. *Zur Tetraktys-Spekulation in der zweiten Hälfte des 18. Jahrhunderts, vgl.* Mayr 2006, S. 157 ff.

132, 25[1] *Baader bezieht sich hier wohl auf die Textpassage in dem philosophiegeschichtlichen Kommentar des »Magikon« Kleukers, wo auf Theon von Smyrna und Proklos und den Eid der alten pythagoreischen Tradition verwiesen wird. Vgl.* Kleuker 1784, Teil 2, S. 344: »Die Zahl 4 oder die Quaternion war den Pythagoräern besonders heilig […]; daher schworen sie dabei, und ein Eid bei der geheiligten τετραχτυς war der heiligste, der sich denken ließ. In ihr liegen alle Symphonien und Kräfte der ganzen Natur.« *Ferner vgl. Iamblichos, Vit. Pyth. 162* in Vorsokratiker 2012, S. 147 (§ 29) *und hierzu* Zeller 2006, S. 505, Anm. 1.

132, 25[2] *Baaders Verweis auf einen »übel berüchtigten Verfasser« ist wohl der Streitigkeit um die theosophischen, spinozistischen bzw. anti-trinitarischen Grundlagen der ersten zwei Schriften Saint-Martins (»Des erreurs et de la verité«, 1775 und »Tableau naturel des rapports entre Dieu, l'homme et l'univers«, 1782), die damals aus dem Untergrund der kleinen Zirkel und Geheimgesellschaften (Illuminaten, Rosenkreuzer usw.) auch in die gelehrte Publizistik der Spätaufklärung geraten war, zuzuordnen. Hierzu bereits in* Baader 1786–1792, S. 116–121, *hier* S. 116: »In Pfenningers Magazin wird hie und da nicht undeutlich zu verstehen gegeben, daß das verrufene Buch: Des Erreurs et de la Verité nicht nur kein christliches, sondern ein wahrhaft antichristliches Buch und als solches wohl gar ein Frühbote des antimessianischen Reiches und Königs sei. […]« *Ferner vgl.* Lieb 1926, S. 172–191; Baumgardt 1927, S. 110 ff.

132, 28 *Es handelt sich hier um eine Umformulierung der martinistischen Lehre von dem ›Ternarius sanctus‹ im Unterschied zu dem ›Ternarius der Sinnlichkeit‹ bzw. der drei Elemente der Materie, welche durch das Prinzip der Luft geleitet und belebt werden. Vgl.* Saint-Martin 1775, S. 137 *und* 411 ff. *Und für die deutsche Übersetzung* Saint-Martin 1782a, S. 157 f. *und* 463 ff. *Nach der Darstellung Kleukers in* Kleuker 1784, Teil 1, S. 4 f: »Denn dieses Allerheiligste Drei war von Ewigkeit untheilbar, als Drei in Eins, aber nicht als Eins in Drei, der erhabenste Gegenstand der Anbetung, vom Ternarius der Sinnlichkeit wesentlich unterschieden.« *Und* ebd., S. 26–34. *Dazu vgl. auch den Kommentar Baaders zu Saint-Martin in* Baader 1851–1860, Bd. 12, S. 123 ff. *Zu dieser Textpassage und deren Rezeption bei Schelling vgl.* Ziche 2014.

132, 30 *Gemeint ist hier* Ritter 1798, S. 156 f. *und* 172.

132, 34 *Hierzu bereits oben in* Baader 1797, S. 59, 25–29 *und vgl. auch S. 230, erklärende Anmerkung zu 59, 29.*

133, 27 *Adam Michael Birkholz (1746–1818), der auch unter den Pseudonymen Adamah Booz, Adam Baatz oder Anthropo-Mago-Botanophilus, Ketmia Vere wirkte, war ein Arzt und Philosoph aus dem Umfeld der Rosenkreuzer. Baader bezieht sich hier auf dessen »Universalkatechismus für Kenner und Bekenner des allgemeinen Dreiecks und Vierecks in dem Universalreiche und in den drei Reichen der Natur. Allgemeines Hand- und Taschenbuch oder Universalphysik für Naturweise und Naturforscher« (Leipzig 1803), hierin vgl.* S. 153: »Der *dreieinige Eine* ist durch ein unauflösliches Band verknüpft und unzertrennlich überall *Drei in Einen* und *nicht Eins* in *Dreien*. Denn sonst wäre nicht *Eine*, sondern *drei* Einheiten [...].«

133, 30 *Baader bezieht sich hier auf »Versuch über die Natur der Dinge. Als ein Beytrag, zu einer wissenschaftlichen Grundlehre«. (Deutschland [= Görlitz] 1804) und hierin wohl auf die Seiten 71f., 128f., 131f., 151f., 197f., 200. Zu Rüdiger (oder auch Ridiger) vgl.* Weiz 1780, S. 206: »*Rüdiger*, (Anton) [*1720–1783*] Doctor der Weltweisheit und Arzneywissenschaft, öffentlicher und ordentlicher Lehrer der Chemie auf der Universität zu Leipzig seit 1762, gebohren zu Leipzig 1720. Vater: Andreas Rüdiger, Doctor der Philosophie und Medicin. Studierte auf der Fürstenschule zu Meissen und der Universität zu Leipzig.« *Andreas Rüdiger (1673–1731) studierte in Halle, in Jena und erwarb in Leipzig seinen Doktortitel der Medizin (1703). Er war in Deutschland einer der ersten, der sich anhand einer qualitativen Naturlehre (»Istitutiones eruditionis«, 1711 und »Physica divina«, 1716) mit dem Wolffschen Rationalismus auseinandersetzte. Vgl.* Berger 1785, Kap. 6, § 15, o. S.: »Der Philosoph Andreas Ridiger (Vater des berühmten Chemisten Anton Ridiger, meines nun schon todten verehrungswürdigen Lehrers,) in seiner *phisica divina* vermuthete das Bild der Dreyeinigkeit Gottes sehr richtig in der menschlichen Seele, und den ersten Prinzipien der Dinge.«

133, 34 *Zu Schellings Begriff des ›Bandes‹, vgl. die in der zweiten Ausgabe der »Weltseele« (1806) beigefügte Abhandlung »Über das Verhältnis des Realen und Idealen in der Natur« in* Schelling 1856–1861, Bd. 2, S. 360: »Das Unendliche kann nun nicht zu dem Endlichen hinzu kommen; denn es müßte sonst aus sich selbst zu dem Endlichen herausgehen, d. h. es müßte nicht Unendliches seyn. Ebenso undenkbar aber ist es, daß das Endliche zu dem Unendlichen hinzukomme; denn es kann vor diesem überall nicht seyn, und ist überhaupt erst etwas in der Identität mit dem Unendlichen.

Beide müssen also durch eine gewisse ursprüngliche und absolute Nothwendigkeit vereinigt seyn, wenn sie überhaupt als verbunden erscheinen.

Wir nennen diese Nothwendigkeit, so lange bis wir etwa einen andern Ausdruck derselben finden, das absolute Band, oder die Copula.« *Und* ebd., S. 364 »Dieß Band, das alle Dinge bindet und in der Allheit Eins macht, der überall gegenwärtige, nirgends umschriebene Mittelpunkt, ist in der Natur als Schwere.«

Ferner vgl. auch Gehler 1787–1796, Artikel: *Schwere*. Teil 3, 1790, S. 893: »Die Schwere giebt der Erde ihre runde Gestalt und ist das Band, welches alle zu ihr gehörige Materie zusammenhält, und die Zerstreuung derselben verhütet.«

Die Metapher findet sich bereits bei Böhme und Oetinger. Vgl. z. B. Böhme 1730, Band 2: *De tribus principiis (1619)*, S. 11 (Kap. 1, § 35), S. 49 f. (Kap. 5, § 6 *und* § 8); S. 184 (Kap. 14, § 62) *und* ebd., Band 3: *De triplici vita hominis (1620)*, S. 5 (Kap. 1, § 12); S. 9 (Kap. 1, § 25), S. 30 (Kap. 2, § 58) *und* Oetinger 1773, Teil 2, S. 98, 133, 142, 159, 160, 172, 184, 332, 344.

134, 4 *Vgl.* Birkholz 1803, S. 22 ff. *und* Anonymus 1804, S. 106 ff.

134, 7 *Vgl.* Anonymus 1804, S. 113 Anm., 156 *und* 166 ff. (§ 56).

Ueber den Affect der Bewunderung und der Ehrfurcht

149, 1 *Dieser Grundsatz geht wohl auf den heiligen Bernhard von Clairvaux zurück. Vgl. »In Purificatione S. Mariae. Sermo secundus: De modo processionis et significatione« in* Bernhard von Clairvaux 1957–1977, Bd. IV, S. 338–340, hier S. 340 (*bzw. vgl. Migne: »Patrologia Latina«, Bd. 183, Sp. 369 C*): »[...] in via vitae non progredi regredi est, cum nihil adhuc in eodem statu permaneat.«

149, 2 *Es handelt sich um ein von Baader selbst zum ersten Grundsatz verfasstes Motto, wie er auch später bekennt in* Baader 1851–1860, Bd. 2, S. 112 (§ 28): »Der von mir [...] aufgestellte Satz: non elevari est labi, zeigt sich sohin als Constitutionsgesetz alles Lebens.« *Allerdings begegnet ein ähnlicher Begriff bei Thomas von Aquin wie in »Super Ioannem«, cap. 6, lectio 5:* »Tertia quaestio [...]. Respondeo dicendum, quod vere nullus venire potest nisi tractus a patre: nam sicut grave per naturam non potest per se sursum ferri nisi trahatur ab alio, ita cor humanum ex se ad inferiora tendens, non potest sursum elevari nisi tractus.«

149, 7 *Vgl. die zu den vier Ehrfurchten Goethes entworfene Parallele in* Zimmermann 1964, S. 275 ff. *Zu Goethes Lehre von den Formen der Ehrfurchten, vgl. »Wilhelm Meisters Wanderjahre« (II, 1) in* Goethe 1989a, S. 420 f. *Hier unterscheidet Goethe erstens eine Ehrfurcht vor dem, was über uns ist, zweitens eine vor dem, was unter uns ist und drittens eine vor dem, was uns gleich ist, und lässt aus allen dreien zusammen die oberste Ehrfurcht, die Ehrfurcht vor sich selbst, hervorgehen. Zur Bestimmung von Goethes Quellen vgl. u. a. den Hinweis von Friedrich Ohly in »Euphorion«, 55 (1961), S. 113–145 und 405–448 auf den ›ordo caritatis‹ des heiligen Augustinus in »De doctrina christiana« 1, 23, 22:* »Cum ergo quattuor sint diligenda, unum quod supra nos est, alterum quod nos sumus, tertium quod iuxta nos est, quartum quod infra nos est.« *Für die deutsche Übersetzung vgl.* Augustinus 2002, S. 29: »Während es nun vier Dinge sind, die man lieben muß, eines, das höher ist als wir, ein anderes, das wir selbst sind, ein drittes, das neben uns ist, und ein viertes, was unterhalb von uns ist.«

149, 26[1] *Vgl.* Gehler 1787–1796, Artikel: *Elektrisirung.* Teil 1, 1787, S. 805 f.: »[...] Das Elektrisiren eines Körpers geschieht entweder durch *Erregung* der ursprünglichen, oder durch *Vertheilung* der natürlichen, oder durch *Mittheilung* der erregten Elektricität.

Durch Erregung elektrisirt man die Körper, wenn man sie an einander *reibt*, einige, wenn man sie *schmelzt*, andere, wenn man sie *erwärmt* [...].

Durch Vertheilung wird ein Leiter elektrisirt, wenn man ihn isolirt und in den Wirkungskreis eines andern elektrisirten Körpers bringt. Dadurch wird an dem abgekehrten Ende desselben ein Theil seiner natürlichen Elektricität frey und sensibel. Entfernt man ihn wieder aus diesem Wirkungskreise, ohne ihn berührt zu haben, so verschwindet diese Elektricität wieder, weil sie aufs neue gebunden wird. Berührt man ihn aber, indem er noch im Wirkungskreise ist, mit einem andern Leiter von hinlänglicher Größe, und entzieht ihm dadurch seine freye Elektricität, so wird er, wenn man ihn nun entfernt, die entgegengesetzte Elektricität von derjenigen zeigen, welche dem Körper, in dessen Wirkungskreise er war, zukömmt [...].«

Und vgl. ebd., Artikel: *Elektricität.* Teil 1, 1787, S. 719–771, hier S. 737: »Ein elektrisirter Körper nemlich wirkt auf andere Körper schon in Entfernungen, welche für die Mittheilung viel zu groß sind. Der Raum, durch welchen sich diese Wirkung erstreckt, heist sein *Wirkungskreis*, oder nach andern seine *elektrische Atmosphäre.* Das Hauptgesetz, nach dem sich diese Wirkung richtet, ist folgendes.

Jeder elektrisirte Körper sucht in denjenigen Körpern, welche in seinen Wirkungskreis kommen, eine der seinigen entgegengesetzte Elektricität zu erwecken.

Dieses Gesetz, welches unzählbare Erfahrungen bestätigen, ist eine ganz neue Quelle von Wirkungen, die von den Wirkungen der Mittheilung sehr weit unterschieden sind. Man kan sie unter dem Namen *Vertheilung der Elektricität* zusammenfassen, und der Mittheilung entgegensetzen. Ein Körper, der +E hat, giebt andern ihm genäherten durch die Vertheilung –E, und verliert dabey nichts von seinem +E, innerhalb der Schlagweite aber giebt er ihnen durch die Mittheilung +E, und verliert dabey von seinem +E.«

149, 26[2] *Vgl.* Gehler 1787–1796, Artikel: *Vertheilung.* Teil 4, 1791, S. 472: »Wenn unter den in einem Körper vorhandenen Materien oder Kräften das natürliche Gleichgewicht so gestört wird, daß sie sich auf einer Seite mehr, oder anders, als auf der andern, zeigen, ohne daß doch dabey ihre Summe geändert wird, so heißt ein solches Phänomen eine *Vertheilung.* Es wird der Mittheilung entgegengesetzt, bey welcher wirklich etwas aus einem Körper heraus und in den andern überzugehen, also die Summe der Materien oder Kräfte in jedem nicht mehr die vorige zu bleiben scheint, *s. Mittheilung.*

Bey der Elektricität und dem Magnetismus kommen sehr merkwürdige Beyspiele hievon vor, s. *Elektricität* [...], *Magnet* [...], deren Gesetze sich bey beyden ungemein ähnlich sind. Die Vertheilung der Elektricität scheint in einem Bestreben nach Mittheilung und Übergang zu bestehen, das nur wegen eines Hindernißes oder Widerstandes nicht zum wirklichen Ausbruche kommen kan. Wird es stark genug, den Widerstand zu überwinden, so erfolgt daraus eine wirkliche Mittheilung durch Ausströmen, Funken oder Schlag, wodurch das Gleichgewicht wieder hergestellt wird, und die Phänomene der Vertheilung aufhören. Die Vertheilung des Magnetismus hingegen, die sich sonst nach eben den Gesetzen richtet, hat man bisher noch nie in Mittheilung übergehen sehen.« *Ähnlich auch in* Erxleben (Lichtenberg) [5]1791, S. 535 f. (§ 569: Anm. Lichtenberg).

149, 27 *Man denke hier an* Schelling 1797, S. 144 ff. *und* 168 f., *insbesondere* S. 150: »Diese ganze Vorstellungsart dient also zu nichts weiter, als im Allgemeinen darauf aufmerksam zu machen, daß wir vielleicht durch Untersuchung des verschiedenen Verhältnisses der Körper zur Elektricität, oder Elektricität zu den Körpern allmählig auf ein sicheres Resultat über die Natur dieser Erscheinungen kommen können. Dies ist zugleich das sicherste Mittel, sich gegen eine *träge Naturphilosophie* zu verwahren, die alles erklärt zu haben glaubt.« *Sowie vgl. auch* Schelling 1798, S. 174 f. *und* Schelling 1799, S. 166 ff. *Schelling bezieht sich hier explizit auf die Galvanischen Versuche des Physikers Johann Wilhelm Ritter.*

149, 28 *Lobende Anspielung auf die ersten naturphilosophischen Schriften Schellings, wie man sie schon in der Einleitung des »Pythagoräischen Quadrats« findet. Vgl. oben* Baader 1798, S. 118, 1–5

150, 7 *Hier und im Folgenden wird zunächst ein wichtiges Thema Baaders – jenes der Doppelnatur des menschlichen Gemüts und seiner ursprünglichen Freiheit als Willensvermögen, sich in den höheren oder in den niedrigeren Regionen des Lebens zu bestimmen – umrissen. Damit greift Baader jene Tradition auf, die von Paracelsus und Böhme herkommt und die menschliche Imagination (Einbildungskraft) als Vermittlung zwischen dem freien und dem unfreien Willen begreift (hierzu dann auch in* Baader 1851–1860, Bd. 4, S. 307). *›Imaginieren‹ funktioniert also wie ein Sich-Einbilden in das Prinzip, das* *zugleich eine Angleichung an das Prinzip, in welches es sich einbildet, zur Folge hat. Je nachdem in welche Richtung d. h. ins Höhere oder ins Niedrigere sich der Wille orientiert, wird er zum freien oder unfreien Willen gezogen. Bildet sich der Wille in das irdische Prinzip ein, ist eine Angleichung an dieses, oder umgekehrt, die Folge. Es gibt darum im Menschen einen freien oder einen unfreien Willen, der mit der Einbildungskraft zusammenhängt, mit der sich der Mensch auf eine obere oder eine untere Region richtet. Insofern beginnt der Wille immer in der Imagination in ein Anderes. Hierzu vgl. auch die späteren Erläuterungen zum ersten Heft der »Dogmatica Speculativa« (1828) in* Baader 1851–1860, Bd. 8, S. 167 ff., *wo wiederum eine Analogie der Lehre der Elektrizität mit der Lehre der Freiheit ausgeführt wird.*

150, 16 *Gemeint ist hier die Moralphilosophie Kants. Vgl. z. B.* Kant 1788, S. 127 f. *oder in* Kant 1983, Bd. 4, S. 192. *Denn das moralische Individuum braucht nach Baader Hilfe von außen z. B. durch Gottes Gnade bzw. mit Hilfe des Gebets. Damit wird bereits hier die Polemik Baaders – im Einvernehmen mit Jacobi – gegen Kants Theorie der praktischen Vernunft als Autonomieprinzip als solches bzw. als ausreichende Triebfeder für das moralische Handeln angedeutet. Eine Polemik, die im Laufe der Zeit immer härter sein und sich besonders auf den Begriff des Bösen in der menschlichen Natur richten wird* (*vgl.* Kant 1793 *oder in* Kant 1983, Bd. 4, S. 647 ff.).

150, 20 *Baader spielt hier wohl auf die ersten naturphilosophischen Schriften Schellings an. Vgl.* Schelling 1799, S. 151 *und* 161–165. *Allerdings zur polaren Einwirkung der Sonne auf den Erdball bereits in* Baader 1786, S. 38: »In jedem Körper unter dem Monde ist also die Temperatur keinen Augenblik dieselbe; vielmehr ist es eine immerwährende, sanftwallende Ebbe und Fluth, in der sich die Wärmematerie, so auch mit und in ihr alle organisirte und unorganisirte Natur bewegt, und reget, und ohne welche dieser ganze ungeheure Ozean materieller Kräfte faulen, oder eigentlich im ewigen Todesschlaf starren würde.«

150, 24 *Mit diesem Vergleich bzw. Sonnenlob greift Baader auf einen mystischen Topos der neuplatonischen sowie hermetischen Tradition zurück (wie z. B. auch bei Marsilius Ficinus in »De Sole«). Ferner vgl.* Agrippa (1533) 1992, S. 345 f., Paracelsus 2010, Bd. 5: *De secretis creationis*, S. 38, Weigel [Biedermann] 1618, S. 15 (*dazu vgl.* Weigel 1996, S. XXIV ff.) *und* Böhme 1730, Band 1: *Aurora, oder Morgenröthe im Aufgang*, S. 43 f. [Kap. 3, § 18 ff.] *sowie* ebd., Band 6: *De signatura rerum* (*1622*), S. 33 *und* 40 [Kap. 4, § 17 *und* § 39]. *Besonders interessant ist* Kepler 1937–[2002], Bd. 1: *Mysterium cosmographicum*, S. 56 (Kap. XVI): »Est omnino, vt denuò ludam Allegoria, homo quidam quasi Deus in mundo, et eius domicilium Tellus; sicut Dei, si vllum corporeum, certè Sol illa lux inaccessa. Vt igitur homo Deo, sic Tellus Soli respondere debuit.« *Hierzu* Hübner 1975, S. 186 ff., 271 *und* Kranz 1955–1957, Teil 2, S. 183 f. *Vgl. auch* Kleuker 1784, Teil 1, S. 143 f. (*sowie* S. 55, 65, 198). *In der Mystik, in der man den Kosmos oft als Abbild der Trinität interpretiert, wird die Sonne mit der zweiten Person der Trinität identifiziert und deshalb auch in ihrer schöpfungsmittleren Funktion als Weltprinzip oder sichtbare Gottheit (›Herz der Welt‹, ›König‹, ›Herrscher über die Sterne‹, ›Naturzentrum‹) charakterisiert. Hierzu vgl.* Lüers 1926, S. 98 ff. *Ferner auch* Mahnke 1937, S. 37 f. *und* Grunsky 1956, S. 332, Art. 38: ›Sonne‹ *sowie* Schröder 2002, S. 126 f.

150, 27 *Polemische Anspielung auf die sogenannte Glaubens- oder Gefühlsphilosophie Jacobis, nach der keine rationale Erkenntnis des Übersinnlichen möglich ist. Ein unmittelbares Wissen davon kann nach Jacobi allein in der basalen Erfahrung menschlicher Freiheit stattfinden, aus der schließlich auch die Gottesvorstellung resultiert. Vgl. z. B.*

Jacobi [4]1792, S. 240: »Der Glaube an ein höchstes Wesen überhaupt, als der Quelle alles Seyns und alles Werdens; und der Glaube an einen Gott, der ein Geist ist, sind beyde dem Menschen in der unerforschlichen Thatsache seiner Spontaneität und Freyheit […] gegeben.« *Im Gegenteil, dass jenes Höhere nicht in einem dunklen Gefühl, sondern in der klaren Erkenntnis (im Sinn der christlich-mystischen Spekulation Saint-Martins) gegenwärtig sei, wird nunmehr ein wichtiges Thema der Spekulation Baaders. Dazu vgl. auch den Brief Baaders an Jacobi vom 27. Juni 1806 in* Baader 1851–1860, Bd. 15, S. 203 f.: »Kant hat aus der Vernunft zu wenig gemacht, E.H.W. scheinen mir dem Verstande zu wenig zu machen. […] Verstand und Sinne sind nemlich *nicht* gegeneinander, wie Geist und Fleisch widereinander lüstern, der Verstand ist nicht das reine Principium inertiae und er vernichtet das Einzelne nicht […]. Glauben ist Festhalten des Erkennens in seiner untersten Stufe. – Ganz kann sich der Mensch des höheren Erkenntnissvermögens, – des Erkennens, Anerkennens eines Höheren – nie entschlagen. […] Diesen höheren Vorgang in der uns umgebenden Geschichte der unteren Naturen nachzuweisen, ist ein wahres Verdienst; – der Mensch kommt dabei um so leichter zu höherer Besinnung; – der höhere Vorgang ausser ihm erinnert ihn eines correspondirenden höherer Vorgangs in ihm.

Mit Herz und Kopf gehe ich daran, mir meinen Gott zu erklären, d. h. Ihn und Seine Gegenwart, vielmehr meine Gegenwart in ihm, mir recht klar zu machen. – Je klarer die Ansicht, je inniger die Gemeinschaft. […]« *Hierzu auch* Sauter 1928, S. 531 ff.

150, 31 *Eine ähnliche Anwendung des Phänomens der Verteilung auf eine Theorie des Bewusstseins findet sich dann auch bei Schelling. Vgl.* Schelling 1809, S. 51: »Wie das Gewitter mittelbar durch die Sonne, unmittelbar aber durch eine gegenwirkende Kraft der Erde erregt wird; so der Geist des Bösen (dessen meteorische Natur wir schon erklärt haben) durch die Annährung des Guten, nicht vermöge einer Mitteilung, sondern vielmehr durch Verteilung der Kräfte.«

151, 13 *Ähnlich bereits in einem Brief Baaders an Jacobi vom 19. November 1796 in* Baader 1851–1860, Bd. 15, S. 169: »[…] denn das Auge […] sehnt sich nach dem befruchtenden Strahl – und dieser Strahl sucht dieses Sehnen […].« *Ferner vgl. oben S. 263, erklärende Anmerkungen zu 77, 18 und 77, 23 sowie S. 252, erklärende Anmerkung zu 68, 21[2].*

151, 17 *Es handelt sich hier um eine nicht wörtliche bzw. frei übersetzte Stelle Baaders aus* Saint-Martin 1802, S. 24: »J'ai assez fait connoître que la pensée de l'homme ne pouvoit vivre que d'admiration, comme son cœur ne pouvoit vivre que d'adoration et d'amour.« *Für die deutsche Übersetzung vgl.* Saint-Martin 1845, S. 26: »Ich habe genugsam gezeigt, daß der Gedanke des Menschen nur von Bewundern leben kann, so wie sein Herz nur leben kann von Liebe und Anbetung«.

151, 30 *Vgl.* Jean Paul 1797, S. 116 f.: »Ist aber einmal unser nothwendiger *Thierdienst* vorbei, der bellende innere Thierkreis abgefüttert und das Thiergefecht ausgemacht: dann fordert der innere Mensch seinen Nektar und sein Himmelsbrot, der sich, wenn er nur mit Erde abgespeiset wird, alsdan in einen Würgengel und Höllengott verwandelt, der zum Selbstmord treibt, oder in einen Giftmischer, der alle Freuden verdirbt.«

152, 8 *Zitat aus »De l'esprit des choses« von Louis-Claude de Saint-Martin. Vgl.* Saint-Martin 1800, tome 1, S. 11: »Oui, le besoin d'admiration dans l'homme, dépose hautement et victorieusement contre l'athéisme, et ce témoin irrévocable dont les réclamations ne cessent de retentir dans les ames, est placé au nombre des enseignes éternelles du Dieu des êtres, pour frapper de terreur les yeux de l'insensé et le renverser dans la poussière.« *Für die deutsche Übersetzung vgl.* Saint-Martin 1812, Teil 1, S. 10 f.: »Ja, das Bedürfniß zu bewundern, welches in der ganzen menschlichen Natur wohnt, spricht laut und mit überzeugender Gewalt gegen den Atheismus, und dieses unwiderrufliche Zeugniß, dessen Stimme ohne Aufhören in aller Gemüth wiederhallet, ist eine von seinen vielen ewigen Lehren, welche die höchste Gottheit giebt, um die Augen des Unsinns mit Schrecken zu schlagen, und sie niederzubeugen in den Staub.«

152, 24 *Ironische Anspielung auf die etwa 1790 von Benjamin Thompson Graf von Rumford (1753–1814) entwickelte und später nach ihm benannte Suppe. Ein billiges, aber nahrhaftes Eintopfgericht, das aus Wasser, Gerstengraupen, Erbsen, Kartoffeln, Weizenbrot, Essig und Salz bestand und in vielen öffentlichen Suppenküchen verteilt wurde. Allgemein aber steht die Rumfordsuppe bis heute für Mangel und Armut. Ähnlich auch in* Baader 1851–1860, Bd. 15, S. 356, *und dazu auch* S. 13 f.

152, 27 *Vgl.* Baader 1851–1860, Bd. 12, S. 269: »Denn der Mensch kann nicht sein ohne etwas zu bewundern und zu adoriren; ist es nicht Gott, so ist es die Natur oder das eigene Ich, welches an die Stelle Gottes gesetzt wird. Das Verkennen setzt ein Kennen voraus. Jener Jacobiner sagte: *Je ne suis pas athée, mais antidieu.*«

152, 32 *Vgl.* Gen 3, 24.

153, 23 *Aus einigen späteren Tagebuchnotizen (vgl.* Baader 1851–1860, Bd. 11, S. 366 *und* 316, 319 ff.) *lässt sich vermuten, dass es sich hier um eine Anspielung auf Thomas Reids Werk »Inquiry into the Human Mind on the Principles of Common Sense« (1764) bzw. auf dessen deutsche Übersetzung (»Untersuchung über den menschlichen Geist, nach den Grundsätzen des gemeinen Menschenverstandes«, Leipzig 1782) handelt, aus dem Baader exzerpiert und welches auch Jacobi stark gefesselt hat. Allerdings erinnert* Baumgardt 1927, S. 167 Anm. 1 *an die zeitgleiche mystische Lektüre Baaders zu diesem Thema, wie z. B.* Eckartshausen 1788–1792, Teil 1, 1788, S. 137 ff. *und* Gleichen 1791, S. 127–133 *und* 273 ff.

153, 27 *Vgl.* Saint-Martin 1802, S. 137: »Il falloit donc par conséquent que l'homme fût dépositaire du mobile de ces sept puissances, pour pouvoir les faire agir selon les plans qui lui étoient tracés, et pour maintenir ce lieu choisi dans son repos, ou dans son sabbat, puisq'il n'y a de repos ou de sabbat pour un être, qu'autant qu'il peut librement développer toutes ses facultés.« *Für die deutsche Übersetzung vgl.* Saint-Martin 1845, S. 131: »Es war folglich nothwendig, daß dem Menschen die Triebfedern dieser sieben Kräfte anvertraut wurden, damit er sie nach dem vorgeschriebenen Plane könnte wirken lassen, und damit er diesen auserwählten Ort in seiner Ruhe oder in seinem Sabbat erhielt, weil es für ein Wesen nur in sofern Sabbat oder Ruhe gibt, als es frei alle seine Eigenschaften entwickeln kann.« *Gemeint sind hier die sieben Formen oder Kräfte der Natur von J. Böhme.*

153, 34 *Hierzu vgl.* Susini 1942, Teil 2, S. 18 f.: »Et ceci est encore une manière de réfuter Rousseau et de lever l'opposition que d'aucuns veulent gratuitement établir entre l'›admiration‹ et la ›connaissance‹, en déclarant que l'une cesse lorsque l'autre apparaît.« *In der Tat handelt es sich dabei um die erste Anspielung Baaders auf eine besondere philosophische Position, die in den späteren Schriften mehrmals Rousseau zugeschrieben (vgl.* Baader 1851–1860, Bd. 16, S. 418: »Rousseau«) *und mit Jacobis philosophischer Haltung (und zwar als »Poltronerie der Spekulation« oder »Trägheit des Geistes«) gleichgestellt wird (vgl. z. B.* Baader 1851–1860, Bd. 4, S. 165 *und* Bd. 1, S. 90 Anm.).

Freilich geht es um eine von Baader selbst kritisch verfasste und an seine derzeitigen Zwecke angepasste Formulierung, die in den Werken von Rousseau nicht zu finden ist. Aller Wahrscheinlichkeit nach hat sich Baader, der bereits in seinen Jugendtagebuchnotizen ausführlich aus Rousseaus »Émile« (vgl. Baader 1851–1860, Bd. 11, S. 250 ff.) *und besonders dessen viertem Buch (vgl. u. a.* Rousseau 1959–1995, Bd. IV, S. 573) *exzerpiert hatte, hierbei inspirieren lassen. In Frage kommt aber auch Rousseaus Schrift »Discours sur l'origine et les fondemens de l'inégalité parmi les hommes« (vgl.* Rousseau 1959–1995, Bd. III, 1964, S. 138), *auf die sich nicht zuletzt Fichte in der fünften Vorlesung über die Bestimmung des Gelehrten (1794) bezogen hatte (vgl. »Einige Vorlesungen über die Bestimmung des Gelehrten« in* Fichte 1794–1796, S. 59–68, *besonders* S. 60 f.). *Ferner vgl.* Starobinski 1971, 245–260 (*»La réflexion coupable«*) *bzw. die deutsche Übersetzung in* Starobinski 1993, S. 305–325 (*»Die schuldhafte Reflexion«*).

154, 5 *Vgl.* Kant 1790, S. 190 (Kant 1983, Bd. 5, S. 413 f.): »Nun behaupte ich, dieses Princip sey nichts anders, als das Vermögen der Darstellung *ästhetischer Ideen*; unter einer ästhetischen Idee aber verstehe ich diejenige Vorstellung der Einbildungskraft, die viel zu denken veranlaßt, ohne daß ihr doch irgend ein bestimmter Gedanke, d. i. *Begrif* adäquat seyn kann, den folglich keine Sprache völlig erreicht und verständlich machen kann. – Man sieht leicht, daß sie das Gegenstück (Pendant) von einer *Vernunftidee* sey, welche umgekehrt ein Begrif ist, dem keine *Anschauung* (Vorstellung der Einbildungskraft) adäquat seyn kann.«

154, 19 *Baader spielt hier indirekt auf Jacobi an. Hierzu vgl.* Baumgardt 1927, S. 40 *und* 228. *Hierzu vgl. auch oben S. 300, erklärende Anmerkung zu 150, 27.*

154, 25 *Zum moralischen Gefühl der Achtung in den Werken von Kant, vgl.* Kant 1785, S. 14 ff. (Kant 1983, Bd. 4, S. 26 ff.), Kant 1788, S. 126 ff. (ebd., S. 191 ff.), Kant 1790, S. 95 f. (§ 27) (Kant 1983, Bd. 5, S. 344), Kant 1797b, S. 117 ff. (§ 24 ff.) (Kant 1983, Bd. 4, S. 585 ff.)

Ueber die Behauptung: »daß kein übler Gebrauch der Vernunft seyn kann«

165, 2 *Es handelt sich um ein Zitat aus der von Jacobi zur Eröffnung der neu konstituierten Akademie der Wissenschaften zu München am 27. Juli 1807 gehaltenen Rede. Vgl.* Jacobi 1807, S. 362 f.: »Unmöglich kann reiner und heller Verstand unverträglich seyn mit erhabener Vernunft. Recht gebraucht müssen sie vielmehr einander gegenseitig fördern. Ein übler Gebrauch der *Vernunft* kann nicht seyn; und selbst ein übler Gebrauch des *Verstandes* nur dann, wenn dieser von der Sinnlichkeit, die er zu regieren bestimmt ist, schon zum Theil unterdrückt und in demselben Maaße verfinstert wurde; nur alsdann wird er sich feindselig gegen die Vernunft beweisen, als ein dunkler Körper vor die Sonne des Geistes treten und ihre Strahlen unterbrechen.«

167, 2[1] *Zum Begriff ›Witz‹ in diesem Kontext vgl.* DWB 1854–1961, Bd. 30, Lemma: *Witz*, Sp. 863 und 868: »I. Vernunft, Verstand, Klugheit, List. [...] Witz als ›Klugheit‹, gelegentlich gesteigert zu ›Weisheit‹. Es kann sich um angeborene oder erworbene Klugheit handeln auf geistigem wie auf praktischem Gebiet.«

167, 2[2] *Zum Begriff des ›Kunsttriebs‹ vgl.* DWB 1854–1961, Bd. 11, Lemma: *Kunsttrieb*, Sp. 2732: »[...] angeborner Trieb (Instinct) zu Kunstthätigkeit. Von *Kunsttrieben* ist die Rede seit dem Buche des Herm. Sam. Reimarus: *Allgemeine Betrachtungen über die Triebe der Thiere, hauptsächlich über ihre Kunsttriebe* u.s.w., Hamburg 1760, 3. Ausg. 1773.« *Reimarus versucht in diesem Werk eine Lehre von Instinkthandlungen zu entwickeln, die als solche zweckmäßig sind und einen Mittelweg zwischen Mechanismus und Intelligenz darstellen. sich insofern zwischen Mechanismus und Intelligenz befinden. Dazu vgl.* Reimarus 1762, S. 94f.: »Eine regelmäßige Fertigkeit in willkührlichen Handlungen die zu einem gewissen Zwecke führen, und doch vielfältige Abweichungen leiden, nennet man *Kunst*. Da nun die Thiere, von Natur, in ihren willkührlichen Handlungen solche regelmäßige Fertigkeiten zu ihrer und ihres Geschlechtes Erhaltung und Wohlfahrt besitzen, wo an sich vielfältige Abweichungen möglich wären: so besitzen sie von Natur gewisse *angeborene Künste*. Und da jedes Thier ein natürliches Bemühen, d.i. einen Trieb hat, seine angeborenen Künste zu seinen Bedürfnissen auszuüben: so haben die Thiere, jedes nach seiner Art, gewisse natürliche *Kunsttriebe*, welche sie geschickt machen, die besondern Mittel zu ihrer und ihres Geschlechtes Erhaltung und Wohlfahrt, mit einer regelmäßigen Fertigkeit anzuwenden.« *Ferner vgl.* Schelling 1799, S. 196ff. *und die entsprechenden Verweise in den erklärenden Anmerkungen.*

167,10 *Der hier in Anführungszeichen gesetzte Satz ist kein Zitat. Es handelt sich um eine von Baader selbst ironisch zusammengestellte Ausdruckweise. Zum Thema des Kampfs Gottes gegen Satan bei Baader vgl.* Lieb 1926, S. 124ff. *Man denke hier allerdings auch an* Kant 1793, S. 61ff. (*Von dem Kampf des guten Prinzips, mit dem Bösen, um die Herrschaft über den Menschen*). *Ferner vgl.* Schulte ²1991, S. 164ff.

167,23 *Es handelt sich hierbei nicht um ein wörtliches Zitat, sondern um eine freie Inhaltswiedergabe der Gedanken Jacobis, die allerdings in Anführungszeichen gesetzt wurde. Zu den Textpassagen, auf die Baader hier anspielt, vgl. u.a.* Jacobi 1807, S. 356: »Alle Thiergeschlechter haben ein für sie erreichbares Ziel; dem Triebe eines jeden wird Erfüllung, vollkommene Genüge, es vollendet seinen Weg, lebt sein Leben aus. Nicht so der Mensch. Er ist ein *jenseitiges* Wesen. Sinne und Verstand hat er mit den Thieren gemein. Die *Vernunft* gehört ihm besonders. Durch sie wird er *Gottes* und der *Tugend*, des *Schönen*, des *Guten*, des *Erhabenen* fähig: sein Instinkt ist *Religion*.« *Und* ebd., S. 357f.: »Wenn das Begehrungsvermögen *Zwecke* gegeben hat, so hilft der Verstand, daß die *Mittel* zur Erreichung dieser Zwecke gefunden werden. Er unterscheidet, verbindet, ordnet, wägt und erwägt; er stillet das Gemüth, daß es klug werde. Aber aus sich selbst Zwecke hervorzubringen, *ursprüngliche Zwecke*, vermag er nicht. Diese entspringen insgesammt aus sinnlichen oder übersinnlichen, körperlichen oder geistigen Bedürfnissen. In und mit *jenen* waltet der Verstand; in und mit *diesen* die Vernunft.

Es ist eine Wahrheit, so alt als das Menschengeschlecht, daß Sinnlichkeit und Vernunft in einem beständigen Kampfe mit einander liegen, und bald die eine, bald die andere die Oberhand gewinnt. Dadurch wird die Entzweyung des Menschen in ihm selbst, durch zwey von einander in ihren Foderungen wesentlich verschiedene, oft einander gerade zu entgegen wirkende Triebe offenbar. Der eine dieser Triebe erzeugt den *praktischen Verstand*; der andere die *praktische Vernunft*.

Welchem von diesen beyden Trieben der Vorrang, die Oberherrschaft durchaus und schlechthin zukomme; auch darüber ist kein Streit. Niemand läugnet, es gebühre der Vernunft das höchste Ansehn, und ihren Vorschriften unbedingter Gehorsam.

Verstand kann im höchsten Grade vorhanden seyn, auch wo die verruchtesten Zwecke zum Vorschein kommen. Er führt die besten wie die schlimmsten mit demselben Eifer aus. Von sich selbst weiß er nicht, was gut oder böse, sondern nur, was ein *Mehr* oder *Weniger* ist. Er kann nur messen nach ihm gegebenem Maaße, nur *über-* nicht *unter-*legen, nur zählen, rechnen und berechnen. Einen *ersten* Grund, oder einen *letzten* Zweck auszumachen, liegt ganz ausser seiner Sphäre.

[...] – Das *an sich Gute* offenbaret allein die Vernunft; sie ist ein Vermögen, sich das *Höchste* vorzusetzen. Als solches stand sie bey den Alten, unter dem Nahmen der *Weisheit*, an der Spitze der Tugenden, ordnete sie an, hatte sie erfunden. *Klugheit* ist die Tugend des Verstandes; er entdeckt und offenbart, was *nützlich* ist, unbekümmert um den Werth des Zwecks, ob er gut sey oder böse.

Hätte die Vernunft *Gewalt*, sagt ein tiefsinniger Britte [Joseph Butler], wie sie *Ansehn* hat, so würde überall Gerechtigkeit und Friede, das Gute und das Schöne übermächtig herrschen.«

Hierzu schreibt T. Buchheim in Schelling 1809, S. 100 (Anm. 52): »Es waren vor allem solche Sätze Jacobis, die Schelling (und noch vorher Baader) zu der für die Freiheitsschrift zentralen Lehre des (positiven) Bösen als eines aus Freiheit begonnenen Mißbrauchs der Vernunft anstachelten.«

168, 7 *Dieser Gedanke Baaders wird von Schelling rezipiert und vertieft. Vgl.* Schelling 1809, S. 44 f.

168, 16 *Diese Überlegungen Baaders setzten das Modell der christlich-theosophischen Geschichtstheologie und spezifischer des urgeschichtlichen Sündenfalls voraus. Hierzu vgl.* Saint-Martin 1782, Teil 1, S. 34, 29 ff., 93 ff., 97 *sowie* Kleuker 1784, Teil 1, S. 21 f., 42 Anm., 53 ff., 92 *und auch* Gleichen 1791, S. 54–62. *Hierzu vgl.* Lieb 1926, S. 160 f. *und* 194 ff.

169, 10 *Zur Rezeption dieser Textpassage bei Schelling. Vgl.* Schelling 1809, S. 60 *und* 50 *sowie die entsprechenden Verweise in den erklärenden Anmerkungen* S. 149 (*wo auf* Kant 1793 *verwiesen wird*) *und* 143 f. *Ferner vgl. auch die Einführung von M. Vetö in* Schelling 1810, S. 51 ff. (*»Le mal et la chute«*).

169, 25 *Zur Rezeption dieser Textpassage bei Schelling. Vgl.* Schelling 1809, S. 39.

169, 28 *Vgl. Röm 1,18 und 25.*

170, 1 *Hierzu vgl.* Schelling 1809, S. 26 *und den Kommentar von T. Buchheim in den erklärenden Anmerkungen* S. 109.

170, 6 *Zur Erhebung der Selbstheit als Ursprung des Bösen vgl. z. B. in* Böhme 1730, Band 6: *De signatura rerum* (*1622*), S. 8 f., 183–185, 190, 232 f. *oder in* ebd.: *De electione gratiae* (*1623*), S. 45. *›Selbheit‹ ist auch die Ursünde Adams in der »Theologia Deutsch«, die nach* Bornkamm 1925, S. 75 ff. *und* Schleusener-Eichholz 1972, S. 478 *auch Böhme gekannt hat. Hierzu vgl.* Theologia Deutsch 1982, S. 72, 89, 91, 99, 108 f., 137 *und öfter.*

Dazu vgl. auch oben S. 242, erklärende Anmerkung zu 64, 16 und ferner Oetinger 1763, S. 235 f.: »Das Böse bricht nicht bloß aus dem Nichts herfür, sondern *die Lust gebiehrt* sich aus der Erhebung einer Krafft über die andere, die einander die Wage halten sollten. Die Vielheit der Kräften in der Seele seye aus dem *Reichtum der Güte* GOttes, aber diese könne wegen ihrer Verschiedenheit, Erhebung und Unterdruckung leicht das unterste zu oberst kehren: nicht die blosse Repraesentation ist Ursach, sondern die Erhebung und Streit der Kräften, und die Ergötzung an *gestohlenen Wassern* macht, daß man das Böse für gut ansieht und die Falschheit und übermäßigen Zweifel in Gedancken bringt. Vor der Repraesentation geht der Streit zwischen Licht und Finsterniß vorher, und folglich eine unordentliche Vermischung der

Selbst-Bewegung-Quellen. *Wer Arges thut, der hasset das Licht* und wird zu sich selbst gekehrt, da schließt er schon nicht mehr recht, da bringt er nicht mehr gleiches zu gleichem, sondern Gleiches und Ungleiches verwirrt sich.« *All diese Motive werden von Schelling ausführlich rezipiert und vertieft, hierzu vgl. die Textverweise im Sachregister unter den Stichwörtern ›Erhebung‹ und ›Selbstheit‹ und den entsprechenden Stellenkommentar in* Schelling 1809, S. 197 *und* 217.

170, 12 *Anspielung auf ein bereits von Jacobi als Anekdote zitiertes Epigramm Goethes. Vgl.* Jacobi 1787, S. 93: »Ich erinnere mich, daß ich einer vermischten Gesellschaft einmal die Frage aufwerfen hörte: wie das menschliche Geschlecht wohl möchte fortgepflanzt worden seyn, wenn der Sündenfall nicht eingetreten wäre? Ein geistvoller Mann antwortete schnell: *ohne Zweifel durch einen vernünftigen Diskurs*!« *Goethes Epigramm erschien mit dem Titel »Vergebliches Geschwätz« im »Musen-Almanach für das Jahr 1797«, S. 176 (dann auch in Goethes Gedichtzyklus »Vier Jahreszeiten«, Nr. 55):* »Fortzupflanzen die Welt sind alle vernünftgen / Discurse / Unvermögend, durch sie kommt auch / kein Kunstwerk hervor.« *Darauf wird auch in* Schelling 1809, S. 85 *angespielt.*

171, 4 *Vgl.* Saint-Martin 1802, S. 66 f.: »Quiconque connoît l'état des choses, sent qu'il faut que nous devenions vifs et puissans pur que cette œuvre s'accomplisse, puisque le mal est une puissance, et non pas une simple histoire.« *Für die deutsche Übersetzung vgl.* Saint-Martin 1845, S. 65: »Wer den Zustand der Dinge kennt, fühlt es, daß wir lebendig und mächtig werden müssen, damit dieses Werk erfüllt werde, weil das Böse eine Macht und keine bloße Geschichte ist.« *Ferner vgl. auch* Saint-Martin 1800, tome 2, S. 315 *und für die deutsche Übersetzung* Saint-Martin 1812, Teil 2, S. 286 f.

171, 7 *Gemeint sind hier Baaders »Fragmente zu einer Theorie des Erkennens« in* Baader 1809, 136–142. *Auch in* Baader 1851–1860, Bd. 1, S. 49–56 – *allerdings folgt diese Ausgabe dem Text der zweiten Edition der »Fragmente« in* Baader 1831, S. 106–112.

171, 11 *Baader bezieht sich hier auf* Jacobi 1787, S. 88: »Meine Vernunft ist ein Auge [...]« *und* S. 95: »Das Auge der menschlichen Seele, oder die menschliche Vernunft [...].« *Hierzu vgl. die entsprechenden Verweise in den Erklärenden Anmerkungen* in ebd. S. 570 und 576 f.

Ueber Starres und Fliessendes

187, 6 *Zu diesem Grundsatz vgl. oben S. 249, erklärende Anmerkung zu 67, 10.*

187, 19 *Zu diesem Grundsatz vgl. oben S. 259, erklärende Anmerkung zu 74, 11.*

187, 23 *Als Kommentar zu diesem Satz vgl.* Kapitza 1968, S. 100 ff. *und* 159–175.

187, 29 *Anspielung auf die naturphilosophische Debatte um die dynamische Materiekonzeption Kants, nach der die Materie in ihrem ursprünglichen Zustand allein als Flüssiges ohne Viskosität charakterisiert werden kann. Insofern ist die Kohäsion eine Eigenschaft der Materie, die dem festen Zustand als solchem nicht zugeschrieben werden kann bzw. nur in Abhängigkeit des flüssigen Zustandes besteht. Eine solche Definition des Flüssigen als Wesen, dessen Teile in einem Kontinuum verschiebbar sind, kann also nur eine negative Definition des Festen erlauben. Später auch in* Baader 1851–1860, Bd. 9, S. 149 f. Anm.: »Jene Impotenz der Materie, welche auch ihre Impenetrabilität heisst, aber ihre Nichtpenetranz heissen sollte, macht nun, dass nichts in ihr sich wahrhaft berührt oder vereinigt, und dass alle ihre Verbindungen nur äusserlich oder figurativ sind, was auch, wie ich früher bemerkte, der wahre Sinn der Atomistik ist.«

188, 1 *Hierzu vgl. auch* Schelling 1799, S. 92: »Da nun in der Natur alles – oder vielmehr, da eben jenes absolute Product – continuirlich *im Werden* begriffen ist, so wird es in demselben weder zur absoluten Flüssigkeit noch zur absoluten Nichtflüssigkeit (Starrheit) kommen können. Dies wird das Schauspiel eines *Kampfs zwischen der Form und dem Formlosen* geben. Jenes immer werdende Product wird continuirlich auf dem Sprung vom Flüssigen in's Feste, und umgekehrt auf dem Rückgang vom Festen in's *Flüssige* begriffen seyn.

Es wird, da jener Kampf (zwischen Form und dem Formlosen) endlos ist, alle innerhalb der Sphäre, die es begreift, möglichen Gestalten durchlaufen, und in alle, gleich einem immer wechselnden Proteus, sich verwandeln.«

188, 5 *Hierzu bereits in* Baader 1797, S. 58, 37–59, 3 (Anm. A): »denn sie [die dynamische Konstruktion der Körper] läst sich mit *zwei* Grundkräften nicht vollenden, und ich werde in einem folgenden Stück dieser Beyträge einen Versuch zeigen, wie sie mit einer dritten zu Stande zu bringen ist«. *Baader meint hier* Baader 1798, S. 125, 11–21.

Dazu auch in Schelling 1799, S. 89: »Ie zwo Actionen schränken sich durch Wechselwirkung wechselseitig ein auf den *gemeinschaftlichen Effect.* (Nur dieser gemeinschaftliche Effect ist das *Tertium,* in dem sie sich berühren können [...]).«

188, 12 *Im Hintergrund steht hier die auf Paracelsus zurückgehende medizinische genauer iatrochemische Lehre der gesunden, temperierten Einheit des Lebendigen, die von einer inneren dynamischen Dialektik der verbundenen Körperstoffe zusammengehalten wird. Wie in der zuerst 1609 veröffentlichten »Basilica Chymica« (bis 1658 erschienen in insgesamt 18 Auflagen) von O. Croll – den vermutlich auch J. Böhme rezipierte – zu lesen ist:* »Sanitas Hominis in concordantia et unione Trium substantiarum Primarium consistit: ubi vero exaltantur et [...] incenduntur, sequuntur bella intestina« (Croll 1609, S. 99). *Für die deutsche Übersetzung vgl.* Croll 1629: »Die Gesundheit deß Menschen besteht in der Concordanz und Einigkeit der drey ersten Substantzen: Wann aber dieselbige erhöhet und [...] entzündet werden/so folgen innerliche Krieg«. *Nach dieser medizinischen Lehre besteht die Gesundheit in einem temperierten organischen Zustand (»Sanitas consistit in Temperato corpore«), in dem die natürliche Wärme (»calor insitus«) und das »Humidum substantificum« harmonisch unterhalten werden* (ebd.). *Es handelt sich um eine dialektische Spannung, welche die innere Dynamik des gesunden Lebens ausmacht, aber zugleich die Wurzel ihrer lebendigen Einheit in einem schwebenden d. h. prekären Band zwischen Kontinuum und Diskontinuum, Starrheit und Flüssigkeit findet. Ein Modell der Gesundheit, das in sich die ständige potentielle Bedrohung einer vernichtenden Krankheit durch die Verabsolutierung eines seiner konstitutiven Momente trägt bzw. seine aufbauende Kraft aus der im Grunde immer vorhandenen Potentialität der Korruption erhält. Diese Sicht auf die Gesundheit ist in der romantischen Medizin im Bereich der physiologischen Naturphilosophie damals noch wirksam. Vgl.* Kilian 1802, S. 12 f. *und* 109, 112: »Da das absolut Flüssige alle Individualität aufheben, folglich kein Produkt zu Stande kommen würde, so muß ein Gleichgewicht in der *Natur* seyn, welches dem fluidisirenden Prinzip entgegen strebet; folglich muß sich die Materie auf der andern Seite in das absolut *Starre* verlieren. [...] Die auf diese Weise hervorgebrachten mittleren Produkte werden Ausdrücke jenes Strebens der Akzionen seyn, und ihrer Vereinigung ihrer ursprünglichen Tendenz folgen. [...] In der Vereinigung dieser mannichfaltigen Akzionen können unendlich viele Grade der *Intensität* jeder Akzion seyn und gedacht werden. […] In keinem Produkte kann es zu einem absoluten, wohl aber zu einem relativen Sieg einzelner Akzionen in dem Streite mit den übrigen kommen. […] *Gesundheit* bezeichnet demnach nichts mehr und nichts weniger, als das Bestehen oder Fixirtseyn derjenigen bestimmten Proporzion der organischen Thätigkeit, wobey die Existenz des organischen Individuums bestehen kann. […] Nicht jede Veränderung in der normalen Synthesis, sondern nur diejenige, wodurch eine Veränderung in dem Objekte des Organismus hevorgebracht wird, kann Krankheit genennt werden. […] Krankheit entsteht also aus Beschränkung, und bewirkt selbst wieder Beschränkung der organischen Thätigkeit.«

Hierzu vgl. auch Baader 1797, S. 59, 10–17 (Anm. A): »Hiebei verschwindet nun die eine oder andre Grundkraft, indem sie in der Art ihrer Äusserung oder nur im Grade, wechselt, und täuscht den Beobachter in dieser ihrer Latenz oder Heteronomie auf mancherlei Weise. – Zweytens geben diese Kräfte nur gezwungen und mit innerm Widerstreite […] eine Sinthesis, die sohin den Keim der Verwesung in sich tragend, sich selber oder frei gelassen, nicht in Form und Einheit besteht, sondern in Unform (Chaos – Nicht-Einheit) zergeht.«

Zum Begriff der ›Latenz‹ in der Physik vgl. oben S. 214, erklärende Anmerkung zu 24, 35 und ferner S. 227, erklärende Anmerkungen zu 59, 13 und S. 231, zu 60, 12.

188, 17 *Die mystisch-theosopische Idee von einem ›geistigen Leib‹, die mit ihrer Umkehrung als ›geronnener Geist‹ bereits Baaders Naturphilosophie bestimmt hatte* (*vgl.* Baader 1798, S. 128, 32–129, 26, Anm. B), *weist darauf hin, dass der Gegensatz von Substanz und Form, Geist und Leib nicht auf die materielle Welt beschränkt ist, sondern auch die übersinnliche Welt durchdringt und seine letzte Ursache geradezu in Gott selbst hat – insofern lässt sich von einer Natur in Gott sprechen, die erlaubt, von der Leiblichkeit als Wesensausdruck des Göttlichen zu reden. Zum Begriff einer Natur in Gott vgl.* Oetinger 1776, Teil 1, S. 244: »GOtt hat auch eine Natur, wie Petrus [2Petr 1, 4] sagt, daß wir *göttlicher Natur* sollen *theilhaftig* seyn. Sie ist in der Herrlichkeit GOttes und nicht sowol in GOtt selbst als in den abglänzenden Kräften GOttes, die von GOtt unzertrennlich seyn, und dennoch ist es eine ewige Natur, eine ewige Gebährung ihrer selbst aus sich selbst; sie macht sich einen Raum, damit sie darinn endliche Kreaturen formire«. *Damit thematisiert Oetinger gegen den abstrakten rationalistischen Spiritualismus und im Einklang mit der mystisch-theosophischen Tradition, namentlich in der Ausprägung J. Böhmes und V. Weigels, den inneren Vorgang der Selbstoffenbarung der göttlichen Transzendenz, wonach Gott nicht als abstrakte Form oder formales Prinzip, sondern als lebendige, personhafte, leibhaftige Gestalt aufgefasst wird. Allein in dieser geistlichen Leiblichkeit im Sinne realisierter Lebensfülle ereignet sich die vollkommene Offenbarung der Gottheit. Ferner vgl.* Oetinger 1763, Teil 1, S. 210 *sowie* Oetinger 1776, Teil 1, S. 38–40. *Das Motiv eines himmlischen, astralischen, unsichtbaren Leibes, der geistiges Substrat aller Wesen bzw. Konjunktion des inneren mit dem äußeren Menschen ist, findet sich in ähnlicher Form auch in der paracelsischen Tradition. Vgl.* Paracelsus 2010, Bd. 3, S. 72 *und* S. 87 *sowie* ebd., S. 309 *und* S. 345 f. (*hierzu vgl.* Kämmerer 1971, S. 34–40). *Ferner vgl.* Böhme 1730, Band 1: *Aurora, oder Morgenröthe im Aufgang*, S. 310 [§ 67] *und* S. 392 [§ 50 f.]. *Dann* Böhme 1730, Band 4: *Weg zu Christo: das fünfte Büchlein. De vita mentali, oder Vom übersinnlichen Leben, im Gespräch eines Meisters und Jüngers*, S. 158 f. [§ 46]. *Sowie* Böhme 1730, Band 9: *Clavis, oder Schlüssel, das ist Eine Erklärung der vornehmsten Puncte und Wörter* (*1624*), S. 104 [§ 114] (*hierzu vgl.* Hamberger 1844, S. 332–338). *Freilich wurzelt die Idee einer ›geistigen Leiblichkeit‹ in der paulinischen Vorstellung nach 1Kor 15,44, wo in Abgrenzung zur platonischen Lehre von einer unsterblichen, immateriellen Seele, die den sterblichen Körper überdauert, der natürliche vom geistigen Leib (»Εἰ ἔστιν σῶμα ψυχικόν, ἔστιν καὶ πνευματικόν«) unterschieden wird. Ferner vgl. auch 1Kor 15,44 in der tradierten Übersetzung Luthers:* »44. Es wird geseet ein natürlicher Leib und wird auferstehen ein geistlicher Leib. Hat man einen natürlichen Leib, so hat man auch einen geistlichen Leib. [...] 46. Aber der geistliche Leib ist nicht der erste, sondern der natürliche; darnach der geistliche.« *Zuletzt vgl. den »Excursus sur le corps spirituel« von M. Vetö in* Schelling 1810, S. 79–91.

188, 25 *Zur damaligen Debatte um die drei physikalischen Formen der Materie bereits in* Baader 1792, S. 19, 12–20, 5.

188, 28 *Hierzu bereits in* Baader 1798, S. 128, 27–130, 18.

188, 31 *Ein ähnliches oder genauer vorbereitendes Motiv findet sich bereits in* Baader 1797, S. 65, 20–66, 2: »Der Begriff der Kraft kömmt überall nur durch eine Sinthesis eines Mannigfaltigen des äussern und innern Sinnes (Extension und Intension) zu Stande, und weiset sich sohin als ein Janus bifrons. Hiebei ist das Reale, der Grund und Träger oder Leiter stets nur Gefühl also Etwas was auch der innre Sinn vernimmt, und der Antagonism des wechselnden Eintritts desselben x im Innern und des Austritts (Verschwindens) aus dem äussern Sinn (so wie v. v.) ist bekannt.« *Sowie auch in* Baader 1798, S. 129, 12–24: »Es ist also Zeit auch dieses 3te Prinzip in der Natur anzuerkennen, als den Trage- und Haltpunkt erzeugendens am *Hebel der Natur*, und diese hiemit selber gründend oder konstituirend. – *Dieser Trag-* oder *Haltpunkt tritt uns nämlich in jedem Punkte des mit Materie erfüllten Raums entgegen* (als Gewicht) und wir fassen nun in und an ihm jene beeden Kräfte, die *Er eint* (beisammen hält) *indem er sie sondernd auseinander hält, und sie sondert, um sie zu einen*, und so gleichsam wider ihren Willen sie zwingt, vereint auf einen Punkt hin zu würken und die Erscheinung der Materie hervorzubringen. Die Stättigkeit und Bestand der Materie haben wir sohin nur der ununterbrochnen Energie dieses 3ten Prinzips derselben als ihr Bestand gebend, und als Träger (Sub-stans) der beeden übrigen, zu verdanken.« *Freilich schürft Baader jetzt tiefer als in seinen ersten naturphilosophischen Schriften, indem er die bereits eingeführten Termini wie ›Reale‹ und ›Bestand‹ nunmehr in eine mystisch-theosophische Richtung zuspitzt und expliziert. So tritt der Begriff von einer immateriellen Geistleiblichkeit alles Seins (vgl. oben S. 308, erklärende Anmerkung zu 188, 17) zunächst in den Mittelpunkt. Um diese theosophische Umformung von Termini wie ›Reale‹ und ›Bestand‹ besser zu verstehen, ist die im Hintergrund stehende Lehre des ›Archeus‹ als geistiges unsichtbares Medium oder schöpferisches Zentrum, in dem alle dynamischen Differenzen und Polaritäten zusammengehalten werden, zu berücksichtigen. Nach Paracelsus ist der ›Archeus‹ ein individualisierendes Prinzip, das jedem Individuum gehört, aber zugleich ein Teil des Weltgeistes (spiritus mundi) ist und daher mit dem Universum und allen individuellen Dingen verbunden ist. Als Lebensgeist vollbringt er die Formung eines jeglichen individuellen Wesens, aber als Lebensprinzip ermöglicht er mit seiner schaffenden, gestaltenden und erhaltenden Naturkraft auch die vitalen Funktionen. Hierzu exemplarisch schon in* Ruland 1612, S. 55: »Der Archeus ist der anbeginner zieht / und schafft alß der Werckmann auß dieser Natur alles« *und* S. 52 f.: »Archeus ist der Scheider der Elementen / der es ordnet / unnd regiret / iedes an seinen Orth / Geschlecht und Wesen. [...] Ein irriger / unsichtbarer Geist / der sich absondert / und auffsteiget von den *corporibus*, ist der Künstler / und Artzet der Natur / und der Natur verborgene Krafft und Tugend. [...] Ist eine Kraft / die alle Dinge auß dem *Iliaste* fürbringet unnd scheidet / also auch im Menschen scheidet.« *Ferner vgl.* Paracelsus 1566, S. 26v–27r *und* Paracelsus 2010, Bd. 1, S. 331 f. *sowie* Bd. 2, S. 487. *Auch J. Böhme verwendet den Begriff des ›Archeus‹ in ähnlicher Bedeutung als einen schaffenden bzw. einzelne Gestalten und Formen hervorbringenden Geist. Vgl.* Böhme 1730, Band 9: *Clavis, oder Schlüssel, das ist Eine Erklärung der vornehmsten Puncte und Wörter (1624)*, S. 100 f., [§ 96] *und* S. 101 [§ 98]: »Die vier Elementa fliessen aus dem *Archaeo* des innern Grundes, als aus den vier Eigenschaften der ewigen Natur, und sind im Anfang dieser Zeit vom innern Grunde als ausgehauchet, und in ein eigen wircklich Wesen und Leben gesetzt worden, darum heisset die äussere Welt ein *principium*, als ein *Subjectum* der innern Welt, und Werckzeug des innern geistlichen Meisters, welcher Meister ist GOttes wort und Kraft.« *Ferner vgl.* Divisch [Oetinger] 1768, S. 5: »Diesen Naturgeist haben die alten Weltweisen schon erkannt, doch sehr dunkel, deßwegen haben ihm auch einige den Namen *ignis elementaris*, andere *ignis electricus* einige *Archaeus* und *spiritus mundi* (Geist der Welt) beygelegt.« *Und* Oetinger 1773, Teil 2, S. 133: »[Man] statuirt, daß eine Systole oder Diastole oder Einnahm und Ausgab des Lebens-Feuers ihre Regeln so befolge, daß nach solchen alles in den Leibern wachse, und daß der *Spiritus rector* oder *Archaeus* das natürliche Band in den subordinierten Kräfften erhalte [...]. Die Gesundheit bestehe meistens in dem leuchtenden gleichmäßigen Umlauff der Lebens-Geister, welche [...] alles durchdringen: so bald aber diese mit einem fremden Saltz oder wilden Feuer verwirrt werden, so werden auch die Bewegungen des Leibs geschwächt, und werde die natürliche Wärme von fremden Dingen unterdruckt.«

189, 9 *Mit ›Edukt‹ ist hier ein ausgeschiedener Körper gemeint, dessen Teile bei seiner Zerlegung so erhalten bleiben, wie sie vorher enthalten waren, wobei ein Produkt erst während der Zerlegung zusammengesetzt wird. Ferner vgl.* Kilian 1802, S. 61 (§ 354): »Das Todte in der Natur ist also nicht an sich todt, sondern es ist nur erloschenes Leben.«

189, 10 *›Aereolit‹ heißt ›Meteorstein‹ bzw. ›Meteorit‹. Baader wird den hier angedeuteten Gedanken in dem vierten Heft der »Fermenta Cognitionis« (1823) § 21 explizieren, indem er sich ausdrücklich auf Böhmes solar-astronomische Analogien bezieht* (Böhme 1730, Band 7: *Mysterium Magnum, oder Erklärung über Das Erste Buch Mosis (1623)*, S. 7 ff. [§ 12]). *Hierzu vgl.* Baader 1851–1860, Bd. 2, S. 311 f.: »J. Böhme weiset im Mysterium magnum auf eine lichtgebende Analogie zwischen dem äussern solarichen Processe und dem innern (oder dem der Erlösung) hin. [...] [Die] Schöpfung wurde im Anbeginn in der Sonne versehen, wie das Menschengeschlecht im Christ, welcher gleichfalls als Lichtcorpus oder als Sonne erst in der Mitte (dem Quaternar) der Zeit erschien. [...] – Dieser erste Aufgang der Freudelichtkraft fällt nun bei Jac. Böhme mit der Ausscheidung (Coagulirung oder Zusammenschaffung) jenes Gewirks der finstern Tiefe als *Erde* zusammen, welche ihm sohin als *erster Weltkörper* und gleichsam als Aerolith gilt, den diese finstere feurige Tiefe erzeugte. Wenn nemlich, sagt J. Böhme, Sonnenlicht und Wasser es nicht thäten, so würde dieser sanfte Himmel sich sofort wieder zu jener finstern Tiefe umwandeln, und diese wieder Erden und Steine etc. gebären, wonach man unsere Aërolithen gleichsam für kleine Rückfälle in diesen erdegebärenden Urfinsterprocess halten könnte.« *Ferner vgl.* Baader 1851–1860, Bd. 3, S. 330: »[...] der Philosophus teutonicus [hat] zuerst grosse und tiefe Aufschlüsse gegeben [...], und durch welche Selbstentzündung sich auch der Urstand des ersten kosmischen Aërolithen, die wüste, leer finster wordene, coagulirte Erde, in und aus dem ersten *Frühungewitter* der Schöpfung einigermaassen begreifen lässt.« *Freilich lässt sich Baaders Deutung der astronomischen Gedanken Böhmes wohl auf Saint-Martin zurückführen. Vgl.* Saint-Martin 1802, S. 112 f.: »L'auteur ne parle point des comètes. Je les ai comparées, dans l'esprit des choses, à des espèces d'aides-de-camp qui communiquent dans l'exercice de leurs fonctions à tous les points d'une armée et d'un champ de bataille. Cela pourroit diminuer notre surprise de voir se tracer dans tous les sens les directions de ces comètes, ce qui n'est point propre aux planètes.

D'ailleurs le systême exposé ci-dessus, s'il étoit réel, pourroit nous aider à concevoir l'origine de ces comètes et leur destination. Car l'auteur nous fait assez entendre que la puissance de la lumière a joué un grand rôle dans la formation de notre systême planétaire, comme la puissance du feu en a joué un principal dans la formation des étoiles que l'auteur regard comme étant dans le bouillonnement âpre du feu.« *Für die deutsche Übersetzung vgl.* Saint-Martin 1845, S. 108: »Der Autor sagt nichts von den Kometen. Ich habe sie (im Geist und Wesen der Dinge) mit einer Art Kriegsboten verglichen, die in Ausübung ihres Amtes mit allen Punkten einer Armee und eines Schlachtfeldes die Verbindung unterhalten. Dieses könnte unsere Verwunderung mindern, wenn wir wahrnehmen, daß die Kometen jede Art Richtungen nehmen, was den Planeten nicht eigen ist.

Außerdem könnte das oben aufgestellte System, wenn es richtig wäre, uns behülflich sein, den Ursprung dieser Kometen und ihre Bestimmung zu begreifen. Denn der Autor läßt uns hinlänglich verstehen, daß die Kraft des Lichts großen Antheil an der Formation unseres Planetensystems, so wie die Kraft des Feuers großen Antheil an der Formation der Gestirne gehabt, die der Autor als im bittern Wallen des Feuers befindlich betrachtet.« *Dazu vgl. auch* Saint-Martin 1800, tome 1, S. 226: »Alors on pourroit regarder les comètes comme des espèces de correspondans et d'ambassadeurs, chargés d'aller s'imprégner dans le zodiaque étoilaire des diverses propriétés éparses des étoiles, et de venir les verser dans le zodiaque planétaire, d'où elles se distribuent sur la terre et sur les autres planètes, selon leur emploi; le tout avec les divers caractères bienfaisans ou malfaisans, dont ces mêmes étoiles sont la source et le foyer.« *Für die deutsche Übersetzung vgl.* Saint-Martin 1812, Teil 1, S. 202: »Man könnte dann die Kometen wie eine Art von Korrespondenz, oder wie von Boten betrachten, bestimmt aus dem Fixsternen-Thierkreis die verschiedenen zerstreuten Sternenkräfte zusammenzufassen, und sie dann in den Planeten-Thierkreis auszugießen, von wo sie sich der Erde und den andren Planeten nach der Bestimmung eines jeden mittheilen, und dieses zwar unter den verschiednen wohlthätigen oder schlimmen Eigenschaften, die aus jenen Sternen hervorgehen.« *Hierzu vgl.* Mehltretter 2009, S. 203 ff.

Man denke allerdings auch an die »Cometen« als »Revolutionsfackeln des Weltsystems« in Novalis' »Glauben und Liebe« in Novalis 1960, S. 489 f.

189, 13 *Baader spielt hier – im Anschluss an die mystisch-theosophische Tradition (vgl.* Mehltretter 2009, S. 474 ff.) – *auf die Lehre von dem doppelten Sündenfall bzw. einer ersten und einer darauffolgenden zweiten Schöpfung an. Die erste liegt vor dem Fall, in der Ewigkeit Gottes, außerhalb von Raum und Zeit, in der Gott sich aus seiner primären Realität herausbildet. Es handelt sich genauer um die Selbstentwicklung der göttlichen Natur, welche die Entfaltung Gottes in der Ewigkeit innerhalb seiner Dreieinigkeit und zugleich die Entfaltung der vordenklichen Schöpfung der Welt aus der Gottheit heraus betrifft. Vor der ersten Schöpfung ist Gott sich selbst unfassbar. Meister Eckhart nennt diesen ungeoffenbarten Gott ›Urgrund‹. J. Böhme, der seinerseits diesen Uranfang in der Gottheit mit dem Wort ›Ungrund‹ bezeichnet, gliedert diesen Entstehungsmoment in einen siebenfältigen Prozess, den er ›Qualitätslehre‹ heißt und welcher vor der Zeit stattfindet* (*vgl.* Schmidt-Biggemann 2003 *und* Pektaş 2006). *Somit hat die erste Schöpfung mit der unverwirklicht in Gott ruhenden Welt zu tun. Allein nach dem Fall Luzifers beginnt die zweite Schöpfung: Die Erschaffung im ›Sechs-Tage-Werk‹ der materiellen Natur, in der wir sozusagen leben und derer Zweck ist, einen geistlichen Leib* (*vgl. oben S. 308, erklärende Anmerkung zu 188, 17*) *zu gestalten. Mit dieser zweiten Schöpfung, die eine Materialisierung der ewigen Natur Gottes ist, hat man das Aufgehen der Finsternis* (*die Hölle*) *vermeiden können. Denn allein die Materie verhindere, dass Luzifer Macht über die Natur gewinne. Demgegenüber aber kann der Himmel Gottes offengehalten werden und für die erlösungsbedürftige, aber auch erlösungsfähige Kreatur wieder erreichbar sein. Insofern gibt Gott mit und in dieser zweiten Schöpfung dem irdischen Menschen die Möglichkeit des Segens und des Fluchs auf der Erde. Im Gegensatz zu Luzifer, der für seine Sünde unter die materielle Natur gefallen ist, hat der erste Mensch freilich ein Unheil wieder erregt, das schon in der Natur lag. Hierzu ausführlich* Schulte [2]1991, S. 180 ff., Bonchino 2014, S. 62 ff. *und* Schmidt-Biggemann 2004 *sowie* Schmidt-Biggemann 2015. *Zur ersten und zweiten Schöpfung im Werk Böhmes vgl.* Hamberger 1844, S. 49–93.

189, 17 *Zum Gegensatzpaar ›Feuer‹ und ›Wasser‹ als zwei Uranfängen der Natur vgl. bereits in* Baader 1786, S. 53 Anm.: »[…] diese Idee von zweien Uranfängen in der Natur, dem *Feuerstoff* und *Wasser*, ist übrigens sehr alt. *Cicero* sagt: Aer & Ignis movendi vim habent, & efficiendi; reliquae partes accipiendi & quasi patiendi, aquam dico & terram. [Acad. I,7,26] […] Sonst machten beinahe alle alte Philosophen, die nicht ihrer Physik und Theologie gemäß ein einziges Element annahmen, das Feuer und noch einen erdichten oder wässerichten Stoff zu den zweien Prinzipien aller Dingen, daher Ovid: – – Cunctarum contraria semina rerum / Sunt duo discordes, ignis et unda Dei. [Fast., IV,787 f.]«

Diese zwei entgegengesetzten Elemente machen ein zentrales Symbol der hermetisch-alchemistischen Naturphilosophie aus, die – wie in Charleton 1650, S. 10 *erklärt wird – die qualitative Elementenlehre Aristoteles' mit dem »Hermetis principio coagulanti materiae insito, connubio felici, conjungat«. Hierzu vgl.* Böhme/Böhme 2004, S. 227 ff. *Auch die theosophische Tradition legt auf dieses nicht selten zweideutige Wechselverhältnis zwischen Feuer und Wasser besonderen Wert, denn ihre Verbindung stellt ein Hauptmoment der primordialen Schöpfung dar. Nach George Ripley* (*1415?–1490*) *ist das Wasser die materia prima bzw. das materielle Prinzip aller Körper. Es ist die Hyle, die durch den Schöpfungsakt Gottes aus dem Chaos entstanden ist. Dieses hylische Wasser enthält aber in sich ein verborgenes Elementarfeuer, das aus dem Chaos extrahiert werden muss* (*vgl.* Jung 2011, Bd. 12, S. 371 f. *und* 394). *Selbst wenn diese beiden Elemente ein Gegensatzpaar schlechthin konstituieren, werden sie in der hermetisch-theosophischen Literatur gelegentlich für ein und dasselbe gehalten. Vgl.* Ruland 1612, S. 47: »Es seind aber zweyerley Wasser. Das erste löset auff / und machet das *corpus* luck / damit das ander darein gehen möge. Das ander machet das Werck volkommen / das ist Fewr / und noch stärcker / denn es löset alles auff.« *Hierzu erklärt exemplarisch* Schmidt-Biggemann 2012–2013, Bd. 2, S. 47: »Feuer-Wasser: Die Verbindung von Feuer und Wasser ist ein Hauptmoment der hylemorphistischen Kosmologie. Das Feuer, Repräsentant des göttlichen Lichts, formt in einem Zähmungsprozess die ursprünglichen Wasser (aus Genesis 1). Die ätherisch feinen Wasser lassen sich zunächst zu den himmlischen diaphanen Körpern formen. Die Teile des Wassers, die sich in diesem Prozess nicht fassen lassen, verbinden sich in den verschiedensten Qualitäten zu chemisch aktiven Flüssigkeiten. Diese feuerigen Flüssigkeiten können nun aus ihrer irdischen Bindung herausdestilliert werden. Mit der Destillation [...] sei der erste Schritt zur Sublimation der Erde zurück in ihre ursprüngliche Geistigkeit getan [...].«

Auch in der Qualitätslehre J. Böhmes spielen diese gegensätzlichen Elemente eine beachtenswerte Rolle und treten in den verschiedenen Formen und Zusammenhängen auf. Böhme schreibt dem Wasser eine Wesensqualität oder einen Leibcharakter (weiblich) im Unterschied zur Geistqualität des Feuers (männlich) zu. Das Feuer bedarf des Wassers zu seiner Nahrung, wobei das Wasser durch das Feuer seinen Glanz bekommt. Beide Prinzipien oder Qualitäten sind deshalb eng verbunden bzw. voneinander abhängig. Hierzu vgl. u. a. Böhme 1730, Band 3: *Psychologia vera, oder Viertzig Fragen von der Seelen (1620)*, S. 74 ff. [Fr. 7] *sowie* Böhme 1730, Band 4: *Mysterium Pansophicum. Oder Gründlicher Bericht von dem Irdischen und Himmlischen Mysterio (1620)*, S. 101.

189, 21 *Man denke hier an* Kilian 1802, S. 59–61 (*Konstrukzion des Lebens überhaupt und seine wahre Bedeutung* – §§ 338–349): »Wenn der lebende und ins Besondere der menschliche Organismus nur als eine in sich zurückgehende Synthesis der negativen und positiven Thätigkeit der organischen Natur betrachtet werden kann, so muß angenommen werden, daß ohne Veränderung dieser Synthesis durchaus keine Bewegung in dem lebenden Organismus, folglich auch kein Leben möglich sey.

Das organische Leben setzt also zur Bedingung seiner Möglichkeit einen immer regen Wechsel, eine kontinuirlich *rege* Entgegensetzung der beiden organischen Thätigkeiten voraus.

Der Grund aller Bewegungen in dem organischen Naturreiche, somit auch im lebenden Organismus, kann somit nur in den *Faktoren jener Synthesis* gesucht werden.

Insofern aber diese Faktoren keine andern sind, als die des ursprünglichen Gegensatzes, insofern wird auch der Grund aller Bewegungen und organischen Naturerscheinungen bloß in den Faktoren jenes Gegensatzes zu suchen seyn.

Jener ursprüngliche Gegensatz kann aber nur in einer unendlichen Synthesis und im endlichen Objekte nur momentan aufgehoben werden.

Der Gegensatz muß also in jedem Momente aufs Neue entstehen, und in jedem Momente wieder aufgehoben werden.

Dieses Wiederentstehen und Wiederaufheben des Gegensatzes in jedem Momente muß demnach der letzte *Grund* aller organischen Bewegungen, somit auch des Lebens seyn.

Der Grund der *Möglichkeit* des Lebens liegt also einzig und allein in der *möglichen* wechselseitigen *Bestimmbarkeit* der sich entgegengesetzten organischen Thätigkeiten.

Der Grundkarakter des Lebens bestehet sonach darin, daß es eine in sich selbst zurückkehrende fixirte und durch ein inneres Prinzip unterhaltene Aufeinanderfolge von Bewegungen ist.

Es wird nur durch die Kontinuität der inneren Bewegungen unterhalten.

Es bestehet in einem beständigen Kampf gegen den Naturlauf, oder in dem Bestreben, seine Individualität gegen ihn zu behaupten.

Das Leben *an sich* gedacht ist nicht *Eigenschaft*, oder Produkt der thierischen Materie, sondern umgekehrt die Materie ist Produkt des Lebens.«

Und ebd., S. 141 f.: »Erhält sich der Organismus, als solcher, eben nur durch die reelle und ununterbrochen rege Entgegensetzung sowohl seiner Thätigkeiten, als seiner einzelnen Systeme; er bleibt nur gerade so lange Organismus, als die organischen Thätigkeiten oder die individuellen Organe durch wechselseitige Entgegensetzung in [einander] eingreifen, und sich dadurch gegenseitig bestimmen können, so wie überhaupt die Individualität jedes Organismus eben durch die Individualität der Mischung oder Entgegensetzung sowohl der organischen Thätigkeiten überhaupt oder ihrer Phänomene, als der dadurch gesetzten besondern Organe bedingt ist.

Würde der Organismus in sich selbst oder in den absoluten Indifferenzzustand zurückfallen, d. h. aufhören, Organismus zu seyn, wenn nicht beständig äussere konträre Einflüsse auf ihn einwirkten, und durch ihre dem Organismus entgegenstrebende Wirksamkeit denselben in reger Thätigkeit erhielten. Es sind also nicht nur im lebenden Organismus selbst entgegengesetzte und gegenseitig *sich äussere* Thätigkeiten rege vorhanden, sondern damit er überhaupt bestehen könne, muß eine *entgegengesetzte Thätigkeit* ununterbrochen *von Aussen* auf ihn einwirken.«

189, 25 *Zum Begriff der ›Halbkraft‹ bereits* Baader 1798, S. 128, 27–129, 2 (mit Anm. B). *Dazu vgl. auch* Ziche 2014, S. 314.

189, 28 *Man denke hierzu an das Bild des ätherischen oder elektrischen Fluidums als polares bzw. dynamisches Modell der Gegensätze von + und –, Expansion-Kontraktion (solve et coagula), das sich als doppelte Äußerung eines einzigen Prinzips erweist und allein durch eine faktisch niemals erlangte Vermittlung erreichbar ist. Obwohl es in der damaligen wissenschaftlichen Forschung (wie bei L. Galvani, J. W. Ritter) nicht an Hinweisen mangelt, sind die Voraussetzungen der hier angedeuteten Gedanken Baaders freilich in dem alchemistisch-kabbalistischen Motiv der androgynen Einheit, die in sich die polaren Prinzipien der Sexualität birgt, noch bevor sie in der Wirklichkeit existieren, wiederzufinden. Hierzu ausführlich in* Bonchino 2014, S. 105 ff. *Selbst der oben dargestellte Begriff des Archeus (oben S. 309, erklärende Anmerkung zu 188, 31) als schöpferisches Zentrum der Erde wird in der alchemistischen Tradition wie ein hermaphroditischer Protanthropos interpretiert, in dem die androgyne Einheit des Menschen in seiner Triebspannung enthalten ist. Hierzu vgl.* Paracelsus 2010, Bd. 2, S. 165 *und* Paracelsus 1566, S. 90v. *Ferner vgl.* Jung 2011, Bd. 14/1, S. 70 f. *Desgleichen liegt das Motiv der androgynen Einheit der ganzen Naturtheologie Böhmes zugrunde. Denn jegliche Offenbarung (als Verwirklichung und Gestaltung des Geistigen) vollzieht sich allein in der ›Schiedlichkeit‹ und zwar dadurch, dass sich die Einheit in die Vielheit genauer in einen Gegensatz überführt. Auch in der geschaffenen Welt erfolgt alles bei Böhme durch einen Umschlag der ausgeglichenen Spannungseinheit des Mannigfaltigen in das Gegeneinander der Eigenschaften. Vgl. u. a.* Böhme 1730, Band 4: *Weg zu Christo: Theoscopia, oder Die hochtheuere Pforte von göttlicher Beschaulichkeit (1622)*, S. 189 [§ 14] *und* Böhme 1730, Band 6: *De electione gratiae (1623)*, S. 34 (Kap. 3, § 34 f.). *Hierzu vgl.* Benz 1937, S. 21 ff.

189, 31 *Othmar Frank (1770–1840), in Bamberg geboren, erhielt 1794 die Priesterweihe. Er war erst Philosophie- sowie Mathematiklehrer an dem ehemaligen Benediktinerkloster Banz bei Bamberg. Nach der Säkularisierung des Klosters widmete er sich intensiv dem bereits früher begonnenen Studium der orientalischen Sprachen und besonders des Sanskrits. Er hielt sich 1813 in Paris, 1814 in London auf, um die sprachwissenschaftlichen Studien zu vertiefen. 1817 erhielt er die Professur für indische und persische Sprache in Würzburg und wurde 1826 nach der Verlegung der Universität Landshut nach München an der dortigen Universität zum Professor für Sanskrit und gleichzeitig zum ordentlichen Mitglied der Bayerischen Akademie der Wissenschaften ernannt. Baader bezieht sich hier wohl auf* Frank 1808, S. 71 f.: »Die altteutsche Mythologie und

Symbolik hat die größte Verwandschaft mit dem Persismus. Ihr Alfadur, Odin und Frigga sind unter verschiedenen Namen nur Zaruan, Ormuzd und Ahriman. Und was sind ihre Feuer- und Wasserwelt, oder Mußpell und Niffelheim, durch deren Zusammenwirkung die Welt entstand, als die im ewigen Lichte schaffende Doppeltkraft der Perser? Man vergleiche die Edda mit Zend-Avesta.« *Und* ebd., S. 157 f.: »Im Feuer und Wasser offenbart es seine Doppelkraft, durch die es in der Luft erscheint*. [*In einer Vergleichung des Systems der dualistischen Chemie von [Jakob Joseph] Winterl [1807] wird sich zeigen, wiefern das Band entspreche der Selbstbeleuchtung, und die verschiedenen Bänder den (in der einen Selbstbeleuchtung begriffenen) unendlichen Arten der Selbstbeleuchtungen, oder den Wesenheiten der Dinge entsprechen; ferner wie sich das begeistende Säureprincip, (Andronia) zum Lichte des Selbstbeleuchtenden (hier Feuer genannt), dann wie sich das Baseprincip (Thelyka) zum Selbstbeleuchteten oder Wasser verhalte. In der Doppelkraft der Selbstbeleuchtung, die auch im Selbstbeleuchteten oder im Wasser ist, liegt der Grund der Verwandlung des Wasser in Hydrogene und Oxigene durch –E und +E, die [Johann Wilhelm] Ritter darzustellen gesucht in der einen Seite der Selbsterscheinung. In jedem, sowohl im Feuer als Wasser ist wieder die ganze, sich entgegengesezte und doch immer vermählende Doppelkraft. Sehr sichtbar erscheint sie noch im Leuchten des Meers, in seiner oft brennenden Oberfläche, in den, aus seiner Tiefe hervorspringenden Glanzsternen, den ungeheuren brennenden Massen und glühenden Kugeln, die unter seinen Wogen hinrollen, den darauf sich bewegenden Lichtkegeln und Feuerwolken. Der Perser Feuer-Wasser oder Arduisur.« *Bezüglich der hier angeführten Stelle vgl.* Ritter 1997, S. 126.

189, 34 *Indem Ritter auf den Elementarcharakter des Wassers besteht und seine Zerlegbarkeit bestreitet, behauptet er eine Chemie, die sich gegen ein Kernstück der chemischen Revolution verwahrt. Dieser Weigerung entspricht der Versuch einer elektrochemischen Verbrennungstheorie, welche die Elektrizität als gliederndes Prinzip in der gesamten organischen und anorganischen Natur nachweisen will. Dabei folgt eine elektrochemische Reformulierung der ursprünglichen Elemente des Feuers und des Wassers. H. Ch. Oersted schreibt – als Vermittler der Einsichten Ritters – in seinen »Betrachtungen über die Geschichte der Chemie« (vgl. »Journal für die Chemie und Physik«, 3, 1807, S. 212): »Die Verbrennung des Wasserstoffes ist nur eine Vereinigung zwischen dem Positiven desselben, und dem Negativen des Sauerstoffes. Die Flamme ist eigentlich ein ununterbrochen erneuerter, electrischer Funke.« Ritters elektrische Polarisierung bzw. Dekomposition des Wassers als elektrische Ladung kann somit als Kampf der Elemente aufgefasst werden: Wasser + positive Elektrizität = Hydrogen und Wasser + negative Elektrizität = Oxygen. Hierzu vgl.* Müller 1994. *Aller Wahrscheinlichkeit nach bezieht sich Baader hier auf folgenden Textabschnitt in* Ritter 1806, S. 42 ff.: »Ganz unerwartet war daher die bis zur Zeit, wenn auch Gelegenheit dazu sich vorgefunden hatte, noch überall mit einer Art von geheimer, gleichsam heiliger Scheu, sorgfältig umfangene, nun aber doch nicht ferner zu verläugnende Entdeckung, daß *eben so Einfach, wie das Eine Element des Feuers, das Andere es ebenfalls auch* sey. Dem *Einen Oxygen* stand überall nur *Ein und Dasselbe Hydrogen* entgegen. Vorhandenem *Hydrogen allein* zu Folge, brannten Körper, vorhandenem *Hydrogen allein* zu Folge wurden schon verbrannte, von den Verbrennlichen in den gleichen Zustand der Verbrennlichkeit zurückgeführt. Das Ähnliche widerfuhr sofort auch den *Electricitäten*, denn Oxygen und Hydrogen waren selbst ja dies nur in dem Grade, als sie es durch die eine oder andre jener *Electricitäten* waren.

Wir wissen, daß schon längst die Chemie nicht mehr, bloß bey den Erscheinungen des hellen freyen Feuers, stehn geblieben war. Eine Menge Proceße hatte man aufgefunden, bey denen es nur innerlich zugegen war, und eine fast noch größere Menge, von denen man auch das kaum sagen wollte. Nicht Ein Proceß von allen diesen blieb zurück, der sich nicht als ein *bloßes Spiel von Oxygen und Hydrogen* erwiesen hätte; selbst der am wenigsten darauf verdächtige, der *bloßer Lösung*, trat als Solches auf.

Der große Verräther von Allem Diesem war – das Wasser. Dieselbe *Säule*, ›auf deren Tönen ein Universum wiederklang‹: wenn sie es ansprach, that sie es nur durch das *Wasser*: von *diesem* pflanzte sich sodann die Wirkung weiter. Und *was* sie weiter pflanzte, war abermals nichts, als eben – *Wasser*. *Dies* zu entzweyen, um es wieder zu vereinen, war ihr Einziges Geschäft, und was sie Noch So Glänzendes bis jetzt gezeigt: *hierdurch allein* hat sie es ausgerichtet, und *über dies hinaus hat sich noch keine ihrer Wirkungen erstreckt*. Und doch! – wo ist der *Chemische*, der *Elektrische Proceß*, den sie nicht *gleichfalls* dargestellt, – wie viele sind nicht, die Sie überhaupt *zum ersten Male* vorgeführt? –

So hatte man denn fast in demselben Anblick, wo man das Leben *ganz* begriffen wähnte, es ›*ganz verloren*‹. Was half's, zu wissen, daß *Alles in der Natur nur ein modificirtes Wasser* sey? – Viel weniger um dieses Wasser, als um das, *was es modificirte*, was die *unendlichen Gestalten* ihm eingeprägt, in denen die bunte Natur, so wunderbar geordnet, es ringsum zeigt, mit denen allein dem gesunden Gemüth sie volle wahre Lebensähnlichkeit verräth, – *darum* war es zu thun gewesen. – Und *nicht das Einzige* war dies. – Auch das *Lebendige*, *Er Selbst*, *der Mensch*, der sich des Eignen Lebens Wiederholung schon so hoch erfreut, und, in Vereinigungsversuchen mit jener Säule Feuer, das Ganze Gebäude Eigner Lebensmannichfaltigkeit, bis auf seinen Grund erschlossen eingesehen hatte: auch *ihn* hatte es nur durch das *Wasser* angesprochen, auch *ihm* nur immer, was von *diesem* er enthielt, bewegt. Der ihm sein Innerstes erquickende Athemzug, er ward zur bloßen Anstalt, *Wasser* zu erzeugen; und alles Verkehr seines lebendigen Leibes mit der unendlichen äußeren Natur, dem er sein Leben selbst verdanken, und in welchem allem er es vollenden sollte, – die glänzende noch jeder Hoffnung leuchtende Feuergemeinschaft, ging stumm in *dunkle Wassernacht* zurück. Wie hin zu einer letzten Hülfe eilt er noch zu dem, der ihn sonst nie bey Frage um den Weg verlassen; auch, dieser aber schweigt, denn selbst der *Magnetismus* ist ein *bloßes Spiel des Wasserelements*, und hat von jeher, nur auf dieses hingewiesen. –

Ihr fragtet oben, ›wieweit bis gegenwärtig jene *Feuerwissenschaft*, die *Lebenswissenschaft*, und was *Physik* in allgemeinerer Bedeutung wäre, auch seyn sollte, vorgeschritten sey?‹ – Die Antwort liegt jetzt vor Euch. Zu einer *Wasserwissenschaft* verloren hat sie sich; ein Ausspruch, der so hart scheint, daß ihm Viele noch nicht werden glauben mögen. Ich selbst bin nicht der erste, der ihn that, und seine Härte fühlte. Ein Mann, den mehrere hätten hören sollen, hat ihn bereits mit einer Kühnheit und Entschlossenheit gewagt, die Ihn, und seinen Schmerz, in gleichem Grade ehren. Das Wort nur unterscheidet ihn von mir: der *Sinn* der Klage ist vollkommen der der unsrigen, und Alle werden uns und ihm noch folgen müssen.« *Man denke aber auch an* Ritter 1800–1805, Bd. 2, 1. St. (Jena 1802: »Versuch einer Antwort auf verschiedene Einwürfe der Bürger *Fourcroy*, *Vauquelin* und *Thenard* gegen die Behauptung: *Das Wasser ist einfach*«), S. 3–54, hier S. 6 f.: »Das, was Ponderables in jedes dieser Gase [Hydrogen und Oxygen] übergeht, ist demnach für beyde Eines und Dasselbe, und da der Chemiker, besonders seit *Lavoisier*, unter Wasser nichts anders, als das

Gewichtige desselben verstand, und dieses es war, was er aus zweyen Verschiedenen, aus Hydrogen und Oxygen, deren ganzes Besonderes ihm auch nur einzig in ihrem Ponderablen lag, zusammengesetzt hielt: so findet sich jetzt, daß, da das Gewichtige am Oxygen und Hydrogen in beyden Eines und Dasselbe, d. i. Ein und Dasselbe *Wasser* ist, das Wasser des Chemikers, d. i. so weit es ins Gewicht fällt, das Wasser als Wägbares, den oben erzählten Versuchen zu Folge *ein homogener einfacher Körper* sey, und folglich sein darauf folgendes Erscheinen, bald als Oxygen, bald als Hydrogen, nicht in ihm, als Ponderablen, gegründet, sondern durch erst hinzukommende Einflüsse, die in Bezug auf das Gewichtige des Wassers, also in Bezug auf das Wasser, wie es der Chemiker nimmt, selbst, durchaus äußerliche sind, begründet werde. Aber das Wasser, was diese Resultate in jenen Versuchen gab, ist dasselbe mit dem, was in irgend einem chemischen Versuch vorkommen kann. Was daher durch jene Versuche für das dort gegenwärtige Wasser erwiesen ist, ist es damit für *alles und jedes Wasser*. Alle bisherigen Versuche, die die Zusammengesetztheit des Wassers im bisherigen Sinne erweisen sollten, *erweisen* sie nicht. Sie gaben als Resultat bloß: gleichzeitige Erscheinung von Hydrogen und Oxygen in bestimmten Verhältnissen während dem Verschwinden einer dem Gewicht beyder gleichen Menge Wasser. Was drüber war, war eine Hypothese von mehreren, unter denen nur eine die Wahrheit selbst seyn konnte. Der Versuch zeigt jetzt, daß die bisherige diese Eine nicht war. Das Qualitative des Hydrogens und das des Oxygens, was nach ihr im Wasser, im Ponderablen desselben, selbst schon als solches vorkommen sollte, liegt nicht im Wasser als Ponderablen. Hydrogen und Oxygen *werden* erst das, was sie sind, im Augenblick ihres Erscheinens. Der Eine, aber in beyden gleiche, Factor derselben ist das Wasser (in des Chemikers Sinn), das Andere aber, was jedem seine individuelle Verschiedenheit giebt, kommt, in Bezug auf diesen ersten Factor, das Wasser, von aussen.

So viel liegt in dem, was bisher Versuch war. Eine weitere Bestimmung des letzten Factors oder der letzten, wie die des geheimen Mechanismus des Vorgangs überhaupt, würde vor der Hand wieder nur Hypothese werden, und unterbleibt daher.«

189, 35 *Baader spielt hier auf die geognostische bzw. neptunistische Lehre Abraham Gottlob Werners an, nach dessen Hypothese die Mineralien sich als Rückstände oder Niederschläge eines Urozeans geformt haben, der ursprünglich die Erde überschwemmt hatte. Baader hatte Werners Vorlesungen an der Bergakademie Freiberg in den Jahren 1788–1791 besucht und sich dieser Lehre gegenüber bereits in seiner Dissertation über den Wärmestoff positiv geäußert. Vgl.* Baader 1786, S. 53 f.: »Die Würde und Vorrechte des Wassers lassen sich nun auch nach den neuesten Entdekungen rechtfertigen, und erweisen, ohne Zweifel zum grossem Trost und Erbauung manches angehenden Mystikers und Adepten«. *Hierzu vgl.* Bonchino 2014, S. 145 ff. *Eine explizitere Würdigung der Geognosie Werners begegnet auch bei* Ritter 1806, S. 49 f.

190, 7[1] *Mit der ›Vereinigung der gespaltenen Geschlechtskräfte‹ spielt Baader auf die Lehre der androgynen Einheit an, bevor sie sich in die Zweiheit des Geschlechts zerteilt bzw. aus der temperierten, ewigen Einheit in die zeitliche Vielheit übergeht. Das Thema der Vereinigung der Gegensätze durchzieht in Wort wie in Bild die ganze hermetisch-alchemistische Tradition. Denn das zweigeschlechtliche Doppelwesen versinnbildlicht den Moment, in dem die beiden gegensätzlichen materiellen Prinzipien oder Elemente sich zu einem vollkommenen Ganzen verbinden. Symbolisiert werden damit u. a. der Anfang und das Ende des alchemistischen Opus bzw. die mystische Einheit der Welt bei der Schöpfung und am Weltende. Dieses Motiv spielt bei Böhme eine ebenso wichtige Rolle;*

über die Böhme-Rezeption hinaus bleibt es auch bei E. Swedenborg, Oetinger und in den Werken der deutschen Romantik präsent. Hierzu vgl. u. a. Böhme 1730, Band 7: *Mysterium magnum (1623)*, S. 117. [Kap. 18, § 3]: »Adam war ein Mann und auch ein Weib, und doch der keines, sondern eine Jungfrau, voller Keuschheit, Zucht und Reinigkeit, als das Bilde GOttes: Er hatte beyde Tincturen vom Feuer und Lichte in sich, in welcher *Conjunction* die eigene Liebe, als das Jungfräuliche *Centrum*, stund, als der schöne Paradeisische Rosen- und Lust-Garten, darinnen er sich selber liebete; Als wir denn in der Auferstehung der Todten dergleichen seyn werden, wie uns Christus Matth. 22:30. saget: Daß wir uns weder freyen, noch freyen werden lassen, sondern gleich sind den Engeln GOttes.« *Ferner vgl.* Benz 1937, S. 68 ff. *und* Schmidt-Biggemann 2012–2013, Bd. 2, S. 230 ff. *sowie* Bonchino 2014, S. 105 ff.

190, 7[2] *Zum Begriff der ›Halbkraft‹ vgl. oben S. 314, erklärende Anmerkung zu 189, 25.*

190, 12 *Das Wort ›volatil‹ kommt aus dem lateinischen Adjektiv ›volatilis‹ (flüchtig, geflügelt) und bezeichnet generell eine leichtflüchtige bzw. dampfförmige Substanz. In der alchemistischen Tradition begegnet es oft in Verbindung mit ›Feuer‹, ›Sal‹ und ›Spiritus‹. Hierzu vgl. z. B.* Eckartshausen 1798–1801, Bd. 1, Heft 2, S. 67: »Exentrizität der Ausdehnung liegt der chemischen Verflüchtigung, oder Auflösung zu Grund, und das Resultat ist Volatilität.« *Und* ebd., S. 120: »Die Volatilität besteht daher in dem Freywerden der Lichtmaterie; oder flüchtig ist das, in dem sich die Lichtmaterie im höchsten ausgedehnten Zustande befindet.«

190, 15 *Baader begreift den normalen bzw. gedeihenden Zustand des Organismus nicht als ein hypertrophes, aufhebendes Voranschreiten seiner einzelnen Elemente, sondern als harmonische Gegenüberstellung all seiner wechselseitig wirkenden Komponenten (vgl. dazu oben S. 242, erklärende Anmerkung zu 64, 16). Insofern verwirklicht sich die gelingende Formation oder gesunde manifestierende Existenz allein zwischen dem in der Latenz zu haltenden Prinzip des Feuers und dem zugleich in der Latenz zu haltenden Prinzip des Wassers bzw. als ›Terminus ad quem‹ oder drittes Prinzip. Zwischen Ausdehnung und Kontraktion als ersten Prinzipien aller Dynamik der Natur entsteht somit die organische Beweglichkeit des Lebens (vgl. auch oben S. 255, erklärende Anmerkung zu 70, 18). Eine ähnliche Konzeption begegnet bereits bei Oetinger. Vgl.* Oetinger 1773, Teil 2, S. 133: »[Man] statuirt, daß eine Systole oder Diastole oder Einnahm und Ausgab des Lebens-Feuers ihre Reglen so befolge, daß nach solchen alles in den Leibern wachse [...]. Die Gesundheit bestehe meistens in dem leuchtenden gleichmäßigen Umlauff der Lebens-Geister, welche [...] alles durchdringen: so bald aber diese mit einem fremden Saltz oder wilden Feuer verwirrt werden, so werden auch die Bewegungen des Leibs geschwächt, und werde die natürliche Wärme von fremden Dingen unterdruckt.« *Und auch in* Oetinger 1776, Teil 1, S. 217: »Zum Leben gehören verschiedene, in einer gewissen Widrigkeit und Gegeneinander-Wirkung auf einen ordentlichen Zweck hin von GOtt zusammenverbundene Kräften. Es befinden sich aber die ursprüngliche Kräften in 2 Gattungen von Körpern. Einige haben die Leidsamkeit und den Hunger, das Feuer an sich zu ziehen; diese sind ohne anhaltendes Reiben wie todt, finster, hart, kalt; die andere haben die feurig webende Kraft der schnellen electrischen Ausdehnung; wenn nun erstere durch Reiben erregt und mit der leztern vermengt wird, so wird die Flüchtigkeit gebunden, daß verborgentlich das Active und Passive Feuer in einem innern Streit einander die Wage halten.

Daher entsteht bei leichten annähernden Körpern ein motus alternus oder Abwechslung der anziehenden und wegtreibenden Kraft, heißt Systole und Diastole, und ist der Anfang des Lebens, wobei zugleich auch etwas von dem Volatilen in eine gewisse Weite sich erhebt, doch so, daß sich auch näher gegen dem Centro oder Quelle des Lebens das Active durchs Passivum mit einer Entzündung durchschlägt, ja am nächsten mit mehrerer Stärke zur Durchblizung sich vereinigt. Das Active und Passive Feuer treiben einander so schnell, daß im Subjecto selbst die active Elemente zu passiven und diese zu activen werden […].«

Sowohl Baader als auch Oetinger lehnen sich offensichtlich an die Qualitätslehre J. Böhmes an. Allerdings lassen sich Böhmes Gedanken wohl auf die medizinische, genauer iatrochemische Lehre von den drei paracelsischen Grundkräften der Natur (sog. ›tria prima‹: sulphur, sal, mercurius) zurückführen, aus denen alles in der Natur besteht und denen die Gesundheit eines jeglichen Lebendigen obliegt. Vgl. z. B. Paracelsus 2010, Bd. 2, S. 6, 8 *und* 10 f. (*Opus paramirum*): »Drei sind der Substanz, die einem jeglichen Ding sein corpus geben; das ist: ein jeglich corpus steht in drei Dinge. Die Namen dieser drei Dinge sind: sulphur, mercurius, sal. Diese drei werden zusammengesetzt, alsdann heißt ein corpus, – und ihnen wird nichts hinzu getan als allein das Leben und sein Anhangendes. Also, wenn du ein corpus in die Hand nimmst, so hast du unsichtbar drei Substanzen unter einer Gestalt […], und die geben und machen alle Gesundheit. […] Jetzt hast du den Menschen, daß nämlich sein Leib nichts ist als allein ein sulphur, ein mercurius, ein sal. In denen dreien steht seine Gesundheit, seine Krankheit und alles, was ihm anliegt. […] Denn wenn die drei einig und nicht zertrennt sind, so steht die Gesundheit wohl; wo sie sich aber zertrennen, das ist verteilen und sondern, das eine fault, das andere brennt, das dritte zeucht einen anderen Weg, – das sind die Anfänge der Krankheiten. Denn so lange das corpus einig bleibt, so lange ist keine Krankheit da; wo das aber nicht ist, sondern es spaltet sich […].«

Ferner vgl. Böhme 1730, Band 1: *Aurora, oder Morgenröthe im Aufgang*, S. 340 ff.: »21. Die 3te Gebärung ist die Bitterkeit, welche entsteht aus dem Feuer im Wasser: denn sie reibet oder ängstiget sich in der herben und scharfen Kälte, und macht die Kälte beweglich, davon die Beweglichkeit entsteht. […] 28. Nun fähret der Feuer-Schrack in dem Wasser durch die herbe Qualität, und macht sie beweglich; das Licht aber gebäret sich im Wasser, und wird scheinend, und ist ein unbegreifliches, sanftes und liebreiches Wesen […]. 32. Denn das Licht hat in der Gebärung Gottes keinen Anfang; sondern es hat von Ewigkeit also in der Gebärung geleuchtet und weiß GOtt selber keinen Anfang darinnen.« *Sowie vgl.* Böhme 1730, Band 3: *Psychologia vera, oder Viertzig Fragen von der Seelen (1620)*, S. 50: »Dieweil aber alle Wesen vom Feuer urständen, so […] Ihr wisset, daß im Feuer und Wasser alles Leben stehet, und die Wesenheit ist sein Leib, und der Leib ist aus Kraft des Geistes: dann er ist des Geistes Speise; und der Geist ist wieder des Leibes Speise, und ist das höchste und gröste *Nutriment* in ihme selber […]. So ist nun das Feuer die erste Ursache des Lebens, und das Licht die andere Ursache, und der Geist die dritte Ursache, und ist doch Ein Wesen, welches sich in einem Leib schliesset, und offenbaret, und also mit dem Suchen findet. Und iedes Wesen ist in zwey Wesen, als im äussern und innern, eines suchet und findet das andere: das äussere ist Natur, das innere ist Geist über die Natur, und ist doch keine Trennung, als nur deme was in eine Zeit geschlossen ist, das trennet die Zeit das Ziel, daß also das Ende den Anfang findet.« *Hierzu* Harleß 1882, S. 76 ff. *und* Koyré [3]1979, S. 133 ff.

190, 20 *Der ›Lichtträger‹ (lat. ›Lucifer‹, gr. ›Phosphor‹) ist eine Gedankenfigur, die in der ganzen alchemistischen Tradition sowohl präsent wie auch zweideutig ist. Diese Figur hat eine enge Verwandtschaft mit dem Element Feuer sowie mit den Eigenschaften des paracelsischen Prinzips Sulphur, dessen durchgehende Doppelheit auch bei Böhme mehrmals betont wird. Zum Element ›Sulphur‹ vgl.* Mylius 1622, S. 18 *und* Ruland 1622, S. 453 *sowie auch* Böhme 1730, Band 6: *De signatura rerum* (1622), S. 11 f. [§ 13]: »Nun ist aber das *phur* als die Begierde nicht von dem *Sul* getrennt, es ist Ein Wort, und ist auch im Urstand Ein Wesen, und scheidet sich aber selber in zwo Eigenschaften, als in Freud und Leid, in Licht und Finsterniß, dann es macht zwo Welten, als eine finstere Feuer-Welt in der Strengheit, und eine lichte Feuer-Welt in der Luft der Freyheit [...].«

Seiner Feuernatur entsprechend, ist die Gestalt Luzifers, die von der christlichen Darstellung des Teufels eher abweicht, ein okkultes, geistiges und leicht entzündbares Prinzip, das nicht nur dem ›ignis divini‹ bzw. »göttlichen Zornfeuer« (Böhme), sondern auch der irdischen, materiellen Sphäre zugehört. Oft begegnet man dem Lichtträger in der alchemistischen Tradition als einem mercurialischen ›lumen naturae‹, das aber niemals das Licht selber ist. Hierzu vgl. Jung 2011, Bd. 13, S. 266 ff. *Insofern versinnbildlicht der Lichtträger einen ätherischen ›spiritus mundi‹, der etwa der antiken Weltseele entspricht (vgl.* Mylius 1622, S. 18 f.) *und als geistiges, dämonisches Medium zwischen dem göttlichen und irdischen Weltbereich fungiert. Zum ›spiritus mundi‹ als ›Erde-Prinzip‹ vgl. oben S. 289, erklärende Anmerkung zu 129, 25[1]. Diese Auffassung, die auf die platonische sowie aristotelische Lehre der Quintessenz bzw. eines fünften Elements zurückgeht (vgl.* Böhme/Böhme 2004, S. 143 ff.), *begegnet mehrmals in den Werken etlicher Autoren der Renaissance. Dabei bereichert sich diese Figur mit merkwürdigen Aspekten gnostischer Luzifer-Spekulationen, wie jenen der Demiurgen und Archonten als in der Materie wirkenden Kräften. Hierzu vgl.* Pagel 1962, S. 35 f., 72 ff. *sowie* Pagel [2]1982, S. 204 ff. (*sowie* ebd., *die Addenda* S. 367). *Zuletzt findet sich bei Hegel mit Bezug auf die Philosophie J. Böhmes die direkte Verknüpfung zwischen dem Archeus (»dem Separator«, »dem Amtmann der Natur«) und dem eingeborenen Sohn Gottes, Luzifer, vor und nach dem Abfall. Vgl.* Hegel 1986, S. 84 f. *und* Hegel 1984, S. 133 *und* S. 218. *Ferner vgl. oben S. 309, erklärende Anmerkung zu 188, 31 und auch* Schelling 1809, S. 37 f.

190, 22 *Baader bezieht sich hier auf Böhmes Qualitätslehre, genauer auf den ursprünglichen Prozess eines ›Angstrads‹, in dem Böhme einen etymologischen Zusammenhang von ›Angst‹ und ›Enge‹ herstellt, um die notwendige Zusammenziehung Gottes zwecks Offenbarung (Ausdehnung) zu beschreiben. Vgl. u. a.* Böhme 1730, Band 3: *De triplici vita hominis (1620)*, S. 11: »35. Diese zwey Gestalten sind die ewige Essentien, und das ewige Band, das sich selber machet, und kann anders nicht thun: denn die grosse Weite ohne Ende begehret der Enge und eine Einfaßlichkeit, darinnen sie sich mag offenbaren: Dann in der Weite und Stille wäre keine Offenbarung; so muß ein Anziehen und Einschliessen seyn, daraus die Offenbarung erscheine.«

190, 25 *Baader bezieht sich hier auf die alchemistische Vorstellung, die das Element der ›Luft‹ wie eine Weltseele mit einem Geist oder Mercurius identifiziert. Hierzu bereits in* Baader 1797, S. 66, 11–14 (*und S. 246, erklärende Anmerkung zu 66, 14*) und S. 66, 35–40 (*und S. 248, erklärende Anmerkung zu 66, 40*) *sowie in* Baader 1798, S. 132, 10–13 (*und S. 295, erklärende Anmerkung zu 132, 13*). *Man denke allerdings an die damalige post-lavoisiersche Debatte um die verschiedenen Gasarten und an die damit verbundene Frage nach der Existenz der Elemente. Denn A. L. Lavoisier hatte mit seinem neuen Elementbegriff die post-aristotelische Elementenlehre endgültig widerlegt. Die Elemente sind von nun an keine ursprünglichsten Bestandteile der Materie mehr, sondern Stoffe, die sich weiter zerlegen lassen. Hierzu* WhB 1994, S. 90 ff.

190, 26 *Freilich handelt es sich dabei um eine freie Inhaltswiedergabe Baaders und kein wörtliches Zitat Rousseaus. Baader, der bereits in seinen Jugendtagebuchnotizen ausführlich aus Rousseaus »Émile« (vgl.* Baader 1851–1860, Bd. 11, S. 250ff.) *und besonders dem vierten Buch exzerpiert hatte, bezieht sich hier wohl auf die folgenden Textpassagen in* Rousseau 1959–1995, Bd. IV, 1969, S. 253: »On ne songe qu'à conserver son enfant; ce n'est pas assés: on doit lui apprendre à se conserver étant homme, à supporter les coups du sort, à braver l'opulence et la misére, à vivre, s'il le faut dans les glaces d'Islande ou sur le brulant rocher de Malthe. Vous avez beau prendre des précautions pour qu'il ne meure pas: il faudra pourtant qu'il meure; et quand sa mort ne seroit pas l'ouvrage de vos soins, encore seroient-ils mal entendus. Il s'agit moins de l'empêcher de mourir que de le faire vivre.« *Und* ebd., S. 268f.: »Je ne me chargerois pas d'un enfant maladif et cacochime, dût-il vivre quatre vingts ans. Je ne veux point d'un élève toujours inutile à lui-même et aux autres, qui s'occupe uniquement à se conserver, et dont le corps nuise à l'éducation de l'ame. Que ferois-je en lui prodigant vainement mes soins, sinon doubler la perte de la société et lui ôter deux hommes pour un? Qu'un autre à mon défaut se charge de cet infirme, j'y consens, et j'approuve sa charité; mais mon talent à moi n'est pas celui-là: je ne sais point apprendre à vivre à qui ne songe qu'à s'empêcher de mourir.« *Für die deutsche Übersetzung vgl.* Rousseau 2009, S. 117f.: »Man denkt immer nur daran, sein Kind zu behüten. Das genügt nicht – man muß es lehren, sich als Mensch selbst zu schützen, die Schicksalsschläge zu ertragen, dem Überfluß wie dem Elend gegenüber Haltung zu bewahren und, wenn es sein muß, in der eisigen Kälte Islands oder auf dem glühenden Felsen Maltas zu leben. Ihr mögt alles tun, daß es nicht sterbe – es muß aber trotzdem einmal sterben. Und wäre sein Tod nicht einmal das Werk eurer Fürsorge – sie wäre dennoch falsch gewesen. Es geht weniger darum, es am Sterben zu hindern als darum, es am Leben zu halten.« *Und* ebd., S. 140: »Ich würde mich nicht mit einem kränklichen und griesgrämigen Kind belasten, und wenn es achtzig Jahre alt würde. Ich mag kein Kind, das immer sich selbst und andern zur Last fällt, dessen einziges Streben seine Selbsterhaltung ist und dessen Körper der Heranbildung seiner Seele nur schadet. Wenn ich meine Fürsorge vergeblich an es verschwendete, würde ich der menschlichen Gesellschaft nur einen doppelten Verlust einbringen und ihr zwei Menschen statt eines einzigen entziehen. Wenn sich ein anderer an meiner Statt dieses Kranken annimmt, so soll mir das recht sein, und ich will seine Nächstenliebe loben. Aber das ist nicht meine Sache: ich erziehe auf keinen Fall jemanden zum Leben, der nur daran denkt, wie er dem Tod entgehen kann.«

191, 2 *Hierzu vgl.* Klein 1805, S. 305: »Die Materie enthält also für sich schon alles Leben, und aus ihrem Schoose sproßt es ohne Zuthat von fremden Saamen hervor. Jeder Theil der Materie ist voll Leben und Kraft, welche im sogenannten Unorganischen nur gebunden ist, in dem erscheinenden Organism aber sich entfaltet. Das Organische entsteht daher nicht aus dem Unorganischen, welches als dem Organischen wesentlich entgegengesetzt gar nicht möglich ist; sondern was wir Anorgism nennen, ist ein blos zurückgetrettener und eingeschlossener Organism.« *Dieses Zitat könnte auch als explizite Parteinahme Baaders für die Naturphilosophie Schellings im damaligen Streit zwischen dem katholischen Theologen Georg Michael Klein, Anhänger Schellings und Direktor des Würzburger Gymnasiums und der Würzburger Regierung gelten. Zu Schellings Würzburger Konstellation und mit besonderem Bezug auf Kleins Auseinandersetzung vgl.* Gerabek 1995, S. 427ff.

191, 8 *Baader bezieht sich hier auf das vierte und fünfte Stadium (Feuer und Wasser) der Qualitätslehre Böhmes, aus deren dialektischem Streit die innergöttliche Räumlichkeit entspringt. Das Feuer steht für die verzehrende Begierde, durch die das Leben sich verkörpert, das Wasser für die Liebe, die die Trennung überwindet, indem es dem Feuer den Lebensglanz gewährt (vgl. oben S. 312, erklärende Anmerkung zu 189, 17). Vgl.* Böhme 1730, Band 1: *Aurora, oder Morgenröthe im Aufgang*, S. 4: »9. Die Natur aber hat zwo Qualitäten in sich bis in das Gerichte GOttes, eine liebliche, himmlische und heilige; und eine grimmige, höllische und durstige.« *Und* Böhme 1730, Band 2: *De tribus principiis, oder Beschreibung der Drey Principien Göttliches Wesens (1619)*, S. 6 (*Vorrede*): »14. In solcher hohen Betrachtung findet man, daß solches alles von und aus GOtt selber herkomme, und daß es seines eigenen Wesens sey, das Er selber ist, und Er selber aus sich also geschaffen habe: und gehöret das Böse zur Bildung und zur Beweglichkeit, und das Gute zur Liebe, und das Strenge oder Wiederwillige gehöret zur Freuden. Soferne die Creatur im Lichte GOttes ist, so machet das Zornige oder Wiederwillige die aufsteigende ewige Freude; so aber das Licht GOttes erlischet, machet es die ewige aufsteigende peinliche Qual und das höllische Feur.« *Sowie* Böhme 1730, Band 6: *De electione gratiae (1623)*, S. 20f.: »29. [...] Das Feuer deutet uns an in seiner Peinlichkeit die Natur in der Scientz, und das Licht deutet uns an das Göttliche Liebe-Feuer; denn das Licht ist auch ein Feuer, aber ein gebendes Feuer, denn es giebt sich selber in alle Dinge, und in seinem Geben ist Leben und Wesen, nemlich Luft, und ein geistlich Wasser, in welchem ölischen Wasser das Liebe-Feuer des Lichts sein Leben führet, denn es ist des Lichtes Speise; sonst so das Licht sollte eingesperret werden, und das geistliche Wasser von der feurenden Art sich nicht scheiden möchte, und sich in sich mit dem Nichts, als mit dem Ungrunde resolviren sollte, so erlösche das Licht: indem sichs aber mit dem Ungrunde, (darinn doch der ewige Grund lieget) resolviret, als mit der Temperatur, da die Kräften alle in einer liegen; so zeucht das Licht- oder Liebe-Feuer dasselbe geistliche Wasser (welches vielmehr in der Resolvierung ein Öle oder Tinctur wird, als eine Kraft vom Feuer und Lichts-Glantz,) wieder in sich zu seiner Speise. 30. Und alhie liegt das gröste *Arcanum*, geistlich zu essen. Lieben Söhne, ob ihr das wüstet, so hättet ihr den Grund aller Heimlichkeit, und des Wesens aller Wesen; und von diesem sagte uns Christus, Er wollte uns Wasser des ewigen Lebens geben, das würde in uns in einen Quellbrunnen des ewigen Lebens quellen, Joh. 4:14. nicht das äussere vom äussern Licht-Feuer, sondern das innere, vom Göttlichen Licht-Feuer erboren, dessen das äussere ein Bild ist.« *Ferner vgl.* Schelling 1809, S. 45f.

191, 12 *Hier verbinden sich geometrische Vorstellungen mit organisch-biologischen. Damit wird das Mittelpunkts- oder das Kreis-Symbol nicht nur in seinem geometrischen Begriffsinhalt verwandt (wie bereits in* Baader 1798, S. 127, 37–40 *und S. 287, erklärende Anmerkung zu 127, 40), sondern auch mit biologischen bzw. physiosophischen Sinnbildern, wie es auch bei Paracelsus gebräuchlich war, verschmolzen. Die gesamte göttliche und irdische Wirklichkeit bzw. die ewige und die geschaffene Natur werden wie ein ganzer, vielgegliederter Organismus betrachtet, der aus einem einzigen »Centrum« oder »Punct der Bewegniß«* (Böhme 1730, Band 7: *Mysterium Magnum (1623)*, S. 62, Kap. 10, § 41) *genauer gesagt aus einem einzigen »puncto solis« hervorwächst* (ebd., S. 74, Kap. 12, § 3). *Vgl.* Böhme 1730, Band 3: *De triplici vita hominis (1620)*, S. 116 [Kap. 6, § 45]: »Versteht uns recht, wie diese Welt im Grunde sey: Das ewige *Centrum* des Lebens Geburt und der Wesenheit ist überal; Wann du einen kleinen Cirkel schleust, als ein kleines Körnlein, so ist darinnen die gantze Geburt der ewigen Natur, und auch die *ternario Sancto* […].« *Und* ebd., S. 120, § 59: »Was du in diesem grossen Umfange siehest, das ist auch in dem kleinesten Circkel: und ist das gantze *Principium* dieser Welt im Äussern anders nichts als eine Offenbarung und Entdeckung der Ewigkeit in GOtt.« *Dazu vgl. auch* Böhme 1730, Band 1: *Aurora, oder Morgenröthe im Aufgang*, S. 332 [Kap. 22, § 82 f.]: »Und das Leben des Lichts bricht durch den Tod, und gebäret ihm einen andern Leib aus dem Tode, welcher nicht ist dem Wasser und der todten erden ähnlich; und krieget auch nicht ihren Geschmack und Geruch, sondern die Kraft des Lichts dringet durch, und temperiret sich mit der Kraft der erden, und nimt dem Tode seinen Stachel, und dem Zorn seine giftige Gewalt, und dringet in Mitten des Leibes, in dem Gewächse als ein Hertze mit auf. 83. Und hierinne steckt der Kern der Gottheit im *Centro* in seinem Himmel, welcher stehet im Wasser des Lebens verborgen.«

191, 13 *Zum chemischen sowie naturphilosophischen Begriff der ›Basis‹ vgl. die erklärende Anmerkung in* Schelling 1809, S. 107 f. Anm. 87.

191, 16[1] *Der Gesundheitszustand, der die organische Entwicklung gewährleistet und fördert, entsteht aus der Spannung gegensätzlicher Elemente. Das geistige Pulsieren, das in Gott mit den Kräften Zorn und Liebe, Böse und Gut seinen Anfang nimmt, spiegelt sich allerdings in der ganzen geschaffenen Welt. Die organische Materie, die durch den lebendigen Geist konstituiert ist, entfaltet sich auch in Ausdehnung und Zusammenziehung bzw. Form. Da, wo diese Bewegung gehemmt wird, treten Krankheit und Tod auf. Vgl.* Böhme 1730, Band 6: *De signatura rerum* (*1622*), S. 8 f. [Kap. 2, § 1 ff.]: »So dann der Gestaltnissen so manch- und vielerley sind, da je eines einen andern Willen aus seiner Eigenschaft hervor bringet als das ander, so verstehen wir hierinnen die Wiederwertigkeit und den Streit in dem Wesen aller Wesen, wie je eines das ander anfeindet, vergiftet und tödtet, das ist, seine Essentz und den Geist der Essentz überwindet, und in eine andere Gestaltniß einführet, davon Kranckheit und das Wehethun entspringet, wann eine Essentz die andere zerbricht. 2. Und dann verstehen wir auch hierinnen die Artzeney, wie eines das andere heilet und zur Gesundheit bringet: und so dieses nicht wäre, so wäre keine Natur, sondern eine ewige Stille, und kein Wille, dann der Widerwille macht die Beweglichkeit und den Urstand des Suchens, daß die wiederwärtige Qual die Ruhe suchet, und sich in dem Suchen nur selbst erhebet, und mehr entzündet. 3. Und ist uns zu verstehen, wie der Artzt in der Gleichheit eines ieden Dinges stehe, dann in der Gleichheit stehet des Willens Erfüllung, als seine höchste Freude, dann ein iedes Ding begehret einen Willen seines gleichen, und mit dem Wiederwillen wird es gekräncket; so es aber einen Willen seines gleichen bekommt, so erfreut sichs in der Gleichheit, und ersincket darinnen in die Ruhe, und wird aus der Feindschaft eine Freude.« *Und* Böhme 1730, Band 2: *De tribus principiis, oder Beschreibung der Drey Principien Göttliches Wesens* (*1619*), S. 46 (Kap. 4, § 73): »Denn er [der Teufel] ist im ersten *Principio*, als im ewigen Tode immer verschlossen, und erhebt sich doch immerdar, vermeidend das Hertze GOttes zu erreichen, und über das zu herrschen: denn dein bitter Stachel in der Geburt steiget also im Feuer-Quall ewig auf, und giebet ihme einen Willen der Hoffart alles zu haben, krieget aber nichts. Seine Speise ist der Wasser-Quell, welches ist die Mutter, gantz ängstlich, gleich dem Schwefel-Geist, davon nehret sich unauflöslich Band. Seine Wonne ist das ewige Feuer, in der herben Mutter ewiger Frost, in der Bitterkeit ewiger Hunger, im Feuers-Quell ewiger Durst; sein Aufsteigen ist sein Fall.«

191, 16[2] *Hierzu vgl. die erklärende Anmerkung in* Schelling 1809, S. 133 f. Anm. 165. *Diese Zeichen verweisen auf die traditionelle alchemistische Symbolik. Das erste Zeichen* ⊙

bedeutet die Sonne, wobei es in der Alchemie auch das Gold symbolisiert. Der ›Sonne‹ (wie dem ›Gold‹) wurde in dieser Tradition eine geheimnisvolle Kraft (›virtus‹) zugeschrieben, die eine erzeugende und verwandelnde Wirkung ermöglicht. Zu diesem vielschichtigen Symbol und dessen Überlieferung vgl. Jung 2011, Bd. 14/1, S. 117 ff. *Zu dieser erhellenden, erwärmenden und lebensspendenden Wunderkraft der Sonne bildet, wie üblich im ambivalenten Bereich der Alchemie, eine schwarze Sonne (›sol niger‹) den Kontrapunkt. Die schwarze Sonne ●, die mit der ›nigredo‹ (Schwärzung) bzw. dem Verwesungszustand koinzidiert, bedeutet den Auflösungs- bzw. Absterbeprozess der Materie und steht im übertragenen Sinn, als metaphysisches Bild des Kranken und des Bösen, für den Teufel. Denn Luzifer (s. oben S. 319 f., erklärende Anmerkung zu 190, 20) übte »in der Hitze der nigredo [...] die Herrschaft« aus (vgl.* Jung 2011, Bd. 14/2, S. 287). *Im alchemistischen Sprachgebrauch bezeichnet dieses Symbol die ›prima materia‹ bzw. das ursprüngliche ›Chaos‹ (s.* Ruland 1612, S. 143, 326)*, das erst im Zustand der Schwärzung durch Zerteilung der Qualitäten eintrat, als die »Erde des Goldes in ihrem eigenen Geist aufgelöst« wurde (s.* Mylius 1622, S. 19: *»Terra auri suo proprio spiritu solvitur«). J. D. Mylius, der hier als Quelle für die ›sol niger‹ auf die »prisci philosophi« verweist, fügt darauf hinzu: »die Sonne wurde in ihrem Aufgang verdunkelt. Und die Schwärzung ist der Beginn des Opus, das Anzeichen der Verwesung und Anfang der Vermischung«* (Mylius 1622, S. 118: *»obscuratus est Sol in ortu suo. Et haec denigratio est operis initium, putrefactionis indicium, certumque commixtionis principium«). Insofern ist die Vorstellung von einer schwarzen Sonne für die Alchemie von größter Bedeutung, da sie die Basis für das ›Opus magnus‹ bzw. den Transmutationsprozess der Materie ausmacht. Denn das Ziel des alchemistischen Werkes ist die Rückführung des Ausgangsmaterials (nigredo) in seinen Urzustand (splendor solis) und deshalb wurde es mit der Erschaffung der Welt verglichen. Dieser schwarze Zustand der Verwesung (putrefactio), Zersetzung (separatio) oder Verwirrung (solutio) wird auch als Rabenhaupt (caput corvi) oder Totenkopf (caput mortuum) bezeichnet. In der alten chemischen Fachsprache wird der Ausdruck ›caput mortuum‹ im Kontext von Prozessbeschreibungen benutzt, um den verbleibenden Destillationsrückstand (auch ›terra damnata‹ genannt), der nach vollendeter Destillation übrigbleibt, als eine von aller Kraft entblößte Substanz zu bezeichnen. Dazu vgl. auch* Schelling 1809, S. 80.

191, 22 *Hierzu vgl.* Böhme 1730, Band 7: *Mysterium Magnum, oder Erklärung über Das Erste Buch Mosis (1623)*, S. 62, § 45: »So sehen wir ja, daß Licht die einige Ursache alles Rägens, Bewegens und Lebens ist; denn alles Leben begehret des Lichtes Kraft, als des aufgethanen Punctes, und das Leben ist doch nicht der Punct, sondern die Gestaltniß der Natur: und so dieser Punct nicht offen stünde, so wäre das Reich der Finsterniß im *Loco* dieser Welt offenbar, in welchem Lucifer ein Fürst ist, und den fürstlichen Stuhl im Grimme der ewigen Natur, im *Loco* dieser Welt, besitzet.« *Die Sonne – Licht der äußeren Natur – symbolisiert bei J. Böhme das Herz, das Auge Gottes bzw. den göttlichen Verstand, der sich in die Gestalt der Sonne als »Punct solis« eingeschrieben hat (s.* Böhme 1730, Band 7: *Mysterium Magnum, oder Erklärung über Das Erste Buch Mosis (1623)*, S. 66, § 61 f.). *Die Sonne und die Planeten bilden zusammen ein schwefelartiges Gestirn, das ein »Rad« ist, und in dessen »Centrum« die Sonne steht. Vgl.* Böhme 1730, Band 7: *Mysterium Magnum, oder Erklärung über Das Erste Buch Mosis (1623)*, S. 72: »30. Und der [...] syderische Geist ist die Seele der grossen Welt, die am *Puncto Solis* hanget, und ihr Licht und Leben von ihr nimt, gleichwie alle Sternen Licht und Kraft von der Sonnen nehmen, also auch ihr Geist. 31. Die Sonne ist das *Centrum* der Elemente: Sie sind gegeneinander als Geist und Leib, oder als

Mann und Weib; wiewol das Gestirne ein ander Weib hat, da es sein Wesen ausbrütet, als den Monden, der ist aller Sternen (fürnemlich aber der Sonnen) Weib, in der Essentz der Wirckung zu verstehen. 32. Nicht ists also zu verstehen: Daß das Gestirne sey alles aus dem *Puncto Solis* entstanden, daß ich sie das *Centrum* der Sternen heisse; sie ist das *Centrum* der Kräfte, die Ursache daß sich der Sternen-Kräfte in der Essentz bewegen; sie eröffnet ihre Kräfte, und gibt ihre Kraft in sie ein, als ein Hertze der Kräfte, und in ihrer Essentz erfreuen sie sich, daß sie in ihrer Essentz beweglich oder begehrende werden. 33. Und eben in diesem stehet die grosse Heimlichkeit der Schöpfung, daß sich das Innere, als GOtt, hat also mit seinem ewig-sprechenden Worte, das es selber ist, geoffenbaret; das Äussere ist ein Bilde des Innern.« *Zu den Termini ›Sonne‹, ›Auge‹ und ›Herz‹ bei Böhme vgl.* Schleusener-Eichholz 1972 *und oben S. 300, erklärende Anmerkung zu 150, 24. Das irdisch-leibliche Leben ist das Produkt des von Gott abgefallenen Geistes Luzifers und dessen Folgen. Luzifer hat die dunklen feurigen Kräfte von dem gesunden, dynamischen Wechselspiel der Prinzipien losgerissen, weil er aus isoliertem Eigensein schaffen wollte. Hierzu exemplarisch vgl.* Baur 1835, S. 573 ff.: »Um den Begriff Lucifers im Allgemeinen richtig aufzufassen, verdient besonders auch folgende Stelle in der Schrift von drei Princ. 4, 69 f. beachtet zu werden [s. Böhme 1730, Band 2: *De tribus principiis, oder Beschreibung der Drey Principien Göttliches Wesens* (*1619*), S. 45 f.]: ›[...] [73.] Denn er [Luzifer] ist im ersten [*Principio*], als im ewigen Tode, immer verschlossen, und erhebet sich doch immerdar, vermeidend das Hertze GOttes zu erreichen, und über das zu herrschen: denn sein bitter Stachel in der Geburt steiget also im Feuer-Quall ewig auf, und giebet ihme einen Willen der Hoffart alles zu haben, krieget aber nichts. Seine Speise ist der Wasser-Quell, welches ist die Mutter, gantz ängstlich, gleich dem Schwefel-Geist, davon nehret sich sein unaufläslich Band. Seine Wonne ist das ewige Feuer, in der herben Mutter ewiger Frost, in der Bitterkeit ewiger Hunger, im Feuers-Quell ewiger Durst; sein Aufsteigen ist sein Fall.‹ Lucifers Fall wird demnach nach diesen Stellen zunächst als der Fall eines höhern Geistes gedacht. Es ist dieß diejenige Seite seines Wesens, auf welcher sich das sittlich-Böse darstellt, sofern in ihm der Selbstwille von seiner Einigung mit dem Universalwillen Gottes sich hinwegwendet, und sich ganz in seiner Selbstheit und Selbstsucht ergreift. Es ist dieß aber nur die ethische Seite, von welcher die physische unterschieden werden muß, beide aber sind an sich Eins, und das Eigenthümliche der Böhm'schen Lehre besteht eben darin, daß sie das ethische und physische Böse auf einen und denselben Begriff und Ausdruck bringt. Das Böse in dem einen und andern Sinne ist die Beharrung im ersten Princip, und die Trennung vom zweiten, die Zerreissung des natürlichen Bandes, das die beiden Principien vereinigen, das erste in das zweite verklären soll. Deßwegen ist Lucifer im ersten Princip, als im ewigen Tode, immer verschlossen, denn in diesem Princip stehet nichts als nur die allerschreklichste Gebärung, die größte Ängstlichkeit, feindliche Wonne, gleich einem Schwefelgeist, und ist eben der Höllen Porten und Abgrund, darinnen Fürst Lucifer in Verlöschung seines Lichts geblieben, und darinnen die Seele (welche vom andern *principio* getrennt wird, und ihr Licht des Herzens Gottes verlöschet) bleibet, in derselben Höllen Abgrund.«

192, 3 *Vgl.* Saint-Martin 1790, S. 143 f. (§ 86): »Toute la nature a contribué à forme la prison et les entraves de l'homme; il faut que toute la nature travaille à le purifier et à décomposer ses fers. Pourquoi le feu produit-il la dissolution? C'est que c'est par la gêne de ce même feu que s'est opérée la construction. Contemplez les oeuvres de la nature, et nourrissez-en votre intelligence. Mais attendez qu'une autre main que la vôtre, vous présente à leur *action vive.*« *Für die deutsche Übersetzung vgl.* Saint-Martin 1813, Bd. 1, S. 179: »Die ganze Natur trug dazu bei, Gefängnis und Fessel des Menschen zu werden; die ganze Natur muß arbeiten, ihn zu reinigen und seine Ketten zu sprengen. Warum bewirkt das Feuer Auflösung? Weil durch das Bezwingen eben dieses Feuers die Zusammensetzung bewirkt wurde. Betrachtet die Werke der Natur und nähret damit eure Vernunft! Wartet aber, bis andere Hand, als die eure, euch ihre *lebendige Wirksamkeit* vorführt.«

192, 10 *Die Dreiteilung ›Leib‹, ›Seele‹ und ›Geist‹, die bereits in* Baader 1797, S. 66, 9 (Anm. A) *angedeutet wird, entspricht der Vorstellung Böhmes so wie generell der religiös-alchemistischen Literatur, dass alle Wirklichkeit wie die interne Entfaltung der Gottheit trinitarisch strukturiert ist. Vgl.* Böhme 1730, Band 1: *Aurora, oder Morgenröthe im Aufgang*, S. 47 [§ 36]: »Alles Ding in dieser Welt ist nach dem Gleichniß dieser Dreyheit worden«. *Hierzu vgl.* Harleß 1882, S. 79. *Böhme orientiert sich zum Teil an den drei Naturelementen des Paracelsus: Sulphur, Sal, Mercurius (›tria prima‹), die als Wirkkräfte auch eine intratrinitarische Funktion erfüllen. Hierzu vgl.* Kämmerer 1971, S. 33 ff. *Dazu vgl.* Paracelsus 1566, S. 6v–7r *und* 7v: »Also daß das wort *Fiat* ist worden ein dreyfach *Corpus* / das ist / getheilt in dreierley / *Corpora*: Dann also ist die Erden drey theil / das ist dreyerley / das Wasser auch dreyerley in seinem *Corpus* / dergleichen der Lufft / dergleichen der Himmel. [...] Wann so wir recht bedencken die zal / so hat Gott drey für sich genommen / und auß dreyen alle ding gemacht / und alle ding in drey gesetzt: Dann der ursprung dieser zal ist auß Gott am ersten / das ist / der anfang ist drey in der Gottheit / Nu ist das Wort auch dreyfach gewesen / dann die *Trinitet* hatts gesprochen / und das Wort ist der Anfang Himmels und Erden und aller Creaturen. Also bey der zal werden wir erinnert der Dreyheit in den drey *Speciebus* / und fürhin seind alle ding in drey gesetzt / und nichts ist auff Erden es hat und ist in den drey *Speciebus* / und wird in drey *Corpora* widerumb gebracht / also / das sichtbar seindt und sich beweist / das ein jeglichs geschöpff getheilt mag werden / in die drey stück / jeglichs an sein orth.« *Im Sinne von Paracelsus schreibt* Croll 1609, S. 18: »In his tribus, quodlibet creatum generatur et conservatur: Nam Sancta *Triunitas*, per suum *Triunum* prolatum verbum *Fiat*, omnia creavit *Triuna* analysi Spagyricam teste«. *Für die deutsche Übersetzung vgl.* Croll 1629, S. 18: »In diesen dreyen wird ein jedes erschaffene generiert und erhalten / Sintemal die Heilige Dreyeinigkeit durch ihr Dreyeinig außgesprochen Wort *Fiat* oder Es werde / alles erschaffen / wie die dreyeinige Spagirische *Analysis* bezeuget«.

192, 21 *Hierzu vgl. oben S. 317, erklärende Anmerkungen zu 190, 7' und S. 314, zu 189, 28. Es sei daran erinnert, dass der hier von Baader hinzugefügte Gedanke, nach dem sich das Leben momentan in einem erzwungenen Zustand befinde, die Grundlage der damaligen von der Naturphilosophie ausgehenden, physiologischen Konzepte ausmacht. Denn jegliches organische Erscheinen liege an einer in Latenz gehaltenen Dynamik, die aber auf der Basis einer zugleich bestehenden Einheit möglich sei. Homogenes und Heterogenes sind in einer prekären Polarität vereint, die als gezwungene Ruhe angesehen werden kann und das organische zeitliche Leben kennzeichnet. Einen ähnlichen Gedanken hatte Baader 1788 in Anschluss an Frans Hemsterhuis bereits in seinem Tagebuch skizziert. Vgl.* Baader 1851–1860, Bd. 11, S. 171–174.

Hierzu vgl. Kilian 1802, S. 60 f.: »Der Grundkarakter des Lebens bestehet [...] in einem beständigen Kampf gegen den Naturlauf, oder in dem Bestreben, seine Individualität gegen ihn zu behaupten. Das Leben *an sich* gedacht ist nicht *Eigenschaft*, oder Produkt der thierischen Materie, sondern umgekehrt die Materie ist Produkt des Lebens.«

BIBLIOGRAPHIE

1 Adickes 1924–1925

Erich Adickes: *Kant als Naturforscher.* 2 Bände. Berlin 1924–1925.

2 Agrippa (1533) 1992

Cornelius Agrippa: *De occulta philosophia libri tres.* Edited by Vittoria Perrone Compagni. Leiden 1992.

3 Anonymus 1804

Anonymus: *Versuch über die Natur der Dinge. Als ein Beytrag, zu einer wissenschaftlichen Grundlehre.* Deutschland [Görlitz] 1804.

4 Aristoteles 2011

Aristoteles: *Über Werden und Vergehen – De generatione et corruptione.* Griechisch-Deutsch. Griechischer Text nach Harold H. Joachim. Übersetzt, mit einer Einleitung und Anmerkungen herausgegeben von Thomas Buchheim. Hamburg 2011.

5 Aristoteles 2012

Aristoteles: *Politik.* Übersetzt und mit einer Einleitung sowie Anmerkungen herausgegeben von Eckart Schütrumpf. Hamburg 2012.

6 Arnim 1799

Ludwig Achim von Arnim: »Anweisung zum Gebrauche des Areometers von Say ohne Barometerbeobachtungen; allgemeiner Beweis des Mariottischen Gesetzes, und Bemerkungen über dieses Gesetz«, in: *Annalen der Physik.* Band 2. 2. Stück. Halle 1799, S. 238–245.

7 Assmann ^{6}2007

Jan Assmann: *Moses der Ägypter. Entzifferung einer Gedächtnisspur.* Frankfurt am Main ^{6}2007.

8 Assmann 2010

Jan Assmann: *Religio Duplex. Ägyptische Mysterien und europäische Aufklärung.* Berlin 2010.

9 Augustinus 2002

Aurelius Augustinus: *Die christliche Bildung (De doctrina christiana).* Übersetzung, Anmerkung und Nachwort von Karla Pollmann. Stuttgart 2002.

10 Baader 1786
Franz Baader: *Vom Wärmestoff, seiner Vertheilung, Bindung und Entbindung, vorzüglich beim Brennen der Körper.* Wien/Leipzig 1786.

11 Baader 1786–1792
Franz Baader: *Seele und Welt. Franz Baader's Jugendtagebücher 1786–1792.* Herausgegeben von David Baumgardt. Berlin 1928.

12 Baader 1809
Franz Baader: *Beiträge zur dinamischen Philosophie im Gegensaze der mechanische.* Berlin 1809.

13 Baader 1831
Franz Baader: *Schriften und Aufsätze. Vom Verfasser gesammelt und neu durchgesehen.* I. Band. Münster 1831.

14 Baader 1851–1860
Franz von Baader: *Sämtliche Werke.* Herausgegeben von Franz Hoffmann *et al.* 16 Bände. Leipzig 1851–1860.

15 Baader 1953
Franz von Baader: *Über Liebe, Ehe und Kunst. Aus den Schriften, Briefen und Tagebüchern.* Ausgewählt, eingeleitet und mit Texthinweisen von Hans Graßl. München 1953.

16 Baader 1957
Franz von Baader: *Gesellschaftslehre.* Ausgewählt, eingeleitet und mit Texthinweisen von Hans Graßl. München 1957.

17 Bacon 1609
[Francis Bacon:] *De Sapientia Veterum Liber.* Londini 1609.

18 Bacon 1620
[Francis Bacon:] *Instauratio magna.* Londini 1620.

19 Bacon 1653
[Francis Bacon:] *Scripta in naturali et universali Philosophia.* Herausgegeben von Isaac Gruter. Amsterdam 1653.

20 Bacon 1857–1874
Francis Bacon: *The Works of Francis Bacon.* Herausgegeben von James Spedding, Robert Leslie Ellis, Douglas Denon Heath. 15 Bände. London 1857–1874.

21 Bacon 1990 [1620]
Francis Bacon: *Neues Organon.* Herausgegeben von Wolfgang Krohn. Lateinisch-Deutsch. 2 Teilbände. Hamburg 1990.

22 Bacon 1990a [1609]

Francis Bacon: *Weisheit der Alten*. Herausgegeben und mit einem Essay von Philipp Rippel. Aus dem Lateinischen und Englischen übertragen und mit Anmerkungen versehen von Marina Münkler. Frankfurt am Main 1990.

23 Baconus 1935

Rugerus Baconus: *Questiones supra librum de causis*. Nunc primum edidit Robert Steele. Collaborante Ferdinand M. Delorme, O.F.M., in: *Opera hactenus inedita Rogeri Baconi*. Fasc. XII. Oxonii 1935.

24 Bark 1999

Irene Bark: *»Steine in Potenzen«. Konstruktive Rezeption der Mineralogie bei Novalis*. Tübingen 1999.

25 Baumgardt 1927

David Baumgardt: *Franz von Baader und die philosophische Romantik*. Halle 1927.

26 Baumgarten 1740

Alexander Gottlieb Baumgarten: *Ethica philosophica*. Halle 1740.

27 Baur 1835

Ferdinand Christian Baur: *Die christliche Gnosis oder die christliche Religions-Philosophie in ihrer geschichtlichen Entwiklung*. Tübingen 1835.

28 Beierwaltes ^{2}2004

Werner Beierwaltes: *Platonismus und Idealismus*. Frankfurt am Main ^{2}2004.

29 Benz 1937

Ernst Benz: *Der vollkommene Mensch nach Jacob Böhme*. Stuttgart 1937.

30 Benz 1955

Ernst Benz: *Adam. Der Mythos vom Urmenschen*. München 1955.

31 Berger 1785

Christian Gottlieb Berger: *Ueber die gegenwärtige[n] wichtige[n] Streitigkeiten der Theologen: von der Dreyeinigkeit, Gottheit Christi etc. eine Abhandlung für Gelehrte und Ungelehrte*. Berlin 1785.

32 Berger 1935

Kurt Berger: *Die Ausdrücke der Unio mystica im Mittelhochdeutschen*. Berlin 1935.

33 Bernhard von Clairvaux 1957–1977

Sancti Bernardi Claraevallensi *Opera*, ad fidem codicum recensuerunt Jean Leclercq, Charles H. Talbot, Henri M. Rochais. 8 Bände. Rom 1957–1977.

34 Bernoulli 1735

Johann Bernoulli: »De vera notione virium vivarum, earumque usu in Dynamicis, ostenso per exemplum, propositum in Comment. Petropolit. Tomi II. pag. 200, Dissertatio«, in: *Nova acta eruditorum*, 5. Calendis Maji Anno 1735, S. 210–230.

35 Bernoulli 1738

Daniel Bernoulli: *Hydrodynamica, sive de viribus et motibus fluidorum commentarii* [...]. Straßburg 1738.

36 Bernoulli/Bernoulli 1746 [1748]

Daniel Bernoulli, Jean Bernoulli: »Nouveaux principes de méchanique et de physique, tendans à expliquer La Nature et les Propriétés de l'Aiman«, in: *Recueil des pièces qui ont remporté le prix de l'Académie Royale des Sciences. Depuis leur fondation jusqu'à présent. Pièces qui ont remporté le Prix* [...] *en 1743 et 1746*. Paris 1748.

37 Berthelot 1889

[Pierre Eugène] Marcellin Berthelot: »Notice historique sur Lavoisier«, in: *Mémoires de l'Académie des sciences de l'Institut de France*, 45 (1889), S. XIX–LXXII.

38 Berthelot 1890

[Pierre Eugène] Marcellin Berthelot: *La révolution chimique: Lavoisier. Ouvrage suivi de Notices et extraits des registres inédits de laboratoire de Lavoisier*. Paris 1890.

39 Birkholz 1803

Adam Michael Birkholz: *Universalkatechismus für Kenner und Bekenner des allgemeinen Dreiecks und Vierecks in dem Universalreiche und in den drei Reichen der Natur*. Leipzig 1803.

40 Böhme 1730

Jacob Böhme: *Sämtliche Schriften*. Faksimile-Neudruck der Ausgabe 1730 in elf Bänden neu herausgegeben von Will-Erich Peuckert. Stuttgart 1955–1961.

41 Böhme/Böhme 2004

Gernot Böhme, Hartmut Böhme: *Feuer, Wasser, Erde, Luft. Eine Kulturgeschichte der Elemente*. München 2004.

42 Bonchino 2013

Alberto Bonchino: »Vom Urozean zu Tränen der Natur. Baader und Schubert zwischen Freiberger und Dresdner Romantik (1788–1808)«, in: *Athenäum. Jahrbuch der Friedrich Schlegel-Gesellschaft*, 23 (2013), S. 19–49.

43 Bonchino 2014

Alberto Bonchino: *Materie als geronnener Geist. Studien zu Franz von Baader in den philosophischen Konstellationen seiner Zeit.* Paderborn 2014.

44 Bonsiepen 1997

Wolfgang Bonsiepen: *Die Begründung einer Naturphilosophie bei Kant, Schelling, Fries und Hegel. Mathematische versus spekulative Naturphilosophie.* Frankfurt am Main 1997.

45 Bornkamm 1925

Heinrich Bornkamm: *Luther und Böhme.* Bonn 1925.

46 Brown 1796

John Brown: *System der Heilkunde. Nach der letzteren, vom Verfasser sehr vermehrten und mit Anmerkungen bereicherten Englischen Ausgabe übersezt, und mit einer kritischen Abhandlung über die Brownischen Grundsätze begleitet von C.H. Pfaff.* Kopenhagen 1796.

47 Buffon 1774

Georges-Louis Leclerc, Comte de Buffon: *Supplément à l'Histoire naturelle.* 7 Bände. Paris 1774–1789. Band 1: *Des éléments.* Paris 1774.

48 Buridanus 1942

Johannes Buridanus: *Quaestiones super libris quattuor de caelo et mundo.* Edited by Ernest Addison Moody. Cambridge, Massachusetts 1941 [Reprint: New York 1970].

49 Buridanus 1964

Johannes Buridanus: *Questiones super octo Physicorum libros Aristotelis.* Parisiis: Dionysius Roce, 1509. [*Kommentar zur aristotelischen Physik*] Unveränderter Nachdruck. Frankfurt am Main 1964.

50 Caiazzo 2003

Irene Caiazzo: »Note sulla fortuna della Tabula smaragdina nel Medioevo latino«, in: *Hermetism From Late Antiquity to Humanism.* Herausgegeben von Paolo Lucentini, Ilaria Parri, Vittoria Perrone Compagni. Turnhout (Belgium) 2003, S. 697–711.

51 Carrier 1984

Martin Carrier: *Atome und Kräfte. Die Entwicklung des Atomismus und der Affinitätstheorie im 18. Jahrhundert und die Methodologie Imre Lakatos'.* Diss. Münster 1984.

52 Carrier 1990

Martin Carrier: »Kants Theorie der Materie und ihre Wirkung auf die zeitgenössische Chemie«, in *Kant-Studien.* 81/2 (1990), S. 170–210.

53 Charleton 1650

Walter Charleton: *Spiritus gorgonicus vi sua saxipara exutus; sive De causis, signis, & sanatione Lithiaseos, diatriba*. Lugdunum Batavorum 1650.

54 Claudius 1784

[Matthias Claudius]: *Asmus omnia sua Secum portans, oder Sämtliche Werke des Wandsbecker Bothen*. Erster und zweiter Theil. Dritter Theil. Carlsruhe 1784.

55 Croll 1609

Osvaldi Crollii Veterani Hassi Basilica Chymica, Continens Philosophicam Propria laborum experientia confirmatam descriptionem & usum remediorum Chymicorum selectissimorum e Lumine Gratiae & Naturae desumptorum. In fine libri additus est eiusdem Autoris Tractatus novus De Signaturis Rerum Internis. Frankfurt 1609.

56 Croll 1629

Osvaldi Crolii Vett: Basilica Chymica oder Alchymistisch Königlich Kleynod: Ein Philosophisch, durch sein selbst eigne erfahrung, confirmirte und bestättigte Beschreibung und gebrauch der aller fürtrefflichsten Chimischen Artzneyen, so auß dem Liecht der Gnaden und Natur genommen, in sich begreiffent. Daneben angehengtem, seinem newen Tractat von den innerlichen Signaturn oder zeichen der dinge. Frankfurt 1629.

57 Cusanus 2000

Nikolaus von Kues: *Gespräch über das Globusspiel*. Auf der Grundlage des Textes der kritischen Ausgabe neu übersetzt und mit Einleitung und Anmerkungen herausgegeben von Gerda von Bredow. Lateinisch-Deutsch. Hamburg 2000.

58 Darwin 1794–1796

Erasmus Darwin: *Zoonomia; or, The Laws of Organic Life*. 2 Bände. London 1794–1796.

59 Darwin 1795–1799

Erasmus Darwin: *Zoonomie oder Gesetze des organischen Lebens. Aus dem Englischen übersetzt und mit einigen Anmerkungen begleitet von J. D. Brandis*. Hannover 1795–1799.

60 Daumas 1955

Maurice Daumas: *Lavoisier: théoricien et expérimenteur*. Paris 1955.

61 de Luc 1772

Jean André de Luc: *Recherches sur les modifications de l'atmosphère, contenant l'histoire critique du baromètre et thermomètre, un traité sur la construction de ces instrumens, et expériences relatives à leurs usages, et principalement à la mesure des hauteurs et à la correction des refractions moyennes*. 2 Teile. Genève 1772.

62 de Luc 1776–1778

Jean André de Luc: *Untersuchungen über die Atmosphäre und die zu Abmessung ihrer Veränderungen dienlichen Werkzeuge*. Aus dem Französischen übersetzt [von Johann Samuel Traugott Gehler]. 2 Bände. Leipzig 1776–1778.

63 de Luc 1786–1787

Jean André de Luc: *Idées sur la météorologie*. 2 Teile. London und Paris 1786–1787.

64 de Luc 1787–1788

Jean André de Luc: *Neue Ideen über die Meteorologie*. Aus dem Französischen übersetzt. 2 Teile. Berlin und Stettin 1787–1788.

65 de Luc 1790

Jean André de Luc: »Seconde Lettre de M. de Luc, à M. de la Métherie, Sur la chaleur, la Liquéfaction et l'Evaporation«, in: *Observations sur la physique, sur l'histoire naturelle et sur les Arts*. Par M. l'Abbé Rozier, […] par M. J. A. Mongez le jeune, […] & par M. de la Métherie […]. Tome XXXVI. Paris 1790, S. 193–207.

66 de Luc 1790a

Jean André de Luc: »Troisième Lettre de M. de Luc, [à M. de la Métherie,] Sur les Vapeurs, les Fluides aériformes et l'Air atmosphérique«, in: *Observations sur la physique, sur l'histoire naturelle et sur les Arts*. Par M. l'Abbé Rozier, […] par M. J.A. Mongez le jeune, […] & par M. de la Métherie […]. Tome XXXVI. Paris 1790, S. 276–290.

67 de Luc 1790b

Jean André de Luc: »Zweiter Brief des Herrn de Luc an Herrn de la Metherie über die Wärme, das Schmelzen und die Verdunst[ü]ng«, in *Journal der Physik*. Band 2. Halle und Leipzig 1790, S. 402–429.

68 de Luc 1791

Jean André de Luc: »Dritter Brief des Herrn de Luc über die Dämpfe, die luftförmigen Flüssigkeiten und die atmosphärische Luft«, in: *Journal der Physik*. Band 3. Halle und Leipzig 1791, S. 132–159.

69 de Luc 1794

Jean André de Luc: »Herrn de Luc's geologische Briefe, vom Herrn Professor Blumenbach. Aus der französischen Handschrift. Zweyter und dritter Brief«, in: *Magazin für das Neueste aus der Physik und Naturgeschichte*. Zuerst herausgegeben von dem Legationsrath Lichtenberg, fortgesetzt von Johann Heinrich Voigt […]. Band 9. 1. Stück. Gotha 1794, S. 1–123.

70 de Luc 1798

Jean André de Luc: *Lettres sur l'histoire physique de la Terre, adressées a M. le Professeur Blumenbach, Renfermant de nouvelles Preuves géologiques et historiques de la Mission divine de Moyse*. Paris 1798.

71 Descartes [1644] 1992

René Descartes: *Die Prinzipien der Philosophie*. [*Principia philosophiae*. Amsterdam 1644] Übersetzt und erläutert von Artur Buchenau. Hamburg 1992.

72 Divisch [Oetinger] 1768

Procopii Divisch [...] *längst verlangte Theorie von der meteorologischen Electricite, welche Er selbst Magiam naturalem benahmet. Samt einem Anhang vom Gebrauch der electrischen Gründe zur Chemie*. Frankfurt und Leipzig 1768.

73 Donnert 2003

Erich Donnert: *Die Freimaurerei in Russland. Von den Anfängen bis zum Verbot 1822*. Innsbruck 2003.

74 DWB 1854–1961

Deutsches Wörterbuch von Jacob und Wilhelm Grimm. 16 Bände. In 32 Teilbänden. Leipzig 1854–1961. (www.dwb.uni-trier.de)

75 Eberhard [2]1759

Johann Peter Eberhard: *Erste Gründe der Naturlehre*. Halle [1753] [2]1759.

76 Eckartshausen 1788–1792

Karl von Eckartshausen: *Aufschlüsse zur Magie aus geprüften Erfahrungen über verborgene philosophische Wissenschaften und verdeckte Geheimnisse der Natur* [...]. München 1788–1792.

77 Eckartshausen 1794

Karl von Eckartshausen: *Zahlenlehre der Natur, oder: Die Natur zählt und spricht; Was sind ihre Zahlen? Was sind ihre Worte? Ein Schlüßel zu den Hieroglyphen der Natur* [...]. Leipzig 1794.

78 Eckartshausen 1798–1801

Karl von Eckartshausen: *Die neuesten Entdeckungen über Licht, Wärme und Feuer, für Liebhaber der Physik und Chemie*. 4 Bände. München 1798–1801.

79 Eckhart 2008

Meister Eckhart: *Werke*. Band 1: *Deutsche Werke*. Texte und Übersetzungen von Josef Quint. Herausgegeben und kommentiert von Niklaus Largier. [Deutsche Klassiker Verlag. Band 24]. Band 2: *Lateinische Werke*. Texte und Übersetzungen von E. Benz, K. Christ, B. Decker, H. Fischer, B. Geyer, J. Koch, J. Quint, K. Weiß, A. Zimmermann. Herausgegeben und kommentiert von Niklaus Largier. [Deutsche Klassiker Verlag. Band 25]. Frankfurt am Main 2008.

80 Elsässer 1994

Michael Elsässer: *Friedrich Schlegels Kritik am Ding. Mit einem Geleitwort herausgegeben von Werner Beierwaltes*. Hamburg 1994.

81 Engelhardt 1976

Dietrich von Engelhardt: *Hegel und die Chemie. Studie zur Philosophie und Wissenschaft der Natur um 1800*. Wiesbaden 1976.

82 Engelhardt 1988

Wolf von Engelhardt: »›Wenn auch meine Philosophie nicht hinreicht, etwas Neues auszufinden, so hat sie doch Herz genug, das längst Geglaubte für unausgemacht zu halten.‹ Georg Christoph Lichtenberg und die Naturwissenschaft seiner Zeit«, in: Jörg Zimmermann (Hg.): *Lichtenberg. Streifzüge der Phantasie*. Hamburg 1988, S. 132–156.

83 Eriugena 1681

Joannis Scoti Erigenae: *De Divisione Naturae Libri quinque diu desiderati*. Ed. Th. Gale. Oxford 1681.

84 Eriugena 1983

Johannes Scotus Eriugena: *Über die Einteilung der Natur*. Übersetzt von Ludwig Noack. Mit bibliographischen Hinweisen von Werner Beierwaltes. Hamburg 1983.

85 Erxleben (Lichtenberg) ^{4}1787

Johann Christian Polycarp Erxleben: *Anfangsgründe der Naturlehre. Entworfen von Johann Christian Polycarp Erxleben* […]. *Mit Zusätzen von G.C. Lichtenberg* […]. Vierte Auflage. Göttingen 1787.

86 Erxleben (Lichtenberg) ^{5}1791

Johann Christian Polycarp Erxleben: *Anfangsgründe der Naturlehre. Entworfen von Johann Christian Polycarp Erxleben* […]. *Mit Zusätzen von G.C. Lichtenberg* […]. Fünfte Auflage. Göttingen 1791.

87 Eschenmayer 1797

[Adolf] Karl August Eschenmayer: *Säze aus der Natur-Metaphysik auf chemische und medicinische Gegenstände angewandt*. Tübingen 1797.

88 Faivre 1969

Antoine Faivre: *Eckartshausen et la théosophie chrétienne*. Paris 1969.

89 Faivre-Zimmermann 1979

Antoine Faivre/Rolf Christian Zimmermann (Hg.): *Epochen der Naturmystik. Hermetische Tradition im wissenschaftlichen Fortschritt*. Berlin 1979.

90 Faivre 2007

Antoine Faivre: *La tripartition corps, âme, esprit, chez Franz von Baader*, in: *Études d'histoire de l'ésotérisme*. Herausgegeben von Jean-Pierre Brach und Jérôme Rousse-Lacordaire. Paris 2007, S. 127–141.

91 Fichte 1794

Johann Gottlieb Fichte: *Ueber den Begriff der Wissenschaftslehre*. Weimar 1794, in: Johann Gottlieb Fichte: *Gesamtausgabe der Bayerischen Akademie der Wissenschaften*. Reihe I. Band 2: *Werke 1793–1795*. Herausgegeben von Reinhard Lauth und Hans Jacob. Unter Mitwirkung von Manfred Zahn. Stuttgart-Bad Cannstatt 1965, S. 91–172.

92 Fichte 1794a

Johann Gottlieb Fichte: [Zweite Lieferung der] *Grundlage der gesamten Wissenschaftslehre, als Handschrift für seine Zuhörer*. Leipzig 1794, in Johann Gottlieb Fichte: *Gesamtausgabe der Bayerischen Akademie der Wissenschaften*. Reihe I. Band 2: *Werke 1793–1795*. Herausgegeben von Reinhard Lauth und Hans Jacob. Unter Mitwirkung von Manfred Zahn. Stuttgart-Bad Cannstatt 1965, S. 173–447.

93 Fichte 1794–1796

Johann Gottlieb Fichte: *Werke 1794–1796*, in: Johann Gottlieb Fichte: *Gesamtausgabe der Bayerischen Akademie der Wissenschaften*. Reihe I. Band 3. Herausgegeben von Reinhard Lauth und Hans Jacob. Unter Mitwirkung von Richard Schottky. Stuttgart-Bad Cannstatt 1966.

94 Finke 1917

Heinrich Finke (Hg.): *Briefe an Friedrich Schlegel*. Zweite Vereinsschrift der Görres- Gesellschaft zur Pflege der Wissenschaft im katholischen Deutschland. Köln 1917.

95 Fischer 1798–1827

Johann Carl Fischer: *Physikalisches Wörterbuch oder Erklärung der vornehmsten zur Physik gehörigen Begriffe und Kunstwörter* […] *in alphabetischer Ordnung*. 11 Theile. Göttingen 1798–1827.

96 Fischer 1995

Bernhard Fischer: »Cottas ›Morgenblatt für gebildete Stände‹ in der Zeit von 1807 bis 1823 und die Mitarbeit Therese Hubers«, in: *Archiv für Geschichte des Buchwesens*, 43 (1995), S. 203–239.

97 Fischer 2003

Bernhard Fischer: *Der Verleger Johann Friedrich Cotta. Chronologische Verlagsbibliographie 1787–1832*. 3 Bände. München 2003.

98 Flasch 2011

Kurt Flasch: *Was ist Gott? Das Buch der 24 Philosophen*. Lateinisch-Deutsch. Erstmals übersetzt und kommentiert. München 2011.

99 Forster 1985

Georg Forster: *Kleine Schriften zur Völker- und Länderkunde*. Bearbeitet von Horst Fiedler, Klaus-Georg Popp, Annerose Schneider, Christian Suckow, in: *Georg Forsters Werke. Sämtliche Schriften, Tagebücher, Briefe*. Herausgegeben von der Akademie der Wissenschaften der DDR. Zentralinstitut für Literaturgeschichte. Band 5. Berlin 1985.

100 Frank 1808

Othmar Frank: *Das Licht vom Orient* [...]. I. Theil. Nürnberg und Leipzig 1808.

101 Frick 1973

Karl Richard Hermann Frick: *Die Erleuchteten. Gnostisch-theosophische und alchemistisch-rosenkreuzerische Geheimgesellschaften bis zum Ende des 18. Jahrhunderts – ein Beitrag zur Geistesgeschichte der Neuzeit.* Graz 1973.

102 Fuhrmans 1962–1975

Horst Fuhrmans (Hg.): *F. W. J. Schelling. Briefe und Dokumente.* Band 1: 1775–1809, Band 2: 1775–1803, Band 3: 1803–1809. Bonn 1962, 1973, 1975.

103 Fuhrmans/Lohrer 1965

Horst Fuhrmans, Liselotte Lohrer (Hg.): *Schelling und Cotta. Briefwechsel. 1803–1849.* Stuttgart 1965.

104 Gaier 1970

Ulrich Gaier: *Krumme Regel. Novalis' ›Konstruktionslehre des schaffenden Geistes‹ und ihre Tradition.* Tübingen 1970.

105 Galenus 1821–1833

Galenus: *Opera omnia.* Herausgegeben von Karl Gottlob Kühn. 20 Bände. Leipzig 1821–1833.

106 Gehler 1787–1796

Johann Samuel Traugott Gehler: *Physikalisches Wörterbuch oder Versuch einer Erklärung der vornehmsten Begriffe und Kunstwörter der Naturlehre mit kurzen Nachrichten von der Geschichte der Erfindungen und Beschreibungen der Werkzeuge begleitet in alphabetischer Ordnung.* 6 Teile. Leipzig 1787–1796.

107 Gerabek 1995

Werner E. Gerabek: *Friedrich Wilhelm Joseph Schelling und die Medizin der Romantik.* Frankfurt am Main 1995.

108 Gerten 2000

Michael Gerten: »Die Bedeutung Kants und Baaders für die dynamistische Naturphilosophie um 1800«, in: *»Frische Jugend, reich an Hoffen« – Der junge Arnim.* Herausgegeben von Roswitha Burwick und Heinz Härtl. Tübingen 2000, S. 49–84.

109 Gleichen 1791

[Karl Heinrich von Gleichen:] *Metaphysische Kezereien oder Versuche über die verborgensten Gegenstände der Weltweisheit und ihre Grundursachen.* [Regensburg] 1791.

110 Gleichen 1792

[Karl Heinrich von Gleichen:] *Schöpfung durch Zahlen und Worte. Etwas über Magie, Cabala und geheime Gesellschaften von dem Herrn Verfasser der Metaphysischen Kezereien.* [Regensburg] 1792.

111 Gleichen 1796

[Karl Heinrich von Gleichen:] *Metaphysische Kezereien oder Versuche über die verborgensten Gegenstände der Weltweisheit und ihre Grundursachen.* Zweite, vermehrte und sehr veränderte Auflage. [Regensburg] 1796.

112 Goethe 1790

Johann Wolfgang Goethe: *Faust. Ein Fragment.* Leipzig 1790.

113 Goethe 1792

Johann Wolfgang Goethe: *Campagne in Frankreich, Belagerung von Mainz, Reiseschriften.* Herausgegeben von Klaus-Detlef Müller, in: *Sämtliche Werke. Briefe, Tagebücher und Gespräche.* Frankfurter Ausgabe. Vierzig Bände. I. Abteilung: *Sämtliche Werke.* Band 16. Frankfurt am Main 1994.

114 Goethe 1987

Johann Wolfgang Goethe: *Gedichte 1756–1799.* Herausgegeben von Karl Eibl, in: *Sämtliche Werke. Briefe, Tagebücher und Gespräche.* Frankfurter Ausgabe. Vierzig Bände. I. Abteilung: *Sämtliche Werke.* Band 1. Frankfurt am Main 1987.

115 Goethe 1987a

Johann Wolfgang Goethe: *Schriften zur Morphologie.* Herausgegeben von Dorothea Kuhn, in: *Sämtliche Werke. Briefe, Tagebücher und Gespräche.* Frankfurter Ausgabe. Vierzig Bände. I. Abteilung: *Sämtliche Werke.* Band 24. Frankfurt am Main 1987.

116 Goethe 1989

Johann Wolfgang Goethe: *Schriften zur allgemeinen Naturlehre, Geologie und Mineralogie.* Herausgegeben von Wolf von Engelhardt und Manfred Wenzel, in: *Sämtliche Werke. Briefe, Tagebücher und Gespräche.* Frankfurter Ausgabe. Vierzig Bände. I. Abteilung: *Sämtliche Werke.* Band 25. Frankfurt am Main 1989.

117 Goethe 1989a

Johann Wolfgang Goethe: *Wilhelm Meisters Wanderjahre.* Herausgegeben von Gerhard Neumann und Hans-Georg Dewitz, in: *Sämtliche Werke. Briefe, Tagebücher und Gespräche.* Frankfurter Ausgabe. Vierzig Bände. I. Abteilung: *Sämtliche Werke.* Band 10. Frankfurt am Main 1989.

118 Goethe 1993

Johann Wolfgang Goethe: *Napoleonische Zeit. Briefe, Tagebücher und Gespräche vom 10. Mai 1805 bis 6. Juni 1816.* Teil I: *Von Schillers Tod bis 1811.* Herausgegeben von Rose Unterberger, in: *Sämtliche Werke. Briefe, Tagebücher und Gespräche.* Frankfurter Ausgabe. Vierzig Bände. II. Abteilung: *Briefe, Tagebücher und Gespräche.* Band 6 (33). Frankfurt am Main 1993.

119 Goethe 1994

Johann Wolfgang Goethe: *Napoleonische Zeit. Briefe, Tagebücher und Gespräche vom 10. Mai 1805 bis 6. Juni 1816.* Teil II: *Von 1812 bis zu Christianes Tod.* Herausgegeben von Rose Unterberger, in: *Sämtliche Werke. Briefe, Tagebücher und Gespräche.* Frankfurter Ausgabe. Vierzig Bände. II. Abteilung: *Briefe, Tagebücher und Gespräche.* Band 7 (34). Frankfurt am Main 1994.

120 Goethe 1998

Johann Wolfgang Goethe: *Johann Wolfgang Goethe mit Schiller. Briefe, Tagebücher und Gespräche vom 24. Juni 1794 bis zum 9. Mai 1805.* Teil I: *Vom 24. Juni 1794 bis zum 31. Dezember 1799.* Herausgegeben von Volker C. Dörr und Norbert Oellers, in: *Sämtliche Werke. Briefe, Tagebücher und Gespräche.* Frankfurter Ausgabe. Vierzig Bände. II. Abteilung: *Briefe, Tagebücher und Gespräche.* Band 4 (31). Frankfurt am Main 1998.

121 Goethe 1999

Johann Wolfgang Goethe: *Johann Wolfgang Goethe mit Schiller. Briefe, Tagebücher und Gespräche vom 24. Juni 1794 bis zum 9. Mai 1805.* Teil II: *Vom 1. Januar 1800 bis zum 9. Mai 1800.* Herausgegeben von Volker C. Dörr und Norbert Oellers, in: *Sämtliche Werke. Briefe, Tagebücher und Gespräche.* Frankfurter Ausgabe. Vierzig Bände. II. Abteilung: *Briefe, Tagebücher und Gespräche.* Band 5 (32). Frankfurt am Main 1999.

122 Graßl 1949

Hans Graßl: *Franz von Baaders Lehre vom Quaternar und die Dreiheitsspekulationen seiner Zeitgenossen.* Diss. München 1949.

123 Graßl 1958

Hans Graßl: »Die Münchner Romantik. Zur Frage ihrer Grundlagen«, in: *Zeitschrift für bayerische Landesgeschichte*, 21 (1958), S. 110–129.

124 Graßl 1962

Hans Graßl: »Franz von Baader als Nachfahre der Alchimisten und Rosenkreuzer«, in: *Antaios*, 3 (1962), 330–341.

125 Graßl 1968

Hans Graßl: *Aufbruch zur Romantik. Bayerns Beitrag zur deutschen Geistesgeschichte 1765–1785.* München 1968.

126 Gren 1790

Friedrich Albrecht Carl Gren: »Prüfung der neuern Theorien über Feuer, Wärme, Brennstoff, und Luft«, in: *Journal der Physik.* Herausgegeben von D. Friedrich Albrecht Carl Gren Professor zu Halle. I. Band. Halle und Leipzig 1790, S. 33–44.

127 Gren 1790a

Friedrich Albrecht Carl Gren: »Prüfung der neuern Theorien über Feuer, Wärme, Brennstoff, und Luft. Fortsetzung. II. Lavoisier's System«, in: *Journal der Physik*. Herausgegeben von D. Friedrich Albrecht Carl Gren Professor zu Halle. II Band. Halle und Leipzig 1790, S. 295–325.

128 Gren 1793

Friedrich Albrecht Carl Gren: *Grundriß der Naturlehre in seinem mathematischen und chemischen Theile neu bearbeitet*. Halle 1793.

129 Gren 1796

Friedrich Albrecht Carl Gren: *Grundriß der Chemie. Nach den neuesten Entdeckungen entworfen und zum Gebrauch akademischer Vorlesungen eingerichtet*. Erster Theil. Halle 1796.

130 Gren 1797

Friedrich Albrecht Carl Gren: *Grundriß der Naturlehre*. Dritte ganz umgearbeitete Auflage. Halle 1797.

131 Grunsky 1956

Hans Grunsky: *Jacob Böhme*. Stuttgart 1956.

132 Guerlac 1976

Henry Guerlac: »The Chemical Revolution. A Word from Monsieur Fourcroy«, in: *Ambix. The Journal of the Society for the History of Alchemy and Chemistry*, 23 (1976), S. 1–4.

133 Gumbert 1982

Hans Ludwig Gumbert (Hg.): *Bibliotheca Lichtenbergiana. Katalog der Bibliothek Georg Christoph Lichtenbergs*. Wiesbaden 1982.

134 Hadot 2004

Pierre Hadot: *Le voile d'Isis. Essai sur l'histoire de l'idée de nature*. Paris 2004.

135 Hamberger 1839

Julius Hamberger: *Gott und seine Offenbarungen in Natur und Geschichte*. München 1839.

136 Hamberger 1844

Julius Hamberger: *Die Lehre des deutschen Philosophen Jakob Böhme in einem systematischen Auszuge aus dessen sämmtlichen Schriften dargestellt und mit erläuternden Anmerkungen begleitet*. München 1844.

137 Hamberger 1869

Julius Hamberger: *Physica sacra oder der Begriff der himmlischen Leiblichkeit und die aus ihm sich ergebenden Aufschlüsse über die Geheimnisse des Christenthums*. Stuttgart 1869.

138 Hammacher 1971
Klaus Hammacher: *Unmittelbarkeit und Kritik bei Hemsterhuis.* München 1971.

139 Harleß 1882
Gottlieb Christoph Adolf von Harleß: *Jacob Böhme und die Alchymisten. Ein Beitrag zum Verständniß J. Böhme's* [...]. Zweite vermehrte Ausgabe. Leipzig 1882.

140 Hederich 1770
Benjamin Hederich: *Gründliches mythologisches Lexicon* [...]. Leipzig 1770.

141 Hegel 1801 [1986]
Georg Friedrich Wilhelm Hegel: *Dissertatio Philosophica de orbitis Planetarum.* Jena 1801. Übersetzt, eingeleitet und kommentiert von Wolfgang Neuser. Weinheim 1986.

142 Hegel 1984
Georg Wilhelm Friedrich Hegel: *Vorlesungen. Ausgewählte Nachschriften und Manuskripte.* Band 5: *Vorlesungen über die Philosophie der Religion.* Teil 3: *Die vollendete Religion.* Herausgegeben von Walter Jaeschke. Hamburg 1984.

143 Hegel 1986
Georg Wilhelm Friedrich Hegel: *Vorlesungen. Ausgewählte Nachschriften und Manuskripte.* Band 9: *Vorlesungen über die Geschichte der Philosophie.* Teil 4: *Philosophie des Mittelalters und der neueren Zeit.* Herausgegeben von Pierre Garniron und Walter Jaeschke. Hamburg 1986.

144 Heidegger 1929 [1976]
Martin Heidegger: »Vom Wesen des Grundes«, in: *Ergänzungsband zum Jahrbuch für Philosophie und phänomenologische Forschung Band 10.* Festschrift für Edmund Husserl zum 70. Geburtstag gewidmet. Halle 1929, S. 71–110. [= *Gesamtausgabe.* Band 9. Frankfurt am Main 1976].

145 Heidegger 1962
Martin Heidegger: *Die Frage nach dem Ding. Zu Kants Lehre von den transzendentalen Grundsätzen.* Tübingen 1962. Oder in: *Gesamtausgabe.* Band 41. Frankfurt am Main 1984.

146 Heinz 1994
Marion Heinz: *Sensualistischer Idealismus. Untersuchungen zur Erkenntnistheorie des jungen Herder (1763–1778).* Hamburg 1994.

147 Helberger-Frobenius 1969
Sebastian Helberger-Frobenius: *Macht und Gewalt in der Philosophie Franz von Baaders.* Bonn 1969.

148 Hemsterhuis 1782

Frans Hemsterhuis: *Vermischte Philosophische Schriften*. Aus dem Französischen übersetzt [von Christian Friedrich von Blankenburg]. Erster Theil und zweyter Theil. Leipzig 1782.

149 Herder 1774

Johann Gottfried Herder: *Aelteste Urkunde des Menschengeschlechtes*. Erster Band, welcher den Ersten, Zweiten und Dritten Theil enthält. Riga 1774.

150 Herder 1776

Johann Gottfried Herder: *Aelteste Urkunde des Menschengeschlechtes*. Zweiter Band, welcher den Vierten Theil enthält. Riga 1776.

151 Herder 1778

Johann Gottfried Herder: *Vom Erkennen und Empfinden der menschlichen Seele. Bemerkungen und Träume* [Dritte Fassung]. Riga 1778.

152 Herder 1784–1791

Johann Gottfried Herder: *Ideen zur Philosophie der Geschichte der Menschheit*. Erster Theil. Riga und Leipzig 1784. Zweiter Theil. Riga und Leipzig 1785. Dritter Theil. Riga und Leipzig 1787. Vierter Theil. Riga und Leipzig 1791.

153 Herder 1787

Johann Gottfried Herder: *Gott. Einige Gespräche*. Gotha 1787.

154 Herschel 1795

William Herschel: »On the Nature and Construction of the Sun and fixed Stars«, in: *Philosophical transactions, of the Royal Society of London. For the Year MDCCXCV*. Part 1. London 1795, S. 46–72.

155 Henkelmann 1984

Thomas Henkelmann: »Die Struktur des Lebendigen. Die Fragmente zur Physiologie von Novalis«, in: *Bausteine zur Medizingeschichte*. Heinrich Schipperges zum 65. Geburtstag. Herausgegeben von Eduard Seidler und Heinz Schott. Stuttgart 1984, S. 45–52.

156 Hildegard von Bingen 1981

Hildegard von Bingen: *Heilkunde* (*Causae et Curae*). *Das Buch von Grund und Wesen der Heilung von Krankheiten*. Übersetzt und erläutert von Heinrich Schipperges. Salzburg [1957] ^{4}1981.

157 Hube 1790

[Johann] Michael Hube: *Ueber die Ausdünstung, und ihre Wirkungen in der Atmosphäre*. In zwey Büchern. Leipzig 1790.

158 Hübner 1975

Jürgen Hübner: *Die Theologie Johannes Keplers zwischen Orthodoxie und Naturwissenschaft*. Tübingen 1975.

159 Hübner 2010

Marita Hübner: *Jean André Deluc (1727–1817). Protestantische Kultur und moderne Naturforschung.* Göttingen 2010.

160 Hudry 1997

Françoise Hudry (cura et studio): »*Liber viginti qvattvor philosophorvm*«, in: *Corpus Christianorum. Continuatio Medievalis CXLIII A. Hermes Latinus.* Tomus III. Pars I. Turnhout 1997.

161 Hufbauer 1982

Karl Hufbauer: *The Formation of the German Chemical Community (1720–1795).* Berkeley/Los Angeles/London 1982.

162 Humboldt 1787–1799

Die Jugendbriefe Alexander von Humboldts 1787–1799. Herausgegeben und erläutert von Ilse Jahn und Fritz G. Lange. Berlin 1973.

163 Humboldt 1850

Alexander von Humboldt: *Kosmos. Entwurf einer physischen Weltbeschreibung.* Band 3. Stuttgart/Tübingen 1850.

164 Humboldt 1795

Wilhelm von Humboldt: »Ueber den Geschlechtsunterschied und dessen Einfluß auf die organische Natur«, in: *Die Horen*, Jahrgang 1795. Erster Band. Zweytes Stück. S. 99–132.

165 Humboldt 1916

Wilhelm von Humboldt: *Tagebücher.* Herausgegeben von Albert Leitzmann. Erster Band: *1788–1798*, in: *Gesammelte Schriften.* Herausgegeben von der Königlich Preussischen Akademie der Wissenschaften. Dritte Abteilung. Band 14. Berlin 1916 [Nachdruck: Berlin 1968].

166 Hunter 1786

John Hunter: *Observations on Certain Parts of the Animal Œconomy.* London 1786.

167 Hunter 1794

John Hunter: *Treatise on the Blood, Inflammation, and Gun-Shot Wounds.* London 1794.

168 Hunter 1797–1800

John Hunter: *Versuche über das Blut, die Entzündung und die Schusswunden.* Nebst einer Nachricht von dem Leben des Verfassers von Everard Home. Aus dem Englischen übersetzt. Herausgegeben und mit einigen Anmerkungen begleitet von E[rnst] B[enjamin] G[ottlieb] Hebenstreit. Erster Band. Leipzig 1797. Erste Abtheilung zweyten Bandes. Leipzig 1797. Zweyte Abtheilung zweyten Bandes. Leipzig 1800.

169 Jacobi 1785

Friedrich Heinrich Jacobi: *Über die Lehre des Spinoza in Briefen an den Herrn Moses Mendelssohn.* Breslau 1785, in: *Werke.* Gesamtausgabe herausgegeben von Klaus Hammacher und Walter Jaeschke. Band 1,1: *Schriften zum Spinozastreit.* Herausgegeben von Klaus Hammacher und Irmgard-Maria Piske. Hamburg 1998.

170 Jacobi 1787

Friedrich Heinrich Jacobi: *David Hume über den Glauben oder Idealismus und Realismus. Ein Gespräch.* Breslau 1787, in: *Werke.* Gesamtausgabe herausgegeben von Klaus Hammacher und Walter Jaeschke. Band 2,1: *Schriften zum Transzendentalen Idealismus.* Unter Mitarbeit von Catia Goretzki herausgegeben von Walter Jaeschke und Irmgard-Maria Piske. Hamburg 2004, S. 5–112.

171 Jacobi [4]1792

Friedrich Heinrich Jacobi: *Eduard Allwills Briefsammlung.* Herausgegeben von Friedrich Heinrich Jacobi mit einer Zugabe von eigenen Briefen. Erster Band. Königsberg [4]1792, in: *Werke.* Gesamtausgabe herausgegeben von Klaus Hammacher und Walter Jaeschke. Band 6,1: *Romane I. Eduard Allwill.* Herausgegeben von Carmen Götz und Walter Jaeschke. Hamburg 2006.

172 Jacobi 1807

Friedrich Heinrich Jacobi: *Ueber die gelehrte gesellschaften, ihren Geist und Zweck. Eine Abhandlung, vorgelesen bey der feyerlichen Erneuung der Königliche Akademie der Wissenschaften zu München von dem Präsidenten der Akademie.* München 1807, in: *Werke.* Gesamtausgabe herausgegeben von Klaus Hammacher und Walter Jaeschke. Band 5,1: *Kleine Schriften II 1787–1817.* Herausgegeben von Catia Goretzki und Walter Jaeschke. Hamburg 2007, S. 323–364.

173 Jacobi 2011

Friedrich Heinrich Jacobi: *Werke.* Gesamtausgabe herausgegeben von Klaus Hammacher und Walter Jaeschke. Band 5,2: *Kleine Schriften II 1787–1817. Anhang.* Herausgegeben von Catia Goretzki und Walter Jaeschke. Hamburg 2011.

174 Jaeschke 1993

Walter Jaeschke: *Transzendentalphilosophie und Spekulation. Der Streit um die Gestalt einer Ersten Philosophie (1799–1807). Quellenband.* Hamburg 1993.

175 Jaeschke 1993a

Walter Jaeschke: *Religionsphilosophie und spekulative Theologie. Der Streit um die Gestalt einer Ersten Philosophie (1799–1812). Quellenband.* Hamburg 1993.

176 Jantzen 1994

Jörg Jantzen: »Eschenmayer und Schelling. Die Philosophie in ihrem Übergang zur Nichtphilosophie«, in: *Religionsphilosophie und spekulative Theologie. Der Streit um die Göttlichen Dinge (1799–1812)*. Herausgegeben von Walter Jaeschke. Hamburg 1994, S. 74–97.

177 Jantzen 2015

Jörg Jantzen: »Baader und Schelling. Bemerkungen zu ihrer Naturphilosophie«, in: *Aufklärung und Romantik als Herausforderung für katholisches Denken*. Herausgegeben von Alberto Bonchino und Albert Franz. Paderborn 2015, S. 199–220.

178 Jean Paul 1797

Jean Paul [Johann Paul Friedrich Richter]: *Das Kampaner Thal oder über die Unsterblichkeit der Seele; nebst einer Erklärung der Holzschnitte unter den 10 Geboten des Katechismus*. Erfurt 1797.

179 Jung 2011

Carl Gustav Jung: *Gesammelte Werke*. Edition C.G. Jung in 20 Bänden. Sonderausgabe. 3. Auflage. Ostfildern 2011.

180 Kämmerer 1971

Ernst Wilhelm Kämmerer: *Das Leib-Seele-Geist-Problem bei Paracelsus und einigen Autoren des 17. Jahrhunderts*. Wiesbaden 1971.

181 Kästner 1766

Abraham Gotthelf Kästner: *Anfangsgründe der höhern Mechanik, welche von der Bewegung fester Körper besonders die praktischen Lehren enthalten. Der mathematischen Anfangsgründe vierter Theil; erste Abtheilung*. Göttingen 1766.

182 Kästner 1776

Abraham Gotthelf Kästner: »Prüfung eines von Herrn le Sage angegebnen Gesetzes für fallende Körper«, in: *Deutsches Museum*. Band 1. 6. Stück. Juni 1776. Nr. 6, S. 553–562.

183 Kant 1746

Immanuel Kant: *Gedanken von der wahren Schätzung der lebendigen Kräfte und Beurtheilung der Beweise derer sich Herr von Leibnitz und andere Mechaniker in dieser Streitsache bedient haben, nebst einigen vorhergehenden Betrachtungen welche die Kraft der Körper überhaupt betreffen*. Königsberg 1746.

184 Kant 1763

Immanuel Kant: *Versuch den Begriff der negativen Größen in die Weltweisheit einzuführen*. Königsberg 1763.

185 Kant 1781
Immanuel Kant: *Critik der reinen Vernunft*. Riga 1781.

186 Kant 1783
Immanuel Kant: *Prolegomena zu einer jeden künftigen Metaphysik die als Wissenschaft wird auftreten können*. Riga 1783.

187 Kant 1785
Immanuel Kant: *Grundlegung zur Metaphysik der Sitten*. Riga 1785.

188 Kant 1786
Immanuel Kant: *Metaphysische Anfangsgründe der Naturwissenschaft*. Riga 1786.

189 Kant ²1787
Immanuel Kant: *Metaphysische Anfangsgründe der Naturwissenschaft*. Zweyte Auflage. Riga 1787.

190 Kant 1787B
Immanuel Kant: *Critik der reinen Vernunft*. Zweyte hin und wieder verbesserte Auflage. Riga 1787.

191 Kant 1788
Immanuel Kant: *Critik der practischen Vernunft*. Riga 1788.

192 Kant 1790
Immanuel Kant: *Critik der Urtheilskraft*. Berlin und Libau 1790.

193 Kant 1793
Immanuel Kant: *Die Religion innerhalb der Grenzen der bloßen Vernunft*. Frankfurt und Leipzig 1793.

194 Kant ²1793
Immanuel Kant: *Critik der Urtheilskraft*. Berlin und Libau. 1793.

195 Kant 1794
Immanuel Kant: »Etwas über den Einfluß des Mondes auf die Witterung«, in: *Berlinische Monatsschrift*. Band XXIII. 5. Stück. Mai 1794, S. 392–407.

196 Kant 1795
Immanuel Kant: *Frühere noch nicht gesammelte kleine Schriften*. Lintz 1795.

197 Kant 1795b
Immanuel Kant: *Zum ewigen Frieden. Ein philosophischer Entwurf*. Königsberg 1795.

198 Kant 1797a
Immanuel Kant: *Die Metaphysik der Sitten in zwey Theilen. Erster Theil. Metaphysische Anfangsgründe der Rechtslehre*. Königsberg 1797.

199 Kant 1797b

Immanuel Kant: *Die Metaphysik der Sitten in zwey Theilen. Zweyter Theil. Metaphysische Anfangsgründe der Tugendlehre*. Königsberg 1797.

200 Kant 1902–

Immanuel Kant: *Gesammelte Schriften*. Bände 1–22. Herausgegeben von der Preußischen Akademie der Wissenschaften. Band 23. Herausgegeben von der Deutschen Akademie der Wissenschaften zu Berlin. Bände 24–29. Herausgegeben von der Akademie der Wissenschaften zu Göttingen. Abtheilung I: *Werke*. Bände 1–9. Abtheilung II: *Briefwechsel*. Bände 10–13. Abtheilung III: *Handschriftlicher Nachlass*. Bände 14–23. Abtheilung IV: *Vorlesungen*. Bände 24–29. Berlin 1902 ff.

201 Kant 1983

Immanuel Kant: *Werke in sechs Bänden*. Herausgegeben von Wilhelm Weischedel. Darmstadt 1983.

202 Kantzenbach 1980

Friedrich Wilhelm Kantzenbach: *Evangelischer Geist und Glaube im neuzeitlichen Bayern*. München 1980.

203 Kapitza 1968

Peter Kapitza: *Die frühromantische Theorie der Mischung. Über den Zusammenhang von romantischer Dichtungstheorie und zeitgenössischer Chemie*. München 1968.

204 Karsten 1783

Wenceslaus Johann Gustav Karsten: *Anleitung zur gemeinnützlichen Kenntniß der Natur, besonders für angehende Aertze, Cameralisten und Oeconomen*. Halle 1783.

205 Kemp 1994

Friedhelm Kemp: »Verzeichnis des nachweisbaren Restbestandes der Bibliothek Franz von Baaders (libri cum notis manuscriptis)«, in: *Varia antiquaria. Festschrift für Karl Hartung zum 80. Geburtstag am 4. September 1994*. München 1994, S. 63–78.

206 Kepler 1937–[2002]

Johannes Kepler: *Gesammelte Werke*. Herausgegeben im Auftrag der Deutschen Forschungsgemeinschaft und der Bayerischen Akademie der Wissenschaften. Begründet von Walther von Dyck und Max Caspar. Herausgegeben von der Kepler-Kommission. [22 Bände.] München 1937–[2002].

207 Kilian 1802

Conrad Joseph Kilian: *Entwurf eines Systems der gesamten Medizin. Zum Behuf seiner Vorlesungen und zum Gebrauch für praktizierende Aerzte. Erster oder fundamentaler Theil darstellend die allgemeine Heilkunde oder generelle Physiologie, Nosologie, Therapie und Arzneymittellehre*. Jena 1802.

208 Klein 1805

Georg Michael Klein: *Beyträge zum Studium der Philosophie als Wissenschaft des All. Nebst einer vollständigen und faßlichen Darstellung ihrer Hauptmomente.* Würzburg 1805.

209 Kleuker 1784

[Johann Friedrich Kleuker]: *ΜΑΓΙΚΟΝ oder das geheime System einer Gesellschaft unbekannter Philosophen unter einzelne Artikel geordnet, durch Anmerkungen und Zusätze erläutert und beurtheilt, und dessen Verwandtschaft mit ältern und neuern Mysteriologien gezeigt.* In zwei Theilen. Frankfurt und Leipzig 1784.

210 Klügel 1792

Simon Georg Klügel: *Anfangsgründe der Naturlehre, in Verbindung mit der Chemie und Mineralogie.* Berlin und Stettin. 1792.

211 Koyré ³1979

Alexandre Koyré: *La philosophie de Jacob Böhme.* Paris [1929] ³1979.

212 Kranz 1955–1957

Walther Kranz: »Kosmos«, in: *Archiv für Begriffsgeschichte.* Band 2. Teil 1 (1955); Teil 2 (1957).

213 Kubbinga 2001–2002

Henk Kubbinga: *L'Histoire de concept de ›molécule‹.* 3 tomes. Paris/Berlin/N.Y. *et al.* 2001–2002.

214 Kunckel 1716

Johann Kunckel: *Collegium Physico-Chymicum Experimentale, oder Laboratorium Chymicum* [...]. Hamburg und Leipzig 1716.

215 Kurzke 1983

Hermann Kurzke: *Romantik und Konservatismus. Das »politische« Werk Friedrich von Hardenbergs (Novalis) im Horizont seiner Wirkungsgeschichte.* München 1983.

216 Lämmli 1962

Franz Lämmli: *Vom Chaos zum Kosmos. Zur Geschichte einer Idee.* Zwei Teile. Basel 1962.

217 Lavoisier 1774

Antoine Laurent Lavoisier: *Opuscules physiques et chemiques.* 2 tomes. Paris 1774.

218 Lavoisier 1783

Antoine Laurent Lavoisier: *Physikalisch-chemische Schriften.* Aus dem Französischen übersetzt von Christ[ian] Ehrenfr[ied] Weigel. Erster Band. Greifswald 1783.

219 Lavoisier 1789

Antoine Laurent Lavoisier: *Traité élémentaire de chimie, présenté dans un ordre nouveau et d'après les découvertes modernes.* 2 tomes. Paris 1789.

220 Lavoisier 1792 [2008]

Antoine Laurent Lavoisier: *System der antiphlogistischen Chemie.* Aus dem Französischen und mit Anmerkungen und Zusätzen versehen von Sigismund Friedrich Hermbstaedt. Berlin und Stettin. 1792. Neue Ausgabe durchgesehen und kommentiert von Jan Frercks. Frankfurt am Main 2008.

221 Leibniz 1695

Gottfried Wilhelm Leibniz: »Specimen Dynamicum, pro admirandis Naturæ legibus circa Corporum vires & mutuas actiones detegendis, & ad suas causas revocandis«, in: *Acta eruditorum.* 6. Calendis Aprilis, Anno 1695, S. 145–157.

222 Leibniz 1765

Gottfried Wilhelm Leibniz: *Nouveaux essais sur l'entendement humain par l'auteur du systeme de l'harmonie préetablie*, in: *Œuvres philosophiques latines & françoises de feu Mr. de Leibnitz. Tirées de ses manuscrits qui se conservent dans la bibliotheque royale a Hanovre, et publiées par Mr. Rud. Eric Raspe. Avec une Préface de Mr. Kaestner.* Amsterdam und Leipzig 1765, S. 1–496.

223 Leibniz 1982

Gottfried Wilhelm Leibniz: *Specimen Dynamicum.* Herausgegeben und übersetzt von Hans Günter Dosch, Glenn W. Most und Enno Rudolph. Lateinisch-Deutsch. Hamburg 1982.

224 Leibniz 1996

Gottfried Wilhelm Leibniz: *Philosophische Werke in vier Bänden.* Übersetzt von Artur Buchenau. Herausgegeben von Ernst Cassirer. Band 1: *Hauptschriften zur Grundlegung der Philosophie I.* Band 2: *Hauptschriften zur Grundlegung der Philosophie II.* Band 3: *Neue Abhandlungen über den menschlichen Verstand.* Band 4: *Versuche in der Theodicée.* Hamburg 1996.

225 Leibniz 2002

Gottfried Wilhelm Leibniz: *Monadologie und andere metaphysische Schriften. Discours de métaphysique. La monadologie. Principes de la nature et de la grâce fondé en raison.* Herausgegeben, übersetzt, mit Einleitung, Anmerkungen und Registern versehen von Ulrich Johannes Schneider. Französisch-Deutsch. Hamburg 2002.

226 Leinkauf 1987

Thomas Leinkauf: *Kunst und Reflexion. Untersuchungen zum Verhältnis Philipp Otto Runges zur philosophischen Tradition.* München 1987.

227 Lichtenberg 1787

Georg Christoph Lichtenberg: »Fortsetzung der Betrachtung über das Weltgebäude«, in: *Göttinger Taschen Calender*. Herausgegeben von Georg Christoph Lichtenberg. Göttingen 1787, S. 81–134.

228 Lichtenberg 1797

Georg Christoph Lichtenberg: »Das Neueste von der Sonne; größtentheils nach Herschel«, in: *Göttinger Taschen Calender*. Herausgegeben von Georg Christoph Lichtenberg. Göttingen 1797, S. 83–111.

229 Lichtenberg 1800

Georg Christoph Lichtenberg: *Vertheidigung des Hygrometers und der de Lüc'schen Theorie vom Regen*. Herausgegeben von Ludwig Christian Lichtenberg und Friedrich Kries. Göttingen 1800.

230 Lichtenberg 1968–1992

Georg Christoph Lichtenberg: *Schriften und Briefe*. Herausgegeben von Wolfgang Promies. 6 Bände (4 Bände und 2 Bände Kommentar) München 1968–1992.

231 Lichtenberg 1990

Georg Christoph Lichtenberg: *Briefwechsel*. Im Auftrag der Akademie der Wissenschaften zu Göttingen. Band 3: *1785–1792*. Herausgegeben von Ulrich Joost und Albrecht Schöne. München 1990.

232 Lieb 1924

Fritz Lieb: »Die philosophischen und religiösen Grundtendenzen der Sturm- und Drangepoche«, in: *Zwischen den Zeiten*, 5 (1924), S. 43–65.

233 Lieb 1926

Fritz Lieb: *Franz von Baaders Jugendgeschichte. Die Frühentwicklung eines Romantikers*. München 1926.

234 Liedtke 2003

Ralf Liedtke: *Das romantische Paradigma der Chemie. Friedrich von Hardenbergs Naturphilosophie zwischen Empirie und alchemistischer Spekulation*. Paderborn 2003.

235 Link 1797

Heinrich Friedrich Link: *Beyträge zur Physik und Chemie*. Band 1. Stück 3. Rostock und Leipzig 1797.

236 Lippmann 1919

Edmund Oskar von Lippmann: *Entstehung und Ausbreitung der Alchemie. Mit einem Anhange: Zur älteren Geschichte der Metalle. Ein Beitrag zur Kulturgeschichte*. Berlin 1919.

237 Lüers 1926

Grete Lüers: *Die Sprache der deutschen Mystik des Mittelalters im Werke der Mechthild von Magdeburg*. München 1926.

238 Macquer 1788–1791

Pierre Joseph Macquer: *Chemisches Wörterbuch oder Allgemeine Begriffe der Chemie nach alphabetischer Ordnung*. Aus dem Französischen nach der zweyten Ausgabe übersetzt und mit Anmerkungen und Zusätzen vermehrt von Johann Gottfried Leonhardi. Zweyte verbesserte und vermehrte Ausgabe. Band I bis VII. Leipzig 1788–1791.

239 Mahnke 1937

Dietrich Mahnke: *Unendliche Sphäre und Allmittelpunkt. Beiträge zur Genealogie der mathematischen Mystik*. Halle 1937.

240 Mahoney 1980

Dennis F. Mahoney: *Die Poetisierung der Natur bei Novalis. Beweggründe, Gestaltung, Folgen*. Bonn 1980.

241 Maier 1966

Anneliese Maier: *Die Vorläufer Galileis im 14. Jahrhundert. Studien zur Naturphilosophie der Spätscholastik*. 2., erweiterte Auflage. Rom 1966.

242 Mandosio 2003

Jean-Marc Mandosio: »La tabula smaragdina e i suoi commentari medievali«, in: *Hermetism From Late Antiquity to Humanism*. Herausgegeben von Paolo Lucentini, Ilaria Parri, Vittoria Perrone Compagni. Turnhout (Belgium) 2003, S. 681–696.

243 Martin 1778

Benjamin Martin: *Philosophia Britannica: oder neuer und faßlicher Lehrbegriff der Newtonschen Weltweisheit, Astronomie und Geographie in zwölf Vorlesungen mit Noten* [...]. *Nach der letztern Ausgabe aus dem Englischen übersetzt, mit einer Vorrede und einigen Erinnerungen von Abraham Gotthelf Kästner*. 3 Teile. Leipzig 1778.

244 Mayr 2006

Florian Mayr: *›Heilige Tetraktys!‹. Herders metakritische Hermetik*. Schaffhausen 2006.

245 Moiso 1986

Francesco Moiso: »Die Hegelsche Theorie der Physik und der Chemie in ihrer Beziehung zu Schellings Naturphilosophie«, in: *Hegels Philosophie der Natur. Beziehungen zwischen empirischer und spekulativer Naturerkenntnis*. Herausgegeben von Rolf-Peter Horstmann/Michael John Petry. Stuttgart 1986, S. 54–87.

246 Moiso 1990
Francesco Moiso: *Vita natura libertà. Schelling (1795–1809)*. Mailand 1990.

247 Moiso 1994
Francesco Moiso: »Formbildung, Zufall und Notwendigkeit. Schelling und die Naturwissenschaften um 1800«, in: *Selbstorganisation. Jahrbuch für Komplexität in den Natur-, Sozial- und Geisteswissenschaften*. Band 5: *Schelling und die Selbstorganisation. Neue Forschungsperspektiven*. Herausgegeben von Marie-Luise Heuser-Keßler/Wilhelm G. Jacobs. Berlin 1994, S. 73–112.

248 Moiso 1996
Francesco Moiso: »Geometrische Notwendigkeit, Naturgesetz und Wirklichkeit. Ein Weg zur ›Freiheitschrift‹ «, in: *Schellings Weg zur Freiheitsschrift: Legende und Wirklichkeit*. Akten der Fachtagung der Internationalen Schelling-Gesellschaft vom 14.–17. Oktober 1992. Herausgegeben von Hans Michael Baumgartner/Wilhelm G. Jacobs. Stuttgart-Bad Cannstatt 1996, S. 132–186.

249 Moiso 1997
Francesco Moiso: »Kants naturphilosophisches Erbe bei Schelling und von Arnim«, in: Walther Ch. Zimmerli, Klaus Stein, Michael Gerten (Hg.): *»Fessellos durch die Systeme«. Frühromantisches Naturdenken im Umfeld von Arnim, Ritter und Schelling*, Stuttgart-Bad Cannstatt 1997, S. 203–274.

250 Mehltretter 2009
Florian Mehltretter: *Der Text unserer Natur. Studien zu Illuminismus und Aufklärung in Frankreich in der zweiten Hälfte des 18. Jahrhunderts*. Tübingen 2009.

251 Mylius 1622
Johannes Daniel Mylius: *Philosophia reformata*. Frankfurt 1622.

252 Morveau 1777
Louis Bernard Guyton de Morveau: *Élémens de chymie, théorique et pratique, rédigés dans un nouvel ordre, d'après les découvertes modernes, pour servir aux Cours publics de l'Académie de Dijon*. 2 tomes. Dijon 1777.

253 Morveau 1779–1780
Louis Bernard Guyton de Morveau: *Anfangsgründe der theoretischen und practischen Chemie, zum Gebrauch der öffentl. Vorlesungen auf der Acad. zu Dijon, nach den neuern Entdeckungen in eine neue Ordnung gebracht von Herren de Morveau, Maret und Durande*. Aus dem Französischen übersetzt, mit Anmerkungen von Christ[ian] Ehrenfr[ied] Weigel [...]. 3 Bände. Leipzig 1779–1780.

254 Müller 1994

Lothar Müller: »Die ›Feuerwissenschaft‹. Romantische Naturwissenschaft und Anthropologie bei Johann Wilhelm Ritter«, in: *Der ganze Mensch. Anthropologie und Literatur im 18. Jahrhundert.* Herausgegeben von Hans-Jürgen Schings. Stuttgart 1994, S. 260–283.

255 Neubauer 1971

John Neubauer: *Bifocal Vision. Novalis' Philosophy of Nature and Disease.* Chapel Hill 1971.

256 Newton 1687

Isaac Newton: *Philosophiae naturalis principia mathematica.* London 1687.

257 Newton ^{4}1730

Isaac Newton: *Opticks: or, A Treatise of the Reflexions, Refractions, Inflexions and Colours of Light. Based on the Fourth Edition London, 1730*, with a Foreword by Albert Einstein, an Introduction by Sir Edmund Whittaker, a Preface by I. Bernard Cohen and an Analytical Table of Contents prepared by Duane H.D. Roller. New York 1952.

258 Newton 1898

Isaac Newton: *Optic oder Abhandlung über Spiegelungen, Brechungen, Beugungen und Farben: I., II. und III. Buch (1704).* Aus dem Englischen übersetzt und herausgegeben von William Abendroth. Leipzig 1898.

259 Newton 1999

Isaac Newton: *Die mathematischen Prinzipien der Physik.* Übersetzt und herausgegeben von Volkmar Schüller. Berlin 1999.

260 Novalis 1798–1799

Novalis: *Das Allgemeine Brouillon. Materialien zur Enzyklopädistik 1798/1799*, in: *Werke, Tagebücher und Briefe Friedrich von Hardenbergs.* Herausgegeben von Hans-Joachim Mähl und Richard Samuel. Band 2: *Das philosophisch-theoretische Werk.* Herausgegeben von Hans-Joachim Mähl. München/Wien 1978, S. 473–720.

261 Novalis 1798–1799a

Novalis: *Freiberger naturwissenschaftliche Studien 1798/99*, in: *Schriften. Die Werke Friedrich von Hardenbergs.* Herausgegeben von Paul Kluckhohn und Richard Samuel. Zweite, nach den Handschriften ergänzte, erweiterte und verbesserte Auflage in vier Bänden und einem Begleitband. Stuttgart 1960 ff. Band 3: *Das philosophische Werk II.* Herausgegeben von Richard Samuel in Zusammenarbeit mit Hans-Joachim Mähl und Gerhard Schulz. Stuttgart 1968.

262 Novalis 1960

Novalis: *Das philosophische Werk I.* Herausgegeben von Richard Samuel in Zusammenarbeit mit Hans-Joachim Mähl und Gerhard Schulz. Band 2.

Stuttgart 1960, in: *Schriften. Die Werke Friedrich von Hardenbergs*. Herausgegeben von Paul Kluckhohn und Richard Samuel. Zweite, nach den Handschriften ergänzte, erweiterte und verbesserte Auflage in vier Bänden und einem Begleitband. Stuttgart 1960 ff.

263 Novalis 1960a
Novalis: *Das philosophische Werk II.* Herausgegeben von Richard Samuel in Zusammenarbeit mit Hans-Joachim Mähl und Gerhard Schulz. Band 3. Stuttgart 1960, in: *Schriften. Die Werke Friedrich von Hardenbergs*. Herausgegeben von Paul Kluckhohn und Richard Samuel. Zweite, nach den Handschriften ergänzte, erweiterte und verbesserte Auflage in vier Bänden und einem Begleitband. Stuttgart 1960 ff.

264 Novalis 1960b
Novalis: *Das dichterische Werk.* Herausgegeben von Paul Kluckhohn und Richard Samuel unter Mitarbeit von Heinz Ritter und Gerhard Schulz. Band 1. Stuttgart 1960, in: *Schriften. Die Werke Friedrich von Hardenbergs*. Herausgegeben von Paul Kluckhohn und Richard Samuel. Zweite, nach den Handschriften ergänzte, erweiterte und verbesserte Auflage in vier Bänden. Stuttgart 1960 ff.

265 Novalis 1975
Novalis: *Tagebücher, Briefwechsel, Zeitgenössische Zeugnisse.* Herausgegeben von Richard Samuel in Zusammenarbeit mit Hans-Joachim Mähl und Gerhard Schulz. Band 4. Stuttgart 1975, in: *Schriften. Die Werke Friedrich von Hardenbergs*. Herausgegeben von Paul Kluckhohn und Richard Samuel. Zweite, nach den Handschriften ergänzte, erweiterte und verbesserte Auflage in vier Bänden und einem Begleitband. Stuttgart 1960 ff.

266 Novalis 1978
Novalis: *Werke, Tagebücher und Briefe Friedrich von Hardenbergs*. Herausgegeben von Hans-Joachim Mähl und Richard Samuel. Band 1: *Das dichterische Werk, Tagebücher und Briefe*. Herausgegeben von Richard Samuel. München/Wien 1978.

267 Novalis 1978a
Novalis: *Werke, Tagebücher und Briefe Friedrich von Hardenbergs*. Herausgegeben von Hans-Joachim Mähl und Richard Samuel. Band 2: *Das philosophisch-theoretische Werk*. Herausgegeben von Hans-Joachim Mähl. München/Wien 1978.

268 Novalis 1988
Novalis: *Materialien und Register.* Herausgegeben von Hans-Joachim Mähl und Richard Samuel. Bearbeitung der Register von Hermann Knebel. Band 5. Stuttgart 1988, in: *Schriften. Die Werke Friedrich von Hardenbergs*. Herausgegeben von Paul Kluckhohn und Richard Samuel. Zweite, nach den

Handschriften ergänzte, erweiterte und verbesserte Auflage in vier Bänden und einem Begleitband. Stuttgart 1960 ff.

269 Novalis/Balmes 2002

Hans Jürgen Balmes: *Kommentar.* Band 3: Novalis: *Werke, Tagebücher und Briefe Friedrich von Hardenbergs.* Herausgegeben von Hans-Joachim Mähl und Richard Samuel. Zweite Auflage. München/Wien 2002.

270 Oetinger 1763

Friedrich Christoph Oetinger: *Die Lehrtafel der Prinzessin Antonia.* Herausgegeben von Reinhard Breymayer und Friedrich Häussermann. Teil 1: *Text.* Teil 2: *Anmerkungen.* Berlin/New York 1977.

271 Oetinger 1773

Friedrich Christoph Oetinger: *Swedenborgs und anderer Irrdische und Himmlische Philosophie* [...]. [Erster und] Zweyter Theil. Frankfurt und Leipzig 1773.

272 Oetinger 1776

Friedrich Christoph Oetinger: *Biblisches und emblematisches Wörterbuch.* Herausgegeben von Gerhard Schäfer in Verbindung mit Otto Betz, Reinhard Breymayer, Eberhard Gutekunst, Ursula Hardmeier, Roland Pietsch, Guntram Splinder. Teil 1: *Text.* Teil 2: *Anmerkungen.* Berlin/New York 1999.

273 Örsted 1920

Hans Christian Örsted: *Correspondance de H. C. Örsted avec divers savants.* Herausgegeben von Marius Christian Harding. 2 Bände. Kopenhagen 1920.

274 Pagel 1930

Walter Pagel: *Jo. Bapt. van Helmont. Einführung in die philosophische Medizin des Barock.* Berlin 1930.

275 Pagel 1962

Walter Pagel: *Das medizinische Weltbild des Paracelsus: Seine Zusammenhänge mit Neuplatonismus und Gnosis.* Wiesbaden 1962.

276 Pagel ²1982

Walter Pagel: *Paracelsus. An Introduction to Philosophical Medicine in the Era of the Renaissance.* Basel/New York ²1982.

277 Paracelsus 1566

Das Buch Meteororum, *des Edlen und Hochgelerten Herrn* Aureoli Theophrasti *von Hohenheim* Paracelsi *genant beider Artzney Doctoris. Item:* Liber Quartus Paramiri de Matrice. *Vor in Truck nie außgangen.* Köln 1566.

278 Paracelsus 2010

Theophrastus Paracelsus: *Werke.* Besorgt von Will-Erich Peuckert. 5 Bände. [Nachdruck der Ausgabe: Basel/Stuttgart 1965–1968] Darmstadt 2010.

279 Pektaş 2006

Virginie Pektaş: *›Grunt‹, ›Abgrunt‹ et ›Ungrund‹ chez Maître Eckhart et Jacob Böhme*. Amsterdam/Philadelphia 2006.

280 Peter 1993

Klaus Peter: »Franz Baader und William Godwin. Zum Einfluß des englischen Sozialismus in der deutschen Romantik«, in *Athenäum*, 3 (1993), S. 151–172.

281 Petrarca 2004

Francesco Petrarca: *Secretum meum. Mein Geheimnis*. Lateinisch-Deutsch. Herausgegeben, übersetzt und mit einem Nachwort von Gerhard Regn und Bernhard Huss. Mainz 2004.

282 Physikalisch-Chemisches Handwörterbuch 1799–1800

Physikalisch-Chemisches Handwörterbuch für Gelehrte und Ungelehrte, Fabrikanten, Manufakturisten und Handwerker. Ein gedrängter Auszug aus Gehlers, Macquers, und den neuesten vorzüglichsten physischen und chemischen Wörterbüchern und Schriften. Mit sorgfältiger Auswahl in vier Bänden gesammelt. Band 1: A bis El. Leipzig 1799. Band 2: El–J. Leipzig 1800.

283 Platner 1790

Ernst Platner: *Neue Anthropologie für Aerzte und Weltweise. Mit besonderer Rücksicht auf Physiologie, Pathologie, Moralphilosophie und Aesthetik*. Erster Band. Leipzig 1790.

284 Platon 1780

Vier Dialogen des Platon. Menon, Kriton und beide Alkibiades. Uebersetzt von Friedrich Gedike. Berlin 1780.

285 Platon 1781–1787

Platonis philosophi quae exstant graece ad editionem Henrici Stephani accurate expressa. Cum Marsilii Ficini interpretatione. Accedit varietas lectionis. Studiis societatis Bipontinae. 12 Bände. Zweibrücken 1781–1787.

286 Platon 1911

Platon: *Platons Dialog Theätet*. Übersetzt und erläutert von Otto Apelt. Zweite, der neuen Übersetzung erste Auflage. Leipzig 1911.

287 Platon 2003

Platon: *Timaios*. Griechisch/Deutsch. Übersetzung, Anmerkungen und Nachwort von Thomas Paulsen und Rudolf Rehn. Stuttgart 2003.

288 Platon 2007

Platon: *Parmenides*. Griechisch/Deutsch. Übersetzt und herausgegeben von Ekkehard Martens. Stuttgart 2007.

289 Pollok 2001

Konstantin Pollok: *Kants ›Metaphysische Anfangsgründe der Naturwissenschaft‹. Ein kritischer Kommentar*. Hamburg 2001.

290 Poppe 1935

Karl Robert Poppe: *Jakob Böhme und Isaac Newton*. Diss. Leipzig 1935.

291 Prevost 1794

Pierre Prevost: *Vom Ursprunge der magnetischen Kräfte*. Aus dem Französischen übersetzt von David Ludewig Bourguet. Mit einer Vorrede von Friedrich Albrecht Carl Gren. Halle 1794.

292 Reid 1782

Thomas Reid: *Untersuchung über den menschlichen Geist nach den Grundsätzen des gemeinen Menschenverstandes*. Aus dem Englischen, nach der dritten Auflage übersetzt. Leipzig 1782.

293 Reill 2005

Peter Hanns Reill: *Vitalizing Nature in the Enlightenment*. Berkeley/Los Angeles/London 2005.

294 Reimarus ²1762

Hermann Samuel Reimarus: *Allgemeine Betrachtungen über die Triebe der Thiere, hauptsächlich über ihre Kunsttriebe: Zum Erkenntniß des Zusammenhanges der Welt, des Schöpfers und unser selbst*. 2. Ausgabe. Hamburg 1762.

295 Reuchlin (1517) 2010

Johannes Reuchlin: *De arte cabalistica libri tres*, in: *Sämtliche Werke. Berliner Ausgaben*. Koordinatoren: Hans-Gert Roloff, Wilhelm Schmidt-Biggemann, Hans-Peter Westermann und Rolf Winau. Band II, 1. Herausgegeben von Widu-Wolfgang Ehlers und Fritz Felgentreu. Hebräischer Text herausgegeben von Reimund Leicht. Stuttgart-Bad Cannstatt 2010.

296 Richter 2003

Klaus Richter: *Das Leben des Physikers Johann Wilhelm Ritter. Ein Schicksal in der Zeit der Romantik*. Weimar 2003.

297 Ringseis 1812

Sebastianus Ringseis: *De Morbi ortu atque natura. Dissertatio inauguralis quam Annuente inclytissimo Medicorum ordine in Alma Literarum Universitate Ludovico-Maximilianea pro Obtinendis summis ex universa medicina honoribus publico examini submittit*. Landshut 1812.

298 Ritter 1798

Johann Wilhelm Ritter: *Beweis, daß ein beständiger Galvanismus den Lebensproceß in dem Thierreich begleite*. Weimar 1798.

299 Ritter 1800–1805

Johann Wilhelm Ritter: *Beyträge zur nähern Kenntniß des Galvanismus und der Resultate seiner Untersuchung*. 2 Bände. Jena 1800–1805. Erster Band: 1. und 2. Stück, Jena 1800. 3. und 4. Stück, Jena 1802. Zweiter Band: 1. Stück, Jena 1802. 2. Stück, Jena 1802. 3., 4. und 5. Stück, Jena 1805.

300 Ritter 1806

Johann Wilhelm Ritter: *Die Physik als Kunst. Ein Versuch, die Tendenz der Physik aus ihrer Geschichte zu deuten.* Zur Stiftungsfeyer der Königlich-baierischen Akademie der Wissenschaften am 28sten März 1806. München 1806.

301 Ritter 1997

Johann Wilhelm Ritter: *Entdeckungen zur Elektrochemie, Bioelektrochemie und Photochemie (1798–1809)*. Auswahl, Einleitung und Erläuterung von Hermann Berg und Klaus Richter. Thun/Frankfurt am Main ^{2}1997.

302 Röttgers 1988

Kurt Röttgers: »Symphilosophieren«, in: *Philosophisches Jahrbuch*, 88 (1981), S. 90–119.

303 Rousseau 1959–1995

Jean-Jacques Rousseau: *Œuvres complètes*. Herausgegeben von Bernard Gagnebin und Marcel Raymond. 5 Bände. Paris 1959–1995.

304 Rousseau 2009

Jean-Jacques Rousseau: *Émile oder Über die Erziehung*. Herausgegeben, eingeleitet und mit Anmerkungen versehen von Martin Rang. Unter Mitarbeit des Herausgebers aus dem Französischen übertragen von Eleonore Sckommodau. Stuttgart 2009.

305 Rüdiger 1756

Anton Rüdiger: *Systematische Anleitung zur reinen und überhaupt applicirten oder allgemeinen Chymie* [...]. Leipzig 1756.

306 Ruland 1612

Martin Ruland: *Lexicon Alchemiae sive Dictionarium Alchemisticum, Cum obscuriorum Verborum, et Rerum hermeticarum, tum Theophrast-Paracelsicarum Phrasium, Planam Explicationem continens*. Frankfurt 1612.

307 Saint-Martin 1775

Louis-Claude de Saint-Martin: *Des erreurs et de la Vérité, ou les hommes rappellés au principe universel de la science* [...]. Edimbourg [= Lyon] 1775.

308 Saint-Martin 1782

Louis-Claude de Saint-Martin: *Tableau Naturel des Rapports qui existent entre Dieu, l'Homme & l'Univers*. 2 Teile. Edimbourg [= Lyon] 1782. [Nachdruck: Louis-Claude de Saint-Martin: *Œuvres majeures*. Editées par Robert Amadou. Tome II. Hildesheim 1980].

309 Saint-Martin 1782a

Louis-Claude de Saint-Martin: *Irrthümer und Wahrheit, oder Rückweiß für die Menschen auf das allgemeine Principium aller Erkenntniß.* [...]. Aus dem Französischen übersetzt von Matthias Claudius. Breßlau 1782.

310 Saint-Martin 1783–1785

[Louis-Claude de Saint-Martin:] *Ueber das natürliche Verhältniß zwischen Gott*[,] *dem Menschen und der Welt.* Von dem Verf. der Schrift: Irrthümer und Wahrheit. Aus dem Französischen übersetzt. 2 Bände. Reval und Leipzig 1783–1785.

311 Saint-Martin 1790

[Louis-Claude de Saint-Martin:] *L'homme de desir*. Lyon 1790.

312 Saint-Martin 1796

[Louis-Claude de Saint-Martin:] *Le Nouvel Homme* [1792]. Paris 1796.

313 Saint-Martin 1800

[Louis-Claude de Saint-Martin:] *De l'esprit des choses, ou coup-d'œil philosophique sur la nature des êtres et sur l'objet de leur existence* [...]. 2 Teile. Paris 1800. [Nachdruck: Louis-Claude de Saint-Martin: *Œuvres majeures*. Editées par Robert Amadou. Tome V. Hildesheim 1990].

314 Saint-Martin 1802

[Louis-Claude de Saint-Martin:] *Le ministère de l'homme-esprit*. Paris 1802. [Nachdruck: Louis-Claude de Saint-Martin: *Œuvres majeures*. Editées par Robert Amadou. Tome VI. Hildesheim 1995].

315 Saint-Martin 1812

[Louis-Claude de Saint-Martin:] *Vom Geist und Wesen der Dinge, oder philosophische Blicke auf die Natur der Dinge und den Zweck ihres Daseyns, wobei der Mensch überall als die Lösung des Räthsels betrachtet wird.* Aus dem Französischen des Herrn von St. Martin übersetzt von Dr. G. G. Schubert [...]. [Vorrede von Franz von Baader.] Erster und Zweiter Theil. Leipzig 1812.

316 Saint-Martin 1813

[Louis-Claude de Saint-Martin:] *Des Menschen Sehnen und Ahnden*. Aus dem Französischen des Louis Claude von St. Martin von Adolph Wagner. 2 Bände. Leipzig 1813.

317 Saint-Martin 1845

Louis-Claude de Saint-Martin: *Der Dienst des Geist-Menschen*. Aus dem Französischen von [Frédéric Ozanam]. Münster 1845.

318 Sammlungen zur Physik 1779
Sammlungen zur Physik und Naturgeschichte von einigen Liebhabern dieser Wissenschaften. 1. Band. 1. Stück. Leipzig 1779.

319 Sauter 1928
Johannes Sauter: *Baader und Kant.* Jena 1928.

320 Schelling 1795
Friedrich Wilhelm Joseph Schelling: *Vom Ich als Princip der Philosophie.* Tübingen 1795, in: *Historisch-kritische Ausgabe.* Im Auftrag der Schelling-Kommission der Bayerischen Akademie der Wissenschaften. Herausgegeben von Wilhelm G. Jacobs, Jörg Jantzen, Hermann Krings. Reihe I: *Werke.* Band 2. Herausgegeben von Hartmut Buchner und Jörg Jantzen unter Mitwirkung von Adolf Schurr und Anna-Maria Schurr-Lorusso. Stuttgart-Bad Cannstatt 1980.

321 Schelling 1797
Friedrich Wilhelm Joseph Schelling: *Ideen zu einer Philosophie der Natur.* Leipzig 1797, in: *Historisch-kritische Ausgabe.* Im Auftrag der Schelling-Kommission der Bayerischen Akademie der Wissenschaften. Herausgegeben von Wilhelm G. Jacobs, Jörg Jantzen, Hermann Krings. Reihe I: *Werke.* Band 5. Herausgegeben von Manfred Durner unter Mitwirkung von Walter Schieche. Stuttgart-Bad Cannstatt 1994.

322 Schelling 1797–1798
Friedrich Wilhelm Joseph Schelling: *Allgemeine Übersicht der neuesten philosophischen Literatur (1797–1798)*, in: *Historisch-kritische Ausgabe.* Im Auftrag der Schelling-Kommission der Bayerischen Akademie der Wissenschaften. Herausgegeben von Wilhelm G. Jacobs, Jörg Jantzen, Hermann Krings. Reihe I: *Werke.* Band 4. Herausgegeben von Wilhelm G. Jacobs und Walter Schieche unter Mitwirkung von Hartmut Buchner. Stuttgart-Bad Cannstatt 1988, S. 1–190.

323 Schelling 1798
Friedrich Wilhelm Joseph Schelling: *Von der Weltseele. Eine Hypothese der höhern Physik zur Erklärung des allgemeinen Organismus.* Hamburg 1798, in: *Historisch-kritische Ausgabe.* Im Auftrag der Schelling-Kommission der Bayerischen Akademie der Wissenschaften. Herausgegeben von Wilhelm G. Jacobs, Jörg Jantzen, Hermann Krings. Reihe I: *Werke.* Band 6. Herausgegeben von Jörg Jantzen unter Mitwirkung von Thomas Kisser. Stuttgart-Bad Cannstatt 2000.

324 Schelling 1799
Friedrich Wilhelm Joseph Schelling: *Erster Entwurf eines Systems der Naturphilosophie.* Jena und Leipzig 1799, in: *Historisch-kritische Ausgabe.* Im Auftrag der Schelling-Kommission der Bayerischen Akademie der Wissenschaften. Herausgegeben von Wilhelm G. Jacobs, Jörg Jantzen, Hermann

Krings. Reihe I: *Werke.* Band 7. Herausgegeben von Wilhelm G. Jacobs und Paul Ziche. Stuttgart-Bad Cannstatt 2001.

325 Schelling 1799–1800
Friedrich Wilhelm Joseph Schelling: *Schriften (1799–1800)*, in: *Historisch-kritische Ausgabe.* Im Auftrag der Schelling-Kommission der Bayerischen Akademie der Wissenschaften. Herausgegeben von Wilhelm G. Jacobs, Jörg Jantzen, Hermann Krings. Reihe I: *Werke.* Band 8. Herausgegeben von Manfred Durner und Wilhelm G. Jacobs. Unter Mitwirkung von Peter Kolb. Stuttgart-Bad Cannstatt 2004.

326 Schelling 1800
Friedrich Wilhelm Joseph Schelling: *System des transscendentalen Idealismus.* Tübingen 1800, in: *Historisch-kritische Ausgabe.* Im Auftrag der Schelling-Kommission der Bayerischen Akademie der Wissenschaften. Herausgegeben von Wilhelm G. Jacobs, Jörg Jantzen, Hermann Krings. Reihe I: *Werke.* Band 9. Herausgegeben von Harald Korten und Paul Ziche. 2 Bände. Stuttgart-Bad Cannstatt 2005.

327 Schelling 1800–1801
Friedrich Wilhelm Joseph Schelling: *Zeitschrift für spekulative Physik.* Mit einer Einleitung und Anmerkungen herausgegeben von Manfred Durner. 2 Bände. Hamburg 2001.

328 Schelling 1801
Friedrich Wilhelm Joseph Schelling: *Schriften 1801: ›Darstellung meines Systems der Philosophie‹ und andere Texte*, in: *Historisch-kritische Ausgabe.* Im Auftrag der Schelling-Kommission der Bayerischen Akademie der Wissenschaften. Herausgegeben von Wilhelm G. Jacobs, Jörg Jantzen, Hermann Krings. Reihe I: *Werke.* Band 10. Herausgegeben von Manfred Durner. Stuttgart-Bad Cannstatt 2009.

329 Schelling 1809
Friedrich Wilhelm Joseph Schelling: *Philosophische Untersuchungen über das Wesen der menschlichen Freiheit und die damit zusammenhängenden Gegenstände.* [Erster Band. Landshut 1809, S. 397–511] Herausgegeben von Thomas Buchheim. Hamburg 1997.

330 Schelling 1810
Friedrich Wilhelm Joseph Schelling: *Stuttgarter Privatvorlesungen.* Version inédite [= Georgii-Mitschrift], accompagnée du texte des œuvres, publiée, préfacée et annotée par Miklos Vetö. Turin 1973.

331 Schelling 1856–1861
Friedrich Wilhelm Joseph Schelling: *Sämtliche Werke.* Herausgegeben von Karl Friedrich August Schelling. 14 Bände. Stuttgart/Augsburg 1856–1861.

332 Schelling 1870
Friedrich Wilhelm Joseph Schelling: *Aus Schellings Leben in Briefen.* Herausgegeben von Gustav Leopold Plitt. 3 Bände. Leipzig 1869–1870 (ND Hildesheim et al. 2003).

333 Scherer 1800
Alexander Nicolaus Scherer: *Grundriß der Chemie. Für akademische Vorlesungen entworfen.* Tübingen 1800.

334 Schiller 1992
Friedrich Schiller: *Gedichte.* Herausgegeben von Georg Kurscheidt, in: *Werke und Briefe.* Zwölf Bände. Herausgegeben von Otto Dann, Axel Gellhaus, Klaus Harro Hilzinger, Heinz Gerd Ingenkamp, Rolf-Peter Janz, Gerhard Kluge, Herbert Kraft, Georg Kurscheidt, Norbert Oellers und Stefan Ormanns. Band 1. Frankfurt am Main 1992.

335 Schlegel 1967
Friedrich Schlegel: *Charakteristiken und Kritiken I (1796–1801)*, in: *Kritische Friedrich-Schlegel-Ausgabe.* Herausgegeben von Ernst Behler. Unter Mitwirkung von Jean-Jacques Anstett und Hans Eichner. Erste Abteilung: *Kritische Neuausgabe.* Band 2. Herausgegeben und eingeleitet von Hans Eichner. München/Paderborn/Wien 1967.

336 Schlegel 1971
Friedrich Schlegel: *Philosophie der Geschichte. In achtzehn Vorlesungen gehalten zu Wien im Jahre 1828*, in: *Kritische Friedrich-Schlegel-Ausgabe.* Herausgegeben von Ernst Behler. Unter Mitwirkung von Jean-Jacques Anstett und Hans Eichner. Erste Abteilung: *Kritische Neuausgabe.* Band 9. Herausgegeben und eingeleitet von Jean-Jacques Anstett. München/Paderborn/Wien 1971.

337 Schlegel 1975
Friedrich Schlegel: *Charakteristiken und Kritiken II (1802–1829)*, in: *Kritische Friedrich-Schlegel-Ausgabe.* Herausgegeben von Ernst Behler. Unter Mitwirkung von Jean-Jacques Anstett und Hans Eichner. Erste Abteilung: *Kritische Neuausgabe.* Band 3. Herausgegeben und eingeleitet von Hans Eichner. München/Paderborn/Wien 1975.

338 Schlegel 1985
Friedrich Schlegel: *Die Periode des Athenäums 25. Juli 1797 – Ende August 1799*, in: *Kritische Friedrich-Schlegel-Ausgabe.* Herausgegeben von Ernst Behler. Unter Mitwirkung anderer Fachgelehrter. Dritte Abteilung: *Briefe von und an Friedrich und Dorothea Schlegel.* Band 24. Mit Einleitung und Kommentar. Herausgegeben von Raymond Immerwahr. München/Paderborn/Wien 1985.

339 Schleusener-Eichholz 1972

Gudrun Schleusener-Eichholz: »Die Bedeutung des Auges bei Jacob Böhme«, in: *Frühmittelalterliche Studien*, 6 (1972), S. 461–492.

340 Schmidt-Biggemann 2003

Wilhelm Schmidt-Biggemann: »Jakob Böhme und die Kabbala«, in: *Christliche Kabbala*. Herausgegeben von Wilhelm Schmidt-Biggemann. Ostfildern 2003, 157–181.

341 Schmidt-Biggemann 2004

Wilhelm Schmidt-Biggemann: *Politische Theologie der Gegenaufklärung. Saint-Martin, De Maistre, Kleuker, Baader*. Berlin 2004.

342 Schmidt-Biggemann 2012–2013

Wilhelm Schmidt-Biggemann: *Geschichte der christlichen Kabbala*. 3 Bände. Stuttgart-Bad Cannstatt 2012–2013.

343 Schmidt-Biggemann 2015

Wilhelm Schmidt-Biggemann: »Baader und Saint-Martin«, in: *Aufklärung und Romantik als Herausforderung für katholisches Denken*. Herausgegeben von Alberto Bonchino und Albert Franz. Paderborn 2015, S. 150–170.

344 Schmiederer 2008

Katja Schmiederer: *Das* Dictionnaire de Chymie *von Pierre Joseph Macquer (1718–1784). Die Originale und Übersetzungen als Spiegel der Entwicklung der Chemie und Pharmazie im letzten Drittel des 18. Jahrhunderts*. Stuttgart 2008.

345 Schrader 1797

Johann Gottlieb Friedrich Schrader: *Grundriß der Experimental-Naturlehre in seinem chemischen Theile nach der neueren Theorie, so wohl zum Leitfaden akademischer Vorlesungen als auch zum Gebrauch für die Schulen*. Hamburg 1797.

346 Schrader [Gilbert] ²1804

Johann Gottlieb Friedrich Schrader: *Grundriß der Experimentalnaturlehre nach den neuesten Entdeckungen zum Leitfaden akademischer Vorlesungen und zum Gebrauch für Schulen*. Zweyte Auflage verbessert, ergänzt und großen Theils umgearbeitet von Ludwig Wilhelm Gilbert. Hamburg 1804.

347 Schröder 2002

Richard Schröder: »Wissenschaft contra Religion? Zum Fall Galilei«, in: *Die Normativität des Wirklichen. Über die Grenze zwischen Sein und Sollen*. Herausgegeben von Thomas Buchheim, Rolf Schönberger und Walter Schweidler. Stuttgart 2002, S. 112–154.

348 Schulte ²1991

Christoph Schulte: *Radikal Böse: Die Karriere des Bösen von Kant bis Nietzsche*. München ²1991.

349 Schumacher 1983
Ferdinand Schumacher: *Der Begriff der Zeit bei Franz von Baader*. Freiburg/München 1983.

350 Schütz 1895
Ludwig Schütz: *Sammlung, Übersetzung und Erklärung der in sämtlichen Werken des h. Thomas von Aquin vorkommenden Kunstausdrücke und wissenschaftlichen Aussprüche*. Zweite, sehr vergrößerte Auflage. Paderborn 1895.

351 Scopoli-Volta 1784
Giovanni Antonio Scopoli/Alessandro Volta: »Abhandlung über die Wärme«, in: *Die neuesten Entdeckungen in der Chemie*. Gesammelt von Lorenz Crell. Teil 12. Leipzig 1784, S. 1–93.

352 Seckendorf 2014
Leo von Seckendorf: *Korrespondenzen der Goethezeit: Edition und Kommentar*. Herausgegeben von Michael Grus. 2 Bände. Berlin u. a. 2014.

353 Seils 1995
Markus Seils: *Friedrich Albrecht Carl Gren in seiner Zeit: 1760–1798. Spekulant oder Selbstdenker?* Stuttgart 1995.

354 Smith 1776
Adam Smith: *An Inquiry into the Nature and Causes of the Wealth of Nations. In two Volumes*. London 1776.

355 Smith 1776–1792
Adam Smith: *Untersuchung der Natur und Ursachen von Nationalreichthümern*. Aus dem Englischen [von Johann Friedrich Schiller und Christian August Wichmann]. 3 Bände. Leipzig 1776–1792.

356 Sömmerring 1796
Samuel Thomas Sömmerring: *Über das Organ der Seele*. Königsberg 1796.

357 Solms-Rödelheim 1960
Gunter Graf zu Solms-Rödelheim: *Die Grundvorstellungen Jakob Böhmes und ihre Terminologie*. Diss. München 1960.

358 Speziali 1997
Pierre Speziali: *Physica Genevensis. Eléments bio-bibliographiques et documents inédits utiles pour une étude approfondie de la vie et l'œuvre de 33 physiciens genevois, depuis Michel Varro (1546–1586) à François Dussaud (1870–1953)*. Edité par Charles P. Enz. Genf 1997.

359 Stahl 1708
Georg Ernst Stahl: *Theoria medica vera physiologiam & pathologiam, tanquam doctrinae medicae partes vere contemplativas, e naturae & artis veris*

fundamentis, Intaminata ratione, & inconcussa experientia sistens. Halle 1708.

360 Stahl 1714

Georg Ernst Stahl: *Dissertatio inauguralis medica de medicina medicinae curiosae.* Halle 1714.

361 Stahl 1831–1832

Georg Ernst Stahl: *Theorie der Heilkunde.* Herausgegeben von Karl Wilhelm Ideler. 3 Bände. Berlin 1831–1832.

362 Stahl 1961

Georg Ernst Stahl: *Über den mannigfaltigen Einfluß von Gemütsbewegungen auf den menschlichen Körper.* (Halle 1695). *Über die Bedeutung des synergischen Prinzips für die Heilkunde* (Halle 1695). *Über den Unterschied zwischen Organismus und Mechanismus* (1714). *Überlegungen zum ärztlichen Hausbesuch* (Halle 1703). Eingeleitet, ins Deutsche übertragen und erläutert von Bernward Josef Gottlieb. Band 36 von Sudhoffs Klassiker der Medizin. Herausgegeben von der Deutschen Akademie der Naturforscher Leopoldina durch Johannes Steudel und Rudolph Zaunick. Leipzig 1961.

363 Starobinski 1971

Jean Starobinski: *Jean-Jacques Rousseau. La transparence et l'obstacle.* Paris 1971.

364 Starobinski 1993

Jean Starobinski: *Rousseau. Eine Welt von Widerständen.* Aus dem Französischen von Ulrich Raulff. Frankfurt am Main 1993.

365 Steffens 1840–1844

Henrik Steffens: *Was ich erlebte. Aus der Erinnerung niedergeschrieben.* 10 Bände. Breslau 1840–1844.

366 Stein 2004

Klaus Stein: *Naturphilosophie der Frühromantik.* Paderborn 2004.

367 Ströker 1982

Elisabeth Ströker: *Theoriewandel in der Wissenschaftsgeschichte.* Frankfurt am Main 1982.

368 Susini 1942

Eugène Susini: *Franz von Baader et le Romantisme mystique.* 2 Teile. Paris 1942.

369 Susini 1942a

Eugène Susini: *Lettres inédites de Franz von Baader. 1 Partie.* Paris 1942.

370 Susini 1951

Eugène Susini: *Lettres inédites de Franz von Baader. 2 Partie. Notes et Commentaires.* Wien 1951.

371 Susini 1951a

Eugène Susini: *Lettres inédites de Franz von Baader. 3 Partie. Notes et Commentaires.* Wien 1951.

372 Susini 1967

Eugène Susini: *Lettres inédites de Franz von Baader. 4 Partie.* Paris 1967.

373 Susini 1983

Eugène Susini †: *Lettres inédites de Franz von Baader. 5 Partie. Notes et Commentaires au tome IV.* Edité avec la collaboration de Roger Bauer et Pierre Grappin. Frankfurt am Main/Bern 1983.

374 Susini 1983a

Eugène Susini †: *Lettres inédites de Franz von Baader. 6 Partie. Notes et Commentaires au tome IV.* Edité avec la collaboration de Roger Bauer et Pierre Grappin. Frankfurt am Main/Bern 1983.

375 Theologia Deutsch 1982

Der Franckforter (*Theologia Deutsch*). Kritische Textausgabe von Wolfgang von Hinten. München und Zürich 1982.

376 Tiedemann 1786

Dietrich Tiedemann: *Dialogorum Platonis argumenta exposita et illustrata.* Zweibrücken 1786.

377 Tilliette ²1992

Xavier Tilliette: *Schelling. Une philosophie en devenir.* 2 Bände. [1969] Paris ²1992.

378 Tuschling 1971

Burkhard Tuschling: *Metaphysische und transzendentale Dynamik in Kants opus postumum.* Berlin/New York 1971.

379 Vasconi 1994

Paola Vasconi: *Sistema delle scienze naturali e unità della conoscenza nell' ultimo Kant.* Firenze 1994.

380 Velthoven 1977

Theo van Velthoven: *Gottesschau und menschliche Kreativität. Studien zur Erkenntnislehre des Nikolaus von Kues.* Leiden 1977.

381 Vorsokratiker 2012

Die Vorsokratiker. Griechisch/Deutsch. Ausgewählt, übersetzt und erläutert von Jaap Mansfeld und Oliver Primavesi. Stuttgart 2012.

382 Walch 1930

Erich Walch: »Geistesleben der Montgelas-Zeit im Spiegel der Münchener Zeitschrift ›Aurora‹«, in: *Oberbayerisches Archiv für vaterländische Geschichte*, 67 (1930), S. 108–224.

383 Weigel [Biedermann] 1618

Valentin Weigel [Benedikt Biedermann]: *Ander Theil ΓΝΩΘΙ ΣΕΑΥ-[Τ]ΟΝ Nosce teispsum. Erkenne dich selber O Mensch: Heisset Astrologia Theologizata* [...]. Newenstatt 1618.

384 Weigel 1996

Valentin Weigel: *Vom Gesetz oder Willen Gottes – Gnothi seauton.* Herausgegeben und eingeleitet von Horst Pfefferl, in: *Sämtliche Schriften.* Im Auftrag der Akademie der Wissenschaften und der Literatur, Mainz. Begründet von Will-Erich Peuckert und Winfried Zeller. *Neue Edition.* Herausgegeben von Horst Pfefferl. Band 3. Stuttgart-Bad Cannstatt 1996.

385 Weiz 1780

Friedrich August Weiz: *Das gelehrte Sachsen oder Verzeichniß derer in den Churfürstl. Sächs. und incorporirten Länder jetztlebenden Schriftsteller und ihrer Schriften.* Leipzig 1780.

386 Wellek 1931

René Wellek: *Immanuel Kant in England 1793–1838.* Princeton 1931.

387 WhB 1994

Manfred Durner, Jörg Jantzen, Francesco Moiso: *Wissenschaftshistorischer Bericht zu Schellings naturphilosophischen Schriften 1797–1800*, in: Friedrich Wilhelm Joseph Schelling: *Historisch-kritische Ausgabe.* Im Auftrag der Schelling-Kommission der Bayerischen Akademie der Wissenschaften. Herausgegeben von Wilhelm G. Jacobs, Jörg Jantzen, Hermann Krings. Reihe I: *Werke. Ergänzungsband zu Band 5 bis 9.* Stuttgart-Bad Cannstatt 1994.

388 Wiegleb 1780

Johann Christian Wiegleb: *Revision der Grundlehren von der chemischen Verwandtschaft der Körper.* Erfurt 1780.

389 Wimmershoff 1934

Heinrich Wimmershoff: *Die Lehre vom Sündenfall in der Philosophie Schellings, Baaders und Friedrich Schlegels.* Solingen 1934.

390 Zedler 1732–1754

Johann Heinrich Zedler: *Grosses vollständiges Universal-Lexicon aller Wissenschaften und Künste* [...]. 64 Bände. Halle/Leipzig 1732–1754.

391 Zeller 2006

Eduard Zeller: *Die Philosophie der Griechen in ihrer geschichtlichen Entwicklung.* 1. Teil. 1. Abteilung: *Allgemeine Einleitung. Vorsokratische Philosophie.* 1. Hälfte. (8., unveränderte Auflage der 6. Auflage. Leipzig 1919) Darmstadt 2006.

392 Ziche 1996

Paul Ziche: *Mathematische und naturwissenschaftliche Modelle in der Philosophie Schellings und Hegels*. Stuttgart-Bad Cannstatt 1996.

393 Ziche 2014

Paul Ziche: »Schelling, die ›Heiligkeit der Vierzahl‹ und der ›Bestand‹ von Prozessualität«, in: *Die Macht des Vierten. Über eine Ordnung der europäischen Kultur*. Herausgegeben von Reinhard Brandt. Hamburg 2014, S. 307–327.

394 Zimmermann 1964

Rolf Christian Zimmermann: »Franz von Baader und Goethes vier Ehrfurchten«, in: *Germanisch-Romanische Monatsschrift* (Neue Folge), 14 (1964), S. 267–279.

395 Zimmermann 1974

Rolf Christian Zimmermann: »Goethes Polaritätsdenken im geistigen Kontext des 18. Jahrhunderts«, in: *Jahrbuch der deutschen Schillergesellschaft*, 18 (1974), S. 304–347.

396 Zirngiebl 1867

Eberhard Zirngiebl: *Friedrich Heinrich Jacobi's Leben, Dichten und Denken. Ein Beitrag zur Geschichte der deutschen Literatur und Philosophie*. Wien 1867.

397 Zovko 1996

Marie-Elise Zovko: *Natur und Gott. Das wirkungsgeschichtliche Verhältnis Schellings und Baaders*. Würzburg 1996.

PERSONENREGISTER

Das Register erfasst alle Personen, die im edierten Text, in den editorischen Berichten und in den erklärenden Anmerkungen namentlich genannt sind oder auf die in eindeutiger Weise angespielt wird. Die Namen von Autoren, Herausgebern sowie Übersetzern in bibliographischen Angaben werden ebenfalls aufgeführt (Bibl. Nr.). Nicht berücksichtigt sind Personennamen, die Bestandteile eines zitierten Titels sind. Kursiv gesetzte Seitenzahlen beziehen sich auf editorische Berichte, erklärende Anmerkungen und die Bibliographie.

SEITENKONKORDANZ

»FVB« steht für die vorliegende historisch-kritische und kommentierte Edition *Ausgewählter Werke* Franz von Baaders, »SW« für die Edition der *Sämtlichen Werke* in der Hoffmannschen Ausgabe.

Baader 1792

FVB	SW (Bd. 3)
15	183–184
16	184–185
17	185–186
18	186–187
19	187–189
20	189–190
21	190–191
22	191–193
23	193
24	194
25	195–196
26	196–197
27	197–198
28	198–200
29	200–201
30	201–202

Baader 1797

FVB	ZD (1809)	DD (1831)	SW (Bd. 3)
55–58	25	28–29	203–205
59	25–27	29–30	206–207
60	27–29	30–32	207–208
61	29–30	32–33	208–209
62	30–33	33–35	209–211
63	33	35–36	211
64	34	37	212
65	35–37	38–39	212–214

66	37–38	39–40	214–215
67	39–40	41–43	215–217
68	40–41	43–44	217–218
69	42–43	44–45	218–219
70	43–45	45–47	219–220
71	45–46	47–48	220–221
72	46–48	48–49	221–222
73	48–50	49–51	222–224
74	50–51	51–53	224–225
75	51–53	53–54	225–227
76	53–54	55–56	227–228
77	54–56	56–57	228–229
78	57–58	58–59	230
79	59	60	231
80	59–61	60–62	231–233
81	61–63	62–63	233–234
82	63–64	63–64	234–235
83	64–66	64–66	235–237
84	67–68	66–68	237–238
85	68	68	238
86	69–70	69–70	239–240
87	70–72	70–71	240–241
88	72–74	71–73	242–243
89	74–76	73–75	243–244
90	76–77	75–77	244–246
91	78–79	77–78	246

Baader 1798

FVB	ZD (1809)	SW (Bd. 3)
115	80	247
116	80	[251]
117	–	–
118	80–81	249–250
119	82–83	251–252
120	83–85	252–253
121	85–86	253–254
122	86–88	254–255
123	88–90	255–256
124	90–91	257
125	91–93	258–259
126	93–94	259
127	94–96	259–261
128	96–97	261–262

129	98–99	263–264
130	99–10	264–265
131	101–102	265–266
132	102–104	266–267
133–134	104–105	267–268

Baader 1804

FVB	ZD (1809)	DD (1831)	SW (Bd. 1)
147	106	79	25
149	106–108	79–81	27–29
150	108–110	81–82	29–30
151	110–112	82–85	30–32

Baader 1807

FVB	ZD (1809)	DD (1831)	SW (Bd. 1)
165	120	92	33
167	120–121	92–93	35–36
168	121–122	93–94	36–37
169	122–124	94–95	37–38
170	124	95–96	38

Baader 1808

FVB	ZD (1809)	DD (1831)	SW (Bd. 3)
185	143	113	267
187	143–144	113–114	271–272
188	144–146	114–115	272–273
189	146–147	116–117	273–274
190	147–149	117–118	274–275
191	149	118–119	275–276